LA FORMATION DES AVIATEURS DE LA ROYAL AIR FORCE ET DU COMMONWEALTH
1934 - 1945

HISTOIRE, PROGRAMMES ET MATÉRIELS

Frédéric GIL

LA FORMATION DES AVIATEURS DE LA ROYAL AIR FORCE ET DU COMMONWEALTH 1934 - 1945

HISTOIRE, PROGRAMMES ET MATÉRIELS

En application de l'art. L.137-2.-I. du code de la propriété intellectuelle, toute reproduction et/ou divulgation de parties de l'œuvre dépassant le volume prévu par la loi est expressément interdite.

© Frédéric GIL, 2025

Édition : BoD · Books on Demand, 31 avenue Saint-Rémy, 57600 Forbach, bod@bod.fr
Impression : Libri Plureos GmbH, Friedensallee 273, 22763 Hamburg (Allemagne)

ISBN : 978-2-3225-4197-3
Dépôt légal : Janvier 2025

Du même Auteur :
- Chasseurs de nuit et *Intruders* de la Royal Air Force contre la Luftwaffe : La première guerre électronique aérienne, 1939 - 1945. ISBN : 978-232250396.
- Notes à l'intention des Pilotes (voir liste en fin d'ouvrage).

Illustration de couverture : Le 30 juillet 1940, les élèves de la 1ère École Militaire de Formation (avancée) au Pilotage de Camp Borden au Canada regardent, avec un peu d'anxiété, un des leurs partir pour son premier vol solo sur un North American Harvard I identique à celui qui se trouve derrière eux. Cette anxiété était justifiée puisque ce jour-là, deux élèves de la première classe du Plan d'Entraînement Aérien du Commonwealth Britannique ont eu des accidents mineurs lors de leur premier vol en solo sur Harvard à Camp Borden. [1]
(Photo Library and Archives Canada/Department of National Defence fonds/e010997527)

---

[1] Journal de marche de la 1ère École Militaire de Formation (avancée) au Pilotage (SFTS) de juillet 1940, conservé sous la référence C-12343, images 1573 et 1574, Bibliothèque et Archives Canada (ci-après abrégé "BAC").

Table des matières

Remerciements et avertissement 11
Avant-propos 14
Introduction 18
PARTIE A : La formation des aviateurs au Royaume-Uni 23
A.1 - Les débuts au Royaume-Uni de la formation militaire des aviateurs 23
    A.1.1 - La situation avant-guerre 24
    A.1.2 - Le recrutement 26
        A.1.2.1 - La gestion d'un déficit d'hommes une fois la guerre commencée 28
        A.1.2.2 - La sélection des recrues 31
        A.1.2.3 - L'accueil des recrues sous l'uniforme 36
A.2 - Les catégories de personnel navigant de la RAF 40
    A.2.1 - Le pilote "seul maître à bord après Dieu" 40
    A.2.2. - Les Observateurs : Une longue marche vers le rôle de Navigateur 40
    A.2.3 - Les Mitrailleurs 43
    A.2.4 - Les Opérateurs radio 44
    A.2.5 - La réforme de juillet 1942 44
    A.2.6 - Les Navigateurs : Un Navigateur peut en cacher un autre… 45
    A.2.6 - Les Mécaniciens embarqués 46
    A.2.7 - Les Bombardiers 46
A.3 - Les formations préalables à l'enrôlement 47
    A.3.1 - Avant-guerre 47
    A.3.2 - Pendant la guerre 47
    A.3.3 - Après la guerre 49
A.4 - La formation au pilotage : Évolution des années trente à la fin de la guerre 50
    A.4.1 - Le cas particulier de la formation des pilotes de l'aéronavale (Fleet Air Arm - FAA) ... 55
    A.4.2 - Vue d'ensemble de la formation au Royaume-Uni pendant la guerre 56
        Les écoles de pilotage 61
    A.4.3 - La place de la formation monte dans la hiérarchie de la RAF 67
    A.4.4 - Petite digression sur la formation des personnels au sol 68
    A.4.5 - La formation des aviateurs étrangers au Royaume-Uni 70
A.5 - La formation opérationnelle 74
    A.5.1 - L'effet des "vases communicants" 74
    A.5.2 - Les "Pouponnières de Groupe" 77
    A.5.3 - Les Unités de Formation Opérationnelle 78
        Les "trois Révisions" : Les crises de 1940 et leur impact sur la formation 80
    A.5.4 - Les Unités de Conversion, de "Finition" et les écoles spécialisées 83
A.6 - Une formation de base (très) insuffisante 85
    A.6.1 - Le constat de 1941 et le "New Deal" de février 1942 85
    A.6.2 - Avoir des pilotes rapidement et bien formés : deux objectifs antagonistes 86
A.7 - Bilan de la formation de base des aviateurs au Royaume-Uni pendant la guerre ... 89

PARTIE B : La formation "au-delà des mers" des aviateurs..90

B.1 - Le Plan d'Entraînement Aérien du Commonwealth britannique 90
- B.1.1 - La genèse du Plan d'Entraînement Aérien du Commonwealth britannique 90
- B.1.2 - La double Conférence sur la Formation des Aviateurs d'Ottawa, mai et juin 1942 96

B.2 - La contribution des différents pays au BCATP 98
- B.2.1 - Le Canada 98
  - B.2.1.1 - Construire des écoles : un investissement colossal 98
  - B.2.1.2 - Les écoles britanniques déménagées au Canada....................................... 110
  - B.2.1.3 - L'exemple de l'école radar de Clinton, Ontario 118
  - B.2.1.4 - Trouver des instructeurs et les autres personnels..................................... 121
  - B.2.1.5 - Trouver des avions 129
  - B.2.1.6 - La chasse au gaspillage ("wastage") d'élèves 139
  - B.2.1.7 - Les formations initiales du BCATP 147
  - B.2.1.8 - La formation des Pilotes 151
  - B.2.1.9 - La formation des Observateurs et des Opérateurs radio / Mitrailleurs..... 186
  - B.2.1.10 - La formation des Mécaniciens Embarqués 199
  - B.2.1.11 - Le BCATP et l'opinion publique canadienne 200
  - B.2.1.12 - Le bilan de la formation au Canada 205
- B.2.2 - L'Australie 210
  - B.2.2.1 - La première phase de la mise en place du BCATP en Australie 210
  - B.2.2.2 - Des formations sur différents continents 214
  - B.2.2.3 - Après l'entrée en guerre du Japon... 217
  - B.2.2.4 - Le bilan australien 225
- B.2.3 - La Nouvelle-Zélande 227
- B.2.4 - Les Escadrons des Dominions dans la RAF : conséquences de l'Article XV du BCATP 229
  - B.2.4.1 - Les Escadrons canadiens "de l'Article XV" 231
  - B.2.4.2 - Les Escadrons australiens "de l'Article XV" avec des aviateurs "infiltrés" 233
  - B.2.4.3 - Les Escadrons néo-zélandais "de l'Article XV" 234

B.3 - Les autres principaux pays de formation d'aviateurs de la RAF 235
- B.3.1 - Le Groupe de Formation Aérienne de Rhodésie du Sud 235
- B.3.2 - L'Afrique du Sud 239
- B.3.3 - La formation des aviateurs étrangers aux USA pendant la guerre 251
  - B.3.3.1 - Les Écoles "de rafraichissement" et l'école de navigation de Pan American Airways 251
  - B.3.3.2 - L'élargissement de l'aide américaine 253
  - B.3.3.3 - Les Écoles Britanniques de Formation au Pilotage 253
  - B.3.3.4 - Le Dispositif Arnold 262
  - B.3.3.5 - Le Dispositif Towers 270
  - B.3.3.6 - Courte digression sur les formations des aviateurs français aux USA 273
  - B.3.3.7 - Les écoles américaines : un dépaysement certain pour les étrangers..... 276
  - B.3.3.8 - Le bilan des écoles américaines 278
- B.3.4 - Les autres pays contributeurs : Inde, Moyen-Orient.. 279

- B.4 - L'arrivée au Royaume-Uni des aviateurs formés "outre-mer" 280
  - B.4.1 - Les centres d'embarquement et divers dépôts du personnel, les traversées océaniques ... 280
  - B.4.2 - Les Centres de Réception du Personnel (PRC) 282
  - B.4.3 - Les Unités Aériennes d'Acclimatation pour les Pilotes ou les Observateurs 283
  - B.4.4 - Les Escadrilles "chauve-souris" de Formation à l'Approche Radioguidée 285
- B.5 - Comparaison des parcours de formation 287
  - B.5.1 – Les filières de formation des Alliés 287
  - B.5.2 - Deux ascenseurs qui se croisent : la comparaison avec le camp d'en face 290
  - B.5.3 - L'accidentologie des différents dispositifs de formation 291
    - B.5.3.1 - La formation : la "plus grande 'bataille aérienne'" ? 291
    - B.5.3.2 - Les pertes durant la formation des aviateurs, par pays 292
    - B.5.3.3 - Les sauts d'urgence en parachute 298
- **PARTIE C - Quelques outils pédagogiques utilisés par la RAF** 306
  - C.1 - Les simulateurs 306
  - C.2 - Les publications de formation 322
  - C.3 - La coordination des différents efforts de formation 325
- **C.4 - Conclusion générale sur la formation des aviateurs du Commonwealth** 328
- **C.5 - La formation des aviateurs dans les années d'après-guerre** 334
  - C.5.1 - De 1945 à 1950 : un retour partiel à la situation d'avant-guerre 334
  - C.5.2 - 1950 à 1955 : la guerre de Corée et le début de la guerre froide 335
  - C.5.3 - L'ère des hélicoptères, des avions à réaction, des missiles et de l'atome 336
  - C.5.4 - Épilogue : Comment ne pas oublier un savoir-faire durement acquis 337
- **PARTIE D : Les avions de formation** 339
  - D.1 - Résumé des performances des principaux avions de formation de base du BCATP 343
  - D.2 - Courte histoire de quelques appareils 344
    - D.2.1 - Les avions d'écolage élémentaire 344
    - D.2.2 - Les avions de formation intermédiaire et avancée 355
    - D.2.3 - Les autres avions de formation 369

Annexes **371**
    Annexe 1A - Principales personnalités et structures de formation de la RAF 373
    ANNEXE 1B - Texte de l'accord du Plan d'entraînement aérien du Commonwealth 375
    ANNEXE 2A - Accidents recensés par la 13ème SFTS en avril 1944 381
    ANNEXE 2B - Accidents survenus durant la carrière de quelques Fleet Finch de la 3ème EFTS .. 383
    ANNEXE 3A - Sauts en parachute dans les écoles en Australie 386
    ANNEXE 3B - Exemples de rapports de sauts en parachute 391
    ANNEXE 4A - Que sont-ils devenus ? La Classe n°51 de la 36ème SFTS 395
    ANNEXE 4B - Que sont-ils devenus ? La Classe n°3 de la 5ème BFTS 405
    ANNEXE 4C - Que sont-ils devenus ? Des quatre coins de l'Empire aux Malouines 411
    ANNEXE 5 - Avions et équipements visibles dans le film *"Les Chevaliers du ciel"* 414
    ANNEXE 6A - Les écoles de pilotage au Canada 415
    ANNEXE 6B - Les principales écoles des aviateurs en Australie 420
    ANNEXE 6C - Les principales écoles de pilotage au Royaume-Uni 422
    ANNEXE 7A - Résumé des programmes de cours de l'AP1388, septembre 1939 428
    ANNEXE 7B – Exemples de questions d'examen en EFTS 439
    ANNEXE 7C - Exemple de feuille de navigation pour un vol triangulaire 443
    ANNEXE 8 - Les bons mots et anecdotes 445
    ANNEXE 9 - Les magazines des écoles au Canada 460
    ANNEXE 10 - Exemples d'accidents 463
Glossaire et conventions..**479**
Bibliographie..**487**

Crédits photographiques :

Les crédits photographiques sont mentionnés dans les légendes des photos. Merci aux Organisations et Individus qui ont donné leur accord pour leur utilisation.

Pour les photos de l'USAF : "The appearance of U.S. Department Of Defense (DOD) visual information does not imply or constitute DOD endorsement." (La présentation d'une photographie du Ministère U.S. de la Défense (DOD) n'implique ni ne constitue l'approbation du DOD [du contenu de ce livre]).

Remerciements et avertissement

Remerciements

Les personnels de nombreux musées et centres de recherche ont toujours fait preuve d'une très grande gentillesse et compétence pour assister mes recherches, lors de mes visites ou échanges de courrier. Qu'ils en soient ici remerciés. Parmi ceux qui ont eu à subir le plus mes visites ou demandes d'information :
- Les conservateurs du RAF Museum à Hendon et des autres musées d'aviation britanniques, canadiens, américains, néerlandais, etc.
- Les archivistes des National Archives à Kew et de l'Imperial War Museum.
- Les volontaires du Farnborough Air Sciences Trust Museum qui ont recherché de multiples rapports du Royal Aircraft Establishment sur microfilms.

De nombreuses personnes ont également contribué à titre individuel, en fournissant leur expertise, leur témoignage, ou en autorisant l'utilisation de documents ou photographies (comme indiqué dans les notes sur les sources).

Enfin, merci à mon épouse et mes enfants qui ont patiemment supporté ce projet pendant plusieurs années.

Avertissement

Ce livre s'appuie sur, et complète, la traduction des manuels pour les Pilotes rédigés par la RAF pour ses principaux avions de formation. D'autres ouvrages sur les activités des grands Commandements de la RAF sont prévus. Cette série de livres est l'aboutissement d'une quinzaine d'années de recherche. Elle a pour ambition principale de placer les Notes à l'intention des Pilotes dans leur contexte d'emploi de l'époque et de présenter brièvement les appareils concernés en se basant autant que possible sur des documents d'archives. Faute de place, les Notes à l'intention des Pilotes ont été publiées séparément (voir la liste détaillée en fin d'ouvrage).

Il serait évidemment impossible de couvrir en détail et au jour le jour à la fois l'histoire précise des centaines d'écoles pour tous les métiers de la RAF, ainsi que l'emploi de ces avions et leurs spécificités techniques. Juste à titre d'exemple, des dizaines d'écoles élémentaires et avancées au pilotage ainsi que des écoles spécialisées pour les Navigateurs, les Bombardiers, les Opérateurs radio, les Mitrailleurs, les Instructeurs, les Techniciens Radar, les Mécaniciens et Armuriers, ont été créées, soutenues par des centres de sélection, de formation initiale et des dépôts innombrables. Des centaines de milliers de recrues sont passées par ces centres puis ces écoles. Il a donc été décidé de se concentrer principalement sur la formation pré-opérationnelle des Pilotes, et de décrire plus rapidement la formation des autres aviateurs par quelques exemples spécifiques. Les grandes lignes de la formation opérationnelle sont traitées ici mais ce sujet est couvert plus en détail dans les autres ouvrages de cette série puisqu'elle était très spécialisée (chasse de nuit, chasse de jour, bombardement, surveillance maritime, etc.) et puisque les unités de formation opérationnelle dépendaient des Commandements opérationnels et non pas du Commandement de la Formation. De même, le cursus spécifique des pilotes de planeurs de combat (Hotspur, Horsa, Hamilcar, Hadrian) est étudié en détail dans le livre sur ces aéronefs particuliers. Une bibliographie détaillée avec quelques impressions de lecture est fournie en fin d'ouvrage et pourra guider les lecteurs qui voudraient approfondir certains aspects.

Avec la déclassification des archives, il a été parfois possible d'avoir accès à des informations que certains auteurs précédents n'avaient pas à leur disposition : après-guerre, ces informations étaient encore classées secrètes. À titre d'exemple, la plupart des dossiers d'essais officiels conduits durant les années trente n'ont été ouverts au public que dans les années 1990, [2] et d'autres sur les opérations dans les années 2000, voire 2010. Les dossiers individuels des aviateurs ne sont pas encore tous ouverts. [3]

Il faut aussi ajouter un mot sur le fait que des aviateurs de nationalités diverses ont été sélectionnés pour illustrer les différents cursus de formation. Je me suis efforcé de citer, je l'espère sans erreur, leurs noms, avec, si possible, un petit résumé de leur histoire personnelle. Ce choix oblige à faire à chaque fois une courte digression du sujet traité, mais j'espère que le lecteur comprendra qu'il aurait été dommage de ne pas savoir ce que sont devenus chacun de ces jeunes gens après leur formation. On notera au passage que certains rapports ou Journaux de marche sont manuscrits et d'autres sont des duplicatas au papier carbone tapés sur des machines à écrire datant probablement de la guerre précédente, ce qui rend certains passages peu lisibles voire indéchiffrables ; il est donc possible que les retranscriptions comportent des erreurs.

La traduction de ces dizaines de rapports et de manuels a demandé des centaines de conversions d'unités pour en rendre la lecture plus facile, et des choix difficiles de terminologie (le mot "valve" en anglais par exemple se traduit aussi bien par "tube électronique sous vide", "robinet", "vanne", "soupape" ou "clapet" en fonction du contexte) et les lecteurs attentifs trouveront certainement des erreurs ou des maladresses de traduction. Merci par avance pour votre indulgence et toute suggestion constructive d'amélioration transmise à l'Éditeur sera cordialement appréciée !

Le lecteur est également invité à prendre note des avertissements "techniques", en fin de livre, sur les termes et conventions employés, les unités et la précision des données fournies.

Les ouvrages de cette série sont dédiés à tous ceux qui ont contribué au développement des avions alliés et à leur emploi, trop souvent au prix de leur vie.

---

[2] Par exemple, les dossiers sur certains équipements n'ont été accessibles que dans les années 2000. Ainsi les études par la Section de Recherche Opérationnelle du Fighter Command sur l'efficacité des radars embarqués (référence AIR 16/1510, The National Archives UK (ci-après TNA) ouvertes en 2007. D'autres sont encore fermés.

[3] Par exemple, les dossiers d'accidents survenus au sein des Unités de Formation Opérationnelle (OTU) de chasse de nuit ne sont à ce jour consultables que si l'événement est antérieur à 1943. Il en est de même pour tous les dossiers d'aviateurs tués, blessés ou portés manquants au combat Les dossiers de cours martiales de la RAF ne sont pas ouverts (contrairement à ceux de la RCAF ou de la RAAF).

Dix petits élèves pilotes [4]

L'Escadron de Bombardement adressa à notre Unité de Formation un message :
"Nous comptons sur vous, de dix pilotes avons besoin sans lambinage.
Pour rester poli, les tous derniers n'étaient vraiment pas très doués,
Il vous faut vite vous bouger, et de bien meilleurs nous trouver."

Dix petits élèves pilotes nous avons rassemblés, chacun fort comme un bœuf,
L'un décolla avec le vent dans le dos et il n'en resta que neuf.

Neuf petits élèves pilotes se sont envolés ensuite,
L'un oublia de vérifier les cales et il n'en resta que huit.

Huit petits élèves pilotes montèrent en altitude pour faire la fête,
L'un monta trop haut et il n'en resta que sept.

Sept petits élèves pilotes ayant oublié de lire l'abscisse,
L'un dévia du faisceau radio et il n'en resta que six.

Six petits élèves pilotes cherchant à survivre dans leurs zincs,
L'un se mit en perte de vitesse et il n'en resta que cinq.

Cinq petits élèves pilotes, traumatisés, se laissent abattre,
L'un fut trop secoué et il n'en resta que quatre.

Quatre petits élèves pilotes chantant tout à leur joie,
L'un voulut impressionner sa copine et il n'en resta que trois.

Trois petits élèves pilotes volaient dans le ciel bleu,
L'un oublia les signaux du jour et il n'en resta que deux.

Deux petits élèves pilotes voyant leur formation prendre fin,
Négligèrent leurs distances et il n'en resta plus qu'un.

Un petit élève pilote en mission trop serein,
Oublia la Flak du convoi et il n'y en eut plus aucun.

Petits élèves pilotes, cette règle il faut vous rappeler :
Si les instructions vous suivez, la vie vous conserverez.
Pour des raisons très bêtes sont morts tous nos élèves,
Et le malheureux Escadron de Bombardement réclame de la nouvelle sève.

---

[4] Traduction inspirée du poème publié dans la revue "*Tee Emm*" Vol 2 n°3, juin 1942, de la Direction de la Formation du Ministère de l'Air. Il a bien sûr fallu modifier quelque peu le texte pour trouver les rimes en français, mais en espérant conserver l'esprit.

Avant-propos

Un exercice de vol en solo facile ... [5]

Le 25 mars 1941, malgré le vent glacé qui souffle sur l'aérodrome de Portage la Praire, Manitoba, Canada, les instructeurs s'affairent pour affecter les exercices aux élèves pilotes des Classes n°20 et 23. Le mauvais temps avait déjà empêché tout vol pendant 16,5 jours en ce mois de mars, et il fallait rattraper le retard. Dans leur uniforme bleu marine, les instructeurs civils de la Central Manitoba Flying Training School Ltd. méritaient vraiment leur sobriquet *"d'Amiraux de la prairie"* et le Leading Aircraftman Frederick F. Duff, un élève originaire de Toronto, avait dû réprimer un sourire quand son instructeur lui a tendu sa carte avec les mots suivants *"OK Duff, un petit vol jusqu'à Winnipeg : 30 minutes aller, 30 minutes retour, pas d'acrobaties, pas de vol non autorisé à basse altitude. Attention au vent de travers."*

Les 35 élèves de la Classe 20 avaient été affectés à la 14ème École de Formation Élémentaire au Pilotage (Elementary Flying Training School - EFTS) de Portage la Praire pour y commencer les cours de pilotage le 9 février 1941. Ils avaient été rejoints par deux élèves de Classes précédentes qui étaient tombés malades et qui reprenaient donc leur cursus.

Duff avait passé son examen des 50 heures de vol la veille avec le Superviseur en Chef de L'École, un Squadron Leader, et était plutôt confiant : la plupart des élèves étaient éliminés lors des tests des 20 puis des 50 heures de vol, et les autres pour des infractions aux règles de base que l'instructeur venait de rappeler. Emmitouflé dans sa tenue de vol, Duff s'est ensuite rendu dans la cahute des "gardiens de l'horloge" qui étaient chargés d'enregistrer les temps de vol de chaque pilote et de chaque avion. Après avoir salué les deux agents administratifs dont les tables se rapprochaient dangereusement du poêle à charbon en fonction de la température, Duff avait signé le L.14 *"Formulaire d'entretien de l'avion"* et le F.17 *"Formulaire d'autorisation de pilotage et journal d'enregistrement journalier des vols"*. Il a aussi bien vérifié sur le formulaire L.14 que le réservoir de son Tiger Moth avait ses 19 gallons impériaux (72 litres) d'essence, et que le réservoir d'huile avait été ravitaillé. Son instructeur lui avait raconté qu'un élève des classes précédentes avait vu son séjour se terminer plus brutalement que prévu lorsque son moteur s'était retrouvé à court de carburant peu après le décollage ... il avait signé le L.14 sans le lire, et le plein n'avait pas encore été fait. Duff n'avait que 19 ans, mais il avait commencé une carrière dans les assurances avant de rejoindre la RCAF, et il avait une approche bien plus méthodique et raisonnée de l'aviation que bien des jeunes gens qui l'entouraient. Son instructeur avait d'ailleurs suggéré de le recommander pour le pilotage de bombardiers, ce qui lui convenait

---

[5] Cette anecdote a été décrite à partir des informations glanées dans divers ouvrages cités par la bibliographie, ainsi que les coupures de presse du Toronto Star de janvier 1941 et juin-juillet 1942, les Journaux de marche de la 14ème EFTS, de la 33ème SFTS et du 102ème Escadron, conservés sous les références C-12336, images 520 à 522 ; C-12353, image 1645, BAC, et sous les références AIR 27/808/23 à 30, TNA.

parfaitement : plus de moteurs et moins de pilotage au ras du sol égalent moins de risques d'accident …

Avec un regard envieux au poêle à charbon, Duff a laissé la place à l'élève suivant pour se rendre jusqu'à son avion. Après la routine du démarrage, il a décollé à 9h30 sur un Tiger Moth pour un vol de navigation jusqu'à Winnipeg, à environ 90 km à l'Est. Était-ce le vent, un compas capricieux, ou une distraction liée à un calcul de probabilité ou au souvenir du spectacle de danse de la troupe de Miss Gladys Forrester qui avait eu lieu deux soirs plus tôt, mais au bout d'une heure de vol, Duff dut se rendre à l'évidence : pas de Winnipeg en vue, rien que de la neige et des arbres.

Sans nouvelles à 12h30, l'école organise des vols de recherche, sans succès lorsque la nuit tombe. Le lendemain, les recherches se poursuivent, mais seuls les instructeurs peuvent voler car le temps est trop bouché. Peu avant minuit, un coup de fil annonce que le Tiger Moth a été découvert intact par un trappeur, près de Moose Lake, à 235 km au Sud-Est de Portage la Prairie : il semble que Duff se soit perdu et ait poursuivi sa route vers le Sud-Est après Winnipeg au lieu de revenir à l'Ouest vers Portage la Prairie. À court d'essence, l'élève avait décidé de se poser avant que le moteur ne s'arrête. Le trappeur a aussi signalé des traces de pas dans la neige s'éloignant vers le Sud. Le 27 mars, cinq Tiger Moth cherchent Duff sans succès, jusqu'à ce que l'instructeur P. V. Mills et son passager, Howard Holmgren de Sprague, un civil connaissant bien la région, aperçoivent des traces de pas puis trouvent le naufragé allongé sur un tronc dans un marais gelé, à treize kilomètres de son avion, parcourus en deux jours dans 70 cm de neige. Mills parvient à se poser un peu plus loin. Il laisse son passager sur place pour emmener Duff à Sprague puis à l'hôpital de la 5ème École des Observateurs Aériens de Winnipeg. Il souffre de quelques gelures et est affamé. Il est même très bronzé par la réflexion du soleil sur la neige. Ses parents, qui habitent Toronto, sont prévenus par télégramme qu'il a été retrouvé.

"Prêt pour un repas et un lit" **titre cet article. Tout sourire, Duff est accueilli par le Flight Lieutenant F. E. Landry, médecin de la 5ème AOS. L'instructeur P. V. Mills, au fond, s'apprête à descendre du Tiger Moth** (photo à la une du Winnipeg Evening Tribune du 28 mars 1941, reproduite avec l'aimable permission de l'Université du Manitoba, Digital Collection, https://digitalcollections.lib.umanitoba.ca)

Revenu à la 14ème EFTS, Duff est surnommé *"wrong-way Duff"* (*"pas par-là Duff"*) par ses camarades lors du repas de fin de cursus le 31 mars. La Classe n°20 termine son séjour en EFTS le 10 avril : sur 37 élèves, 31 sont envoyés à la 33ème SFTS (École Militaire de Pilotage), 6 sont recalés définitivement.

Après quelques jours de permission, Duff a appris à piloter des bimoteurs (Avro Anson) à la 33ème SFTS de Carberry, Manitoba avant d'obtenir ses ailes durant l'été 1941. Il était habituel d'inviter une personnalité pour décerner leurs ailes aux nouveaux pilotes, comme un Colonel de la garnison locale, ou le Lieutenant-Gouverneur de la province. L'un des discours tenus cet été-là a été celui de l'Aumônier Supérieur du QG de la RCAF en visite à la 33ème SFTS : l'aumônier a souligné que les élèves étaient en bonne voie puisqu'ils en étaient à la troisième des quatre étapes marquantes de leur carrière d'aviateur, qui selon lui étaient : le premier vol, le premier vol en solo, les ailes de pilotes et le premier vol face à l'ennemi. Le soir, les nouveaux pilotes célébraient leurs brevets en donnant une fête en l'honneur de leurs instructeurs.

Après avoir traversé l'Atlantique, le Sergent Duff a passé environ un mois de l'automne 1941 au sein d'une Unité Aérienne d'Acclimatation pour les Pilotes ((P)AFU) pour découvrir les conditions de navigation en Angleterre qui sont bien différentes de celles qu'il a connues au Canada. Il a ensuite été affecté à la 19ème Unité de Formation Opérationnelle (OTU) de Kinloss en Écosse, où il a appris à piloter le bimoteur Armstrong Whitworth Whitley. Duff a rejoint le 102ème Escadron le 23 décembre 1941. Ses missions opérationnelles ont été résumées ci-dessous. Dans la mesure du possible, elles étaient de difficulté croissante, et les premières s'effectuaient en tant que "second pilote" pour apprendre les ficelles du métier :
- 6 janvier 1942 : Whitley V Z9421 : mission *Nickel* (largage de tracts de propagande au lieu de bombes) sur la région Parisienne. Second Pilote sous la houlette du Sergent B. Boothright, Premier Pilote.

Depuis décembre, l'Escadron commence à échanger ses Whitley contre des Halifax : aucun vol opérationnel entre le 1er février et le 14 avril pour assurer la formation des équipages. Pendant cette période, Duff reçoit sa promotion au grade de Flight Sergeant.
- 22 avril : Halifax II R9446 : Port du Havre. Second Pilote avec le Flight Sergeant L. W. Carr, Premier Pilote. Avion endommagé par la Flak.
- 28 avril : Halifax II R9530 : Kiel. Second Pilote avec le Squadron Leader E. D. Griffiths.
- 29 mai : Halifax II W1066 "G" : Genevilliers. Second Pilote avec le Flight Lieutenant W. J. J. Welch.
- 30 mai : Halifax II R9533 "B" : Cologne (premier *"raid de mille bombardiers"* organisé par le Bomber Command). Second Pilote avec le Squadron Leader E. D. Griffiths. Avion attaqué à deux reprises par un chasseur de nuit et endommagé par la Flak.
- 1er juin : Halifax II W1066 "G" : Essen (second *"raid de mille bombardiers"*). Second Pilote avec le Squadron Leader E. D. Griffiths.
- 6 juin : Halifax II W1142 "A" : Emden. Premier vol en tant que capitaine de l'avion.
- 19 juin : Halifax II W1066 "G" : Emden.

Le jeudi 25 juin 1942, vingt Halifax du 102ème Escadron doivent participer au troisième *"raid de mille bombardiers"*, la cible choisie étant cette fois la ville de Brême. 19 Halifax parviennent à décoller de Topcliffe dans le Yorkshire, mais deux doivent rentrer avec leurs bombes suite à des soucis de moteur. Parmi les 50 avions perdus par le Bomber Command cette nuit-là se trouvaient quatre Halifax du 102ème Escadron, dont celui du Flight Sergeant Frederick F. Duff (V9987 "U"). Sa mère a donc reçu pour la seconde fois un télégramme lui indiquant que son fils était porté manquant. Malheureusement, cette fois, Duff n'avait pas eu l'opportunité de poser son appareil. Trois membres d'équipage ont été faits prisonniers. Duff et son Mitrailleur, le Sergent William Weightman (Britannique) reposent aujourd'hui au cimetière de Becklingen en Allemagne.

<u>Un peu de terminologie avant d'aborder les formations plus en détail</u>

Même s'il y a un glossaire en fin d'ouvrage, il a paru important d'alerter le lecteur pour éviter toute confusion. Par obligation, le terme formation est très utilisé ici, et il convient donc de ne pas confondre les différentes phases du cursus suivi par les aviateurs. Nous distinguerons :
- **La formation de base** qui est l'objet principal du présent livre et qui dépendait des Commandements de Formation (Training Commands) des différentes forces aériennes.
- **La formation opérationnelle** qui est évoquée dans ses grandes lignes mais qui dépendait des Commandements opérationnels.

La **formation de base** comprenait plusieurs phases successives que nous détaillerons dans les chapitres suivants. Par exemple, pour les pilotes, pendant la guerre, la **formation de base** était composée :
- D'une période de **formation initiale**,
- D'un séjour en école (souvent civile) de **formation élémentaire** au pilotage,
- D'un séjour en école militaire de **formation avancée** au pilotage, avec parfois une phase préliminaire appelée "**formation intermédiaire**".
- D'un stage **d'acclimatation** aux conditions de vol au Royaume-Uni.

Il passaient ensuite à la **formation opérationnelle**.

Introduction
Si vis pacem, para bellum *(qui veut la paix doit être prêt à la guerre)*
(proverbe latin attribué à l'auteur romain Végèce) [6]

La RAF d'avant-guerre : un nain qui voulait devenir géant

Mi 1936, la RAF disposait d'à peine plus de 5.000 pilotes formés, dont près de 1.900 étaient des Réservistes ou des Auxiliaires. Un millier d'élèves-pilotes étaient en formation. [7] Ces pilotes n'avaient quasiment aucune pratique du vol de nuit et, sauf quelques équipages d'hydravions, ils n'étaient pas formés pour naviguer sur de grandes distances en situation de couvre-feu. Les plus gros avions en service étaient alors les Handley Page Heyford, les Vickers Valentia ou les Boulton Paul Overstrand mis en service en 1934, tous des biplans bimoteurs à train d'atterrissage fixe.

Les planificateurs du Ministère de l'Air britannique commençaient à prendre conscience de la tâche titanesque qui les attendaient pour former des milliers d'aviateurs supplémentaires, mais ils ont dû affronter des difficultés inattendues, notamment :

- Alors qu'ils pensaient pouvoir développer des écoles au Royaume-Uni ou même en France, [8] l'avancée allemande sur la Manche les a obligés à délocaliser dans l'urgence beaucoup d'écoles au pays de Galles, en Écosse ou en Irlande du Nord, voire même en Amérique ou en Afrique.
- Les avions avaient peu évolué après la Première Guerre mondiale. Ces appareils étaient très bien adaptés au maintien de l'ordre aux confins de l'empire britannique : rustiques, ils permettaient de surveiller de grandes régions et de conduire des raids limités contre des rebelles mal armés. En l'absence de chasse ennemie, l'armement défensif était généralement limité à une simple mitrailleuse Vickers ou Lewis de 7,7 mm (déjà en service en 1914-18). La plupart de ces biplans avaient des cockpits ouverts, des trains d'atterrissage fixes, une instrumentation rudimentaire, des hélices à pas fixe, pas de volets hypersustentateurs et souvent pas de radio. Un pilote formé en 1934 sur un biplan Audax pouvait piloter sans problème tous les avions basés au sol de la RAF après une courte conversion pour apprendre à maitriser un bimoteur. Il y avait alors peu de différence technologique entre les avions d'écolage et ceux des unités combattantes, mais l'écart s'est ensuite rapidement creusé : 1937 a été une véritable révolution pour les Escadrilles qui ont reçu les premiers monoplans, à

---

[6] Dans la même veine, on pourrait citer les Généraux américains Patton et Schwarzkopf, respectivement *"Une pinte de sueur économise une pinte de sang"*, et *"Plus vous suerez durant la paix, moins vous saignerez durant la guerre"*.

[7] Chapitre 2 de la monographie *"Flying Training : Volume II, Part I : Basic Training in the UK"*, publiée par l'Air Historical Branch du Ministère de l'Air, non datée (probablement début des années 1950) (voir bibliographie).

[8] Pendant la drôle de guerre, la RAF avait obtenu l'accord de la France pour implanter cinq SFTS entre Le Mans et Tours. La RAF prévoyait également d'installer cinq autres SFTS dans les colonies françaises d'Afrique du Nord (page 3 du mémorandum WP(40)238 du Secrétaire d'État à l'Air du 1er juillet 1940, conservé sous la référence CAB 66/9/18, TNA).

cockpit fermé, avec train escamotable, volets hypersustentateurs, hélices à pas variable, système de carburant complexe, bientôt suivis de tourelles hydrauliques, d'essence avec un indice d'octane 100 et d'instruments de plus en plus sophistiqués (approche radioguidée, radar, radio, etc.). Des équipages qui hier pilotaient un Hind ou un Gordon à 300 km/h au maximum ramènent leurs appareils à un dépôt et se voient confier pour le vol de retour un Fairey Battle ou un Bristol Blenheim volant à plus de 410 km/h et pesant le double des biplans, avec seulement un court briefing au sol. De même, Hurricane et Spitfire ont une vitesse de pointe supérieure de 150 km/h au Gloster Gauntlet. Faute d'une formation adaptée, il n'est pas étonnant que la transition se soit parfois faite avec pas mal de casse, comme par exemple lors de l'arrivée du premier Blenheim K7036 livré au 114ème Escadron le 10 mars 1937 : le pilote freine trop fort et l'avion flambant neuf bascule sur le dos, devenant bon pour la ferraille. Quelques années plus tard, les premiers quadrimoteurs (Sunderland, Stirling, Halifax, Lancaster, Fortress, Liberator, etc.) entrent en service et un pilote, âgé souvent de moins de vingt ans, se retrouve à la tête d'un équipage de sept à dix hommes.

- La RAF d'avant-guerre était conçue principalement comme une force de bombardement diurne, la composante défensive (chasse) n'ayant été accrue que tardivement. Les équipages n'étaient donc majoritairement pas formés pour de longs vols de nuit, et encore moins pour naviguer avec précision sur de grandes distances en situation de couvre-feu. Pourtant, après les premiers combats, le Bomber Command a dû se rendre à l'évidence et opter pour les missions nocturnes. Même certaines unités de chasse ont dû passer au vol de nuit pour tenter de contrer les assauts allemands lors du Blitz de 1940-41.

- L'évaluation des effectifs nécessaires devait prendre en compte à la fois les plans de réarmement qui étaient parfois révisés plusieurs fois par an, mais aussi des hypothèses de pertes au combat pour lesquelles aucune expérience comparable n'était disponible. Toute erreur causerait une pénurie ou un excès d'aviateurs après 18 mois à deux ans de formation, sans parler d'un potentiel gaspillage de ressources (écoles, instructeurs, avions, etc.).

Les formations existantes ont donc dû être complètement revues, rallongées, et de nouvelles phases d'instruction ont été créées pour répondre à ces besoins qui n'existaient pas quelques années auparavant. Par exemple, la formation au pilotage de nuit est devenue extrêmement sophistiquée, avec des phases d'apprentissage graduellement plus élaborées, des écoles spécialisées pour l'approche radioguidée, des simulateurs complexes pour le pilotage aux instruments ("Link trainer") et des manuels détaillés.

Formation et capacités opérationnelles

Peu de recherches, même anglo-saxonnes, ont été consacrées à la formation des aviateurs, alors qu'il y a des centaines d'ouvrages dédiés à l'étude de la bataille d'Angleterre ou à l'action du Bomber Command. Pourtant, il est parfois difficile d'expliquer certaines décisions opérationnelles sans remonter à l'origine du problème. Pendant la guerre, la compétence des aviateurs a souvent été un souci majeur des commandants et ils ont parfois dû prendre des décisions palliatives comme dans les cas suivants qui ne sont qu'un échantillon parmi une foule d'exemples possibles :

- En janvier 1940, des missions nocturnes de minage des voies navigables allemandes par la voie aérienne sont envisagées mais jusque-là, les équipages de bombardiers de la RAF ne recevaient qu'une formation minimale au vol de nuit pour revenir en soirée ou décoller tôt avant l'aube. Les Escadrons de Fairey Battle déployés en France par la RAF reçoivent donc l'ordre de commencer à s'entraîner au vol de nuit, tout en continuant à assurer des missions de guerre (principalement de reconnaissance ou de largage de tracts de propagande). Cette formation, qui n'a finalement jamais servi aux Battle à déposer des mines, a quand même permis aux équipages survivants de passer aux bombardements nocturnes lors des combats de mai-juin 1940, lorsque la RAF a compris que ces avions ne pouvaient pas opérer de jour. [9]

- Durant la bataille d'Angleterre, un déficit de pilotes de chasse survient. Sur quatre semaines en août et septembre 1940, 348 pilotes (souvent expérimentés) du Fighter Command ont été tués, blessés ou portés disparus alors que seulement 280 "bleus" ont rejoint les Escadrons. [10] La formation opérationnelle des nouveaux pilotes n'est clairement pas suffisante, ayant été réduite à deux semaines. Pour essayer de limiter les pertes de ces nouveaux pilotes, les Escadrons sont réorganisés en septembre 1940 suivant trois catégories dans le cadre d'un programme *"de stabilisation"* pour envoyer majoritairement les pilotes les plus expérimentés au 11ème Groupe, le plus exposé aux assauts de la Luftwaffe : [11]

    o Catégorie A (principalement au sein du 11ème Groupe) : 16 à 20 pilotes expérimentés ;
    o Catégorie B : une majorité de pilotes expérimentés (dix minimum) ;
    o Catégorie C : quelques pilotes expérimentés (trois minimum) et une majorité de nouveaux pilotes : ces 19,5 Escadrons sont chargés de former les "bleus" qui

---

[9] Paragraphes 30 à 32 du rapport de l'Air Marshal A. S. Barratt, Officier de l'Air commandant en chef de la Force Aérienne Britannique en France, conservé sous les références AIR 35/197 et 35/198, TNA.

[10] Chiffres cités page 105 du livre *"Park : The Biography of Air Chief Marshal Sir Keith Park Gcb, Kbe, Mc, Dfc, Dcl"* de Vincent Orange, Grub Street, 2001, ISBN 978-1902304618. L'Air Vice Marshal James (Johnnie) E. Johnson, page 168 de son livre *"Le combat aérien"*, Plon 1966, donne un chiffre de 120 pilotes perdus par semaine contre 65 nouveaux arrivants.

[11] Paragraphe 177 des *"Despatches on the Battle of Britain"* de l'Air Chief Marshal Sir Hugh C.T. Dowding, septembre 1946, dossier AIR 20/5202, TNA, et page 825 du document *"Flying Training Volume II Part 3 Operational Training"*, (voir bibliographie).

sont ensuite envoyés aux unités de catégorie A ou B. Dans les faits, ces Escadrons de catégorie C assistent les unités de formation opérationnelle et ce sont ainsi 330 avions de première ligne qui sont immobilisés pour cette tâche (en plus des 200 des unités de formation opérationnelle).

Les aviateurs des unités de catégorie B ou C avaient l'impression d'être dévalorisés et ce système compliquait la gestion des Escadrons. Il a donc logiquement été abandonné en décembre 1940.

- Mi-1942, le Bomber Command se plaint de ne pouvoir couvrir autant de territoire ennemi que l'autonomie théorique des appareils pourrait le permettre car les pilotes n'ont pas été formés à régler les moteurs de façon à réduire autant que possible la consommation. [12] Il faut donc se contenter de cibles relativement proches tant que cette situation n'est pas améliorée (notamment pas l'introduction de Mécaniciens embarqués).

Nous verrons que la formation des aviateurs a fortement évolué pendant la guerre, que ce soit pour répondre aux attentes des unités combattantes ou pour s'adapter à des nouvelles technologies introduites rapidement sous la pression de la guerre (les aides de navigation radio et radar étaient par exemple des technologies quasiment absentes de la formation des équipages avant la guerre, et qui occupaient une part importante des cursus après les premières années de guerre).

La délocalisation de la formation des aviateurs de la RAF

De prime abord, il pourrait paraître étonnant de consacrer plus de place au Canada qu'au Royaume-Uni dans un ouvrage sur la formation des aviateurs de la Royal Air Force. Il est effectivement peu connu que seulement 30% des 326.552 aviateurs de la RAF formés pendant la guerre l'ont été au Royaume-Uni. Pour les pilotes, cette proportion n'est même que de 13% comme illustré par le graphe ci-contre qui montre le lieu de formation des 117.669 pilotes formés entre septembre 1939 à août 1945 : [13]

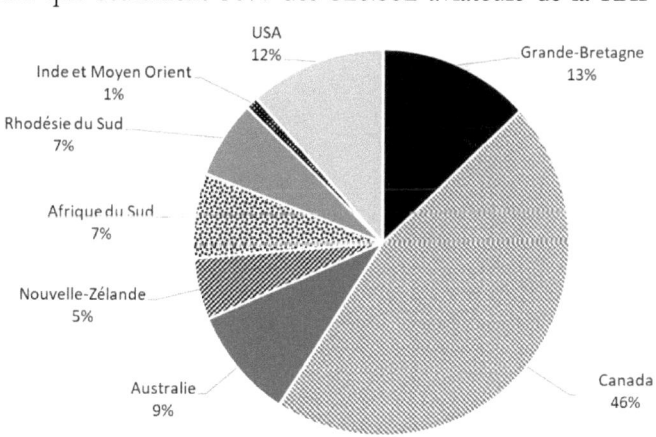

---

[12] Pages 2 et 3 du *"Monthly Aircrew Training Bulletin n°3"* publié en juillet 1942, par le Département du Membre du Conseil de l'Air chargé de la Formation, conservé sous la référence AIR 22/327, TNA.
[13] Graphe de l'auteur à partir des données de l'Annexe 2 du document de l'Air Historical Branch *"Flying Training : Volume I, Policy and Planning"*, (voir bibliographie).

À une époque où très peu de familles avaient une voiture et où les voyages internationaux étaient réservés à une élite, nous verrons que l'effort logistique consenti par la RAF a été énorme pour assurer la formation de ses recrues. La section historique a donc été divisée en deux grandes Parties :
- La première décrit la formation des aviateurs au Royaume-Uni avant la guerre (et pendant la guerre dans les grandes lignes).
- La seconde est consacrée à la formation outre-mer des aviateurs britanniques et des Dominions pendant la guerre. Cette Partie est comparativement plus conséquente que la première, reflétant la délocalisation importante de l'effort de formation de ces aviateurs.

Ces Parties suivent une séquence chronologique, mais il a fallu parfois faire des bonds en avant pour évoquer l'emploi tactique d'une compétence après avoir parlé de la formation correspondante, même si les deux étaient séparées de plusieurs mois (ou plus). La troisième Partie est dédiée aux outils pédagogiques, et la quatrième à la description succincte des principaux avions de formation.

Superbe alignement des appareils de la 5ème École Britannique de Formation au Pilotage (BFTS) à Clewiston en Floride, USA, lors d'une parade en 1941 : au premier plan, les North American AT-6, plus loin les Vultee BT-13 et au loin les biplans Stearman PT-17. Au fond, les hangars et baraquements de l'école dans lesquels s'activent des centaines de mécanos et techniciens. Les quatre classes d'une cinquantaine d'élèves britanniques chacune sont alignées devant les avions (en uniformes sombres). Les instructeurs civils américains ont un uniforme clair. Cette école n'est qu'un exemple parmi les dizaines d'établissements établis hors du Royaume-Uni pour former des aviateurs de la RAF et cette photo permet donc de mesurer les énormes moyens investis. (Photo reproduite avec la permission de l'Embry-Riddle Aeronautical University).

PARTIE A : La formation des aviateurs au Royaume-Uni

"La Bataille de la Formation est tout aussi importante que la bataille opérationnelle."
Air Marshal A. Guy R. Garrod [14]

A.1 - Les débuts au Royaume-Uni de la formation militaire des aviateurs

Un mois après la création officielle du Royal Flying Corps (RFC) [15] en avril 1912, une École Centrale de Pilotage (Central Flying School - CFS) est créée à Upavon, dans le Wilshire, pour former les nouveaux pilotes du RFC et de la Royal Navy. Jusque-là, les aspirants au pilotage prenaient leurs leçons aéronautiques auprès d'instructeurs civils, bien souvent à leurs frais. Pendant la Grande Guerre, la multiplication des tâches confiées à l'aviation a imposé d'accroître le nombre des écoles y compris aux confins de l'Empire britannique (comme en Égypte ou au Canada), et de les spécialiser (pilotage, tir d'armes fixes, tir d'armes mobiles, navigation, photographie, torpillage, etc.). Par de nombreux tâtonnements et essais, ces écoles développent les bases des programmes de formation et des techniques qui resteront enseignées jusqu'à nos jours. Par exemple :

- Durant la seconde moitié de la guerre, en raison de la complexité accrue des nouvelles machines par rapport aux monomoteurs de 1914, la formation des pilotes est divisée en deux étapes principales : une phase élémentaire et une phase avancée.
- Les premiers manuels de formation des pilotes voient le jour durant cette période. On peut citer la *"Méthode Générale d'Instruction des Pilotes d'avions de Reconnaissance"* d'octobre 1917 ou la Publication de l'Air n°129 *"Instruction au Pilotage"* également de 1917. [16]
- Durant l'été 1917, le scientifique Frederick Lindemann (futur conseiller de Churchill durant la Seconde Guerre Mondiale) effectue lui-même les premières mesures des paramètres de vol lors de vrilles après avoir appris à piloter. Seuls quelques intrépides avaient jusque-là osé déclencher volontairement une vrille, ayant plus ou moins empiriquement trouvé le moyen d'en sortir. Les enseignements de ces essais sont progressivement incorporés dans les programmes de formation des élèves pilotes, tout comme l'a été la voltige aérienne, qui était au départ vue d'un mauvais œil par la hiérarchie du RFC comme étant "des acrobaties" ("trick flying") : il a fallu attendre

---

[14] Conclusion du discours de l'Air Marshal A. Guy R. Garrod, Membre du Conseil de l'Air chargé de la Formation, lors de la conférence de janvier 1942 au Royaume-Uni réunissant les représentants des différents pays impliqués dans le BCATP. Compte-rendu de la conférence *"Aircrew Training"*, Document Secret (SD) n°349 de février 1942, conservé sous la référence AIR 10/4056, TNA.

[15] La RAF est née six ans plus tard, en avril 1918, de la fusion du RFC et du Royal Naval Air Service (RNAS).

[16] *"General Method of Teaching Scout Pilots"*, document conservé sous la référence AIR 1/728/163/3, TNA ; AP 129 *"RAF Flying Training, Part 1 Flying Instruction"*, document conservé sous la référence AIR 10/167, TNA.

mai 1916 pour que la pratique des "acrobaties" devienne autorisée, et encore quelques mois pour qu'elle soit au programme des cours de pilotage. [17]

Cette multiplication des établissements de formation en fonction des besoins durant la Première Guerre a forcément été désordonnée et disparate, étant principalement adaptée à chaque Commandement Régional dont dépendaient les écoles. Le Ministère de la Guerre ainsi que l'Amirauté ont donc passé une partie de leur temps à tenter d'apporter un peu d'ordre et d'uniformité. Par exemple, en 1917, les Escadrons de Formation, dispersés sur une multitude de terrains d'aviation, sont regroupés par trois sur une Base de Dépôt de Formation. Mais ce n'est qu'en avril 1920 que la formation des aviateurs de la RAF est rassemblée sous une autorité unique au sein de l'*Inland Area*, une sorte de commandement mixte regroupant les unités opérationnelles ou non-opérationnelles des îles britanniques, à l'exception de celles de surveillance maritime.

A.1.1 - La situation avant-guerre

En 1919, le Premier Ministre Lloyd George instaure la "règle des dix ans" selon laquelle il n'y a pas besoin d'un gros budget pour la défense puisqu'il n'y aura pas de conflits importants dans les dix années à venir. Si cette règle avait été respectée, vers 1924, le Ministère de l'Air aurait dû commencer un programme de réarmement pour être prêt à un conflit majeur cinq ans plus tard. En juillet 1928, Winston Churchill, alors Ministre des Finances, propose que le renouvellement de la période de dix ans soit réétudié chaque année. Les gouvernements successifs ont succombé à la tentation et ainsi fait glisser la période de dix ans jusqu'en mars 1932 (notamment car le Japon avait envahi la Mandchourie fin 1931, puis avait semé le trouble à Shanghai). [18] Cette "période glaciaire" budgétaire a figé les investissements militaires à tel point qu'au début des années trente,

---

[17] *"On the Early History of Spinning and Spin Research in the UK - Part 1 : The period 1909 - 1929"*, article n°2014/03 de Brian J. Brinkworth, Journal of Aeronautical History, pages 106 à 160 ; pages 22 et 23 du livre *"History of British military training aircraft"* de Ray Sturtivant (voir bibliographie).

[18] On pourrait conclure que la leçon de l'histoire de la "règle des dix ans" (au-delà de la difficulté de se prendre pour Madame Irma avec sa boule de cristal) est de ne pas oublier de régler le réveil et de s'y tenir. Elle semble avoir été oubliée par bien des démocraties qui, après la chute du mur de Berlin en 1989, ont eu un réveil brutal en 2022 malgré de nombreux signaux d'alarmes dans les deux décennies précédentes. Même si elle n'est pas explicitement mentionnée, la "règle des dix ans" est toujours utilisée, que ce soit consciemment ou non. Par exemple, en avril 2024, le Ministre Australien de la Défense a déclaré que *"l'Australie n'a plus le luxe de disposer d'une fenêtre d'alerte stratégique de 10 ans en cas de conflit"* face à l'expansionnisme chinois dans le Pacifique (discours de Richard Marles pour le lancement de la *"2024 National Defence Strategy",* consulté en ligne le 19 avril 2024, https://www.minister.defence.gov.au/speeches/2024-04-17/launch-national-defence-strategy-and-integrated-investment-program). Autre exemple dans l'article *"Is the Warning Clock on Our National Defense Running Out ?"* d'Andrew R. Hoehn et Thom Shanker consulté en ligne le 19 avril 2024, https://www.rand.org/pubs/commentary/2023/07/is-the-warning-clock-on-our-national-defense-running.html , on trouve le commentaire suivant : *"Même si les États-Unis n'ont jamais invoqué une telle règle des dix ans concernant les préparatifs d'une compétition militaire à long terme avec la Chine, ils se sont parfois comportés comme si cette règle existait."*

les élèves des écoles de la RAF apprennent à piloter sur des Avro 504, un appareil dont le premier vol remonte à septembre 1913 !

Finalement, le budget britannique consacré à la défense commence à augmenter sensiblement à partir de 1935, puis de façon exponentielle. Entre juillet 1934 et novembre 1938, le gouvernement britannique approuve huit plans successifs d'expansion de la RAF qui sont résumés dans le graphe ci-dessous pour les avions prévus pour équiper le Royaume-Uni uniquement (les avions déployés outre-mer, par exemple en Égypte, en Inde, en Irak ou à Singapour ne sont donc pas inclus dans ce graphe). [19] Le nombre d'unité pour cette "Metropolitan Air Force" est plus que triplé, passant de 48 Escadrons en 1932 à 163 Escadrons prévus par le Plan "M".

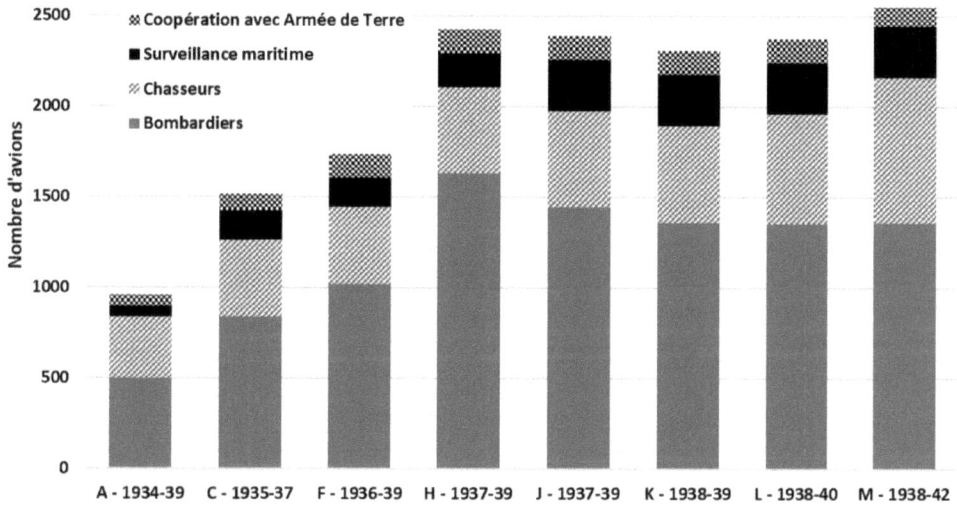

Corollaire de ces plans d'expansion, le personnel budgété pour la RAF explose, comme on le voit sur le graphe page suivante. [20] Dans les années précédant la guerre, les parlementaires sont même appelés à approuver des révisions multiples de budget (par exemple, en 1938 : 83.000 aviateurs initialement prévus, puis 96.000 en juillet et 102.000 en février 1939 (les années fiscales britanniques courant d'avril à mars)).

---

[19] Graphe de l'auteur à partir des données de l'Annexe de l'Air Historical Branch *"The Expansion of the RAF 1934-1939"*, voir bibliographie. Chaque Plan était désigné par une lettre (de A à M). La première date indiquée après la lettre du Plan correspond à la date d'adoption du Plan, et la seconde date est celle d'achèvement qui était prévue.

[20] Graphe de l'auteur à partir des données de la page 116 de *"The Expansion of the RAF 1934-1939"* op.cit.

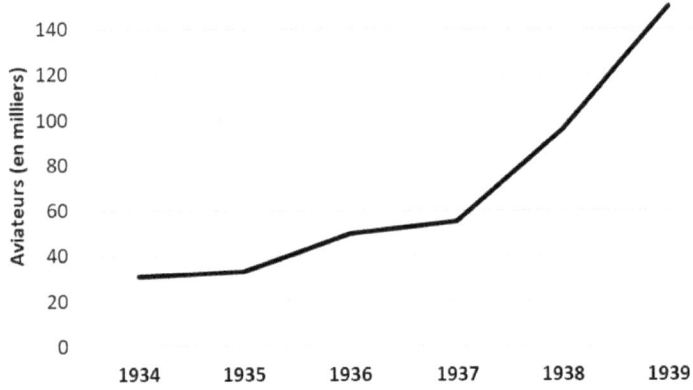

En 1934, il n'est prévu que de former 300 pilotes sur l'année alors que les premiers plans de réarmement commencent à émerger.

A.1.2 - Le recrutement

Que ce soit en temps de paix, ou en temps de guerre, il faut garder à l'esprit que les aviateurs n'étaient sélectionnés que parmi les jeunes gens qui se portaient volontaires pour voler. Même avec des campagnes de propagande, il a toujours été difficile de trouver plus d'un tiers de volontaires parmi les recrues qui signaient un contrat d'engagement dans la RAF (par exemple, voir le graphe du chapitre B.2.2.4).

En 1934, l'Air Commodore Arthur W. Tedder est nommé Directeur de la Formation au sein du Ministère de l'Air et il promeut la mise en place de la Réserve des Volontaires de la RAF (RAFVR). Alors que les Auxiliaires de la RAF étaient généralement issus de l'aristocratie ou de la haute bourgeoisie puisque qu'il fallait qu'ils payent leur formation de pilote, la RAFVR était ouverte à tous les hommes entre 18 et 25 ans. Les Escadrons Auxiliaires étaient souvent perçus comme étant des *"gentlemen's flying clubs"*, mais leur bonne performance durant les premiers mois de la guerre et l'incorporation de RAFVR dans leurs rangs ont rapidement gommé cette image. [21] En diversifiant les sources de recrutement, le Ministère de l'Air avait tenté de d'attirer le plus de volontaires possibles puisque la conscription n'était clairement pas à l'ordre du jour au milieu des années 1930.

La répartition des 6.103 pilotes que compte la RAF mi-1936 est visible sur le graphe page suivante. [22] On constate que les Réserves, les Auxiliaires et les pilotes en formation représentent quasiment la moitié des effectifs.

---

[21] Pour une analyse sociologique détaillée des Auxiliaires et des Volontaires de la RAFVR, on se reportera aux articles et ouvrages de Louise Wilkinson (voir bibliographie).
[22] Graphe de l'auteur à partir des données du chapitre 2 du document "*Flying Training : Volume II, Part I*", op.cit.

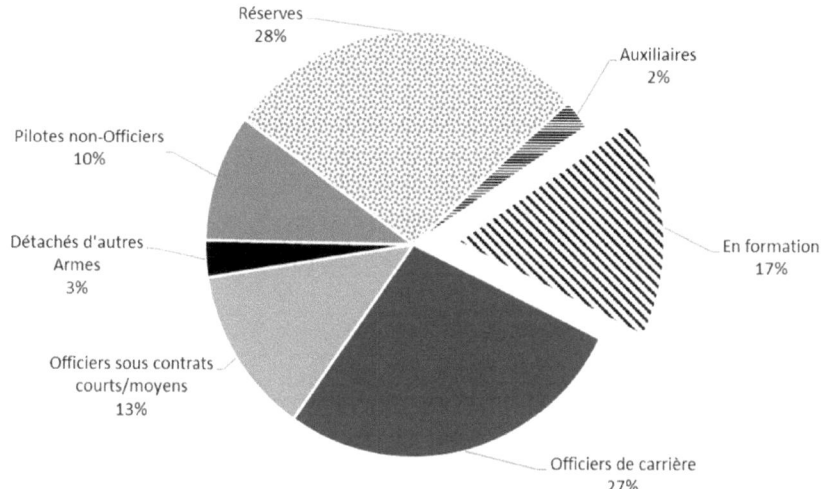

À la déclaration de la guerre, les effectifs composant la force aérienne britannique provenaient des quatre blocs décrits dans le tableau suivant. À ce moment-là, cette force comptait 118.000 hommes "d'active" et 45.000 réservistes ou auxiliaires.

	Origine des personnels	Création
Royal Air Force (dite "Régulière" ou "d'Active")	Engagés (contrat long).	-
	Engagés (contrat court ou moyen terme - 4 à 6 ans).	
Réserve de la RAF (RAFR)	Ex-engagés de la RAF "Régulière" dont le contrat court/moyen terme a expiré.	1919
Auxiliaires de la RAF (RAuxAF)	Volontaires ayant déjà leur brevet de pilote. 15 jours par an avec contrat d'au moins 5 ans. 20 Escadrons en 1939 (n°500 à 502, 504, 600 à 605, 607 à 616).	1924
Réserve des Volontaires de la RAF (RAFVR)	Volontaires devenant réservistes directement, sans passer par une période "d'active", ou ex-RAuxAF dont le contrat a expiré. 15 jours par an après la formation. En septembre 1939 : 5.646 pilotes (certains en formation), 1.623 Observateurs et 1.948 Opérateurs radio. [23]	1936

Malgré tous ces dispositifs, le manque de personnel reste une donnée critique au début des hostilités. En octobre 1938, le Secrétaire d'État à l'Air, Sir Howard Kingsley Wood déclare que *"au début de 1940, le facteur limitant le nombre d'Escadrons que nous pourrons mobiliser deviendra la fourniture d'équipages formés, et non plus la production d'avions."* [24]

Le 1er février 1939, un nouveau Commandement, le Reserve Command, est formé pour assurer la formation et le maintien en condition opérationnelle des réserves de la

---

[23] Page 137 de la monographie *"Manning Plans and Policy"*, de l'Air Historical Branch, 1958 (voir bibliographie).
[24] Paragraphe 44 du mémorandum du 25 octobre 1938 *"Relative Air Strengths and Proposals for the Improvement of this Country's Position"*, conservé sous la référence CAB 24/279/18, TNA.

RAF. L'année suivante, ce Commandement disparaît, étant absorbé le 27 mai 1940 par le nouveau Commandement de la Formation au Vol (Flying Training Command). Avec la fin de la guerre, le Reserve Command a été rétabli en mai 1946.

Le tableau ci-dessous résume le parcours initial de formation de John S. Hitchcock qui était vendeur dans un commerce de Colchester, Essex, quand il s'est engagé le 5 décembre 1937, à 20 ans, dans la Réserve des Volontaires de la RAF (RAFVR) pour cinq ans : [25]

	Début	**Fin**	**Durée** (semaines)	**Grade** (date d'effet)
Formation annuelle (Gatwick)	3 juillet 1938	17 juillet 1938	2	Sergent (4 déc. 1938)
Formation annuelle (Gatwick)	18 juin 1939	2 juillet 1939	2	
Mobilisé	2 septembre 1939			
4ème ITW (Escadre de Formation Préparatoire)	13 décembre 1939	6 mars 1940	12	Pilote 29 juin 1940
12ème FTS	*9 mars 1940*	*29 juin 1940*	16	
11ème OTU *	29 juin 1940	*28 août 1940*	9	

* Dont 2 semaines à la 5ème B&GS (Bombing & Gunnery School - École de Bombardement et de Tir)

On voit que sa formation de pilote a vraiment débuté au début de 1940. Fin août 1940, il rejoignait le 37ème Escadron du Bomber Command (Vickers Wellington). Il a effectué son premier tour d'opérations (30 missions au sein des 37 et 57ème Escadrons), puis une période "de repos" en tant qu'instructeur dans la 6ème SFTS puis la 6ème (P)AFU. Il a ensuite suivi une formation de conversion sur Halifax fin 1942 (1.658ème CU) avant d'effectuer les vingt missions de son deuxième tour au sein du 78ème Escadron avec le grade de Flight Lieutenant. Enfin, il a repris des rôles d'instructeur, a reçu la DFC et l'AFC, et a été démobilisé en février 1946.

A.1.2.1 - La gestion d'un déficit d'hommes une fois la guerre commencée

Durant toute la guerre, le Ministère de l'Air a anxieusement comparé le potentiel des différentes classes d'âge avec ses besoins en hommes, et plus particulièrement en personnel embarqué. Ne sachant pas quelles allaient être les pertes d'une guerre aérienne moderne ni l'expansion réelle de la RAF, il était très difficile d'estimer les besoins et les historiens officiels ont même qualifié les prévisions établies au tout début de la guerre de

---

[25] Formulaire *"Royal Air Force - airman's record sheet,"* IBCC Digital Archive, consulté en ligne le 26 septembre 2023, https://ibccdigitalarchive.lincoln.ac.uk/omeka/collections/document/36868 et London Gazettes (équivalent du Journal Officiel français) des 7 octobre 1941, 6 novembre 1942 et 9 octobre 1943. Certaines dates ne sont pas connues avec précision et ont été indiquées en italique. (Note : ci-après, seul le numéro des documents IBCC Digital Archive a été mentionné, le reste de l'adresse de la page internet restant identique à celle-ci-dessus).

"shot in the dark", que l'on peut traduire par *"prévisions au doigt mouillé"*. Différentes études prospectives ont été menées, dont les principales sont résumées dans le tableau ci-dessous : [26]

Date de l'étude	Période concernée	Besoins en aviateurs		Hommes disponibles	Surplus ou déficit
		Pilotes et observateurs (ou PNB après mi-1942) *	Mitrailleurs (ou non-PNB)		
oct. 1939	1940, 1941 et 1942	79.960	47.352		
août 1940	1940, 1941 et 1942	63.000	33.000	36.250	- 59.750
déc. 1940	décembre 1940 à décembre 1941	45.000		26.800	- 18.200
mai 1941	1941 et 1942	97.300		84.200	- 13.100
oct. 1941	juillet 1941 à décembre 1942	140.300		73.300	- 67.000
mars 1942	1942 et 1943	108.500		91.840	- 16.660
nov. 1942	juillet 1942 à décembre 1943	*pas de détails*			- 11.700
sept. 1943	juillet 1943 à décembre 19443	66.400	68.250	128.500	- 6.150

* PNB = Pilotes, Navigateurs et Bombardiers

On constate que jusqu'à l'été 1943, la hiérarchie de la RAF était hantée par une probable pénurie d'effectifs. Pour tenter de réduire les déficits en recrues apparaissant dans toutes ces études, de nombreuses mesures ont été prises, notamment en : [27]

- Abaissant les critères de sélection, que ce soit concernant le niveau d'éducation requis (par exemple des connaissances en trigonométrie ne sont plus requises après l'été 1940), l'âge des recrues (par exemple l'âge maximal pour les pilotes est augmenté de 28 à 30 ans en août 1940) ou l'aptitude physique ;
- Demandant au Ministère du Travail de libérer les personnels qui occupait un emploi protégé dans l'industrie s'il se portait volontaire pour devenir aviateur. Plus les recrues potentielles étaient âgées, plus il y avait de chance qu'elles occupent un poste protégé (par exemple, en 1940, 10% des hommes de 20 ans ne pouvaient être appelés sous les drapeaux en raison de l'importance de leur emploi civil, alors que cette proportion montait à 70% pour les hommes de 32 ans, âge maximal pour se porter

---

[26] Chapitre 7 de la monographie *"Manning Plans and Policy"*, de l'Air Historical Branch, 1958 (voir bibliographie).
[27] Pour plus de détails sur chacune de ces mesures, se référer au chapitre 7 de la monographie *"Manning Plans and Policy"*, de l'Air Historical Branch, 1958 (voir bibliographie).

volontaire en tant qu'aviateur). Plus de 60.000 ouvriers, techniciens ou ingénieurs ont ainsi pu quitter leur emploi pour entamer leur formation d'aviateur. Les sous-mariniers et les aviateurs sont les deux seules catégories pour lesquelles le Ministère du Travail a accepté de libérer des travailleurs souhaitant s'enrôler.

- Recrutant en interne des volontaires parmi les personnels au sol de la RAF pour les former à un poste d'aviateur.
- Demandant à l'Armée de Terre de laisser partir les hommes se portant volontaires pour devenir aviateurs : de novembre 1940 à 1942, plus de 10.000 soldats ont ainsi été transférés à la RAF.
- Créant des filières spécifiques d'éducation (voir les sections consacrées au Corps de Formation Aérienne créé à l'intention des jeunes de plus de 15 ans à compter de février 1941 et aux cours préalables à l'enrôlement).
- Menant de nombreuses campagnes publicitaires pour encourager les civils à s'enrôler au sein de la RAF, puis pour que les jeunes gens rejoignent le Corps de Formation Aérienne. Les équipages de la RAF étaient exclusivement composés de volontaires et si l'engouement était grand au début des hostilités, cet enthousiasme s'est rapidement réduit : en moyenne, seuls 5% des hommes appelés sous les drapeaux demandaient à devenir aviateurs, et un peu plus d'un tiers (37,4 %) étaient jugés acceptables avant que les critères de sélection ne soient durcis fin 1943. De novembre 1940 à la fin de 1942, le Ministère de la Propagande a dépensé mensuellement jusqu'à 20.000 Livres Sterling afin de soutenir l'afflux des volontaires.

Les soucis de recrutement de la RAF n'étaient qu'une déclinaison logique de la pénurie de main d'œuvre qui a marqué le Royaume-Uni durant toute la guerre. Churchill, en tant que Premier Ministre et Ministre de la Défense, se livrait à des arbitrages sévères mais indispensables entre le Ministère du Travail et les Forces Armées. Par exemple, en novembre 1942, il exige que les demandes en personnels pour la période juillet 1942 - fin 1943 soient réduites de plus d'un million d'hommes et femmes : alors que la RAF réclamait 365.000 hommes et 107.000 femmes pour cette période, Churchill en retire respectivement 185.000 et 40.000 (des réductions de 50% et 37% !). [28]

Alors que durant l'été 1943, le Ministère de l'Air britannique avait encouragé le Canada à augmenter encore ses capacités de formation d'aviateurs, les planificateurs de la RAF ont réalisé à l'automne 1943 qu'ils avaient désormais bien plus d'aviateurs formés et en formation qu'ils ne pourraient employer utilement. Cet inversement soudain de la situation était dû aux nombreuses mesures citées ci-dessus, conjuguées notamment à des pertes bien moindres que prévues, et un ralentissement de l'expansion de la RAF. Dans bien des cas, il a donc fallu rétropédaler, comme par exemple sur l'âge maximal pour s'enrôler comme élève-aviateur qui a été réduit à 26 ans, ou en n'envoyant aucun nouvel élève dans les écoles de pilotage de navigation ou de bombardement de novembre 1943

---

[28] Mémorandum WP(42) 556 du 28 novembre 1942 du Premier Ministre et Ministre de la Défense, conservé sous la référence CAB 66/31/36, TNA.

à avril 1944, puis à nouveau à compter d'août 1944. Des centaines de Cadets ou de volontaires issus d'emplois protégés dans l'industrie sont refusés. Les critères de sélection sont rendus plus sévères, et les taux de rejet dans les écoles accrus (par exemple, 20% en EFTS et 20% en SFTS à compter de l'été 1944). De nombreuses écoles d'aviation sont fermées car à partir d'octobre 1944, il est estimé que parmi les élèves en cours d'instruction (écoles de base et OTU), plus de 50.000 ne seront pas nécessaires. L'Allemagne ayant refusé de se plier aux prévisions des planificateurs qui avaient tablé sur une capitulation fin 1944, il a fallu relâcher un peu les taux de rejet dans les écoles et admettre quelques nouveaux élèves à partir de mars 1945, mais en proportion très réduite.

Malgré un contexte difficile et une concurrence féroce des autres Armes et de l'Industrie, le Ministère de l'Air a globalement réussi à s'assurer, sans transiger excessivement sur les critères de sélection, un apport constant de jeunes gens motivés pour devenir aviateurs.

<u>A.1.2.2 - La sélection des recrues</u>

La RAF avait développé les premiers tests d'aptitude pour sélectionner les pilotes pendant la Première Guerre mondiale, mais ceci a été rapidement oublié et s'est limité à quelques critères médicaux qui ont été publiés en 1919. Ces critères sont restés relativement basiques entre les deux guerres (principalement taille, poids, dentition, vision (mais pas de test de la vision nocturne) et capacité pulmonaire). [29] Les élèves qui se révélaient inaptes, soit intellectuellement, soit physiquement lors de leurs premiers vols dans les écoles de pilotage ou de navigation étaient simplement retournés à la vie civile.

Avant le début du Second Conflit Mondial, il n'y avait aucun test psychologique, test de niveau de connaissances scientifiques ou test d'aversion au vol pour les civils qui souhaitaient s'engager comme pilote ou observateur dans la RAF. [30] Dès la déclaration de la guerre, trois Centres de Réception sont ouverts pour aiguiller les recrues potentielles vers huit nouveaux Comités de Sélection des Candidats Aviateurs (Aviation Candidates Selection Board - ACSB), capables de recevoir chacun jusqu'à 125 recrues par semaine. Un Comité Médical (Aviation Candidates Medical Board - ACMB) est associé à chacun des Comités de Sélection. Sur la base de simples interviews, les Comités effectuent les évaluations (aptes ou inaptes) et affectent les recrues convenables aux différentes catégories de membres d'équipages (pilote, observateur, opérateur radio et mitrailleur) en fonction des quotas disponibles. [31]

---

[29] L'examen médical de sélection est décrit dans l'Air Publication n°FS76 *"The Examination of Aviation Candidates RAF"* en 1919, puis ensuite dans l'Air Publication n°130 *"The Medical Examination for Fitness for Flying (Royal Air Force and Civil)"*.

[30] Par contraste, la Luftwaffe avait développé une batterie de tests qui ont été très efficaces pour sélectionner ses pilotes : voir l'article *"A review of military pilot selection"* de G. J. Turnbull (voir bibliographie).

[31] Pour plus de détails, se référer au chapitre 7 et aux annexes 16 et 17 de la monographie *"Manning Plans and Policy"*, de l'Air Historical Branch, 1958 (voir bibliographie).

Afin de standardiser la sélection des recrues, une batterie de tests a été introduite dans les ACSB en juin 1940 :
- Un test général de niveau intellectuel,
- Un test portant sur les connaissances mathématiques,
- Un test de rapidité et de précision d'observation.

Ces trois tests, d'une durée de dix minutes chacun, étaient suivis d'un passage devant un comité de sélection pour évaluer les motivations et le niveau de détermination et de maturité, les questions de ce comité étant elles aussi peu à peu standardisées. Vers la fin de 1941, un test supplémentaire a été ajouté pour mesurer le degré de coordination yeux-mains-pieds du candidat : la 2ème ITW de Cambridge avait mis au point un appareillage simple dans lequel le candidat était assis face à un écran d'environ 25 centimètres de diamètre. Un manche à balai permettait de commander les mouvements dans le plan vertical d'un point lumineux projeté sur l'écran, et un palonnier faisait de même dans le plan horizontal. Une came mue par un moteur électrique donnait un mouvement excentrique au point lumineux, que le candidat devait conserver autant que possible au centre de l'écran. Un voyant rouge et un voyant blanc s'allumaient aussi par intervalle sur l'écran, et le candidat avait pour ordre de les éteindre aussi vite que possible en basculant un unique commutateur, vers l'avant pour l'un et vers l'arrière pour l'autre. Après un ou deux essais "à blanc", le vrai test durait 90 secondes et son résultat était mesuré automatiquement. Les meilleurs candidats gagnaient quelques points vers une carrière de pilote, les autres vers une carrière d'observateur. Ce dispositif a été utilisé sous une forme ou sous une autre sur différents continents, la Nouvelle-Zélande l'ayant pompeusement baptisé de *"Sensorimotor Mark III"* (ou *S.M.A.3* en abrégé). L'USAAF avait sa propre version sous le nom de Complex Coordination Test.

Un instructeur explique à une recrue le fonctionnement d'un précurseur canadien du dispositif de test de la coordination inventé par la 2ème ITW de Cambridge. La RCAF a ensuite utilisé un simulateur Link à poste de pilotage ouvert face à un écran pour tester les recrues ("Visual Link") (photo Library and Archives Canada/Department of National Defence fonds/e010997510).

Les psychologues de l'USAAC avaient déterminé que les raisons principales d'élimination des élèves-aviateurs durant leur formation étaient par ordre décroissant : [32]
- Des problèmes de coordination ou d'application des techniques de pilotage ;
- Le mauvais jugement des distances/vitesses/altitude ou un manque de concentration ;
- Un niveau intellectuel insuffisant et des difficultés à prendre les bonnes décisions ;
- Des traits de caractère inadéquats.

Les psychologues alliés ont trouvé là une occasion d'expérimenter de multiples tests et de tenter d'en corréler les résultats avec le taux de réussite des élèves aviateurs. [33] Cependant, la RAF s'étant réveillée un peu tard à l'intérêt de tests psychologiques pour sélectionner les recrues, elle s'est fait "souffler" les experts britanniques par l'Armée, par la Navy ou le Ministère de la Propagande. Ayant établi d'utiles contacts au Canada, l'Air Marshal A. Guy E. Garrod, Membre du Conseil de l'Air en charge de la Formation, recrute en septembre 1941 les Professeurs Edward A. Bott et C. Roger Myers de l'Université de Toronto pour occuper les postes de conseillers de la RAF en matière de psychologie. Leurs travaux vont fondamentalement modifier la façon dont la RAF teste et sélectionne les élèves pilotes, ce qui n'était pas une simple affaire et a été comparé *"à changer les roues d'un véhicule en mouvement"*. [34]

Au début de 1942, les comités de sélection perdent une partie de leur pouvoir de catégorisation des recrues : les hommes jugés aptes pour un rôle de pilote, de navigateur ou de bombardier sont désormais classés au sein d'une catégorie commune dite "PNB". Des tests spécifiques (y compris en vol pour les pilotes potentiels) servent ensuite à valider ce premier tri et à l'affiner en affectant chaque homme à un cursus de formation précis. [35]

Le graphe page suivante permet de voir l'évolution des résultats des interviews de recrutement entre mars 1940 et août 1945. [36] Si l'on exclut le tour de vis des critères de sélection de 1945 qui entraîne un taux de rejet de 87,3%, une recrue potentielle sur deux était retenue pour devenir aviateur : en moyenne 10% des candidats étaient jugés inaptes pour raison médicale, et 40% ne démontraient pas des connaissances, une motivation ou des aptitudes suffisantes. On voit bien que durant la première moitié de la guerre, quand la RAF manquait d'aviateurs, les trois catégories Pilotes-Navigateurs-Bombardiers

---

[32] Page 45 de l'article *"The psychologist and the bombardier : The Army Air Forces' aircrew classification program in WWII"* de Marcia E. Holmes, publié dans la revue Endeavour, Volume 38, Issue 1, mars 2014, pages 43-54.
[33] Par exemple, voir l'article *"The psychological assessment of candidates for aircrew in the RNZAF"* de R. M. Waite, publié dans les Transactions And Proceedings of The Royal Society of New Zealand, Vol. 77, 1948, pages 335-340.
[34] Pages 11 à 14 du livre de Kathy Myers Krogh (voir bibliographie). Les travaux de Myers sont décrits plus en détails dans la section intitulée *"la chasse au gaspillage"*.
[35] Page 66 du document *"Flying Training - Volume I - Policy and Planning"*, op. cit.
[36] Graphe de l'auteur à partir des données de l'Annexe 8 du document *"Flying Training : Volume II, Part I"*, op.cit.

représentaient 30 à 40% des recrues. À partir de 1943, cette proportion tombe à 18 puis à 10%.

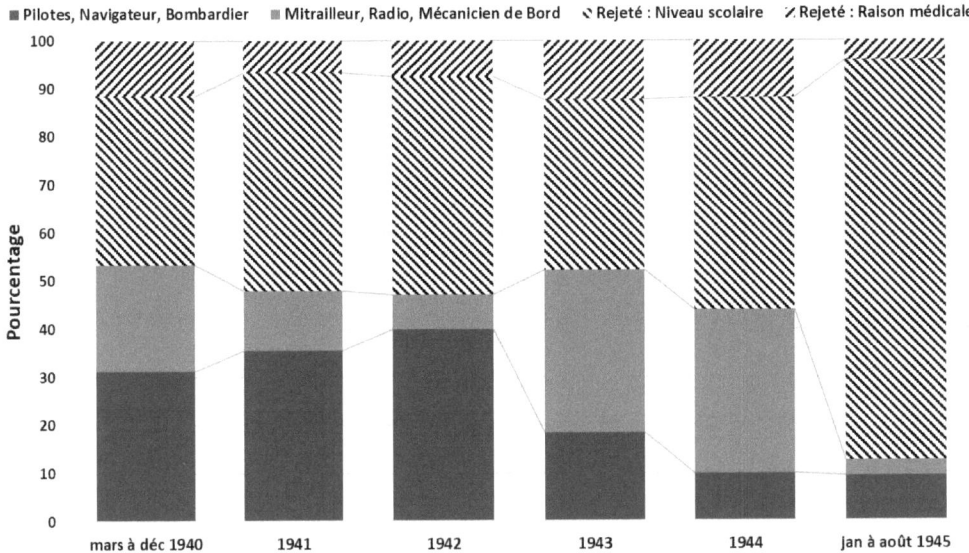

Peu à peu, les ACSB se multiplient, et certains sont même itinérants pour visiter les régions isolées du Royaume-Uni. Fin 1940, il y avait 23 ACSB, évaluant 2.875 candidats par semaine. Si les premières recrues sélectionnées sont envoyées vers leur circuit de formation, l'afflux important de volontaires au début de la guerre oblige la RAF à créer une "Liste de Service Différé", les recrues étant renvoyées chez elles après leur passage devant l'ACSB pour y attendre leur convocation dans une école de formation. En moyenne, cette période d'attente était inférieure à six mois en 1940, mais avec l'inclusion de jeunes sous l'âge légal de 19 ans pour les opérations et de certains travailleurs jugés indispensables à l'industrie de guerre, elle est passée à plus d'un an en 1943. [37] Cette "Liste de Service Différé" a tellement gonflée (en avril 1941, il y avait 75.000 recrues en attente) que la RAF, craignant une réaction négative de la population, a été obligée de créer des Centres d'Accueil des Aviateurs (Air Crew Reception Centre - ACRC) pour occuper certains de ces hommes. Ces ACRC ont soulagé les ITW des premières étapes administratives (tests de sélection, vaccinations) et les recrues recevaient des cours de mise à niveau en attendant qu'une place en ITW se libère, généralement pendant deux à trois semaines. Ayant un impact positif, ces cours ont même été formalisés en 1943, car

---

[37] Certains y ont vu une opportunité pour tenter d'éviter toute affectation à une unité combattante : en s'engageant comme volontaire pour devenir aviateur, un homme pouvait passer 6 à 12 mois dans le civil avant d'être appelé pour une longue formation, et un emploi au sol dans la RAF en refusant ensuite de voler. C'est pourquoi, à partir de juin 1943, ces cas étaient recyclés systématiquement dans une unité de combat de l'Armée de Terre (pages 154, 155 et 164 de la monographie "*Manning Plans and Policy*", de l'Air Historical Branch, 1958 (voir bibliographie)).

avec une base de recrutement élargie, le niveau moyen des recrues avait baissé (voir la section consacrée aux formations pré-enrôlement). [38] Cette "Liste de Service Différé" jouait le rôle de réservoir-tampon d'hommes prêts à être envoyés en formation dès que des places se libéraient dans une école, et elle a aussi permis à la RAF de réserver ces hommes qui, sans cette Liste, auraient été immédiatement enrôlés dans l'Armée de Terre ou la Marine. [39]

Pour trouver suffisamment d'hommes, la RAF a rapidement étendu ses filets aux candidats venant de l'Empire ; le Canada, l'Australie et la Nouvelle Zélande étant les trois principaux contributeurs (voir la Partie B). En 1940, la RAF a également reçu le renfort de milliers d'aviateurs de pays envahis par les forces de l'Axe.

Après deux ou trois années de guerre, tous les pays de l'Empire britannique ont souffert d'un manque de recrues. Les solutions mises en place ont généralement été similaires et consistaient à :
- Réduire les exigences médicales : par exemple, au lieu d'imposer que tous les aviateurs aient une vision parfaite sans correction, il a été accepté que les opérateurs radio ou les navigateurs portent des lunettes.
- Élargir la tranche d'âge recrutable, en acceptant des candidats à la fois plus âgés ou plus jeunes. Par exemple, mi-1943 en Australie, les candidats de plus de 18 ans n'ont plus eu à demander l'accord de leurs parents pour s'engager, alors qu'auparavant cet âge était fixé à 21 ans. [40]
- Réduire le niveau d'éducation requis. Pour compenser, et pour faire patienter les candidats trop jeunes pour entamer leur formation militaire, plusieurs mesures ont été mises en place en :
  o Créant un Corps de Cadets avec des cours du soir ou du week-end et des stages d'été (voir un exemple de programme dans le chapitre concernant la formation au Canada). Le Royaume-Uni et la Nouvelle-Zélande ont formé leur Air Training Corps en février 1941, le Canada en avril et l'Australie en juin de la même année.
  o Formant des cours spécifiques (mathématiques, physique, etc.) de remise à niveau avec l'aide des Universités.
  o Allongeant les cours des formations initiales une fois les recrues sous l'uniforme (voir la Section suivante).

---

[38] Pages 64 et 68 du document *"Flying Training - Volume I - Policy and Planning"*, op. cit.
[39] Forte de 32.000 hommes en juin 1944, cette "Liste de Service Différé" a été réduite en quelques mois à moins de 4.000 candidats-aviateurs suite à la décision du Conseil de Guerre en juillet 1944 de renforcer en priorité l'Armée de Terre, au grand désespoir des jeunes gens qui espéraient rejoindre la RAF. (annexe 15 de la monographie *"Manning Plans and Policy"*, de l'Air Historical Branch, 1958 (voir bibliographie)).
[40] Pages 530 et 554 du document *"Flying Training Volume II Part 2 Basic Training Overseas"*, op. cit.

Fin 1942, près de 19.000 étrangers s'étaient enrôlés dans la RAF, la plupart avec déjà une expérience militaire dans la force aérienne de leur pays que ce soit au sol ou comme membre d'équipage, comme le montre le graphe ci-dessous : [41]

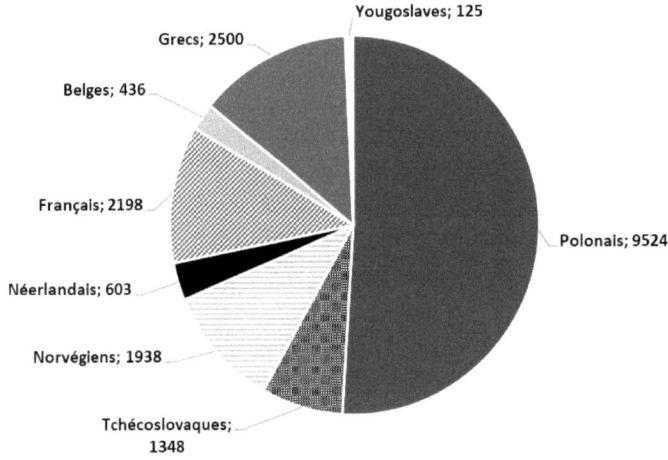

A.1.2.3 - L'accueil des recrues sous l'uniforme

À l'ouverture des hostilités, la RAF avait prévu d'ouvrir deux Escadres de Formation Préparatoire (Initial Training Wings - ITW) pour accueillir les nouvelles recrues susceptibles de devenir personnel navigant et leur inculquer des notions de base sur la discipline militaire et certains sujets généraux (mathématiques, armement, etc.) pendant quatre semaines. Fin septembre 1939, trois ITW accueillaient les futurs pilotes et observateurs, et deux autres s'occupaient des futurs opérateurs radio et mitrailleurs. Fin 1940, il y avait quatre ITW recevant les recrues par groupes de 800 dans chaque Escadre, toutes dédiées aux futurs pilotes et observateurs, et la durée des cours avait été allongée à dix semaines, d'une part pour améliorer le niveau des postulants, et d'autre part pour réduire l'attente causée par un afflux de recrues avant d'entrer en écoles de pilotage et d'observateurs. Il avait été décidé que les futurs opérateurs radio et mitrailleurs pouvaient être dispensés de cette étape. Pour alléger le travail des ITW, des Escadres de Réception (Receiving Wings - RW) ont été créées à partir de juillet 1940 afin de gérer l'accueil administratif et médical (photographie et papiers d'identité militaire, vaccinations, etc.) des nouvelles recrues, la distribution des uniformes et équipements de vol, ainsi que leur formation militaire et technique de base. Les futurs pilotes et observateurs étaient accueillis pendant trois semaines dans ces RW par groupes de 900. Leur séjour en ITW s'est alors réduit de dix à huit semaines, et les sujets enseignés en ITW sont listés en Annexe 7A tels que décrits dans la 5ème édition (septembre 1939) de l'Air Publication 1388 *"Programme Standard de la Royal Air Force pour la formation des Pilotes, Observateurs Aériens*

---

[41] Graphe de l'auteur à partir des données page 16 du chapitre 1 du document *"Flying Training : Volume II, Part I"*, op.cit.

et Mitrailleurs Aériens aux sein des Établissements de Formation (Paix et Guerre)". En 1941, la natation est ajoutée puisque seulement 20% des recrues sélectionnées savaient nager alors que beaucoup de missions de la RAF comportaient un survol maritime. L'objectif fixé est que tous puissent nager 50 mètres en uniforme à la fin de leur séjour en ITW. [42]

Si les Britanniques utilisaient le terme d'Escadre de Formation Préparatoire, les autres pays du Commonwealth ont choisi celui d'École de Formation Préparatoire (Initial Training School - ITS), mais leur cursus était calqué sur celui des ITW. Le programme utilisé en juin 1942 dans les ITS australiennes est détaillé ci-dessous : [43]

	Opérateurs radio - mitrailleurs	Pilotes et Observateurs	
	Socle commun de 8 semaines	4 semaines supplémentaires	Total sur 12 semaines
Mathématiques	38 heures	-	38 heures
Électricité	33 heures	-	33 heures
Transmissions	46 heures	15 heures	61 heures
Armement	22 heures	4 heures	26 heures
Marche au pas	32 heures	17 heures	49 heures
Sport	30 heures	15 heures	45 heures
Matches de sport	32 heures	16 heures	48 heures
Gas de combat	13 heures	-	13 heures
Droit et administration	16 heures	-	16 heures
Hygiène	9 heures	-	9 heures
Identification avions et navires	16 heures	8 heures	24 heures
Navigation	13 heures	37 heures	50 heures
Météorologie	8 heures	8 heures	16 heures
Études générales	8 heures	26 heures	34 heures
Conseil de sélection par catégorie	3 heures	-	3 heures
Études supplémentaires au choix du commandant de l'école	31 heures	32 heures	64 heures
Totaux	**350 heures**	**178 heures**	**528 heures**

Chaque sujet particulier était détaillé dans le programme, avec des objectifs à atteindre, des suggestions de méthode d'enseignement et des examens. Par exemple, la progression des élèves dans l'apprentissage du Morse devait permettre d'atteindre les performances suivantes en termes de mots émis ou reçus par minute : [44]

---

[42] Page 29 du *"Monthly Aircrew Training Bulletin n°1"* publié en mai 1942 par le Département du Membre du Conseil de l'Air chargé de la Formation, conservé sous la référence AIR 22/327, TNA.

[43] Révision 8 de l'*"AP1388 adaptée aux besoins de la RAAF"* publiée en juin 1942, conservé sous la référence A705, 172/3/2883 PART 1, page 106, NAA (Archives Nationales Australiennes).

[44] Graphe de l'auteur à partir de la révision 9 de l'*"AP1388 adaptée aux besoins de la RAAF"* publiée en novembre 1942, conservé sous la référence A705, 172/3/2883 PART 1, pages 87 et 97, NAA. On notera que les pilotes et les observateurs suivaient des courbes de progression différentes pour arriver aux mêmes niveaux de compétence.

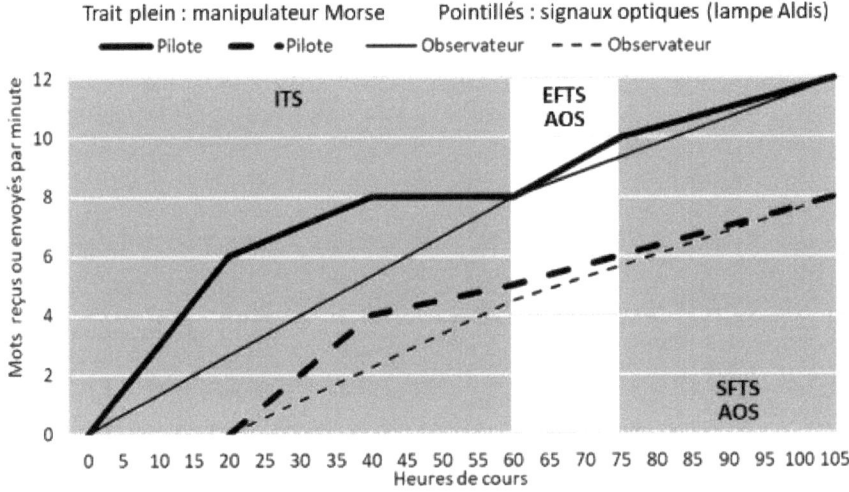

Dès leur arrivée en ITW, les élèves reçoivent un bandeau de tissu blanc à insérer dans le pli avant de leur calot, ce qui les identifie comme des aviateurs en cours de formation. Ils gardent le grade d'Aviateur de 2nde Classe jusqu'à la fin de l'ITW mais peuvent coudre sur leurs manches les hélices correspondant à celui de Leading Aircraftman à leur entrée en EFTS.

Pour les futurs aviateurs de l'aéronavale (Fleet Air Arm - FAA), l'ITW est remplacée par l'accueil avec distribution des uniformes et une formation militaire élémentaire à la station *HMS Daedalus* de Lee-on-Solent, suivie d'une formation à *HMS St Vincent*, Gosport. [45] Les cours y sont assez similaires à ceux des ITW, avec quelques sessions propres à la Royal Navy (transmissions, navigation maritime, identification des navires, etc.).

Parmi les outils d'aide à l'apprentissage utilisés par les ITW et ITS, la machine à sous d'identification d'avions de la 17ème ITW de Scarborough, Yorkshire, semble avoir eu un succès certain. Lorsqu'un penny était inséré dans la machine, le nom d'un avion apparaissait sur un fond blanc (neuf fois sur dix) ou vert (une fois sur dix), et des images de divers avions s'affichaient derrière un écran en verre. Si le joueur enfonçait le bouton lorsque la silhouette du bon avion était visible, il récupérait son penny (fond blanc) ou gagnait le jackpot (fond vert), sinon il perdait son argent. [46]

En décembre 1940, cinq tests psychologiques ont été utilisés à titre expérimental par les ITW pour aider à affecter les pilotes potentiels entre la chasse et le bombardement, le choix final restant entre les mains des instructeurs.

---

[45] La Royal Navy a l'habitude de donner des noms de navire à ses établissements à terre puisqu'ils sont considérés comme "des frégates de pierre".

[46] Page 85 du rapport *"The Training Aids Development Unit"* rédigé en 1945 par le Professeur L. S. Palmer, conservé sous la référence AVIA 44/541, TNA.

Le taux de rejet en ITW était initialement élevé, entre 17 et 20%. Fin 1940, des tests d'évaluation de l'intelligence et du niveau de maîtrise des mathématiques des recrues ont été instaurés au niveau des Comités de Sélection dans le but de réduire ce taux d'échec. Ceci semble avoir donné satisfaction puisque fin 1941, il était relativement faible, de l'ordre de 5%. Cependant, avec la réduction progressive du nombre de jeunes ayant complété leurs études secondaires ou universitaires, ce taux a peu à peu augmenté à nouveau pour atteindre 10% fin 1942. [47] Nous verrons que le Ministère de l'Air a alors pris des mesures pour améliorer le niveau d'éducation des recrues.

Peter MacDonald Scott n'a pas été très impressionné par les tests de sélection avant sa formation de futur pilote de chasse de l'Aéronavale (FAA – Fleet Air Arm) sur Grumman Hellcat puisqu'il se souvient ainsi de ses débuts : *"Mon frère était à l'université d'Oxford quand la guerre a commencé et il a rejoint la Fleet Air Arm [en tant que pilote] car l'aviation l'avait toujours intéressé. Je suppose que c'est son influence qui a fait que lorsque l'heure est venue, je me suis moi aussi porté volontaire pour la Fleet Air Arm. Les tests de recrutement n'étaient pas difficiles : il suffisait de démontrer que l'on savait lire et ajouter deux plus deux."* Scott a servi sur plusieurs porte-avions en mer du Nord puis dans le Pacifique. [48]

---

[47] Pages 142 et 251 de la monographie *"Manning Plans and Policy"*, de l'Air Historical Branch, 1958 (voir bibliographie).
[48] Interview de mars 1990, conservée par l'Imperial War Museum dans la collection *"Oral history"*, référence 11244 - bobine 1. Pour plus de détails sur le "dispositif Towers", voir le chapitre spécifique.

A.2 - Les catégories de personnel navigant de la RAF

A.2.1 - Le pilote "seul maître à bord après Dieu"

Avant la guerre, la RAF ne reconnaît que le métier de Pilote comme un rôle à plein temps. Les autres aviateurs sont des "rampants" qui, en plus de leur travail normal de mécanicien, d'électricien ou d'armurier, se portent volontaires pour voler pour la somme princière de six pence par jour de prime de vol (en temps de paix). [49] Le Pilote était seul responsable de la navigation.

A.2.2. - Les Observateurs : Une longue marche vers le rôle de Navigateur

Le rôle d'Observateur existait déjà durant la Première Guerre mondiale, mais il s'agissait d'un titre désignant la fonction de mitrailleur et ce rôle a été supprimé peu après la fin de hostilités. [50] En août 1934, la RAF a recréé une nouvelle fonction d'Observateur qui recouvrait les tâches de visée de bombardement et de tenue d'un poste de tir pour lesquelles les futurs Observateurs devaient être formés. La première École des Observateurs Aériens (Air Observer School - AOS) est ouverte début 1936 à North Coates. La durée des cours est de deux mois (trois mois à compter de mai 1937), avec 200 élèves formés annuellement.

Cependant, ces Observateurs devaient toujours partager leur temps entre un métier au sol (mécanicien, électricien, armurier, etc.) et leur rôle de membre d'équipage d'un avion. Les postulants devaient avoir au moins six ans de service dans leur métier au sol. Le poste d'Observateur, au grade de Caporal, leur permettait de bénéficier d'une prime de vol, mais la promotion était très lente : 14 ans de service avant de passer Flight Sergeant pour les meilleurs. À partir d'octobre 1937, le badge "O" (qui existait pendant la Première Guerre) est décerné, sur recommandation du Commandant d'Escadron, aux Observateurs ayant complété leur formation, six mois de service en Escadron et 50 heures de vol.

En novembre 1937, le Chef d'État-Major en Second de la RAF commente que *"Les types d'avions qui entrent désormais en service sont capables d'emporter une forte charge [de bombes] sur des distances considérables et à grande vitesse. Le largage de ces bombes sur la cible dépend autant d'une navigation et d'une visée précise que du pilotage, et l'Observateur Aérien est, en fonction du type d'avion, partiellement ou totalement responsable de ces tâches. Attendre un très haut niveau d'efficacité dans ces tâches d'un Observateur Aérien qui passe une partie de son temps à des travaux techniques au sol est une exigence irréaliste."* [51] De plus, non seulement les avions modernes étaient plus complexes (tourelles motorisées, circuit hydraulique, circuit électrique, etc.) et réclamaient donc plus d'heures d'entretien, mais leur endurance était telle qu'un Observateur (ou un Mitrailleur ou un Opérateur radio) pouvait se voir demander

---

[49] Voir le chapitre sur la formation en Australie pour un exemple de régime de paie des aviateurs.
[50] Pour plus de détails, se reporter au livre du Wing Commander C. G. Jefford (voir bibliographie).
[51] Page 204 du chapitre 3 du document de l'Air Historical Branch "*Flying Training : Volume II, Part I – Basic Training in the United Kingdom*", voir bibliographie.

d'effectuer un vol de cinq ou six heures (sans compter les temps de briefing, d'habillement, etc.) avant d'avoir à faire ensuite la maintenance d'un avion.

En décembre 1937, le rôle d'Observateur devient donc un métier à plein temps et ce rôle est ouvert aux nouvelles recrues de la RAF, ce qui ne manque pas de causer des remous parmi les Observateurs existants qui avaient dû attendre six ans de service avant de postuler. Simultanément, il est décidé que dans les avions dont la taille le permet, chaque fonction importante de l'équipage doit pouvoir être effectuée par deux hommes afin d'assurer une redondance de sécurité. Les Observateurs doivent donc être compétents pour la visée de bombardement, la tenue d'un poste de tir, ainsi que la navigation, la photographie et avoir des bases en utilisation des radios du bord. Sur les nouveaux bombardiers moyens [52] (Fairey Battle, Bristol Blenheim par exemple), il ne peut y avoir qu'un seul Pilote, et l'Observateur doit donc recevoir la même formation en navigation que le Pilote qui consiste en dix semaines de cours à l'École de Navigation Aérienne de Manston.

Malgré les réticences d'une frange de la hiérarchie qui accepte mal qu'un Pilote puisse recevoir des instructions d'un Caporal-Observateur, même si elles ne concernent que la navigation, la RAF finit par entériner le fait que l'Observateur doit désormais être responsable de la navigation de la plupart des avions multiplaces. En raison de ces réticences, ce changement se fait en deux temps :
- En mai 1938 les Observateurs deviennent responsables de la navigation "en temps de guerre", ce qui signifie que cette décision n'affecte pas la formation des Pilotes qui continuent (en théorie) de se charger de la navigation en temps de paix.
- Cependant, certains ne manquent pas de faire remarquer que cette décision oblige à former trois hommes (deux Pilotes et un Observateur) au même niveau de compétence en navigation pour chaque bombardier lourd ou moyen, et deux hommes (un Pilote et un Observateur) pour chaque bombardier léger. En mai 1939, les Observateurs deviennent responsables de la navigation "en temps de paix" comme "en temps de guerre", et les Pilotes n'ont alors plus besoin que de recevoir des notions de base en navigation à l'estime pour pouvoir ramener l'avion à la base en cas d'urgence.

Le tableau ci-après résume les trois grandes phases de la réintroduction des Observateurs dans les équipages de la RAF :

---

[52] Qui seront plus tard relégués dans la catégorie de bombardiers légers.

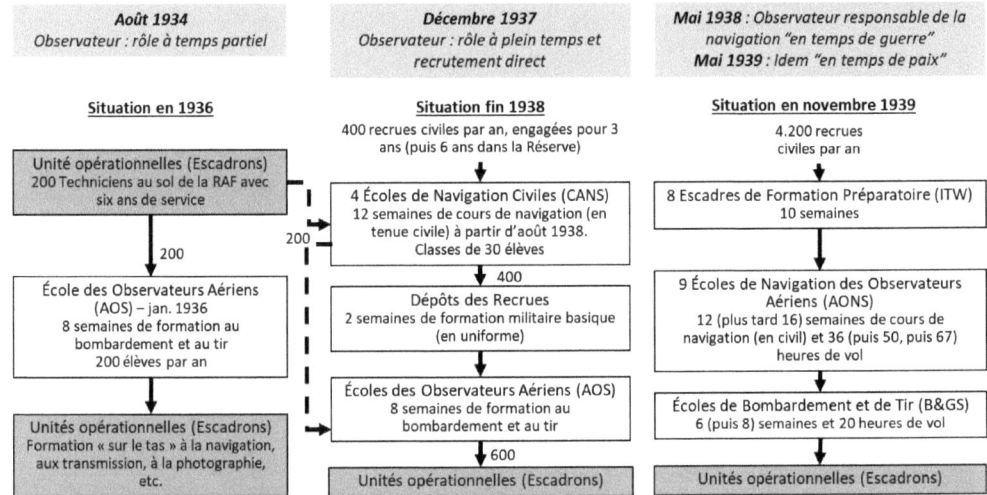

Avec l'arrivée du radar air-air en 1940 pour la chasse de nuit, une nouvelle catégorie d'Observateur apparaît un peu plus tard : "Observateur (Radio)" : il faut en fait comprendre "Observateur (Radar)", le terme "radio" étant utilisé pour garder le secret entourant cette nouvelle technologie. On parlerait aujourd'hui "d'Officier de Guerre Électronique" ou de "Navigateur - Officier Systèmes d'Armes."

Dessin intitulé :
"L'Observateur est le cerveau de l'équipage du Bombardier"

"Regarde Einstein, il suffit de calculer comme ceci…" Cette caricature est loin d'être exagérée : ramener un avion à sa base après quinze heures de patrouille en Atlantique en hiver, ou le guider de nuit jusqu'à Berlin à travers une Europe sous couvre-feu n'étaient pas une mince affaire et la moindre erreur pouvait avoir des conséquences dramatiques. (Extrait d'une série de dessins humoristiques sur le rôle de l'Observateur. © Government of Canada. Reproduced with the permission of Library and Archives Canada (2024). Source: Library and Archives Canada/Department of National Defence fonds/Reel C-12342 p. 554). [53]

---

[53] Dessins signés "Ricky" en page 15 du Journal *"ITS News"* de juillet 1942 de la 2ème ITS de Regina, Saskatchewan.

Badge d'Observateur   Badge d'Observateur (Radio)

Au début de 1942, il est estimé que la formation d'un Observateur nécessite 38 semaines de cours (sans compter les périodes d'attente, de transit ou de permissions) se décomposant ainsi : [54]
- 12 semaines en ITW,
- 8 semaines en École Élémentaire des Observateurs Aériens,
- 18 semaines en AOS.

La reconnaissance de l'importance du rôle des Observateurs (et plus tard des Navigateurs) a été lente puisqu'il a fallu attendre 1943 pour qu'un Navigateur soit nommé "Capitaine" d'un B-24 Liberator de surveillance maritime, et encore uniquement à titre d'essai, cette pratique n'étant officiellement rendue possible que l'année suivante. Ce n'est qu'après la guerre, en mai 1948, que la progression de carrière des Navigateurs a été ouverte vers les grades d'officiers supérieurs, en concurrence avec les Pilotes qui étaient les seuls jusque-là à pouvoir prétendre devenir Wing Commander ou plus. [55]

A.2.3 - Les Mitrailleurs

L'introduction de nouvelles mitrailleuses, de nouveaux types de viseurs et des tourelles motorisées va obliger la RAF à professionnaliser les Mitrailleurs en décembre 1939. Ils reçoivent le rang de Sergent. L'École Centrale de Tir (Central Gunnery School) est formée à Warmwell en novembre 1939. Jusqu'en 1942, la formation de Mitrailleur est couplée avec celle d'Opérateur radio puisque ces deux rôles sont souvent tenus par le même homme. La formation de Mitrailleur comprend peu d'heures de vol (8 heures avant 1942, 12 heures ensuite) ce qui fait qu'une proportion jugée trop importante de Mitrailleurs souffre du mal de l'air, notamment lorsqu'ils sont mis pour la première fois dans la tourelle arrière d'un gros bombardier. En plus des cours théoriques et des séances de tir au sol (sur simulateur par faisceau lumineux ou au stand de tir) le cursus comprend du tir air-air de jour sur des cibles remorquées (1.200 cartouches minimum par élève avant 1942, 1,800 ensuite), mais le tir air-air de nuit n'est pas au programme. Des essais

---

[54] Page 37 du compte-rendu de la conférence *"Aircrew Training"*, Document Secret (SD) n°349 de février 1942, op. cit.
[55] Pages 227 à 238 du livre du Group Captain 'Dickie' Richardson (voir bibliographie).

sont menés en 1942 pour développer des cibles remorquées éclairées, mais les risques du vol de nuit en formation sont jugés trop importants. ⁵⁶

Badge des Mitrailleurs ("AG" = "Air Gunner")

A.2.4 - Les Opérateurs radio

Les Opérateurs radio étaient formés au sein des Écoles de Transmission avec pour objectifs de pouvoir émettre 18 mots par minute en Morse et de savoir se servir des postes radio de l'époque (T.1082/R.1083, puis après 1941 : T.1154/R.1155 et T.R.9D ou 9F), y compris les procédures d'urgence et de radiogoniométrie. Ils suivaient ensuite une formation au sein d'une École de Bombardement et de Tir. Ceux qui étaient formés à l'étranger (par exemple dans le cadre du Plan d'entraînement aérien du Commonwealth britannique (BCATP - British Commonwealth Air Training Plan) dont nous parlerons plus loin) suivaient un stage de quatre semaines de rafraîchissement dans une École de Transmission à leur arrivée au Royaume-Uni avant quatre autres semaines en (O)AFU. Ils rejoignaient ensuite une OTU pour être affectés à leur futur équipage.

A.2.5 - La réforme de juillet 1942

En mars 1942, il est décidé, principalement en raison d'une pénurie de pilotes, de ne plus avoir qu'un seul pilote à bord des bombardiers, au lieu de deux auparavant. Le Second Pilote est remplacé en partie par l'installation d'un pilote automatique (baptisé *"George"* par les aviateurs). Cette décision amène à revoir la répartition des tâches parmi les membres d'équipage, et en juillet 1942, les trois nouvelles catégories de personnel navigant détaillées ci-après sont créées et la catégorie d'Observateur disparaît. ⁵⁷ Cette réforme modifie aussi profondément les ratios de personnel à former comme le montre le tableau ci-dessous : ⁵⁸

	Pilotes	Observateurs / Navigateurs	Bombardiers
Avant la réforme	75 %	25 %	-
Après la réforme	45 %	30 %	25 %

Une fois la réforme en place, les ACSB reçoivent la consigne de sélectionner les meilleurs candidats aviateurs en un groupe unique de potentiels "Pilotes-Navigateurs-Bombardiers". L'affectation de chaque recrue à une formation spécifique ne se fait alors qu'après leur séjour en ITW (y compris une sélection en vol dont nous parlerons plus loin).

---

⁵⁶ Page 38 du compte-rendu de la conférence *"Aircrew Training"*, Document Secret (SD) n°349 de février 1942, op. cit.
⁵⁷ Les tâches de chacun des membres d'équipage sont listées dans l'Ordre Administratif du Ministère de l'Air n°746/42.
⁵⁸ Page 22 du *"Monthly Aircrew Training Bulletin n°2"* publié en juin 1942 par le Département du Membre du Conseil de l'Air chargé de la Formation, conservé sous la référence AIR 22/327, TNA.

A.2.6 - Les Navigateurs : Un Navigateur peut en cacher un autre…

Le Navigateur reprend à son compte le rôle de guider l'avion qui incombait jusque-là au Second Pilote, ou à l'Observateur. Cependant, les missions et les avions de la RAF diffèrent tellement qu'il s'avère nécessaire de créer les sous-catégories suivantes : [59]

	Tâches	Escadron (avions)
Navigateur	Navigation. Utilisation d'un poste de tir en cas d'urgence	Bombardiers lourds, transport, missions spéciales (Halifax, Lancaster, Stirling, Dakota, York)
Navigateur (B) - *B pour Bombing (bombardement)*	Navigation. Bombardement. Utilisation d'un poste de tir.	Bombardiers lourds (Liberator uniquement) et légers (Blenheim, Boston, Mitchell, Ventura, Mosquito). Troupes aéroportées (Albemarle, Halifax, Whitley) et missions spéciales (Hudson, Halifax, Wellington)
Navigateur (B) formés à la surveillance maritime		Hydravions (Sunderland, Catalina). Surveillance maritime et torpillage (Halifax, Liberator, Fortress, Wellington, Baltimore, Blenheim, Hudson, Ventura, Beaufort, Hampden), secours en mer (Warwick)
Navigateur (W) - *W pour Wireless (radio)*	Navigation. Utilisation des radios de bord. Utilisation d'un poste de tir en cas d'urgence.	Bombardiers légers (1 Vengeance sur 3 en Inde). Avions *Intruder* et chasseurs-bombardiers (Mosquito)
Navigateur (W) formés à la surveillance maritime		Chasseur maritime et torpillage (Beaufighter), reconnaissance maritime (Mosquito)
Navigateur (BW)	Navigation. Bombardement. Utilisation des radios de bord. Utilisation d'un poste de tir.	Vols météorologiques et bombardiers légers outre-mer (Mosquito)
Navigateur (Radio) - *comprendre "radar"*	Utilisation du radar air-air. Navigation. *	Chasseurs de nuit (Beaufighter et Mosquito)

* Dans les faits, la navigation des chasseurs de nuit était faite par le Pilote afin que l'Opérateur radar garde les yeux sur ses écrans.

En plus de toutes ces spécialisations, la demande en Navigateurs s'est encore accrue en 1943 lorsque le Coastal Command a réalisé qu'un seul Navigateur ne pouvait assurer à lui seul le guidage précis d'un appareil de surveillance maritime pendant les missions de plus de dix heures qui étaient monnaie courante pour les Liberator, Sunderland, Catalina, Halifax et Wellington. Il a donc fallu accueillir plus d'élèves dans les écoles de navigation afin de disposer de deux Navigateurs à bord de chacun de ces appareils.

Le badge des Navigateurs était identique à celui des Mitrailleurs, les lettres "AG" étant remplacées par un "N" (pour "Navigator"), quelle que soit leur sous-catégorie.

---

[59] Chapitre 3 et Annexe 38 du document "*Flying Training : Volume II, Part I*", op.cit.

A.2.6 - Les Mécaniciens embarqués

Le Mécanicien embarqué est chargé d'alléger la tâche du Pilote en gérant les moteurs et les services généraux (circuits hydrauliques, électriques, etc.) de son avion : par exemple, en plus de ses quatre moteurs et de son circuit électrique complexe, le bombardier Short Stirling disposait de quatorze réservoirs de carburant (et six autres réservoirs auxiliaires si besoin) qu'il fallait gérer correctement, de deux pompes hydrauliques pour alimenter les trois tourelles et de deux compresseurs d'air pour les freins et le pilote automatique. Il doit aussi être capable de tenir un poste de tir en cas d'urgence, et savoir garder l'avion en vol rectiligne (par exemple pour permettre à l'équipage de sauter en parachute si le piloté était tué ou blessé).

Les Mécaniciens embarqués étaient initialement sélectionnés parmi les mécaniciens moteurs qui suivaient une formation de neuf semaines à la 4ème École de Formation Technique à St Athan au pays de Galles. Peu à peu, la base de recrutement a été élargie jusqu'à s'ouvrir aux recrues provenant de la vie civile, la formation s'allongeant pour compenser l'inexpérience grandissante des candidats :

Date	Poste ouvert aux	Durée de la formation
Mars 1941	Mécaniciens (Moteur)	6 semaines
Juillet 1942	Mécaniciens (Cellule)	⬇
Juin 1943	Tous métiers de la RAF	
Juillet 1943	Recrues civiles	6 mois

Le badge des Mécaniciens embarqués était identique à celui des Mitrailleurs, les lettres "AG" étant remplacées par un "E" (pour "Engineer").

A.2.7 - Les Bombardiers

Les missions de l'Observateur de visée et de guidage de l'avion pendant l'approche de bombardement ainsi que la recherche des points de repère au sol pour aider à la navigation ("map reading") sont allouées au Bombardier. Il doit aussi être capable de tenir un poste de tir en cas d'urgence, et savoir garder l'avion en vol rectiligne s'il n'y a pas de Mécanicien embarqué. La formation des Bombardiers durait douze semaines, huit étant consacrées principalement au bombardement dans une B&GS, et quatre à la navigation dans une AOS. Contrairement aux Mitrailleurs, cette formation comportait plusieurs dizaines d'heures de vol (l'objectif étant d'atteindre 30 à 40 heures de vol durant ces douze semaines). [60]

Le badge des Bombardiers était identique à celui des Mitrailleurs, les lettres "AG" étant remplacées par un "B" (pour "Bomber").

---

[60] Page 13 du *"Monthly Aircrew Training Bulletin n°2"* publié en juin 1942 par le Département du Membre du Conseil de l'Air chargé de la Formation, conservé sous la référence AIR 22/327, TNA.

A.3 - Les formations préalables à l'enrôlement

A.3.1 - Avant-guerre

La RAF avait mis en place trois types de formation pour attirer des jeunes vers les carrières aéronautiques : [61]

- Des Escadrons Aériens Universitaires (University Air Squadrons) ont été créés à Cambridge et Oxford dès 1925, puis à Londres en 1935. Chacun pouvait former 75 étudiants jusqu'au niveau du pilotage élémentaire, sans aucune obligation de rejoindre la RAF à la fin de leurs études. En mai 1939, ce dernier point a été révoqué et les participants étaient automatiquement enrôlés dans la RAFVR.
- À partir de 1938, des Classes Préparatoires ont été mises en place à travers le pays pour former des jeunes du Corps de Formation des Officiers de l'Armée de Terre aux sujets aéronautiques.
- Un Corps des Cadets de Défense Aérienne a été créé en 1938. À la déclaration des hostilités, il comptait 133 Escadrons accueillant des jeunes de 14 à 18 ans pour leur donner les bases leur permettant ensuite d'intégrer plus rapidement la RAF.

A.3.2 - Pendant la guerre

Les Escadrons Aériens Universitaires ont été fermés au début de la guerre et leurs avions répartis au sein des EFTS. Toutefois, pour ne pas se priver de candidats d'un bon niveau d'éducation, ces Escadrons ont été recréés en octobre 1940, cette fois uniquement pour une instruction au sol calquée sur le cursus des ITW, et dans bien plus d'universités que les trois qui existaient précédemment : à la fin de l'été 1941, 23 universités disposaient d'un Escadron accueillant au moins 50 volontaires. Des avions ou planeurs ont peu à peu été à nouveau confiés à ces Escadrons. [62] Au final, près de 5.650 étudiants ont suivi les cours des Escadrons Aériens Universitaires pendant la guerre.

Pour préparer d'autres jeunes aux devoirs d'un Officier, la RAF a payé des cours universitaires durant six mois à des jeunes sur leur temps d'attente en "Liste de Service Différé". En plus de leurs leçons de mathématiques, de mécanique et autres sujets pertinents de ce "Dispositif Sommaire de Cours Universitaires", ils devaient suivre le cursus de l'ITW au sein de l'Escadron Aérien Universitaire local.

Cependant, les pertes importantes des batailles de France et d'Angleterre et les plans d'expansion imposaient de recruter sur une base la plus large possible. Au début, les critères d'éducation étaient relativement stricts et les candidats ayant un niveau insuffisant en mathématiques étaient orientés vers des métiers au sol. En mai 1940, la RAF a "généreusement" permis à ces jeunes de disposer de six mois avant leur appel sous les

---

[61] Pour plus de détails, se référer au chapitre 11 de la monographie *"Manning Plans and Policy"*, de l'Air Historical Branch, 1958 (voir bibliographie).
[62] Voir par exemple le parcours de John A. Kell au chapitre sur les formations américaines : il a pu effectuer cinq vols lors au sein de l'Escadron de l'Université de Belfast entre mai et août 1942 avant de rejoindre une école britannique de pilotage aux USA l'année suivante.

drapeaux afin qu'ils prennent des cours de remise à niveau, à leurs frais. À partir du début 1941, le Ministère de l'Air a accepté de prendre à sa charge cette remise à niveau, en demandant à diverses universités et écoles d'offrir des formations à temps partiel (soirs et week-ends) de neuf mois maximum pour des milliers de jeunes (mathématiques, mécanique et autres sujets scientifiques). Sur les 8.375 participants jusqu'au printemps 1943, 78% ont atteint le niveau requis pour devenir élève pilote/navigateur/bombardier et 13% pour devenir élève radio ou mitrailleur. En mars 1943, ces formations ont été remplacées par un "Dispositif de Formation Préliminaire des Aviateurs" (PACT – Preliminary Air Crew Training scheme) : les candidats suivaient alors à plein temps, pendant six mois, des cours de mathématiques, de sciences, de dessin industriel, d'histoire-géographie et d'anglais, en plus du sport et d'autres sujets plus militaires. Cette formation débutait lorsqu'un jeune avait 17 ans et 9 mois, afin de permettre son enrôlement six mois plus tard. Plus de 9.900 recrues ont bénéficié de ce PACT jusqu'en février 1945.

Le 16 décembre 1940, sur une proposition du Membre du Conseil de l'Air en charge de la Formation, le Secrétaire d'État à l'Air soumet un mémorandum au Conseil de Guerre concernant *"la nécessité de créer un Corps de Formation Aérienne (Air Training Corps)"*. [63] Cette proposition est approuvée trois jours plus tard, et en février 1941 le Corps des Cadets de Défense Aérienne a été absorbé par le nouveau Corps de Formation Aérienne. L'Air Commodore John Chamier, qui avait précédemment créé le Corps des Cadets, a pris la tête de cette nouvelle organisation, et un poste de Directeur de la Formation Pré-Enrôlement a été créé au Ministère de l'Air et confié à Mr John F. Wolfenden, Directeur de l'école privée d'Uppingham, Rutlandshire. Les Escadrons Aériens Universitaires ont également été rattachés au QG du Corps de Formation Aérienne. Les recrues du Corps de Formation Aérienne devaient avoir au minimum 15,5 ans. Ces jeunes recevaient une formation équivalente au cursus des ITW pour les potentiels aviateurs, ou une formation d'apprenti mécanicien ou technicien radio pour les autres. Le graphe ci-dessous montre l'évolution du nombre de participants à ce Corps.

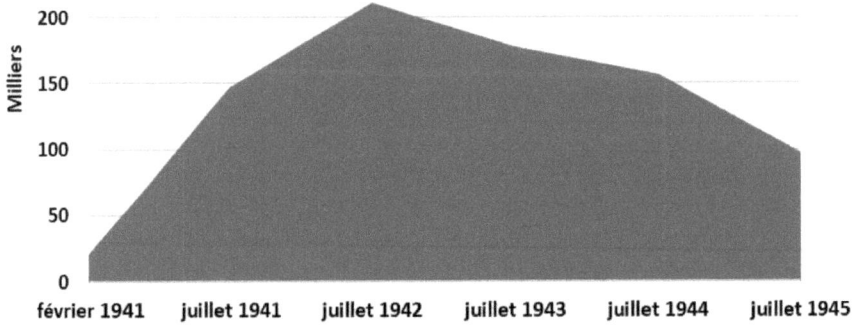

---

[63] Mémorandum WP(40)480 du 16 décembre 1940 et compte-rendu du Conseil de Guerre du 19 décembre 1940, conservés sous les références CAB 66/14/10 et 65/10/28, TNA.

Durant les dernières années du conflit, les besoins en aviateurs ne s'avérant pas aussi importants qu'anticipés et la pénurie d'hommes au Royaume-Uni ont conduit le Ministère de l'Air à refuser les services de plus en plus de Cadets du Corps de Formation Aérienne, qui se sont retrouvés enrôlés dans l'Armée de Terre. Au total, plus de 100.000 Cadets ont été enrôlés au sein de la RAF ou la FAA pendant la guerre.

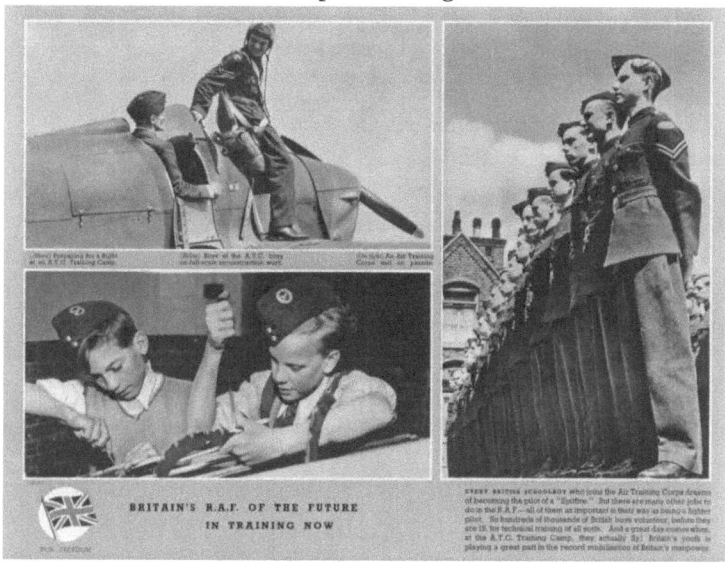

Poster vantant les activités de l'ATC (photo US NARA, référence 44267485).

A.3.3 - Après la guerre

Bien que les espoirs de beaucoup de participants au Corps de Formation Aérienne aient été déçus sur la fin de la guerre par leur "réorientation" forcée vers l'Armée de Terre, la valeur de ce Corps et des Escadrons Aériens Universitaires a été reconnue et ces organisations ont survécu jusqu'à nos jours. Il y a plusieurs centaines d'Escadrons du Corps de Formation Aérienne répartis sur l'ensemble du Royaume-Uni, et une quinzaine d'Escadrons Aériens Universitaires sont en activité, utilisant des avions d'écolage élémentaire Tutor (Grob G115E) et Prefect (Grob G120TP).

A.4 - La formation au pilotage : Évolution des années trente à la fin de la guerre

"Former une recrue au pilotage militaire prend douze mois pour lui apprendre les bases du pilotage ; il lui reste ensuite beaucoup à apprendre en matière de pilotage de nuit, de navigation et de tir, sujets essentiels pour sa propre sécurité et pour les missions qu'il a à accomplir. ... On ne peut pas en douze mois disposer d'une force aérienne efficace. " Stanley Baldwin, Lord président du Conseil, débats à la Chambre des Communes, 28 novembre 1934 [64]

Dans les années 1920, la formation initiale (aussi appelée "ab initio") des futurs pilotes se fait dans six écoles de la RAF (Flying Training Schools - FTS) ouvertes à la sortie de la Première Guerre mondiale ainsi qu'au sein de certains Escadrons (jusqu'à une quinzaine en 1927). Les élèves des FTS recevaient pendant dix mois une formation de base au pilotage. [65] Toutes les formations spécialisées (armement, tactiques de combat, pilotage de nuit, navigation, pilotage d'avions multimoteurs après 1931, etc.) sont ensuite reçues en Escadrons, ou pour quelques rares sujets dans des écoles spécialisées (par exemple la navigation pour hydravions ou la coopération avec l'Armée de Terre). Si cette organisation présente l'avantage de réduire le coût des écoles jugées "non-opérationnelles", elle a l'inconvénient de faire reposer une grande part de la formation sur les unités de première ligne, réduisant leur efficacité opérationnelle puisqu'il faut compter au moins un an en Escadron pour qu'un nouveau pilote commence à atteindre un niveau de compétence adéquat. [66] Si les Escadron trouvent là une occupation utile en temps de paix, c'est un véritable handicap en temps de guerre.

En plus des FTS qui formaient des élèves destinés à être sous-officiers ou officiers sous contrat court, le Collège de la RAF de Cranwell, dans le Lincolnshire, était chargé de la formation des futurs officiers de carrière de l'aviation militaire britannique : leur cursus était plus long, de l'ordre de deux ans, avec environ 60 cadets enrôlés par année. En tout, jusqu'à 1934, environ 300 nouveaux pilotes sortaient chaque année des FTS (240) et de Cranwell (60).

Assez curieusement, alors que la "règle des dix ans" est abolie en 1932, la RAF ferme en 1931 et 1933 deux de ces écoles, n'en conservant plus que trois, dont une en Égypte [67] (une avait déjà fermée en 1922). De même, la formation sur avions bimoteur est stoppée

---

[64] Hansard, reference HC Deb. 28 November 1934, vol. 295 cc880-881. Baldwin agissait alors quasiment en tant que Premier Ministre puisque la santé de Ramsay MacDonald déclinait sérieusement. Baldwin avait déjà été Premier Ministre de mai 1923 à juin 1929 (avec une interruption de 9 mois en 1924), puis à nouveau de juin 1935 à mai 1937.

[65] Le terme "formation de base" est utilisé ici pour distinguer la phase d'apprentissage du pilotage de la phase de formation opérationnelle : durant la première, le pilote apprend à maîtriser sa machine, durant la seconde, il découvre comment l'utiliser comme une arme. Nous verrons que la "formation de base" est généralement découpée en trois étapes : pilotage élémentaire, pilotage intermédiaire et pilotage avancé.

[66] Pour la formation des élèves britanniques avant-guerre au sein de l'école installée en Égypte, on se reportera au très bon livre du Group Captain ‚Dickie' Richardson (voir bibliographie).

[67] Chapitre 2 du document "*Flying Training : Volume II, Part I*", op.cit.

en 1931, les antiques Vickers Vimy étant jugés inadaptés pour former de bons pilotes, et à compter de cette date, les FTS ne forment plus que des pilotes de monomoteurs. Le cursus de formation des pilotes de la RAF en 1934 est résumé graphiquement ci-dessous : [68]

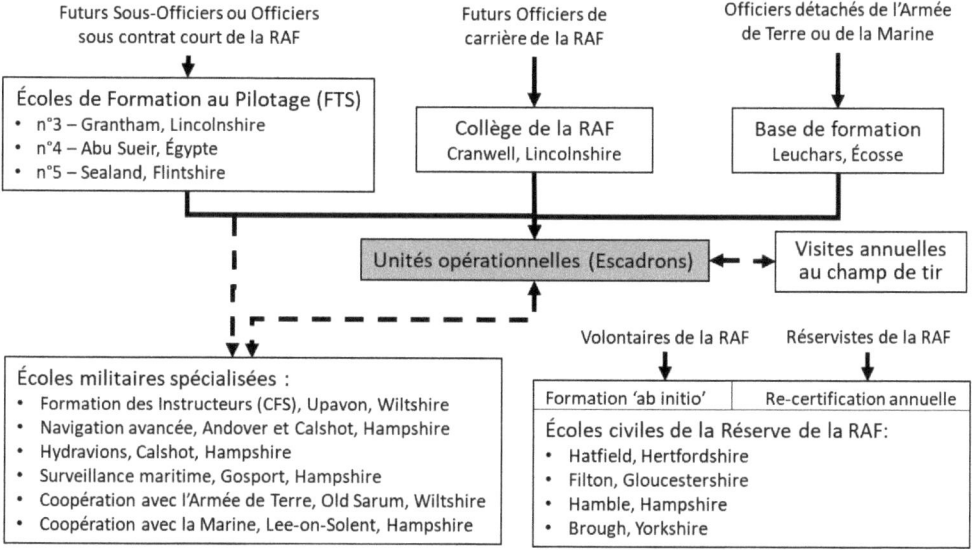

Pour répondre aux plans d'expansion A (juillet 1934 - 1.000 pilotes supplémentaires) et C (mai 1935 - 2.000 pilotes supplémentaires), l'Air Commodore Arthur W. Tedder, [69] reprend en octobre 1934 une proposition formulée précédemment sans succès de transférer toute la formation élémentaire au pilotage à des écoles civiles. Cette formule avait l'avantage de permettre aux FTS de consacrer plus de temps aux aspects militaires, libérant ainsi les Escadrons d'une partie de ces formations, mais elle coûtait plus cher puisqu'il fallait rémunérer les écoles privées. [70] Malgré un surcoût annuel estimé à 110.000 Livres, [71] le Ministère des Finances donne son accord fin juin 1935. Les premiers élèves sont accueillis dans les écoles civiles pour leur formation ab initio en août 1935 : il s'agit soit de militaires du rang, par exemple des mécanos, qui ont été sélectionnés pour devenir sergent-pilotes, soit de civils qui ont l'intention de s'engager comme officier-pilote sous contrat court. Tous sont considérés comme des civils pendant leur séjour, d'une durée

---

[68] Graphes de l'auteur à partir des données du chapitre 2 du document "*Flying Training : Volume II, Part I*", *op.cit.*
[69] Futur Chef d'État-Major de la RAF de 1946 à 1950.
[70] Ce type d'externalisation de la formation de base se pratique toujours dans plusieurs Forces Aériennes. Par exemple, en 2024 en France, deux appels d'offres ont été publiés pour la formation initiale des pilotes d'hélicoptères de l'Armée de l'Air et de l'Espace et de l'Aviation Légère de l'Armée de Terre (consulté en ligne le 8 janvier 2025 sur https://lignesdedefense.ouest-france.fr/vers-lexternalisation-de-la-formation-initiale-pratique-de-pilotes-dhelicoptere-de-lalat/).
[71] Pour les taux de change et conversions se reporter au glossaire en fin d'ouvrage.

de l'ordre de 8 semaines (dix en hiver) dans les écoles formation de base au pilotage qui prennent le nom d'E&RFTS (Elementary and Reserve Flying Training Schools - Écoles des Réserves et de Formation Élémentaire au Pilotage). Ces E&RFTS sont gérés par firmes bien établies dans le monde de l'aviation, par exemple mi-1939, les écoles n°1 et 13 étaient gérées par de Havilland, les n°2 et 10 par Bristol Aeroplane, les n°3 et 9 par Air Service Training, les n°4 et 36 par Blackburn Aircraft, les n°7, 21, 28 et 42 par Reid and Sigrist, les n°12 et 35 par Scottish Aviation, la 18 par General Aircraft, et les n°23 et 24 par Short Brothers.

À partir de fin 1935, les FTS se concentrent sur l'instruction avancée, avec des appareils d'écolage plus performants que ceux des écoles civiles (Hart, Audax et Fury, et plus tard le North American Harvard à partir de janvier 1939 et le Miles Master), alors qu'auparavant la moitié des avions de ces écoles était composée d'avions d'écolage basique (Avro Tutor). La durée idéale de formation d'un nouveau pilote est estimée entre 13 et 14 mois (70 jours ab initio en école civile, et un an en FTS), mais pour produire le nombre de pilotes nécessaires sans augmenter trop le nombre des écoles, ce cursus a été réduit à un an puis neuf mois (février 1935 : 8 semaines en école civile (10 en hiver) puis 9 mois en FTS, ces 9 mois étant réduit "temporairement" à 6 mois en juin 1935 pendant la période d'expansion rapide). Chaque FTS recevait une nouvelle classe de 48 élèves tous les trois mois. Les trois premiers mois en FTS étaient consacrés à la prise en main d'avions représentatifs de ceux utilisés par les escadrons, aux bases de la navigation (lecture de carte, vols de 400 kilomètres et navigation à l'estime) et au pilotage sans visibilité ("aux instruments" dans le jargon de la RAF, terme qui a été repris ici lors des traductions) ; cette étape se faisait dans l'Escadron de Formation Intermédiaire de la FTS et les élèves recevaient leur brevet de pilotage et leur insigne aux deux ailes à la fin de cette partie (cérémonie dite de "macaronage" dans l'Armée de l'Air Française).

L'Avro Tutor n°188 est préparé pour un vol matinal en septembre 1939 sur la base de Rockcliffe dans l'Ontario. Les avions canadiens disposaient d'une verrière pour protéger les occupants (photo Library and Archives Canada/Department of National Defence fonds/a063503)

Badge de Pilote de la RAF

Les trois mois suivants étaient dédiés à l'armement et aux sujets tactiques (combat, photographie, vol en formation, etc.) ; cette étape se déroulait dans l'Escadron de Formation Avancée de la FTS. Le nombre d'écoles est peu à peu accru et au printemps 1936, la situation est la suivante :

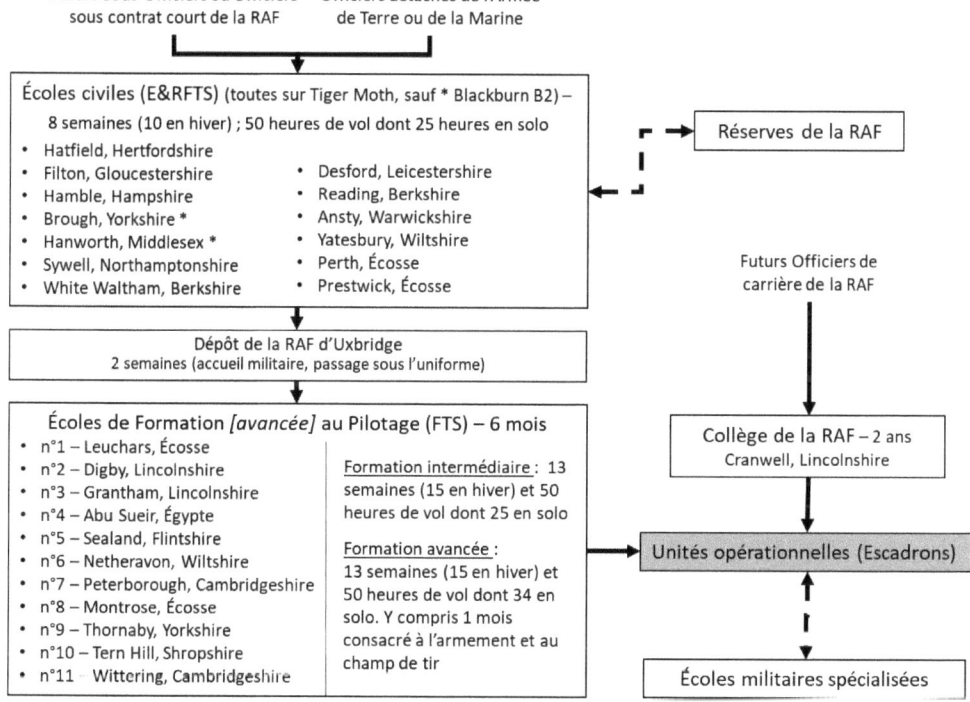

Les FTS n'étaient pas de petites unités : pour accueillir en permanence 96 élèves (48 par classe), elles comptaient chacune près d'une quarantaine d'Officiers et 500 sous-Officiers et Hommes du rang, 3 avions d'écolage (Avro Tutor puis de Havilland Tiger Moth) pour les séances de pilotage sans visibilité et 62 avions "avancés" (Hawker Hart, Audax et Fury). La création d'une nouvelle école obligeait à prélever des aviateurs et des mécaniciens confirmés des Escadrons, ce qui était préjudiciable au maintien de leur statut opérationnel. Le fait que les plans d'expansion étaient jugés isolément l'un après l'autre comme des mesures exceptionnelles de courte durée n'incitait pas non plus à ouvrir de coûteuses écoles seulement pour absorber un pic d'activité estimé à quelques mois ou années. Avant-guerre, la formation militaire de base des recrues était donnée durant deux semaines au dépôt d'Uxbridge, à l'ouest de Londres, sous le nom peu engageant de *"Disciplinary Course"*.

On notera que les établissements de formation de la RAF souffrent de la météorologie inclémente des îles britanniques et les programmes doivent durer plus longtemps en hiver. John Golley mentionne le cas extrême d'un Mitrailleur dont la formation à Dumfries, en Écosse, devait durer 4 semaines et a finalement demandé 3 mois ! [72] Ceci pousse les responsables à étudier l'intérêt de délocaliser ces écoles dans des régions où les conditions permettent un entraînement en vol régulier et prévisible. Nous verrons que dès mai 1936, le Ministère de l'Air, avait listé les avantages d'installer une école de la RAF au Canada, et avait négocié en 1939 l'installation de cinq FTS en France dès l'année suivante.

Dans le cadre de la réorganisation de la RAF en grands Commandements ("Commands"), l'ensemble des écoles est regroupé en Groupes (n°22 à 24 et n°26) au sein du nouveau Training Command le 1er mai 1936, sous la houlette de l'Air Marshal Sir Charles S. Burnett. Auparavant, ces écoles dépendaient de l'*Inland Area*, une sorte de commandement mixte créé à la sortie de la Première Guerre et regroupant les unités opérationnelles ou non-opérationnelles des îles britanniques à l'exception de celles de surveillance maritime. Les Écoles de Formation Technique des apprentis de la RAF de Halton, dans le Buckinghamshire et de Cranwell, Lincolnshire (avec le Collège des Cadets de la RAF), qui étaient auparavant des commandements indépendants, rejoignent le Training Command peu après.

Ces cinq Airspeed Oxford Mk I flambants neufs de la 3ème FTS prennent de l'altitude au-dessus de la campagne anglaise en 1938. Ils montrent leur livrée non camouflée d'avant-guerre. On aperçoit les appareils suivants : L4574 (détruit accidentellement le 12 septembre 1939) ; L4576 ; L4578 ; L4580 (détruit accidentellement le 13 septembre 1938) et L4581 (détruit accidentellement le 16 août 1944) (photo © BAE SYSTEMS).

---

[72] Page 147 de son livre, voir bibliographie.

A.4.1 - Le cas particulier de la formation des pilotes de l'aéronavale (Fleet Air Arm - FAA)

Depuis la fusion en avril 1918 du Royal Flying Corps (RFC) et du Royal Naval Air Service (RNAS) pour donner naissance à la RAF, l'Amirauté avait tenté de récupérer *"sa force aérienne"*. En mai 1939, elle obtient enfin gain de cause. À ce titre, elle devient responsable de la formation de ses aviateurs, mais une grande partie est en quelque sorte "sous-traitée" à la RAF. On peut distinguer trois phases :

- L'accueil des recrues et leur formation pré-vol se font dans des bases de la Royal Navy comme celles de Lee-on-Solent (*HMS Daedalus*) et de Gosport (*HMS St Vincent*). Les cours y sont assez similaires à ceux des ITW, avec des matières propres à la Royal Navy (transmissions, navigation maritime, identification des navires, etc.).
- La formation de base en vol est assurée par certaines écoles de la RAF (EFTS, SFTS ou École des Mitrailleurs Aériens) qui sont spécialisées en ajoutant des instructeurs de la FAA pour enseigner les sujets spécifiques à la Royal Navy (par exemple l'identification des navires). Ces écoles ne reçoivent en théorie que des recrues pour la FAA, mais il y a parfois des entorses à cette règle, comme lors du déménagement de la 7ème SFTS de Peterborough, Cambridgeshire, Royaume-Uni à Kingston, Ontario, Canada, à l'automne 1940 où elle a été rebaptisée 31ème SFTS : faute de recrues de la FAA, elle a commencé à former des élèves pour la RAF ou la RCAF avant de recevoir son premier contingent de marins.
- La formation opérationnelle se fait au sein d'unités de la FAA, qui reçoivent le titre d'Escadrons et non pas d'OTU. Ces unités sont numérotées dans la fourchette réservée de 750 à 799 (puis aussi 700 à 749) et sont souvent rassemblées sur une même base qui devient une école. Par exemple, au début de la guerre, les 750, 751 et 752èmes Escadrons Aériens Navals étaient dédiés à la formation des observateurs de la FAA sur la base *HMS Peregrine* à Ford, Sussex de l'Ouest. De même, la base *HMS Heron* de Yeovilton, dans le Somerset, accueillait au milieu de la guerre des Escadrons Aériens Navals de formation à la chasse (par exemple, le 760ème Escadron sur Hurricane entre septembre 1940 et août 1941), avec le 794ème Escadron Aérien Naval dont la mission consistait à remorquer des cibles aériennes.

Peter MacDonald Scott, futur pilote de chasse de la FAA sur Grumman Hellcat décrit ainsi sa formation : *"La formation [à Gosport (HMS St Vincent)] était très basique, elle couvrait les aspects essentiels. La Navy ajoutait quelques sujets spécifiques, comme les nœuds et les épissures ou l'identification des navires, à ce qui était essentiellement une formation d'aviateur de la RAF. La formation pour la Fleet Air Arm était vraiment de la responsabilité de la RAF jusqu'à ce que nous soyons brevetés pilote. ... Ceux qui n'avaient pas une capacité naturelle pour piloter étaient éliminés : à l'arrivée en SFTS, nous avions perdu environ 20% des élèves, et approximativement 30% au moment de la cérémonie de macaronage. ... J'ai été formé au Canada, mais d'autres ont été envoyés aux USA pour leur formation dans le cadre du "dispositif Towers" financé par le prêt-bail."* [73]

A.4.2 - Vue d'ensemble de la formation au Royaume-Uni pendant la guerre

Avant d'évoquer plus en détails les principales réformes des programmes de formation survenues en 1940 et en février 1942, il convient de brosser une vue d'ensemble. Il serait laborieux de détailler toutes les modifications intervenues dans les programmes de formation de chaque type d'écoles. Les quatre graphes ci-après résument les grands changements intervenus entre 1933 et 1943 pour la formation au pilotage au Royaume-Uni. Pour en résumer les grandes lignes :

- En novembre 1936, les premiers Anson sont utilisés par les FTS pour la formation sur bimoteurs, mais ce n'est qu'en décembre 1939 que ces écoles sont divisées en deux Groupes :
  - Le Groupe I pour former les pilotes d'avions monomoteurs.
  - Le Groupe II, pour les pilotes d'avions bimoteurs. Ce dernier Groupe permet d'allouer plus de temps de formation au pilotage sans visibilité et au vol nocturne en n'effectuant plus d'exercices de tir et de bombardement à haute altitude qui sont transférés aux OTU (le bombardement à basse altitude restant au programme des SFTS). [74]
- À partir d'avril 1937, les E&RFTS accueillent les Volontaires de la Réserve de la RAF pour leur instruction ab initio au pilotage. Les classes sont toutefois ségréguées : les Volontaires de la Réserve ne sont pas mélangés avec les futurs Officiers sous contrat court ou avec les militaires du rang qui ont été sélectionnés pour devenir sergent-pilotes, chaque catégorie ayant sa propre classe jusqu'à la déclaration de la guerre.
- L'adoption du plan d'expansion "L" en mai 1938 oblige à ouvrir quatre FTS supplémentaires pour atteindre 2.500 pilotes formés par an. À la même date, des cours de navigation sont mis au programme des E&RFTS pour les Pilotes et 8 d'entre elles commencent en plus à former les recrues destinées à devenir des Observateurs. À partir d'avril 1939, des classes d'Observateurs sont ouvertes dans ces écoles pour les Volontaires de la Réserve de la RAF.
- **À la déclaration de la guerre**, les FTS sont rebaptisées Écoles Militaires de Pilotage (Service Flying Training Schools - SFTS) et les 19 E&RFTS qui sont conservées sont renommées Écoles de Formation Élémentaire au Pilotage (Elementary Flying Training Schools - EFTS). Ces EFTS abandonnent alors les formations des Observateurs, des Opérateurs radio et les entraînements annuels des réservistes et ne se consacrent plus qu'à la formation ab initio des Pilotes. Les avions militaires

---

[73] Interview de mars 1990, conservée par l'Imperial War Museum dans la collection *"Oral history"*, référence 11244 - bobine 1. Pour plus de détails sur le "dispositif Towers", voir le chapitre spécifique.
[74] Page 62 du document *"Flying Training - Volume I - Policy and Planning"*, op. cit.

qui leur avaient été confiés sont récupérés par les SFTS, tout comme ceux des écoles qui sont fermées pour que leurs aérodromes puissent être alloués à des unités de première ligne. Les classes des EFTS ne sont désormais plus segréguées et les instructeurs civils passent sous l'uniforme. De même, le Directeur de chaque EFTS est remplacé par un militaire, ou "promu" Officier Commandant (OC) de l'école tout en gardant un lien avec sa Compagnie civile d'origine pour les aspects administratifs et contractuels. Le Collège de Cranwell est converti en SFTS.

- Pour répondre à la demande des plans d'expansion de la RAF, puis sous la pression du temps de guerre, le cursus au sein des FTS (puis SFTS) est peu à peu réduit, passant de dix mois en 1934 à dix semaines en 1940 (avec six changements entre septembre 1939 et août 1940 !), avant de remonter modestement à 12 semaines minimum en septembre 1941 (et plus si la météo empêchait les vols certains jours, les élèves devant y effectuer au minimum 85 heures de vol). Cependant, même durant la bataille d'Angleterre alors qu'il y avait pénurie de pilotes, la RAF n'a pas dégarni en masse les écoles de leurs instructeurs expérimentés pour les envoyer au combat. Les écoles de la Luftwaffe n'ont pas eu la même protection lorsque la guerre a pris un tournant défavorable et la formation des aviateurs allemands s'est peu à peu dégradée de plus en plus (avec aussi un fort manque de carburant pour les unités de formation).

- Dans le même temps, le nombre d'élèves pris dans chaque classe est augmenté, passant de 80 élèves en 1934 à 240 en 1941.

- Avec l'invasion de la France, de la Belgique, des Pays-Bas et du Luxembourg en mai-juin 1940, la RAF est obligée de déplacer de nombreuses écoles sur la façade Atlantique du Royaume-Uni, puisque les aérodromes de la côte Est étaient nécessaires pour les Escadrons de bombardement et de chasse, la mer du Nord devenant dangereuse pour tout avion de formation désarmé. Durant l'été, six EFTS (n°5, 15, 3, 24, 2 et 10 par ordre chronologique de déplacement) déménagent vers le Nord-Ouest, à la fois pour laisser le champ libre aux unités combattantes et pour mettre "les poussins" à l'abri. [75] En juillet 1940, la décision est prise de délocaliser huit écoles au Canada (chiffre porté à 14 en mai 1941). Ces déménagements sont étudiés plus en détail dans le chapitre consacré à la formation des aviateurs au Canada.

- En 1941, sept SFTS sont converties en Unités Aériennes d'Acclimatation pour les Pilotes ((Pilot) Advanced Flying Units - (P)AFU) afin de donner un temps d'adaptation aux élèves formés à l'étranger aux conditions de guerre au Royaume-Uni.

- Suite à la décision de délocaliser les SFTS, le nombre de pilotes formés au Royaume-Uni s'effondre, passant à moins de 5.300 en avril 1940, [76] à 4.000 en 1942, puis autour de 500 pour chacune des trois dernières années suivantes. La SFTS de

---

[75] Page 146 du document *"Flying Training - Volume II - Part 1"*, op. cit.
[76] Page 73 du document *"Flying Training - Volume I - Policy and Planning"*, op. cit.

Cranwell (affublée tardivement du n°17 en mars 1944) reste la seule à former quelques pilotes britanniques, la 16ème SFTS de Newton accueillant des élèves pilotes Polonais à partir de 1942, et la 7ème SFTS de Peterborough, ouverte fin décembre 1944 étant dédiée à des élèves pilotes Français.

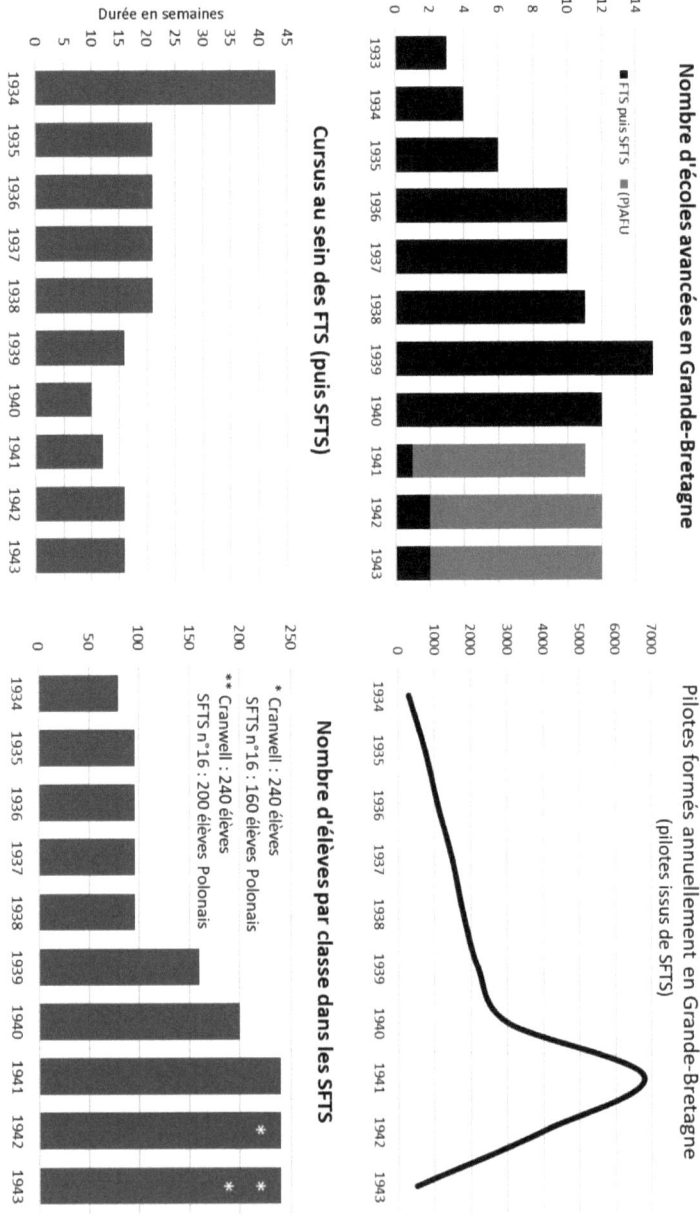

Si certaines améliorations sont délibérément introduites, la plupart des changements sont imposés par les circonstances. Par exemple : [77]

- En juin 1936, le vol de nuit est mis au programme des FTS. Il ne s'agit que de faire six heures de vol nocturne, ce qui est peu sur six mois en FTS et ces heures sont consacrées à des circuits et atterrissages, à l'exception d'un unique vol aller-retour d'une quarantaine de kilomètres. En 1938 et 1939, les vols de nuit représentent à peine plus de 2% des 989.600 heures de vol effectuées ces années-là en E&RFTS et FTS. [78]
- En février 1937, il est décidé d'avoir deux Pilotes dans chaque avion du Bomber et du Coastal Command, alors qu'un an plus tôt, il avait été annoncé qu'il y aurait un Pilote et un Observateur (un Pilote et un Navigateur pour les avions de surveillance maritime). Du coup, la demande en pilotes est doublée, alors que celle en Observateurs/Navigateurs est réduite. En mai 1938, un Observateur est ajouté à l'équipage. Finalement, à cause du manque de pilotes, il est décidé en juillet 1941 de revenir à la position d'avril 1936 pour les Hudson du Coastal Command (un Pilote et un Observateur). Toujours par manque de pilotes formés, et avec la mise en service de pilotes automatiques fiables, le Bomber Command adopte également cette configuration en mars 1942.
- L'instruction au pilotage sans visibilité est déployée de manière systématique à partir de 1938 au sein des FTS, grâce à l'achat aux États-Unis de simulateurs Link.
- En octobre 1941, le cursus des Unités de Formation Opérationnelles (OTU) du Bomber Command est allongé de 6 à 8 semaines car la production de bombardiers est inférieure aux prévisions et il faut donc ralentir l'arrivée de nouveaux équipages en Escadrons.
- En raison du fort taux de rejet constaté dans les premières classes issues en août 1941 des écoles américaines du "Arnold Scheme" (voir partie spécifique), un système de sélection ("grading") est mis en place en novembre dans les EFTS britanniques pour ne sélectionner que les élèves les plus prometteurs pour être envoyés en formation à l'étranger. Ce cursus de sélection, déployé au sein de vingt EFTS, consiste en trois semaines des cours habituels au sol de l'instruction ab initio et au maximum 15 heures de vol en doubles commandes. Si un élève ne démontrait des aptitudes suffisantes au pilotage au bout de ces 15 heures pour être sélectionné pour les formations à l'étranger, il était soit dirigé vers d'autres formations (Observateurs, Mitrailleur, Opérateur radio, etc.), soit, pour les cas limites, "repêché" pour une formation aménagée de Pilote au Royaume-Uni. Cependant, en juin 1942, des élèves sont encore envoyés au Canada pour des cours de pilotage sans jamais être montés à bord

---

[77] Pages 2 à 30 du document de l'Air Historical Branch *"Flying Training - Aircrew Training 1934-1942"*, (voir bibliographie).
[78] Données du rapport *"Fatal Flying Accidents in the Royal Air Force during 1939"* conservé dans le dossier SD n°96 *"Statistical Reports on Flying Accidents 1940-1943"*, référence AIR10/3913, TNA.

d'un avion. [79] Le tableau ci-après illustre par quelques exemples les temps de vol de recrues en École de Sélection ("Grading school") : [80]

Élève et date	École de Sélection ("Grading School")	Vol en doubles commandes	Vol solo	Simulateur Link
William R. P. Perry 22 nov. au 16 déc. 1941	9ème EFTS, Ansty, Warwickshire	5h15	0	0
Raymond Harris juin-juillet 1942	9ème EFTS, Ansty, Warwickshire	12h00	0	0
Robert E. Wannop 4 avril au 5 mai 1942	14ème EFTS, Peterborough, Cambridgeshire	6h30	10 min.	2h00
Keith Ganney *octobre 1942 (?)*	4ème EFTS de Brough, Yorkshire	12h10	10 min.	5h00
Martin A. Catty 5 au 28 octobre 1942	6ème EFTS de Sywell, Northamptonshire	12h20	10 min.	0
Thomas P. Payne 9 nov. au 7 déc. 1942	4ème EFTS de Brough, Yorkshire	13h20	10 min.	0
Philip D. Hopgood 4 au 25 août 1943	3ème EFTS, Shellingford, Oxfordshire	12h05	0	0

Ce principe de sélection préliminaire des élèves pilotes par des cours pratiques de pilotage a été testé par l'Australie en juillet 1943 et adopté à la fin de l'année. La Nouvelle Zélande a fait de même, mais curieusement pas le Canada. [81] Les élèves qui avaient déjà conduit des véhicules ou des machines agricoles avaient un avantage : certaines recrues étaient si jeunes qu'ils finissaient par apprendre à piloter un avion de chasse alors qu'ils ne savaient même pas conduire une voiture. [82] Le principe des "Grading school" est très bien expliqué dans le film de propagande *"Journey Together"* produit par l'Unité Cinématographique de la RAF. [83]

---

[79] Par exemple, les états de service de George Highton, IBCC Digital Archive, document 41014, montrent qu'il est parti d'Angleterre pour le Canada mi-juin 1942, directement après avoir terminé sa formation militaire de base à la 9ème ITW de Stratford-upon-Avon, Warwickshire.

[80] Carnets de vol des aviateurs mentionnés, IBCC Digital Archive, documents 36269, 43464, 24409, 26883, 16284, 25625 et 22113.

[81] Pages 533 et 556 du document *"Flying Training Volume II Part 2 Basic Training Overseas"*, op. cit.

[82] Voir par exemple le cas du fameux chasseur de nuit Harry White, DFC**, douze victoires revendiquées, mentionné page 5 du livre écrit par son Opérateur radar, Michael Allen, DFC** *"Pursuit through darkened skies: An Ace night-fighter crew in World War II"*, The Crowood Press Ltd, 1999, ISBN 978-1840370836.

[83] Film réalisé pendant la seconde moitié de la guerre et diffusé en 1946 (voir bibliographie).

Les écoles de pilotage

Les tableaux ci-dessous résument les programmes des cours (au sol sauf indication contraire) en EFTS et SFTS tels que décrits dans la 5ème édition (septembre 1939) de l'Air Publication 1388 *"Programme Standard de la Royal Air Force pour la formation des Pilotes, Observateurs Aériens et Mitrailleurs Aériens au sein des Établissements de Formation (Paix et Guerre)"*. Ces programmes sont décrits plus en détail dans l'Annexe 7A.

EFTS
Administration (6 heures) *
Compétence aéronautique (12 heures)
Dix exercices sur simulateur Link (5 heures)
Construction des aéronefs (10 heures)
Armement (25 heures)
Moteurs (15 heures)
Théorie du vol (11 heures)
Navigation aérienne (20 heures)
Parachutes
Transmissions (Morse)
Vol : minimum de 50 heures, dont au moins 25 en doubles commandes et au moins 25 en solo

* Sujet supprimé en temps de guerre.

SFTS – Stade "intermédiaire"	SFTS – Stade "avancé"
Compétence aéronautique (14 heures)	Exercices sur simulateur Link (5 heures)
Exercices sur simulateur Link (5 heures)	Armement (heures non indiquées) **
Armement (45 heures) **	Marche au pas (32 heures)
Construction des aéronefs (8 heures)	Surveillance maritime et réglage des tirs de l'artillerie (10 heures) ***
Moteurs (10 heures)	Météorologie (heures non indiquées)
Règlement et discipline, administration et organisation (14 heures)	Navigation aérienne (heures non indiquées)
Marche au pas (24 heures)	Tactiques navales (5 heures) ***
Entretien (6 heures)	Reconnaissance et photographie (heures non indiquées)
Navigation aérienne (40 heures)	Transmissions (RAF : heures non indiquées ; FAA : 52 heures)
Reconnaissance et photographie (3 heures)	
Transmissions (RAF : 30 heures ; FAA : 65 heures)	
Vol : minimum de 50 heures, dont au moins 20 en solo. Élève breveté pilote à l'issu de ce stade.	Vol : 50 heures en tant que pilote, dont notamment des exercices de tir et de bombardement

** Sujets couverts différemment en fonction du type d'avion (monomoteur ou bimoteur).
*** Pilotes de la FAA uniquement.

Stanley Brand, futur pilote de Fairey Swordfish de l'Aéronavale (FAA), décrit ainsi les leçons de pilotage reçues à la 19ème EFTS de Sealand au pays de Galles sur Tiger Moth : [84]
"La première leçon se faisait au sol avec l'élève et l'instructeur assis dans leur poste de pilotage respectif : nous passions en revue tous les instruments et toutes les commandes en ne communiquant que par les tubes acoustiques "Gosport". Il était très difficile de se comprendre et ceci permettait de s'accoutumer à la médiocrité de ce moyen de communication. Beaucoup d'élèves ont été exclus car ils n'entendaient pas les instructions.

Lors des vols en doubles commandes, l'instructeur était assis devant, et l'élève derrière. Pour le premier vol de familiarisation, l'élève était devant car il ne touchait pas les commandes et la maîtrise de l'avion était meilleure depuis le poste arrière. En vol solo, il fallait être au poste arrière. L'instruction commençait par la procédure de démarrage, de point fixe et d'arrêt du moteur, puis le roulage au sol, et enfin le roulage au sol jusqu'au point de décollage face au vent où il fallait attendre le signal lumineux vert d'une lampe Aldis. Cependant, il ne fallait pas se reposer uniquement sur ce signal, c'était de notre propre responsabilité de s'assurer qu'il n'y avait pas un autre avion en approche. ... Je pense que les instructeurs savaient au bout de trois ou quatre heures si un élève allait se qualifier ou pas. Nous apprenions d'abord à tenir l'avion en vol rectiligne en palier, puis les virages à droite ou à gauche sans perdre ou gagner d'altitude, puis les virages en montée en ajustant la puissance du moteur. ... Après cinq heures de vol, nous apprenions les causes et les procédures pour sortir de vrille. Sur le Tiger Moth, une aile décrochait avant l'autre et l'avion basculait du côté de l'aile qui n'avait plus de portance pour entamer une vrille verticale. Si la vrille était vers la droite, il fallait mettre le manche en avant, pousser le palonnier du côté opposé à la vrille et sortir graduellement de la vrille. L'instinct était de tirer le manche en arrière pour sortir de cet horrible piqué avec le monde entier qui spiralait. Il arrivait aussi qu'un élève soit tellement concentré sur son approche et sur les autres avions qu'il laissait son avion décrocher durant l'approche, partait en vrille et se tuait. ... D'autres leçons portaient sur la technique pour redémarrer l'avion en vol en piquant pour faire mouliner l'hélice, et comment atterrir en cas d'urgence. Ceci nous rendait très vigilants pour garder à l'esprit en permanence quel champ était convenable et quelle était la direction du vent pour atterrir si le moteur tombait en panne là, maintenant. C'était une information essentielle et nous apprenions tout cela avant le premier vol en solo. ... Il fallait apprendre à braquer le palonnier au dernier moment pour remettre le nez de l'avion dans l'axe de la piste en cas de vent de travers pour éviter un cheval de bois (tête à queue). ... Quand notre instructeur pensait que nous étions prêts pour être lâchés en solo, il demandait à un de ses collègues de nous tester, et si l'opinion était confirmée, ce second instructeur quittait son siège, nous donnait une tape sur l'épaule et disait "OK, le zinc est tout à vous", et quel moment cela était ! ... Nous étions éliminés si nous ne passions pas cette étape du vol solo après 12 heures de vol, mais l'objectif était de voler seul après environ 8 heures en doubles commandes. Ce n'est pas beaucoup si l'on compare avec les auto-écoles d'aujourd'hui qui font 15 à 20 heures de leçons. La plupart d'entre-nous n'avaient jamais conduit de voiture, mais un élève était le fils d'un transporteur et il avait conduit toutes sortes de véhicules : il a commencé à piloter comme un poisson dans l'eau, ce qui est

---

[84] Ce témoignage couvrant la période du printemps 1943 mentionne bien la 19ème EFTS, mais cette dernière avait fermé ses portes en décembre 1941 et c'est la 24ème EFTS qui avait élu domicile à Sealand à partir de février 1942.

logique puisque c'est une affaire de coordination de ce que l'on voit et ressent avec ce que l'on fait à la bonne vitesse." [85]

"L'instructeur quittait son siège, nous donnait une tape sur l'épaule et disait "OK, le zinc est tout à vous", et quel moment cela était !" (photo Library and Archives Canada/Department of National Defence fonds/e010997495).

Tous les premiers vols en solo ne se terminaient pas bien. Dans de rares cas, l'issue du vol était fatale, mais le plus souvent, l'élève se contentait de casser du bois. C'est ce qui est par exemple arrivé à l'élève-Pilote Lenard W. Douglass de la Force Aérienne Sud-Africaine le 25 mars 1943. Après 9h50 de vol en doubles commandes à la 7ème école Aérienne (EFTS) de Kroonstad en Afrique du Sud, son instructeur lui a confié les rênes du Tiger Moth II n°2456 pour son premier vol en solo. D'après le rapport d'accident, *"l'élève a dévié au décollage et n'a pas pris des actions correctives suffisantes ; l'avion a continué à virer, finissant par prendre l'air, a viré plus encore et s'est écrasé au sol en faisant face à sa direction d'origine."* Pour ce vol très court, le rapport octroie généreusement 5 minutes de vol en solo à Douglass. L'avion et son moteur ont été sérieusement endommagés, mais aucune sanction n'a été prise à l'encontre du pilote, son inexpérience étant jugée seule coupable. Les instructeurs se sont peut-être rappelés que Manfred A. F. von Richthofen lui-même s'était ignominieusement écrasé à l'issue de son premier vol solo en 1916, malgré 25 leçons en doubles commandes, avant de finalement maitriser une autre machine deux jours plus tard et devenir le célèbre "Baron Rouge". [86] Douglass a repris les cours en doubles commandes. [87] Il a été tué le 21 janvier 1945 lorsque le Boston V BZ592 du 55ème Escadron a disparu lors d'une mission nocturne en Italie.

À la fin de leur séjour en EFTS, les élèves jugés aptes à poursuivre leur formation de pilote sont envoyés en SFTS avec une recommandation concernant leur affectation sur avions multimoteurs ou sur avions monomoteurs. Pour aider les instructeurs d'EFTS à faire ces recommandations, l'AP1388 détaille les critères suivants : [88]

---

[85] Interview de février 2005, conservée par l'Imperial War Museum dans la collection *"Oral history"*, référence 27347 - bobines 9 et 10. L'ordre de l'interview a été modifié lors de la traduction pour respecter la séquence d'instruction.
[86] Ce vol est décrit en détail dans le journal du Baron, reproduit pages 24 et 25 du magazine "Spotlight" de la RAAF n°01/2023.
[87] Rapport d'accident conservé sous la référence AIR 54/166, TNA.
[88] Partie 1, chapitre I, pages 7 et 8 de l'AP1388.

Qualités notables	Pilotes de monomoteurs	Pilotes d'avions multimoteurs
De caractère	Alerte, avec un zeste d'audace.	a) Sang-froid, stable, persévérant. b) Endurant. c) Capable d'initiative. d) Capable de leadership.
D'aptitude au pilotage	Capacité de coordonner les gestes (mains et pieds) à la vue, c-à-d de devenir un bon tireur sur chasseur et d'être précis pour bombarder (chasseur-bombardier).	a) Pilotage aux instruments fiable. b) Pilotage précis permettant un bonne coordination pilote - bombardier pour le bombardement de précision.
De niveau scolaire	-	Bases solides en mathématiques pour résoudre les problèmes de navigation.

En cinq ans, la RAF a réussi le tour de force de multiplier par dix le nombre d'heures de vol consacrées à la formation des nouveaux pilotes : 60.000 heures de vol en 1934, plus de 600.000 en 1939. [89] Les écoles civiles ont apporté une contribution majeure (par exemple, en 1938, 210.000 heures de vol ont été effectuées en E&RFTS pour la formation ab initio des pilotes).

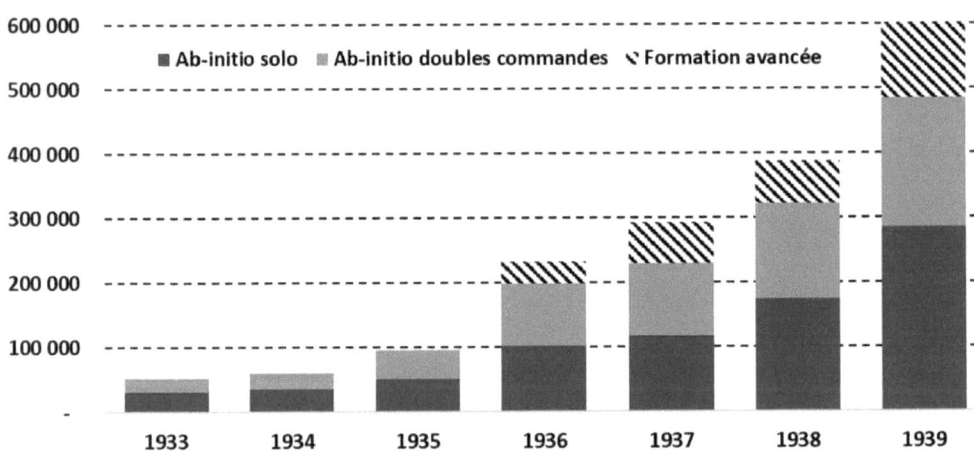

Les écoles de pilotage de la RAF en activité pendant la guerre sont listées en Annexe 6C. [90]

---

[89] Graphe de l'auteur à partir des données des rapports SD n°96, *op.cit.*, et SD n°119 *"Fatal Accidents"* de 1937 et 1938, conservés sous les références AIR 10/1632 et AIR 10/1633, TNA.

[90] L'histoire de chaque unité mériterait presque un petit livre, il est donc très difficile de résumer leur histoire en une ligne, surtout quand elles ont changé de nom, d'aérodrome, d'organisation et de matériel.

Manquant cruellement d'équipages durant les premières années de la guerre, comme l'avait prédit en 1938 le Secrétaire d'État à l'Air, Sir Howard Kingsley Wood, la RAF a ouvert son recrutement à des volontaires transférés de l'Armée de Terre, ainsi qu'aux mécaniciens de la RAF qui se portaient volontaires pour apprendre à piloter. Frank W. Horry est un parfait exemple de cette dernière catégorie de recrues. Il était valet à Londres avant de s'engager à l'âge de 18 ans dans la RAF le 22 mai 1935 pour une durée fixée initialement à sept ans. Son parcours initial de formation est résumé ci-dessous, le faisant passer du statut de manœuvre sans qualification à celui de mécanicien en deux ans et demi. Horry s'est ensuite porté volontaire pour être mitrailleur sur un avion, en plus de son travail de mécanicien. Le 30 août 1938, il s'est porté volontaire pour suivre une formation de pilote et a donc été convoqué le 22 novembre suivant pour la visite médicale ad hoc. Il lui a fallu cependant ronger son frein jusqu'en mai 1941 avant de commencer sa formation de pilote. Étant bien noté comme mécanicien et mitrailleur, il est probable que sa hiérarchie n'était pas très motivée à l'idée de se séparer de ce bon élément, mais il a aussi suivi des formations en navigation et sur les sujets fondamentaux (mathématique, science, etc.) qui l'ont ensuite aidé à atteindre son objectif. [91]

	Début	**Fin**	**Durée** (semaines)	**Grade et** *emploi* (date d'effet)
Dépôt Technique *(lieu inconnu)*	22 mai 1935	26 juillet 1935	9,3	AC2
Dépôt Principal Avions (Henlow)	26 juillet 1935	8 mai 1936	41	
3ème École de Formation Technique (Manston)	8 mai 1936	3 juillet 1936	8	*Aide mécanicien* (déc.36)
3ème Escadre (Henlow)	3 juillet 1936	2 avril 1937	39	
99, 149 et 9èmes Escadrons	2 avril 1937	3 juillet 1940	169,7	AC1 (19 mars 1937) - *Mécanicien* LAC (1er février 1938) *Mitrailleur/Mécanicien* (29 mars 1939)
20ème OTU	3 juillet 1940	10 mai 1941	44,4	Sergent (27 mai 1940)
1ère Escadre de Réception *	10 mai 1941	24 mai 1941	2	*Pilote en formation* (17 mai 1941)
3ème ITW	24 mai 1941	12 juillet 1941	7	
57ème Group Pool	12 juillet 1941	6 sept. 1941	8	
14ème SFTS	6 sept. 1941	1 janvier 1942	20	

---

[91] Formulaire *"Royal Air Force - airman's record sheet,"* IBCC Digital Archive document 26629, et suppléments des London Gazettes des 31 mai 1940, 24 mars 1942, 4 décembre 1942 et 28 janvier 1944. Certaines dates ne sont pas connues avec précision et ont été indiquées en italique.

Suite du tableau	**Début**	**Fin**	**Durée** (semaines)	**Grade et** *emploi* (date d'effet)
12ème SFTS	1 janvier 1942	*24 janvier 1942*		P/O (24 janvier 1942) - *Pilote*
21ème OTU	27 juillet 1942	11 août 1942	2,1	
162 et 40èmes Escadrons	12 août 1942	5 août 1943	1er tour d'opérations	F/O (1er octobre 1942)
21ème OTU	26 août 1943	24 nov. 1943	Instructeur	
516ème Escadron	24 nov. 1943	25 nov. 1944		F/Lt (24 janvier 1944)
105ème OTU et écoles diverses	12 déc. 1944	18 octobre 1945	Instructeur et formations	

* Centre de formation initiale basé à Babbacombe, Devon, renommé ITW le 14 juin 1941.

Horry a été l'un des derniers élèves à pouvoir être formé dans les SFTS du Royaume-Uni avant la fermeture de la plupart de ces écoles, leur déménagement au Canada ou leur transformation en AFU. D'ailleurs, il a dû changer de SFTS, la 14ème de Ossington, Nottinghamshire, ayant été convertie en (P)AFU fin janvier 1942 : Horry a donc rejoint la 12ème SFTS de Grantham, Lincolnshire, pour y obtenir ses ailes avant que celle-ci ne devienne à son tour une (P)AFU en avril.

Horry a effectué son premier tour d'opérations sur Wellington en Méditerranée avec les 162 et 40èmes Escadrons et il a reçu la DFM et la DFC. Il a ensuite servi comme instructeur à la 21ème OTU et a passé son expérience aux équipages d'attaque au sol au sein du 516ème Escadron, unité créée spécialement en vue de la préparation du débarquement en Normandie. Après-guerre, il a piloté des Avro York (511 et 99èmes Escadrons), notamment pendant le blocus de Berlin. Il a fini sa carrière par divers postes au Coastal Command et a pris sa retraite de la RAF en février 1954.

Le Sergent Cyril Craig est un autre exemple de "rampant" de la RAF qui a eu l'opportunité de devenir pilote. Engagé dans la RAF en 1938, Craig était armurier et avait notamment fait partie des équipes de déminage chargées de neutraliser les bombes allemandes non explosées pendant la bataille d'Angleterre. S'étant porté volontaire pour devenir pilote, il a traversé l'Atlantique pour entamer, en septembre 1943, sa formation au pilotage à la 24ème EFTS d'Abbotsford, Colombie Britannique, Canada. Fin octobre, Craig, major de sa promotion, reçoit un bracelet en or de la part de Mr Leslie J. Martin, Directeur de la société gérant cette EFTS. Les autres élèves ont droit à un bracelet en argent. [92]

---

[92] Articles du magazine *"Breezy Stuff"* de la 24ème EFTS du 8 octobre 1943 et du 5 novembre 1943, conservés sous la référence C-12339, image 825 et suivantes, Bibliothèque et Archives Canada (BAC).

A.4.3 - La place de la formation monte dans la hiérarchie de la RAF

Nous avons vu que le Training Command avait été créé le 1er mai 1936 pour regrouper l'ensemble des écoles en cinq Groupes, sous la houlette de l'Air Marshal Sir Charles S. Burnett. Le 27 mai 1940, le Training Command est scindé en deux entités :

- Le Commandement de la Formation Technique (Technical Training Command) regroupant toutes les écoles de spécialistes au sol de la RAF (armuriers, mécaniciens, électriciens, etc.), soit 70.650 hommes (dont 1.650 Officiers) ;
- Le Commandement de la Formation au Vol (Flying Training Command) chargé des écoles des membres d'équipage et absorbant le Reserve Command, soit 29.200 hommes (dont 3.200 Officiers).

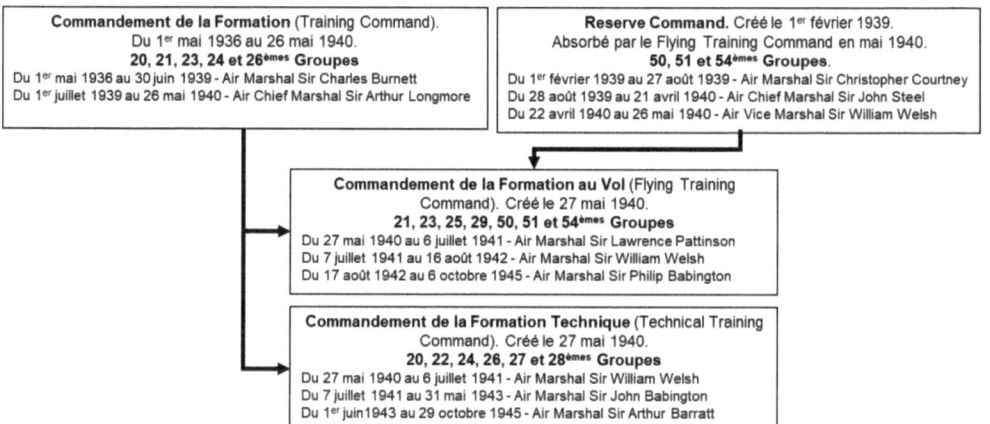

Note 1 : Certains Groupes n'ont été formés que durant la guerre (par exemple le 20ème Groupe en novembre 1939, le 27ème Groupe en 1941, les 28 et 29èmes Groupes en 1942, le 22ème Groupe en 1943), d'autres ont disparu (par exemple, le 20ème Groupe, formé en novembre 1939, a été absorbé par le 22ème Groupe en août 1943), et d'autres ont changé de nom (par exemple, le 26ème Groupe a été transféré en février 1939 au Reserve Command et a été renommé 50ème Groupe. Un nouveau 26ème Groupe a ensuite été formé en février 1940 au sein du Commandement de la Formation Technique).

Note 2 : Il ne faut pas confondre le Training Command, ou le Flying Training Command des Britanniques avec les Training Commands établis ensuite dans les autres pays du Commonwealth (par exemple en Australie de 1953 à 1959 puis de 1990 à 2006 ; en Afrique du Sud à partir de 1940 ; ou au Canada, pendant la guerre, il y avait plusieurs Training Commands chargés chacun des écoles dans leur zone géographique).

Preuve de la nouvelle importance des questions de formation, un poste supplémentaire est créé en juillet 1940 au sein du Conseil de l'Air pour un "Membre en charge de la Formation" : l'Air Marshal A. Guy E. Garrod prend ses nouvelles fonctions le 8 juillet

1940. [93] Il est remplacé en avril 1943 par l'Air Marshal Sir Peter R. M. Drummond qui disparait le 27 mars 1945 alors qu'il traversait l'Atlantique à bord du Liberator II AL504 pour assister au Canada à la cérémonie de clôture du Plan d'entraînement aérien du Commonwealth britannique. Son successeur, l'Air Marshal Sir Roderic Hill, n'est nommé que mi-mai. Il n'y a donc eu que deux Membres du Conseil de l'Air en charge de la Formation pendant la guerre en Europe, ce qui a eu l'avantage d'assurer une direction stable aux Flying et Technical Training Commands.

Portrait de l'Air Marshal A. Guy E. Garrod, Membre du Conseil de l'Air en charge de la Formation de juillet 1940 à avril 1943 (extrait d'un poster "Leaders of the Royal Air Force" d'août 1941, photo US National Archives and Records Administration (NARA), référence 44266740).

Les principales personnalités et structures de formation de la RAF durant la guerre sont listées en Annexe 1A.

A.4.4 - Petite digression sur la formation des personnels au sol

Même dans un livre sur la formation des aviateurs, il semble intéressant d'évoquer rapidement leurs homologues au sol, sans lesquels aucun avion n'aurait pris l'air. Ce sujet mériterait un ouvrage à lui seul. Le Royal Flying Corps, ancêtre de la RAF, a commencé à distinguer deux types de mécanos pour l'entretien des avions durant la Première Guerre mondiale : les *"Fitters"* chargés des moteurs et des accessoires mécaniques, et les *"Riggers"* responsables de la cellule (ailes, fuselage, empennage, etc.), le nom de ces derniers venant directement de leur activité principale sur les biplans, triplans de l'époque, à savoir le réglage des haubans (rigging). Pour l'anecdote, avec le remplacement du bois par le métal sur les avions modernes, les *"Riggers"* ont reçu le sobriquet de *"tin bashers"* (marteleurs de fer-blanc), puis le terme de *"Rigger"* a disparu (sauf pour les chaudronniers), remplacé par *"Fitter (Airframe)"* (Mécaniciens (Cellule)).

Avec l'apparition d'instruments et d'accessoires complexes, le nombre de métiers a rapidement évolué jusqu'à aboutir à une classification en cinq groupes de I à V, avec une paie décroissante, plus une catégorie supplémentaire pour les professions médicales. Ce système, adopté à la fin de la Première Guerre mondiale, existait toujours durant la Seconde, mais les métiers et leur catégorisation évoluaient au fil des besoins. Par exemple avec l'ajout du poste "d'Instructeur sur simulateur Link" en 1938, ou celui de "Technicien

---

[93] Mémorandum WP(40) 238 du 1er juillet 1940 du Secrétaire d'État à l'Air, conservé sous la référence CAB 66/9/18, TNA. Le Conseil de l'Air était le plus haute instance du Ministère de l'Air britannique : présidé par le Secrétaire d'État à l'Air, il réunissait la plus haute hiérarchie du Ministère et de la RAF.

radar" en 1944, ou la disparition en 1943 du poste "d'Opérateur de lance-câble sous parachute" (un système de DCA utilisé sans succès au début de la guerre : "PArachute Cable (PAC) equipment"). Le tableau ci-après montre le classement de quelques métiers avant l'ouverture de la Seconde Guerre : [94]

Groupe I	Groupe II	Groupe III	Groupe IV	Groupe V
Mécanicien (Moteur) ou (Cellule) ou (Armement)	Mécanicien inspection journalière (Moteur) ou (Cellule)	Réparateur de parachutes	Agent administratif	Avitailleur
Instrumentiste	Armurier	Entoileur	Comptable	Policier militaire
Forgeron et soudeur, chaudronnier	Météorologiste	Opérateur PAC	Opérateur télex	Plieur de parachutes
Dessinateur	Photographe	Cordonnier	Magasinier	Soigneur pigeons
Électricien niveau I	Électricien niveau II	Tailleur	Téléphoniste	Coiffeur
Instructeur Link	Charpentier, plombier, maçon	Technicien ballons		Chauffeur
Technicien radio	Opérateur ballon	Cuistot		Servant DCA

À grade, ancienneté et situation familiale équivalente, la paie d'un militaire du Groupe I était supérieure d'environ un tiers à celle d'un membre du Groupe V. Certaines opportunités étaient offertes (ou imposées) de changer de métier pour gagner en qualification.

Les formations d'avant-guerre étaient de très bon niveau, avec notamment des écoles de Formation Technique de la RAF (à Cranwell, Lincolnshire et à Halton, Buckinghamshire) accueillant des apprentis. Suivant les spécialités, les nouvelles recrues, sélectionnées avec une expérience technique, étaient formées pendant cinq semaines comme aide-mécaniciens, rôles qu'il tenaient ensuite sous la supervision de mécaniciens qualifiés. Les meilleurs étaient ensuite envoyés en formation durant huit mois à un an pour devenir Mécanicien (moteur) ou Mécanicien (cellule). Les exigences de la guerre ont amené à réduire drastiquement la durée de ces formations. Pour cela, les compétences d'un métier ont été réparties sur plusieurs postes : par exemple, le métier d'Opérateur sur machine-outil a été divisé en Tourneur, Fraiseur, Meuleur, chacun nécessitant moins de formation. Certaines spécialisations ont aussi eu lieu, poussées par exemple par la multiplication des types de radio et l'apparition des radars, le métier de Mécanicien Radio

---

[94] Liste non exhaustive, au fil du temps il y a eu plus de 200 métiers ou variations de métiers listées sous ces cinq groupes. Il y avait également des distinctions de niveau de compétence pour le même métier au sein d'un Groupe : par exemple "Fitter I" / "Fitter II" au sein du Groupe I. Pour plus de détails, se référer à la monographie "*Manning Plans and Policy*", de l'Air Historical Branch, 1958 et pages 340-346 du livre (volume 2) de Ian Philpott (voir bibliographie).

étant lui aussi divisé en Mécanicien Radio - équipement au sol ; Mécanicien Radio - équipement embarqué ; Mécanicien Radar ; etc.

À titre d'illustration les formations australiennes de 1941 pour quelques spécialités au sol sont résumées ci-dessous : [95]

Métier	Formation			
	en dépôt des recrues	en écoles de Formation Technique	en école spécialisée	Durée totale
Armurier	4 semaines	-	6 semaines	10 semaines
Mécanicien (Armement)		-	12 semaines	16 semaines
Opérateur radio au sol		20 semaines	12 semaines	36 semaines
Électricien niveau II		16 semaines	5 semaines	25 semaines
Réparateur instruments		11 semaines	-	15 semaines
Fabricant instruments		17 semaines	-	21 semaines
Cuistot		12 semaines	-	16 semaines
Mécanicien (Moteur) ou (Cellule)		16 semaines	16 semaines	36 semaines
Mécanicien inspection journalière (Moteur) ou (Cellule)		8 semaines	10 semaines	22 semaines

A.4.5 - La formation des aviateurs étrangers au Royaume-Uni

Manquant cruellement d'aviateurs durant les premières années de la guerre, la RAF a accueilli, au départ avec réserves, puis à bras ouverts des centaines d'aviateurs des pays occupés. Les 145 Polonais et 88 Tchécoslovaques qui ont combattu dans la RAF pendant la bataille d'Angleterre ont certainement contribué à lever les réticences initiales. Les aviateurs expérimentés, comme ces Polonais ou ces Tchécoslovaques qui avaient été formés dans leurs pays et étaient déjà passés pour beaucoup dans l'Armée de l'Air française, n'avaient pas besoin de beaucoup de formation avant de prendre les commandes d'un Hurricane. Le plus gros souci était souvent la maitrise de l'anglais pour communiquer.

Cependant, cette source d'aviateurs s'est rapidement tarie et les représentants en exil des pays concernés ont négocié pour que la RAF accepte de former les volontaires étrangers dans ces écoles. Pour les contingents les plus importants, des écoles spécifiques ont été allouées, comme par exemple l'Escadrille Polonaise de Formation et de Sélection qui est formée à Redhill, Surrey, le 14 février 1940 avant d'évoluer peu à peu en 16ème

---

[95] Données de l'Annexe E *"Chart of RAAF Ground Personnel Training System"* datée de novembre 1940 du rapport *"MOST SECRET - Royal Australian Air Force - Air War Effort"* de janvier 1941, conservé sous la référence A5954 - 618/7, pages 91 et 92, NAA.

SFTS (Polonaise). De même, la 25ème EFTS (Polonaise) est ouverte le 1er juin 1941 à Peterborough, Cambridgeshire.

Au fil des semaines, un circuit similaire se met en place pour les volontaires français. Comme l'ont fait les Dominions, [96] le Général de Gaulle a négocié au printemps 1941 avec les Britanniques pour pouvoir former des Escadrons avec une identité nationale française au sein de la RAF. Les recrues sont d'abord rassemblées sur l'énorme base de St Athan au pays de Galles qui abritait de nombreuses écoles de la RAF (notamment pour les mécaniciens au sol, les techniciens radio). Ce dépôt est rapidement baptisé *"Sainte Attente"* par les Français impatients. [97] Ceux qui étaient sélectionnés pour devenir aviateurs rejoignaient ensuite l'école d'Odiham qui a accueilli ses premiers élèves Français et Belges début novembre 1940 : une partie conséquente des cours était consacrée à l'anglais et aux premières leçons de pilotage, cette école semblant avoir couvert les programmes d'ITW et en partie d'EFTS. De nombreux futurs as comme Max Guedj (au Coastal Command) ou Roland de La Poype (du groupe de chasse Normandie-Niemen, avec ses seize victoires) ont fait leurs premiers tours de piste dans cette école. Les élèves-pilotes étaient ensuite envoyés dans les EFTS et SFTS de la RAF, pour la plupart à la 6ème EFTS de Sywell, Northamptonshire, puis à la 5ème SFTS de Tern Hill, [98] Shropshire. En fonction de leurs capacités et des places disponibles, certains ont été orientés vers d'autres écoles au Royaume-Uni, voire même au Canada, en Rhodésie du Sud ou au Moyen-Orient. Les parcours de quelques-uns de ces Français Libres sont résumés ci-dessous (en gras les aviateurs qui avaient déjà une formation plus ou moins complète avant de rejoindre les Forces Aériennes Françaises Libres (FAFL)) :

	Formation de base			Formation opérationnelle	Escadron(s)
	ITW	EFTS	SFTS		
P. Maurice Bourdieu	?	6ème, Sywell	32ème, Moose Jaw (Canada)	57ème OTU, Eshott	Normandie-Niemen (Yak)
Pierre G. Delange	Odiham (printemps 1941)		5ème Ternhill (été 1941)	59ème OTU, Crosby-on-Eden (automne 1941)	154, 610, 19 et 501èmes (Spitfire)
André N. Imbert			4ème d'Habbaniyah (Irak) puis 20ème de Cranborne (Rhodésie du Sud)	53ème OTU, Llandow (fin 1941)	611, 41, 165èmes (Spitfire)
J. Max M. Guedj	Odiham	6ème, Sywell (février 1941)	11ème Shawbury	2ème (Coastal) OTU, Catfoss (été 1941)	248 et 143èmes (Beaufighter et Mosquito)

Suite du tableau page suivante.

---

[96] Voir le chapitre consacré à l'Article XV du BCATP.
[97] D'après Henry Laffont (page 132 de son livre, voir bibliographie), c'est l'aspirant René Casparius qui aurait trouvé ce sobriquet pour la base de St Athan.
[98] On trouve deux orthographes dans les dossiers officiels pour cette base : aussi bien RAF Tern Hill, que RAF Ternhill.

	Formation de base			Formation opérationnelle	Escadron(s)
	ITW	EFTS	SFTS		
Jean H. Lecouté *	Odiham (nov. 1940 - fév. 1941)	6ème, Sywell (fév. - avr. 1941)	11ème Shawbury (avr. - juil. 1941)	18ème (P)AFU, Church Lawford (début 1943) 13ème OTU, Bicester (avr. - mai 1943) 6ème OTU, Silloth (été 1943)	612 et 228èmes (Wellington et Sunderland)
Roland P. de La Poype	Odiham (fév. 1941)	6ème, Sywell (avril 1941)	5ème Ternhill (été 1941)	53ème OTU, Llandow (fin 1941)	602ème (Spitfire) puis Normandie-Niemen (Yak)
Pierre N. A. Tummers	10ème Scarborough (oct. 1941)	6ème, Sywell	32ème, Moose Jaw (Canada)	7ème (P)AFU, Peterborough ? OTU	340ème (Spitfire)
Gilbert M. M. Vaillant		6ème, Sywell (printemps 1941)	5ème Ternhill (été 1941)	53ème OTU, Llandow (fin 1941)	81 et 340èmes (Spitfire)
Jean G. Vaissier	Odiham (février 1941)		5ème Ternhill (été 1941)	53ème OTU, Llandow (début 1942)	288, 501 et 274èmes (Spitfire, Tempest)

* Est passé par la 3ème GRS (école de surveillance maritime) de Squires Gates d'août à octobre 1941 et par des écoles FAFL d'Afrique (Oubangui-Chari, aujourd'hui République Centrafricaine) et de Syrie en 1942.

Ce tableau ne se veut pas exhaustif, certains cursus n'ayant pas été enregistrés de manière détaillée. Ces parcours passant par de multiples continents confirment que cette guerre était un véritable conflit mondial où même les pays épargnés par les combats étaient souvent impliqués pour former les aviateurs alliés. L'école franco-belge d'Odiham a fermé ses portes en juin 1941, les candidats étant alors orientés vers les ITW britanniques. Il y a aussi des parcours atypiques, voire exceptionnels, comme celui de Jean E. F. Demozay, d'abord réformé pour cause de santé en 1936, mais qui réussit à convaincre trois ans plus tard la commission de réforme qu'il peut servir. Affecté au Train des Équipages (branche logistique de l'Armée), il sert comme interprète auprès des Britanniques du 1er Escadron de chasse basé en France. Ce rôle est confirmé par une mutation dans l'Armée de l'Air en janvier 1940, et Demozay apprend peu à peu à prendre les commandes du biplace Miles Magister de l'Escadron lorsqu'il accompagne des pilotes anglais dans des missions de liaison ou d'entraînement. Durant la retraite, le 14 juin 1940, il se propose pour convoyer un Hurricane d'Anger au Mans, cinq avions n'ayant pas de pilote. Les Anglais sont réticents mais finissent par accepter, et Demozay rapatrie dans la journée les cinq Hurricane, se faisant ramener à chaque fois avec le Magister. Coincé à Nantes, il "enrôle" des mécaniciens britanniques pour retaper un bimoteur Bristol

Bombay endommagé et s'en sert le 17 juin pour évacuer seize de ces hommes et deux Français sur l'Angleterre. Aidé par ses amis anglais, Demozay effectue quelques semaines entre le 20 juin et le 9 septembre à la 5ème OTU de chasse d'Aston Down, Gloucestershire, entrecoupées par son engagement à Londres dans les FAFL le 24 juin et un séjour à St Athan en juillet. Il est donc devenu pilote sans passer par aucune école de pilotage de base puisqu'il a été versé directement dans une unité de formation opérationnelle. Affecté au 1er Escadron le 12 octobre 1940, il a ensuite effectué plus de 400 missions de guerre et remporté 19 victoires (plus deux probables) avant d'être tué dans un accident aérien fin 1945. [99]

Parmi les Français qui se sont enrôlés dans les FAFL avant le 1er août 1943 au moins 46 ont trouvé la mort dans des accidents durant leur formation en Angleterre, et 5 autres dans des écoles à l'étranger (voir plus loin les exemples du Sergent-Chef Robert Basquin et du Caporal René Leprou, disparus au Canada en 1942, ou du Sergent Pierre G. A. Pelissier tué en Rhodésie du Sud en février 1943). [100]

Nous verrons qu'en plus des aviateurs français formés dans les filières mises en place par la RAF, que ce soit au Royaume-Uni ou dans les écoles de l'Empire (notamment au Canada ou en Rhodésie du Sud), les FAFL ont négocié des cursus directement avec les Américains à compter de 1942. Ces discussions, effectuées avec la bénédiction des Britanniques, ont permis de former près de 5.000 aviateurs français dans les écoles de l'USAAC ou de l'US Navy.

---

[99] Biographie de Jean Demozay consultée en ligne le 14 janvier 2024, https://www.ordredelaliberation.fr/fr/compagnons/jean-demozay . Cette biographie indique que Demozay avait déclaré *"dans un pieux mensonge, être titulaire d'un brevet de vol civil"* pour se faire affecter directement en OTU.

[100] Données de l'annexe 4 du livre de G. H. Bennett (voir bibliographie). Comme souvent, il ne faut considérer ces chiffres que comme des ordres de grandeur, les archives étant difficiles à croiser, d'autant plus que certains hommes étaient connus sous des noms d'emprunt pour protéger leurs familles restées en territoires occupés.

A.5 - La formation opérationnelle

A.5.1 - L'effet des "vases communicants"

Nous avons vu qu'en juin 1935, le séjour des élèves en FTS avait été réduit "temporairement" à 6 mois pour la période d'expansion. Quelques années plus tard, alors que les machines utilisées par les unités de première ligne sont de plus en plus complexes, les nouveaux pilotes sortant des FTS ont bien moins d'heures de vol sur leur carnet que lorsque la formation durait 12 mois et ils n'ont jamais piloté d'avion multimoteur. La charge de la formation repose donc de plus en plus sur les Escadrons par une sorte d'effet de "vases communicants" que l'on pourrait résumer par l'axiome suivant : *"si une étape de la formation d'un aviateur est réduite sous prétexte d'accélérer le processus, il faudra de toute façon assurer la formation perdue ailleurs dans son cursus."*

De 1934 à 1939, le taux d'accidents par heure de vol au sein de la RAF, toutes unités confondues, a plus que triplé, comme le montre le graphe suivant : [101]

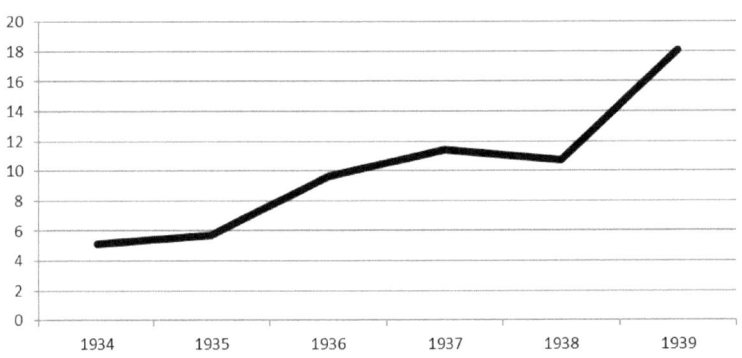

Au printemps 1938, la RAF se rend aussi compte que les nouveaux pilotes en Escadrons connaissent une recrudescence d'accidents pendant les mois qui suivent leur affectation. Ceci est attribué non seulement au raccourcissement des cursus de formation (ce qui n'empêchera pas de les réduire encore en 1939 et 1940), mais surtout à l'écart grandissant entre la technologie des avions des écoles de ceux de la première ligne. Les élèves qui pilotaient en solo un Avro Anson de 3,6 tonnes avec deux moteurs de 335 chevaux en SFTS se retrouvaient après une courte permission aux commandes d'un Vickers Wellington de 13 tonnes avec deux moteurs de 1.050 chevaux et un équipage de cinq hommes. Même pour les chasseurs, la marche à franchir devenait grande, avec des Spitfire et Hurricane monoplans dont la vitesse de pointe était presque le double de celle des biplans des SFTS, sans parler du fait que les Hawker Hart n'avaient pas de volets hypersustentateurs ou de train d'atterrissage rétractable. Les deux graphes ci-après

---

[101] Graphe de l'auteur à partir des données des rapports SD n°119 *"Fatal Accidents"* de 1937 et 1938, *op.cit.*

représentent de façon visuelle le bond des performances des appareils en une dizaine d'années (bombardiers et chasseurs). [102] Les performances des Harvard et Anson de formation sont également indiquées. On voit ainsi bien que la marche à franchir en SFTS et OTU est énorme pour un jeune pilote.

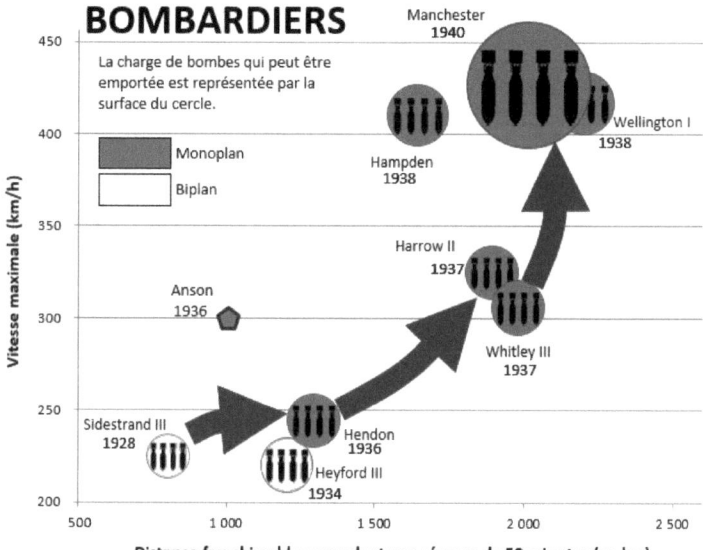

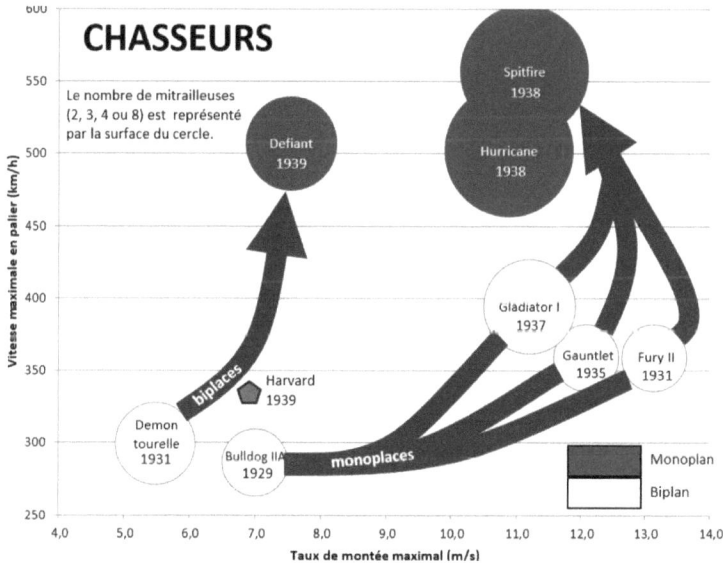

---

[102] Graphes de l'auteur à partir des données de l'AP 1746A *"Performance Tables of British Service Aircraft"*, 1939.

Un peu plus d'un an avant le début du conflit, le Premier Ministre Chamberlain avait renvoyé un Député de la Chambre des Communes à ses études en lui faisant remarquer que *"comparer des avions d'aujourd'hui avec ceux de la [Première] Guerre, consiste à confondre deux choses aussi différentes l'une de l'autre que la craie et le fromage. L'escadron Bulldog, formé longtemps après la guerre en 1929, avait une vitesse de pointe de 262 kilomètres à l'heure ; le premier escadron de Gauntlet formé en 1935 avait une vitesse de pointe de 370 kilomètres à l'heure ; mais maintenant nous avons largement dépassé 483 kilomètres à l'heure."* [103] On serait presque tenté de le paraphraser en soulignant que *"comparer les avions des écoles de formation avec ceux des unités combattantes, consiste à confondre deux choses aussi différentes l'une de l'autre que la craie et le fromage."*

Il y a aussi un autre facteur important qui est l'afflux massif de nouveaux pilotes formés dans le cadre des plans d'expansion : la proportion de pilotes inexpérimentés dans les Escadrons augmente grandement comme on peut le voir sur le graphe ci-dessous. [104] Alors qu'en 1933 ou 1934 seulement un pilote sur cinq avait moins de deux ans d'expérience, il y en a plus d'un sur deux en 1938. La supervision et l'accompagnement des nouveaux arrivants est donc plus difficile, et ceci favorise les accidents.

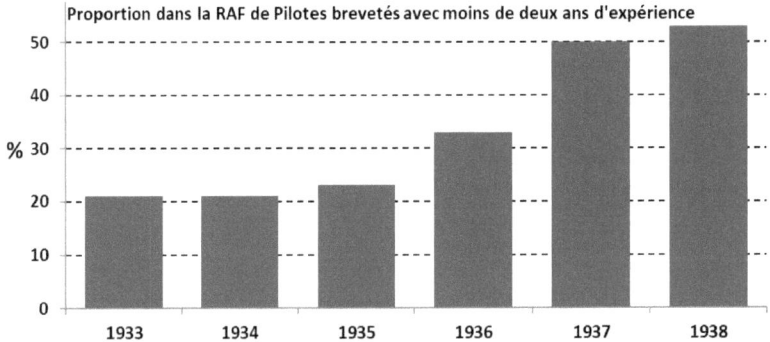

Pour essayer de former les pilotes jusqu'à un niveau de compétence opérationnelle, réduire les accidents et soulager les unités de première ligne, plusieurs approches, décrites dans les paragraphes ci-après, vont être tentées :

- Affecter des bimoteurs de formation aux Escadrons pour la conversion sur multimoteurs et la formation (navigation, pilotage aux instruments, etc.) ;
- Créer des unités dédiées à la formation opérationnelle ;
- Abaisser le niveau de compétence exigé pour entrer en Escadron ;
- Réclamer une compétence accrue en sortie de SFTS.

---

[103] Débats à la Chambre des Communes du 25 mai 1938 (référence Hansard HC Deb 25 May 1938 vol. 336 cc1259-1260). Les vitesses ont été converties en km/h. L'expression anglaise de *"confondre la craie et le fromage"* a été traduite littéralement, même si en français on parle plus couramment de *"mélanger les torchons et les serviettes"* ou *"comparer des choux et des carottes"*.

[104] Graphe de l'auteur à partir des données des rapports SD n°119, *op.cit.*

A.5.2 - Les "Pouponnières de Groupe" [105]

Pour aider les Escadrons à assurer la conversion des nouveaux arrivants sur multimoteurs et pour les former, il est décidé mi-1938 d'affecter quatre Avro Anson à chaque Escadron du Bomber Command (deux Anson par Escadrille), créant ainsi virtuellement une mini-école dans chaque Escadrille. Cette approche de temps de paix ne permettant pas de créer une réserve d'aviateurs pour remplacer les pertes éventuelles des unités combattantes, il est décidé fin 1938 de créer dix Centres de Pilotage Avancé (Advanced Flying Centres) servant d'étape intermédiaire entre les écoles et les Escadrons.

Comme il devait être formé un Centre de Pilotage Avancé au sein de chacun des Groupes des Bomber et Fighter Commands (et un autre pour le Coastal Command), leur nom a rapidement été changé pour celui de Group Pool, que l'on peut traduire assez librement par "Pouponnière de Groupe". En plus de leur rôle de conversion des aviateurs sur des avions plus performants que ceux des écoles, ces "Pouponnières" devaient servir en temps de guerre de viviers de pilotes capables de remplacer des pertes au pied levé ; ce sera par exemple le cas durant la bataille de France, lorsque le 98ème Escadron jouant le rôle de "Pouponnière" pour les unités de bombardement de la Force de Frappe Avancée de la RAF en France (RAF Advanced Air Striking Force - AASF) s'est vu ponctionné de nombreux équipages pour colmater les sévères pertes subies par les unités sur Fairey Battle. La première "Pouponnière de Groupe" est créée en janvier 1939 au sein du 11ème Groupe du Fighter Command, le Bomber Command préférant provisoirement affecter en mars 1939 des Escadrons de second rang (dits "non-mobilisables" faute de personnels suffisamment formés) à ce rôle (comme par exemple le 98ème Escadron) : ces Escadrons ne conservent alors que leurs équipages les plus expérimentés comme instructeurs, et la moitié de leurs avions sont remplacés par des bimoteurs d'entrainement (Anson).

Les programmes de formation des Pilotes en EFTS, en FTS et en École de Navigation, ainsi que ceux des Instructeurs des Écoles de Pilotage, sont résumés en Annexe 7A tels que décrits dans la 5ème édition (septembre 1939) de l'Air Publication 1388 *"Programme Standard de la Royal Air Force pour la formation des Pilotes, Observateurs Aériens et Mitrailleurs Aériens aux sein des Établissements de Formation (Paix et Guerre)"*.

Chaque "Pouponnière de Groupe" était libre d'établir son programme de formation, mais le QG du Bomber Command avait spécifié en août 1939 que les pilotes sortant de FTS devaient effectuer au moins 62 heures de vol pour atteindre le niveau de compétence opérationnelle sur bombardiers lourds, et 80 heures pour les bombardiers moyens, durant 14 semaines de cours avant de rejoindre un Escadron. [106] Au début de la guerre, les "Pouponnières de Groupe" du Bomber Command sont rassemblées sous le commandement administratif du 6ème Groupe, bien que chacune soit dédiée à un type

---

[105] Chapitre 17 du document *"Flying Training Volume II Part 3 Operational Training"*, op. cit.
[106] En 1939, les bombardiers lourds de la RAF étaient des bimoteurs (Wellington, Whitley et Hampden). Les Blenheim (bimoteurs) et les Battle (monomoteurs) étaient considérés comme étant des bombardiers moyens.

d'appareil et alimente donc un Groupe particulier en aviateurs formés : par exemple, les 7, 76 et 185èmes Escadrons "non-mobilisables" travaillaient sur Hampden et alimentaient donc le 5ème Groupe qui disposait de ce même type d'avions.

Juste avant la déclaration de la guerre, le cursus de formation des pilotes de la RAF au Royaume-Uni est donc le suivant :

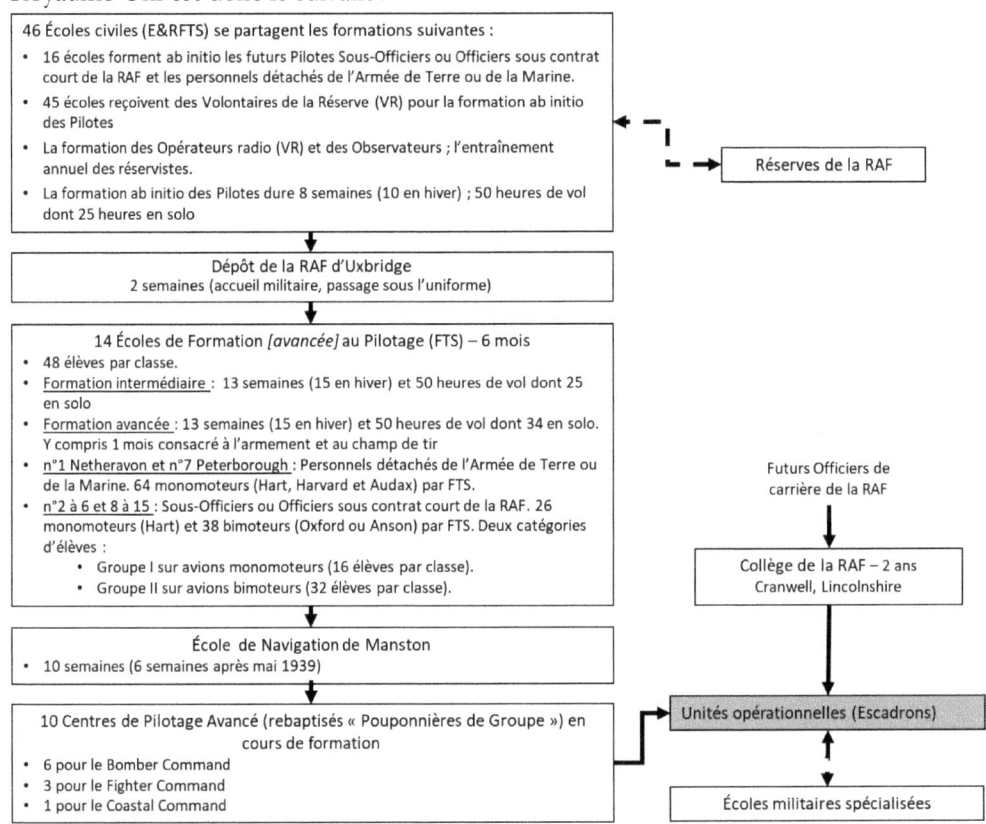

A.5.3 - Les Unités de Formation Opérationnelle

Fin novembre 1939, les "Pouponnières de Groupe" sont renommées Unités de Formation Opérationnelle (OTU). D'après les prévisions d'expansion de la RAF au début de la guerre, les OTU suivantes devaient être créées : [107]
- 31 pour le Bomber Command,
- 3 pour le Fighter Command,
- 1 pour le Coastal Command,
- 2 pour la Coopération avec l'Armée de Terre.

---

[107] Pages 59 et 71 du document *"Flying Training - Volume I - Policy and Planning"*, op. cit.

Sachant que chaque OTU devait disposer de deux aérodromes (un principal et un satellite), de 96 avions (72 IE + 24 IR), de 77 instructeurs et de centaines de mécaniciens, armuriers, électriciens, etc., on se rend compte de l'ampleur de l'effort à fournir. À partir de mars 1941, l'introduction du concept d'une période de repos à l'issue d'un "tour d'opération" correspondant à 200 heures de vol opérationnel a permis de trouver des instructeurs plus facilement qu'auparavant.

Les programmes et les durées de cours en OTU variaient grandement. Initialement il n'y avait d'ailleurs pas de programme unique au sein d'un Commandement, chaque OTU ayant carte blanche pour faire au mieux en fonction de ses propres moyens. Ce n'est qu'au fil des mois qu'un besoin de standardisation apparaît, à la fois pour économiser les ressources et pour assurer une cohérence de niveau pour les aviateurs formés. Par exemple, ce n'est qu'en juillet 1941, à l'ouverture de la troisième OTU de chasse de nuit, que le QG du Fighter Command publie un programme commun pour ce type d'école. [108] Les élèves et leurs instructeurs des OTU du Bomber Command effectuent souvent en fin de stage leurs premières missions opérationnelles, que ce soit des opérations de diversion en faisant demi-tour juste avant les côtes ennemies, des déposes de mines devant les ports occupés ou des largages de feuillets de propagande au-dessus des territoires adverses pour recevoir une première 'inoculation' à la Flak et aux projecteurs.

Les OTU dépendaient des Commandements opérationnels et non pas du Commandement de la Formation. Elles seront donc étudiées plus en détail dans les livres de cette série dédiés à chacun des Commandements opérationnels, mais l'imbrication des programmes de formation et l'effet de l'un sur les autres obligent à évoquer leur histoire générale (on en revient aux "vases communicants"), en particulier celle des OTU du Bomber Command qui sont à l'origine de nombreux changements.

Fin 1939, les "Pouponnières de Groupe" du Bomber Command ne peuvent former que 1.600 aviateurs par an, notamment parce que le niveau des élèves sortant des écoles précédentes (SFTS, ANS, B&GS, etc.) est jugé insuffisant : ces "Pouponnières" doivent donc consacrer une partie importante de leurs efforts pour amener ces élèves au niveau de compétence requis en pilotage aux instruments, en navigation, en tir, avant de pouvoir enfin entamer la formation opérationnelle. Former 1.600 aviateurs par an ne suffit pas à absorber le quota du Bomber Command de pilotes sortant des SFTS (3.196 par an), ni à combler les pertes anticipées des Escadrons de première ligne. Il y a donc une accumulation d'aviateurs attendant qu'une place se libère dans une "Pouponnière" ce qui conduit la Direction de la Formation à souhaiter allonger la durée de toutes les formations de base, mais il fallait aussi gérer les crises de 1940-41.

Les tractations entre QG du Bomber Command, Ministère de l'Air et QG du Training Command vont se tenir à de multiples reprises et conduire à des révisions itératives des cursus de formation. Les changements les plus importants, étudiés plus en détails ci-

---

[108] Document "*Provisional Night Fighter training syllabus – twin engined aircraft*", conservé sous la référence AIR 16/730, TNA.

après, ont eu lieu mi-1940 et ont reçu le titre des *"trois Révisions"*, puis au début de 1942 avec la réforme dite du *"New Deal"*.

Les "trois Révisions" : Les crises de 1940 et leur impact sur la formation [109]

À partir de mai 1940, la RAF passe de crise en crise avec la bataille de France, le début du bombardement d'installations industrielles en Allemagne (le premier étant autorisé pour la nuit du 15 au 16 mai) s'étendant jusqu'à Berlin (à partir de la nuit du 25 au 26 août), la bataille d'Angleterre puis le Blitz. Les pertes d'aviateurs s'accumulent, surtout dans les rangs des pilotes de chasse: les pénuries de pilotes durant la bataille d'Angleterre (544 aviateurs du Fighter Command tués et 998 des autres Commands) [110] sont souvent mentionnées, mais la bataille de France à elle seule a coûté environ mille appareils (dont près de la moitié étaient des chasseurs) à la RAF avec 280 pilotes du Fighter Command et 635 autres pilotes, mitrailleurs et observateurs (en majorité du Bomber Command) tués, faits prisonniers ou portés manquants. [111] Une soixantaine de pilotes du Fighter Command ont aussi été blessés. Un cinquième des pilotes professionnels de temps de paix de la RAF, des hommes expérimentés formés à grand frais, ont ainsi disparu dès juin 1940. Il y avait donc une forte demande immédiate en aviateurs, et étant donné les pertes prévues pour une guerre longue, une forte demande sur le plus long terme.

Sachant que la formation de base d'un pilote (avant toute formation opérationnelle) demandait au minimum neuf mois, les décideurs du Ministère de l'Air étaient donc confrontés à un dilemme : réduire la durée des formations permettrait d'accroître le nombre d'individus formés, mais au détriment de la qualité. Les SFTS manquaient aussi d'avions de formation avancée (Master, Harvard, et encore plus de bimoteurs Anson, Oxford, etc.), obligeant à prolonger la vie des biplans Hawker Hart ou à utiliser des monoplans jugés obsolètes comme des Fairey Battle. Plusieurs solutions incrémentales sont proposées et mises en œuvre durant l'année 1940 en trois grandes phases baptisées ultérieurement de "1st Revise", "2nd Revise" et 3rd Revise" (1ère, 2ème et 3ème Révisions). Ces propositions sont présentées au Conseil de Guerre britannique dans un mémorandum du 1er juillet 1940 du Secrétaire d'État à l'Air. [112] Seules les deux SFTS (n°1 et 7) formant les futurs pilotes de l'Aéronavale n'ont pas été affectées par ces changements.

---

[109] Sauf mention contraire, cette section est basée sur les informations du document *"Flying Training Volume II Part 1 Basic Training in the United Kingdom"*, op. cit.

[110] Décompte établi par la Commonwealth War Graves Commission consulté en ligne le 18 décembre 2023 sur https://www.cwgc.org/our-work/blog/remembering-the-pilots-of-the-battle-of-britain/#:~:text=HOW%20MANY%20PILOTS%20DIED%20IN,a%20result%20of%20the%20battle.

[111] Les chiffres varient un peu suivant les sources. Pour plus de détails, se reporter au livre de cette série sur la RAF dans la bataille de France.

[112] Mémorandum WP(40) 238 du 1er juillet 1940 du Secrétaire d'État à l'Air, conservé sous la référence CAB 66/9/18, TNA.

La 1ère Révision : "faire plus avec moins"

La priorité de l'été 1940 étant de disposer de plus de pilotes de chasse, il est décidé fin mai 1940 de retirer toute la partie "armement" du programme du Groupe I (avions monomoteurs) des SFTS. Les exercices de tir (sauf à la cinémitrailleuse), de bombardement, de reconnaissance et de photographie aérienne sont supprimés ce qui permet de réduire la durée des cours pour les élèves du Groupe I de 16 à 12 semaines, alors que les élèves du Groupe II (avions bimoteurs) restent à 16 semaines (programme finalement ramené à 14 semaines mi-juin). La conséquence logique de cette disparité a été de spécialiser les SFTS : au lieu d'avoir des mono- et des bimoteurs dans chaque SFTS, quatre SFTS devaient désormais former les pilotes de monomoteurs, et huit autres les pilotes de bimoteurs. Ces changements se sont étalés sur quelques mois puisqu'il fallait terminer les formations en cours, réaffecter les instructeurs et les appareils ainsi que leurs pièces de rechanges et leurs mécanos.

Afin que les élèves soient disponibles à temps et en nombre suffisant pour alimenter les SFTS, le programme des EFTS a été raccourci de 8 à 7 semaines et les effectifs entrants ont été accrus de 15%.

La 2ème Révision : "faire toujours plus avec moins"

Pour tenter de contourner le manque d'avions de formation avancée en SFTS, une option était de transférer le plus d'exercices possibles vers les OTU qui disposaient d'avions de type opérationnels (toujours la théorie des "vases communicants"). Durant l'été 1940, il a été décidé d'harmoniser le programme des deux types de SFTS à 12 semaines. Les OTU du Bomber Command ont donc rallongé leur cursus de deux semaines pour compenser partiellement la réduction des cours en SFTS. Ce n'a pas été le cas des OTU du Fighter Command puisque la demande en pilotes de chasse était maximale à cette époque et ces unités ont attendu la Révision suivante pour allonger leurs cours. Le programme des EFTS a encore été raccourci de 7 à 6 semaines.

La 3ème Révision : "persévérer à faire toujours plus avec encore moins"

En septembre, il est acté que le cursus en SFTS doit encore être simplifié, passant à dix semaines, avec la suppression de quasiment toutes les activités spécifiques à l'Escadron Avancé (exercices de tir et de bombardement, photographie aérienne, moins de vol en formation). En contrepartie, les OTU du Bomber Command ont à nouveau allongé leur cursus de deux semaines. Dans le même temps, les effectifs entrants en SFTS sont augmentés de 25%, ce qui oblige à demander une disponibilité optimale pour les appareils et les instructeurs des SFTS, la dotation de chaque unité restant fixe : les 108 avions de chaque SFTS doivent désormais fournir 7.200 heures mensuelles de vol (43% de plus qu'en mai 1940), et les instructeurs doivent voler deux fois plus (autour de 75 heures par mois au lieu de 40 en mai 1940). [113] Pour les aider, les tâches allouées aux instructeurs sont revues et transférées à d'autres personnes lorsque possible. Par exemple,

---

[113] Annexe 15 du document *"Flying Training Volume II Part 1 Basic Training in the United Kingdom"*, op. cit.

pour mieux employer les instructeurs, les élèves ayant au moins cinq heures de vol solo sur les machines des SFTS peuvent jouer le rôle de "pilote de sécurité" pendant qu'un autre élève pilote aux instruments sous la capote.

Le programme des EFTS a été raccourci de 6 à 5 semaines dans l'urgence de la bataille d'Angleterre. Comme leurs collègues en SFTS, les instructeurs des EFTS doivent voler deux fois plus pour former plus d'élèves sur un temps plus court.

D'autres changements ont été testés mais n'ont pas été retenus. Le plus marquant est probablement l'essai effectué à l'automne 1940, consistant à envoyer des élèves directement en OTU à la sortie de leur EFTS, court-circuitant ainsi complètement la phase SFTS. Huit élèves sont donc passés directement en septembre 1940 des commandes d'un Tiger Moth à celles d'un bombardier Armstrong Whitworth Whitley (quinze tonnes à pleine charge au décollage à comparer aux 800 kg du Tiger Moth !), et seize autres ont été formés sur Bristol Blenheim, puis d'autres encore sur Vickers Wellington. Finalement, il s'est avéré que si des élèves habiles pouvaient s'adapter à ce changement majeur, les efforts de formation à fournir n'en étaient pas moins importants que s'ils étaient passés par une SFTS. [114]

L'effet des trois Révisions sur les cursus de formation est résumé dans le tableau ci-après, à la fois en termes de durée totale de chaque formation en semaines, et en termes d'heures de vol par élève (exprimés ci-dessous sous la forme "12s (80h)" pour une formation de 12 semaines comprenant 80 heures de vol). [115]

	Situation initiale	1ère Révision	2ème Révision	3ème Révision
Date (1940) *	avant juin	juin	août	septembre
EFTS	8s (50h)	7s (50h)	6s (50h)	5s (50h)
SFTS - Groupe I (monomoteurs) Groupe II (bimoteurs) Aéronavale (SFTS n°1 et 7)	16s (100h) 16s (100h) 16s (100h)	12s (100h) 14s (100h) 16s (100h)	12s (100h) 12s (80h) 16s (100h)	10s (84h) 10s (72h) 16s (100h)
OTU - Chasse Bombardement	4s (40h) 6s (55h)	4s (40h) 6s (55h)	4s (40h) 8s (70h)	6s (60h) 10s (85h)
Nombre annuel de pilotes sortant de SFTS	5.400	6.400	7.000	11.200
Augmentation par rapport à la situation initiale	-	+ 19%	+ 30%	+ 107%

* Les dates sont celles de la prise de décision, certaines mesures ont réclamé plusieurs mois avant d'être effectives (il fallait par exemple terminer les formations en cours avant d'appliquer un nouveau programme de cours).

---

[114] Pages 146 et 147 du document *"Flying Training Volume II Part 1 Basic Training in the United Kingdom"*, op. cit.
[115] Pages 144 à 146 du document *"Flying Training Volume II Part 1 Basic Training in the United Kingdom"*, op. cit. Le tableau page 144 mentionne un programme en EFTS de six semaines en septembre 1940, mais le texte page 146 indique cinq semaines.

A.5.4 - Les Unités de Conversion, de "Finition" et les écoles spécialisées

En raison de la complexité accrue des appareils, des évolutions technologiques (radio et radar notamment) et le raffinement des procédures, d'autres écoles spécialisées ont été ajoutées au parcours de formation opérationnelle, avant ou après le passage en OTU. Par exemple :

- Avant leur formation de deux mois en OTU, les Pilotes et Observateurs destinés au Coastal Command passaient par une école de Surveillance Maritime (School of General Reconnaissance - S of GR) pour y recevoir une première formation sur les procédures de patrouille et de recherche en mer, les méthodes de communications de la Royal Navy, l'identification des navires, etc. [116]

- Comme les OTU du Bomber Command n'avaient initialement que des bimoteurs Wellington ou Whitley, la conversion des équipages sur quadrimoteurs Stirling ou Halifax était assurée par les Escadrons, ce qui était un retour en arrière, les OTU ayant été créées pour permettre aux unités de première ligne de se concentrer sur les missions de guerre. En août 1941, une Escadrille expérimentale est donc mise sur pied, à titre temporaire, avec 8 Halifax pour apprendre aux équipages sortant d'OTU à manier ces quadrimoteurs. Cette expérimentation ayant démontré son intérêt, la mesure est étendue en créant d'autres Escadrilles baptisées "Unités de Conversion" puis rassemblées en septembre 1942 en "Unités de Conversion sur Bombardiers Lourds" (CU puis HCU - Heavy Conversion Unit). Fin 1943, il y avait 15 HCU, chacune avec 32 Halifax ou 37 Stirling pour former 24 équipages par mois. [117] Ce stage de quatre semaines comportait une quarantaine d'heures de vol. Comme le Bomber Command voulait garder tous les Lancaster en première ligne, ces avions ont été retirés des HCU en novembre 1943, sauf pour deux Escadrilles de Conversion (HCF - Heavy Conversion Flight). Les équipages destinés à un Escadron volant sur Lancaster étaient donc envoyés après leur HCU en Unité de "Finition" (LFS - Lancaster Finishing School) pour y effectuer un stage de dix jours avec une dizaine d'heures de vol. Ces LFS disposait chacune de 18 Lancaster. [118]

- Pour apprendre aux équipages des chasseurs de nuit à utiliser le nouveau détecteur *Serrate*, qui permettait de s'orienter vers un chasseur allemand grâce aux émissions de son radar FuG 202 *Lichtenstein*, la 1.692ème Escadrille *"Mission Spéciale"* (Special Duty) est créée en Écosse au sein du Fighter Command. Les Defiant et Beaufighter de cette Escadrille étaient équipés d'émetteurs radar simulant les FuG 202. En 1944, cette formation durait au minimum une semaine. [119]

---

[116] Pages 2 et 3 du *"Monthly Aircrew Training Bulletin n°3"* publié en juillet 1942, par le Département du Membre du Conseil de l'Air chargé de la Formation, conservé sous la référence AIR 22/327, TNA.

[117] Trois de ces HCU n'avaient que 32 Stirling et ne formaient donc chacune que 21 équipages par mois.

[118] Pages 777 et 778 du document *"Flying Training Volume II Part 3 Operational Training"*, op. cit.

[119] Entrée du 22 février 1944 du Journal de Marche du 141ème Escadron conservé sous la référence AIR 27/971/3, TNA. Pour en savoir plus sur les missions *Serrate*, se reporter au livre sur les chasseurs de nuit de la RAF du même auteur.

En décembre 1943, le Bomber Command à lui seul comptait pas moins de 68 unités ou écoles consacrées à la formation (dont 24 OTU et 16 HCU, 2 Escadrilles CU et 3 LFS). En janvier 1944, le Fighter Command disposait de dix OTU et de quatre Unités d'Entraînement Tactique (post-OTU). En octobre 1944, il y avait six OTU et une HCU au sein du Coastal Command. [120] Ces chiffres ne tiennent pas compte des unités en-dehors du Royaume-Uni. On constate que les nombres d'OTU prévus en 1940 ont finalement été largement dépassés (si l'on considère que les HCU, CU, LFS et Unités d'Entraînement Tactique entraient dans la catégorie des OTU).

Trois exemples d'avions méconnus qui ont pourtant joué un rôle essentiel pour former les aviateurs :
- En haut à gauche, le Blackburn Botha, bombardier-torpilleur sous-motorisé, a été reconverti pour former les mitrailleurs.
- En haut à droite, le bombardier Armstrong Whitworth Whitley a été employé par de nombreuses OTU, ainsi que pour la formation des pilotes de planeurs ou de parachutistes.
- En bas à gauche, deux de Havilland Dominie de formation des opérateurs radio (version militaire du DH89 Dragon Rapide). L'antenne-boucle du gonio est bien visible.

(Photos © BAE SYSTEMS).

---

[120] Pages 787, 847 et 893 du document *"Flying Training Volume II Part 3 Operational Training"*, op. cit.

A.6 - Une formation de base (très) insuffisante

A.6.1 - Le constat de 1941 et le "New Deal" de février 1942

Les "Pouponnières de Groupe" (puis les OTU) avaient été créées à partir de 1939 pour réduire les accidents liés en grande partie à la complexité des machines modernes par rapport à celles des écoles de base. Les premiers élèves-pilotes bénéficiant de ces OTU avaient effectué 150 heures de vol en EFTS et SFTS. Il se produisait mensuellement 16 accidents mortels en OTU en 1940, chaque accident causant la mort de deux à trois aviateurs en moyenne. Avec l'arrivée d'élèves n'ayant eu qu'autour de 110 heures de vol lors de leur formation de base, ce chiffre passe à 28 accidents mortels par mois au premier semestre 1941 et à 56 par mois au second semestre 1941. Même si l'on considère que les heures de vol en OTU ont augmenté sur cette période, le nombre d'accidents mortels pour 10.000 heures de vol a presque doublé en passant de 4 à 7 entre 1940 et 1941. [121]

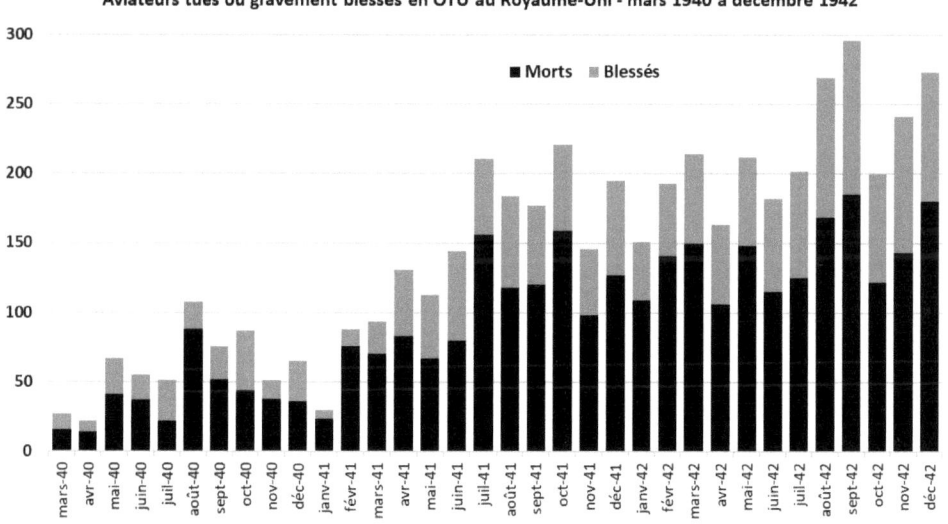

Il en est donc déduit que les programmes de formation de base *"donnaient l'instruction minimale nécessaire pour permettre à un pilote de maîtriser son avion dans des situations favorables, mais ils ne donnent pas assez d'expérience générale de pilotage et ceci entraîne un taux d'accident plus élevé dans les dernières phases de la formation, lorsque les vols se font dans des circonstances plus difficiles. ... Les avions opérationnels [en OTU] étaient accidentés deux fois plus fréquemment que ceux des SFTS, qui avaient eux-mêmes deux fois plus d'accidents que ceux des EFTS. Il était clair que les compétences des élèves ne progressaient pas aussi rapidement que la complexité des avions qui leur étaient confiés. Les pertes totales d'avions opérationnels par accidents [en OTU et en Escadrons] représentaient 170*

---

[121] Chiffres calculés à partir des données des rapports SD n°96, *op.cit.* de 1940 à 1942, conservés sous la référence AIR 10/3913, TNA. Graphe de l'auteur.

appareils par mois, de quoi équiper dix Escadrons. Durant 1941, les standards de formation étaient largement imposés par les impératifs du moment." [122] Norman L. Magnusson, élève en SFTS en 1941 et futur Major-Général de la RCAF, témoigne en termes plus prosaïques que le passage en OTU *"consistait en une période de maturation pour la plupart des membres d'équipage et des pilotes qui commençaient à s'apercevoir que la guerre était une affaire très sérieuse. Avant ce moment, c'était une partie de plaisir. … Nous avons passé beaucoup de temps [en OTU] à enterrer nos amis."* [123]

A.6.2 - Avoir des pilotes rapidement et avoir des pilotes bien formés : deux objectifs antagonistes

Une fois les crises de la bataille d'Angleterre et du Blitz passées, il a été possible de réfléchir aux améliorations nécessaires. Les réductions drastiques des programmes de formation par les "trois Révisions" de 1940 avaient privilégié la quantité sur la qualité : il était temps que le balancier revienne dans l'autre sens. En décembre 1941, le Membre du Conseil de l'Air chargé de la Formation soumet ses propositions pour réformer les programmes. Plus pour marquer le fait que ces propositions étaient basées sur les discussions entre les Commandements opérationnels et le Flying Training Command que par référence à la politique de Franklin D. Roosevelt après la crise de 1929, cette réforme reçoit le surnom de *"New Deal"* (Nouvel Accord) plutôt que *"4ème Révision"*. Parmi les mesures importantes y figuraient :

- L'allongement des cursus à :
  - 12 semaines en ITW,
  - 8 semaines en EFTS (80 heures de pilotage),
  - 16 semaines en SFTS (120 heures de pilotage),
  - 6 à 12 semaines en OTU (40 à 80 heures de pilotage).
- L'ajout :
  - D'une phase de sélection pour tester l'aptitude au pilotage *("Grading")* de 3 semaines entre ITW et EFTS (mesure déjà testée depuis novembre 1941 pour certains élèves). En 1944, cette phase durait 4 semaines et se déroulait avant l'entrée en ITW, dont la durée dépendait de la catégorisation du futur aviateur (8 semaines pour les pilotes, bombardiers et navigateurs, 6 semaines pour les autres catégories). [124]
  - D'une formation intermédiaire entre SFTS et OTU en écoles baptisées Unités Aériennes d'Acclimatation (Advanced Flying Units (AFU)) permettant une adaptation des élèves formés à l'étranger aux conditions de vol au Royaume-Uni : 8 semaines avec 60 heures de vol pour les pilotes de bimoteurs, et de 4 semaines

---

[122] Page 161 du document *"Flying Training - Volume I - Policy and Planning"*, op. cit.
[123] Extrait d'une interview de juin 1979 conservée par l'Université de Victoria, Collections spéciales, ID 207, retranscrit page 44 de l'article de Matthew Chapman (voir bibliographie).
[124] Annexe 17 de la monographie *"Manning Plans and Policy"*, de l'Air Historical Branch, 1958 (voir bibliographie).

avec 30 heures de vol pour les pilotes de monomoteurs lorsque les conditions climatiques sont favorables. [125]
- L'approfondissement des cours :
  o De navigation,
  o De pilotage aux instruments et de vol de nuit, avec notamment un programme de formation à l'approche radioguidée pour tous les pilotes en AFU,
  o D'armement élémentaire (bombardement et mitraillage).

Les 11 et 12 février 1942, ces propositions sont adoptées par le Chef d'État-Major de la RAF, sous réserve d'adapter les formations en fonction des ressources disponibles (par exemple, la création des AFU n'a été initialement possible qu'à demi-effectifs par manque d'avions Airspeed Oxford). L'une des décisions prises lors de ces mêmes réunions de février 1942 porte sur l'étude de la possibilité de passer à un unique pilote par bombardier, ce qui mènera à la décision de mars 1942, puis en juillet 1942 à la réforme des catégories de personnels navigants dont nous avons déjà parlé.

L'évolution des programmes de formation des pilotes de bombardiers lourds est résumée de façon simplifiée par le graphe ci-après en heures de vol par élève. [126] La part de formation donnée en Escadron a été estimée en pointillés en se basant sur la position du Membre du Conseil de l'Air chargé de la Formation qui considérait en février qu'il fallait 300 heures de vol minimum, et 50 heures de plus pour les quadrimoteurs (ce type d'appareil ne commençant à apparaître en nombre conséquent qu'à partir de 1941). [127]

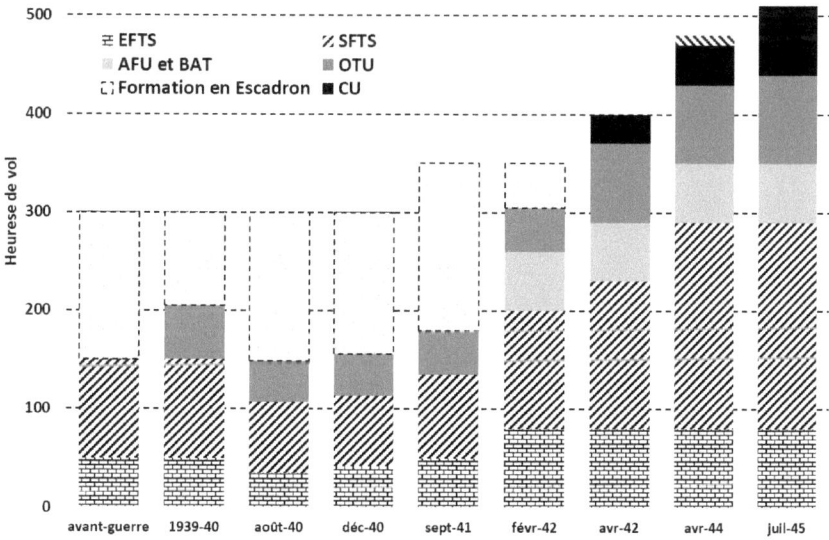

---

[125] Pour ces écoles, voir le chapitre sur l'accueil au Royaume-Uni des élèves formés à l'étranger.
[126] Graphe de l'auteur à partir des données des documents *"Flying Training Volume II Parts 1 & 3"*, op. cit.
[127] Page 172 du document *"Flying Training Volume II Part 1 Basic Training in the UK"*, op. cit.

La formation basique au pilotage (EFTS + SFTS, puis AFU (à partir de mi-1942)) dépendait du Flying Training Command, les autres (OTU puis CU ou HCU, voir chapitre suivant) du Bomber Command.

On voit bien qu'avant 1942, les élèves étaient loin d'atteindre un niveau suffisant avant d'entrer en Escadrons et ces derniers supportaient une part énorme de la formation, de l'ordre de 50%. Ceci explique les prises de position constantes des commandants successifs du Bomber Command pour réclamer une contribution plus grande du Training Command et plus de moyens pour les OTU afin que les unités combattantes puissent se consacrer pleinement à leurs missions de guerre. À titre de comparaison, le nombre d'heures de vol de la formation de base (avant toute formation opérationnelle) des élèves pilotes américains n'est jamais passé sous 200 heures (voir le graphe détaillé dans le chapitre consacré au dispositif "Arnold"). En ce qui concerne les pilotes allemands, les services de renseignements britanniques estimaient en 1941, notamment sur la base d'interrogatoires de prisonniers, qu'ils étaient formés durant 17,5 à 23 mois, avec 220 à 270 heures de pilotage avant d'être affectés en unité combattante. [128]

Toutes les mesures adoptées dans le cadre du *"New Deal"* ont permis de juguler les pertes en OTU, sans toutefois revenir à des chiffres satisfaisants, comme le confirment les publications officielles de l'époque. [129] Fin 1942, il y avait en moyenne 55 accidents mortels par mois en OTU, le nombre d'accidents mortels pour 10.000 heures de vol étant de 5. Si l'on inclut les accidents causant des blessés graves, ce taux passe à 8. Pour les deux premiers mois de 1944, il y avait en moyenne 50 accidents mortels par mois en OTU et HCU (environ 200 tués par mois), le nombre d'accidents mortels pour 10.000 heures de vol étant de 5,3. [130]

---

[128] Page 161 du document *"Flying Training - Volume I - Policy and Planning"*, op. cit.
[129] Paragraphes 4 et 5 du chapitre I du Secret Document 430/I *"Flying accident digest n°I"* de mars 1943, conservé sous la référence AIR 10/4122, TNA.
[130] Chiffres calculés à partir des données des rapports SD n°96, *op.cit.* de 1944, conservés sous la référence AIR 10/3914, TNA. La RAF a changé ses définitions et ses indicateurs de sécurité début 1943, ce qui rend difficile les analyses statistiques couvrant plusieurs années. Par exemple, les accidents causant des blessés graves ne sont plus comptabilisés comme une catégorie spécifique après décembre 1942.

A.7 - Bilan de la formation de base des aviateurs au Royaume-Uni pendant la guerre

Le tableau ci-après résume la formation de base des aviateurs au Royaume-Uni pendant la guerre (hors formation opérationnelle) : [131]

	Aviateurs Britanniques brevetés					Contribution du Royaume-Uni en pourcentage des 326.252 aviateurs du Commonwealth formés pendant la guerre	
	au Royaume-Uni	au Canada	en Rhodésie	aux USA	en Afrique du Sud	En effort de formation	En hommes
Pilotes	15.287	22.068	7.216	13.673	4.227	16,4% [132]	53,09%
Observateurs ou Navigateurs	9.869	15.778	717	1.715	10.170	25,0%	60,99%
Bombardiers	728	7.581	-	-	2.404	12,9%	56,32%
Opérateurs radio	27.190	755	-	662	-	49,2%	51,45%
Mitrailleurs	28.243	2.096	1.591	-	445	55,8%	63,13%
Mécaniciens embarqués	17.885	-	-	-	-	88,3%	88,28%
TOTAL	**99.202**	**48.278**	**9.524**	**16.050**	**17.246**	**34,1%**	**58,28%**
	190.300 (+1.672 au Moyen-Orient et en Inde)						

Pour mémoire, la population du Royaume-Uni représentait, en 1939, un peu plus de 70% de la population des pays signataires du BCATP. On voit donc que le Royaume-Uni a fourni un quota d'aviateurs proportionnellement inférieur (de 12%) à l'importance de sa population et surtout qu'il a réussi à délocaliser une part conséquente de l'effort de formation nécessaire. Il faut aussi prendre en considération le fait que la majeure partie de la formation opérationnelle était assurée au Royaume-Uni, même si quelques OTU existaient au Moyen-Orient, ou après 1942 au Canada, en Nouvelle-Zélande et en Australie.

---

[131] Annexe 3 du document *"Flying Training - Volume I - Policy and Planning"*, op. cit. La dénomination *"aviateurs du Commonwealth"* est très souple, puisque les chiffres de la RAF incorporent environ 8.750 aviateurs alliés (Belges, Tchécoslovaques, Polonais, Danois, Français, Norvégiens, Grecs, et Yougoslaves). La méthode choisie pour évaluer l'effort de formation contribué par un pays est expliquée dans la Section "Glossaire et conventions".

[132] Il ne faut pas confondre le pourcentage donné ici qui mesure l'effort de formation des pilotes avec celui du pourcentage de pilotes brevetés au Royaume-Uni pendant la guerre (13%) mentionné dans l'introduction. La mesure de l'effort de formation prend en compte les pilotes formés à 100% sur place, ainsi que ceux formés partiellement au Royaume-Uni et envoyés finir leur formation ailleurs.

PARTIE B : La formation "au-delà des mers" des aviateurs
B.1 - Le Plan d'Entraînement Aérien du Commonwealth britannique [133]

B.1.1 - La genèse du Plan d'Entraînement Aérien du Commonwealth britannique

Durant la Première Guerre mondiale, la RAF avait installé des écoles au Canada, d'abord sous l'appellation "Royal Flying Corps (Canada)" puis "RAF (Canada)", le Canada ne disposant pas à l'époque de force aérienne. Cette organisation était donc entièrement sous contrôle britannique. Ces écoles ont constitué les premières bases militaires aéronautiques du pays (par exemple Camp Borden qui existe toujours) et ont permis de former 3.135 pilotes et 137 observateurs. [134]

Dès mai 1936, le Group Captain Robert Leckie, responsable de la Réserve de la RAF et qui allait bientôt succéder à l'Air Commodore Arthur W. Tedder au poste de Directeur de la Formation au sein du Ministère de l'Air, avait listé les avantages d'installer une école de la RAF au Canada. [135] Malgré des hivers rigoureux, la météorologie canadienne était globalement bien plus favorable aux vols d'apprentissage que celles des îles britanniques, les usines aéronautiques et les raffineries américaines étaient proches et enfin les terrains adéquats ne manquaient pas et n'étaient pas sous la menace de bombardiers ennemis. Pour illustrer l'importance de ce dernier point, il suffit de mentionner le bombardement de la base de Brize Norton, Oxfordshire, le 16 août 1940 : en quelques instants, deux hangars de la 2ème SFTS sont touchés et 35 bimoteurs Airspeed Oxford et 11 Hawker Hurricane sont détruits. Les terrains canadiens pouvaient également rester éclairés aussi longtemps que nécessaire lorsque des élèves effectuaient leurs premiers vols de nuit, ce qui était impossible au Royaume-Uni quand des chasseurs de nuit allemands rôdaient dans le secteur.

En août 1936, des discussions informelles ont lieu pour établir une école de pilotage au Canada, mais le gouvernement canadien n'était pas favorable. Le Canada était alors un dominion, c'est-à-dire un pays qui était autrefois une colonie au sein de l'Empire britannique, et qui était devenu politiquement indépendant dans le cadre du Commonwealth. Ce processus d'indépendance politique s'est étalé sur plus d'un siècle jusqu'à la loi de 1982 abrogeant le pouvoir du Parlement britannique de légiférer pour le Canada, et a été la source de nombreuses frictions entre les deux pays. Il n'est donc pas surprenant que dans les années 1930, la classe politique canadienne ait initialement mal réagi à la demande britannique d'installer des écoles de la RAF sous contrôle britannique

---

[133] Pour plus de détails sur les longues tractations entre les différents gouvernements, on se reportera au livre de John Golley et aux histoires officielles (voir bibliographie). Il est assez amusant de comparer les histoires officielles des différents pays qui essayent chacune de mettre en avant la contribution de leurs représentants.

[134] Première partie du livre de S. F. Wise (voir bibliographie).

[135] Ce mémo est reproduit dans le magazine de la RCAF *"The Roundel"*, volume II, n°2 de décembre 1949, pages 14 à 15.

sur le sol canadien, même si cela avait été fait en 1916. Une partie de la population, notamment francophone, ne souhaitait pas être entraînée dans une nouvelle guerre "impériale". Même après l'annexion de l'Autriche par l'Allemagne, la crise de Munich et l'invasion de la Tchécoslovaquie, le Canada n'accepte d'accueillir que 50 élèves pilotes de la RAF par an dans ses écoles à partir d'avril 1939. [136] Ceci est très loin de combler les attentes britanniques qui visaient à recruter des aviateurs canadiens formés. Le Premier Ministre canadien, William Lyon Mackenzie King, exigeait notamment que les écoles soient sous contrôle canadien et que les aviateurs canadiens recrutés et formés soient affectés dans des unités sous contrôle canadien, alors que la RAF souhaitait incorporer ces hommes dans ses unités. Les discussions, amorcées en mai 1938 suite à la visite d'une mission britannique dirigée par l'industriel écossais James G. Weir sur le potentiel de l'industrie aéronautique canadienne, sont donc au point mort. Comme le note l'histoire officielle canadienne, *"La conjugaison de l'intransigeance des Britanniques au sujet de la source de pilotes et des préoccupations politiques de King fit perdre aux deux pays toute chance qu'ils auraient pu avoir de mettre à exécution un accord en temps de paix qui aurait permis aux aviateurs britanniques comme aux aviateurs canadiens de s'entraîner au Canada pour la RAF."* [137]

Au début de la guerre, l'Air Commodore Wilfred A. McClaughry, un Australien, Directeur de la Formation au sein du Ministère de l'Air britannique n'a pas abandonné l'idée de discussions avec le Canada sur un programme de formation commun. Les Hauts-Commissaires (équivalent d'un ambassadeur) de Nouvelle Zélande, du Canada et de l'Australie au Royaume-Uni, proposent en septembre 1939 que leurs pays effectuent les formations élémentaires des recrues, et que le Canada centralise l'essentiel des formations avancées, en échange de quoi les aviateurs seraient ensuite affectés à des Escadrons nationaux. Le Premier Ministre britannique A. Neville Chamberlain reprend cette proposition à son compte et envoie un télégramme le 26 septembre aux gouvernements de ces trois Dominions. [138] Cette démarche aboutit à l'envoi à Ottawa en octobre 1939 de la mission "Riverdale", du nom de Lord Riverdale (Arthur Balfour), [139] pour négocier avec l'Australie, la Nouvelle-Zélande et le Canada.

Les discussions sont difficiles et s'éternisent sur deux mois et demi, les questions de souveraineté et de répartition des coûts (estimés à plusieurs centaines de millions de dollars canadiens) restant épineuses. Il fallait par exemple décider comment seraient payés les élèves d'une nationalité durant leur cursus dans un pays tiers, qui aurait autorité sur

---

[136] Pages 4, 7, 8, 9 et 10 du document de l'Air Historical Branch *"Flying Training - Aircrew Training 1934-1942"*, op. cit. Finalement, la guerre a commencé avant que les premiers élèves britanniques ne soient envoyés au Canada.
[137] Page 225 du livre de W. A. B. Douglas (voir bibliographie).
[138] Télégramme et réponse canadienne reproduits pages 49 à 53 du livre de John Golley (voir bibliographie). Les Dominions sont des états autonomes, membres du Commonwealth.
[139] À ne pas confondre avec le Sous-Secrétaire d'État à l'Air, Harold Balfour, qui faisait aussi partie de la délégation britannique à Ottawa.

ces élèves, qui pourrait les juger en cas de délit, etc. Les différents Dominions n'avaient pas non plus les mêmes soucis, notamment : [140]

- Le Canada disposait de suffisamment de liquidités, non seulement pour supporter financièrement ses deux Divisions envoyées à l'étranger, mais aussi pour établir des centres de formation aérienne et pour prêter de l'argent au Royaume-Uni (en particulier pour des achats de matériels militaires produits au Canada). Cependant, cette santé financière était potentiellement menacée par le conflit et par le souhait britannique d'obtenir des tarifs préférentiels (des négociations sur le prix du blé canadien étaient justement en cours à Londres à l'époque, et le gouvernement canadien a fait des nombreuses tentatives pour lier l'accord sur l'entraînement aérien à un accord sur le prix du blé).
- L'Australie et la Nouvelle-Zélande n'avaient quasiment pas de trésorerie disponible : toute dépense de défense était financée grâce à de l'argent prêté par le Royaume-Uni (qui manquait lui-même de devises pour acheter des avions ou des navires aux USA). Ces deux pays demandent donc à ce qu'une part importante de la formation initiale des aviateurs se fasse dans le pays d'origine.

Les Dominions trouvent la pilule amère lorsque les négociateurs britanniques avancent les premières propositions de partage des coûts. Les instructions reçues de Londres par Riverdale lui donnaient pouvoir pour *"négocier un accord sur la base de la répartition suivante des dépenses :*

Royaume-Uni : 221 millions de dollars canadiens
(soit environ 50 millions de £ sterling)
Canada : 343,5 millions de dollars canadiens
Australie et Nouvelle Zélande : 343,5 millions de dollars canadiens
TOTAL : 908 millions de dollars canadiens" [141]

Ces chiffres n'ont que peu évolué lorsque les Britanniques avancent leur proposition. Le Ministre des Finances canadien, James L. Ralston manque de s'étrangler et leur *"déclare carrément que le niveau de 40% soit 347 millions de dollars, était au-dessus des moyens du Canada qui avait aussi d'autres obligations financières."* [142] Pour leur part, afin de réduire les sommes à débourser, l'Australie et la Nouvelle Zélande proposent d'effectuer la formation élémentaire de leurs candidats aviateurs pour n'avoir qu'à payer la formation avancée au Canada, ce qui est accepté.

Initialement, les négociateurs britanniques ne paraissent pas avoir fait preuve de beaucoup de tact, semblant arriver en terrain conquis et avec un plan déjà ficelé que les Dominions sont sensés adopter sans commentaires. Dès la première rencontre avec la

---

[140] Page 384 du compte-rendu de la réunion du Conseil de Guerre britannique du 11 décembre 1939, conservé sous la référence CAB 65/2/45, TNA.
[141] Décision du Conseil de Guerre britannique du 30 octobre 1939, conservée sous la référence CAB 67/2/56, TNA.
[142] Page 234 du livre de W. A. B. Douglas (voir bibliographie).

délégation Riverdale le 17 octobre 1939, le Premier Ministre Canadien William L. Mackenzie King note que *"Riverdale semblait envisager que la plupart des pilotes seraient fournis par le Canada. Cela ressemblait vraiment à une campagne de recrutement d'aviateurs dans les Dominions. ... Il n'a pas été mentionné que des Anglais viendraient recevoir une formation avancée, sauf pour occuper les places éventuellement laissées vacantes par les Dominions. ... J'ai été assez amusé par l'approche directive adoptée par Riverdale qui semble penser que tout est déjà bouclé. ... C'est sidérant que ces gens soient venus du Vieux Pays en pensant que tout ce qu'ils ont à faire consiste à nous dire ce qui doit être fait. Il n'est pas étonnant qu'ils se mettent ici leurs interlocuteurs à dos."* [143] Ceci dit, les Britanniques ne sont pas seuls fautifs : au lieu de se concerter entre Dominions, le Canada tient à l'écart les délégations australienne et néo-zélandaise (arrivées début novembre) qui discutent donc directement avec l'équipe britannique. Il n'est par conséquent pas étonnant que les discussions aient été prolongées, à tel point que les délégations australienne et néo-zélandaise finissent par signer un accord provisoire avec le Royaume-Uni avant de rentrer au pays, laissant le Canada et la délégation Riverdale s'écharper sur les points d'achoppement. Il est presque bizarre que King soit surpris le 15 décembre 1939 lorsqu'il apprend que le Premier Ministre australien, Robert Menzies, a fait un discours pour annoncer la signature de l'accord d'entraînement signé entre son pays et le Royaume-Uni. [144] Il semble soupçonner une manœuvre britannique pour lui forcer la main alors qu'il s'agit plus probablement d'une conséquence du mauvais traitement de la délégation australienne à Ottawa, son représentant ayant même envisagé de quitter la table des négociations. [145] Au pied du mur, les Britanniques sont obligés de se plier peu à peu aux exigences canadiennes. Ceci aboutira notamment, après de multiples tractations, à la création d'Escadrons canadiens au Royaume-Uni et fin 1942 au rassemblement des unités canadiennes de bombardiers au sein du 6ème Groupe du Bomber Command : ce Groupe était placé sous les ordres d'un Canadien, l'Air Vice Marshal George E. Brookes (voir le chapitre consacré aux "Escadrons de l'Article XV").

Le 17 décembre 1939, le Royaume-Uni et le Canada signent cet accord pour mettre en place un Plan d'entraînement aérien du Commonwealth britannique (BCATP - British Commonwealth Air Training Plan) : le texte de l'accord est traduit en Annexe 1B. L'Australie et la Nouvelle-Zélande ratifient cet accord plus tard, ayant donné procuration. Ce plan prévoit que les signataires adoptent un cursus commun pour leurs aviateurs et que le Canada centraliserait la plupart des formations, seule la formation élémentaire au pilotage pouvant être effectuée dans les pays d'origine. Les ouvertures des 58 écoles (dont 26 EFTS) au Canada devaient s'étaler entre mai 1940 et avril 1942. Nouvelle preuve de la sensibilité canadienne aux influences réelles ou supposées de leurs anciens colonisateurs, il semble que le terme de *"Commonwealth britannique"* ait été imposé par le

---

[143] Journal personnel de William Lyon Mackenzie King du 17 octobre 1939, conservé sous la référence MG26-J13, BAC. King fait à nouveau quasiment le même constat sur l'attitude de la délégation britannique dans son journal en date du 31 octobre.
[144] Page 3 du journal personnel de William Lyon Mackenzie King du 15 décembre 1939, conservé sous la référence MG26-J13, BAC.
[145] Pages 111 à 113 du livre de Johnson-White (voir bibliographie).

Premier Ministre William L. Mackenzie King alors que les Britanniques utilisaient le nom *"Plan d'entraînement aérien de l'Empire"* (Empire Air Training Scheme - EATS). [146]

Lord Riverdale (5ème au premier rang à partir de la gauche) pose à Ottawa en novembre 1939 aux côtés du Premier Ministre Canadien William L. Mackenzie King (6ème) et avec des représentants de tous les pays impliqués dans les discussions en cours. (Photo Library and Archives Canada/Arnold Danford Patrick Heeney fonds/e011198224).

Dans le cadre de l'accord "Riverdale", il était prévu que le Canada, l'Australie et la Nouvelle-Zélande fournissent 28.300 aviateurs formés par an (soit au départ 32.300 recrues par an pour l'aviation, ce qui semble optimiste). Le Canada devait contribuer à hauteur de 51%, l'Australie à hauteur de 37% et la Nouvelle-Zélande à hauteur de 9% (les 3% manquants venant du Royaume-Uni ou de Terre-Neuve). Il fallait avoir un certain optimisme pour imaginer en 1939 qu'un pays dont la force aérienne comptait seulement un peu plus de 3.000 militaires "Réguliers" et de 1.000 "Auxiliaires" aurait la capacité de former près de 30.000 recrues par an ! La RCAF avait alors moins de 300 avions, qu'un historien a décrit ainsi : *"à part quelques chasseurs Hurricane neufs, la plupart des avions semblaient avoir été subtilisés à un musée"*. [147] Bien qu'ayant déjà approuvé dès 1939 le départ de deux Divisions d'infanterie, le gouvernement canadien voyait d'un bon œil cette contribution à l'effort de guerre qui différait de l'envoi en masse de troupes à l'étranger : les 66.000 morts et 172.000 blessés ou gazés canadiens de la Première Guerre avaient traumatisé un pays qui n'avait qu'une population de 8 millions d'habitants en 1914. King espérait ainsi éviter le recours à la conscription qui avait causé une crise sérieuse en 1917 (les aviateurs du BCATP étant tous volontaires). [148]

---

[146] Par exemple, les dossiers *"Empire Air Training Scheme"*, conservés sous les références AIR 2/3158, 3159 et 3160, TNA, et page 9 du livre de Tom Killebrew (voir bibliographie). Les Australiens semblent avoir été moins sensibles que les Canadiens à ce sujet puisque les dossiers conservés aux Archives Nationales Australiennes (NAA) portaient le titre *"Empire Air Training Scheme"*, par exemple les références AA 1966/5 – 323, 325, 336, 338, 340. Par convention, l'appellation BCATP a été utilisée ici pour éviter de multiplier inutilement les acronymes.

[147] Premier chapitre du livre de Larry D. Rose (voir bibliographie).

[148] De fait, le Canada n'a mis en place la conscription qu'en novembre 1944, et très peu d'appelés ont été envoyés au front. Article de Bill Dalke (voir bibliographie).

Les nombres d'écoles prévues par l'accord de 1939 du BCATP étaient les suivantes : [149]

Écoles	Canada	Australie	Nouvelle-Zélande	Totaux
ITS	3	5	1	9
EFTS	13 *	9	3	25
SFTS	16	7	2	25
AOS	10	4	-	14
B&GS	10	4	-	14
ANS	2	1	-	3
Écoles pour Opérateurs radio	4	4	-	8
Totaux	58	34	6	98

* Remplacées ensuite par 26 "petites" EFTS plutôt que 13 "grandes".

Beaucoup de ces écoles devaient être administrées par des sociétés privées en se basant sur l'expérience des aéroclubs locaux (par exemple pour les EFTS) ou des Compagnies Aériennes civiles (par exemple, l'expérience en navigation des Canadian Pacific Airlines est mise à profit puisqu'elles gèrent six AOS mi-1943).

La répartition des coûts prévisionnels de 607 millions de dollars canadiens jusqu'à la fin prévue de la guerre (fixée avec optimisme au 31 mars 1943) entre les différents pays signataires était la suivante : [150]

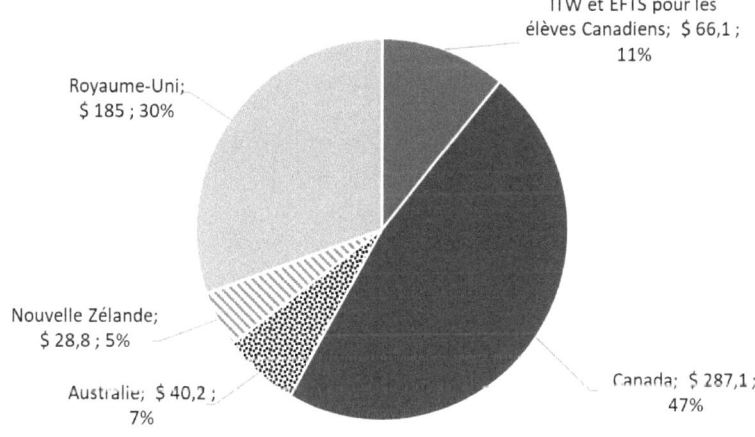

La participation financière du Royaume-Uni consistait principalement en la fourniture d'avions, d'outillage et de pièces de rechange. Au total de 607 millions de dollars, il faudrait ajouter le coût des ITW et EFTS au Royaume-Uni, en Nouvelle Zélande et en

---

[149] Annexe 61 du document *"Flying Training Volume II Part 2 Basic Training Overseas"*, (voir bibliographie).
[150] Les chiffres sur le graphe sont en millions de dollars canadiens de l'époque. Rappel : pour les taux de change et conversions se reporter au glossaire en fin d'ouvrage.

Australie (respectivement de l'ordre de 46 millions, 8 millions et 23 millions de dollars si l'on se base sur le coût prévisionnel des ITW et EFTS au Canada) pour alimenter les écoles avancées implantées au Canada.

La RCAF n'ayant que peu d'effectifs en 1940 et parfois pas l'expertise nécessaire, elle a fait appel à la RAF pour occuper environ trois cents postes à responsabilité au lancement du BCATP. Les 85 premiers Officiers de la RAF débarquent à Halifax dès janvier 1940. Parmi les postes à pourvoir, celui de Directeur de la Formation de la RCAF est confié à l'Air Commodore Robert Leckie, un Canadien enrôlé dans la RAF depuis 1918 (auparavant dans la Royal Navy) qui avait été Directeur de la Formation à Londres d'octobre 1936 à décembre 1938. Il était donc bien préparé pour la tâche énorme qui l'attendait pendant les quatre années suivantes pour transformer l'accord de papier du BCATP en réalité sur le terrain. En août 1941, Leckie est promu Air Vice-Marshal et nommé Membre du Conseil de l'Air de la RCAF chargé de la Formation. [151]

B.1.2 - La double Conférence sur la Formation des Aviateurs d'Ottawa, mai et juin 1942

Le premier accord du BCATP devait se terminer le 31 mars 1943. Sous la pression des Canadiens qui souhaitent obtenir des clarifications sur le futur de ce programme et faire reconnaître leur contribution (aussi bien pour des raisons de politique intérieure qu'à l'international), une conférence est organisée mi-1942. Soucieux de conserver le secret sur leurs plans de formation, les Britanniques obtiennent que cet événement se déroule en deux étapes distinctes : une première conférence réunit quatorze nations à Ottawa à partir du 19 mai : des représentants du Royaume-Uni, du Canada, de l'Australie, de la Nouvelle-Zélande, des Etats-Unis, de la Norvège, des Pays-Bas, de la Chine, de l'Afrique du Sud, de la Pologne, de la Grèce, de la France, de la Belgique et de la Tchécoslovaquie échangent sur le thème de la formation des aviateurs. Une seconde conférence ne rassemblant que les pays signataires de l'accord de décembre 1939 débouche sur un second accord, signé le 5 juin 1942. Les principales décisions sont listées ci-dessous : [152]

- Les comptes du premier accord seront clôturés le 30 juin 1942.
- Ce nouvel accord court du 1er juillet 1942 au 31 mars 1945. Son coût total est estimé à 1,5 milliards de dollars canadiens [153] (y compris les 26 écoles de la RAF installées au Canada, voir ci-après).
- Les effectifs à fournir annuellement par les quatre pays participants s'élèvent à 68.419 recrues, répartis de la façon suivante : 51% de Canadiens, 42% de Britanniques, 4% d'Australiens et 3% de Néo-Zélandais.

---

[151] En avril 1942, Leckie a accepté d'être transféré de la RAF à la RCAF, dont il est devenu Chef d'État-Major, avec le grade d'Air Marshal, le 1er janvier 1944, poste qu'il a occupé jusqu'à sa retraite fin août 1947. Une photo de Leckie est présentée à l'Annexe 1A.
[152] Réponse du Secrétaire d'État à l'Air britannique Sir A. Sinclair à une question au Parlement le 10 juin 1942, Hansard, Volume 380, colonnes 1030, 1031, et page 104 du livre de Fred J. Hatch (voir bibliographie).
[153] 1.446,31 millions de dollars pour être exact.

- Le Royaume-Uni doit prendre à sa charge 50% des coûts du nouvel accord après déductions des payements de l'Australie et de la Nouvelle Zélande qui doivent couvrir les frais liés à leurs élèves (2.912 recrues, dont 45% d'élèves-pilotes, par an pour l'Australie ; 1.841 recrues, dont 25% d'élèves-pilotes, par an pour la Nouvelle Zélande). Comme pour le premier accord, la contribution britannique sera faite autant que possible en nature (avions, moteurs, etc.). Le Canada financera les 50% restants.
- Les 26 écoles de la RAF installées au Canada doivent être administrées par la RCAF à partir du 1er juillet 1942.
- Le nombre des établissements de formation du BCATP est porté à 77 (plus les 26 de la RAF). En particulier, trois OTU sont prévues (en plus des quatre de la RAF déjà installées au Canada) et trois nouvelles écoles sont ouvertes en août 1942 pour former les instructeurs (Flying Instructor School - FIS), afin d'aider l'École Centrale de formation au Pilotage (Central Flying School - CFS) à uniformiser et à diffuser les méthodes d'apprentissage.

Le Canada jouant un rôle central au sein du BCATP en accueillant les élèves de tous les autres pays du Commonwealth, ses écoles ont été choisies pour illustrer la mise en place et le fonctionnement de ce programme de formation dans les pages suivantes. Les contributions des autres pays sont ensuite résumées, sans revenir sur le détail des effectifs et des programmes des écoles, qui étaient très similaires à celles du Canada.

« Moi aussi un jour je deviendrai un grand avion comme Papa » **semble dire ce Fairchild PT-26 Cornell I du BCATP. Il n'est pas sûr que le pilote du Cornell ait pu poursuivre sa formation puisqu'il a endommagé son hélice et l'aile du Dakota III en essayant de dépasser ce dernier sur le taxiway de Rockcliffe, Ontario, le 8 juillet 1943.** [154] (Photo Library and Archives Canada/Department of National Defence fonds/a064635).

---

[154] Compte-rendu d'accident consulté en ligne le 5 décembre 2024 n° CASPIR 0039/00000072.

B.2 - La contribution des différents pays au BCATP

B.2.1 - Le Canada

B.2.1.1 - Construire des écoles : un investissement colossal

Une grande part des 353 millions de dollars de l'époque que le Canada s'était engagé à investir dans le cadre de l'accord du BCATP était allouée à l'achat des terrains et l'érection des écoles, aérodromes, dépôts et ateliers. [155] Pour construire les établissements prévus initialement au Canada (trois Écoles Préparatoires d'Aviation (ITS), treize Écoles de Pilotage Élémentaire (EFTS), seize Écoles de Pilotage Militaire, dix Écoles des Observateurs Aériens (AOS), dix Écoles de Bombardement et de Tir (B&GS), deux Écoles de Navigation et quatre Écoles Radio, sans parler des centres de recrutement et des dépôts d'approvisionnement et de maintenance), en quelques mois, il a fallu déployer une véritable armée de géomètres, architectes, dessinateurs, ouvriers, électriciens, plombiers, maçons, charpentiers, etc. qui ont souvent travaillé jour et nuit. Pour donner une idée de l'ampleur de la tâche, le tableau de la page 102 liste les bâtiments nécessaires pour une seule SFTS, en l'occurrence la 12ème SFTS de Brandon, Manitoba.

La sélection préliminaire des terrains potentiels était faite par les spécialistes du Département des Transports. Fin janvier 1940, cette tâche est terminée et le Comité des Aérodromes de la RCAF est chargé de choisir les sites les plus appropriés et de les répartir entre les quatre Commandements régionaux de Formation (Training Command n°1 : QG à Toronto ; Training Command n°2 : QG à Winnipeg ; n°3 : Training Command QG à Montréal ; Training Command n°4 : QG à Regina, puis Calgary - voir la carte en Annexe 6A). Parmi les 120 sites à trouver, environ 40 sont implantés sur des aérodromes existants dont 24 n'ont besoin que de bâtiments supplémentaires, mais les 80 restants étaient des terrains vierges. [156]

Les EFTS avaient généralement trois pistes en dur disposées en triangle, chacune de 775 mètres de long et de 30 mètres de large (voir par exemple l'aéroport de Pendleton, Ontario, qui a conservé deux de ces pistes). [157] La plupart des SFTS avaient trois pistes doubles, elles aussi en dur, chacune de 915 mètres de long et de 30 mètres de large, disposées en forme de pointe de flèche ou de diamant, comme on peut le voir sur le plan (page 101) de la 12ème SFTS de Brandon, Manitoba. La disposition en triangle des pistes permettait d'en avoir toujours une à moins de 30° du lit du vent

Il serait trompeur de penser que l'implantation d'une école se limitait à l'acquisition d'un unique immense terrain. La plupart des écoles du BCATP disposaient d'un, deux, voire trois, autres aérodromes, parfois aussi grands et complexes que la station-mère et souvent avec des pistes en dur. Les plus grands de ces terrains satellites, baptisés "R1"

---

[155] Page 77 du document *"Flying Training - Volume I - Policy and Planning"*, op. cit.
[156] Page 41 du livre de Fred J. Hatch (voir bibliographie).
[157] Des enthousiastes ont mis en ligne une vidéo reproduisant fidèlement la 33ème EFTS de Caron, Saskatchewan, sur simulateur de vol, consultée le 11 octobre 2023, https://www.youtube.com/watch?v=NPNqopPrse0 .

avaient une tour de contrôle, des hangars, des baraquements, une caserne de pompiers, une cantine, etc. et certains élèves y suivaient tout, ou presque tout, leur cursus (voir par exemple les photos ci-après de l'aérodrome de Burtch, Ontario, "R1" pour la 5ème SFTS de Brantford). Les "R2" étaient souvent plus modestes et permettaient de décharger la station-mère d'une partie de son trafic aérien durant la journée (ou la nuit) (d'où leur lettre "R" pour "Relief field" que l'on peut traduire par "terrain de délestage"). Par exemple, 22 des 30 EFTS implantées au Canada disposaient d'un aérodrome "R1", et 4 avaient un "R2". 100% des 29 SFTS au Canada avaient un "R1", 24 avaient un "R2", et une avait deux "R2". [158] En plus des "R1" et "R2", des champs sélectionnés, puis achetés ou loués, étaient réservés aux entraînements aux atterrissages forcés. En moyenne, les "Relief fields" engloutissaient 22% des coûts de construction d'une SFTS (contre un peu plus de 4% pour les EFTS), par exemple pour la 5ème SFTS de Brantford, Ontario et la 7ème de Macleod, Alberta (en milliers de dollars canadiens) : [159]

SFTS	Lieu	Terrains	Aérodrome	Bâtiments, réseaux	Sous-totaux	Total
5	Brantford	63,13	388,81	1666,26	2118,19	**2.816,44**
	R1 - Burtch	33,15	406,33	4,36	443,83	
	R2 - Tillsonburg	59,62	186,58	8,22	254,41	
7	Fort MacLeod	2,69	452,45	1645,42	2100,56	**2.678,50**
	R1 - Granum	14,40	305,89	125,58	445,87	
	R2 - Standoff	24,66	83,34	24,07	132,07	

Vues extérieure et intérieure du hangar de l'aérodrome de Burtch, Ontario, lors des travaux de finition en novembre 1941. Les hangars étaient de véritables cathédrales pour abriter des dizaines d'avions des rigueurs de l'hiver canadien. Environ 700 de ces

---

[158] Article *"More on the Relief Landing Fields - The forgotten fields of the BCATP"* de John Higenbottam, Canadian Aviation Historical Society Journal n°56-1, printemps 2018, pages 20 à 29.
[159] État *"Property acquired or constructed as at April 30/44 - Fiscal year 1943-44, British Commonwealth Air Training Plan"*, conservé sous la reference AA1966/5 – 338, page 376 et suivantes, NAA.

hangars ont été construits. [160] **La tour de contrôle, accolée au hangar, est typique des aérodromes canadiens du BCATP. L'accès à ces tours se faisait souvent par une échelle car les ingénieurs n'avaient pas prévu l'arrivée des auxiliaires féminines. Les commandants des bases ont dû opter soit pour la pose d'un escalier, soit à autoriser le port du pantalon au lieu de la jupe réglementaire. Cet aérodrome a servi de satellite à la 5ème SFTS de Brantford, à la 16ème SFTS d'Hagersville et à la 4ème École Radio de Guelph** (photo Library and Archives Canada/Department of National Defence fonds/e010745805 et e010745804).

Une fois le terrain choisi et acquis, la construction pouvait aller très vite, le record étant de six semaines. [161] Le planning de la construction de la 7ème SFTS à Fort MacLeod, Alberta, mi 1940, est résumé dans le tableau ci-dessous. Il a fallu construire six pistes bétonnées et des hangars immenses dont certains étaient encore debout dans les années 2010. [162]

Date	Travaux
27 juin 1940	Le nivelage du terrain commence pour implanter les bâtiments de la future école.
11 juillet	50 charpentiers s'activent pour les fondations des bâtiments.
25 juillet	500 ouvriers sont à l'œuvre.
1er août	La permission est obtenue de raccorder l'école aux réseaux d'eau potable et d'eaux usées de la ville.
28 août	Début de la construction des bâtiments.
24 octobre	Le premier avion se pose sur l'aérodrome. Le lendemain, 40 gardes de la RCAF arrivent.
16 novembre	Le camion incendie de l'école est livré.
27 novembre	La cantine des Hommes du rang est ouverte à titre provisoire dans le bâtiment de restauration des civils. La connexion au réseau ferré est terminée et l'école est raccordée aux réseaux d'eau potable et d'eaux usées de la ville.
6 décembre	Le premier bimoteur (Anson) se pose sur les nouvelles pistes en béton de l'école. Plusieurs autres Anson arrivent au fil du mois.
8 décembre	**Les premiers élèves arrivent. Les cours commencent le lendemain.**
17 décembre	La grande cantine des Hommes du rang est ouverte. La cérémonie officielle d'ouverture de l'école a lieu le lendemain.
27 décembre	Les travaux débutent pour ouvrir de nouveaux baraquements.
6 janvier 1941	Le Mess des Sergents est inauguré.
11 janvier	Première séance de cinéma.
16 janvier	Premier accident (Anson W1661 détruit, 3 blessés).
27 janvier	Premier concert.
28 janvier	Premiers vols de nuit.

---

[160] Chiffre mentionné dans l'article d'Alistair MacKenzie (voir bibliographie).
[161] Chiffre mentionné dans l'article d'Alistair MacKenzie (voir bibliographie).
[162] Journal de marche de la 7ème SFTS, conservé sous la référence C-12347, images 28 à 38, BAC.

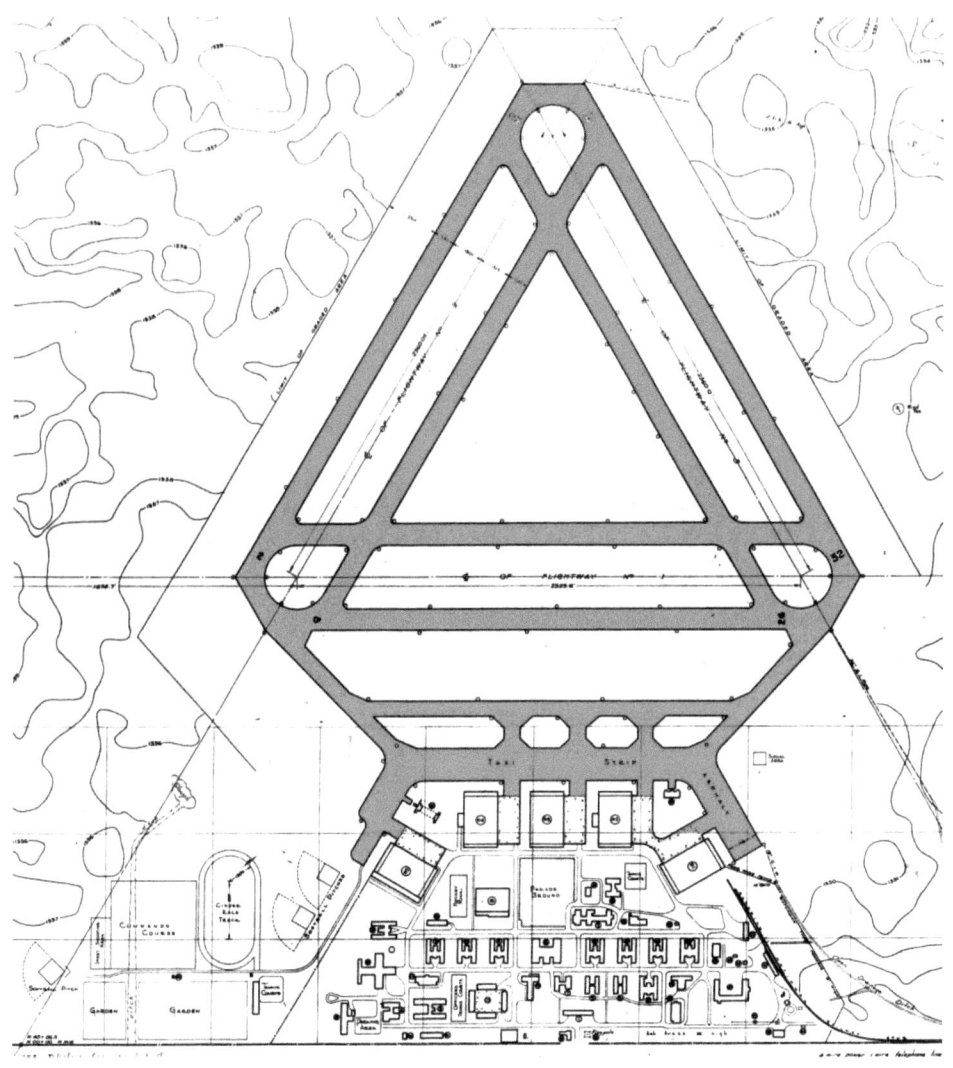

Plan de la 12ème SFTS de Brandon, Manitoba (pistes grisées par l'auteur). Les bâtiments ont été listés page suivante en partant de gauche à droite et du Nord au Sud. On note la forme en pointe de flèche des pistes, caractéristique des aérodromes du BCATP. À la date de ce plan (probablement mi-1942), cette école avait un staff de 1.177 hommes (dont 107 Officiers), 107 femmes (dont 2 Officiers), 4 militaires de l'Armée de Terre (dont 2 Officiers) et 111 civils pour former 195 élèves. Elle disposait de 105 bimoteurs Cessna Crane. (Plan © Government of Canada. Reproduced with the permission of Library and Archives Canada (2024). Source: Library and Archives Canada/Department of National Defence fonds/Reel C-5883 p. 90). [163]

---

[163] Plan AC-2005-1, non daté (probablement mi-1942), et entrée du 30 juin 1942 du Journal de Marche, conservés sous les références C-5883, image 90, et C-12348, images 1347 et 1348, BAC.

N°	Bâtiment
À gauche du plan	3 terrains de softball
	Potager
	Courts de tennis
	Stade
	Parcours commando
	Zone de tir aux pigeons d'argile
H1 à H5	Hangars pour les avions (H2 et H4 avec chaufferies attenantes)
26	Stand de tir (25 yards - 23 mètres)
29	Bureau des chronométreurs
28	Chambre noire * pour entraînement au bombardement
	Piste de hockey
25	Atelier
16	Gymnase
	Place d'armes
	Courts de tennis
27	Bâtiment des simulateurs au bombardement ("AML Bombing Teachers") *
35	Bâtiment des simulateurs Link
2	Bâtiment principal des salles de cours
47	Caserne pompiers
40	Dépôt d'essence
15	Infirmerie
30	Clinique dentaire
9 à 14, 32, 34 et 38	Baraquements Hommes du rang
8	Mess des Hommes du rang
20	Baraquement des civils
	Petite cantine
22	Chapelle et bibliothèque

N°	Bâtiment
4	Mess des Officiers
17	Grande cantine
3 et 31	Baraquement des Officiers
23	Section de transport
A à C, 39	Garages
D	Atelier mécanique
19	Dépôt général
7	Mess des Sous-Officiers
5 et 6	Baraquements des Sous-Officiers
1	Quartier Général
21	Mess des civils
18	Salle commune / cinéma
43	Station radio
33	Services techniques de l'école
36	Baraquement des Officiers Féminins
37	Magasin des peintures et colles
48	Bureaux des Services techniques de l'école
49	Laverie
50	Serre
51	Serre chauffée
46	Magasin du matériel
41	Dépôt de charbon
42	Magasin pyrotechnie
24	Poste de garde et bureau du courrier
45	Drapeau
44	Incinérateurs

* Pour plus de détails sur ces aides à l'instruction, voir le chapitre consacré au cursus des SFTS du BCATP.

En quelques années, il a fallu construire près de 7.000 bâtiments pour les besoins de ces écoles et unités. [164] Pour éviter des pertes de temps et d'argent, les bâtiments étaient standardisés et choisis "sur étagère" parmi une banque de plans qui allait du simple poste de garde avec deux cellules de dégrisement au hangar d'avion avec tour de contrôle attenante, en passant par les baraquements ou les cantines : il suffisait de dresser un catalogue des plans nécessaires et d'adapter aux situations locales (par exemple, chauffage central pour l'ensemble de la base ou chauffage individuel par bâtiment). Certaines écoles utilisent un système de numérotation des rues à l'américaine (Rue n°1, etc.), mais la 1ère École de Bombardement et de Tir de Jarvis, dans l'Ontario, adopte une approche plus innovante, voire impertinente : [165]

- La rue passant devant les baraquements a naturellement été nommée "Sleepy hollow" (vallon du sommeil) ;
- Celle devant l'infirmerie et la place d'armes a été baptisée "Rotten row" (allée pourrie) ;
- La place d'armes est nommée "Utopia square" (place de l'utopie) ;
- La rue devant le bâtiment principal des salles de cours s'appelle "Rookie road" (allée des bizuths) ;
- Il y a aussi une Swindle street (rue de l'arnaque), une "Pee street" (rue du pipi), une "Raid avenue" (avenue de l'attaque), et plus classique une "Parliament street" (rue du Parlement).

Les chantiers sont souvent encore en cours quand les premiers élèves arrivent. Un Journal de marche indique *"qu'il ne sert à rien de mémoriser le chemin pour se rendre d'un bâtiment à un autre, car des tranchées apparaissent continuellement dans les rues de l'école."* Fin septembre 1941, alors que les premières gelées arrivent, les locaux de la 8ème AOS à Ancienne Lorette au Québec n'ont toujours pas de système de chauffage, seule la moitié des routes sont asphaltées et la cantine des Hommes du rang n'est pas prête. La distribution de vêtements d'hiver est prévue, mais pas encore effectuée. Une semaine plus tard, la plupart de ces problèmes ont été résolus, la visite du Premier Ministre Canadien prévue le 7 octobre ayant sans doute aidé à accélérer les choses. [166]

---

[164] Chiffres mentionnés pages 8 et 10 du *"Final report of the Chief of the Air Staff to the Members of the Supervisory Board British Commonwealth Air Training Plan"* du 16 avril 1945, conservé sous la référence AIR 20/1342, TNA. Alistair MacKenzie mentionne le chiffre de 8.300 bâtiments dans son article (voir bibliographie).
[165] Plan de la 1ère B&GS, conservé sous la référence C-12331, image 1030, BAC.
[166] Entrées des 29 et 30 septembre, et 7 octobre 1941 du Journal de marche de la 8ème AOS, conservé sous la référence C-12330, images 1299 et 1300, BAC.

Chambrée des élèves aviateurs dans une baraque fraichement construite sur l'aérodrome de Burtch, Ontario, octobre 1941. Ce bâtiment en forme de "H" sur deux étages avec chaufferie était un modèle standard que l'on retrouve sur beaucoup d'autres aérodromes canadiens du BCATP (photo Library and Archives Canada/Department of National Defence fonds/e010745808).

Les débuts sont parfois plus difficiles. Par exemple, l'ordre n°25 du 31 mai 1940 émis par le QG du 1er Training Command prévoyait que la 3ème EFTS devait ouvrir ses portes à London, Ontario, le 24 juin suivant. Cette école devait être gérée par une compagnie civile (la London Elementary Flying Training School Limited) sous la supervision d'un Officier de la RCAF. Cet officier, le Squadron Leader F. R. West se rend sur place le 17 juin et trouve dix ouvriers, trois gardes et un magasinier. Les bâtiments sont vides, à part un hangar qui contient 7 avions Finch II mais aucun carburant ou outils, et le magasin qui stocke en tout et pour tout 10 haches, 52 matelas, 40 extincteurs, 1 réveil et 1 urinoir ! Aucun bâtiment n'a d'eau ni d'éclairage et les cantines n'ont ni tables, ni ustensiles de cuisine, ni réserves. Les buttes de tir font face à la route publique et sont donc dangereuses. L'infirmerie n'a aucun équipement. West juge la Compagnie civile complètement désorganisée, avec deux Instructeurs qualifiés et quatre autres en cours de formation à Trenton, 2 mécaniciens et 6 apprentis. Le 23 juin, l'eau du puit est déclarée non potable par le Médecin, il faut donc acheter quatre bidons à lait pour transporter l'eau en attendant l'achat d'un système de traitement au chlore. En mobilisant toutes les énergies et en annulant les permissions des personnels qui ne devaient arriver que plus tard, West parvient à accueillir les 24 premiers élèves comme prévu le 24 juin, et les premiers vols de découverte démarrent le lendemain. Le 2 septembre, West, muté à Camp Borden, Ontario, passe les rênes de l'école au Flight Lieutenant C. W. Burgess. [167]

Même une fois l'étape de la construction terminée, des difficultés diverses émergent, notamment à cause des rigueurs du climat canadien, et d'une discipline parfois insuffisante, par exemple :

- La 3ème B&GS de MacDonald, Manitoba, manque d'eau en juin 1941, et il faut la couper durant la nuit et rationner les hommes. [168] La consommation d'eau moyenne d'une B&GS était de l'ordre de 213 m^3 par jour. [169] La 2ème B&GS de Mossbank,

---

[167] Journal de marche de la 3ème EFTS, conservé sous la référence C-12336, images 264 à 285, BAC.
[168] Entrée du 27 juin 1941 du Journal de marche de la 3ème B&GS, conservé sous la référence C-12332, image 319, BAC.
[169] Entrée du 31 mai 1944 du Journal de marche de la 2ème B&GS, conservé sous la référence C-12331, image 1739, BAC.

Saskatchewan, a des soucis identiques, le seul puits d'eau potable étant à plus de 11 kilomètres de là, et en attendant l'installation d'une canalisation, c'est par camion-citerne que l'eau est livrée à l'école (un an plus tard, la situation est identique à la 2ème École des Instructeurs de Vulcan, Alberta ; voir le paragraphe plus loin sur les risques d'incendie). La 33ème École de Navigation Aérienne (ANS) de Mount Hope, Ontario, est également obligée de faire appel à des camions-citerne lorsque les puits s'épuisent ; les aviateurs y voient une bénédiction car l'eau de ces puits avait une forte odeur d'œuf pourri en raison de la présence d'hydrogène sulfuré. L'affirmation du médecin *que "cette eau sulfurée était bonne pour la santé"* n'avait pas convaincu les consommateurs *"qui auraient préféré quelque chose de plus fort, comme par exemple de la Guinness"* ! [170]

- L'hiver suivant, toujours à la 3ème B&GS, un arrivage de charbon de piètre qualité des mines proches de la rivière Souris au Saskatchewan oblige à renforcer drastiquement à plusieurs reprises l'équipe des chauffeurs dont la tâche consiste à préparer le charbon pour alimenter les poêles. Les blocs de ce charbon sont solidifiés par l'humidité et doivent être cassés un à un, d'autant que la température extérieure tombe à -34°C le 13 décembre 1941. Le 15 décembre il y a 130 personnes affectés à cette tâche et le QG du 2ème Training Command dépêche des Officiers pour enquêter sur l'origine du problème. [171] Ce type d'incident était relativement fréquent et se reproduisait chaque hiver (par exemple, les Classes 119 et 120 de la 1ère B&GS de Jarvis, Ontario ont aussi connu les joies du pelletage de charbon durant l'hiver 1944-45 pour prêter main forte aux chauffeurs des chaudières de l'école). [172]

- Parfois, le gel fait éclater les canalisations d'eau, ou la neige empêche tout ravitaillement d'une école pendant plusieurs jours de suite, et les réserves de nourriture fondent rapidement. C'est le cas entre le 19 et le 23 janvier 1943 pour la 31ème École RDF de Clinton, Ontario qui forme les techniciens de maintenance de radars : il faut nourrir les 1.145 occupants de l'école mais les camions qui tentent de se rendre au dépôt de Port Albert restent coincés sur la route. Après trois jours sans ravitaillement, deux camions parviennent à deux kilomètres de l'école après quinze heures d'efforts pour parcourir 90 kilomètres. Armés de skis, les aviateurs se rendent sur place et ramènent des rations à dos d'homme, avant que les déneigeuses débloquent les camions le lendemain, ce qui permet d'avoir trois jours de nourriture. Évidemment, c'est le moment que choisit la déneigeuse principale pour tomber en panne, et il est impossible de la réparer sans pièces de rechange que l'on ne peut pas se procurer à cause de la neige. Le camion incendie ne pouvant donc plus circuler dans l'école, des

---

[170] Article page 5 à 7 de la revue *"The Mount Hope Meteor"* d'août 1942 de la 33ème ANS de Mount Hope, Ontario.
[171] Entrées de décembre 1941 du Journal de marche de la 3ème B&GS, conservé sous la référence C-12332, image 496 et suivantes, BAC.
[172] Rapport du Service Technique de la 1ère B&GS de décembre 1944 en annexe "D" du Journal de marche, conservé sous la référence C-12331, image 1016, BAC.

équipes de veille supplémentaires sont activées pour protéger au mieux les différents bâtiments. [173]

Corvée de déneigement pour ouvrir un accès au bâtiment principal des salles de cours de la 9ème SFTS de Summerside, île du Prince Édouard, février 1941. (Photo© Government of Canada. Reproduced with the permission of Library and Archives Canada (2024). Source: Library and Archives Canada/Department of National Defence fonds/Reel C-12347 p. 1283).

- Durant les premiers mois, il faut parfois entasser les hommes dans les bâtiments existants, les Sergents devant faire de la place aux Officiers dans certains cas, et par effet domino, les Caporaux devant se serrer, etc. À la 41ème SFTS de Weyburn, Saskatchewan, l'aumônier doit provisoirement se contenter du bâtiment des simulateurs Link de pilotage sans visibilité en tant que chapelle. Il n'est pas mentionné si les trois Sergents Instructeurs chargés des simulateurs ont trouvé que ce soutien spirituel améliorait les performances des élèves. [174]

- Le risque d'incendie est omniprésent dans des bâtiments construits principalement en bois :
    o Le 11 décembre 1940, un incendie se déclare dans le bâtiment principal des salles de cours (Ground Instructional Building – GIS) de la 2ème B&GS de Mossbank, Saskatchewan. Après deux heures et demi de lutte, le feu est éteint mais une aile complète du bâtiment est détruite et le reste des locaux est temporairement inutilisable à cause des dépôts de suie. [175]
    o Le 23 décembre 1941, l'alarme incendie est activée à 21h35 à la 3ème B&GS lorsqu'un homme aperçoit des flammes sortant de l'atelier de l'armurerie. Les dégâts sont sérieux et l'incendie semble avoir été provoqué par l'oubli de couper le chauffage d'un bain de soude dont le liquide s'est évaporé et a mis le feu à des chiffons gras stockés à proximité. [176]

---

[173] Journal de marche de la 31ème école RDF pour les mois de janvier 1943, conservé sous la référence C-12366, images 1427 et 1428, BAC.
[174] Entrée du 5 février 1942 du Journal de marche de la 41ème SFTS, conservé sous la référence C-12357, image 1173, BAC.
[175] Entrée du 11 décembre 1940 du Journal de marche de la 2ème B&GS, conservé sous la référence C-12331, image 1054, BAC.
[176] Entrée du 23 décembre 1941 du Journal de marche de la 3ème B&GS, conservé sous la référence C-12332, images 500-501, BAC.

- o Le 7 février 1942, le toit du bar des Caporaux de la 41ème SFTS de Weyburn, Saskatchewan, est endommagé par un incendie, rapidement maîtrisé par les pompiers de l'école. [177]
- o Le 14 mars 1943, une aile entière du baraquement des Sous-Officiers de la 2ème École des Instructeurs de Vulcan, Alberta, part en fumées mais *"pour la première fois depuis des mois, cette Unité a eu la chance d'avoir de l'eau en quantité grâce à la livraison de deux camions-citernes le 11 mars, remontant le niveau du réservoir de 1 mètre à trois mètres. Cette eau est transportée sur des routes défoncées sur dix kilomètres. Nous pouvons désormais combattre les incendies et nous prélasser sous la douche."* [178]

Même avec des systèmes de chauffage fonctionnels, les hivers canadiens restent difficiles à supporter pour les élèves venant de contrées plus chaudes de l'Empire britannique, ou même d'autres régions du Canada lorsque le vent glacé Chinook descend des Rocheuses. Le 19 janvier 1943, le rédacteur du Journal de marche de la 2ème École des Instructeurs de Vulcan, Alberta, note que *"le personnel souffre massivement de coryza [inflammation de la muqueuse des fosses nasales] car nous ne sommes pas habitués à de telles températures. La prochaine révision des standards de la RCAF devrait inclure la fourniture "un par personne – Igloo" avec circuit de chauffage parfait. -37°C dehors."* [179] Les élèves Australiens et Néo-Zélandais de la 5ème AOS de Winnipeg, Manitoba notent d'ailleurs *"qu'il n'y que deux saisons au Canada : l'hiver et le mois de juillet."* [180]

Sous la pression des crises successives en Europe de mai-juin 1940 (offensive allemande) puis de l'été 1940 (bataille d'Angleterre), les ingénieurs canadiens répondent positivement aux demandes d'accélérer la construction des aérodromes. Le graphe ci-dessous permet de voir que les 22 premières EFTS et les 16 premières SFTS sont terminées et opérationnelles bien en avance par rapport au planning initialement prévu dans l'accord de décembre 1939. Par exemple, ces 16 SFTS sont toutes en service fin août 1941, huit mois plus tôt que le planning initial qui n'en prévoyait que onze en fonction à cette date. [181]

---

[177] Entrée du 7 février 1942 du Journal de marche de la 41ème SFTS, conservé sous la référence C-12357, image 1173, BAC.
[178] Entrée du 14 mars 1943 du Journal de marche de la 2ème FIS, conservé sous la référence C-12325, image 535, BAC.
[179] Entrée du 19 janvier 1943 du Journal de marche de la 2ème FIS, conservé sous la référence C-12325, image 506, BAC.
[180] Article publié page 8 de la revue *"The Beacon"* de la 5ème AOS de Winnipeg, Manitoba d'octobre 1944.
[181] Graphe de l'auteur à partir des données du tableau page 52 du livre de Fred J. Hatch.

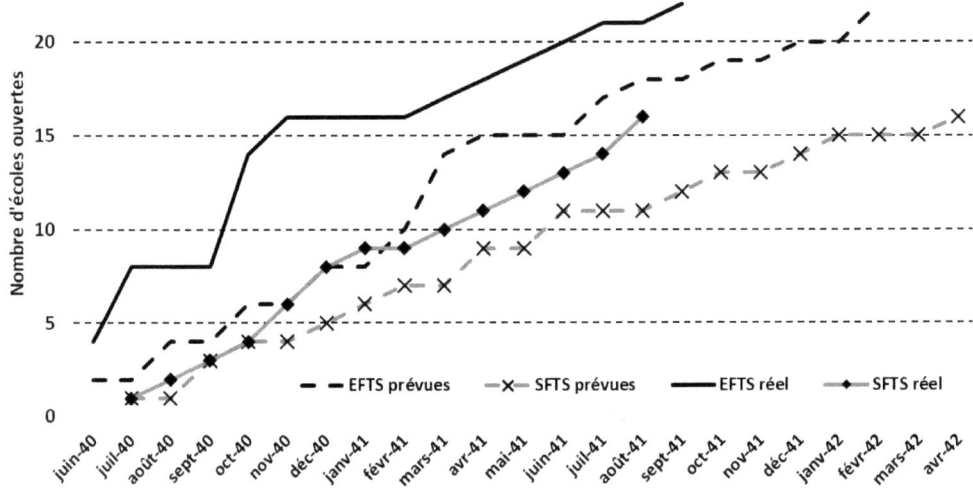

Comme si les Canadiens n'avaient pas assez de travail avec la construction de dizaines d'écoles du BCATP suivant un planning ambitieux, ils vont soudainement recevoir une demande des Britanniques pour transplanter des écoles de la RAF au Canada.

En janvier 1944, il y avait 97 écoles pour aviateurs au Canada (dont 24 transférées du Royaume-Uni) et 184 unités de soutien pour le BCATP (Quartiers Généraux des Training Commands, centres d'attente pour le personnel, dépôts logistiques, pôles de réparation, etc.). Le tableau ci-dessous dresse le bilan à fin avril 1944 des sommes investies (en milliers de dollars canadiens) : [182]

Lieu	Terrains	Aérodrome	Bâtiments, réseaux	Totaux
QG des Training Commands et hôpitaux	-	-	1.051	**1.051**
Centres de Recrutement	-	-	65	**65**
Écoles pré-ITS	29	1.952	2.327	**4.308**
Dépôts d'enrôlement	-	-	1.579	**1.579**
ITS	14	286	1.934	**2.234**
AOS	407	4.313	16.618	**21.338**
ANS	165	1.932	7.590	**9.687**
EFTS (terrain principal)	326	6.546	12.207	**19.079**
Terrains satellites des EFTS	277	440	90	**808**

---

[182] État "*Property acquired or constructed as at April 30/44 - Fiscal year 1943-44, British Commonwealth Air Training Plan*", op. cit. Les champs de tir étaient listés en annexe de cet état mais ne semblent pas y voir été incorporés : ils ont donc été ajoutés ici.

Suite du tableau de la page précédente

Lieu	Terrains	Aérodrome	Bâtiments, réseaux	Totaux
SFTS (terrain principal)	726	13.394	40.289	**54.409**
Terrains satellites (R1) des SFTS	677	7.292	3.745	**11.714**
Terrains satellites (R2) des SFTS	667	2.419	547	**3.634**
B&GS	346	7.225	19.980	**27.552**
Écoles Radio (WS)	59	673	3.721	**4.453**
Écoles de Surveillance Maritime (S of GR)	142	1.211	2.171	**3.524**
OTU	741	9.306	17.187	**27.234**
École Radio (radar) de Clinton	12	-	1.582	**1.594**
Dépôts du matériel, des explosifs et de réparation	78	8	6.491	**6.577**
Stockages des avions	5	611	941	**1.557**
Dépôts du personnel et d'embarquement	99	-	9.516	**9.616**
Centres d'attente	44	1.977	3.303	**5.324**
Champs de tir	144	-	-	**144**
Unités diverses *	1.079	5.270	18.539	**24.888**
Totaux	**6.039**	**64.857**	**171.473**	**242.369**

On constate que les aérodromes à eux seuls représentaient 27% des frais de construction, ce qui n'est pas étonnant puisque plus de 29 millions de mètres carrés ont été bétonnés pour les pistes, les tarmacs et les aires de roulage. Même un "simple" champ de tir était bien plus complexe que l'on peut croire au premier abord. Il fallait par exemple prévoir : [183]

- L'achat du terrain et sa préparation, par exemple en construisant une route, en retirant les obstacles et en sécurisant les accès.
- Un baraquement pour l'équipe de sept hommes qui doivent vivre sur place, les champs de tir étant généralement à plusieurs dizaines de kilomètres des écoles.
- Deux tours d'observation écartées de 1.800 mètres l'une de l'autre, et chacune distante de 1.300 mètres de la cible, à partir desquelles chaque impact de bombe est observé pour déterminer sa distance de la cible par triangulation.
- Un poste radio pour communiquer avec les avions, les identifier et assurer leur contrôle.

---

[183] Article *"Bombs away"* du LAC William H. Boyce, publié page 23 de la revue *"The Drift Recorder "* de juillet 1944 de la 5ème AOS de Winnipeg, Manitoba.

- Les infrastructures de base :
  - Le réseau téléphonique ad hoc (entre les tours, les baraquements et les écoles pour retransmettre les résultats de chaque élève).
  - L'électricité, à la fois pour la vie courante, la radio et l'éclairage du champ de tir la nuit (la cible étant indiquée par une immense flèche rouge entourée de lampes vertes, de façon peu réaliste).
  - L'eau potable, des sanitaires, etc.

<u>B.2.1.2 - Les écoles britanniques déménagées au Canada</u>

Avec l'invasion de la France, de la Belgique, des Pays-Bas et du Luxembourg en mai-juin 1940, les Escadrons de bombardement et de chasse prennent la priorité pour occuper les aérodromes de la côte Est du Royaume-Uni et certaines écoles d'aviation doivent donc déménager. La mer du Nord et le Sud de l'Angleterre deviennent des zones dangereuses pour tout avion de formation désarmé. De plus, les vols d'entraînement de nuit sont interdits dès qu'une activité aérienne ennemie est signalée.

Mi-juillet 1940, les Britanniques demandent au gouvernement canadien s'il serait possible de transférer outre-Atlantique quatre SFTS du Royaume-Uni. Le Canada accepte et offre même d'accueillir plus d'établissements, sous réserve que les coûts soient supportés par la RAF. La 7ème SFTS de Peterborough, Cambridgeshire est la première à embarquer fin août pour le Canada, mais durant l'été 1940, le Ministre de la Production Aéronautique, Lord Beaverbrook, et le Secrétaire d'État à l'Air, Sir Archibald H. M. Sinclair, s'opposent sur cette proposition de déménager des écoles de la RAF au Canada. Beaverbrook argumente que ces déménagements vont perturber l'efficacité des circuits de formation, que les avions et instructeurs des écoles sont la dernière réserve de la RAF en cas d'urgence et que les écoles ne pourraient plus être soutenues efficacement par son Ministère une fois à l'étranger. Il propose de relocaliser les EFTS sur des champs de course pour libérer des aérodromes et va même jusqu'à considérer que *"nous devons accepter ici le risque de pertes parmi nos avions d'entraînement et nos élèves causées par des chasseurs adverses ; ... si l'ennemi utilise ses avions pour attaquer nos appareils de formation au lieu de s'en prendre à des objectifs plus importants au Royaume-Uni, il perdra son temps. De grandes opérations contre les avions de formation sont donc peu probables."* Beaverbrook, avec son expérience de magnat de la presse, craint aussi un effet démoralisant pour la population si des rumeurs d'évacuation massive des écoles de la RAF se propagent. [184] Le Ministère de l'Air estime que le transfert de ces écoles causera une interruption des cours de 2 à 2,5 mois et insiste que sur le long terme, seul un déménagement permettra de tenir les objectifs de formation. Le 26 août 1940, Churchill lui-même, en qualité de Ministre de la Défense, rédige un mémorandum de quatre pages sur ce sujet dans lequel il propose de reporter toute décision au début

---

[184] Memoranda WP(40)323 et WP(40)326 du 20 août 1940 du Ministre de la Production Aéronautique, conservés sous les références CAB 66/11/3 et 66/11/6, TNA. Au sujet de cette mini-crise, on lira aussi l'article de Kent Fedorowich (voir bibliographie).

décembre. [185] Entre-temps, il est demandé aux Canadiens de profiter de ce délai pour poursuivre les préparatifs. Comme convenu, Sinclair remet le sujet à l'ordre du jour fin novembre : pour apaiser Beaverbrook, il promet de former une, voire deux, SFTS directement au Canada avec des avions achetés aux USA ce qui éviterait de déménager les 6ème et 12ème SFTS. Le Conseil de Guerre donne son accord le 21 novembre pour transférer six écoles au Canada et trois en Afrique du Sud. [186]

Finalement, profitant de l'offre faite par le Canada d'élargissement à d'autres établissements, ce sont au total 26 écoles de la RAF (six EFTS, dix SFTS, une B&GS, quatre OTU, trois ANS, une École de Surveillance Maritime, et une École Radio (comprendre "radar")) qui ont fonctionné au Canada en marge du BCATP jusqu'au second accord du 5 juin 1942 qui les a intégrées pleinement. Chaque école de la RAF au Canada était rattachée, comme celles de la RCAF, au QG du Training Command de sa région, et ces écoles suivaient donc les mêmes ordres que celles du BCATP. Le Canada a effectué un énorme travail de préparation pour fournir à temps des dizaines de terrains et de bâtiments : ce sont autant de terrains d'aviation qui sont libérés au Royaume-Uni pour les unités combattantes de la RAF ou de l'USAAF.

Il est assez rarement mentionné dans les histoires de la bataille de l'Atlantique que des milliers de recrues, ainsi que des milliers d'Instructeurs, ont traversé à deux reprises cet océan sous la menace des U-Boote. Il a donc paru intéressant de résumer sommairement le périple de quelques écoles de la RAF transférées au Canada à partir des informations disponibles dans les Journaux de marche des unités :

N°	Départ du Royaume-Uni	Début des cours au Canada	1er échelon	Échelons suivants
31	7ème SFTS de Peterborough, Cambridgeshire	Kingston, Ontario 8 octobre 1940	316 hommes (dont 18 Officiers) partent en train pour Liverpool et embarquent le 29 août 1940 sur le *RMS Duchess Of Richmond*. Raid allemand sur le port dans la nuit, quelques bombes proches. Débarquent à Halifax le 6 septembre et reprennent un bateau pour Montréal le lendemain. Débarquent le 10 septembre et arrivent à Kingston le soir même.	2ème : 183 hommes dont 13 Officiers arrivent le 10 novembre en provenance de la 7ème SFTS de Peterborough. 3ème : 261 hommes dont 20 Officiers. Arrivent le 5 décembre en provenance de la 7ème SFTS de Peterborough. 4ème : 288 hommes (dont 14 Officiers et 40 élèves). Arrivent le 25 janvier 1941. Un Squadron Leader, malade en Angleterre, ne rejoint que le 21 février.

---

[185] Mémorandum WP(40)338 du 26 août 1940 *"Training of RAF Pilots"* du Ministre de la Défense, conservé sous la référence CAB 66/11/18, TNA.
[186] Mémorandum WP(40)351 du 2 septembre 1940 *"Royal Air Force Training"* du Secrétaire d'État à l'Air, page 106 du compte-rendu de la réunion du Conseil de Guerre du 21 novembre 1940, et mémorandum WP(40)447 du 15 novembre 1940 *"Royal Air Force Training"* du Secrétaire d'État à l'Air, conservés sous les références CAB 66/11/31, 65/10/13 et 66/13/27, TNA. Les 6ème et 12ème SFTS sont effectivement restées au Royaume-Uni puis ont été transformées en (P)AFU en avril 1942.

N°	Départ du Royaume-Uni	Début des cours au Canada	1er échelon	Échelons suivants
32	10ème SFTS de Tern Hill, Shropshire	Moose Jaw, Saskatchewan novembre 1940 *	Départ en novembre 1940 (?) pour le Canada.	2ème : décembre 1940 (?). 3ème : 316 hommes (dont 27 Officiers et 56 élèves) partis de Tern Hill le 17 décembre, embarquent à Gourock, Écosse, et arrivent le 1er janvier 1941 à Moose Jaw.
33	Unité formée à Wilmslow, Cheschire	Carberry, Manitoba 1er janvier 1941	669 hommes dont 35 Officiers embarquent le 27 novembre 1940 à Glasgow sur le paquebot français *Pasteur*. Arrivent le 5 décembre à Halifax et le 8 à Carberry. Les premiers 56 élèves arrivent également de Wilmslow le 1er janvier 1941, ayant passé Noël au milieu de l'Atlantique en compagnie du 3ème échelon de la 32ème SFTS.	2ème : 291 hommes (dont 27 Officiers et 56 élèves) partent de Wilmslow le 8 janvier 1941, embarquent à Glasgow deux jours plus tard, débarquent à Halifax le 23 et arrivent le 26 janvier 1941 en train à Carberry.
34	Unité formée à Wilmslow, Cheschire	Medicine Hat, Alberta 18 mars 1941	681 hommes (dont 38 Officiers et 68 élèves) embarquent le 26 février 1941 à Gourock, Écosse, sur le *HMT Batory*. Arrivent à Halifax le 9 mars et à Medecine Hat le 14 après 4 jours de train.	2ème : 197 hommes arrivent le 3 juin 1941.
35	?	North Battleford, Saskatchewan août 1941	666 hommes dont 33 Officiers débarquent à Halifax après une traversée de l'Atlantique sans histoire. Ils arrivent à North Battleford les 21 et 22 juillet 1941 en train.	2ème : 332 hommes dont 15 Officiers arrivent le 22 juillet 1941. 3ème : 177 hommes arrivent le 29 août 1941.
36	Unité formée à West Kirby, Cheschire	Penhold, Alberta 29 septembre 1941	688 hommes dont 36 Officiers partent le 6 août 1941 et embarquent le lendemain à Gourork sur le *HMT Stratheden*. Arrivent à Halifax le 15 et à Penhold le 20 par train.	2ème : 260 hommes dont 68 élèves arrivent le 17 septembre 1941. 3ème : 204 hommes arrivent le 19 septembre.

Suite du tableau page suivante.

* Le Journal de marche de cette école ne commence que le 1er janvier 1941 avec l'arrivée du 3ème échelon.

** Le Journal de marche de cette école ne commence que le 1er janvier 1942 : il y avait alors 707 hommes de la RAF (dont 57 Officiers) à Weyburn, et seulement 24 de plus fin février.

N°	Départ du Royaume-Uni	Début des cours au Canada	1er échelon	Échelons suivants
37	Unité formée à West Kirby, Cheschire	Calgary, Alberta 21 octobre 1941	885 hommes dont 36 Officiers partent le 3 septembre 1941 en train et embarquent le lendemain à Gourork sur le *HMT Pasteur*. Arrivent à Halifax le 15. Montent dans deux trains spéciaux le 16 : un pour Calgary (arrive le 20 septembre) et un pour Swift Current, Saskatchewan, car il n'y a pas encore assez de logements à Calagary. Les 305 hommes (dont 5 Officiers) de Swift Current arrivent à Calgary le 18 octobre.	2ème : 71 hommes (dont 3 Officiers et 68 élèves (?)) arrivent du Royaume-Uni, plus 68 élèves le 13 octobre 1941. 3ème : 199 hommes arrivent du Royaume-Uni le 30 octobre.
38	?	Estevan, Saskatchewan 27 avril 1942	Initialement prévu en octobre -novembre 1941 puis retardé. Finalement, 627 hommes dont 27 Officiers arrivent le 7 avril 1942.	2ème : 165 hommes (dont dix Officiers) arrivent du Royaume-Uni le 22 avril.
39	?	Swift Current, Saskatchewan 15 décembre 1941	207 hommes, dont 20 Officiers, arrivent du Royaume-Uni le 28 novembre 1941.	2ème : 363 hommes arrivent du Royaume-Uni le 29 novembre 1941 et les bagages arrivent le lendemain avec 41 hommes. 3ème (?) : 236 hommes (dont 21 Officiers et 64 élèves) arrivent le 6 décembre 1941.
41	?	Weyburn, Saskatchewan 5 janvier 1942	Planning prévu : ** 458 hommes débarquent au Canada le 15 décembre 1941.	Planning prévu : ** 2ème : 202 hommes débarquent au Canada le 12 janvier 1942. 3ème : 229 hommes débarquent au Canada le 8 février 1942.

Cette liste ne concerne que les SFTS, mais les mêmes types de trajet ont été effectués par les autres écoles déménagées du Royaume-Uni. Pour éviter de les confondre avec les écoles canadiennes, elles reçoivent toutes des numéros supérieurs à 30 (par exemple la 7ème SFTS devient la 31ème SFTS à son arrivée dans l'Ontario).

Pour le voyage, les aviateurs recevaient une avance sur salaire en monnaie canadienne, d'un montant de 50 $ pour les Officiers, 25 $ pour les Warrant Officers, 15 $ pour les Sergents et 10 $ pour les Caporaux et Hommes du rang. Les traversées de l'Atlantique se passaient généralement bien (si l'on fait abstraction de la promiscuité et du mal de mer), même si quelques incidents permettent d'avoir de bonnes histoires. Ainsi, les 32 élèves britanniques qui arrivent fin mai 1941 à la 1ère EFTS de Malton, Ontario, racontent à qui veut bien les écouter qu'ils ont traversé l'océan poursuivis par le cuirassé *Bismarck* et qu'ils sont passés, deux jours après, juste là où le croiseur *HMS Hood* a été coulé. [187] Ces écoles emportaient leurs avions du Royaume-Uni : de 1940 à 1943, ce sont ainsi près de 1.500 Anson, Oxford, Battle et autres Lysander ou Beaufort qui ont été démontés, mis en caisse, acheminés jusqu'aux ports de la côte Ouest du Royaume-Uni et arrimées sur les ponts des navires en partance pour le Canada ou l'Afrique du Sud (voir le graphe ci-après). [188]

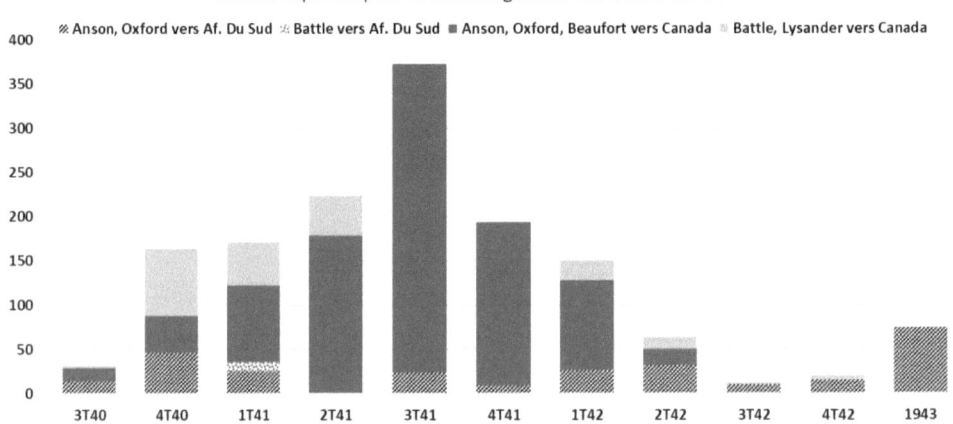

Les nombres de pilotes et d'avions à déménager pour chaque type d'école sont détaillés dans le tableau suivant : [189]

	Pilotes	Anson	Battle
SFTS	51	108	*
B&GS	54		78
ANS (Observateurs)	34	36	
École de Navigation Aérienne (Pilotes)	70	56	
École de Surveillance Maritime	44	36	

* Certaines SFTS de la RAF disposaient de 108 Battle (par exemple la 7ème SFTS), ou d'un mélange (par exemple 45 Battle et 63 Anson pour la 12ème SFTS).

Il fallait aussi emporter des moteurs, des pièces de rechange et l'outillage d'entretien (aux normes britanniques et donc incompatible avec les équipements américains qui ont parfois été procurés ensuite à ces écoles).

---

[187] Entrée du 28 mai 1941 du Journal de marche de la 1ère EFTS, conservé sous la référence C-12336, image 212, BAC.

[188] Graphe de l'auteur à partir des données des états *"Export of Aircraft"*, conservés sous la référence AIR 20/2039, TNA.

[189] Mémorandum WP(40)447 du 15 novembre 1940 *"Royal Air Force Training"* du Secrétaire d'État à l'Air, conservé sous la référence CAB 66/13/27, TNA.

Entre le froid, la boue, les bâtiments en cours de construction et sans chauffage, l'arrachement soudain aux familles et même le manque de papier à lettre pour écrire à la maison, les récriminations sont nombreuses pour les aviateurs anglais fraîchement débarqués au Canada. Il y a quelques séances de reprises en main, comme le 3 février 1941, lorsque le Group C. E. H. Captain James effectue plusieurs discours aux membres de la 32ème SFTS de Moose Jaw, Saskatchewan, pour leur demander de mettre un mouchoir sur leurs plaintes mineures et de se concentrer sur les problèmes importants. [190] Une fois passée la période difficile de construction et d'équipement des écoles, les Britanniques bénéficient d'un confort inconnu sur les bases britanniques du temps de guerre : billards, patinoire, tables de ping-pong, cinéma, bibliothèque, salons de lecture, bars, piscine, terrains de cricket, de basket, de volley ou de tir à l'arc sont disponibles sur la plupart des bases, sans parler des activités externes possibles (pêche, chasse, etc.). Par exemple, la 32ème EFTS de Bowden, Alberta, Canada, organisait cinq soirées cinéma par semaine, un bal par mois sur la base et le transport à la petite ville d'Innisfail une fois par semaine pour le bal local, sans parler des compétitions sportives. [191] Certaines écoles ont même un bowling, comme la 1ère B&GS de Jarvis, Ontario, ou la 12ème SFTS de Brandon, Manitoba. [192] Durant l'été 1943, la 39ème SFTS se vante d'avoir trouvé assez de volontaires pour labourer et cultiver quatre hectares de potager qui fournissent tomates, oignons, radis et laitues en abondance grâce à une irrigation soutenue. [193] Les cantines servent des glaces et des sodas et les bénéfices sont généralement employés pour financer les activités sportives ou culturelles (clubs de bricolage, bibliothèque, jeux de société, etc.). La pinte de bière coûtait 8 cents dans le bar des Hommes du rang. [194]

Salle de détente des Hommes du rang de la 34ème SFTS de Medicine Hat, Alberta, en octobre 1943 : tables de billard et de ping-pong. (Photo © Government of Canada. Reproduced with the permission of Library and Archives Canada (2024). Source: Library and Archives Canada/Department of National Defence fonds/Reel C-12355 p. 957)

---

[190] Entrée du 3 février 1941 du Journal de marche de la 32ème SFTS, conservé sous la référence C-12353, image 864, BAC.
[191] Page 27 du livret *"32 EFTS – PUPIL'S GUIDE"*, conservé en Annexe "A" du Journal de marche d'octobre 1943 sous la référence C-12340 image 284, BAC.
[192] Page 24 de la revue "Fly Paper" de juillet 1943 de la 1ère B&GS de Jarvis, Ontario et page 15 de la revue *"The Aero-Log"* de la 12ème SFTS de Brandon, Manitoba, de juin 1944.
[193] Annexe "D" du Journal de marche d'août 1943, conservée sous la référence C-12357 image 1007, BAC.
[194] Entrée du 31 mars 1942 du Journal de marche de la 41ème SFTS, conservé sous la référence C-12357, image 1182, BAC. Ce prix semble bien plus intéressant que celui pratiqué en août 1942 dans les bars de l'École Centrale de Navigation de Rivers, Manitoba : 20 cents pour une pinte des bières locales, et 25 cents pour celles des autres Provinces (référence C-12327, image 43, BAC).

Chaque école produisait un petit magazine, de qualité plus ou moins variable en fonction de l'expérience passée des éditeurs amateurs qui s'en occupaient. Par exemple, le journal de la 31ème École RDF (radar), baptisé *"Towers Review"* en référence aux tours radio, publie aussi bien des articles sérieux, que les résultats sportifs, des conseils pour les instructeurs et des pamphlets humoristiques sur les techniques à tenter (ou pas !) pour sortir du camp sans permission, sur les différences entre les femmes canadiennes et américaines ou sur les transports locaux pour échapper à la monotonie des champs de Clinton. Quelques autres publications, dont le prix variait de 5 à 50 cents (d'autres étant manifestement gratuites), sont listées en Annexe 9.

Par contre, contrairement à ce qui leur avait été laissé croire, les épouses ou les familles des hommes du staff des écoles britanniques ne peuvent pas obtenir rapidement de droit de passage pour les rejoindre au Canada, [195] et la durée de service au Canada a souvent dépassé les 18 mois prévus. Malgré ces difficultés, peu à peu certaines familles ont pu traverser l'Atlantique [196] et ces écoles de la RAF installées au Canada sont restées majoritairement composées de Britanniques, même après être passées sous le contrôle de la RCAF en 1943. Ainsi, l'origine des 1.066 hommes de la 32ème SFTS de Moose Jaw, Saskatchewan, (hors élèves) était la suivante fin septembre 1944 : [197]

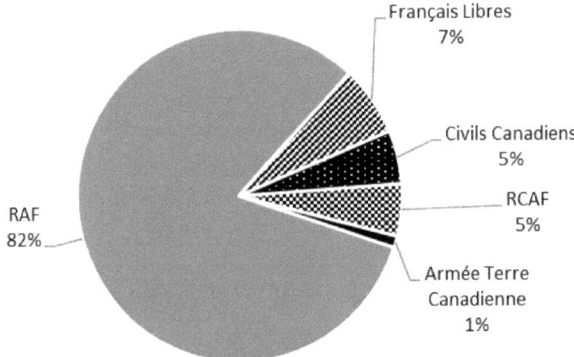

Lorsque cela était possible, les circonstances familiales importantes étaient prises en compte avec compassion par la hiérarchie : ainsi le matin du 2 juin 1942, un Leading Aircraftman de la 38ème SFTS est informé par télégramme que son fils en Angleterre était gravement malade et hospitalisé. Cette école venait d'ouvrir au Canada à peine deux mois plus tôt avec du personnel transféré du Royaume-Uni. À 13h30, un avion de l'école

---

[195] Entrées du 6 mai et du 18 juillet 1941 des Journaux de marche de la 34ème SFTS et de la 32ème EFTS, conservés sous les références C-12354, image 419, et C-12340, image 119, BAC.
[196] Par exemple, les femmes de onze Sous-Officiers et Hommes du rang rejoignent leurs maris travaillant à la 39ème EFTS de Swift Current, Saskatchewan en juillet 1942 (entrée du 31 juillet 1942 du Journal de marche, conservé sous la référence C-12357, image 896, BAC).
[197] Graphe de l'auteur à partir des données du Journal de marche de la 32ème SFTS, conservé sous la référence C-12353, image 806, BAC.

emmène le père au QG du Ferry Command pour qu'il trouve place à bord d'un avion pour se rendre au chevet de son enfant. [198]

En 1941, les élèves des SFTS de la RAF implantées au Canada sont issus principalement des EFTS du Royaume-Uni. Plus tard, ces élèves ne passeront plus que par les ITW avec la sélection en "Grading schools" au Royaume-Uni avant d'arriver au Canada pour les cours en EFTS puis SFTS. Six EFTS quittent d'ailleurs l'Europe pour s'installer au Canada, la 31ème étant la première à occuper ses nouveaux locaux en juin 1941 à Calgary, Alberta. Le cursus de formation de Leslie Valentine, futur pilote de Boston IIIA du 88ème Escadron, montre qu'il a passé moins de cinq mois au Canada, ayant effectué sa formation élémentaire de pilotage dans le Berkshire : [199]

	Début	Fin	durée (semaines)
ACRC, Londres	28 juillet 1941	16 août 1941	2,5
10ème ITW, Scarborough, Yorkshire	16 août 1941	22 septembre 1941	5,5
26ème EFTS, Theale, Berkshire	1 octobre 1941	28 février 1942	21,5
Dépôt des Élèves Pilote, Clyffe Pypard, Wiltshire	14 mars 1942	19 mars 1942	1
1er Centre de Dispatching du Personnel, Heaton Park, Manchester	20 mars 1942	7 avril 1942	2,5
31ème Dépôt du Personnel, Moncton, Nouveau Brunswick	14 avril 1942	6 mai 1942	3
34ème SFTS, Medicine Hat, Alberta	10 mai 1942	28 août 1942	15,5
31ème Dépôt du Personnel, Moncton, Nouveau Brunswick	1 septembre 1942	25 septembre 1942	3,5
3ème Centre de Réception du Personnel de Bournemouth, Dorset	9 octobre 1942	10 novembre 1942	4,5
11ème (P)AFU, Shawbury et Condover, Shropshire *	10 novembre 1942	11 janvier 1943	9
13ème OTU, Bicester, Oxfordshire, et Finnmere, Buckinghamshire	11 janvier 1943	*10 janvier 1944*	52

* dont 8 jours à la 1521 BAT de Stradeshall

Le Flight Sergeant Valentine a été promu Officier le 13 août 1944, après quatre mois de service dans le 88ème Escadron. [200] Il a effectué soixante opérations de guerre et a reçu la Croix de Guerre, notamment pour avoir participé à la protection de la flotte du débarquement en Normandie en dressant un rideau de fumée au large du Havre (mission durant laquelle son avion s'est fait tirer dessus par la DCA du cuirassé HMS *Warspite*).

---

[198] Entrée du 2 juin 1942 du Journal de marche de la 38ème SFTS, conservé sous la référence C-12357, image 567, BAC.
[199] Carnet de vol de Leslie Valentine, op. cit. Certaines dates ne sont pas connues avec précision et sont indiquées en italique.
[200] Supplément de la London Gazette du 7 novembre 1944.

B.2.1.3 - L'exemple de l'école radar de Clinton, Ontario

Avec la multiplication des radars (air-air, air-sol, air-mer) au sein de la RAF, il est décidé d'implanter une école au Canada pour assurer la formation des techniciens de maintenance et augmenter ainsi les effectifs jusqu'alors formés par la 3ème École Radio de Prestwick en Écosse. La 31ème École RDF au Canada sort de terre au printemps 1941 à Clinton, Ontario. Cette localité rurale a été sélectionnée pour des raisons de sécurité, la présence d'espions nazis étant peu probable au milieu d'immenses plaines agricoles. Cette école, administrée et financée par la RAF, ne faisait pas partie du BCATP, mais était considérée comme un établissement de la RAF délocalisé au Canada, au même titre que les EFTS ou SFTS déménagées du Royaume-Uni. Pour apprécier l'investissement nécessaire, il est intéressant de citer quelques chiffres concernant cette 31ème École RDF qui ne disposait d'aucun avion, contrairement à la 3ème École Radio de Prestwick (qui formait aussi les opérateurs des radars embarqués) : [201]

- Une fois le site sélectionné, quatre mois seulement ont été nécessaires pour bâtir l'école, avec jusqu'à 1.000 ouvriers de jour et 500 de nuit. Dans ce court laps de temps, il a fallu installer des baraquements pour les élèves et des logements pour les instructeurs, des salles de classes et des laboratoires pour les appareils électroniques, six kilomètres de routes dans l'enceinte de l'école, une alimentation en eau potable avec réserve incendie, une connexion 26.000 volts au réseau électrique avec poste de transformation, etc. Les ingénieurs canadiens ont bien travaillé puisque, contrairement à ce que l'on pourrait croire pour une construction de temps de guerre, certains bâtiments ont tenu plusieurs décades et cette base est restée en fonction pour différentes écoles des forces armées canadiennes jusqu'en 1971.
- Alors que les matériels radar sont rares au Royaume-Uni, il a fallu en trouver suffisamment pour assurer une formation pratique et les faire parvenir jusqu'à Clinton. Un nombre de simulateurs d'entraînement, en plus ou moins bon état, y compris des prototypes, sont ainsi récupérés pour démontrer le fonctionnement des stations radar au sol et des radars embarqués air-air et air-mer.
- L'Armée canadienne assure la sécurité du site et la clôture d'enceinte est électrifiée. Tous les élèves sont soumis au secret et les cahiers de ceux qui ne terminent pas la formation sont saisis et détruits.

---

[201] Données compilées à partir du Journal de marche et ses annexes de l'école, conservés sous les références C-12366 et C-12367, BAC ; de l'article *"The First Class at RAF No. 31 Radio School: August to September, 1941"* de Paul Renard de l'International Journal of Naval History de juillet 2018, Volume 14, Issue 1 ; de l'article *"Classified information, part-two of the CFB Clinton"* de Shaun Gregory, publié le 25 janvier 2016 par la Huron Expositor, consulté en décembre 2022 sur https://www.seaforthhuronexpositor.com/2016/01/25/classified-information-part-two-of-the-cfb-clinton et le site des musées numériques du Canada https://www.communitystories.ca/v2/radar-cache-de-london_hidden-radar-history/. Pour plus de détails sur les radars et l'école de Clinton, se reporter au livre de cette série sur les chasseurs de nuit de la RAF.

- L'école était autonome avec son administration (le service de comptabilité comptait à lui seul 17 personnes), ses cantines, son cinéma, son service incendie, son infirmerie, sa chapelle, sa station de traitement des eaux usées, ses terrains de sport et de parade, etc.
- Le service d'entretien, commandé par un Flight Lieutenant, comportait 19 militaires et 22 civils et devait maintenir en état les routes, les bâtiments, les réseaux d'eau, de chauffage et d'électricité. Les deux chaudières de la centrale à vapeur consommaient 4.500 tonnes de charbon par an pour fournir le chauffage et l'eau chaude de l'école.
- Le terrain nécessaire pour cette école a coûté 11.725 $ canadiens, autant dire rien du tout comparé aux 1,6 millions de dollars canadiens investis dans la construction des bâtiments. [202]

Entre avril 1942 et juillet 1943, il y avait en permanence en moyenne sur site 642 élèves (dont douze officiers), 430 membres d'encadrements (dont 38 officiers) et une vingtaine de civils (ouvriers d'entretien), soit plus de mille hommes pour une moyenne mensuelle de 257 techniciens radar formés (et 17 rejetés). En fonction des années et des cours suivis, la plupart des élèves restaient entre 6 et 16 semaines à l'école. Jusqu'à l'arrivée d'une seconde infirmière (Helen Kerr) mi-1943, Helen McCormick était la seule femme de l'école.

En août 1943, l'école de Clinton a été administrativement rattachée à la RCAF et rebaptisée 5ème École Radio avant de commencer à former aussi des techniciens radio (et non plus spécifiquement radar). Le Canada a ouvert une seconde école pour les techniciens radar en juin 1942 (baptisée 1ère École RDF) à Leaside dans l'Ontario. Elle a fermé en mars 1944. [203]

Le plan de l'école qui était distribué en 1945 aux nouveaux arrivants afin qu'ils puissent se repérer (environ 1 km de long sur le grand côté par 500 mètres de large) est présenté page suivante.

---

[202] État *"Property acquired or constructed as at April 30/44, Fiscal Year 1943-44 - British Commonwealth Air Training Plan"*, op. cit.
[203] Journal de marche et ses annexes de l'école, conservés sous la référence C-12367, BAC.

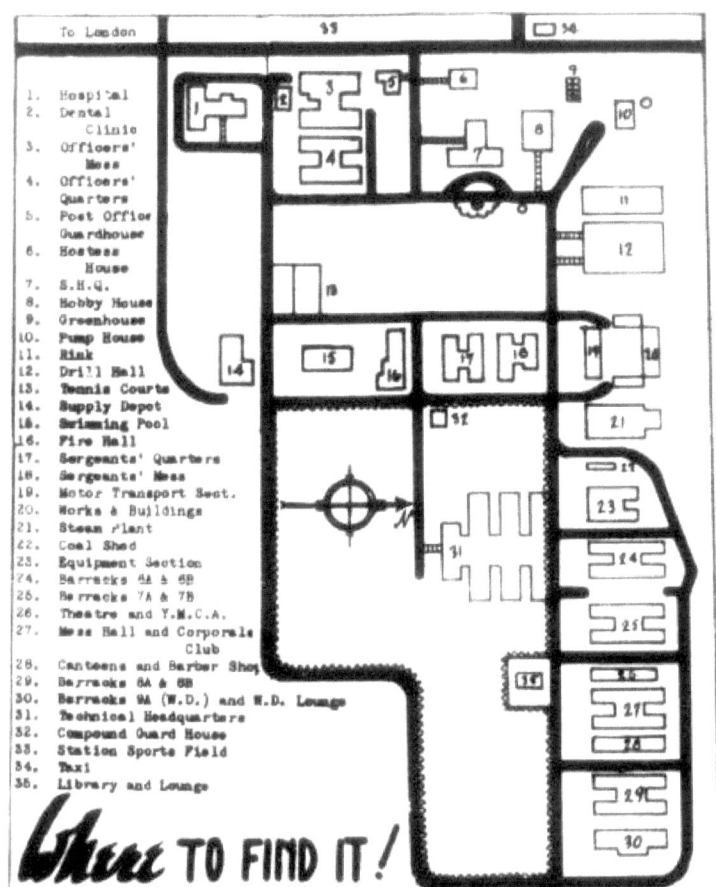

Certains bâtiments sont encore debout 80 ans plus tard (par exemple les baraques 6A et 6B). Le même dépliant indiquait que l'on pouvait voyager *"jusqu'à la métropole de Clinton en taxi à plusieurs 'à la sardine' [en français dans le texte] pour 10 cents, ou seul pour 35 cents."* La ville de Londres mentionnée en haut à gauche du plan n'est évidemment pas la capitale britannique, mais la ville de London, Ontario (78.000 habitants en 1941, une mégalopole si Clinton, environ 2.200 habitants, avait le statut de métropole !). (Plan © Government of Canada. Reproduced with the permission of Library and Archives Canada (2024). Source: Library and Archives Canada/Department of National Defence fonds/Reel C-12367 p. 131) [204]

Durant le pic d'activité de janvier 1944, il y avait 73 écoles pour aviateurs fonctionnant au Canada, plus 24 transférées du Royaume-Uni (deux ayant été fermées entre-temps), auxquelles il faut ajouter 184 unités auxiliaires de soutien au BCATP.

---

[204] Dépliant en annexe du Journal de marche de l'école (avril ou mai 1945).

B.2.1.4 - Trouver des instructeurs et les autres personnels

Comme le souligne très justement l'histoire officielle du Groupe de Formation Aérienne de Rhodésie du Sud (voir le chapitre spécifique), n'importe quel pilote ne peut pas devenir un bon instructeur : *"Un instructeur doit être à 50% un professeur de pilotage, et à 50% un psychologue : il doit choisir l'approche qui conviendra pour chaque élève, démontrer chaque manœuvre, la décrire en la faisant, se montrer impitoyable pour éliminer chaque erreur commise par l'élève, être prêt à se saisir des commandes en une fraction de seconde au décollage et à l'atterrissage, et décider quand un élève est prêt pour son premier vol en solo. Il répète sans cesse les mêmes exercices avec différents types de jeunes, et quand il les a tous vus partir pour prendre les commandes d'appareils plus performants et combattre, il reste là et doit recommencer à zéro avec de nouvelles recrues. Il ne doit jamais fermer les yeux ou relâcher ses standards, et sa récompense, ou plutôt sa consolation, est de recevoir de temps à autre une lettre de remerciements de l'un de ses élèves ou de voir que l'un d'eux a été décoré de la DFC."* [205]

Alors que l'industrie britannique fonctionnait à plein régime, produisant 9.000 appareils neufs entre avril 1939 et avril 1940, la RAF avait bien de la peine à fournir les équipages correspondants. Il lui fallait en plus trouver des instructeurs, des mécanos et des armuriers pour les diverses écoles en dehors du BCATP (au Royaume-Uni, en Rhodésie du Sud, en Afrique du Sud, en Inde, en Égypte, aux USA). Au début de 1940, il était estimé que les OTU à elles seules allaient nécessiter 42.750 personnels d'encadrement et de maintenance, dont 2.750 Officiers. Pour le BCATP, les Britanniques avaient accepté de fournir 1.000 pilotes par an (400 instructeurs en EFTS, 360 instructeurs de SFTS et 240 "staff pilots"). [206] Cependant, les Dominions devaient fournir le gros des instructeurs et l'ensemble des personnels au sol de leurs écoles. [207]

Dès septembre 1939, les Canadiens, conscients du manque criant d'instructeurs, avaient commencé à recruter des pilotes américains expérimentés pour servir dans les écoles de la RCAF. Clayton Knight, un ancien pilote de la Première Guerre mondiale vivant à New-York, avait été chargé de cette tâche semi-officielle et il avait bâti un réseau facilitant l'évaluation et le transfert des pilotes et techniciens intéressés. Les États-Unis étant un pays neutre, il a dû faire preuve de diplomatie et de discrétion, et aussi de malice, pour continuer ses activités malgré les questions du FBI et du Ministère des Affaires Étrangères : une société-écran, la Dominion Aeronautical Association est notamment créée pour donner un vernis civil à cette opération de recrutement de la RCAF. Le BCATP, qui manquait cruellement d'instructeurs durant les premières années, a trouvé aux USA bon nombre de pilotes expérimentés : fin 1940, 242 Américains étaient sous l'uniforme canadien en tant qu'instructeurs dans les SFTS ou comme pilotes d'avions des B&GS canadiennes ; d'autres, toujours civils, étaient employés directement pour ces mêmes rôles par les Compagnies gérant les EFTS et les AOS. Preuve de l'efficacité du *"Comité Clayton Knight"*, avant l'entrée en guerre des USA fin 1941, il y avait plus de 6.000

---

[205] Chapitre 3 de la publication officielle *"The war history of Southern Rhodesia"* (voir bibliographie).
[206] Les "staff pilots" étaient les pilotes d'avions des établissements formant les opérateurs radio, les navigateurs et les bombardiers pour les exercices à effectuer en vol.
[207] Pages 71 et 77 du document *"Flying Training - Volume I - Policy and Planning"*, op. cit.

Américains travaillant pour, ou au sein de, la RCAF, et près de 250 volontaires s'étaient enrôlés dans la RAF. Près de 3.900 étaient des élèves-aviateurs au sein du BCATP recrutés entre juin 1940 et janvier 1942. [208] En 1942, beaucoup d'Américains qui s'étaient portés volontaires pour servir dans la RAF ou la RCAF sont rappelés au pays, ce qui créé quelques postes vacants dans les écoles canadiennes. Ainsi, la 14ème EFTS de Portage la Prairie, Manitoba, doit se séparer d'un instructeur et de sept élèves américains le 25 mai 1942. [209]

La 1ère École Préparatoire d'Aviation (ITS) d'Eglington Hunt Club, à Toronto, accueille son premier groupe de recrues le 29 avril 1940. Moins d'un mois plus tard, la 1ère École des Observateurs Aériens (AOS) est inaugurée à Malton, Ontario et en juin, la 1ère École de Pilotage Élémentaire (EFTS) ouvre, elle aussi à Malton, ainsi que trois autres (Fort William et London, Ontario ; Windsor Mills au Québec). La 1ère École de Pilotage Militaire (SFTS) ouvre en juillet à Camp Borden, Ontario.

Vu le programme d'expansion des écoles, il aurait fallu dégarnir les unités combattantes de leurs meilleurs éléments pour trouver assez d'instructeurs. Il n'y a donc pas d'autre choix que d'accepter que de nombreux élèves bien notés soient "prélevés" à la fin de leur séjour en SFTS pour être affectés comme instructeurs. Ils sont envoyés à l'École Centrale de Pilotage de Trenton, Ontario, pour suivre un stage avant d'être répartis entre les EFTS et SFTS du BCATP. La hiérarchie savait que *"les pilotes motivés sont extrêmement déçus lorsqu'ils sont sélectionnés pour servir comme instructeurs"*, à tel point que la conférence du BCATP tenue au Royaume-Uni début 1942 rédige un argumentaire en onze points pour convaincre les élèves d'EFTS ou de SFTS de la noblesse de cette fonction. Cette même conférence reconnaît qu'il faudra continuer à prélever 12 à 15 % des élèves issus de SFTS pour servir d'instructeurs, l'expansion des OTU absorbant la plupart des aviateurs ayant terminé leur tour d'opérations. [210]

Stanley Brand, futur pilote de Fairey Swordfish de l'Aéronavale (FAA), décrit ainsi les instructeurs de la 19ème EFTS de Sealand au pays de Galles sur Tiger Moth du début de 1943 : *"Très peu d'entre eux étaient des aviateurs qui avaient fini leur premier tour d'opérations. C'était généralement des élèves qui avaient eu des notes excellentes lors de leur formation et qui n'avaient jamais été affectés en opérations, ils n'avaient jamais quitté les avions des écoles de formation. Pour les pilotes de gros avions comme les Lancaster, retourner sur Tiger Moth était presque une rétrogradation, et ça les démoralisait ; bien souvent ils ne voulaient pas devenir instructeurs. ... "* [211]

---

[208] Chiffres mentionnés page 15 du livre de Tom Killebrew et chapitre 5 du livre de Fred J. Hatch (voir bibliographie).
[209] Entrée du 25 mai 1942 du Journal de marche de la 14ème EFTS, conservé sous la référence C-12336, image 600, BAC.
[210] Pages 30 et 31, et Annexe I du compte-rendu de la conférence *"Aircrew Training"*, Document Secret (SD) n°349 de février 1942, op. cit.
[211] Interview de février 2005, conservée par l'Imperial War Museum dans la collection *"Oral history"*, référence 27347 - bobine 10.

Dessin humoristique publié dans le bilan *"One year of progress. May 1943 - May 1944"* de la 19ème SFTS de Vulcan, Alberta :

"<u>QUIZZ</u> : *Qu'est-ce qui cloche dans ce dessin ?"*

<u>**Commandant de l'école**</u> : *"Il semble, Updyke, que vous avez été affecté à Vulcan par erreur. Je crains que nous soyons obligés de vous envoyer tout de suite en Angleterre pour voler sur Mosquito."*

<u>**Instructeur Updyke**</u> : *"Oh non, Sir ! Pas ça ! Vous ne pouvez pas me faire ça ! J'adore être instructeur ! Je ne partirai pas ! Oh, s'il vous plait, gardez-moi à Vulcan, Sir !"*

Pour d'autres exemples d'humour sur les tâches et malheurs des instructeurs, voir l'Annexe 8.

(Dessin © Government of Canada. Reproduced with the permission of Library and Archives Canada (2024). Source: Library and Archives Canada/Department of National Defence fonds/Reel C-12352 p. 177)

Outre le manque de motivation, l'inconvénient majeur d'utiliser des élèves fraîchement brevetés comme instructeurs était leur manque d'expérience : ils passaient quelques semaines dans une École de Formation des Instructeurs avant de rejoindre une EFTS ou une SFTS, mais cela ne voulait pas dire qu'ils maîtrisaient parfaitement tous les aspects de ce qu'ils devaient enseigner à des élèves ayant presque autant d'heures de vol qu'eux. Même si la plupart avaient un excès de confiance caractéristique de leur jeunesse, certains de ces nouveaux instructeurs manquaient d'assurance pour certains exercices de pilotage. Des élèves ont ainsi témoigné n'avoir eu que peu ou pas d'enseignement à la sortie de vrille, au pilotage aux instruments ou au vol asymétrique sur un seul moteur. [212] Un audit de janvier 1941 de la Direction de la Formation découvre d'ailleurs que 95% des instructeurs des SFTS britanniques avaient un niveau de compétence au pilotage aux instruments tout juste équivalent à celui d'un élève moyen. [213] Les instructeurs n'avaient eu l'opportunité de piloter que deux ou trois modèles d'avions (Tiger Moth et Harvard par exemple) avant leur affectation. Ils n'avaient pas non plus d'expérience opérationnelle leur permettant de savoir sur quels points insister lors de la formation et d'avoir un ascendant naturel sur leurs élèves.

Si les jeunes pilotes nommés instructeurs étaient naturellement déçus de devoir se contenter du "siège du mort" sur un Tiger Moth ou un Anson au lieu de prendre les commandes d'un Spitfire ou d'un Lancaster, beaucoup d'entre eux ont tiré un double bénéfice de leur nouveau rôle : ils ont accumulé des centaines d'heures d'expérience qui

---

[212] Voir par exemple page 123 du livre de Jack Currie (voir bibliographie).
[213] Page 154 du document *"Flying Training - Volume II - Part 1 - Basic Training in the United Kingdom"*, op. cit.

les ont avantagés pour survivre ensuite aux missions de guerre, et ils n'ont rejoint les unités combattantes qu'après les pires années du début de la guerre durant lesquelles les pertes étaient énormes.

Les tout premiers instructeurs n'ont pas eu cette chance, comme par exemple le Flying Officer Douglas B. Van Buskirk : il quitte la 2ème SFTS d'Uplands, Ontario, en août 1941 pour rejoindre l'Angleterre. En raison de son expérience, il est affecté en octobre au 7ème Escadron qui avait reçu les premiers quadrimoteurs Stirling quelques mois auparavant. Il effectue ses premières missions de guerre en tant que Second Pilote (le 20 octobre sur Brême, le 23 sur Brest, le 28 sur Pilsen) avant d'être commandant de bord pour une sortie sur Boulogne le 31 octobre dite *"freshman trip"* (sortie des 'bleus', cible non localisée, le Touquet est bombardé à la place). Le 5 novembre, le commandant de l'Escadron, le Wing Commander H. R. Graham le prend pour un dernier vol de confirmation comme Second Pilote (mission de jour abandonnée faute de couverture nuageuse). Dans la soirée du 7 novembre 1941, le Bomber Command envoie 169 appareils sur Berlin malgré une météo défavorable ; 21 de ces avions ne rentrent pas en Angleterre (en plus de 16 autres disparus durant d'autres missions), dont le Stirling N3677 du Flying Officer Van Buskirk. Il repose aujourd'hui au côté de ses six membres d'équipage dans le cimetière militaire de la forêt de Reichswald. [214]

Si le détournement des élèves les plus mûrs pour servir d'instructeurs réduisait initialement le nombre d'aviateurs formés renvoyés au Royaume-Uni, ces hommes étaient remis dans le circuit opérationnel après douze à dix-huit mois d'instruction, et les Escadrons recevaient alors des aviateurs ayant accumulé énormément d'heures de vol. Par exemple, le Sergent Robert E. Wannop, technicien radio formé à la 3ème École de Radio et d'Électricité de Compton Bassett, Wiltshire, de juin à décembre 1940, s'était porté volontaire pour une formation de pilote qui est résumée dans le tableau ci-après : [215]

	Début	**Fin**	**Durée** (semaines)	**Cumul des heures de vol** (arrondi)
Centre d'Accueil des Aviateurs (ACRC) de Londres	1 déc 1941	22 déc 1941	3	
4ème ITW de Newquay, Cornouailles	23 déc 1941	4 avril 1942	15	
14ème EFTS de Peterborough, Cambridgeshire ("Grading School")	4 avril 1942	5 mai 1942	4,4	6h40 (dont 10 minutes solo)
36ème EFTS de Pearce, Alberta	20 juin 1942	28 août 1942	10	65h (dont 30h solo)

---

[214] Entrées d'octobre et novembre 1941 du Journal de marche du 7ème Escadron, conservé sous la référence AIR 27/98/17 à 20, TNA ; et entrée du 10 novembre 1941 du Journal de marche de la 2ème SFTS, conservé sous la référence C-12344, image 1027, BAC

[215] Carnets de vol de Robert E. Wannop, op. cit.. Les périodes en Dépôts du Personnel, en transit ou en permission n'ont pas été détaillées.

Suite du tableau de la page précédente.	**Début**	**Fin**	**Durée** (semaines)	**Cumul des heures de vol** (arrondi)
32ème SFTS de Moose Jaw, Saskatchewan	30 août 1942	18 déc 1942	16	194h (dont 88h solo)
2ème RAF Regiment School de Whitley Bay, Northumberlan	5 février 1943	10 mars 1943	4,7	
10ème FIS(E) de Woodley, Berkshire	24 avril 1943	3 juillet 1943	10	314h (dont 158h solo)
24ème EFTS de Sealand, pays de Galles **INSTRUCTEUR**	10 avril 1943	19 mai 1944	58	805h (dont 646h solo)
11ème (P)AFU de Calveley, Cheschire (Oxford) *	20 mai 1944	31 juillet 1944	10	878h (dont 681h solo)
18ème OTU de Finningley, Yorkshire (Wellington)	1 août 1944	5 sept 1944	5	961h (dont 727h solo)
1667ème Unité de Conversion sur Bombardier Lourd de Sandtoft, Lincolnshire (Halifax)	5 nov 1944	2 déc 1944	4	1.006h (dont 732h solo)
1ère École de Transition sur Lancaster de Lindholme, Yorkshire	18 déc 1944	21 déc 1944	0,4	1.014h (dont 736h solo)

* dont 5 jours à la 1531ème Formation à l'Approche Radioguidée de Cranage

Le Flight Sergeant Wannop a été promu Officier le 16 mai 1944, en récompense de ses bons services en tant qu'instructeur sur Tiger Moth à la 24ème EFTS de Sealand au pays de Galles. Il n'avait jamais volé sur bimoteur avant d'arriver à la 11ème (P)AFU, mais les 800 heures de vol qu'il avait accumulées lui ont certainement permis de s'adapter très vite. Après la fiabilité du moteur de Havilland Gipsy Major du Tiger Moth, il a dû être un peu surpris par le manque de fiabilité des appareils de la 18ème OTU de Finningley : lors de son premier vol sur Wellington le 14 août 1944, la manette des gaz du moteur gauche se bloque et l'avion est posé sur un seul moteur ; quatre jours plus tard, c'est le moteur droit qui lâche au bout de 35 minutes de vol et il se pose dans un champ près de Blyth, Northumberland, et enfin le 23 août, il perd une hélice au décollage ! Ces expériences l'ont bien aguerri pour les vols opérationnels lorsqu'il rejoint le 90ème Escadron le 24 décembre 1944, avec le grade de Flying Officer, pour voler sur Lancaster : lors de sa première mission le 5 janvier 1945 sur Ludwigshafen, il ramène son Lancaster avec deux moteurs en panne (dont un suite à un incendie). Fin janvier, rebelote, mais cette fois à cause de la Flak : il pose à Juvincourt son Lancaster transformé en bimoteur et avec deux réservoirs d'essence percés et reçoit la DFC pour cette action. En mai 1945, il participe à des largages de nourriture pour la population des Pays-Bas, puis à des rapatriements des prisonniers britanniques, son Lancaster embarquant 24 passagers à chaque vol. [216]

La RAF a su tirer parti de ces instructeurs au terme de leur mission, en affectant ces pilotes expérimentés à des rôles demandant une compétence supérieure à la moyenne.

---

[216] Suppléments de la London Gazette des 4 juillet 1944, 8 décembre 1944 et 23 mars 1945.

Par exemple, les Flight Lieutenant Stanley H. R. Cotterill et Donald A. MacFadyen, le Squadron Leader Robert A. Kipp ou le Wing Commander Russell W. Bannock ont dû ronger leur frein, parfois pendant plusieurs années (quatre pour Bannock) comme instructeurs dans les écoles du BCATP, avant de s'embarquer pour l'Angleterre et devenir des as dans l'art difficile de la chasse de nuit. [217]

Au début des hostilités, dans un esprit de simplification, la RAF avait supprimé les différentes catégories d'instructeurs, mais il a été décidé de les rétablir au début de 1942, ne serait-ce que pour motiver les instructeurs à progresser : [218]

Catégorie	
A1	Instructeur exceptionnel, capable de former sur tout type d'appareil. Cette catégorie nécessite douze mois d'expérience pratique.
A2	Très bon instructeur avec au moins trois mois d'expérience.
B	Instructeur efficace. Cette catégorie est la plus élevée qui peut être attribuée à la sortie de l'École des Instructeurs de Pilotage (FIS – Flying Instructor School).
C	A l'étoffe d'un instructeur mais doit faire ses preuves. Doit être ré-évalué sous trois mois.

Les Chefs Instructeurs des écoles devaient obtenir une catégorie A1 ou A2.

Plus tard dans le conflit, la question des instructeurs a été plus facilement résolue en offrant ces postes à des aviateurs canadiens ayant complété leur tour d'opération en Europe ou sur les autres théâtres d'opérations.

Le Flying Officer D. P. Hobson, le Pilot Officer R. D. Ward et le Flying Officer C. A. Robson reçoivent leurs ailes "opérationnelles" récompensant leurs tours d'opérations des mains de l'Air Vice Marshal T. A. Lawrence, Commandant du 2ème Training Command. Au moment de cette cérémonie, le 24 février 1944, ces aviateurs expérimentés servaient en temps qu'instructeurs au sein de la 4ème École de Pilotage Militaire de Saskatoon, Saskatchewan. (Photo © Government of Canada. Reproduced with the permission of Library and Archives Canada (2024). Source: Library and Archives Canada/Department of National Defence fonds/Reel C-12153 p. 555).

---

[217] Voir le livre de cette série consacré aux chasseurs de nuit.
[218] Page 8 du *"Monthly Aircrew Training Bulletin n°1"* publié en mai 1942, op. cit., et page 31 du compte-rendu de la conférence *"Aircrew Training"*, Document Secret (SD) n°349 de février 1942, op. cit. La RCAF a adopté une classification identique pour ses instructeurs, mais la catégorie B était divisée en deux (B1 et B2).

Preuve que la RAF accordait une grande importance à la formation des élèves, elle n'affecte pas des officiers à la retraite pour diriger les écoles, alors que nombre de ces officiers souvent déconnectés des pratiques modernes ont été rappelés à la tête de diverses bases, avec des résultats parfois mitigés. [219] Dans bien des cas, elle sélectionne de jeunes officiers dynamiques et expérimentés pour ces rôles, d'autant plus qu'il faut souvent aussi avoir des talents de diplomate pour représenter localement la RAF dans un autre pays. Par exemple, le Wing Commander Kenneth Rampling avait obtenu son brevet de pilote en 1934 et avait effectué un tour d'opérations au Bomber Command avant d'être affecté à la tête d'une école britannique aux USA (5ème BFTS en Floride, voir le chapitre spécifique), poste qu'il a occupé pendant un an de juillet 1942 à août 1943. Il a ensuite passé une autre année comme représentant de la RAF à Maxwell Field en Alabama avant de revenir commander le 7ème Escadron du Bomber Command, rôle pour lequel il a reçu la DSO et la DFC. [220] Le Lancaster III (ND523) piloté par le Group Captain Rampling a été abattu par un chasseur de nuit le 22 mars 1944 lors d'une mission sur Francfort : le pilote et quatre autres membres d'équipage ont été tués. Autre exemple, le Squadron Leader Frederick W. Hilton, AFC, avait obtenu son brevet de pilote en 1932 et avait été instructeur au sein de la 9ème FTS à Thornaby. Nommé Instructeur en Chef du Pilotage pour deux BFTS (1ère et 6ème) aux États-Unis en mai 1941, il est ensuite revenu au Royaume-Uni avec le grade de Wing Commander : affecté au Bomber Command, son Lancaster III (JB538) a été abattu par un chasseur de nuit le 26 novembre 1943 et il a passé le reste de la guerre au Stalag Luft I de Barth en Allemagne.

Faire fonctionner une école d'aviation demandait bien plus que d'assembler des instructeurs et des élèves : il fallait trouver des mécanos, des armuriers, des chauffeurs, des comptables, des cuistots, des magasiniers, des médecins, des gardes, etc. Le graphe page suivante montre que près de 120.000 hommes et femmes travaillaient au sein des unités canadiennes du BCATP fin 1943, sans compter les élèves (la catégorie "staff en formation" ne concerne pas les élèves, mais de futurs personnels des écoles : par exemple, un pilote qui est envoyé en stage pour devenir "staff pilot"). [221] La composition des effectifs des EFTS et des SFTS sera étudiée plus en détail dans les sections suivantes.

---

[219] Voir par exemple les commentaires peu flatteurs, pages 183-186 du livre du Group Captain 'Dickie' Richardson, sur le commandant de la base de Bircham Newton, Norfolk, début 1942 (voir bibliographie).
[220] Suppléments de la London Gazette du 19 novembre 1943 et du 11 avril 1944.
[221] Graphe de l'auteur à partir des données de l'Annexe A, page 58, du "*Final report of the Chief of the Air Staff to the Members of the Supervisory Board British Commonwealth Air Training Plan*" du 16 avril 1945, conservé sous la référence AIR 20/1342, TNA.

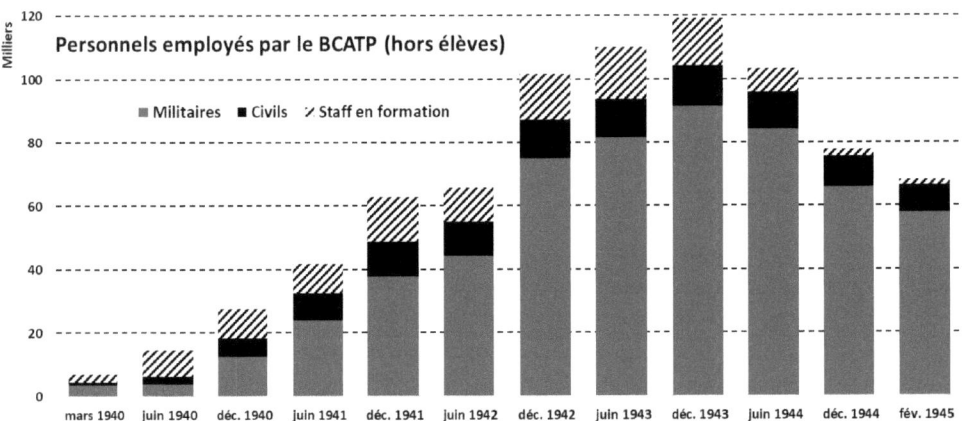

Mi-1941, le gouvernement canadien autorise le recrutement de femmes au sein d'une "Canadian Women's Auxiliary Air Force" (équivalent des WAAF britanniques), plus tard rebaptisée "RCAF Women's Division (WD)" (Division des Femmes de la RCAF). Le temps de les former, et les premières WD arrivent à la fin de l'année sur les différentes bases du Canada. [222] Certaines unités n'ont vu arriver leurs premières WD qu'au printemps 1943, comme par exemple la 3ème école Radio de Winnipeg, Manitoba, dont la revue salue cet événement par un article d'une page entière avec le titre *"Enfin, elles sont là !"*. [223] Ces auxiliaires féminines ont joué un rôle important dans les écoles du BCATP en occupant une multitude de fonctions, que ce soit pour plier et inspecter les parachutes, conduire divers véhicules, comptabiliser les heures de pilotage, réparer les instruments de vol, ou comme opératrice radio au sol ou météorologiste.

Même avec ce renfort féminin et plusieurs campagnes visant à réduire les effectifs, le BCATP est resté un consommateur majeur de personnels. Cette immobilisation de milliers d'instructeurs, de mécaniciens, d'armuriers a fortement contribué à retarder la "canadianisation" des Escadrons basés au Royaume-Uni (voir le chapitre sur les "Escadrons de l'Article XV").

---

[222] Par exemple, les deux premières WD arrivent à la 2ème SFTS d'Uplands, Ontario, près d'Ottawa le 29 décembre 1941. Le 3 janvier 1942, elles sont rejointes par 95 autres WD (Journal de marche de la 2ème SFTS, conservé sous la référence C-12344, images 1033 et 1035, BAC).

[223] Article publié page 3 de la revue *"WAG mag."* de juin 1943 de la 3ème École Radio de Winnipeg, Manitoba.

Soudure, remontage d'un moteur en étoile et remorquage d'un Anson sur un sol gelé. Quelques-unes des tâches effectuées quotidiennement par les employées civiles de la 5ème AOS de Winnipeg Manitoba, tout comme leurs consœurs militaires de la RCAF Women's Division. [224]

B.2.1.5 - Trouver des avions

Les besoins en avions du BCATP étaient estimés comme suit (sans compter les pertes évaluées à 15% par an) : [225]

	Tiger Moth	Harvard et Wirraway	Anson et Oxford	Battle	Autres *
Canada	702	720	1.368	750	116
Australie	486	315	591	336	24
Nouvelle-Zélande	162	67	126	-	-
Totaux	**1.350**	**1.102**	**2.085**	**1.086**	**140**

* Avions des écoles pour Opérateurs radio (Norseman, Menasco Moth, DH-89 ou DC-2)

Il fallait ajouter à ces chiffres les avions nécessaires pour les écoles hors BCATP (au Royaume-Uni, en Rhodésie du Sud, en Afrique du Sud, en Inde, en Égypte, aux USA) et tenir compte des besoins opérationnels (par exemple, l'Avro Anson était utilisé depuis 1936 par le Coastal Command). En avril 1940, la RAF comptait déjà 5.800 avions affectés à la formation, dont 600 en OTU ou en Escadrons (avec une bonne part de biplans obsolètes). De plus, d'après des calculs effectués fin 1939 et confirmés en avril 1940, pour

---

[224] Photos publiées page 7 de la revue *"The Drift Recorder"* de février 1943 de la 5ème AOS de Winnipeg, Manitoba.
[225] Annexe 61 du document *"Flying Training Volume II Part 2 Basic Training Overseas"*, op.cit.

poursuivre l'expansion de la RAF, les OTU devraient disposer de 800 appareils de formation (600 IE + 200 IR), en plus de 2.700 avions de première ligne (2.000 IE + 700 IR). [226] Les plans ont aussi dû tenir compte des écoles de la RAF établies aux USA (voir le chapitre spécifique), puisque les Américains ont déduit 200 des 285 Harvard nécessaires des commandes britanniques au fabricant North American, et il a donc fallu trouver 200 autres appareils pour les écoles anglaises. L'attrition devait également être prise en compte. Par exemple, les pertes de Tiger Moth dans les EFTS étaient estimées à 9,6% par an ; sachant que le parc de chaque pays était imposant, cela représentait un nombre conséquent d'appareils. Pour prendre le cas de l'Australie, ses sept EFTS rassemblaient 553 Tiger Moth en 1943 : il fallait donc leur fournir au moins 53 appareils neufs par an (plus environ une vingtaine d'autres si l'on tient compte des 198 autres Tiger Moth dispersés dans diverses autres écoles du pays) rien que pour maintenir les dotations. [227]

Les Britanniques s'étaient engagés lors de l'accord du BCATP à fournir 80% des appareils (soit 185 millions de dollars de l'époque) mais les usines du Royaume-Uni ne pouvaient pas fabriquer autant d'appareils de formation tout en se consacrant à la production d'avions de guerre. [228] Il fallait donc prévoir des achats aux USA, à commencer par les North American Harvard. Pour profiter des capacités locales de production, il était prévu que les Tiger Moth soient fabriqués dans les pays d'utilisation (sauf les moteurs dont les deux tiers doivent être fournis par le Royaume-Uni, le reste venant des USA) ainsi que les ailes des Anson envoyés au Canada et en Australie. De même, la Commonwealth Aircraft Corporation australienne devait produire 315 Wirraway (dérivé australien du North American NA-16).

Fin mai 1940, les Britanniques stoppent unilatéralement les exportations en raison de la situation en Europe. [229] Au pied du mur, les Canadiens passent commande aux US pour des bimoteurs Cessna Crane et prévoient de fabriquer sur place (usine Federal Aircraft Ltd) des Anson avec des moteurs américains. Le 4 juillet, le Secrétaire d'État à l'Air, Sir Archibald H. M. Sinclair parvient à convaincre le Conseil de Guerre britannique de reprendre les exportations d'avions pour le BCATP sous réserve de s'appuyer plus sur des achats d'appareils aux USA. [230] Cependant, acheter des avions ou des moteurs aux Etats-Unis faisaient fondre rapidement les réserves de devises britanniques et

---

[226] Pages 60, 71 et 74 du document *"Flying Training - Volume I - Policy and Planning"*, op. cit.
[227] Notes du 9 juin 1943 et du 21 février 1944 du Membre du Conseil de l'Air australien en charge du matériel *"Supply of wastage requirements of Tiger Moth airframes and Gipsy Major engines to 31st March 1945"*, conservées sous les références A14487, 34/AB/5049 page 6 ; A14487, 34/AB/5048 page 11, NAA.
[228] Page 77 du document *"Flying Training - Volume I - Policy and Planning"*, op. cit.
[229] Les moteurs Rolls Royce Merlin des Fairey Battle étaient notamment considérés comme une réserve immédiate puisque les Hurricane, Defiant et Spitfire en étaient dotés (page 3 du mémorandum WP(40)238 du Secrétaire d'État à l'Air du 1er juillet 1940, conservé sous la référence CAB 66/9/18, TNA).
[230] Page 37 du compte-rendu du Conseil de Guerre du 4 juillet 1940, conservé sous la référence CAB 65/8/5, TNA.

canadiennes. Cet épisode a finalement eu des effets bénéfiques sur le long terme. Les trois graphes des pages suivantes montrent bien comment les usines aéronautiques Canadiennes ont pris le relai en remplaçant les importations (des USA ou du Royaume-Uni). Les fabrications canadiennes sont indiquées par les lettres "(CAN)" et par un remplissage uni, alors que les importations sont en remplissage hachuré. [231]

L'ouverture du prêt-bail américain en mars 1941 et l'extension progressive des capacités des écoles de formation ont amené la RAF et la RCAF à se fournir aux USA en Fairchild PT-26 Cornell pour le Canada et la Rhodésie.

Avions d'écolage élémentaire (Tiger Moth, Cornell, Kaydet)

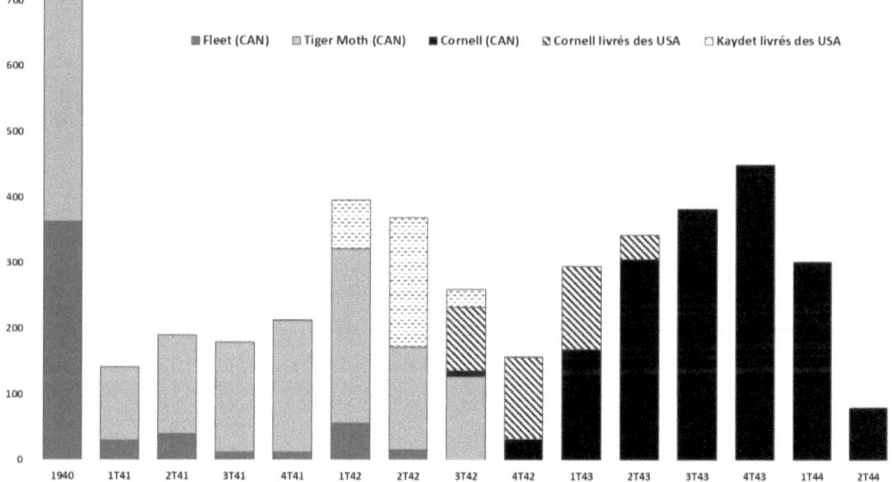

Note : pour plus de détails sur les différents appareils et leur production, se reporter à la Partie D.

---

[231] Graphes de l'auteur à partir des données des rapports *"Canadian Production Schedules"*, conservés sous les références AVIA 38/1028, 1029 et 1030, TNA ; des rapports *"North American Aircraft Deliveries"* et *"Export of Aircraft"*, conservés sous la référence AIR 20/2039, TNA. Les exports du Royaume-Uni incluent les avions des écoles de la RAF déménagées au Canada (certains de ces avions ont été perdus en mer, soit du fait des sous-marins allemands, soit par détérioration durant le transport maritime), ainsi que quelques rares Mosquito, Beaufort ou Swordfish pour les écoles canadiennes. Les chiffres de l'année 1940 ne sont pas disponibles par trimestre dans les états référencés. Ces rapports sont parfois incomplets (par exemple, seuls 89 North American Yale sont mentionnés alors que les commandes françaises dont ont bénéficié les Britanniques et livrées au Canada portaient sur 119 appareils). Les avions plus "exotiques" n'ont pas été inclus (comme par exemple les 74 Curtiss Seamew livrés par les USA aux écoles de l'Aéronavale britannique déménagées au Canada ; ces avions ont été utilisés pour la formation au tir des Mitrailleurs, faute de leur trouver une autre utilité).

Monomoteurs de SFTS (principalement Harvard, Yale et Battle)

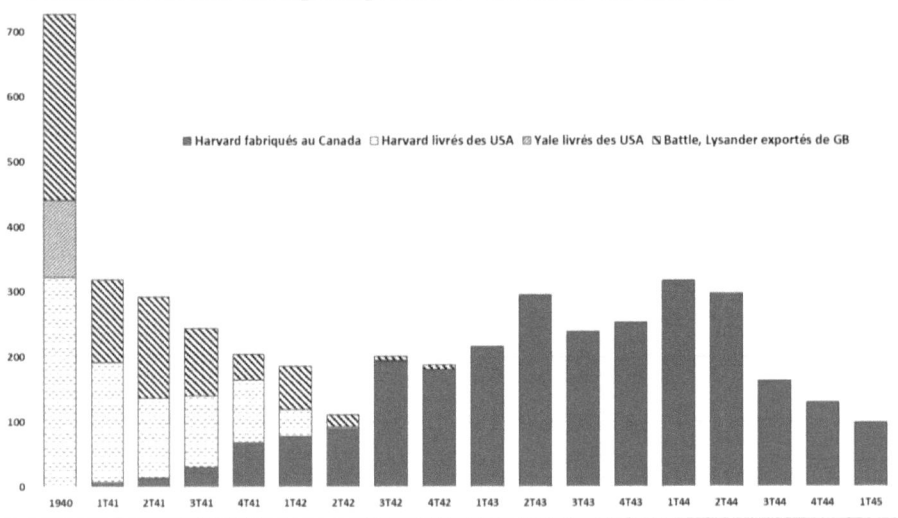

Bimoteurs de SFTS (essentiellement Anson, Oxford et Crane)

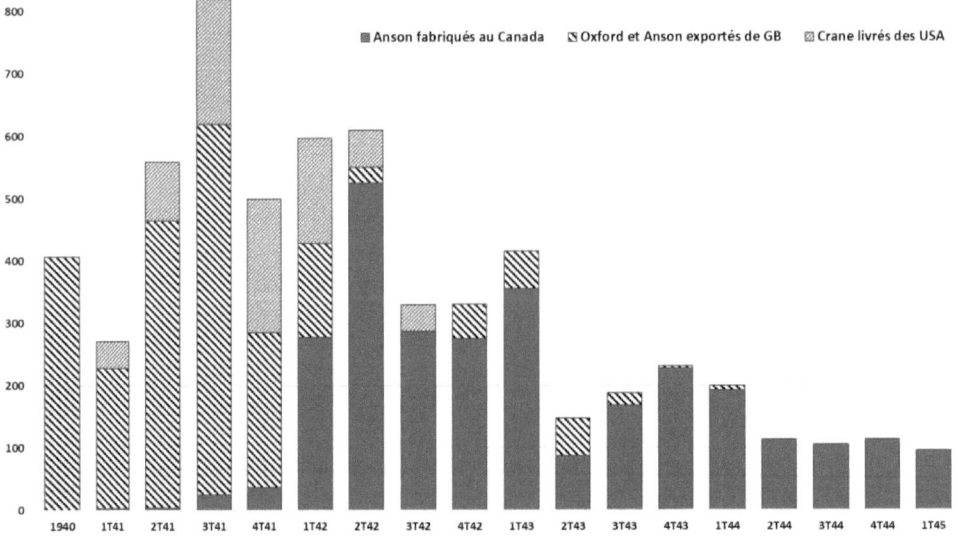

Former sur des avions spécialisés ou utiliser des avions obsolètes ?

L'idée de concevoir des avions dès le départ uniquement pour la formation avait été testée dès 1916 par de Havilland qui avait dessiné le DH-6, un biplan biplace de formation produit en grande quantité par l'Aircraft Manufacturing Company Ltd. En 1930 et 1931, le Ministère de l'Air britannique avait publié les cahiers des charges n°3/30 et n°23/31 sur la base desquels l'Avro Tutor et le de Havilland Tiger Moth ont été conçus pour l'écolage élémentaire. Le Miles Magister, issu du cahier des charges T.40/36 est le premier monoplan utilisé dans les EFTS à compter de 1938. Cependant dans les années 1930, pour la formation avancée, la pratique restait de détourner un avion civil ou militaire, souvent obsolète, de son usage habituel pour l'affecter aux écoles, un peu par défaut. Les FTS britanniques étaient donc dotées d'un mélange de Hawker Hart, Audax et Fury, avec plus tard des Fairey Battle. Utiliser des avions militaires coûtait cher et il n'y avait pas d'avion bimoteur disponible pour former les élèves au pilotage sur multimoteur alors que la demande était plus importante pour des pilotes de bombardiers que des pilotes de chasseurs : entre 1936 et 1939, l'industrie britannique a produit presque deux fois et demi plus de bombardiers que de chasseurs. Le tableau ci-après résume les efforts du Ministère de l'Air britannique pour équiper les écoles d'avions de formation performants (hors planeurs, hydravions et avions pour la FAA) :

Cahier des charges	Avions (en gras si conçu dès le départ pour la formation)	Remarques
3/30, 25/32 et 24/34	**Avro Tutor**	Biplan d'écolage élémentaire (plus de 400 produits pour la RAF)
8/31	Armstrong Whitworth Atlas Trainer	Biplan de formation avancée (175 avions ; conversion de l'Atlas de coopération avec l'Armée de Terre)
17/31	Westland Wapiti Mk VI	Biplan d'écolage élémentaire (conversion en doubles commandes de seize avions)
23/31, 26/33	**de Havilland Tiger Moth**	Biplan d'écolage élémentaire. Plusieurs milliers produits, y compris au Canada et en Australie.
8/32, 8/35	Hawker Hart Trainer	Biplan de formation avancée (250 avions ; conversion en doubles commandes du Hart, un bombardier léger)
12/32, 13/34	Bristol Bulldog	Biplan de formation avancée (59 avions ; conversion en doubles commandes du Bulldog qui avait été initialement conçu comme chasseur
32/34	**Avro Prefect**	Biplace dérivé du Tutor pour la formation à la navigation. 7 exemplaires seulement pour la RAF.
T.6/36 et 16/38	**de Havilland Don, Phillips and Powis Kestrel (Miles Master)**	Monoplans de formation avancée. Le Don a été choisi en premier mais s'avère être un avion raté. Le Kestrel est sélectionné en second choix et devient le Master (3.249 produits).

Le tableau se poursuit page suivante.

Cahier des charges	Avions (en gras si conçu dès le départ pour la formation)	Remarques
T.23/36	**Airspeed Oxford**	Conversion des pilotes sur bimoteur, formation des mitrailleurs, des bombardiers, des navigateurs et des opérateurs radio. Plusieurs milliers produits.
T.40/36	**Miles Magister**	Monoplan d'écolage élémentaire
T.1/37	***Phillips and Powis M.15***	*Monoplan d'écolage élémentaire. Malgré sept projets proposés par différentes firmes, aucun n'est finalement retenu.*
27/37	Hawker Hind Trainer	Biplan de formation avancée (environ 200 avions convertis en doubles commandes à partir du Hind, un bombardier léger).
28/37	de Havilland DH86B	Biplan de formation des opérateurs radio (3 exemplaires pour la RAF).
T.4/39	***Airspeed Cambridge***	*Monoplan monomoteur de formation avancée. Malgré deux prototypes construits, aucune suite n'a été donnée.*

Les monomoteurs des FTS (puis SFTS) conçus pour la formation

En 1936, les sociétés de Havilland Aircraft Company Ltd et Phillips and Powis Aircraft Ltd avaient répondu au cahier des charges T.6/36 pour développer un avion de formation avancée remplaçant les biplans Hawker des FTS et c'est le de Havilland Don qui avait été sélectionné par le Ministère de l'Air. Comme pour d'autres spécifications,[232] le Ministère de l'Air voulait des avions "couteaux suisses", capables d'effectuer de multiples tâches avec des exigences parfois contradictoires : ainsi, le cahier des charges T.6/36 demandait à cet avion d'être capable de former les pilotes, les opérateurs radio et les mitrailleurs, avec notamment une tourelle arrière. Trop chargés pour leur unique moteur Gipsy King, et malgré la suppression de la tourelle, les Don construits (50 exemplaires dont 20 n'ont jamais reçu de moteur) sont rapidement mis à l'écart et finissent sous les tournevis des apprentis mécanos en tant que cellules d'instruction. En 1938, étant dans une impasse, le Ministère de l'Air se résout :

- À adopter l'avion que Phillips and Powis Aircraft Ltd avait proposé en réponse au cahier des charges T.6/36, le M.9 Kestrel N3300, mais qui avait été rejeté au profit du Don. L'unique Kestrel est retenu comme modèle par une nouvelle spécification (n°16/38) et est produit en série sous le nouveau nom de M.9 Master. Près de 3.250 exemplaires du Master sont sortis des usines de Phillips and Powis Aircraft Ltd (Miles Aircraft Ltd à compter de 1943, ce qui fait que l'avion est généralement connu sous le nom de Miles Master).

---

[232] Voir par exemple l'histoire du Blackburn Botha dans le livre de cette série sur les avions du Coastal Command : cet avion devait être capable d'effectuer des missions de torpillage, de bombardement, de reconnaissance et d'escorte de convoi. À vouloir tout faire, le Botha était médiocre en tout, comme le Don. Comme dit le dicton, *"qui trop embrasse mal étreint"*. Note : le terme anglais "specification" a ici été traduit par facilité par "spécification", mais il serait souvent plus juste de parler de "fiche-programme".

- À passer commande pour 200 avions NA-16 (baptisés ensuite Harvard) de formation auprès de North American Aviation de Los Angeles, alors qu'un an auparavant, les Britanniques avaient critiqué la décision du gouvernement australien de commander quarante de ces mêmes avions, voyant en cela une trahison de l'industrie de l'Empire. Les années suivantes, d'autres commandes de Harvard ont été passées : la RAF a acheté, reçu dans le cadre du prêt-bail, ou fabriqué au Canada (version Mk IIB / AT-16) un total de 5.457 Harvard qui ont servi dans les écoles de l'Empire Air Training Scheme au Royaume-Uni, au Canada, en Australie, en Afrique du Sud, en Nouvelle Zélande et en Rhodésie du Sud. On voit bien que la production britannique de Master n'aurait pas suffi à répondre à la demande.

Aux débuts du BCATP, le Canada manque cruellement d'avions pour les SFTS (mono et bimoteurs). La défaite française a permis de récupérer des centaines d'avions commandés aux USA : 119 North American NA-64 en cours de livraison sont détournés à la dernière minute et livrés à la RCAF dès l'été 1940 qui leur donne le nom de Yale ; la plupart des 111 autres appareils de la commande française ont été capturés et utilisés par la Luftwaffe, ce qui fait que cet avion a été utilisé pour former des pilotes de deux camps opposés. De même, 446 North American NA-76 commandés par la France sont remis aux Forces Aériennes du Commonwealth (dont 258 au Canada et 100 en Rhodésie du Sud) et prennent le nom de Harvard II. [233]

Les bimoteurs des FTS (puis SFTS) conçus pour la formation

Faute de disposer de suffisamment de bimoteurs pour les écoles, des Avro Anson Mk I, conçus pour les patrouilles maritimes, sont affectés à la formation. La situation est telle qu'en janvier 1940 le Ministère de l'Air britannique rédige le cahier des charges n°2/40 pour passer commande de 100 bimoteurs Ca-311 et 200 Ca-313 au fabricant italien Caproni pour les écoles de formation des Opérateurs radio. [234] Ce cahier des charges va jusqu'à accepter le camouflage standard italien pour ne pas retarder les livraisons. Finalement, cette commande est annulée en juin lorsque l'Italie entre en guerre aux côtés de l'Allemagne. Pour tenter de combler ce manque d'avions bimoteurs de formation, la RAF et la RCAF ont eu recours à la fois à des fabrications neuves (Anson et Oxford), à des achats aux USA (Cessna Crane par exemple), à des appareils civils réquisitionnés (de Havilland Dominie pour former les opérateurs radio), mais aussi en affectant les "vilains petits canards" que les unités combattantes ne voulaient pas (par exemple les Blackburn Botha utilisés pour la formation des mitrailleurs).

Le Canada produit plus de 1.400 Anson Mk II avec des moteurs américains Jacobs pour les écoles du BCATP à partir de l'automne 1941. Plus de 430 Anson Mk I ont également été remotorisés au Canada avec des moteurs américains Jacobs pour donner naissance à la variante Mk III. Enfin près de 1.070 Mk V (moteurs américains Pratt &

---

[233] Pages 134 et 135 du livre de K. J. Meekcoms (voir bibliographie).
[234] La France avait elle aussi commandé 200 Ca-313, seuls 5 ont été livrés.

Whitney R-985 Wasp Junior) sont sortis des usines canadiennes et ont été employés principalement pour former des navigateurs.

Malgré tout, au début de 1942, les écoles n'avaient pas encore suffisamment d'avions bimoteurs : le ratio était alors de deux SFTS sur bimoteurs pour chaque SFTS sur avions monomoteurs, alors qu'il en aurait fallu trois pour une à cette époque, et que les besoins estimés pour la fin de l'année étaient de quatre SFTS sur bimoteurs pour chaque SFTS sur avions monomoteurs. [235] Le ratio d'élèves à former fin 1942 devait même être de six pilotes d'engins multimoteurs pour chaque pilote de monomoteur. [236] L'achat de Cessna Crane aux USA, la production d'Avro Anson au Canada et l'importation d'Airspeed Oxford du Royaume-Uni ont permis d'équiper 22 des 29 SFTS au Canada en avions bimoteurs en 1943. [237]

<u>La fiabilité des appareils de formation : un critère oublié</u>

Le Fairey Battle 1639, photographié en juillet 1941, a reçu une livrée jaune et noire et le numéro "11" pour son travail de remorqueur de cibles dans la 1ère B&GS de Jarvis, Ontario, Canada. Le fuselage de cet avion a été envoyé à la Canadian Car and Foundry de Montréal en avril 1942 pour recevoir une tourelle arrière Bristol. Remis en service en août 1942, il a survécu à la guerre pour finir sous le chalumeau des ferrailleurs en 1946. 1639 était un oiseau rare puisqu'il semble n'avoir jamais connu le moindre incident (photo Library and Archives Canada/Department of National Defence fonds/a133291)

Utiliser des avions obsolètes fabriqués très loin du Canada (ou de l'Australie ou de l'Afrique du Sud) présentait le risque de se retrouver avec beaucoup d'appareils indisponibles par manque de pièces de rechange. Le 2ème Training Command mesurait la disponibilité des avions des différentes écoles chaque semaine et mettait à l'honneur celles qui obtenaient les meilleurs chiffres. On voit sur le graphe ci-après [238] que les Fairey Battle utilisés au Canada souffraient de taux de disponibilité assez bas (fluctuant entre 30 et

---

[235] Page 32 du compte-rendu de la conférence *"Aircrew Training"*, Document Secret (SD) n°349 de février 1942, op. cit.
[236] Page 56 du document *"Flying Training - Volume I - Policy and Planning"*, op. cit.
[237] Page 139 du livre de Fred J. Hatch (voir bibliographie).
[238] Graphe de l'auteur à partir des données d'août 1943 à juillet 1944 du Journal de marche du 2ème Training Command, conservé sous la référence C-12153, BAC. Les données disponibles ne concernent que les meilleures écoles chaque semaine, les chiffres des autres unités pouvaient être bien inférieurs en fonction des circonstances.

70%) jusqu'à leur retrait fin mai 1944. Pourtant, le QG du 1er Training Command alertait déjà fin 1941 sur la difficulté de se procurer des pièces de rechanges pour les moteurs Rolls Royce Merlin. [239] La fiabilité de ces moteurs était déjà faible, le Battle étant le premier avion à en être équipé avec le Hurricane, et a souffert de l'usure et du manque de rechange, causant pas mal d'incidents, voire des accidents graves. Par exemple, le 27 juin 1941, le Fairey Battle 1806 cause le premier accident mortel de la 3ème B&GS de MacDonald, Manitoba, alors qu'il revenait d'un exercice de tir. Une bielle du moteur s'est rompue, et le pilote, le Sergent William G. Walker, a tenté un atterrissage forcé mais s'est posé trop vite et l'avion a pris feu à l'impact. Les deux occupants (Walker et l'élève-mitrailleur Leading Aircraftman Leon Fenner) ont été tués. [240]

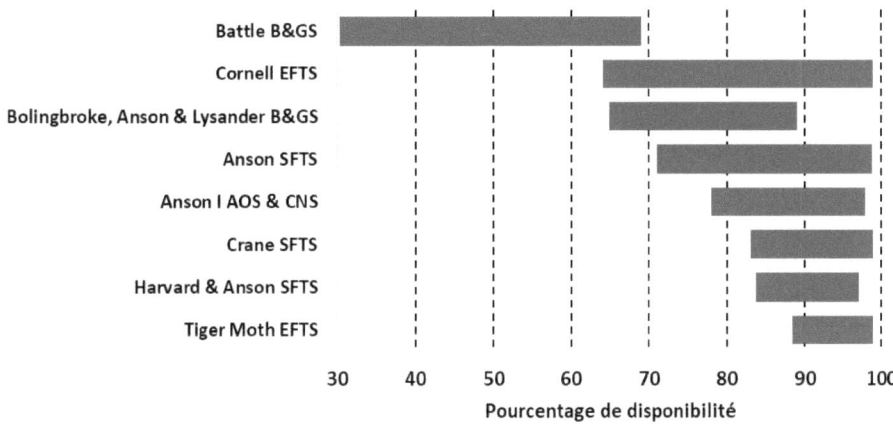

L'Australie a reçu 380 Battle du Royaume-Uni. Les rapports d'accidents des écoles australiennes montrent l'hécatombe de ces avions : plus d'une centaine d'atterrissages forcés sur panne mécanique sont recensés entraînant la destruction complète d'une quinzaine d'appareils, et des dégâts sérieux pour une trentaine d'autres. Dans 85% des cas, une panne de moteur est à l'origine de l'incident, dans 5% c'est un refus du train d'atterrissage de se déployer ou de se verrouiller correctement, et un autre type de panne pour les 10% restants (circuit hydraulique, instrument défectueux, blocage des commandes, etc.). [241] Dans beaucoup de ces cas, le pilote était aveuglé et intoxiqué par

---

[239] Entrée du 31 décembre 1941 du Journal de marche du 1er Training Command, conservé sous la référence C-12151, image 1514, BAC.

[240] Entrée du 27 juin 1941 du Journal de marche de la 3ème B&GS, conservé sous la référence C-12332, image 319, BAC et compte-rendu d'accident consulté en ligne le 5 septembre 2023 https://caspir.warplane.com/crashcards_pdf/0080/00000154.pdf . (Note : ci-après, seul le numéro des comptes-rendus d'accident a été mentionné avec la mention "CASPIR", le reste de l'adresse de la page internet restant identique à celle-ci-dessus).

[241] Comptes-rendus d'accidents conservés sous les références A9845 - 230 à 237, NAA. 109 atterrissages forcés sur panne mécanique ont été recensés dans ces écoles (et 2 dans d'autres unités), mais nombre de rapports sont incomplets et n'ont donc pas été comptés. Par exemple, le 19 novembre 1941, le Battle P6509 de la 2ème BAGS fait un atterrissage forcé, mais le rapport (A9845 - 237 page 24, NAA) ne mentionne pas de cause.

les vapeurs de glycol, d'huile ou les fumées provenant du moteur, ce qui rendait sa tâche encore plus difficile pour poser l'avion en catastrophe. Dès 1944, les Battle ne sont plus utilisés pour l'entrainement au tir ou au bombardement ; ils ne sont conservés que parce que le nombre de Vultee Vengeance et de Wirraway capables de tracter une cible sont encore en nombre trop restreint. En septembre 1945, il ne restait plus que 85 Battle, soit 22% des 380 appareils reçus, ainsi que 23 cellules sans moteurs et 229 moteurs Merlin II, III et V (aucun en état de marche, avions et moteurs étaient stockés dans différents dépôts). Le 20 octobre 1945, le Ministre de l'Air australien approuve la mise au rebut de ces matériels. [242]

Les Battle affectés en Afrique du Sud souffraient des mêmes maux. Le tableau ci-dessous recense les atterrissages forcés enregistrés pour les Battle de la 41ème Air School (B&GS) d'East London, sur la côte Sud-Est de l'Afrique du Sud, en novembre et décembre 1941 : [243]

Date	Incident	Cause et catégorie dégâts
11 novembre	Le 2nd Lieutenant Smith pose le Battle 963 sur la plage Kidds.	Panne de moteur. Catégorie 2.
15 novembre	Le 2nd Lieutenant Amm pose le Battle 962 à Fullers Bay dans l'eau.	Panne de moteur. Catégorie 3 (détruit).
2 décembre	Le Sergent Durham pose le Battle 957 à Collondale.	*Panne de moteur. ?*
9 décembre	Le Sergent Williams pose le Battle 955 au lac d'Amalinda.	*Panne de moteur. ?*
11 décembre	Le 2nd Lieutenant Heynes pose le Battle 949 à Collondale.	*Panne de moteur. ?*

Le 2nd Lieutenant C. F. Amm était un nouveau pilote puisqu'il avait reçu son brevet le 24 octobre et il effectuait son premier vol solo sur Battle lorsque le moteur Rolls-Royce Merlin II s'est arrêté. Même si l'avion a été détruit en étant posé dans l'eau en bord de plage, son commandant a estimé *"qu'étant donné l'expérience de vol limitée du Pilote, il a réalisé un bon atterrissage forcé"*.

D'après la règle fixée au départ de leur utilisation, les Tiger Moth sont envoyés à la casse après 2.400 heures de vol. Les EFTS commencent à manquer d'avions à l'automne 1943, par exemple, il manquait vingt Tiger Moth au sein du 2ème Training Command canadien. En septembre 1943, il est décidé de les conserver en service au-delà de cette limite dite de *"l'âge guillotine"* tant qu'une inspection montre qu'ils sont en état de voler. [244] Pour aider la Direction de la Maintenance Technique de la RCAF à entretenir le parc

---

[242] Mémorandum *"Disposal of battle aircraft, airframes, Merlin II, III & V engines and relevant airframe and engine spares and associated equipment"* du 11 octobre 1945, conservé sous la référence A14487 - 52/AB/6791, NAA.

[243] Entrées de novembre et décembre 1941 du Journal de marche de la 41ème AS, et rapports d'accidents pour les deux premiers cas, conservés sous la référence AIR 54/171, TNA.

[244] Entrée du 29 septembre 1943 du Journal de marche du 2ème Training Command, conservé sous la référence C-12153, image 408, BAC.

énorme d'appareils du BCATP, une Division de Révision et de Réparation est créée en 1941 : son rôle est de mettre en place et de gérer les contrats passés à des firmes privées qui compteront jusqu'à 18.000 employés. [245]

Avant l'invention des ordinateurs, la gestion des dossiers de chaque moteur et de chaque appareil demandait un système de classement rigoureux. La Section de Maintenance de chaque école canadienne disposait d'un meuble spécifique, simple mais ingénieux : un bureau, baptisé "Aircraft Record Carroussel", de forme circulaire avec une ouverture d'accès, permettait de ranger les dossiers, avec trois administrateurs assis au centre. (Photo Library and Archives Canada/Department of National Defence fonds/a064585).

L'anecdote suivante montre que les Training Commands canadiens avaient mis en place une chaîne logistique efficace dès les premières années du BCATP : le matin du 21 mai 1941, le Tiger Moth 4121 de la 14ème EFTS rate son atterrissage, rebondit, tente de refaire un circuit mais s'écrase sur le toit du hangar n°2 de la 7ème AOS à Portage la Prairie, Manitoba. L'élève-pilote, le Leading Aircraftman Alfred G. Hanson, est tué et six Anson Mk I sont détruits dans l'incendie qui résulte de cet accident. Le Squadron Leader Watt et deux de ses assistants du 7ème Dépôt du Matériel sont sur les lieux quelques heures plus tard pour faire l'inventaire des réparations et trois Anson sont livrés par le dépôt de Calgary dans l'après-midi, puis quatre autres arrivent de Winnipeg et de Saskatoon le lendemain. [246]

B.2.1.6 - La chasse au gaspillage ("wastage") d'élèves

Si avant-guerre la RAF se permettait de donner des leçons supplémentaires aux élèves un peu lents, le tempo imposé aux EFTS et SFTS en temps de guerre était tel que seules les recrues les plus réceptives étaient conservées. Les autres étaient impitoyablement écartées. Stanley Brand, pilote de Fairey Swordfish de l'Aéronavale (FAA), témoigne du fait que *"les élèves recalés disparaissaient. Une fois qu'on leur avait annoncé qu'ils n'avaient pas le niveau requis pour poursuivre, ils étaient envoyés ailleurs, littéralement dans les minutes qui suivaient. Il n'y avait pas d'au-revoir. Ils faisaient leur sac et partaient. C'était une façon de maintenir le moral."* [247]

---

[245] Page 43 du livre de Fred J. Hatch (voir bibliographie).
[246] Entrées des 21 au 22 mai 1941 du Journal de marche de la 7ème AOS, conservé sous la référence C-12330, image 1061, BAC et compte-rendu d'accident consulté en ligne le 5 septembre 2023 n° CASPIR 0079/00000208.
[247] Interview de février 2005, conservée par l'Imperial War Museum dans la collection *"Oral history"*, référence 27347 - bobine 10.

Le « redoublement » des élèves un peu à la traîne n'était pas admis, seuls les malades ou les blessés bénéficiaient d'une reprogrammation pour intégrer une classe suivante : il y avait de l'ordre de 10% de "reprogrammés" dans les SFTS canadiennes. [248] Pour éviter des taux d'élimination frisant parfois les 50% (voir les exemples plus loin), la RAF a durci les critères de sélection des recrues mais n'a pas ressenti le besoin de créer un cursus de rattrapage qui aurait permis de qualifier comme pilotes quelques pourcents d'élèves en plus. Un fort taux d'élimination obligeait à surdimensionner le système de formation, mais un cursus de rattrapage aurait aussi généré des coûts supplémentaires.

Une étude menée au début de 1942 par le Professeur Roger Myers, psychologue canadien affecté au Ministère de l'Air fin 1941, a confirmé que ce choix était le bon : cette analyse statistique se basant sur un échantillon représentatif parmi 2.292 élèves de neuf SFTS britanniques durant le printemps et l'été 1941 a démontré que ceux qui avaient du mal à passer rapidement au vol en solo (au-delà de 14 heures en doubles commandes) étaient ensuite ceux qui avaient également le plus de difficultés à progresser dans tous les domaines, y compris les cours au sol, qui étaient le plus souvent éliminés plus tard durant leur cursus ou qui composaient la majorité des pilotes médiocres. Le graphe ci-dessous montre la répartition en pourcentages des 1.738 élèves qui ont réussi à voler en solo (76% des entrants) ainsi que leur classement en quatre groupes en fonction des heures de vol en doubles commandes nécessaires avant le premier vol en solo. [249]

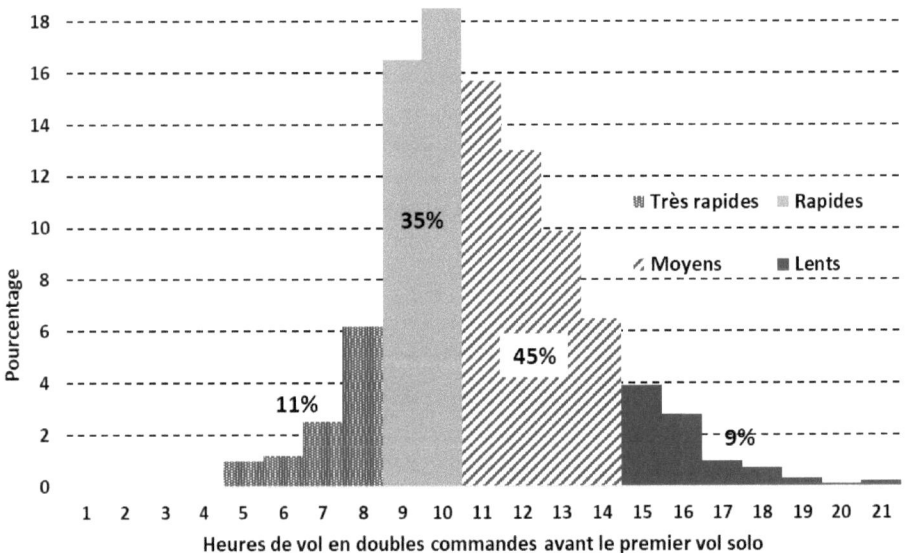

---

[248] Par exemple, il y a eu 9,4% d'élèves reprogrammés au sein des 32 classes de la 36ème SFTS de Penhold, Alberta entre fin septembre 1941 et fin octobre 1944 (données du Journal de marche de la 36ème SFTS, conservé sous la référence C-12356, images 1664 et 1665, BAC).

[249] Pages 8-9 et Annexes "A" et "B" du *"Monthly Aircrew Training Bulletin n°2"*, op. cit. Graphe de l'Auteur à partir des données de l'Annexe "A".

Le tableau ci-après compare les deux groupes extrêmes sur quelques-uns des critères de l'étude menée en 1942 :

Groupe		"Très rapides"	"Lents"
Niveau en tant que pilote en SFTS :	Supérieur	54 %	22 %
	Moyen	41 %	66 %
	Inférieur	5 %	12 %
Recommandé en SFTS pour devenir Officier		35 %	15 %
A atteint le stade opérationnel		70 %	43 %

Sur la base de ces données, le Professeur Myers parvient en 1942 à convaincre la RAF qu'il sera plus économique en efforts de formation et en vies humaines de ne retenir, après douze heures d'instruction en vol, que les meilleurs élèves pour devenir pilotes puisqu'ils auront moins de chances d'être ensuite éliminés ou d'être impliqués dans des accidents. Puisque cette sélection élimine plus de candidats que l'ancienne méthode, les hommes jugés aptes pour un rôle de pilote, de navigateur ou de bombardier sont désormais classés au sein d'une catégorie commune dite "PNB" et seuls sont finalement retenus comme élèves pilotes ceux qui passent avec succès les tests en vol. Pour cela, les élèves "PNB" des Écoles de Sélection ("Grading school") sont notés à l'aide d'un formulaire après sept heures et onze heures de cours en doubles commandes par deux instructeurs différents. Plus tard, il y a eu trois évaluations au lieu de deux : après 5,5 heures, 7,5 heures et 11,5 heures, cette dernière note étant pondérée pour lui donner deux fois plus d'importance que les deux notes précédentes. À la fin de chaque stage, un comité de sélection examine les résultats et classe les meilleurs élèves dans la catégorie "pilotes", les autres dans les catégories "navigateurs" ou "bombardiers". Les écoles ayant tendance à noter les élèves avec une sévérité différente, il a fallu appliquer des facteurs de correction.[250] L'évaluation des élèves se faisait sur les points suivants pour le premier test (Formulaire RAF 325(1)) :[251]

1. Vérifications sur le parking et roulage au sol.
2. Décollage et atterrissage.
3. Première approche.
4. Premier atterrissage.
5. Virage moyen à droite.
6. Virage moyen à gauche.
7. Virage serré avec la puissance du moteur.
8. Virage moyen à droite sans la puissance du moteur.
9. Virage moyen à gauche sans la puissance du moteur.
10. Seconde approche.
11. Second atterrissage.
12. Observations générales.

---

[250] Pages 21 et 22 de l'article du Dr. Stan Bongers du magazine "Spotlight" de la RAAF n°01/2023 (voir bibliographie).
[251] Annexe B du livre de Kathy Myers Krogh (voir bibliographie).

Chaque rubrique comprenait entre deux et cinq critères que l'examinateur devait noter de 0 à 10. Par exemple, le "virage moyen à droite sans la puissance du moteur" se subdivisait en :
a. Augmentation de la vitesse avant le virage.
b. Précision du virage pour s'incliner.
c. Maintien de la bonne vitesse.
d. Sortie de virage à la vitesse correcte.

La procédure des "Grading schools" de la RAF avait donc l'inconvénient de nécessiter l'évaluation systématique de plus de recrues qu'auparavant, avec une charge administrative importante pour les examinateurs, mais elle a rapidement fait ses preuves en améliorant le niveau des élèves-pilotes avant l'arrivée en EFTS. Les taux d'élimination ont bientôt été divisés par deux. [252]

En 1944, une longue étude menée à l'École de formation des Instructeurs au Pilotage d'Arnprior, Ontario, a comparé la méthode de sélection traditionnelle "au fil de l'eau" par les instructeurs, celle des "Grading schools" de la RAF et celle de la RCAF qui reposait sur l'emploi en ITS du simulateur Link modifié en "Visual Link Trainer". Ces deux dernières méthodes ont été jugées les plus efficaces. [253]

Le Flying Officer A. E. Jarvis guide une recrue lors d'un cours sur un simulateur visuel Link ("Visual Link Trainer") de l'ITS de Toronto, Ontario. Notez que le simulateur a été modifié en retirant le couvercle opaque qui enferme normalement l'élève et en étant transformé en biplan. L'horizon était simulé par un paysage généralement peint sur une toile, mais qui semble ici projeté sur un écran (photo © Library and Archives Canada/Department of National Defence fonds/e010997506).

<u>Ré-orienter les élèves</u>

Pour éviter d'avoir emmené des élèves de tous les coins de l'Empire Britannique jusqu'au Canada pour rien lorsqu'ils sont jugés inaptes au pilotage, il est décidé d'en réaffecter autant que possible à d'autres formations. Après un séjour en Dépôt du Personnel pour examiner leur cas, ils sont dirigés, si possible, vers des écoles d'Observateurs, de Bombardiers ou d'Opérateurs radio. À titre expérimental, le 2 février 1941, la 5ème AOS de Winnipeg, Manitoba reçoit une classe de 42 élèves rejetés par des

---

[252] Page 22 de l'article du Dr. Stan Bongers du magazine "Spotlight" de la RAAF n°01/2023 (voir bibliographie). Cet auteur cite des taux d'élimination au début 1942 de 30% (en EFTS) et de 48% (en EFTS plus SFTS), réduits à respectivement 14 et 25% après application de la sélection de type "grading". Il faut cependant considérer ces chiffres avec prudence, puisque cette amélioration n'a été obtenue qu'au prix de l'élimination préalable d'environ la moitié des recrues par les "grading schools".

[253] Voir l'article d'Erdo Signori (voir bibliographie).

EFTS ou des SFTS venant du 1er Dépôt du Personnel de Toronto. Cet essai a manifestement été concluant puisque seul un de ces 42 élèves a été recalé et renvoyé au 2ème Dépôt du Personnel de Brandon, et un autre a été "repêché" en recevant une seconde chance dans la classe suivante. Les 40 autres élèves ont reçu leur brevet d'Observateur des mains du Gouverneur Général du Canada, 1er comte d'Athlone, en visite à l'école le 25 avril 1941. Le meilleur élève de la classe (1.605 points sur un total possible de 1.800), le Leading Aircraftman G. W. Sharp de la RAF, a également reçu une montre de navigation et a vu son nom inscrit sur la coupe de l'école (le "Bud" Starratt Memorial Trophy, décerné en mémoire du fils du Directeur de l'école Robert W. Starratt, tué le 7 janvier 1941 dans l'accident du Beechcraft de la Starratt Airways, accident causé par une intoxication au monoxyde de carbone, problème fréquent sur les avions de l'époque à poste de pilotage fermé). [254]

Chaque SFTS disposait d'un Comité de Réaffectation ("Reselection Board") qui se réunissait régulièrement pour faire le point sur les cas d'élèves n'ayant pas le niveau pour devenir pilotes. Ces élèves pouvaient soit être réaffectés à une autre spécialité (Navigateur, Opérateur radio, etc.), soit jugés inaptes au vol et renvoyés dans un dépôt du personnel. Par exemple, le Comité de Réaffectation de la 12ème SFTS de Brandon, Manitoba, était composé de l'Instructeur en Chef et des commandants d'Escadron de l'école. [255] Si l'élimination de la formation de pilote était un crève-cœur pour les élèves concernés, les écoles se sont montrées capables, en leur offrant une seconde chance de voler, de les remotiver pour qu'ils remplissent utilement d'autres rôles au sein d'un équipage. Beaucoup ont réalisé que ce nouveau rôle leur convenait mieux, et certains y ont même trouvé des bénéfices inattendus, comme Keith Ganney : en 1942, il avait effectué 12 heures de vol sur Tiger Moth à la 4ème EFTS de Brough, Yorkshire pour une présélection ("grading"), avant de s'embarquer sur le paquebot Queen Mary pour rejoindre la 23ème EFTS de Davidson, Manitoba. Il avait déjà été lâché en solo à Brough, et après un peu plus de 9 heures en doubles commandes sur Cornell, il a à nouveau pris l'air en solo le 17 décembre 1942. Affecté à la 10ème SFTS de Dauphin, Manitoba, fin février 1943, il a effectué plus de 70 heures de vol sur Cessna Crane (environ la moitié comme 1er Pilote), mais sa carrière de pilote s'est arrêtée le 16 avril 1943 après un vol d'examen avec le Squadron Leader commandant l'Escadron n°1 (formation Intermédiaire) de la SFTS. Il a quitté l'école de Dauphin, et quelques décennies plus tard, lors d'un discours devant des vétérans, il a déclaré que *"c'est là que ma chance a commencé : j'ai été réorienté vers une formation de bombardier au Canada, qui portait aussi sur la navigation et le tir. Ceci a retardé mon retour au Royaume-Uni. Si j'avais été breveté pilote, j'aurais entamé des vols opérationnels bien plus tôt, à n'en pas douter en étant un mauvais pilote et pour finir mort."* Le reste

---

[254] Entrées du 2 février et du 25 avril 1941 du Journal de marche de la 5ème AOS, conservé sous la référence C-12330, images 465, 496 et 497, BAC.
[255] Entrée du 26 mai 1943 du Journal de marche de la 12ème SFTS, conservé sous la référence C-12349, image 16, BAC.

de son parcours de formation est résumé ci-dessous, et il a rejoint le 7 août 1944 le 57ème Escadron sur Lancaster. Ganney a terminé la guerre avec le grade de Flying Officer. [256]

	Début	**Fin**	**Durée** (semaines)
7ème B&GS de Paulson, Manitoba	17 mai 1943	6 août 1943	12
31ème ANS de Port Albert, Ontario	9 août 1943	17 septembre 1943	6
9ème (O)AFU de Penrhos au pays de Galles	18 janvier 1944	21 février 1944	5
17ème OTU de Silverstone, Northamptonshire	19 mars 1944	8 mai 1944	7
1.654ème Unité de Conversion (Stirling) de Wigsley, Nottinghamshire	*16 juin 1944*	13 juillet 1944	4
5ème École de Transition sur Lancaster de Syerston, Nottinghamshire	*28 juillet 1944*	6 août 1944	1

À titre d'illustration, le graphe ci-dessous montre le sort des 674 élèves Australiens envoyés en Rhodésie du Sud en 1941 et 1942 pour y recevoir leur formation de pilotes : [257]

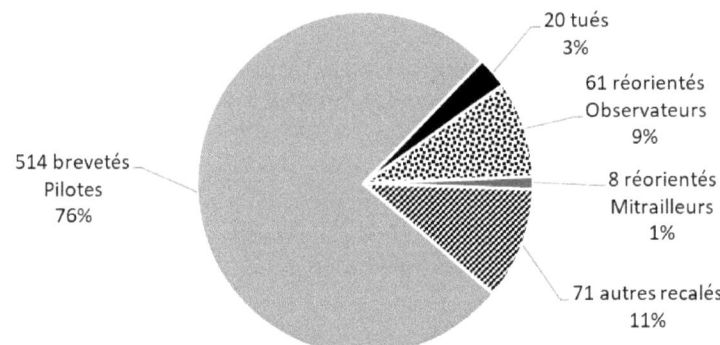

On voit que près de la moitié des élèves jugés inaptes au pilotage ont tout de même réussi à être réorientés vers d'autres rôles d'aviateurs en passant par d'autres écoles de Rhodésie. Il est probable que parmi les 71 autres élèves recalés, la plupart ont été affectés à des métiers de la RAF au sol, sauf pour les cas médicaux les plus sérieux (malades ou accidentés graves). [258] À ce stade, les 514 pilotes brevetés devaient encore passer par les

---

[256] Carnets de vol et discours de Keith Ganney IBCC Digital Archive, documents 37122, 26883 et 26862. Certaines dates ne sont pas connues avec précision et ont été indiquées en italique.
[257] Graphe de l'auteur à partir des données de la page 615 du document *"Flying Training Volume II Part 2 Basic Training Overseas"*, op. cit.
[258] Par exemple, au Canada, plus de six recrues canadiennes sur dix qui ne parvenaient pas à devenir aviateurs étaient affectées au sol dans la RCAF. Données de l'Annexe A, page 56, du *"Final report of the Chief of the Air Staff to the Members of the Supervisory Board British Commonwealth Air Training Plan"* du 16 avril 1945, conservé sous la référence AIR 20/1342, TNA.

AFU et les OTU avant de rejoindre une unité combattante, mais il y avait peu de rejets dans ces deux derniers types d'écoles, bien que les pertes accidentelles y soient relativement élevées.

Le principe de réorientation des élèves est très bien expliqué dans le film de propagande *"Journey Together"* produit par l'Unité Cinématographique de la RAF puisque le héros (joué par Richard Attenborough) est un élève pilote qui échoue à maîtriser les atterrissages dans une école de la RAF aux USA et est envoyé au Canada pour devenir navigateur. [259]

Les élèves les plus déçus étaient souvent ceux qui n'étaient pas réorientés vers un rôle d'aviateurs et qui restaient cloués au sol. La pire affectation était probablement de se retrouver assis à la table de contrôle d'un simulateur Link en tant qu'Instructeur et de voir passer des vagues successives d'élèves-pilotes. Ce rôle était cependant indispensable au sein des écoles. Par exemple, le Sergent Ross Demare, un Canadien chauffeur de locomotive, s'était engagé en mai 1942 pour devenir pilote : il avait accumulé 130 heures de vol lorsqu'un test médical à la 5ème SFTS de Brantford, Ontario, a jugé sa vision inadéquate pour voler. Cloué au sol, Demare a été envoyé suivre douze semaines de cours à la 1ère école de Pilotage aux Instruments de Deseronto, Ontario, pour devenir instructeur sur simulateur Link. Affecté initialement à la 20ème EFTS d'Oshawa, Ontario, il a ensuite tenu ce rôle d'instructeur à la 4ème B&GS de Fingal, Ontario, sa famille vivant à proximité. [260] Autre cas sur un autre continent, la 24ème école d'aviation (SFTS) de Nigel, près de Johannesbourg en Afrique du Sud, sélectionnait mensuellement un élève-pilote durant ses trois premiers mois de fonctionnement pour devenir Instructeur sur simulateur Link. [261]

Souvent, il faut peu de choses pour faire la différence entre échec et succès, et l'adéquation instructeur-élève y était pour beaucoup. Sydney P. Moston, qui était élève pilote à la 31ème EFTS de Calgary, Alberta en 1941 se souvient ainsi que son *"instructeur était un ancien pilote de brousse canadien, promu Pilot Officier, qui devait mesurer 1,98 mètres et qui était presque aussi large que haut. De la place arrière du Tiger Moth, je ne voyais absolument rien ! Je ne progressais donc pas beaucoup. Nous devions voler en solo après moins de douze heures de doubles commandes, sinon nous étions recalés et renvoyés pour être formés en tant qu'Observateurs. Je m'étais résigné à cette idée et j'ai demandé à voir le commandant de l'Escadrille pour qu'il me réoriente comme Observateur. Il était occupé et quand j'ai réussi à le rencontrer, il m'a d'abord annoncé qu'il était désolé mais que mon instructeur était parti en permission car il venait d'avoir un enfant, et que je devrais voler avec un nouvel instructeur qui devait arriver d'Angleterre. Le soir même, ce Sergent m'a emmené pour un vol d'essai durant lequel nous avons fait quelques circuits et des touch-and-go. À la fin du vol, j'ai coupé le moteur, mais il m'a dit "non, laisse-le tourner, tu vas faire ton vol solo. Je me suis si bien entendu*

---

[259] Film réalisé pendant la seconde moitié de la guerre et diffusé en 1946 (voir bibliographie).
[260] Article du St Thomas Times, non daté (probablement septembre 1943), en annexe du Journal de marche de la 4ème B&GS de Fingal, Ontario, conservé sous la référence C-12334, image 84, BAC.
[261] Entrée du 16 janvier 1942 du Journal de marche de la 24ème Air School, conservé sous la référence AIR 54/168, TNA.

avec ce Sergent que j'ai fini major de la promotion." [262] Moston a ensuite été breveté pilote par la 32ème SFTS de Moose Jaw, Saskatchewan avant de rejoindre le 81ème Escadron du Fighter Command sur Spitfire en Angleterre puis en Méditerranée. Il a été promu officier le 16 janvier 1943, juste après avoir reçu la DFM, et ses talents de pilote lui ont permis de survivre à la guerre avec quatre victoires à son actif. [263]

Si les élèves sont principalement originaires des pays signataires de l'accord du BCATP (Canada, Royaume Uni, Australie, Nouvelle-Zélande), d'autres nationalités sont passées par les écoles implantées au Canada, par exemple :
- La 31ème École RDF à Clinton, Ontario, formant des techniciens radar, accueille, alors que les USA sont encore officiellement un pays neutre, les premiers élèves, tous Américains de l'US Navy ou de l'US Army (dont dépend la force aérienne) en août 1941, et la première classe de Canadiens n'est incorporée que le mois suivant. [264]
- Cinq Français sont à l'entraînement à la 32ème SFTS de Moose Jaw, Saskatchewan, en juin 1944, et le mois suivant il y avait 56 Français (dont un Officier) qui font partie du staff de l'école. [265] À la même époque, la 31ème EFTS de De Winton, Alberta, compte trois Français (dont un Officier) dans le staff de l'école et accueille parmi ses élèves 65 Britanniques, 145 Français (dont 23 Officiers), 15 Belges (dont 2 Officiers), 3 Tchèques et 2 Néerlandais. [266]
- La classe n°87 de la 34ème SFTS de Medicine Hat, Alberta en novembre 1943, comprend 4 Belges, 2 Néerlandais, 2 Tchèques, 1 Polonais, 1 Norvégien et 1 Français Libre (Sergent C. E. Many). [267]
- Les promotions n°110 de Navigateurs et n°116 de Bombardiers qui reçoivent leurs brevets le 1er février 1945 à la 1ère AOS de Malton, Ontario comptent respectivement 1 Américain, 13 Polonais, 3 Britanniques, et 14 Canadiens ; 4 Britanniques, 3 Polonais, et 10 Canadiens. [268]

Le tour du monde effectué par Lawrence O. Larmer de Melbourne, Australie, est un exemple du long parcours de formation suivi par certains de ces élèves : entré à la 1ère ITS de Somers dans l'état de Victoria en décembre 1942, il a rejoint sa première unité combattante en mars 1945 après avoir été formé sur trois continents (Australie, Canada

---

[262] Interview d'avril 1998, conservée par l'Imperial War Museum dans la collection *"Oral history"*, référence 17986 - bobine 1.
[263] Supplément de la London Gazette du 4 mai 1943.
[264] Journal de marche de l'école, conservé sous les références C-12366 et C-12367, BAC.
[265] Entrées du 30 juin et 31 juillet 1944 du Journal de marche de la 32ème SFTS, conservé sous la référence C-12353, images 788 et 806, BAC.
[266] Entrée du 30 juin du Journal de marche de la 31ème EFTS, conservé sous la référence C-12340, image 61, BAC.
[267] Photo du 26 novembre 1943 en annexe du Journal de marche de la 34ème SFTS, conservé sous la référence C-12355, image 876, BAC.
[268] Programme de la cérémonie de remise des brevets en annexe du Journal de marche de l'école, conservé sous la référence C-12329, image 145, BAC.

et Royaume-Uni) : son périple est évoqué plus en détail dans le chapitre consacré à la contribution australienne au BCATP.

En janvier 1944, il est décidé de réduire le nombre de pilotes à former et d'augmenter le nombre de navigateurs. Quatre SFTS de la RAF installées au Canada (41ème de Weyburn, 35ème de North Battleford, 38ème d'Estevan, et 39ème de Swift Current, toutes au Saskatchewan) reçoivent donc l'ordre de fermer leurs portes entre fin janvier et fin mars 1944. [269] Étant donné le nombre d'aviateurs déjà formés et la tournure favorable aux Alliés que semblent prendre les hostilités, ces fermetures des écoles du BCATP sont accélérées à compter d'octobre de la même année, la décision étant prise de mettre fin à l'accord le 31 mars 1945.

B.2.1.7 - Les formations initiales du BCATP

Les ITS

Équivalent canadien des ITW, ces écoles ont été au nombre de sept pendant la guerre, la première étant ouverte à Trenton, Toronto en décembre 1939, et la septième en novembre 1941. Elles ont fermé leurs portes fin 1944, les besoins en recrues ayant fortement diminué.

Entre 1940 et 1945, le cursus des Écoles Préparatoires d'Aviation (Initial Training Schools - ITS) est passé de quatre à dix semaines par sept réformes des programmes de cours. [270]

Les autres formations préliminaires

Les Sections de Techniciens Radio et la 31ème École RDF évoquées ci-dessous devraient sortir du cadre de cet ouvrage puisque la grande majorité des hommes concernés ont été employés au sol, à part les quelques rares cas qui ont été réorientés comme opérateurs radar sur chasseurs de nuit. Cependant, elles fournissent un bon exemple de la diversité des besoins en formation des Forces Aériennes du Commonwealth, le BCATP comprenant aussi pour les "rampants" notamment une école d'administration, une école des Officiers, une école de formation technique (mécaniciens, instrumentistes, électriciens, etc.), deux écoles radio (dont la 31ème École RDF), une école pour les armuriers et même une école pour les cuistots.

---

[269] Ordres n°155, 158, 159 et 160 *"Disbandment of No.41 SFTS (RAF) Weyburn, Saskatchewan"*, *"Disbandment of No.38 SFTS (RAF) Estevan, Saskatchewan"*, *"Disbandment of No.39 SFTS (RAF) Swift Current"* et *"Disbandment of No.35 SFTS (RAF) North Battleford, Saskatchewan"*, du 22 décembre 1943, du 14 et du 27 janvier 1944, conservés sous les références C-12357, images 845, 852, et 1165 et C-12356, images 1411 et 1412, BAC.

[270] Page 16 de l'article de Matthew Chapman dans la Revue de l'Aviation Royale Canadienne (voir bibliographie).

Les Sections de Techniciens Radio [271]

Si la Première Guerre mondiale avait vu apparaître l'utilisation militaire des ondes radio, c'est véritablement durant le second conflit mondial, moins statique que le précédent, que la demande en techniciens a explosé, que ce soit pour l'entretien ou pour l'utilisation des postes et stations radio. Avec l'avènement du radar, ce besoin s'est encore accru. À la fin de la bataille d'Angleterre, le Royaume-Uni a demandé au Canada de lui envoyer le plus possible de techniciens radio, et environ un millier d'hommes a été envoyé en Angleterre pour y être formés à l'entretien des radars. [272] Une fois le maigre stock de radios-amateurs enrôlé, la RCAF s'est tournée vers les Universités du pays pour former des milliers de recrues à ces nouvelles technologies. À partir de mai 1941, elle a ouvert des Sections de Techniciens Radio ("Radio Mechanic Detachements") dans 13 Universités (Toronto, McGill, Alberta, Manitoba, etc.) pour y former 5.000 hommes dans le cadre du BCATP, ce qui représentait un investissement estimé à 6,46 millions de dollars canadiens de l'époque. Les élèves des Sections de Techniciens Radio suivaient 13 semaines de cours en université avant de rejoindre soit une école militaire radio, soit la nouvelle école militaire radar de Clinton (31ème École RDF) pour 14 semaines de cours supplémentaires. Une fois les 5.000 Canadiens promis formés, les Universités ont été prévenues que les Sections de Techniciens Radio devraient fermer pour la plupart avant la fin du premier trimestre 1943. Dans le cas de sept Universités, ces Sections de Techniciens Radio ont été reconverties en Sections d'Enseignement pour les Futurs Membres d'Équipage (voir ci-après).

Les Escadrons de Cadets Universitaires

De même que pour les techniciens radio, et aussi pour ne pas se faire "souffler" les meilleures recrues par l'Armée de Terre ou la Marine qui avaient implanté des sortes de classes préparatoires dans les Universités, la RCAF a créé à partir de septembre 1942 un Corps de Formation Aérienne Universitaire (University Air Training Corps). Les candidats potentiels passaient des examens médicaux, suivaient des cours, participaient à un "camp d'été" dans une école de la RCAF, et s'ils passaient les tests avec succès ils étaient présélectionnés pour une formation à un poste d'aviateur. La RAF avait mis en place un dispositif similaire, qui permettait aux cadets sélectionnés d'éviter de passer par les ACRC et les ITW.

Le programme du camp d'été en mai-juin 1943 à la 12ème SFTS de Brandon, Manitoba pour les 23 derniers élèves de la classe n°9 de l'Escadron des Cadets de l'Université du Manitoba est reproduit page suivante (les 91 premiers élèves de cette classe avaient

---

[271] Pour plus de détails sur ces Sections de Techniciens Radio et sur la 31ème École RDF, se reporter au livre de cette série sur les chasseurs de nuit.
[272] Lettre du Haut-Commissaire du Royaume-Uni, Sir Gerald Campbell, (équivalent d'un ambassadeur) du 4 octobre 1940, conservée sous la référence C-12323, image 540, Bibliothèque et Archives Canada.

effectué leur camp d'été du 1er au 15 mai avec un programme identique). [273] On note que les Cadets n'ont qu'une opportunité de vol pour une leçon de navigation à bord des Cessna Crane de l'école :

	Dim. 23	Lundi 24	Mardi 25	Mercr. 26	Jeudi 27	Ven. 28	Samedi 29
08h00 - 09h00		Armement	Navigation	Défilé	Transmissions	Navigation	Tir
09h00 - 10h00		Navigation		Compétence aéronautique	Compétence aéronautique	Transmissions	
10h00 - 11h00		Transmissions		Transmissions	Armement	Compétence aéronautique	Vol
11h00 - 12h00		Marche au pas	Marche au pas	Armement	Marche au pas	Marche au pas	
13h30 - 14h30	Arrivée et équipement au Magasin	Armement	Administration	Navigation	Navigation	Armement	Simulateur Link
14h30 - 15h30		Identification des avions	Transmissions	Identification des avions		Identification des avions	
15h30 - 16h30		Administration	Armement	Administration	Administration	Transmissions	Pliage parachutes
16h30 - 17h30		Sport	Sport	Sport	Sport	Sport	

	Dim. 30	Lundi 31	Mardi 1er juin	Mercr. 2	Jeudi 3	Ven. 4	Samedi 5
08h00 - 09h00		Administration	Navigation	Défilé	Armement	Temps d'étude	Retour des équipements et départ
09h00 - 10h00	Messe	Identification des avions		Identification des avions	Compétence aéronautique - EXAMEN	Administration - EXAMEN	
10h00 - 11h00		Transmissions	Transmissions	Transmissions	Transmissions - EXAMEN	Identification des avions - EXAMEN	
11h00 - 12h00		Compétence aéronautique	Sport	Compétence aéronautique	Sport	Sport	
13h30 - 14h30	Temps libre	Navigation	Armement	Armement	Navigation	Temps d'étude	
14h30 - 15h30		Administration	Transmissions	Navigation	Armement	Navigation - EXAMEN	
15h30 - 16h30		Armement	Compétence aéronautique	Compétence aéronautique	Armement - EXAMEN	Temps libre	
16h30 - 17h30		Marche au pas	Marche au pas	Sport	Marche au pas	Marche au pas	
19h00 - 20h00		-	-	Transmissions	-	-	

Il n'est pas sûr que ces Cadets aient gardé un très bon souvenir de leur vol car le même jour avaient lieu les funérailles de trois aviateurs de la 12ème SFTS (Sergent William G. Kendall (Australien) et Leading Aircraftmen Thomas F. Osborne et Raymond T. Ingley (deux Néo-Zélandais)) dont le Cessna Crane s'était écrasé dans la nuit du 27 au 28 mai, pour une raison que la commission d'enquête a jugé *"obscure"* [sic]. [274]

Les Cadets appréciaient particulièrement les échanges avec les instructeurs vétérans qui partageaient leurs expériences outre-mer, ainsi que les sessions pratiques, comme l'entraînement à l'emploi des canots de sauvetage ou le tir à la mitrailleuse Browning. [275]

---

[273] Emploi du temps conservé sous la référence C-12336, image 186, BAC.
[274] Entrées des 28 et 29 mai 1943 du Journal de marche de la 12ème SFTS, conservé sous la référence C-12349, images 17 et 18, BAC et compte-rendu d'accident consulté en ligne le 15 septembre 2023 n° CASPIR 0035/00000118.
[275] Page 11 du journal *"Recco"* de la 1ère Reconnaissance & Navigation School, conservé sous la référence C-12327, image 846, BAC.

Les Cadets de l'Université du Manitoba en visite à la 12ème SFTS de Brandon semblent charmés par les démonstrations de Morse effectuées par la Leading Aircraftwoman Elga Liblik, une Canadienne dont les parents avaient émigré de Suède (photo du Winnipeg Tribune - Winnipeg Free Press du 6 mai 1944, reproduite avec l'aimable permission de NewspaperArchive.com).

Les Escadrons de Formation Aérienne Universitaire canadiens sont restés en activité jusqu'à la fin 1944.

Les Sections d'Enseignement pour les Futurs Membres d'Équipage (Pre-Aircrew Education Detachements - PAED) : À l'image des "Dispositifs de Formation Préliminaire des Aviateurs" (PACT) mis en place au Royaume-Uni pour les jeunes âgés de 17 ans et 9 mois afin de leur donner un niveau scolaire leur permettant de devenir élèves-aviateurs, des Sections d'Enseignement pour les Futurs Membres d'Équipage ont été créées à partir de janvier 1943 et ont permis à des milliers de jeunes Canadiens d'atteindre un niveau scolaire convenable pour suivre les cours en ITS. Implantées au sein des établissements scolaires existants, ces Sections étaient organiquement rattachées aux écoles d'aviation locales. Par exemple, le 25ème PAED donne ses cours dans le bâtiment des Sciences du Lycée de Brandon, Manitoba. Un Flight Lieutenant, Chef Instructeur du 25ème PAED, est assisté par trois autres officiers et trois sous-officiers, rattachés à la 12ème SFTS de Brandon. Ces Sections sont restées en activité au sein des principales universités du Canada jusqu'en septembre 1944.

Un instructeur montre les différents composants du compartiment moteur d'un avion à de jeunes cadets (photo Library and Archives Canada/Department of National Defence fonds/a063933).

B.2.1.8 - La formation des Pilotes
Les EFTS

Initialement, il était prévu d'implanter 13 grandes EFTS au Canada, mais le Président de l'Association des Aéroclubs du Canada, M. A. Seymour, a convaincu les responsables de la RACF que les aéroclubs seraient plus à même de gérer 26 petites écoles que 13 grandes. [276] Finalement, il y en a eu 30 (dont six de la RAF) au Canada qui sont listées en Annexe 6A. Suivant les cas, l'instruction au sein de ces EFTS a été effectuée par des sociétés privées sous supervision de la RCAF (ou de la RAF), ou par des instructeurs militaires (RCAF ou RAF). Ces différentes organisations sont étudiées ci-après.

Les EFTS gérées par des sociétés privées sous supervision de la RCAF

Les EFTS n°1 à 22, et 24, de la RCAF étaient gérées dès le départ par des sociétés privées (basées sur les aéroclubs existants), mais les bâtiments, les meubles (à l'exception des ustensiles de cuisine), les avions et les simulateurs Link étaient fournis par la RCAF. L'entretien de tous ces équipements (sauf les simulateurs) et la nourriture des personnels civils et militaires étaient à la charge de la compagnie privée. Les effectifs de la RCAF par école étaient donc très modestes : par exemple, pour accueillir 30 élèves tous les mois, la 1ère EFTS avait la dotation militaire théorique suivante : [277]
- Un Instructeur de Pilotage en Chef (titre changé plus tard en "Officier Superviseur en Chef" pour éviter toute confusion avec le Chef Instructeur civil) avec le grade de Squadron Leader ;
- Un Instructeur de Pilotage avec le grade de Flight Lieutenant ;
- Un Médecin avec le grade de Flight Lieutenant (sauf si la base comprend déjà un Médecin pour une autre unité) et un assistant (Aircrafman) ;
- Deux Flight Sergeants : un armurier et un pour la discipline ;
- Un Sergent pour les tâches administratives.

L'équipe militaire administrative a plus tard été jugée insuffisante et a été renforcée, ainsi que quelques gardes de la Police Militaire, avec notamment un trompette (pour les cérémonies, et probablement pour accélérer le réveil des élèves !) tant que le gardiennage des sites n'était pas assuré par des compagnies privées. [278] En plus des militaires, il y avait entre 100 et 200 civils employés pour le bon fonctionnement de chaque école. Le tableau page suivante montre les postes tenus par les 182 civils employés par la Eastern Ontario Flying Training School Limited pour la 13ème EFTS de Saint Eugène, Ontario en juillet 1942 : [279]

---

[276] Page 42 du livre de Fred J. Hatch (voir bibliographie).
[277] Tableau de dotation théorique en annexe du Journal de marche de la 1ère EFTS, conservé sous la référence C-12336, image 1043-1053, BAC.
[278] Tableau de dotation théorique en annexe du Journal de marche de la 14ème EFTS, conservé sous la référence C-12336, image 502, BAC.
[279] Tableau en annexe du Journal de marche de la 13ème EFTS de juillet 1942, conservé sous la référence C-12338, image 908, BAC.

Administration (total)	19
Directeur	1
Trésorier	1
Comptables	2
Secrétaires	6
Personnel administratif	7
Téléphonistes	2

Instruction (total)	40
Chef Instructeur au sol	1
Instructeurs Navigation	2
Instructeurs Simulateurs Link	7
Instructeur Radio	1
Instructeur Armement	1
Instructeurs Moteurs et Cellules	2
Chef Instructeur Pilotage	1
Sous-Chef Instructeur Pilotage	1
Commandants - Pilotage	2
Instructeurs Pilotage	22

Services au vol (total)	9
Chronométreurs	5
Opérateurs Tour de contrôle	2
Techniciens Parachutes	2

Services divers (total)	44
Gardes	5
Chef Entretien de la Base	1
Techniciens Entretien de la base	16
Ouvriers, jardiniers, cantine, etc.	22

Maintenance avions (total)	70
Chef de la Maintenance	1
Sous-Chef de la Maintenance	1
Mécaniciens chevronnés	13
Mécaniciens et apprentis	29
Ouvriers atelier	20
Ravitailleur essence	1
Magasiniers	4
Mécanicien Simulateur Link	1

La dotation théorique de ces écoles était de 27 avions monomoteurs : 18 avions en service (IE : Initial Equipment), et 9 avions de réserve (IR : Immediate Reserve) (type Finch II ou Tiger Moth), avec 9 moteurs de rechange. Pour les cours au sol, deux moteurs en ligne, deux moteurs en étoile, deux cellules d'instruction et un simulateur Link étaient prévus. Le parc automobile militaire ne comprenait au départ qu'un unique camion d'intervention, et encore, uniquement si la base n'en avait pas déjà un pour une autre unité. Dès octobre 1940, de multiples véhicules ont été ajoutés (pick-up, tracteurs, déneigeuses, ambulance, etc.).

La 1ère EFTS de Malton, Ontario accueille ses 30 premiers élèves le 24 juin 1940, les cours commencent le lendemain, et le premier vol solo est effectué avec succès le 1er juillet par le Leading Aircraftman D. A. Fayden.[280] Les élèves étaient testés régulièrement,

---

[280] Entrées de juin et juillet 1940 du Journal de marche de la 1ère EFTS, conservé sous la référence C-12336, image 145, BAC.

à la fois au sol et en vol et étaient classés les uns par rapport aux autres. Par exemple, fin 1941, les élèves étaient notés en EFTS sur les sujets suivants au sol :
- Théorie du pilotage
- Compétence aéronautique.
- Armement.
- Moteurs aéronautiques.
- Conception des avions.
- Transmissions.
- Navigation.

La taille des EFTS a fluctué sous la contrainte des événements :
- Mi-1942, quatre EFTS (1ère, 14ème, 16ème et 22ème) sont fermées pour laisser la place libre aux AOS locales qui doivent former plus de Navigateurs et de Bombardiers suite à la réforme de juillet 1942. En contrepartie, deux EFTS (12 et 13èmes) sont agrandies pour pouvoir accueillir 240 élèves chacune. Elles utilisent donc un peu plus de 70 Tiger Moth chacune, au lieu d'une quarantaine auparavant. [281]
- Au printemps 1943, les écoles de l'USAAF cessent de former des élèves britanniques (voir le chapitre spécifique sur le *"Arnold scheme"*) : la RAF perd donc un volume de formation d'environ 2.000 pilotes par an. [282] Pour compenser, les capacités de six EFTS sont augmentées à 240 élèves chacune, et trois nouvelles SFTS (17ème à Souris, Manitoba ; 18ème à Gimli, Manitoba ; 19ème à Vulcan, Alberta) ainsi qu'une EFTS (24ème à Abbotsford, Colombie Britannique) sont ouvertes au Canada durant l'année.

Un peu par empirisme et à postériori, la RCAF définit en 1942 quatre tailles d'EFTS comme suit :

Catégorie	Capacité d'accueil	Exemples
A	90 élèves simultanément	2 et 7èmes EFTS au printemps 1943
B	120 élèves simultanément	12ème EFTS début 1942
C	180 élèves simultanément	11 et 12èmes EFTS en août 1942 Capacité initiale de la 31ème EFTS (été 1941)
D	240 élèves simultanément	12 et 13èmes EFTS en 1943 Capacité de la 31ème EFTS à partir de l'été 1942

L'organisation prévue pour la 24ème EFTS d'Abbotsford, Colombie Britannique, avant son ouverture en septembre 1943 était la suivante : [283]

---

[281] Par exemple, la 12ème EFTS de Goderich, Ontario, disposait de 42 Tiger Moth le 30 juin 1942, et de 72 le 31 octobre 1943 : entrées correspondantes du Journal de marche, conservé sous la référence C-12338, images 662 et 735, BAC.
[282] 2.442 élèves formés dans les écoles restantes aux USA de septembre 1943 à août 1944, contre 4.505 de septembre 1941 à août 1942 (Annexe 2 du document *"Flying Training - Volume I - Policy and Planning"*, op. cit.).
[283] Organigramme du 6 septembre 1943 en annexe "B" de l'Ordre d'Organisation n°288 *"Formation of n°24 EFTS, Abbotsford"* du 30 juillet 1943 (publié par la révision 2 de cet Ordre en date du 3 septembre 1943), conservé sous la référence C-12339, image 791, BAC.

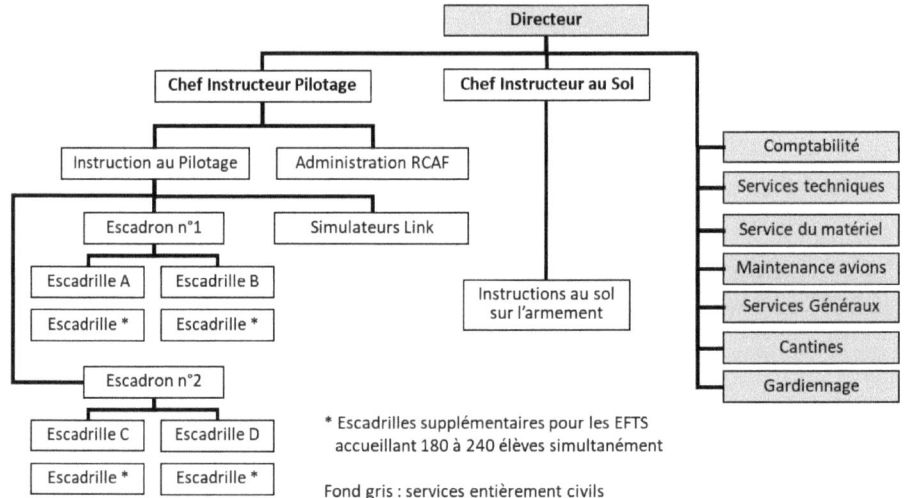

Cette EFTS pouvait accueillir 240 élèves simultanément. On notera qu'à cette époque, il n'y avait plus d'instructeurs civils disponibles mais la RCAF disposait de suffisamment de ressources pour fournir les pilotes-instructeurs nécessaires pour les huit Escadrilles. La dotation théorique prévue était calculée sur la base suivante :

Chef Instructeur Pilotage :	1 Squadron Leader (poste occupé au départ par un F/Lt)
Instructeurs simulateurs Link :	1 Flight Lieutenant et 7 Flying Officers (ou Pilot Officers)
Commandants d'Escadrons :	2 Flight Lieutenants
Commandants d'Escadrilles :	8 Flight Lieutenants
Pilotes-Instructeurs :	32 Flying Officers (ou Pilot Officers) et 28 Sergents ou Flight Sergeants
Élèves :	240 Leading Aircraftmen, soit 4 élèves par pilote-instructeur

Un jour attendu avec impatience par tous les élèves de l'école de Virden, Manitoba : l'officier payeur et son assistante distribuent la solde, sous la surveillance attentive d'un policier militaire armé (photo Library and Archives Canada/National Film Board of Canada fonds/e003641755).

Les EFTS de la RAF

Entre juin 1941 et avril 1942, six EFTS de la RAF s'implantent au Canada. Ces écoles ne sont pas gérées par une société privée, et les effectifs militaires sont donc bien plus importants que dans les écoles canadiennes équivalentes. Par exemple, la 36ème EFTS de Pearce, Alberta, avait en dotation théorique :

Staff : 484 hommes dont 31 officiers, dont la provenance est détaillée ci-dessous :

RAF :	422 hommes dont 28 officiers
RCAF :	58 hommes dont 2 officiers
Armée Canadienne :	4 hommes dont 1 officier (Dentistes)

Élèves : 180 hommes simultanément (90 toutes les 4 semaines)

Avions : 74 Tiger Moth (56 IE + 18 IR) et 5 simulateurs Link
    2 cellules d'avions ainsi que 2 moteurs en ligne et 2 moteurs en étoile pour l'instruction.

L'organisation prévue pour cette école avant son ouverture en avril 1942 était la suivante : [284]

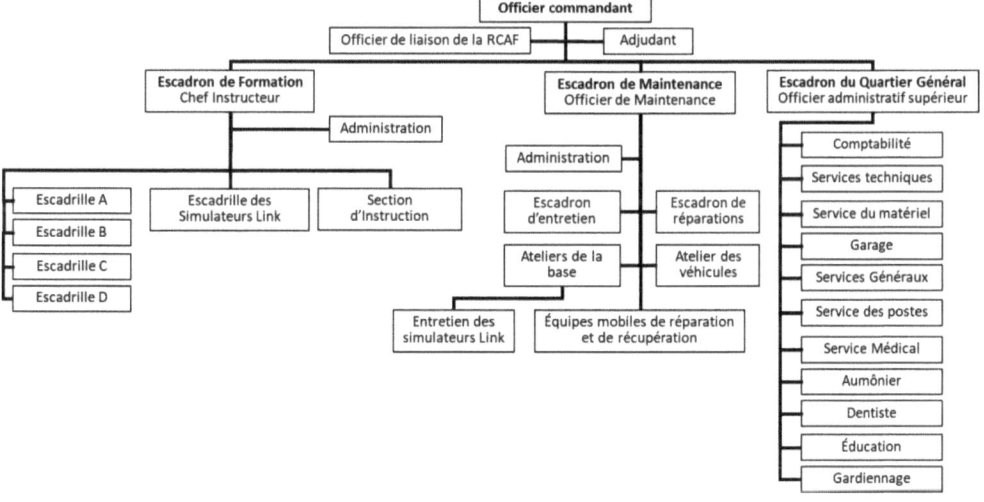

Mi-1942, le Royaume-Uni manquant sévèrement de personnel, la RAF décide de fermer la 36ème EFTS et de confier la gestion des cinq autres EFTS à des sociétés privées, à l'image des EFTS de la RCAF. Une grande partie du personnel de la RAF ainsi économisé, environ 2.000 hommes, est rapatriée au Royaume-Uni. [285]

---

[284] Organigramme en annexe "A" de l'Ordre Secret d'Organisation n°45 *"Transfer of n°36 Elementary Flying Training School (R.A.F.) to Canada"* du 2 mars 1942 (publié par la révision 1 de cet Ordre en date du 5 mars 1942), conservé sous la référence C-12336, image 907, BAC.

[285] Page 134 du livre de Fred J. Hatch (voir bibliographie).

Le graphe ci-après montre l'évolution des effectifs de la 31ème EFTS au début et au milieu de chaque année. Cette EFTS était basée à Calgary, Alberta jusqu'à octobre 1941, puis à De Winton, Alberta. Initialement entièrement gérée par du personnel de la RAF, l'instruction a été confiée à une société privée (la Malton Flying Training School Ltd.) le 13 juillet 1942. La dotation théorique en personnel militaire est également indiquée une fois ce changement effectué. [286] On constate que les effectifs du staff de l'école passent de 450 à environ 120 militaires, même si la dotation théorique n'a jamais été respectée, notamment pour les Officiers.

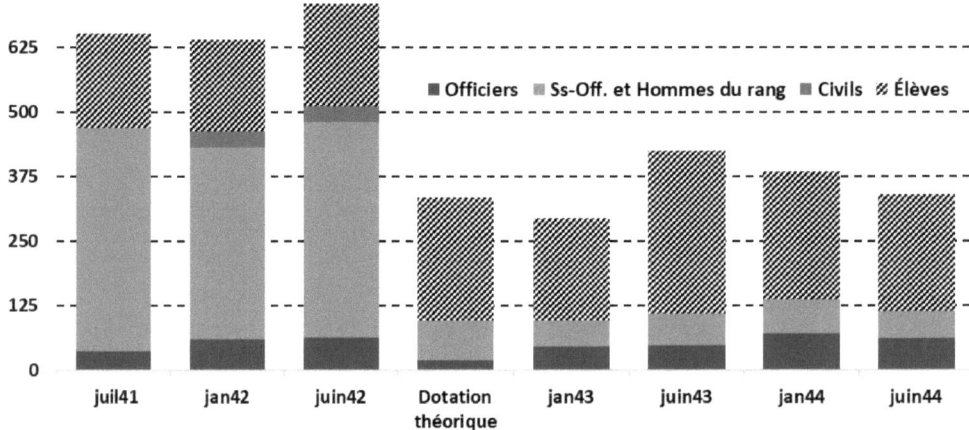

Ces changements ne se font pas sans quelques accrocs : ainsi, un mois après la mise en place d'une gestion privée de la 31ème EFTS, l'Officier Superviseur en Chef se plaint de n'avoir plus qu'un Officier Administratif et ses six assistants pour remplir les 20 formulaires et rapports divers et gérer les 350 militaires présents (dont 250 élèves), alors qu'auparavant il y avait quatre Officiers Administratifs et vingt-trois assistants pour 500 militaires (et 40 formulaires et rapports divers à renseigner). [287]

Plutôt que d'être rapatriés directement au Royaume-Uni, certains personnels de la RAF reçoivent l'offre de se porter volontaires pour suivre une formation d'aviateur dans le cadre du BCATP : par exemple, le 13 juillet 1942 40 Aircraftmen de la 33ème SFTS de Carberry, Manitoba, reçoivent leur affectation pour entamer cette formation, et cinq jours plus tard, les 28 premiers partent pour la 4ème ITS d'Edmonton. [288]

---

[286] Graphe de l'auteur à partir des données du Journal de marche de la 31ème EFTS, conservé sous les références C-12339 et C-12340, BAC. Les civils mentionnés dans le graphe sont uniquement ceux qui travaillent directement pour le staff militaire de l'école et non pas ceux de la société privée chargée de l'instruction qui ne sont pas comptés ici.

[287] Entrée du 8 septembre 1942 du Journal de marche de la 31ème EFTS, conservé sous la référence C-12339, image 1464, BAC.

[288] Entrées des 13 et 18 juillet 1942 du Journal de marche de la 33ème SFTS, conservé sous la référence C-12353, images 1674 et 1676, BAC.

Les EFTS de la RCAF sans opérateur privé

La 23ème EFTS est formée à Davidson, Saskatchewan, le 9 novembre 1942 sur un modèle différent des autres EFTS du BCATP puisque la formation au pilotage n'est pas confiée à une société privée. Ses effectifs militaires de la RCAF sont donc bien plus importants : 37 Officiers (dont deux femmes), 281 Sous-Officiers et Hommes/Femmes du Rang (dont 71 femmes) et 6 hommes de l'Armée de Terre (dentistes et leurs assistants du Canadian Dental Corps et logisticiens de l'Intendance) sont chargés de gérer 90 élèves-pilotes (une nouvelle classe de 45 élèves arrivant toutes les quatre semaines). [289]

Plus tard, la RCAF applique aussi cette militarisation des effectifs à au moins deux autres de ses EFTS :

- L'Hamilton Flying Training School Ltd. quitte l'aérodrome de Pendleton, Ontario, le 30 juin 1944 pour laisser la place à un staff entièrement militaire à la 10ème EFTS. À cette occasion, la RCAF doit débourser 5.500 $ pour racheter les meubles et le matériel de cette société, ainsi que toutes les provisions de la cantine. [290]
- L'instruction au sein de la 13ème EFTS de St Eugene, Ontario, passe des mains de l'Eastern Ontario Flying Training School Ltd à celles d'instructeurs de la RCAF en mai 1945.

Alors que les Britanniques voulaient maximiser le nombre de leurs hommes à rapatrier au Royaume-Uni, ce passage de certaines EFTS sous gestion entièrement RCAF était aussi lié à la disponibilité de nombreux aviateurs de retour au Canada à l'expiration de leurs tours d'opérations.

Le cursus en EFTS

Le séjour des élèves en EFTS est initialement de 8 semaines, puis il est réduit à 48 jours (sept semaines) pour augmenter la capacité des écoles jusqu'en mars 1941, date à laquelle il est allongé à 72 jours (dix semaines). [291] Cependant, cette durée dépendait de la disponibilité des avions et surtout des conditions météorologiques : par exemple, durant l'hiver 1943-1944, les Classes n°92, 93 et 94 de la 2ème EFTS de Fort William, Ontario, sont prolongées de deux semaines afin de pouvoir terminer le programme des vols, et les 46 élèves des Classes suivantes, arrivés le 28 novembre et le 11 décembre, sont affectés temporairement à des tâches d'intérêt général (comprendre nettoyage et déneigement) en attendant que la météo ne devienne plus clémente. La Classe n°95 est annulée. [292]

---

[289] Tableau de dotation théorique en annexe du Journal de marche de la 23ème EFTS, conservé sous la référence C-12336, images 786-788, BAC.

[290] Entrée du 30 juin 194 du Journal de marche de la 10ème EFTS, conservé sous la référence C-12337, image 1389, BAC.

[291] Instruction mentionnée le 3 mars 1941 dans le Journal de marche de la 2ème EFTS, conservé sous la référence C-12336, image 1015, BAC. Page 125 de son livre (voir bibliographie), Fred J. Hatch mentionne un passage à huit semaines à partir d'octobre 1941.

[292] Entrées de novembre et décembre 1943 du Journal de marche de la 2ème EFTS, conservé sous la référence C-12336, images 1376 à 1380, BAC.

Le programme de la 1ère semaine de la Classe n°1 de la 8ème EFTS de Vancouver montre qu'il n'y avait pas de temps mort : arrivés aux portes de l'école à 8h00 le mardi 23 juillet 1940, les 25 élèves ont été répartis en deux Escadrilles avant d'entamer les vols d'initiation et les cours au sol dans la journée. Le planning de l'Escadrille A est reproduit ci-dessous (l'Escadrille B volait de 8h00 à 10h00) : [293]

	Mardi	**Mercredi**	**Jeudi**	**Vendredi**	**Samedi**	**Dimanche**
08h - 09h	Accueil	Marche au pas	Marche au pas	Marche au pas	Marche au pas	Marche au pas
09h - 10h	Vols d'initiation	Parachutes	Théorie du pilotage	Théorie du pilotage	Théorie du pilotage	Théorie du pilotage
10h - 11h		Pilotage	Pilotage	Pilotage	Pilotage	Pilotage
11h - 12h						
13h - 14h	Transmissions	Transmissions	Transmissions	Transmissions	Transmissions	Transmissions
14h - 15h	Parachutes	Compétence aéronautique	Compétence aéronautique	Compétence aéronautique	Compétence aéronautique	Compétence aéronautique
15h - 16h	Transmissions	Transmissions	Transmissions	Transmissions	Transmissions	Transmissions
16h - 17h	Parachutes	Compétence aéronautique	Compétence aéronautique	Compétence aéronautique	Compétence aéronautique	Compétence aéronautique
Heures de vol *	11h55	26h25	25h45	13h25	27h15	27h50

* Total des heures de vol des élèves des deux Escadrilles en doubles commandes.

Les trois premiers jours dans les EFTS de la RAF étaient consacrés à l'acclimatation des élèves qui provenaient majoritairement du Royaume-Uni et découvraient donc un environnement étranger après un voyage souvent éprouvant. Ces journées sont décrites ainsi dans le livret destiné aux nouveaux élèves de la 32ème EFTS de Bowden, Alberta, Canada : [294]

"***Votre premier jour*** : *Ce sera généralement un samedi. Dès votre arrivée, vous aurez droit à un repas, après lequel le programme est habituellement le suivant :*

13h30 : Marche jusqu'au Magasin du Matériel pour y recevoir le couchage, etc., puis jusqu'aux baraquements.
14h00 : Discours du Médecin et de l'Instructeur Sportif dans le Grand Hall.
14h20 : Défilé devant le gymnase pour l'affectation aux différents Escadrons.
14h45 : Instructions générales en Salle des Rapports.
17h30 : Repas du soir. Après le repas, vous pourrez quitter la base ou vaquer à vos occupations.

Deuxième jour : *Dimanche*
06h30 : Réveil.
07h00 : Petit-déjeuner.
07h20 : Défilé pour la Messe pour les élèves Catholiques (Messe à 07h30).
08h40 : Défilé pour la Messe pour tous les autres élèves (Place d'Armes).

---

[293] Emploi du temps en annexe du Journal de marche de la 8ème EFTS, conservé sous la référence C-12336, image 395, BAC.
[294] Pages 24 et 25 du livret *"32 EFTS – PUPIL'S GUIDE"*, conservé en Annexe "A" du Journal de marche d'octobre 1943 sous la référence C-12340 image 283, BAC.

09h00 : Messe dans le Grand Hall.
10h30 : Discussions individuelles avec l'Aumônier dans le Grand Hall.
12h30 : Repas de midi. Après le repas, vous pourrez vaquer à vos occupations.
Troisième jour : Lundi
06h00 : Réveil.
06h30 : Petit-déjeuner.
09h00 : Inspection des chambrées (lit et équipements individuels présentés comme prescrit par le règlement).
10h00 : Défilé devant les baraquements et marche jusqu'au Grand Hall pour :
10h15 : Présentation sur la formation sur simulateur Link.
10h30 : Accueil par l'Instructeur en Chef de Pilotage
11h00 : Accueil par l'Instructeur en Chef au Sol
11h30 : Accueil par le Flight Sergeant de la Base
12h30 : Repas de midi.
13h30 : Défilé pour la photographie de Classe.
14h00 : Les 1er et 2ème Escadrons se présentent à la Section des Parachutes.
14h45 : Accueil par les Commandants d'Escadrilles et affectation aux Instructeurs, etc.
17h00 : Marche des 1er et 2ème Escadrons jusqu'à l'Infirmerie pour la vaccination.
17h30 : Repas du soir."

Les cours ne commençaient que le quatrième jour après l'arrivée des élèves.

Les élèves devaient effectuer 32 heures de vol en doubles commandes et 28 heures en solo en EFTS, mais certains Training Commands tenaient compte des heures en doubles commandes effectuées en école de sélection ("Grading school") au Royaume-Uni pour réduire un peu les heures de vol en doubles commandes et augmenter les heures en solo. [295] Les programmes de cours étaient régulièrement révisés pour améliorer la formation des élèves. Par exemple, l'initiation au vol de nuit commence timidement dans les EFTS canadiennes en mai 1941, la 3ème EFTS de London, Ontario, revendiquant être la première à faire franchir cette étape à ses élèves. [296] Cependant, presque un an plus tard, cette initiation au vol nocturne reste très modeste. Après sa formation élémentaire au sein de la 6ème EFTS de Prince Albert, Saskatchewan, le Leading Aircraftman Gerald J. J. Edwards, (futur récipiendaire de la DFC et Major Général de la RCAF) a rejoint la 10ème SFTS de Dauphin, Manitoba, Canada, début avril 1941 pour y piloter des Harvard. *"À ce stade, je n'avais fait aucun vol de nuit en EFTS, absolument aucun. Nous avons commencé la formation au vol de nuit sur Harvard bien plus tard en SFTS. ... C'est le 15 mai que j'ai fait mon premier vol nocturne. J'ai fait un vol en doubles commandes avec mon Sergent Instructeur, un Texan, pendant 1h30, puis il m'a envoyé faire un vol solo de seulement 25 minutes. Nous avons discuté ensuite et je suis reparti solo pour 1h10. J'avais plus de cent heures de vol diurne avant mon premier vol de nuit. C'était une expérience terrifiante. Nous faisions ces vols de nuit à partir d'un terrain satellite engazonné,*

---

[295] Par exemple, en 1943, le 2ème Training Command de Winnipeg demande de réduire les heures en doubles commandes de la moitié du temps de vol en école de sélection, pour augmenter d'autant les heures en solo : donc un élève ayant volé 12 heures en Angleterre aura un quota en EFTS de 26 heures de vol en doubles commandes et 34 heures en solo. Instruction conservée dans le carnet de vol de Thomas Payne, op. cit..

[296] Entrée du 7 mai 1941 du Journal de marche de la 1ère EFTS, conservé sous la référence C-12336, image 315, BAC.

pas depuis la base de Dauphin. Nous devions aider à installer les pots à pétrole, qui ne faisaient que 20 ou 25 cm de haut, le long du terrain. [297] *Le temps était splendide, mais il a tourné pendant la nuit : je me souviens que pour mon second vol, j'ai décollé en me fiant aux instruments, puis j'ai effectué des circuits à environ 300 m d'altitude, en gardant toujours les yeux sur les pots à pétrole au sol par-dessus mon épaule gauche. Je surveillais ces lumières lors de mon dernier circuit quand soudainement elles ont disparu. Je ne savais pas ce qui se passait mais je venais d'entrer dans un nuage bas, le mauvais temps ayant progressé. J'avais très peu d'heures de vol aux instruments mais je suis parvenu à redescendre et à retrouver le terrain. Je n'ai sans doute passé que quinze secondes dans ce nuage mais ça m'a semblé être une éternité ! Je crois que c'est cette nuit-là que l'un de nous s'est tué en volant depuis l'aérodrome de Dauphin : il est probablement entré dans un nuage et n'a pas eu autant de chance que moi."* [298]

Le tableau ci-après illustre par quelques exemples les temps de vol de jour et de nuit, de pilotage aux instruments et de simulateur effectués par les élèves en EFTS (certains avaient déjà eu l'opportunité de faire quelques heures en école de sélection ("Grading school") qui n'ont pas été comptées ici). [299]

Élève et date	EFTS	Vol de jour	Vol de nuit	Pilotage aux instruments	Link
George Hogarth oct. à déc. 1941	Phase élémentaire ("Primary") de la 5ème BFTS, Floride, **USA**	68h23 dont 34h17 en solo	1h40 dont 45 min. en solo	8h22	0 *
Leslie Valentine oct. 1941 à février 1942	26ème, Theale, Berkshire, **ANGLETERRE**	96h45 dont 46h00 en solo	5h50 dont 1h45 en solo	9h30	21h00
Robert E. Wannop juillet-août 1942	36ème, Pearce, Alberta, **CANADA**	55h00 dont 30h00 en solo	1h00 (en doubles commandes) *	5h00 **	10h15
George Highton août-septembre 1942	32ème, Bowden, Alberta, **CANADA**	60h35 dont 28h55 en solo	4h15 (en doubles commandes)	7h00 **	10h00
Keith Ganney déc. 1942 à fév. 1943	23ème, Davidson, Manitoba, **CANADA**	69h00 dont 34h10 en solo	5 heures dont 45 minutes en solo	9h00	10h00
Martin A. Catty février à avril 1943	19ème, Virden, Manitoba, **CANADA**	66h00 dont 37h35 en solo	4h00 (en doubles commandes)	7h10	10h00

---

[297] Les lampes, dites "Type A - money flares" étaient composées d'un simple bac métallique avec une mèche maintenue en hauteur. Peu maniables, elles ont ensuite été remplacées par les "Type B - gooseneck flares", qui ressemblaient à un arrosoir métallique, une mèche dépassant du bec. Des balises électriques sur batteries ("glim lamps") étaient aussi utilisées.
[298] Interview de l'été 1979 conservée par l'Université de Victoria, Collections spéciales, Fonds Reginald Herbert Roy, référence SC104, cassette 1 face 1.
[299] Carnet de vol de Hogarth conservé par l'Embry-Riddle Aeronautical University, Collection de la 5ème BFTS, consulté en ligne le 25 juillet 2024, sur https://commons.erau.edu/bfts-george-hogarth-logbook/ ; carnets de vol de Ganney, Catty Hopgood, Larmer et Wannop, op. cit. ; carnets de vol de Valentine, Highton et Bird, IBCC Digital Archive, documents 39022, 41014 et 33183.

Élève et date	EFTS	Vol de jour	Vol de nuit	Pilotage aux instruments	Link
James H. Bird mars à juillet 1943	27ème, Induna, **RHODÉSIE DU SUD**	78h30 dont 36h05 en solo	5h00 dont 2h10 en solo	5h00	13h00
Lawrence O. Larmer avril à mai 1943	11ème, Benalla, Victoria, **AUSTRALIE**	57h10 dont 27h20 en solo	3h00 dont 15 minutes en solo	6h15	10h00
Philip D. Hopgood Janvier à mars 1944	6ème, Prince Albert, Saskatchewan, **CANADA**	71h55 dont 38h30 en solo	5 heures dont 30 minutes en solo	9h20	12h15

* Le premier simulateur Link n'est arrivé à la 5ème BFTS qu'en décembre 1941. Les élèves de cette Classe ont commencé à l'utiliser lors de la phase suivante de leur formation qui se déroulait intégralement dans le même établissement (voir le chapitre spécifique sur les formations aux États-Unis).

** Les EFTS utilisant des Stearman étaient obligées d'effectuer les séances de pilotage sans visibilité sur Tiger Moth puisque les Stearman canadiens n'étaient pas équipés des instruments nécessaires.

Le poste de pilotage du Stearman PT-13D Kaydet à moteur Lycoming R-680-17 conservé au musée de l'USAAF à Dayton, Ohio. Les PT-27 utilisés au Canada disposaient d'une verrière et avaient un moteur Continental R-670-5 (Photo National Museum of the U.S. Air Force, réf. 140806-F-IO108-001).

Le programme d'instruction en vol des EFTS était le suivant au printemps 1942 : [300]

N°	Sujet	N°	Sujet
1	Vol de découverte	14	VOL À BASSE ALTITUDE - uniquement avec Instructeur
1a	Apprentissage de la disposition du poste de pilotage	15	Virages serrés
2	Effet des commandes	15a	Virages serrés en vol plané
3	Roulage au sol	16	Virages en montée
4	Vol rectiligne en palier	17	Atterrissages forcés - uniquement avec Instructeur

---

[300] Programme de la 4ème EFTS de Windsor Mills, Québec, conservé dans le carnet de vol de Geoff W. Dixon, IBCC Digital Archive, document 39728.

N°	Sujet
5	Montée, vol plané et décrochage
6	Virages doux
7	Décollage face au vent
8	Approche au moteur et atterrissage
9	Approche en vol plané et atterrissage
10	VRILLE
11	PREMIER VOL SOLO
12	Dérapage
13	Atterrissage de précaution [301]

N°	Sujet
18	ACTION EN CAS D'INCENDIE - uniquement avec Instructeur
18a	Évacuation d'urgence de l'avion
19	Pilotage aux instruments
20	Décoller et atterrir hors de l'axe de vent
21	Redémarrer le moteur en vol - uniquement avec Instructeur
22	Voltige aérienne
23	Navigation
24	Test de vol à grande distance
24a	Vol à grande distance triangulaire

Ce programme était identique pour toutes les EFTS britanniques et du Commonwealth et a très peu changé pendant la guerre (par exemple, celui en vigueur en 1943 à la 11ème EFTS de Benalla dans l'état de Victoria en Australie était similaire des points 1 à 22, seuls les sujets 23 à 24a étant absents). [302] Les programmes de certaines EFTS détaillaient un peu plus certaines étapes tout en restant globalement identiques, comme celui de fin 1942 de la 31ème EFTS : [303]

- Le point 11 était précédé d'un *"Vol de test avant le premier solo, y compris la procédure à suivre en cas d'atterrissage trop court ou trop long"*.
- L'exercice 23 était divisé en six parties :
  o Se diriger à l'aide du compas.
  o Virer d'un cap sur un autre.
  o Reconnaître les repères au sol.
  o Utiliser l'échelle de temps.
  o Virer d'un cap sur un autre - vol solo.
  o Repères au sol - vol solo.
- Le cursus se terminait par un test du commandant d'Escadrille avant le test final.
- D'autres détaillaient aussi les trois types de vrille à répéter en vol : [304]
  a. Vrille à partir d'un vol plané descente rectiligne.
  b. Début de vrille à partir d'un virage en vol plané.

---

[301] Un atterrissage de précaution est défini comme un atterrissage pour vérifier que l'avion est bien en état de voler si le pilote a un doute (bruit suspect, jauge d'huile dans le rouge, etc.) ou qu'il est perdu, mais que le moteur fonctionne pour atterrir. Dans le cas d'un atterrissage de précaution, le pilote dispose donc d'une petite marge de temps pour trouver un terrain convenable. Un atterrissage forcé est un atterrissage imposé par l'arrêt du moteur, avec un choix de terrain limité par l'altitude de l'avion et sa capacité à voler en vol plané.

[302] Programme de la 11ème EFTS de Benalla dans l'état de Victoria en Australie, conservé dans le carnet de vol de Lawrence O. Larmer, op. cit.

[303] Programme de la 31ème EFTS de De Winton, Alberta, conservé dans le carnet de vol de Jack Hayley, IBCC Digital Archive, document 9540.

[304] Programme de la première moitié de 1942 de la 33ème EFTS de Caron, Saskatchewan, conservé dans le carnet de vol de Richard Starkey, IBCC Digital Archive, document 25716.

c. Début de vrille à partir d'un virage effectué avec trop peu de puissance moteur.

L'Annexe 7B présente quelques exemples de questions d'examen sur les cours au sol dispensés en EFTS.

Nous verrons que le programme des écoles de la RAF aux USA différait quelque peu. Le séjour des élèves en EFTS est un parcours bien rodé, marqué par des étapes de vérification des progrès effectués au sol comme en vol. Ce parcours, conçu pour former en quelques semaines des recrues qui n'étaient jamais montées dans un avion et à les lâcher en solo, privilégie les élèves qui progressent vite et écarte les autres. Les écoles britanniques accordaient traditionnellement des cours "de soutien" aux élèves les plus lents, mais sous la pression de la guerre cette pratique n'a pas été reprise ailleurs.

Le graphe ci-dessous montre les taux de réussite, de reprogrammation et d'élimination de 20 classes menées à leur terme dans la 2ème EFTS de Fort William, Ontario, entre juillet 1943 et mai 1944. [305] Sur cette période, près de 67% des élèves entrés dans cette école ont pu progresser en SFTS, mais on voit que la sélection des élèves a été nettement améliorée fin 1943, les taux d'élimination moyens passant de 40% à 20%.

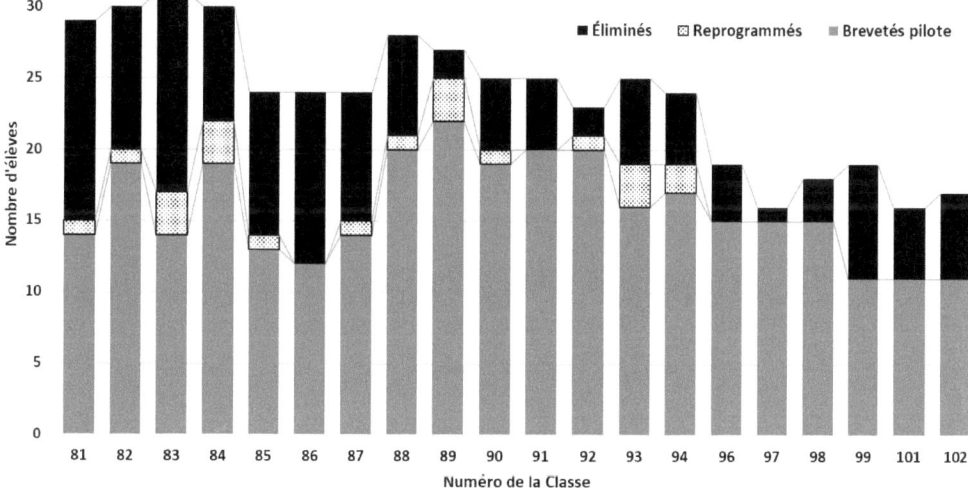

Les élèves devaient tenir leur carnet de vol à jour en enregistrant les heures de vol et en comptabilisant le nombre de fois que chaque étape du programme était effectuée. Ainsi, lors de son séjour à la 23ème EFTS de Davidson, Manitoba, Keith Ganney a fait neuf vrilles vers la gauche et douze vers la droite. [306]

---

[305] Graphe de l'auteur à partir des données du Journal de marche de la 2ème EFTS, conservé sous la référence C-12336, images 1350 à 1417, BAC. Comme indiqué précédemment, les élèves "regrogrammés" ne le sont qu'en raison d'un souci médical temporaire puisqu'un niveau insuffisant conduisait à une élimination pure et simple. On pourrait utiliser le terme de "redoublants pour raison de santé".

[306] Carnet de vol de Keith Ganney, op. cit.

Chacune des premières EFTS effectuaient régulièrement plus de 2.500 heures mensuelles de vol. La 18ème EFTS de Boundary Bay, Colombie Britannique a été la première à être conçue pour accueillir des classes de 70 élèves (une tous les mois, soit 140 élèves en simultané sur site) ; avec une soixantaine de Tiger Moth, elle frisait ou dépassait les 5.000 heures mensuelles de vol. [307] La 5ème EFTS a profité de son déménagement de Lethbridge à High River, Alberta, le 29 juin 1941, pour devenir elle aussi une "double EFTS" pour reprendre le terme utilisé pour décrire cette augmentation de capacité : elle a reçu 16 avions supplémentaires pour accueillir des classes de 70 élèves. [308] Les EFTS militaires de la RAF implantées au Canada approchaient quant à elles les 10.000 heures mensuelles de vol. [309] Le graphe ci-après montre l'évolution des heures de vol effectuées par la 31ème EFTS au début et au milieu de chaque année. Cette EFTS de la RAF disposait initialement de Boeing-Stearman Model 75 jusqu'en décembre 1942, puis de Tiger Moth jusqu'à octobre 1943 avant de passer sur Fairchild Cornell. Le pic d'heures et d'avions de juin 1943 correspond à la période de changement entre Tiger Moth et Cornell, et l'école disposait alors de plus d'avions que la dotation théorique puisqu'elle avait 68 Tiger Moth, 15 Cornell I, 71 Cornell II et 1 Menasco Moth. [310]

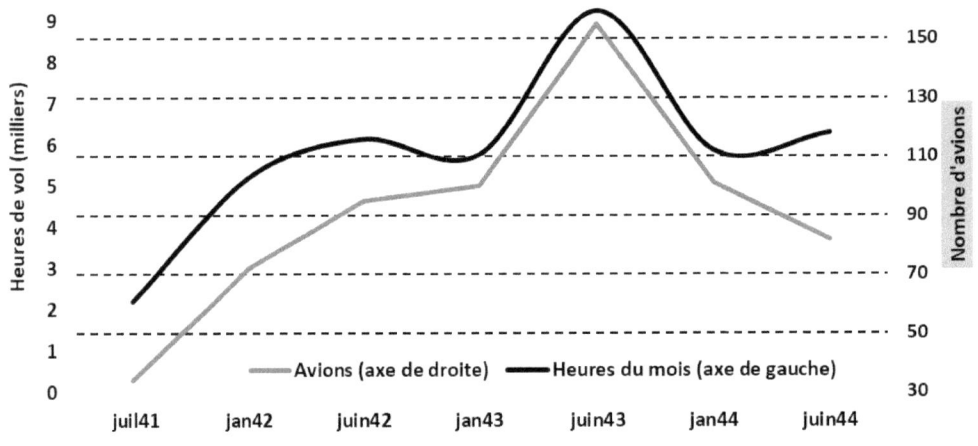

[307] 4.963 heures en novembre 1941 ; 5.619 heures en janvier 1942 : entrées du 30 novembre 1941 et du 30 janvier 1942 du Journal de marche de la 18ème EFTS, conservé sous la référence C-12336, images 752 et 759, BAC. En 1942, ces "doubles-écoles" atteignaient les 8.000 heures mensuelles de vol (par exemple, 8.249 heures pour la 20ème EFTS d'Oshawa, Ontario, entrée du 31 juillet 1942 du Journal de marche, conservé sous la référence C-12339, image 300).
[308] Ordre n°123 du 1er mai 1941 *"Re-formation and re-location of n°5 Elementary Flying Traing School"*, conservé sous la référence C-12337, image 224, BAC.
[309] 9.784 heures en juillet 1943 pour la 33ème EFTS ; 9.256 heures en juin 1943 ; 8.469 heures en juillet 1943 ; 9.263 heures en septembre 1943 pour la 35ème EFTS. Journaux de marche conservés sous la référence C-12340, images 675, 969, 976 et 982, BAC.
[310] Graphe de l'auteur à partir des données du Journal de marche de la 31ème EFTS, conservé sous les références C-12339 et C-12340, BAC. Le Menasco Moth est un Tiger Moth équipé d'un moteur en ligne Menasco D-4 Super Pirate.

Les élèves jugés inaptes au pilotage ou n'atteignant pas le niveau requis, étaient immédiatement redirigés, soit vers un Dépôt du Personnel, soit vers une autre école, par exemple une AOS s'il était estimé qu'ils avaient du potentiel pour devenir Observateurs. Dans d'autres cas, plus rares, les élèves étaient renvoyés vers un Dépôt du Personnel pour une entrave sérieuse à la discipline, comme par exemple deux Leading Aircraftmen de la Classe n°8 de la 8ème EFTS qui se sont absentés pendant trois jours, probablement plus attirés par les charmes des demoiselles de Vancouver que par ceux de leurs instructeurs : ils sont retirés des cours de pilotage, reçoivent dix jours de corvée et l'Officier Superviseur en Chef de l'école recommande début novembre 1940 qu'ils soient réaffectés, sans possibilité de devenir pilotes. [311]

Pour poursuivre les vols en hiver, certains avions sont équipés de skis, comme par exemple certains Tiger Moth de la 14ème EFTS de Portage la Praire, Manitoba. De gros rouleaux compresseurs sont remorqués sur les pistes pour tasser la neige. Le dégel pose aussi d'autres problèmes : soit les avions se plantent dans la boue et basculent sur le nez, soit les vibrations générées par les dépôts de boue provoquent des fissures dans les hélices : en trois jours en avril 1942, cette même 14ème EFTS, doit remplacer quinze hélices sur ses Tiger Moth ! [312]

Des bœufs ont été appelés à la rescousse pour amener ce Fleet Finch de la 17ème EFTS de Stanley, Nouvelle Écosse, jusqu'à son hangar (photo © Library and Archives Canada/Department of National Defence fonds/e011433274).

---

[311] Entrée du 4 novembre 1940 du Journal de marche de la 8ème EFTS, conservé sous la référence C-12336, image 408, BAC.
[312] Entrées du 4 avril 1941 et 17 au 19 avril 1942 du Journal de marche de la 14ème EFTS, conservé sous la référence C-12336, images 523 et 581, BAC.

Le graphe ci-après représente la chronologie d'activité des écoles de pilotage du BCATP (en gris clair les écoles avec instructeurs civils, en gris foncé les écoles entièrement militaires). Il faut garder à l'esprit que les capacités d'accueil des différents types d'écoles n'étaient pas comparables, comme cela a été décrit ci-dessus pour les EFTS.

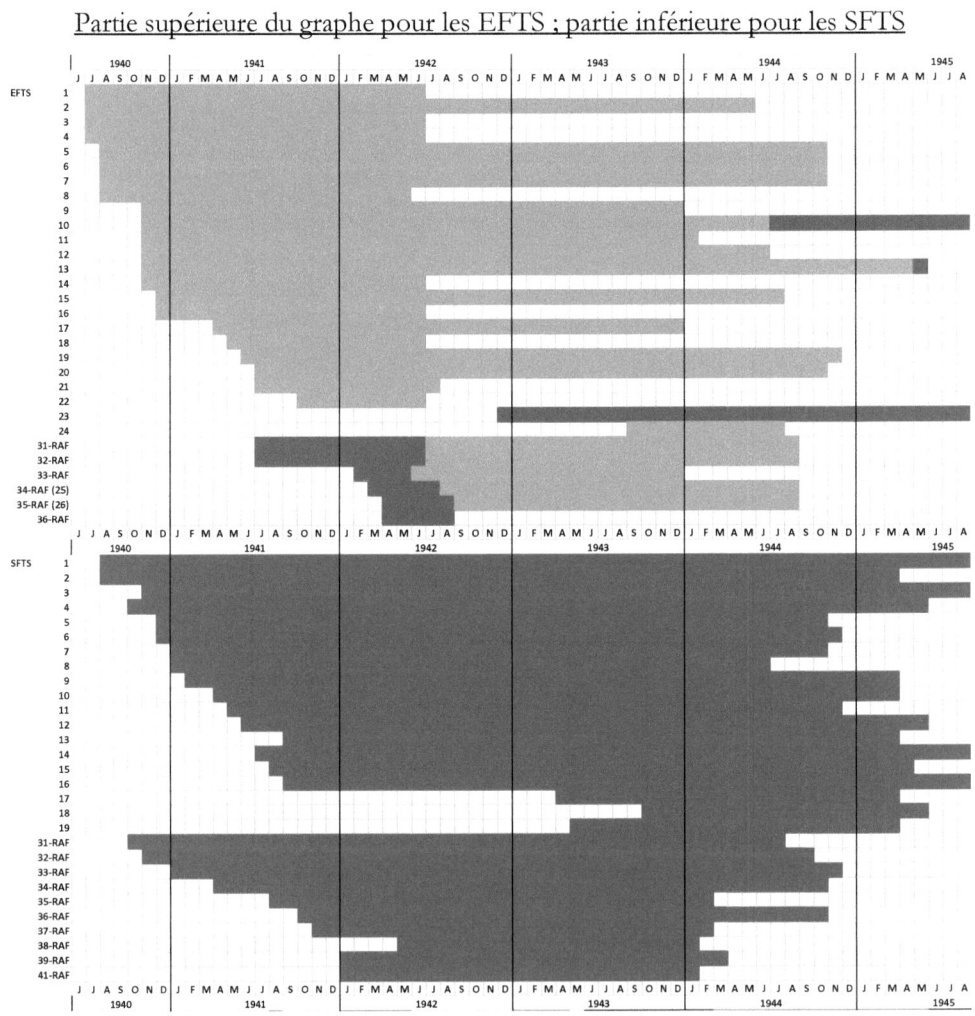

Partie supérieure du graphe pour les EFTS ; partie inférieure pour les SFTS

Les SFTS

Les 29 SFTS en activité au Canada pendant la guerre sont listées en Annexe 6A. En règle générale, chaque SFTS disposait d'un aérodrome principal, et deux aérodromes satellites (par exemple à Grand Bend et Saint Joseph à partir de juillet 1942 pour la 9ème SFTS). Les Britanniques qui affrontent pour la première fois les rigueurs de l'hiver canadien en 1940-1941 rencontrent des difficultés inattendues. Ainsi, mi-janvier 1941, la 33ème SFTS peine à assembler ses quatre premiers Anson venus eux aussi du Royaume-Uni dans les hangars sans chauffage de Carberry, Manitoba. Ce n'est que le 26 février que le système de chauffage des hangars de cette école est mis en service. [313] Il faut de plus effectuer de nombreuses modifications pour permettre à ces avions de fonctionner par temps froid. Le remontage de certains appareils a aussi été confié à des firmes privées : par exemple, de Havilland Canada est chargé d'assembler un nombre de Fairey Battle livrés en caisses au Canada ; mais n'ayant pas d'expérience avec les moteurs Rolls Royce Merlin, la 31ème SFTS doit leur envoyer un mécanicien expérimenté pour les aider. Recevant elle aussi des Battle "en boites", la 31ème SFTS a la mauvaise surprise de s'apercevoir que les rues de l'école n'ont pas été conçues pour y faire manœuvrer des caisses immenses et que deux de ces caisses, stockées sur les ponts des navires pour traverser l'Atlantique, ont été mitraillées, probablement par la Luftwaffe, obligeant à réparer des ailes et à changer une pale d'hélice avant même de commencer le remontage des avions. [314]

Les écoles étaient conçues comme de véritables petites villes, avec entre autres un pharmacien, un manipulateur pour la prise de radiographies, un postier, douze policiers militaires (service surnommé *"la Gestapo"* dans les revues des écoles), [315] trente-deux gardes, neuf cuistots, un instructeur "trompette et tambour", deux aumôniers (un Protestant, un Catholique), trois comptables, un médecin et deux infirmiers (tous RCAF). On note que les auxiliaires féminines de la Women's Division ne font leur apparition dans le staff des écoles qu'en 1942. Les onze hommes de l'Armée de Terre prévus par la dotation théorique sont les dentistes et leurs assistants du Canadian Dental Corps. Les civils sont principalement chargés de l'entretien des bâtiments (plombiers, menuisiers, électriciens, chauffeurs pour la chaudière à vapeur du chauffage central, etc.) et des terrains, notamment la conduite des tracteurs de tonte et des déneigeuses, ainsi que du bureau météorologique. Comme on peut le voir en Annexe 2A qui liste les accidents d'une SFTS en un mois, les 377 mécaniciens, électriciens et instrumentistes avaient du pain sur la planche pour garder autant d'avions que possible en état de voler.

---

[313] Entrées du 11 janvier et du 26 février 1941 du Journal de marche de la 33ème SFTS, conservé sous la référence C-12353, images 1441 et 1454, BAC.
[314] Entrées du 11 et du 21 janvier 1941 du Journal de marche de la 31ème SFTS, conservé sous la référence C-12353, images 66 et 69, BAC.
[315] Page 23 du magazine "The Pioneer" d'août 1942 de la 31ème SFTS, conservé sous la référence C-12353, image 575, BAC et page 12 du bilan *"One year of progress. May 1943 - May 1944"* de la 19ème SFTS de Vulcan, Alberta, conservé sous la référence C-12352, image 180, BAC.

Les deux graphes ci-après montrent l'évolution des effectifs, de la dotation en appareils et des heures de vol d'une SFTS sélectionnée comme exemple (en l'occurrence, la 9ème SFTS) pour chaque mois de janvier et de juin. La dotation théorique en personnel est également indiquée pour le mois de juillet 1942, date à laquelle l'école a déménagé et est passée sous le contrôle du 1er Training Command, au lieu du 3ème Training Command. [316]

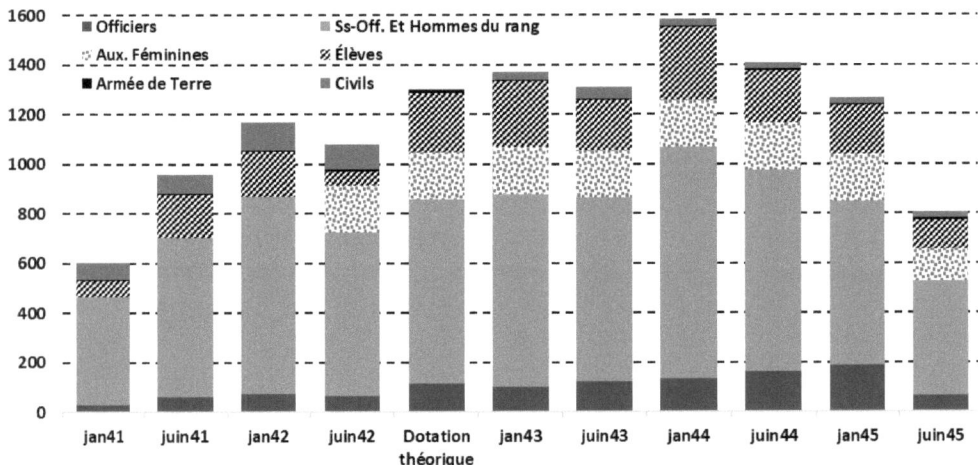

Si l'on extrapole en ordre de grandeur, les 29 SFTS canadiennes employaient donc au milieu de la guerre environ 30.000 hommes et femmes pour accueillir 5.400 élèves-pilotes en cours de formation.

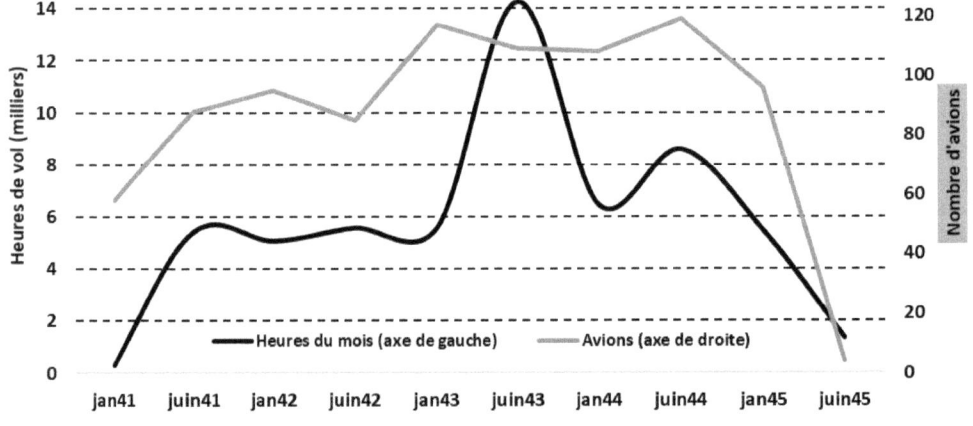

---

[316] Graphes de l'auteur à partir des données du Journal de marche de la 9ème SFTS, conservé sous les références C-12347 et C-12348, BAC. Les données ne montraient pas toujours la répartition des élèves ou des Auxiliaires Féminines qui ont alors été déterminées hypothétiquement par interpolation.

On voit qu'avec une dotation théorique de 108 avions, une SFTS approche, ou dépasse, les 10.000 heures mensuelles de vol pendant les mois d'été, chiffre qui avait été fixé comme objectif après des essais de réorganisation menés mi-1941 à la 6ème SFTS de Little Rissington, Gloucestershire en Angleterre, pour améliorer la productivité : cette SFTS, avec un terrain principal et deux aérodromes satellites, plus d'élèves, plus d'avions, et un programme de vol étendu, avait démontré que l'efficacité des SFTS pouvait être améliorée, le facteur limitant restant le manque de pièces détachées pour réparer les avions. [317] Durant l'été 1943, une seule SFTS accumulait donc plus d'heures de vol que ne le faisait l'ensemble de la RCAF en une année avant-guerre. [318]

La 9ème SFTS pouvait accueillir simultanément un maximum de 240 élèves sur la base d'un instructeur pour quatre élèves (les commandants d'Escadrilles n'étant pas inclus dans ce ratio). Les classes duraient seize semaines, soixante nouveaux élèves étant accueillis toutes les quatre semaines. L'école disposait en théorie de 108 Anson (plus 36 moteurs de rechange) et d'un Stinson, ainsi que de neuf simulateurs Link. Le parc automobile incluait trois ambulances et trois camions d'intervention (un de chaque pour le terrain principal et les aérodromes satellites), six tracteurs pour parquer les avions, cinq camions citernes, une grue et une remorque plateau pour dégager la piste en cas d'accident, un camion d'incendie ainsi que divers camions, tracteurs agricoles et déneigeuses).

Chaque Classe d'élèves était divisée en Escouades, elles-mêmes subdivisées en Escadrilles. Par exemple, la Classe n°19 reçue par la 34ème SFTS de Medicine Hat, Alberta, mi-1941 comportait 72 élèves qui ont été répartis par ordre alphabétique de la façon suivante :

	Escouade R	Escouade S
Escadrille C	18 élèves (de Allatt à Gordon)	18 élèves (de Kormyle à Porter)
Escadrille D	18 élèves (de Haight à Koyl)	18 élèves (de Rath à Zaleschuck)

L'emploi du temps de l'Escadrille D de l'Escouade S est détaillé ci-après pour les 4 et 5èmes semaines de leur cursus au sein de la SFTS : [319]

---

[317] Pages 33 et 34 du compte-rendu de la conférence *"Aircrew Training"*, Document Secret (SD) n°349 de février 1942, op. cit.
[318] D'après l'article *"La plus grande « bataille aérienne » de l'histoire canadienne"* de Jean Martin, Ph.D. (voir bibliographie), la RCAF effectuait environ 27.000 heures de vol par an avant-guerre.
[319] Emplois du temps en annexe du Journal de marche de la 34ème SFTS, conservé sous la référence C-12354, images 450 et 451, BAC. Les tableaux ont été simplifiés pour les rendre plus lisibles.

4ème semaine du 16 au 22 juin 1941

Heure	Lundi	Mardi	Mercredi	Jeudi	Vendredi	Samedi	Dimanche
07h30 - 08h00	Pilotage	Nettoyage	Pilotage	Nettoyage	Pilotage	Nettoyage	Pilotage
08h00 - 08h55	Pilotage	Théorie du pilotage	Pilotage	Transmissions	Pilotage	Théorie du pilotage	Pilotage
09h00 - 11h00	Pilotage	Navigation	Pilotage	Navigation	Pilotage	Navigation	Pilotage
11h05 - 12h00	Pilotage	Armement	Pilotage	Armement	Pilotage	Armement	Pilotage
13h00 - 19h00 *	Simulateur Link		Simulateur Link		Simulateur Link		Simulateur Link
13h30 - 14h00		Navigation		Navigation		Transmissions	
14h00 - 14h30	Nettoyage	Navigation	Nettoyage	Navigation	Nettoyage	Transmissions	Nettoyage
14h30 - 15h00	Marche au pas	Armement	Marche au pas	Armement	Marche au pas	Armement	Études personnelles
15h00 - 15h25	Marche au pas	Armement	Marche au pas	Armement	Marche au pas	Armement	Études personnelles
15h30 - 16h30	Sport	Transmissions	Sport	Cellules d'aéronefs	Sport	Moteurs	Études personnelles
16h35 - 17h25 **		Transmissions		Armement		Navigation	

5ème semaine du 23 au 29 juin 1941

Heure	Lundi	Mardi	Mercredi	Jeudi	Vendredi	Samedi	Dimanche
07h00 - 08h00	Nettoyage	Pilotage	Nettoyage	Pilotage	Nettoyage	Pilotage	Nettoyage
08h00 - 08h55	Théorie du pilotage	Pilotage	Navigation	Pilotage	Théorie du pilotage	Pilotage	Nettoyage
09h00 - 09h55	Navigation	Pilotage	Armement	Pilotage	Armement	Pilotage	Église obligatoire
10h05 - 11h00	Navigation	Pilotage	Navigation	Pilotage	Navigation	Pilotage	Église obligatoire
11h05 - 12h00	Navigation	Pilotage	Navigation	Pilotage	Navigation	Pilotage	Église obligatoire
13h00 - 19h00 *		Simulateur Link		Simulateur Link		Simulateur Link	Temps libre
13h30 - 14h00	Transmissions		Cellules d'aéronefs		Transmissions		Temps libre
14h00 - 14h30	Transmissions	Nettoyage	Cellules d'aéronefs	Nettoyage	Transmissions	Nettoyage	Temps libre
14h30 - 15h00	Armement	Marche au pas	Armement	Marche au pas	Armement	Marche au pas	Temps libre
15h00 - 15h25	Armement	Marche au pas	Armement	Marche au pas	Armement	Marche au pas	Temps libre
15h35 - 16h30	Armement	Sport	Transmissions	Sport	Moteurs	Sport	Temps libre
16h35 - 17h25 **	Transmissions		Armement		Navigation		Temps libre

* Les élèves qui ne sont pas au simulateur effectuent les autres activités indiquées.
** Cours supplémentaire de soutien aux élèves ayant des difficultés.

On voit que les élèves ne chômaient pas puisqu'ils n'avaient qu'une courte permission un dimanche après-midi sur deux. D'autres cours venaient s'ajouter au fil des semaines, comme la reconnaissance des silhouettes d'avions amis ou ennemis, l'entraînement sur simulateur au bombardement ("AML Bombing Teacher"), [320] etc. Les écoles pouvant recevoir jusqu'à quatre classes simultanément, il fallait donc produire des emplois du temps pour seize Escadrilles différentes, ce qui n'était pas un mince défi pour le service administratif.

Les élèves étaient testés régulièrement, à la fois au sol et en vol et étaient classés les uns par rapport aux autres. Par exemple, en 1941, ils étaient notés en SFTS sur les sujets suivants :

- Qualité de pilotage :   750 points maximum.
- Examens au sol :   750 points maximum.
- Personnalité et leadership :   750 points maximum.

---

[320] AML pour Air Ministry Laboratory : Ce simulateur permettait de projeter l'image du terrain qui défilait sous un avion sur un sol blanc tenant lieu d'écran ; deux élèves jouant le rôle de Pilote et de Bombardier, placés à 5 mètres du sol sur une plateforme au-dessus de l'écran, devaient coordonner leurs efforts pour se placer correctement en fonction des paramètres imposés par cette simulation - voir le chapitre sur les simulateurs.

- Exercices aériens au champ de tir * :   200 points maximum.
  * *uniquement pour les écoles sur bimoteurs*

Les examens au sol étaient divisés de la façon suivante :
- Armement :   100 points maximum à l'oral et 100 points maximum à l'écrit.
- Compétence aéronautique et entretien :   200 points maximum.
- Navigation :   200 points maximum (dont 50 points en météorologie).
- Transmissions :   50 points maximum à l'oral et 100 points maximum à l'écrit.

Le programme d'instruction au pilotage de bimoteurs des SFTS était le suivant au printemps 1942 : [321]

N°	Sujet	N°	Sujet
*1	Test des capacités et du caractère de l'élève	16	Virages en montée
*1a	Apprentissage de la disposition et de la séquence de vérification du poste de pilotage	17	Atterrissages forcés
*1b	Préparation du vol	*18	Action en cas d'incendie
*2	Effet des commandes et des compensateurs	*18a	Évacuation d'urgence de l'avion
*3	Roulage au sol	*19-1	Vol rectiligne en palier - Pilotage aux instruments
*3a	Instruments de pilotage sans visibilité	19-2	Montée - Pilotage aux instruments
*4	Vol rectiligne en palier	19-3	Descente - Pilotage aux instruments
*5	Montée, descente, vol plané et décrochage	19-4	Virages - Pilotage aux instruments
*6	Virages sur avions militaires	19-5	Virages sur un cap - Pilotage aux instruments
*7	Décollage face au vent	19-6	Décollage - Pilotage aux instruments
*8	Approche au moteur et atterrissage	20	Décoller et atterrir hors de l'axe de vent
*8a	Action en cas d'approche trop longue	*21a	Actions immédiates en cas de panne d'un moteur
*9	Approche en vol plané et atterrissage	*21b	Piloter avec un moteur au ralenti, garder l'altitude, virages en montée des deux côtés
*10	Vrille	21c	Atterrir sur un seul moteur
11	Premier solo sur avion militaire	22	Voltige aérienne
12	Dérapage	23	Navigation

---

[321] Programme du 20 février 1942 de la 36ème SFTS de Penhold, Alberta, conservé dans le carnet de vol de George Highton, op. cit..

12a	Atterrissages sans volets hypersustentateurs - uniquement avec Instructeur	24	Test de vol à grande distance
13	Atterrissage de précaution	25	Vol de nuit
*14	Vol à basse altitude - uniquement avec Instructeur	26	Vol en formation
15	Virages serrés	27	Test de vol en altitude

* À faire avant le premier vol solo ; le sujet 19-1 pendant 30 minutes, et deux fois le sujet 14.

La durée du séjour en SFTS et le nombre d'heures de vol prescrit a fluctué au cours de la guerre, comme le montre le tableau ci-après :

	Durée des cours (semaines) *	Heures de vol par élève
Jusqu'à l'automne 1941	11	72
Jusqu'au printemps 1942	14	85
Avril 1942 à juillet 1942	16	120
Août 42 à avril 1944	21	150
Mi-1944 à fin 1944	28	210

* Sauf météo défavorable

Les élèves effectuaient quelques heures de vol de nuit en SFTS, le quota étant normalement fixé à 15 heures (mais les deux tiers de ces heures se faisaient généralement en doubles commandes avec un instructeur). Alors que le commandant du Bomber Command exigeait fin 1941 que ce quota soit doublé, [322] dans les faits les heures de vol nocturne en SFTS semblent s'être stabilisées autour d'une douzaine d'heures par élève jusqu'à la fin de la guerre. [323]

Les exercices de vol étaient progressivement de plus en plus difficiles et les élèves devaient calculer eux-mêmes leur plan de vol, qui était vérifié par l'instructeur de navigation d'astreinte le jour de l'exercice. Cet instructeur leur indiquait également les limites d'altitude et de zone géographique à ne pas franchir (par exemple, interdiction de descendre sous 1.000 pieds pour un vol de navigation longue distance, et sous 300 pieds pour un vol "à basse altitude", sauf à moins de 10 km de distance de l'aérodrome de l'école). Par exemple, le 7ème exercice décrit ci-après était au programme des SFTS en 1944, aussi bien pour celles formant sur monomoteurs que celles utilisant des bimoteurs : [324]

---

[322] Page 170 du document *"Flying Training - Aircrew Training 1934-1942"*, op. cit.
[323] Par exemple, les élèves brevetés avant 1943 par la 36ème SFTS de Penhold, Alberta, avaient bénéficié en moyenne d'une quinzaine d'heures de vol de nuit, leurs successeurs n'ayant plus qu'une douzaine d'heures (données du Journal de marche de la 36ème SFTS, conservé sous la référence C-12356 et 12357, BAC).
[324] Document conservé sous la référence T-21788, image 457, BAC.

Détails de l'exercice 7 : NAVIGATION À BASSE ALTITUDE	Durée		Briefing pré-vol et discussion post-vol (pour chaque exercice)
	Doubles commandes	Solo	
En doubles commandes : Un exercice en doubles commandes durant lequel les capacités de l'élève à assurer la navigation, à conserver une altitude correcte, à effectuer les changements de cap et à tenir son heure estimée d'arrivée doivent être testées. À la fin de ce vol, l'élève devra effectuer les tâches suivantes : Avion monomoteur : 4 bombes seront libérées à basse altitude sur le champ de tir de la base. Les heures d'arrivée et de départ de la cible seront imposées avant le décollage et ce bombardement ne devra durer que dix minutes. Les élèves arrivant trop tard sur la cible devront ramener leurs bombes à la base. Avion bimoteur : Ces avions devront revenir pour se trouver à une heure prédéterminée au-dessus de la chambre noire de la base, * et effectuer quatre passes de bombardement. Comme pour les avions monomoteurs, les élèves arrivant trop tard ne devront pas attaquer la cible.	2h00	-	45 min.
En solo : Les élèves qui ont réalisé avec succès l'exercice en doubles commandes décrit ci-dessus devront effectuer un parcours similaire en solo. Ils devront préalablement être certifiés compétents pour cela par leur commandant d'Escadron.	-	2h00	45 min.

* La chambre noire était un bâtiment spécifique (ou une tente) servant de cible avec pour seule ouverture une trappe au niveau toit : une table de projection en dessous permettait de voir la position de l'avion qui survolait la zone. Au lieu de larguer des bombes, l'équipage de l'avion appuyait sur un bouton qui déclenchait une ampoule flash sous l'avion. Ce flash était marqué sur la table par un opérateur qui calculait ensuite en fonction du vent, de l'altitude et de la trajectoire de l'avion si le signal avait été fait au bon moment pour assurer un coup direct si une bombe avait vraiment été libérée. Ce système coûtait bien moins cher que de vraies bombes d'entraînement et permettait de se passer d'un champ de tir. La photo ci-contre montre un élève marquant la progression d'un avion dans la chambre noire sous la supervision d'un instructeur (photo publiée page 23 du livret *"ABC of the RAF"* de 1942). Un système à projecteurs infrarouge avait aussi été développé pour

entraîner les équipages au bombardement de nuit, mais étant donné son coût, il ne semble pas avoir dépassé le stade du prototype. [325]

L'exercice suivant (n°8) de navigation longue distance consistait à effectuer un circuit triangulaire en se rendant au-dessus d'un point précis par exemple à 80 km de la base (disons vers l'Ouest), puis à prendre un cap vers un autre point distant de 200 km (par exemple au Sud-Sud-Ouest), puis à revenir à la base sur 220 km (donc au Nord-Est), tout en volant à 4.000 pieds d'altitude. Cet exercice obligeait l'élève à trouver des points de repère différents pour sa carte (par rapport à un simple aller-retour) et à prendre en compte la dérive causée par le vent sur des caps variables.

Tout comme leurs ainés en Escadrons opérationnels, les élèves devaient certifier régulièrement par écrit qu'ils avaient pris connaissance et compris les ordres locaux destinés aux Pilotes (par exemple zones interdites de vol, règles de pilotage à basse altitude, procédure à suivre en cas d'incident, etc. : voir ci-dessous), et avant tout vol ils devaient signer les formulaires L.14 et F.17 de la RCAF : respectivement *"Formulaire d'entretien de l'avion"* et *"Formulaire d'autorisation de pilotage et journal d'enregistrement journalier des vols"*. Le formulaire L.14 servait à la fois à conserver une trace de toutes les opérations de maintenance effectuées sur un appareil (majeure ou mineure comme les inspections journalières), à comptabiliser les heures de vol de l'avion et de ses composants majeurs (moteurs, pilote automatique, etc.) et à noter les opérations de ravitaillement (carburant, lubrifiant, liquide de refroidissement). Un exemple de formulaire de navigation utilisé pour ce type d'exercice de navigation longue distance est reproduit en Annexe 7C.

Il était relativement fréquent qu'un élève se perde lors d'un vol en solo, mais s'il avait la sagesse de poser l'avion sans casse dans un champ, ce type d'incident n'avait pas d'impact négatif sur son parcours. Sydney P. Moston, qui était élève pilote à la 32ème SFTS de Moose Jaw, Saskatchewan, raconte ainsi que *"le seul incident notable de ma formation s'est produit vers la fin de mon séjour en SFTS : je devais faire un vol solo de voltige. Il faisait très beau avec quelques cumulus. Je me suis régalé à faire toutes sortes de figures avec mon Harvard, boucle, Immelman, piqué dans les nuages, etc., tant et si bien que je me suis rendu compte que j'étais perdu. Je suis descendu pour lire le nom du village sur le silo à grain local, mais ce nom ne figurait pas sur ma carte. Il commençait à faire nuit et je me suis donc posé dans un champ, train d'atterrissage sorti, et j'ai fait rouler l'avion jusqu'à une ferme au coin du champ. J'ai demandé où je me trouvais et j'ai téléphoné à Moose Jaw. Ils m'ont dit de passer la nuit sur place et que deux instructeurs viendraient au matin pour l'avion, je reviendrai avec la voiture qui les amènerait. J'avais eu beaucoup de chance de me poser près d'une ferme où habitait une jolie fille qui m'a emmené au bal du village le soir. Cependant, j'étais contrarié à l'idée d'être recalé à cause de cet incident, mais une fois rentré à l'école, il n'a plus jamais été mentionné, c'est comme s'il ne s'était jamais produit. Je pense que c'était parce que je n'avais pas abimé l'avion."* [326]

---

[325] Pages 13 et 14 du *"Monthly Aircrew Training Bulletin n°2"* publié en juin 1942, op. cit.
[326] Interview d'avril 1998, conservée par l'Imperial War Museum dans la collection *"Oral history"*, référence 17986 - bobine 1.

Cette carte était annexée aux ordres permanents de la 13ème EFTS de Saint Eugène, Ontario, de février 1943 pour que les élèves sachent précisément quelles zones convenaient en fonction des activités. La flèche blanche supérieure montre le champ près de Hawkesbury qui servait d'aérodrome secondaire, l'autre flèche indiquant l'aérodrome principal. Les deux zones hachurées au nord-ouest et à l'est de St Eugène sont les deux champs où 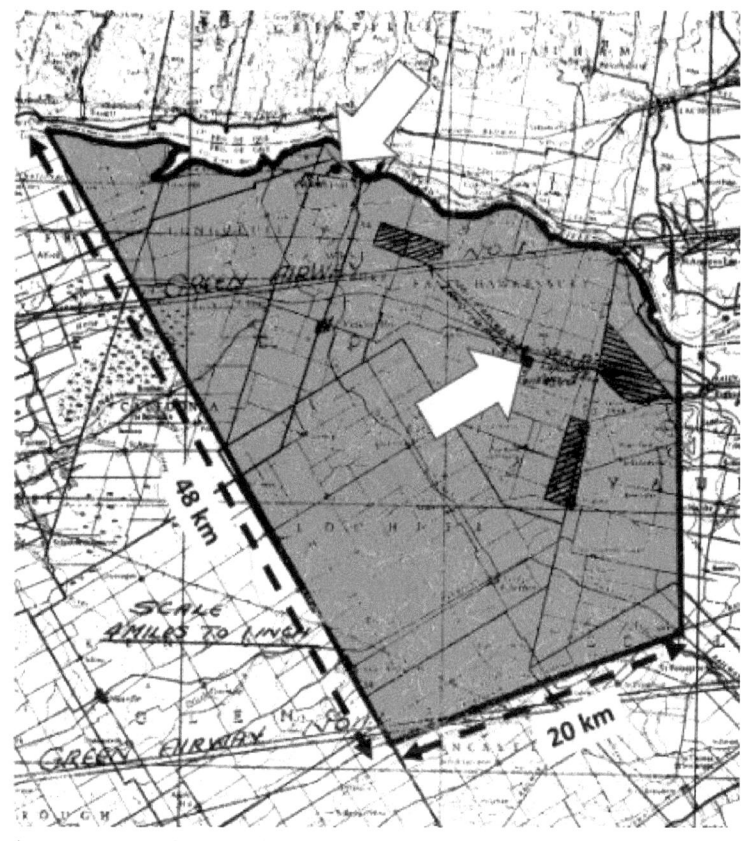 il est permis de s'entraîner aux atterrissages forcés, et la zone hachurée au sud-est est le seul endroit où le vol à basse altitude est autorisé. La zone grisée est celle dont les élèves ne peuvent pas sortir lorsqu'ils volent en solo. Elle mesure environ 48 par 35 kilomètres. La limite côté Est est imposée par la présence d'une zone identique réservée par la 10ème EFTS de Pendleton, Ontario. (Carte © Government of Canada. Reproduced with the permission of Library and Archives Canada (2024). Source: Library and Archives Canada/Department of National Defence fonds/Reel T-21828 p. 5623). [327]

En fin de cursus, l'école donnait également un avis sur les affectations les plus adéquates pour chaque élève (par exemple "1er choix : Chasseurs ; 2ème choix : Bombardiers Moyens, 3ème choix : Surveillance Maritime") et les meilleurs élèves étaient recommandés pour être promus officiers. Ainsi, le 9 juin 1941, la première classe d'élèves-pilotes formés à la 34ème SFTS de Medicine Hat, Alberta reçoit ses résultats : 55 élèves sont reçus dont 28 sont recommandés pour être promus officiers, et 13 sont recalés : [328]

---

[327] Les flèches, la zone grisée et les mesures ont été ajoutées par l'auteur.
[328] Entrées du 9 juin 1941 du Journal de marche de la 34ème SFTS, conservé sous la référence C-12354, images 444 à 453, BAC.

- 6 définitivement (3 pour progrès insuffisants et 3 tués dans des accidents de vol).
- 5 pour maladie et réaffectés à d'autres SFTS.
- 2 blessés dans des accidents de vol et réaffectés à d'autres SFTS.

Le bilan de la classe n°105 de la 9ème SFTS est détaillé ci-dessous à titre d'exemple : [329]

Date d'arrivée à l'école : 23 avril 1944 – 60 élèves (38 RCAF et 22 RAF)
Date de remise des "ailes" : 27 octobre 1944
Élèves "reprogrammés" des classes précédentes reversés dans la Classe n°105 : 6 (5 RCAF et 1 RAF)
Élèves "reprogrammés" de la Classe n°105 reversés dans la classe suivante : Aucun
Nombre d'élèves au total dans la Classe n°105 : 66 (43 RCAF et 23 RAF)
Élèves recalés :   Inaptes au pilotage : 4 (2 RCAF et 2 RAF)
Raison de discipline : 1 (RCAF)
Tué : 1 (RCAF)
Nombre d'élèves diplômés : 60, soit 90,9% des participants de la Classe n°105
Répartition des élèves diplômés :
– Affecté à la 2ème SFTS d'Uplands, Ontario (conversion sur monomoteur) : 1
– Envoyés au 31ème dépôt du Personnel de Moncton, Nouveau Brunswick : 20
– Accordés une permission spéciale d'un mois : 39
Recommandés comme Officiers : 22 RCAF et 8 RAF

On trouvera en Annexe 4A le rapport de fin de stage de la classe n°51 de la 36ème SFTS de Penhold, Alberta, ainsi que le résumé de la carrière de ces pilotes durant la guerre. Le graphe ci-après montre les taux de réussite, de reprogrammation et d'élimination des élèves des 32 classes menées à leur terme dans cette SFTS au Canada entre fin septembre 1941 et début novembre 1944. [330] Plus de 77% des 1.835 élèves entrés dans cette école ont été brevetés pilote, mais les classes ont connu des réussites variées : si deux classes en 1942 (classes n°29 et 53) et les dernières ont eu des taux d'échec inférieurs à, ou proche de, 5%, celles de 1943 ont manifestement souffert d'une qualité inférieure avec des taux d'élimination excédant les 20%, voire même deux fois 30% (classes n°79 et 81). L'amélioration de la sélection des recrues dont nous avons déjà parlé a permis de ramener ces valeurs à des pourcentages plus acceptables en 1944.

---

[329] Entrée du 27 octobre 1944 du Journal de marche de la 9ème SFTS, conservé sous la référence C-12347, images 1742-1743, BAC.
[330] Graphe de l'auteur à partir des données du Journal de marche de la 36ème SFTS, conservé sous la référence C-12356, images 1664 et 1665, BAC.

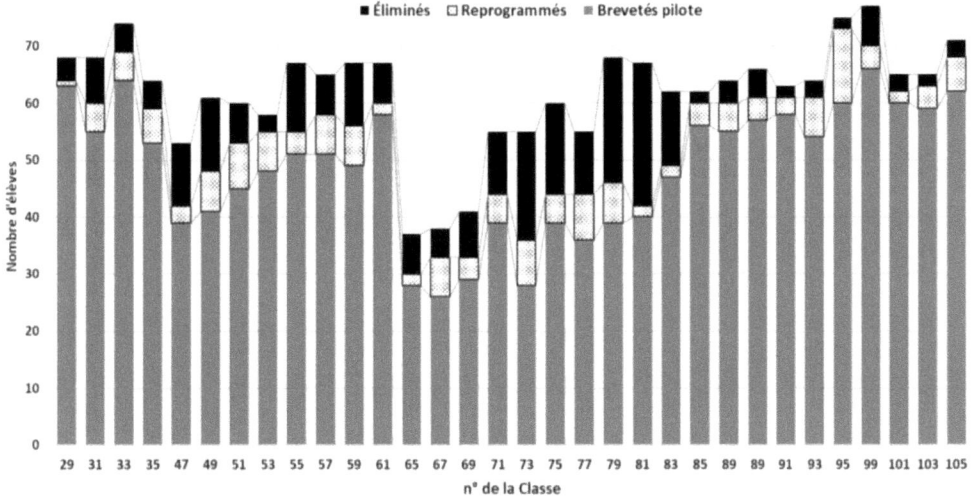

L'organisation prévue pour la 17ème SFTS de Souris, Manitoba, avant son ouverture en mars 1943 était la suivante : [331]

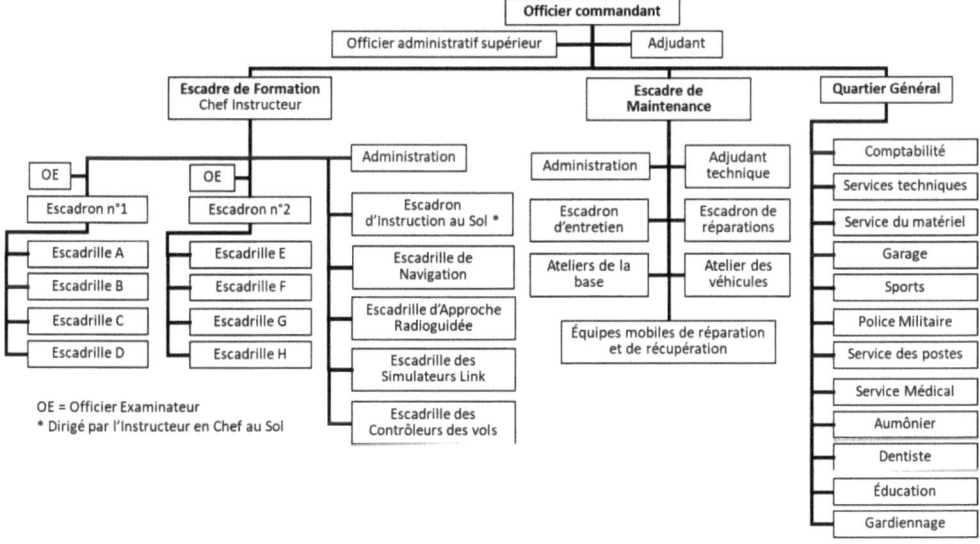

Cette SFTS pouvait accueillir simultanément un maximum de 240 élèves et disposait de 118 bimoteurs et de 9 simulateurs Link. Son staff théorique se composait de 873 hommes (dont 112 officiers), de 217 femmes (dont 3 officiers) et de 24 civils.

---

[331] Organigramme du 3 décembre 1942 en annexe "B" de l'Ordre d'Organisation n°255 *"Formation of n°17 Service Flying Training School"* du 3 février 1943 (publié par la révision 2 de cet Ordre en date du 25 février 1943), conservé sous la référence C-12354, images 450 et 451, BAC.

Les coûts de la formation d'un pilote en SFTS ont été calculés pour la phase 1 du BCATP (de 1940 au 31 mars 1943), la plus coûteuse puisqu'elle inclut la construction des écoles, à 8.904 $ canadiens. Il faut ajouter les coûts associés à sa formation en ITS, en EFTS, puis en AFU et OTU, ainsi que les frais de transport, avant d'arriver à un pilote opérationnel. [332]

<u>Un long sujet de contentieux entre la RAF et les pays du Commonwealth : la promotion au rang d'Officier</u>

Il était initialement prévu que 33% des élèves pilotes et observateurs seraient promus officiers une fois leur formation de base acquise, et que 17% devaient recevoir une recommandation pour avoir plus tard la même promotion. Aucun quota n'était établi pour les opérateurs radio jusqu'en février 1941, ni pour les mitrailleurs jusqu'en août 1941. L'évolution de ces chiffres est montrée dans le tableau ci-après, le premier pourcentage étant celui des officiers nommés à la sortie des écoles, et le pourcentage entre parenthèses correspondant aux promotions qui pouvaient être ensuite accordées durant la carrière opérationnelle : [333]

	Pilotes et observateurs	Opérateurs radio	Mitrailleurs
juillet 1940	33% (17%)	-	-
février 1941	33% (17%)	2% (5%)	-
août 1941	33% (17%)	10% (10%)	5% (15%)

Cependant, en réponse à une question d'un représentant de la Chambre des Communes du Canada, le Ministre de la Défense Nationale pour l'Air, Charles G. Power, indique qu'il *"a toujours pensé que ces recommandations n'avaient aucune valeur dans bien des cas. ... Il nous a été très difficile d'obtenir des brevets [d'officier] pour les hommes compris dans la proportion de 17%. ... Si un Sergent sert dans quelque partie du monde [au sein de la RAF], son commandant pourra constater qu'il s'acquitte fort bien de ses devoirs, mais il y a peut-être dans la RAF d'autres Sergents qui, de l'avis de ce commandant, méritent davantage de l'avancement. L'Officier ne s'inquiète pas outre mesure de savoir si le Sergent canadien est de ceux qui entrent dans la catégorie de 17%."* Power ajoute qu'il compte bien profiter de la conférence prévue en juin 1942 à Ottawa pour rassembler les pays signataires du BCATP pour *"aborder la question de l'opportunité, fondée sur le droit le plus absolu, d'accorder le grade d'officier à chaque membre d'un équipage aérien. Nous sommes liés à l'heure actuelle par nos engagements sous l'empire du plan collectif d'entraînement aérien.* [334] *Il se peut que le conseil du Trésor anglais y soit pour quelque chose, car, ainsi qu'on le sait, le Royaume-Uni verse les soldes et allocations de ceux qui sont au service des équipages de la Royal Air Force ; mais nous avons porté le montant de la solde au même niveau que celui qui a cours dans l'aviation canadienne, ce*

---

[332] Coûts refacturés à l'Australie, paragraphe IV(vi) du mémorandum *"Empire Air Training Scheme - Financials proposals"* du 11 juin 1942, conservé sous la référence A2671, 261/1942, page 9, NAA.
[333] Page 26 du *"Final report of the Chief of the Air Staff to the Members of the Supervisory Board British Commonwealth Air Training Plan"* du 16 avril 1945, conservé sous la référence AIR 20/1342, TNA.
[334] Lapsus involontaire entre "empire" et "emprise" ?

qui équivaut à une augmentation d'environ un tiers. ... Dans un avion, tous les membres de l'équipage courent les mêmes risques." [335] Cette position n'est pas unique parmi les pays du Commonwealth puisque, par exemple, les élèves Sud-Africains brevetés pilotes étaient promus immédiatement du rang d'Élève-Pilote à celui de 2nd Lieutenant. [336]

Britanniques et Canadiens s'affrontent sur ce sujet durant la conférence d'Ottawa, [337] et la RCAF obtient la latitude de nommer autant d'officiers que souhaité parmi les aviateurs canadiens formés, y compris à titre rétroactif, du moment que les postulants répondaient aux critères requis (encore une fois, les opérateurs radio et les mitrailleurs ne bénéficient de cet assouplissement qu'avec retard, à partir de juin 1944). Pour les aviateurs des autres nations impliquées dans le BCATP, les quotas du tableau ci-dessus sont restés en vigueur.

Le tableau ci-dessous montre les pourcentages d'élèves promus officiers au Canada au moment où ils ont été brevetés dans leur spécialité d'avril 1940 à fin mars 1945 : [338]

	Canadiens	Britanniques	Australiens	NZ
Pilotes	47,0%	25,2%	34,1%	32,4%
Observateurs ou Navigateurs	52,0%	32,7%	32,9%	35,8%
Bombardiers	45,4%	32,0%	33,0%	32,6%
Opérateurs radio	16,5%	15,6%	9,9%	11,5%
Mitrailleurs	8,5%	5,2%	8,6%	5,9%
Mécaniciens embarqués	22,3%	-	-	-
MOYENNES	**34,9%**	**27,7%**	**25,9%**	**25,2%**

On constate que les catégories "PNB" (pilotes, navigateurs et bombardiers) étaient favorisées, et que les Canadiens ont effectivement bénéficié proportionnellement de plus de promotions que les autres nationalités.

---

[335] Débats de la Chambre des communes du 12 mai 1942, 19ème Législature, 3ème Session, volume 3, page 2419.
[336] Voir par exemple l'ordre n°26 du 25 mai 1942 en annexe du Journal de marche de la 21ème Air School (SFTS) de Kimberley, conservé sous la référence AIR 54/167, TNA.
[337] Pour plus de détails, se référer au chapitre 6 de la monographie *"Manning Plans and Policy"*, de l'Air Historical Branch, 1958 (voir bibliographie). L'annexe 18 de ce document présente également une longue liste des avantages et inconvénients de la proposition canadienne.
[338] Page 54 du *"Final report of the Chief of the Air Staff to the Members of the Supervisory Board British Commonwealth Air Training Plan"* du 16 avril 1945, conservé sous la référence AIR 20/1342, TNA. Les pourcentages britanniques sont réduits par le fait qu'aucune promotion n'était normalement accordée aux élèves des écoles de la FAA au Canada.

Les écoles de formation des instructeurs

L'École Centrale de formation au Pilotage

Jusqu'au début de 1939, la RCAF envoyait quelques-uns de ses instructeurs se former à l'École Centrale de formation au Pilotage (Central Flying School - CFS) de la RAF en Angleterre. Un embryon d'École Centrale canadienne a été formé en avril 1939 en créant une Escadrille d'instruction à Camp Borden, Ontario, qui a rapidement grandi. Un an plus tard, elle devient l'École Centrale de formation au Pilotage de la RCAF. Basée à Trenton, Ontario, pendant toute la durée de la guerre, elle avait pour mission principale d'être le centre d'expertise en matière de pilotage et de formation en déterminant les meilleures méthodes, en les enseignant et en évaluant les instructeurs. Après une première phase de formation des instructeurs militaires ou civils, il a vite fallu "prélever" de nombreux élèves fraîchement brevetés en SFTS pour les affecter comme instructeurs. Peu enthousiastes à l'idée de rester au Canada pour former des "bleus", certains ont cherché des prétextes pour être jugés inaptes en tant qu'instructeurs afin d'être envoyés en unités combattantes. La hiérarchie de la CFS, après quelques déconvenues initiales, a vite trouvé la parade : les récalcitrants ultérieurs ont été affectés à une B&GS comme pilotes d'avions remorqueurs de cibles et cet exemple a suffi à décourager de nouvelles esquives. [339] Ces jeunes hommes ne se rendaient pas compte qu'être affectés instructeurs accroissait considérablement leurs chances de survie, d'une part en leur permettant d'acquérir de bien meilleures compétences aéronautiques, et d'autre part en arrivant sur le front après les années les plus sanglantes pour la RAF (1940-43). Certains n'ont réalisé que bien plus tard la chance qui leur avait été offerte (voir par exemple les Annexes 4 ou les pertes mentionnées page 188 pour la Classe du Sergent Scott, Observateur tué le 6 avril 1941).

Fin 1941, début 1942, la CFS accueillait une classe d'une centaine d'élèves toutes les quatre semaines, chacune suivant un stage de huit semaines (il y avait donc environ deux cents élèves simultanément sur place, encadrés par le staff de 794 militaires et 43 civils). La CFS disposait alors de 167 avions (principalement des Crane, Harvard, Finch, Fawn). [340]

Les instructeurs apprenaient à parler à leur élève en vol en suivant un "script" précis en fonction de l'exercice en cours pour détailler les mouvements des commandes effectués, expliquer l'effet sur le comportement de l'avion et attirer l'attention sur ce qu'il faut surveiller (ligne d'horizon, indication d'un instrument, etc.). Cette technique d'apprentissage stéréotypé suivant un "script" inflexible était appelée *"patter"*, [341] et

---

[339] Chapitre 7 du livre de Fred J. Hatch (voir bibliographie).
[340] Données du Journal de marche de la CFS, conservé sous la référence C-12340, images 1284 et 12340, BAC. Les Classes de l'époque, n°49 et 50 comptaient respectivement 90 et 94 élèves, la Classe n°51 comptait 126 élèves.
[341] L'adoption de *"patter"*, qui veut normalement dire "crépiter" trouve probablement son origine dans le fait que l'instructeur devait parfois parler vite et sa proximité avec le mot "pattern" ("patron /

demandait surtout à l'instructeur d'apprendre les points essentiels à transmettre et de ne pas aller trop vite. Le Sergent Gerald J. J. Edwards, qui avait été sélectionné comme instructeur après sa formation de pilote, a décrit cette technique comme suit : *"Après avoir été brevetés pilotes à la fin de notre séjour en SFTS, quelques-uns ont été envoyés au Royaume-Uni, mais la demande du BCATP était telle que la plupart ont été affectés comme instructeurs. Après une semaine de permission, la première en neuf mois, j'ai rejoint l'école de Trenton pour suivre ma formation d'instructeur. J'allais devenir pilote-instructeur alors que je n'avais même pas 150 heures de vol à mon actif. Je suis resté à la CFS du 29 juin au 17 septembre 1941 : ce jour-là j'ai passé le test de "catégorisation", qui déterminait le niveau de l'instructeur. Cinq jours plus tard, le 22 septembre, avec une expérience totale de 215 heures et 35 minutes, je suis arrivé comme pilote-instructeur à la 13ème SFTS de St. Hubert, Québec. ... De fin juin à mi-septembre, j'ai donc appris ce qui s'appelait le "patter", la façon de traduire ce que l'on faisait dans l'avion avec les pieds et les mains pour l'expliquer à l'élève via ce splendide système de communication que constituaient les tubes acoustiques "Gosport". Pour le décollage par exemple, le "patter" était le suivant : "palonnier centré, manche centré, ouverture progressive de la manette des gaz, surveillez la vitesse", et quand la vitesse atteignait la valeur souhaitée pour l'avion, par exemple 50 m.p.h.,* [342] *"traction douce sur le manche, gardez l'avion droit, traction douce, ça y est on est en vol". ... Le "patter" était consigné dans un livre qu'il nous fallait apprendre par cœur, y compris la ponctuation et les points à répéter ou à souligner. Il y avait un "patter" particulier pour chaque exercice en vol, et même pour les séquences de roulage au sol, de décollage et d'atterrissage. ... Cette technique transformait l'instructeur en "magnétophone humain". Cela faisait partie intégrale du métier d'instructeur. Utiliser ce "patter" jour après jour avec les élèves était d'un ennui mortel. J'ai été instructeur pendant quasiment deux ans, et ça n'a pas changé."* Ceci dit, Edwards semble en avoir tiré profit puisqu'il a fini la guerre au sein du Bomber Command au grade de Wing Commander avec la DFC et a pris sa retraite avec le grade de Major Général de la RCAF, bien des années plus tard. [343]

Puisque le niveau de compétence des Instructeurs doit faire l'objet d'évaluations régulières, la CFS canadienne s'est rapidement dotée, tout comme son homologue britannique, de plusieurs Escadrilles de Visite qui font la tournée des écoles. Les membres d'une Escadrille de Visite auditaient la formation donnée par les établissements visités en assistant aux cours, en interrogeant les élèves et les instructeurs et en conduisant des vols d'évaluation. Si nécessaire, les Instructeurs recevaient ensuite un certificat mentionnant leur nouvelle catégorie (A1, A2, B1, B2, etc.). Ces Escadrilles de Visite évitaient ainsi de perturber la vie des écoles en amenant les évaluateurs sur le lieu de travail des Instructeurs, au lieu de faire voyager des centaines d'instructeurs vers Trenton pour les évaluer régulièrement. En 1942, la CFS disposait de cinq Escadrilles de Visite, chacune de trois ou quatre Officiers menés par un Squadron Leader. Des Lockheed Model 10 Electra, Model 12 Junior Electra ou Model 14 Super Electra, ou des Hudson leur

---

modèle / script"). Les historiens canadiens ont traduit *patter* par "jargon" (par exemple dans l'article de Matthew Chapman, voir bibliographie), mais le mot "script" a paru plus adapté.

[342] m.p.h. : unité britannique de vitesse : milles terrestres par heure (1 m.p.h. = 1,6 km/h).

[343] Interview de l'été 1979 conservée par l'Université de Victoria, Collections spéciales, Fonds Reginald Herbert Roy, référence SC104, cassette 1 face 1.

permettaient de rayonner facilement au départ de Trenton pour visiter les différents Training Commands. [344]

Sur le même modèle, une École Centrale de Navigation (Central Navigation School - CNS) est formée à Rivers, Manitoba (en renommant la 1ère ANS), en mai 1942. En plus de son rôle de formation de navigateurs, elle dispose d'une Escadrille de Visite qui se rend régulièrement dans les AOS et les ANS pour évaluer et conseiller les instructeurs.

Les Écoles de formation des Instructeurs au Pilotage

Dans le cadre du second accord du BCATP, trois nouvelles écoles sont ouvertes en août 1942 pour former les instructeurs (Flying Instructor School - FIS), afin d'aider la CFS de Trenton à uniformiser et à diffuser les méthodes d'apprentissage. Il était nécessaire de former plus d'instructeurs afin de libérer ceux qui avaient assuré la formation des élèves depuis le début du BCATP et qui étaient impatients de rejoindre des unités combattantes :
- La 1ère FIS à Trenton, Ontario, et la 2ème FIS à Vulcan, Alberta (puis Pearce après mai 1943) se consacraient aux instructeurs des SFTS (respectivement sur bimoteurs et sur monomoteurs). Les cours duraient huit semaines.
- La 3ème FIS d'Arnprior, Ontario était dédiée aux instructeurs d'EFTS et les cours duraient six semaines.

À titre d'exemple, pour accueillir 204 stagiaires, la 2ème FIS avait un staff théorique de 869 hommes et femmes (dont 3 civils et 7 militaires de l'Armée Canadienne). [345] Après quelques mois de fonctionnement, les FIS ont aussi accueilli des instructeurs d'EFTS pour les amener au niveau d'instructeurs de SFTS. Ce soutien des FIS a permis à la CFS de "sortir le nez du guidon" et de prendre du recul pour développer des procédures standardisées de formation et de test.

---

[344] De superbes Junior Electra de la CFS sont brièvement visibles dans le film *"Les Chevaliers du ciel"* : voir l'Annexe 5.
[345] Organigramme en annexe "B" de l'Ordre d'Organisation n°204 *"Formation of n°2 Flying Instructor School"* du 3 juin 1942, conservé sous la référence C-12325, images 257 et suivantes, BAC.

L'École de Pilotage aux Instruments

Afin de former les instructeurs des SFTS pour qu'ils puissent à leur tour enseigner les techniques d'approche radioguidée, une École de Pilotage aux Instruments a été ouverte à Deseronto, Ontario, en avril 1943. Cette école formait les Instructeurs Link aux mêmes techniques, d'ailleurs, le nom prévu pour cet établissement était d'abord "École d'Approche Radioguidée et des Simulateurs Link" avant d'être changé en "École de Pilotage aux Instruments". Elle était prévue pour accueillir simultanément les élèves suivants : [346]
- 30 instructeurs de SFTS (ou d'OTU) ;
- 20 techniciens au sol chargés des systèmes d'approche radioguidée ;
- 80 instructeurs Link.

Cette école disposait d'une dotation théorique de 18 bimoteurs Oxford V pour les exercices d'approche radioguidée, ainsi que de six avions d'écolage élémentaire Cornell II afin de donner une expérience basique de vol et d'approche aux instructeurs Link. Preuve de son importance, elle a survécu à la réduction des effectifs de la RCAF à la fin de la guerre et est restée en activité au moins jusqu'au milieu des années cinquante.

Le Harvard pouvait facilement partir en cheval de bois ou en pylône, comme l'a découvert le Leading Aircraftman qui pilotait le Harvard 3171 le 7 novembre 1942. Il semble qu'il ait voulu effectuer un atterrissage de précaution après s'être perdu lors d'un vol solo à grande distance. [347] **On notera les marques d'identification bien visibles sur le fuselage et l'aile droite** (photo Library and Archives Canada/Department of National Defence fonds/a064351).

---

[346] Ordre d'Organisation n°224 *"Formation of n°1 Beam Approach and Link Trainer School"* du 20 août 1942 et révisions, conservés sous la référence C-12326, images 149 et suivantes, BAC.
[347] Compte-rendu d'accident consulté en ligne le 5 décembre 2024 n° CASPIR 0023/00000108.

Le début de la fin : la décrue du besoin en pilotes

En 1944, les besoins d'aviateurs de la RAF s'avèrent inférieurs aux prévisions, d'une part parce que les énormes programmes envisagés en 1941 - 1942 (notamment d'une force de 4.000 bombardiers lourds) n'ont pas été réalisés pleinement et d'autre part car les pertes sont inférieures aux prévisions. Bien que le Bomber Command ait perdu près de 4.000 aviateurs tués, blessés ou prisonniers pendant la bataille de Berlin durant l'hiver 1943/44, le succès de l'Empire Air Training Plan génère un surplus de nouveaux pilotes, navigateurs, etc. que les OTU au Royaume-Uni ne peuvent absorber. Durant le printemps et l'été 1944, des centaines d'hommes de retour des écoles du Canada, des USA ou de Rhodésie du Sud (aujourd'hui Zimbabwe) sont donc parqués en attente dans des Centres de Réception du Personnel, dans l'espoir de rejoindre une OTU puis un Escadron opérationnel. Afin de leur trouver un rôle avant la fin de la guerre, ils deviennent temporairement chauffeurs de poids-lourds, estafettes, secrétaires, petites mains dans les ateliers des aérodromes, et certains sont même envoyés aider aux moissons. [348] En 1944, des groupes sont formés pour aller quotidiennement déblayer les dégâts causés par les V-1 et V2. [349] D'autres reçoivent des propositions encore plus bizarres, comme le montre l'anecdote suivante : fin mai 1944, un Group Captain rassemble les pilotes et Opérateurs Radio/Mitrailleurs du 7ème Centre de Réception du Personnel dans le Yorkshire, et leur demande de se porter volontaires pour servir trois mois en tant que chauffeurs sur les locomotives de la London and North Eastern Railway ! Comme on l'imagine, cette proposition de pelletage de charbon après des mois d'efforts pour devenir aviateur est reçue par une incrédulité générale suivie d'immenses éclats de rire. Dès que le Group Captain est parti, les jeunes aviateurs réquisitionnent un chariot, le maquillent en locomotive et parcourent la place d'armes à grands renforts de *"TCHOU-TCHOU"* ! [350]

Si peu ont accepté ce type de proposition, des centaines ont été redirigés vers des formations de Mécanicien embarqué ou de Pilote de planeur pour lesquels une pénurie était soudainement apparue après les pertes subies en Normandie et surtout aux Pays-Bas. [351] Ce vivier de pilotes va permettre de remplacer rapidement ces pertes : des centaines de pilotes de la RAF se voient offrir le choix simple de voler sur planeur ou d'être réaffectés à l'infanterie. Près de 200 participent au franchissement du Rhin en mars 1945 : sur les 101 pilotes de planeur tués, 61 provenaient de la RAF.

Le cas de Philip D. Hopgood est un exemple de réorientation d'un pilote formé à grand frais pendant plusieurs mois au Canada vers un rôle de Mécanicien embarqué. Hopgood s'était engagé dans les Cadets de la RAF et s'était enrôlé à 18 ans en février 1942, mais il n'a été appelé sous les drapeaux que plus d'un an plus tard. Son cursus de

---

[348] Page 157 de la monographie *"Manning Plans and Policy"* (voir bibliographie).
[349] Page 88 du livre de Tom Killebrew (voir bibliographie).
[350] Anecdote mentionnée pages 227-228 du livre *"Pursuit through darkened skies : An Ace night-fighter crew in World War II"*, de Michael Allen, DFC**, Crowood Press Ltd, 1999, ISBN 978-1840370836.
[351] Sujet évoqué en détail dans le livre de cette série consacré aux planeurs alliés de combat.

formation est résumé ci-après, avec la formation de pilote au Canada (1er encadré) et la formation de Mécanicien embarqué au Royaume-Uni (2nd encadré) : [352]

	Début	Fin	Durée (semaines)
Centre d'Accueil des Aviateurs (ACRC), Londres	29 mars 1943	24 avril 1943	3,5
1ère ITW, Babbacombe, Devon	24 avril 1943	30 juillet 1943	14
3ème EFTS, Shellingford, ("Grading School")	30 juillet 1943	2 sept. 1943	5
1er Centre de Dispatching, Heaton Park, Manchester	18 sept. 1943	31 octobre 1943	6
Transit sur navire HMT W43	31 oct. 1943	8 nov. 1943	1
31ème Dépôt du Personnel, Moncton, NB	**10 nov. 1943**	**11 janv. 1944**	**9**
6ème EFTS, Prince Albert, Saskatchewan	**15 janvier 1944**	**25 mars 1944**	**10**
4ème SFTS, Saskatoon, Saskatchewan	**8 avril 1944**	**30 oct. 1944**	**29,5**
31ème Dépôt du Personnel Moncton, NB	**3 nov. 1944**	**24 nov. 1944**	**3**
Transit sur navire HMT L54	24 nov. 1944	6 déc. 1944	1,5
7ème Centre de Réception, Harrogate, Yorkshire	6 déc. 1944	10 janv. 1945	5
4ème école de Formation Technique, St Athan	**10 janvier 1945**	**16 mars 1945**	**9,5**
1.651ème Unité de Conversion, Woolfox Lodge (Lancaster)	**23 mars 1945**	**12 juin 1945**	**11,5**
7ème Centre de Réception, Harrogate, Yorkshire	27 juin 1945	17 juillet 1945	3
4ème école de Formation Technique, Locking,	17 juillet 1945	14 août 1945	4

Hopgood a obtenu ses ailes de pilote et le grade de Sergent le 27 octobre 1944 à la fin de son séjour à la 4ème SFTS de Saskatoon, Saskatchewan, puis sa qualification de Mécanicien embarqué, mais la fin de la guerre a rendu ses efforts superflus.

En février 1944, le Ministère de l'Air britannique demande donc à Ottawa de réduire la voilure en fermant la moitié des écoles du BCATP au Canada, ce qui est fait dans les semaines qui suivent (voir l'Annexe 6A). En juin, autant pour réduire encore le nombre de pilotes formés que pour améliorer leurs compétences, la formation en SFTS est allongée à 28 semaines. Craignant une réaction négative des élèves, les Commandants des écoles prennent les devants lors de discours et dans les magazines internes. Faisant écho à Nelson, le Wing Commander T. R. Michelson, commandant de la 12ème SFTS appelle ainsi tous les personnels de l'école, *"en tant que bons aviateurs, à continuer à travailler au mieux de nos possibilités malgré les obstacles."* [353]

---

[352] Carnet de vol de Philip D. Hopgood, op. cit.
[353] Page 2 de la revue *"The Aero-Log"* de juin 1944 de la 12ème SFTS de Brandon, Manitoba. Au début de la bataille de Trafalgar le 21 octobre 1805, l'amiral Horatio Nelson avait fait hisser le message *"L'Angleterre attend de chaque homme qu'il fasse son devoir"*.

B.2.1.9 - La formation des Observateurs et des Opérateurs radio / Mitrailleurs

Les programmes de formation des Observateurs en École de Navigation des Observateurs Aériens (Air Observer Navigation School - AOS) et en École de Bombardement et de Tir ((Bombing and Gunnery School - B&GS) et des Mitrailleurs en B&GS sont résumés en Annexe 7A tels que décrits dans la 5ème édition (septembre 1939) de l'Air Publication 1388 *"Programme Standard de la Royal Air Force pour la formation des Pilotes, Observateurs Aériens et Mitrailleurs Aériens aux sein des Établissements de Formation (Paix et Guerre)"*.

Le parcours de formation des Observateurs et de leurs successeurs (Navigateurs de diverses catégories et Bombardiers) a grandement varié durant la guerre et il serait difficile de détailler tous les cas en fonction de la nationalité des recrues. De même, le nom des écoles concernées et la durée des cours ont beaucoup fluctué. Par exemple, la 2ème Base de Formation aux Armements (Armement Training Station) d'Aldergrove en Irlande du Nord, est devenue la 3ème AOS puis la 3ème B&GS avant d'être transférée à Bobbingon, South Staffordshire, sous le nom de 3ème École de Navigation des Observateurs Aériens (Air Observer Navigation School) puis de 3ème Unité Aérienne d'Acclimatation pour les Observateurs ((Observer) Advanced Flying Unit). Pour ajouter à la confusion, la base de Bobbington a été renommée le 1er septembre 1943 pour "RAF Halfpenny Green" ! Le schéma ci-dessous résume les parcours de formation les plus communs avant et après la réforme de juillet 1942. [354]

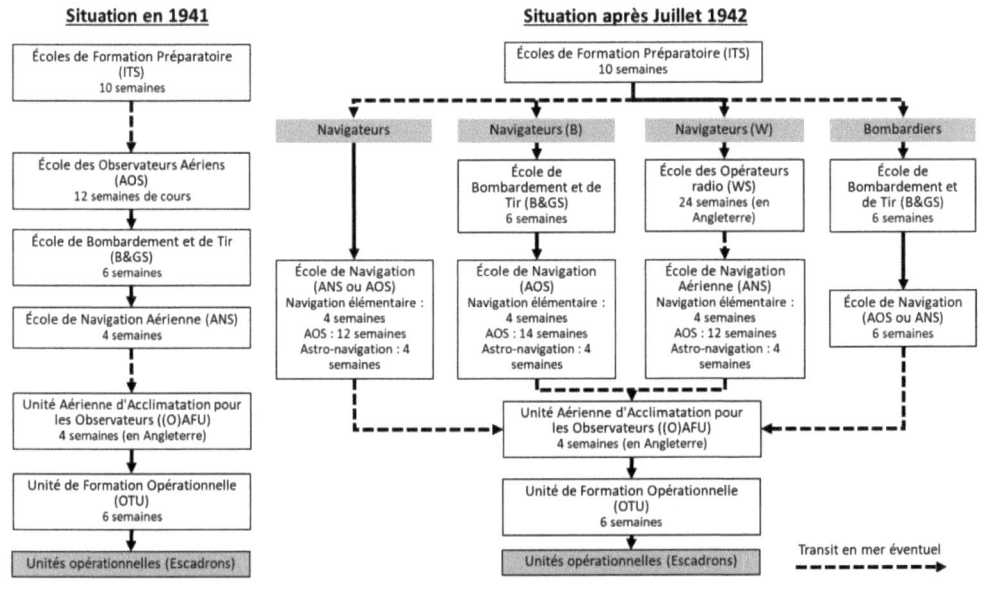

---

[354] Graphe de l'auteur à partir des Annexes 62 et 66 du document *"Flying Training Volume II Part 2 Basic Training Overseas"*, op. cit.

Après l'ITS, les opérateurs radio / mitrailleurs passaient 16 semaines (allongées ensuite à 24 semaines) dans une École Radio (WS) puis 4 semaines en B&GS pour apprendre les rudiments du tir.

Les coûts de ces formations (hors ITS, (O)AFU et OTU) ont été calculés pour la phase 1 du BCATP (de 1940 au 31 mars 1943), la plus coûteuse puisqu'elle inclut la construction des écoles, à : [355]
- 11.400 $ canadiens pour un Observateur ;
- 6.469 $ canadiens pour un Opérateur radio / mitrailleur ;
- 2.897 $ canadiens pour un Mitrailleur.

Les Écoles des Observateurs Aériens (AOS)

Les dix AOS en activité au Canada pendant la guerre sont listées dans le tableau ci-après :

N°	Lieu	En activité	Société privée prévue
1	Malton, Ontario	27 mai 1940 - 30 avril 1945	Dominion Skyways (Training) Ltd
2	Edmonton, Alberta	5 août 1940 - 14 juil. 1944	Canadian Airways
3	Regina, Saskatchewan, puis Pearce, Alberta à partir d'octobre 1942	16 septembre 1940 - 6 juin 1943	Prairie Flying School Ltd
4	London, Ontario	25 nov. 1940 - 31 déc. 1944	Leavens Brothers (Training) Ltd
5	Winnipeg, Manitoba	6 janv. 1941 - 30 av. 1945	Winnipeg Air Observers School Ltd
6	Prince Albert, Saskatchewan	17 mars 1941 - 11 septembre 1942	Prince Albert Air Observer School Ltd
7	Portage la Prairie, Manitoba	28 avril 1941 - 31 mars 1945	Portage Air Observer School Ltd
8	Ancienne Lorette, Québec	29 sept. 1941 - 30 avril 1945	Quebec Airways (Observers) Ltd
9	Saint Jean sur Richelieu, Québec	7 juillet 1941 - 30 avril 1945	Dominion Skyways Observers Ltd
10	Chatham, Nouveau Brunswick	21 juillet 1941 - 30 avril 1945	Northumberland Air Observer School Ltd

Tout comme les EFTS, ces écoles étaient gérées par des sociétés privées, mais les bâtiments, les avions (des Avro Anson) et les simulateurs Link étaient fournis par la RCAF. L'entretien de tous ces équipements (sauf les simulateurs) était à la charge de la compagnie privée. Par contre, alors que la plupart des instructeurs des EFTS étaient des civils, ceux des AOS étaient des militaires de la RCAF, mais les pilotes des avions des

---

[355] Coûts refacturés à l'Australie, paragraphe IV(vi) du mémorandum *"Empire Air Training Scheme - Financials proposals"* du 11 juin 1942, conservé sous la référence A2671, 261/1942, page 9, NAA.

AOS étaient des employés de la compagnie. Chaque école disposait de 24 Anson (16 IE + 8 IR).

Les 38 premiers Observateurs formés dans le cadre du BCATP ont reçu leur brevet le 24 octobre 1940. Un seul d'entre eux a été affecté au Canada, les autres ont embarqué sur le paquebot *SS Duchess of Richmond* pour rejoindre Liverpool. Dispersés dans diverses unités de la RAF, les deux-tiers de ces 37 hommes ont été tués dans l'année qui a suivi. Parmi eux se trouvait le Sergent James P. Scott, un Canadien originaire de Toronto : affecté comme Observateur au sein du 22ème Escadron du Coastal Command, Scott faisait partie de l'équipage du Beaufort qui a endommagé le cuirassé allemand Gneisenau à Brest le 6 avril 1941. Le Beaufort Mk I N1016, touché par la Flak, s'est écrasé après avoir lâché sa torpille. Seul le pilote, le Flying Officer Kenneth Campbell a été distingué à titre posthume par l'octroi de la Victoria Cross, mais les autres membres de l'équipage la méritaient tout autant (Scott, le Flight Sergeant Ralph W. Hillman, Opérateur radio, et le Sergent William C. Mulliss, Mitrailleur). Ils reposent au cimetière de Brest (Kerfautras). [356]

La 7ème AOS ouverte à Portage la Prairie, Manitoba, le 28 avril 1941 pouvait accueillir simultanément un maximum de 126 élèves. Les classes duraient alors douze semaines, quarante-deux nouveaux élèves étant accueillis toutes les quatre semaines, soit pour ces dix AOS : 520 Canadiens, 80 Australiens et 40 Néo-Zélandais. Le taux d'échec prévisionnel était de 17%. [357] Pour répondre à la demande en Navigateurs et en Bombardiers créée par la réforme de juillet 1942, les AOS sont agrandies et quatre EFTS (1ère, 14ème, 16ème et 22ème) sont même fermées pour leur laisser leurs locaux et l'usage entier des terrains qu'elles partageaient jusque-là. La 7ème AOS récupère ainsi les bâtiments de la 14ème EFTS et en août 1942, sa capacité et ses cursus avaient évolué :
- Maximum 520 élèves-Navigateurs simultanément, 52 nouveaux arrivants toutes les 2 semaines, durée des cours : 20 semaines.
- Maximum 156 élèves-Bombardiers simultanément, 52 nouveaux arrivants toutes les 2 semaines, durée des cours : 6 semaines.

Une partie de l'instruction, y compris en vol, ayant été confiée à une société privée, les effectifs de la RCAF par école étaient relativement modestes. Par exemple, toujours pour la 7ème AOS : [358]
- En mars 1941, ils étaient de seulement 15 Officiers et 42 Sous-Officiers et Hommes du rang (dont 19 gardes) avec 24 Anson Mk I pour s'occuper des 126 élèves.
- Avec l'accroissement d'activité, en août 1942, il y avait 66 Officiers et 204 Sous-Officiers et Hommes du rang pour gérer les 676 élèves mentionnés ci-dessus. Ces militaires étaient principalement les instructeurs de navigation, les armuriers, les mécaniciens et électriciens chargés de l'entretien des simulateurs Link, les

---

[356] Article *"The First of Many"* du Squadron Leader J. Gellner, DFC, dans le magazine de la RCAF *"The Roundel"*, volume II, n°2 de décembre 1949, pages 28 à 31, et Journal de marche du 22ème Escadron, conservé sous les références AIR 27/278/32 et /33, TNA.
[357] Annexe 62 du document *"Flying Training Volume II Part 2 Basic Training Overseas"*, op. cit.
[358] Journal de marche de la 7ème AOS, conservé sous la référence C-12330, images 1043-1053, BAC.

techniciens radio, les médecins et infirmiers, la police militaire, les comptables, etc. Le dentiste et ses assistants dépendaient du Canadian Dental Corps. Les 76 Anson Mk I, le Stinson et les quatre simulateurs Link (dont deux pour l'entraînement à la navigation astronomique) de l'école étaient fournis par la RCAF.

Le bureau où les dispatchers de la 5ème AOS de Winnipeg, Manitoba, travaillent jour et nuit. Les six opératrices à gauche et le superviseur à droite disposent chacun d'un poste émetteur-récepteur pour suivre en temps réel la progression des avions par rapport au planning de la journée. Pour les relèvements radiogoniométriques, un autre opérateur disposait d'un bureau et d'une fréquence spécifique. Le bureau des dispatchers était en fait un centre de contrôle aérien qui gérait toutes les phases du vol hormis l'atterrissage et le décollage qui étaient sous la responsabilité de la tour de contrôle. Chaque avion devait signaler sa position toutes les demi-heures, ainsi que tout incident (déroutement, atterrissage forcé, panne, etc.). Par exemple, pour le seul mois d'octobre 1944, ce centre a géré 18.399 communications. [359]

Pour s'adapter à la réforme des catégories d'aviateurs et au remplacement des Observateurs par les Navigateurs et les Bombardiers, les AOS sont réorganisées au printemps 1943 comme suit : [360]

AOS n°	Lieu	Composition des Classes d'élèves	Dotation en avions fin 1943
1	Malton, Ontario	52 Navigateurs et 39 Bombardiers toutes les 2 semaines.	76
2	Edmonton, Alberta	52 Navigateurs et 39 Bombardiers toutes les 2 semaines.	76
3	Pearce, Alberta	Fermeture prévue le 6 juin 1943	-
4	London, Ontario	52 Navigateurs et 39 Bombardiers toutes les 2 semaines.	76
5	Winnipeg, Manitoba	52 Navigateurs et 39 Bombardiers toutes les 2 semaines.	76
6	Prince Albert, Saskatchewan	Fermée	-
7	Portage la Prairie, Manitoba	52 Navigateurs et 39 Bombardiers toutes les 2 semaines.	76

Le tableau se poursuit page suivante.

---

[359] Photo publiée page 9 de la revue *"The Drift Recorder"* de novembre 1944 de la 5ème AOS de Winnipeg, Manitoba.
[360] Annexe "A" et "B" de l'Ordre d'Organisation n°270 *"Re-organization of Air Observer Schools"* du 23 mars 1943 et révisions, conservés sous la référence C-12328, images 1682 et suivantes, BAC.

AOS n°	Lieu	Composition des Classes d'élèves	Dotation en avions fin 1943
8	Ancienne-Lorette, Québec	26 Navigateurs "B" toutes les 2 semaines. 52 Navigateurs "W" toutes les 2 semaines à partir d'octobre 1943.	76
9	Saint-Jean-sur-Richelieu, Québec	26 Navigateurs "B" toutes les 2 semaines (puis 52 à partir d'octobre 1943).	76
10	Chatham, NB	26 Navigateurs "B" toutes les 2 semaines.	38
CNS	Rivers, Manitoba	52 Navigateurs toutes les 2 semaines. 22 Instructeurs à la navigation toutes les 14 semaines.	90

Les cours duraient 20 semaines pour les Navigateurs, 6 semaines pour les Bombardiers et 14 semaines pour les Instructeurs à la navigation. On constate que la dotation des neuf écoles listées ci-dessus après la réorganisation représentait 660 bimoteurs Anson pour une capacité annuelle de formation d'environ 6.188 Navigateurs, 1.768 Navigateurs "B", 884 Navigateurs "W", 5.616 Bombardiers et 66 Instructeurs à la navigation (hors échecs et hors classes partiellement formées à la fin d'une année calendaire).

En mars 1945, alors que la 5ème AOS de Winnipeg, Manitoba, s'apprête à fermer ses portes, le département de maintenance-avions et la section des parachutes de l'école font le bilan suivant qui permet de se rendre compte de l'importance de l'effort soutenu pendant plus de quatre années : [361]

	Moyenne mensuelle
Inspections journalières	1.680
Révisions mineures	72
Révisions majeures	12
Vérifications de réception	5
Moteurs changés	15
Bougies consommées	204
Hélices changées	10
Pneumatiques usés	10
Heures de vol	3.756 *
Litres d'essence consommés	456.478
Litres d'huile consommés	1.4392
Disponibilité Anson Mk I	78,7%
Disponibilité Anson Mk V	80%

Employés de maintenance-avions (tous civils) au pic d'activité de début 1944	287, dont 104 femmes
Avions utilisés durant les quatre années	138 Anson Mk I et 87 Anson Mk V
Employés de la section parachutes (tous civils)	7, dont 6 femmes
Dotation harnais (1945)	1.100
Dotation parachutes (1945)	483

* soit 750.000 km par mois.

---

[361] Article publié pages 42 à 47, 53 et 75 de la revue *"The Drift Recorder"* de mars 1945 de la 5ème AOS de Winnipeg, Manitoba.

Parmi les métiers que l'on ne s'attendrait pas forcément à trouver sur une base aérienne, il y a celui d'horloger. Pour chaque AOS, il y a 650 montres et 450 sextants à entretenir et à calibrer, ce qui n'est pas une mince tâche pour un seul homme.

Comme dans les autres écoles du BCATP, le dépaysement des recrues venues des quatre coins de l'Empire britannique ou d'Europe occupée donnait lieu à des expériences intéressantes comme celle racontée par un élève néo-zélandais de la 5ème AOS de Winnipeg, Manitoba : [362] *"Apprendre à faire du patin à glace se trouvait en haut de notre liste de choses à faire au Canada. Les progrès ont été plus rapides que prévu et nous avons vite eu envie de passer au hockey sur glace. Nous avons décidé de défier une des autres Nations en minorité sur la base [les Canadiens étant sans doute jugés trop avantagés], et nous avons donc envisagé d'affronter les Australiens, les Britanniques et les Rhodésiens. Cette dernière catégorie nous a semblé la plus convenable pour nos débuts étant donné qu'il n'y a qu'un seul Rhodésien sur la base, mais finalement un match a été organisé entres les Australiens et les Néo-Zélandais de la Classe 63, avec d'autres éléments pour compléter les équipes. La partie a fourni peu de suspense, mais les spectateurs se sont bien amusés. Les joueurs pouvaient être divisés en trois catégories : ceux qui pouvaient patiner et virer rapidement (il y en avait peu) ; ceux qui pouvaient patiner vite mais qui tardaient à altérer leur trajectoire ; et ceux qui ne réussissaient que trop tard à vaincre les forces d'inertie et qui n'ont donc quasiment jamais vu le palet. ... Peut-être en raison de leur plus grande expérience des mêlées au rugby, les Néo-Zélandais ont gagné 5 à 3, mais ce score est douteux, plusieurs joueurs étant souvent empilés avec le palet dans la cage. Les locaux ont été assez impressionnés."* Les élèves britanniques de la 33ème École de Navigation Aérienne (ANS) avaient d'ailleurs inventé le terme de *"s'englacer"* en référence à *"s'envoler"*. [363]

Les erreurs de navigation et de pilotage occupaient bien évidemment une place privilégiée dans les anecdotes et blagues des revues des écoles : ici le pilote demande *"Vous êtes sûr que nous sommes au-dessus du lac Ontario ?"* (dessin signé Tomkinson, publié dans la revue de la 33ème ANS *"The Mount Hope Meteor"* de mars 1943).

---

[362] Article publié page 11 de la revue *"The Drift Recorder"* d'avril 1943 de la 5ème AOS de Winnipeg, Manitoba.
[363] Titre de l'article publié page 8 de la revue *The Mount Hope Meteor"* de juillet 1944 de la 33ème ANS de Mount Hope, Ontario. Jeu de mots entre *"becoming airborne"* et *"becoming ice borne"*.

Les Écoles de formation au Bombardement et au Tir (B&GS)

Les onze B&GS en activité au Canada pendant la guerre sont listées dans le tableau ci-après :

N°	Lieu	En activité	Avions principaux *
1	No. 1 Jarvis, Ontario	19 août 1940 - 17 février 1945	Battle, Bolingbroke, Lysander, Anson
2	Mossbank, Saskatchewan	28 octobre 1940 - 15 décembre 1944	Battle, Bolingbroke, Lysander, Anson
3	Macdonald, Manitoba	10 mars 1941 - 17 février 1945	Battle, Bolingbroke, Lysander, Anson
4	Fingal, Ontario	25 nov. 1941 - 17 février 1945	Battle, Nomad, Bolingbroke, Lysander, Anson
5	Dafoe, Saskatchewan	26 mai 1941 - 17 février 1945	Battle, Bolingbroke, Lysander, Anson
6	Mountain View, Ontario	23 juin 1941 - 31 janvier 1942	Battle
7	Paulson, Manitoba	23 juin 1941 - 2 février 1945 14 avril 1945 - 15 sept. 1945	Battle, Bolingbroke, Lysander, Anson
8	Lethbridge, Alberta	13 octobre 1941 - 15 décembre 1944	Battle, Bolingbroke, Lysander, Anson
9	Mont-Joli, Quebec	15 décembre 1941 - 14 avril 1945	Battle, Nomad
10	Mount Pleasant, île du Prince Édouard	20 septembre 1943 - 6 juin 1945	Battle, Bolingbroke
31 **	Picton, Ontario	3 avril 1941 - 17 nov. 1944	Bolingbroke, Anson, Lysander

* Il pouvait y avoir jusqu'à 4 types différents de Fairey Battle dans une seule B&GS. Par exemple, au moment de leur retrait du service actif, la 3ème B&GS avait en stock : 64 Battle avec tourelle, 2 Battle à doubles commandes, 38 Battle à mitrailleuse arrière sur affût circulaire, 25 Battle remorqueurs de cibles. Les unités avaient également un ou deux avions (Yale, Harvard ou Hurricane XII) pour les vols d'entrainement des pilotes. Les Anson ou Battle étaient utilisés pour le bombardement ; les Nomad, Lysander, Bolingbroke ou Battle pour le remorquage de cibles ; les Battle, Bolingbroke ou Lysander pour la formation au tir des mitrailleuses.

** B&GS importée du Royaume-Uni : cette unité débarque à Halifax, Nouvelle-Écosse, le 1er avril 1941 et arrive par train à Picton le 3 avril dans l'après-midi.

Un instructeur et un élève mitrailleur de la 10ème B&GS comptent les impacts sur une cible remorquée. Les avions en arrière-plan sont les Bristol Bolingbroke de l'école (version canadienne du Blenheim) (photo Library and Archives Canada/Department of National Defence fonds/e005176210).

Chacune des dix B&GS canadiennes était initialement prévue pour accueillir :
- Observateurs : 35 nouveaux élèves toutes les quatre semaines. Les classes duraient six semaines. Le taux d'échec prévisionnel était de 3%.
- Opérateurs radio / Mitrailleurs : 60 nouveaux élèves toutes les quatre semaines, ce qui correspondait à la durée des classes. Le taux d'échec prévisionnel était de 3%.

Chaque école disposait de 75 Fairey Battle (50 IE + 25 IR). [364]

Ce Fairey Battle a été doté d'une tourelle en place arrière pour la formation des mitrailleurs et a également reçu un moteur Wright Cyclone à titre expérimental en 1942. Un exemplaire de Battle à moteur Merlin avec tourelle est conservé au musée de la RCAF d'Ottawa avec une belle peinture jaune canari (photo Library and Archives Canada/Department of National Defence fonds/a068014).

L'organisation prévue pour la 10ème B&GS de Mount Pleasant, île du Prince Édouard, avant son ouverture en septembre 1943 était la suivante : [365]

---

[364] Annexe 62 du document *"Flying Training Volume II Part 2 Basic Training Overseas"*, op. cit.
[365] Organigramme en annexe "B" de l'Ordre d'Organisation n°284 *"Formation of n°10 Bombing and Gunnery School"* du 12 juillet 1943, conservé sous la référence C-12335, image 966, BAC.

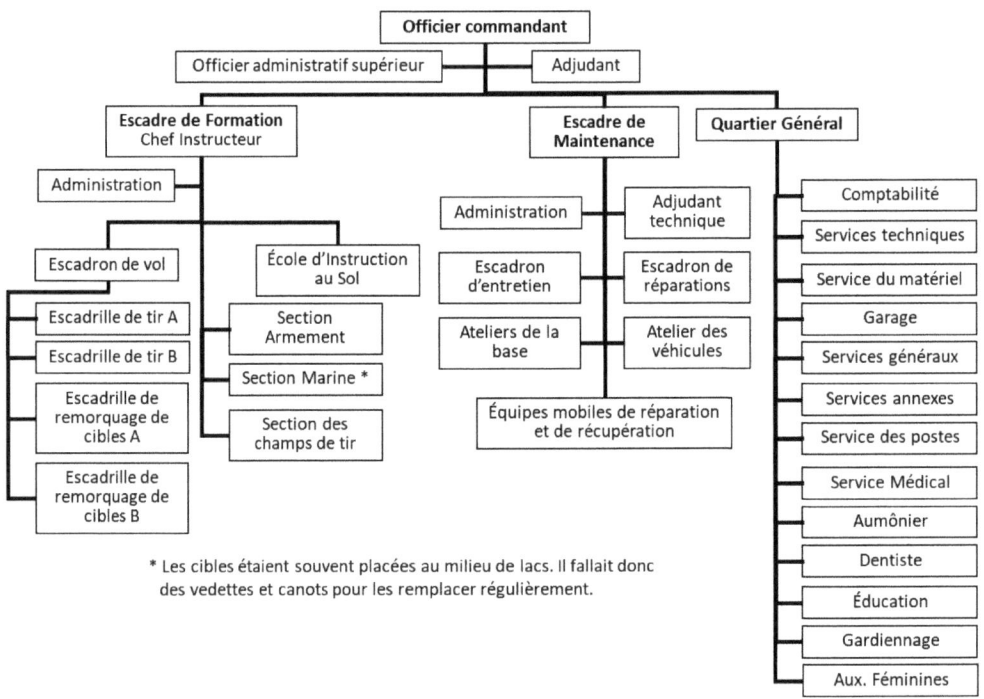

* Les cibles étaient souvent placées au milieu de lacs. Il fallait donc des vedettes et canots pour les remplacer régulièrement.

Cette école, avec un staff de 1.010 hommes, ne formait que des Mitrailleurs, et pouvait accueillir 636 élèves simultanément (106 arrivants toutes les 2 semaines) pour un stage de 12 semaines.

Les trois tableaux ci-après résument les activités de différentes catégories d'aviateurs durant leur séjour en B&GS : [366]

Classe n°60 de Navigateurs "B" du 8 février au 19 mars 1943 : 22 brevetés sur 25 entrants

Moyenne des résultats aux examens écrits	72,0%	Tir aérien de munitions traçantes	2.051 coups par élève
Vol de jour - tir	9h49 par élève	Tir air-sol	197 coups par élève
Vol - Bombardement	15h33 par élève de jour	Tir air-air	1.855 coups par élève
	5h11 par élève de nuit	Temps de manipulation d'une tourelle	7h40 par élève
Pellicule de cinémitrailleuse	1 par élève	Bombes larguées par élève	17,2 à basse altitude de jour

---

[366] Journal de marche de mars 1943 de la 4ème B&GS de Fingal, Ontario, conservé sous la référence C-12333, images 362 et suivantes, BAC.

Tir au sol	1.700 coups par élève
Tir sur pigeons d'argile	420 coups par élève

	46,7 à haute altitude de jour
	19,2 à haute altitude de nuit

Classe n°49 de Mitrailleurs du 22 février au 20 mars 1943 : 18 brevetés sur 20 entrants

Moyenne des résultats aux examens écrits	75,3%
Vol	13h41 par élève
Pellicules de cinémitrailleuse	2 par élève
Tir au sol	1.725 coups par élève
Tir sur pigeons d'argile	150 coups par élève

Tir aérien de munitions traçantes	2.306 coups par élève
Tir air-sol	433 coups par élève
Tir air-air	1.873 coups par élève
Temps de manipulation d'une tourelle	10h20 par élève

Classe n°72 de Bombardiers du 8 février au 19 mars 1943 : 24 brevetés sur 30 entrants

Moyenne des résultats aux examens écrits	73,4%
Vol de jour	24h par élève
Vol de nuit	5h par élève
Tir au sol	1.800 coups par élève
Tir sur pigeons d'argile	450 coups par élève

Tir aérien de munitions traçantes	2.396 coups par élève
Tir air-sol	295 coups par élève
Tir air-air	2.101 coups par élève
Temps de manipulation d'une tourelle	9h par élève
Bombes larguées par élève	18,3 à basse altitude de jour
	50,4 à haute altitude de jour
	27,2 à haute altitude de nuit

En plus des besoins d'évaluer les performances des élèves, les mesures des scores de tir et de précision de bombardement servaient à maintenir un esprit de compétition. Ainsi, le journal de la 4ème B&GS de Fingal, Ontario salue le record de l'école établi par le Leading Aircraftman George E. Chapman, un Britannique de la Classe n°100, qui reçoit le surnom de *"baril de cornichons - Chapman"* pour avoir placé quatre de ses six bombes sur la cible et les deux autres tout prêt, soit une erreur moyenne de seulement 14,6 mètres depuis une altitude de 3.000 mètres. [367]

---

[367] Journal "Fingal Observer" de mai 1943 de la 4ème B&GS de Fingal, Ontario, conservé sous la référence C-12333, image 411, BAC. Les journalistes américains claimaient que le viseur Norden permettait de placer une bombe dans un baril de cornichons depuis une haute altitude, ce qui était évidemment une galéjade puisqu'un baril aurait été invisible avec un grossissement maximal de 20 fois depuis un avion en mouvement en altitude.

Assez rapidement, le Canada, l'Australie et la Rhodésie du Sud ont réalisé que ces écoles consommaient de grandes quantités de munitions et de bombes et qu'il n'était pas économique d'importer ces consommables du Royaume-Uni. Les usines locales ont donc été sollicitées. À titre d'exemple, en janvier et en mars 1940, la RAAF passe deux commandes pour un total de 75.000 bombes d'exercice de 8,5 livres (3,9 kg), ce qui correspond en gros à huit mois de consommation des écoles australiennes (principalement par les trois B&GS prévues, mais aussi par les SFTS), soit près de 10.000 bombes par mois. Chaque bombe produite localement coûtait 0,85 £A, prix auquel il fallait ajouter le détonateur (0,10 £A) et la mise en caisse (environ 0,10 £A par bombe). [368]

Les Écoles De Navigation Aérienne (ANS)

Les six ANS en activité au Canada pendant la guerre sont listées dans le tableau ci-après :

N°	Lieu	En activité	Remarques
1 (puis CNS)	Trenton, Ontario, puis Rivers, Manitoba après novembre 1940	1er février 1940 - 15 sept. 1945	Existait déjà pour la RCAF
2	Pennfield Ridge, Nouveau Brunswick	21 juillet 1941 - 30 avril 1942	
2	Charlottetown, Île-du-Prince-Édouard	21 février 1944 - 7 juillet 1945	
31	Port Albert, Ontario	18 novembre 1940 - 17 février 1945	Importée du Royaume-Uni (ancienne École de Navigation Aérienne de Manston dans le Kent, déjà déménagée à St Athan, pays de Galles, au début de la guerre)
32	Charlottetown, Île-du-Prince-Édouard	18 août 1941 - 11 septembre 1942	Importée du Royaume-Uni.
33	Hamilton (Mount Hope), Ontario	9 juin 1941- 6 octobre 1944	Importée du Royaume-Uni.

Seules deux ANS canadiennes étaient initialement prévues. Elles devaient accueillir 170 nouveaux élèves toutes les quatre semaines, ce qui correspondait à la durée des classes. Le taux d'échec prévisionnel était nul, ce qui semble optimiste. Chaque école disposait de 72 Anson (48 IE + 24 IR). [369]

Les écoles de la RAF accueillaient aussi des aviateurs des pays occupés. Ainsi, le 28 novembre 1942, lorsque l'Anson N9838 de la 31ème ANS de Port Albert, Ontario, s'écrase

---

[368] Documents *"Practice Bombs for Empire Air Training Scheme" de janvier et mars 1940*, conservés sous les références A14487 - 14/AB/2734 et - 14/AB/2690, NAA. La devise locale était la Livre Australienne (£A) jusqu'en 1966, à ne pas confondre avec la Livre Sterling. Pour les taux de change et conversions se reporter au glossaire en fin d'ouvrage.

[369] Annexe 62 du document *"Flying Training Volume II Part 2 Basic Training Overseas"*, op. cit.

durant un vol de navigation de nuit, le Sergent-Chef Robert N. Basquin des FAFL disparaît au côté de ses trois collègues britanniques (Aviateur de 1ère Classe William H. Addis (opérateur radio), Leading Aircraftman Cecil P. James (bombardier) et Sergent Joseph L. Shaw (pilote)). Basquin, menuisier dans le civil, avait fait la campagne de France comme artilleur et, blessé, avait été embarqué pour l'Angleterre lors de l'évacuation de la poche de Dunkerque. À sa sortie de l'hôpital en octobre 1940, il s'était engagé dans les Forces Françaises Libres avant de se porter volontaire pour les FAFL en décembre 1941. Son parcours de formation est résumé ci-dessous. [370] Il avait presque terminé sa formation de Navigateur sous son nom de guerre de "Robert Brown". Quelques débris du Anson sont retrouvés sur le rivage du lac Huron quelques jours plus tard et la commission d'enquête suppose qu'un problème de givrage est à l'origine du crash. Les corps de ses quatre occupants n'ont jamais été retrouvés. [371]

	Début	Fin	Durée (semaines)
Compagnie d'Instruction de l'Aviation [FAFL] de Camberley, Surrey	30 décembre 1941	1 février 1942	5
1er Air Crew Receiving Centre, Londres	2 février 1942	*13 février 1942*	2
10ème ITW de Scarborough	14 février 1942	*1 mai 1942*	11
1ère École Élémentaire des Observateurs Aériens, Eastbourne	2 mai 1942	*14 juin 1942*	6
Air Crew Despatch Centre, Heaton Park	25 juin 1942	*2 juillet 1942*	1
Transit en mer, Liverpool - Halifax, convoi ON109	3 juillet 1942	18 juillet 1942	2
31ème ANS, Port Albert, Ontario	24 juillet 1942	-	14

Les Écoles Radio (WS)

Les quatre WS en activité au Canada pendant la guerre sont listées ci-après :

N°	Lieu	En activité	Remarques
1	Montréal, Québec puis Mount Hope, Ontario après septembre 1944	16 février 1940 - 31 octobre 1945	Existait déjà pour la RCAF
2	Calgary, Alberta	16 sept. 1940 - 14 avril 1945	
3	Winnipeg, Manitoba	17 février 1941 - 20 janvier 1945	
4	Guelph, Ontario	7 juillet 1941 - 12 janvier 1945	

---

[370] Données de la notice biographique de Robert Basquin, rédigée par l'Association pour la Mémoire des Forces Aériennes Françaises Libres, consultée en ligne le 25 septembre 2023 sur https://www.france-libre.net/site/wp-content/uploads/2023/07/AMFAFL-2023-BIO-BASQUIN_Robert.pdf . Les dates et lieux incertains sont notés en italiques.

[371] Dossier AIR 81/20111, TNA et compte-rendu d'accident consulté en ligne le 25 septembre 2023 n° CASPIR 0023/00000242.

Chacune de ces écoles était initialement prévue pour accueillir 180 nouveaux élèves toutes les quatre semaines. Les classes étaient prévues pour durer seize semaines, mais elles ont ensuite été prolongées jusqu'à atteindre 28 semaines. Parmi les sujets étudiés, on trouvait l'électricité (théorie et pratique), les circuits et les composants, l'organisation des Transmissions, la procédure à suivre en vol et au sol, l'emploi des postes émetteur et récepteur, les exercices de radiogoniométrie, les inspections quotidiennes, la résolution des pannes, les essais en vol, les règles de changement de fréquence, la tenue des journaux de vol, etc. Le taux d'échec prévisionnel était de 17%. Chaque école disposait de 29 Menasco Moth (Tiger Moth avec moteur américain Menasco) ou Noorduyn Norseman (19 IE + 10 IR). [372]

L'organisation de la 1ère École Radio, est modifiée en mars 1943. Avant cette date, elle était capable d'accueillir simultanément 900 Opérateurs radio / Mitrailleurs (personnel navigant). À partir du 3 mars 1943, elle est dédiée à la formation des personnels au sol et doit pouvoir accepter près de 2.000 élèves simultanément : 1.200 Mécaniciens radio et 750 Opérateurs radio dont 600 femmes. La nouvelle organisation était la suivante : [373]

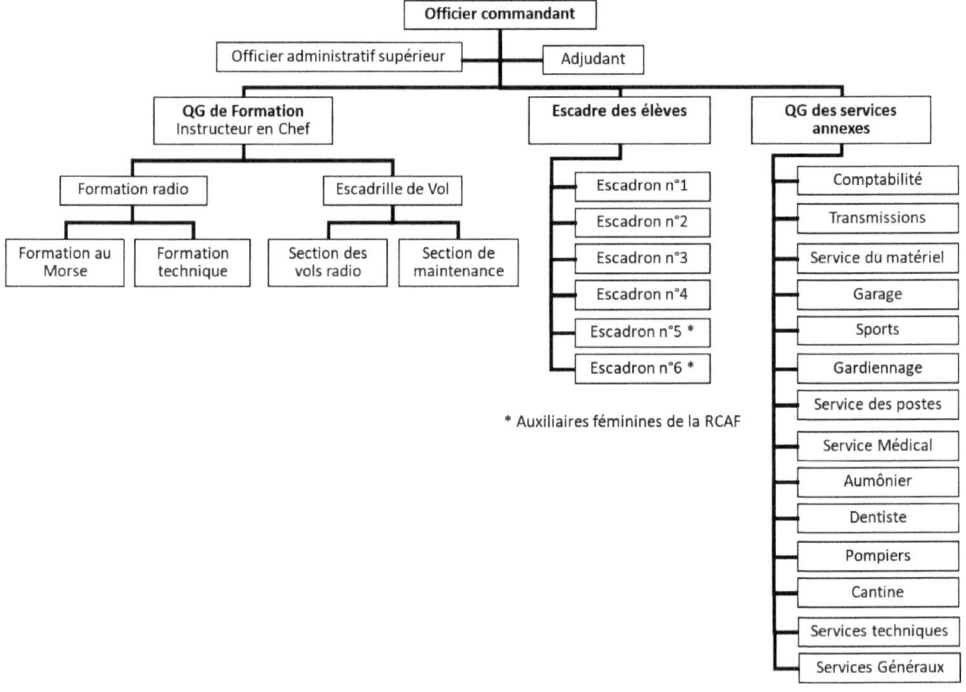

* Auxiliaires féminines de la RCAF

---

[372] Annexe 62 du document *"Flying Training Volume II Part 2 Basic Training Overseas"*, op. cit.
[373] Organigramme du 3 mars 1943 en annexe "B" de l'Ordre d'Organisation n°271 *"Re-organization of n°1 Wireless School"* du 29 mars 1943, conservé sous la référence C-12359, image 344, BAC.

B.2.1.10 - La formation des Mécaniciens Embarqués

En mai et juin 1944, 207 futurs mécaniciens embarqués de la RCAF ont terminé les cours techniques généraux de l'École de Formation Technique (TTS) de St Thomas, Ontario avant de rejoindre le Royaume-Uni où ils ont reçu une formation spécifique à St Athan au pays de Galles durant sept semaines.

Le 1er janvier 1944, la 1ère École des Mécaniciens Embarqués (Flight Engineers School - FES) est ouverte à Armprior, Ontario, pour donner un complément de formation de six semaines à 300 élèves simultanément (une nouvelle classe de 50 élèves arrivant chaque semaine). Le 1er juillet 1944, cette école déménage à Aylmer, Ontario pour profiter des locaux laissés vacants par la 14ème SFTS qui est partie pour Kingston, Ontario. [374] Après une formation technique générale à St Thomas, les élèves reçoivent donc une formation complète de mécanicien embarqué à Aylmer, Ontario : la remise des diplômes de la première promotion de vingt mécaniciens embarqués 100% *"made in Canada"* a lieu le 30 août 1944 ; dix de ces hommes étant promus Officier par la même occasion. [375]

En tout, 1.913 mécaniciens embarqués, tous Canadiens, ont été formés dans le cadre du BCATP (y compris les 207 qui ont terminé leur formation au pays de Galles. [376]

---

[374] Ordre n°375 du 13 juin 1944 *"Formation of RCAF Flight Engineers School, Aylmer, Ont."*, conservé sous la référence C-12368, image 316, BAC.

[375] Entrée du 30 août 1944 du Journal de marche de la FES, conservé sous la référence C-12368, image 327, BAC.

[376] Page 53 du *"Final report of the Chief of the Air Staff to the Members of the Supervisory Board British Commonwealth Air Training Plan"* du 16 avril 1945, conservé sous la référence AIR 20/1342, TNA.

B.2.1.11 - Le BCATP et l'opinion publique canadienne

Pour les communautés dans lesquelles une base du BCATP a été établie, le tissu économique local a bénéficié d'un boom inespéré. En particulier, les gestionnaires des écoles civiles (EFTS notamment) avaient toutes facilités de se procurer des matériaux et services locaux (produits frais pour les cantines, artisans, etc.) y compris parfois pour se fournir en pièces aéronautiques manquantes, ce qui était plus difficile pour les écoles purement militaires, mais même ces dernières avaient recours aux spécialistes locaux via des contrats spécifiques (coiffeur, etc.). Les commerces voyaient également leur clientèle accrue. La pression immobilière liée au manque de logements était le principal impact négatif puisqu'il fallait soudainement loger une partie du staff des écoles qui résidait en ville (par exemple les instructeurs et leurs familles). Les écoles essayaient de prendre en compte les impératifs spécifiques, par exemple, certaines zones près de la 32ème EFTS de Bowden, Alberta, étaient interdites de survol pour ne pas perturber les élevages de visons dans les fermes à fourrures. [377]

Les populations locales étaient donc largement favorables au BCATP. [378] Pour l'anecdote, plus de 3.750 aviateurs britanniques, néo-zélandais ou australiens ont épousé des Canadiennes. [379]

Au plan national, il était cependant difficile de faire comprendre à l'opinion publique de l'époque, ou même à certains parlementaires, pourquoi il fallait plusieurs mois pour former des aviateurs et pourquoi des dizaines de milliers de personnes devaient être mobilisées juste pour cela, sans parler des sommes faramineuses investies. En 1940, le Ministère de l'Air canadien crée donc une Direction des Relations Publiques, dont l'une des tâches principales a été de diffuser des messages positifs sur le BCATP.

Le film de la Warner Brothers *"Captain of the clouds"* (*"Les Chevaliers du ciel"* en français) est une des actions marquantes de cette Direction des Relations Publiques. L'acteur américain James Cagney y joue le rôle d'un pilote de brousse tête brûlée qui s'enrôle dans l'Aviation Royale canadienne comme instructeur et y connait une série de mésaventures avant de se racheter lors d'un convoyage de Lockheed Hudson jusqu'au Royaume-Uni. Tourné en couleurs dans différentes écoles du BCATP en Ontario (2ème SFTS d'Uplands, CFS de Trenton, 1er Dépôt du Personnel de Toronto, 6ème B&GS de Mountain View) par une équipe venue d'Hollywood par la route (4.500 km !), ce film a immortalisé de nombreux élèves, instructeurs et avions. Il permet notamment de se rendre compte de la diversité des peintures et marquages appliqués aux appareils du BCATP : les avions venant du Royaume-Uni (Anson et Battle) portaient leurs camouflages de guerre avec quelques panneaux peints en jaune comme mesure anti-collision, le métal des North

---

[377] Page 7 du livret *"32 EFTS – PUPIL'S GUIDE"*, conservé en Annexe "A" du Journal de marche d'octobre 1943 sous la référence C-12340 image 274, BAC.
[378] Pour plus de détails, voir l'article de Brereton Greenhous / Norman Hillmer (voir bibliographie).
[379] Page 27 du *"Final report of the Chief of the Air Staff to the Members of the Supervisory Board British Commonwealth Air Training Plan"* du 16 avril 1945, conservé sous la référence AIR 20/1342, TNA.

American Yale était laissé nu, la plupart des Harvard étaient de couleur jaune mais certains étaient en finition métal ou camouflée.

L'Annexe 5 liste certains des avions et équipements visibles dans ce film.

Les acteurs James Cagney et Russell Arms en plein tournage sur le Harvard 2689 et sur un Fairey Battle. Noter les quatre bombes d'exercice sous l'aile gauche du Harvard et l'hélice en rotation sur le Battle. Ce Harvard n'a servi que quelques mois : le 15 août 1941, il percute le sol dix minutes après le décollage lors d'un exercice nocturne. Le Leading Aircraftman Harry W. Long, un Australien, grièvement blessé, décède quelques heures plus tard. Il n'avait que cinq heures de vol de nuit à son actif et la commission d'enquête a suspecté une fatigue liée à un programme trop chargé. [380] (photos Library and Archives Canada/Department of National Defence fonds/e011182242 et e011181135).

Le 12 juillet 1941, l'avant-garde de l'équipe de tournage arrive sur la base de la 2ème SFTS d'Uplands, Ontario (aujourd'hui l'aéroport international d'Ottawa). La présence d'acteurs hollywoodiens a attiré plus de visiteurs que d'habitude et a sérieusement perturbé l'activité de l'école pendant un moment comme le regrette le Journal de marche : [381]

16 juillet : Aucun vol car le Directeur Michael Curtiz a commencé à filmer. Avec des Harvard en arrière-plan, les élèves de la Classe n°29 et une part importante du personnel du 1er Escadron ont représenté une cérémonie d'Escadre durant laquelle l'Air Marshal Bishop [as de la Première Guerre mondiale et Directeur du Recrutement de la RCAF] a fait un discours et remis leurs ailes aux brevetés, entièrement pour le bénéfice des caméras.

17 juillet : Pas de vol et pas de cours. Tout le programme de la base est complètement chamboulé pendant la suite du tournage de la Warner Brothers. Principalement une répétition des scènes filmées

---

[380] Compte-rendu d'accident consulté en ligne le 19 janvier 2024 n° CASPIR 0001/00000038.
[381] Journal de marche de la 2ème SFTS, conservé sous la référence C-12344, image 1000 et suivantes, BAC.

hier, et ceux qui n'ont pas de rôle de figurants sont tellement fascinés que les activités de la base sont réduites à zéro.

18 juillet : *Le tournage continue, y compris le passage à basse altitude sur la cérémonie d'Escadre par les pilotes de brousse. Le programme normal est entièrement annulé. Beaucoup de nos personnels se promènent complètement déguisés pour le film avec de la peinture graisseuse et du maquillage. D'autres ont de sacrés coups de soleil. Il est assez curieux d'entendre les militaires de la RCAF parler avec du jargon technique d'Hollywood. Ils ne sont plus "de garde", mais ils sont tous "sur le plateau" ou "dans le champ". …*

19 juillet : *Tournage comme d'habitude. … Parmi les visiteurs du jour, se trouvaient l'Air Commodore Leckie [Directeur de la Formation de la RCAF], le Group Captain Long, le Lieutenant-Colonel Gullet (Attaché de l'USAAF de l'ambassade américaine), tandis que des douzaines d'autres qui cherchaient à rentrer ont été refoulés à l'entrée de la base.*

20 juillet : *Pour tenter de rattraper le temps perdu, les vols ont commencé à 7h30 ce matin jusqu'à 10h00, quand "Filmland" a repris. James Cagney et Alan Hale, deux des acteurs principaux, et Mr Guthrie, ont été invités par le Mess des Officiers. La plupart des scènes nécessitant du personnel de la RCAF ont été filmées. …*

21 juillet : *Le tournage se concentre aujourd'hui sur la réception glacée donnée par les militaires de la RCAF aux pilotes de brousse fanfarons. Le Colonel Willis O'Connor a téléphoné pour annoncer que Son Excellence le Gouverneur Général souhaiterait voir Hollywood en action et il a été convenu de garder les acteurs un peu plus longtemps sur le plateau cet après-midi. La groupe de Son Excellence comprenait Son Altesse Royale la Princesse Alice [Air Commandant des WAAF britanniques], Lady Bing of Vimy, Lady Mary Abel Smith et Sir Shuldam Redfern. … Le Wing Commander Sampson et beaucoup d'autres Officiers du QG ont rendu visite. Les seuls vols possibles à cause du tournage ont été faits entre 5h00 et 8h30, et de 17h15 à 20h30. …*

22 juillet : *À nouveau, le tournage a beaucoup restreint les vols et a réclamé la participation de nos personnels. Quelques jalousies se sont produites lorsque certains ont été sélectionnés comme figurants et pas d'autres, mais quand ces derniers se sont rendus compte que les heureux élus devaient répéter la même scène douze fois ou plus de façon à ce que ce soit parfait, le désir d'être choisi s'est évanoui. Les acteurs principaux ont été très aimables en signant des douzaines d'autographes et en se laissant prendre en photo. Le [commandant de l'école, le] Group Captain Curtis a organisé une fête dans le Mess pour les acteurs et directeurs du tournage et les Officiers de la base et du QG : parmi les participants : l'Air Marshal Bishop, l'Air Commodore Leckie, …*

23 juillet : *Vols réduits comme hier. Toujours des tournages et tous les efforts sont faits par les directeurs pour terminer vendredi [25 juillet]. De très intéressantes prises de vues d'avions volant en formation comme arrière-plan des activités filmées sur le tarmac. … Mr H. E. Gordon, Assistant en Second du Ministre de l'Air et Mr M. W. Dyke de la Mission du Royaume-Uni ont été des visiteurs très attentifs. … Son Honneur le Maire d'Ottawa est arrivé et a visité la base avec le Wing Commander MacBrien. …*

24 juillet : *Le souhait des responsables de la Warner Brothers de terminer le film a limité nos vols à seulement trois heures avant et après les tournages. Aucun vol de nuit. Le tournage de diverses séquences sur le tarmac progresse bien et le Directeur Curtiz a dit que certaines prises de vol en formation figuraient parmi les meilleures qu'il ait jamais mises en boite. La scène du crash de "Tiny" (joué par l'acteur Alan Hale) a été filmée à l'extrémité Est du tarmac. La Warner Brothers a donné une fête pour les Officiers de la base, l'Air Marshal Bishop était présent.*

25 juillet : *Vols de 5h00 à 8h30, puis la Warner Brothers a travaillé frénétiquement pour terminer les dernières séquences à filmer sur cette base afin de partir pour North Bay ce soir. Tout s'est bien passé et à 17h00, la première équipe de tournage a quitté l'école. … Leur départ a créé un sentiment général de regret, mais d'autre part tous les personnels étaient contents de pouvoir consacrer à nouveau leurs efforts au programme normal de travail qui a été sérieusement désorganisé pendant presque deux semaines.*

Le répit est de courte durée puisque le lendemain, la deuxième équipe de tournage de la Warner Brothers, dédiée aux prises de vues aériennes, arrive à Uplands, où elle reste jusqu'au 2 août. Comme les acteurs sont partis et que la plupart des prises de vue se font sur l'aérodrome satellite de Pendleton, les visiteurs et les perturbations sont moindres.

Toutes les écoles du BCATP recevaient des visites des notables locaux ou de délégations étrangères (en particulier lorsque des classes d'élèves étrangers étaient brevetées), mais celle d'Uplands était véritablement une vitrine importante pour la RCAF de par sa proximité avec la capitale du Canada. Il est donc intéressant de noter quelques-unes des personnalités qui ont visité cette école dans les trois mois qui ont suivi le départ de la Warner Brothers :

29 juillet : Assistant du Ministre de l'Air de Nouvelle Zélande et Attaché de l'Aéronavale de l'ambassade américaine.

31 juillet : Duc de Kent (fils du Roi George V et Air Commodore dans la RAF), accompagné du Chef d'état-Major de la RCAF (Air Marshal Lloyd S. Breadner) et du Membre du Conseil de l'Air de la RCAF en charge du Personnel.

8 août : Air Vice Marshal G. M. Croil, Inspecteur Général de la RCAF et Air Commodore G. V. Walsh, commandant du 3ème Training Command.

10 août : Membres des Chambres de Commerce de New-York et d'Ottawa.

13 août : Parlementaires du Sous-Comité des Dépenses de Guerre.

18 août : Délégations des forces aériennes d'Amérique du Sud (Chili, Argentine et Pérou) avec leurs Consuls.

20 août : Air Vice Marshal Stanley J. Goble, Officier de Liaison australien pour le BCATP.

3 septembre : Peter Fraser, Premier Ministre de Nouvelle Zélande, Mr Barrow, Secrétaire du Conseil de l'Air néo-zélandais et Group Captain Isitt Officier de Liaison néo-zélandais pour le BCATP.

12 septembre : Air Marshal Garrod, Membre du Conseil de l'Air de la RAF en charge de la Formation.
23 septembre : Ambassadeur argentin au Royaume-Uni et sa nièce.
24 septembre : Group Captain Isitt Officier de Liaison néo-zélandais pour le BCATP.
25 septembre : Ambassadeur australien.
13 octobre : Air Commodore Goddard, Chef d'état-Major de la RNZAF et Group Captain Isitt Officier de Liaison néo-zélandais pour le BCATP.
26 octobre : Visite de 81 journalistes féminins de journaux et magazines canadiens.
29 octobre : Wing Commander MacDonald (RAF) de la Division de Recherche Médicale du Centre de Recherches Aéronautiques (RAE) de Farnborough, Hampshire.
1er octobre : Clement R. Attlee, Lord du sceau privé du Royaume-Uni et Air Vice Marshal Leckie, Membre du Conseil de l'Air de la RCAF en charge de la Formation.

Il serait fastidieux de poursuivre cette liste sans fin de personnalités prestigieuses. Pour finir l'année en beauté, la 2ème SFTS a accueilli le 31 décembre 1941 les Premiers Ministres canadien et britannique, accompagnés de leurs Chefs d'état-Major de la RCAF et de la RAF (Air Marshal Lloyd S. Breadner et Air Chief Marshal Charles F. A. Portal) et du Ministre canadien de la Défense Nationale pour l'Air Charles G. Power.

Devant un Harvard, le Ministre canadien de la Défense Nationale pour l'Air, Charles G. Power et le Premier Ministre britannique, son éternel cigare en bouche, écoutent les explications du Wing Commander William R. MacBrien, commandant de la 2ème SFTS d'Uplands.
Churchill avait pris la mer après l'attaque japonaise sur Pearl Harbor pour se rendre à Washington. Il a ensuite pris le train pour rejoindre le Canada, notamment pour un discours devant la Chambre des Communes le 30 décembre.
Engagé dans la RCAF en 1935, MacBrien a été Chef Instructeur de la 2ème SFTS avant d'en prendre les rênes le 5 septembre 1941. Début 1943, il était commandant de la base de Redhill, Surrey, avant d'être nommé à la tête d'une Escadre de la 2ème Force Aérienne Tactique en 1944. Un quart de siècle plus tard, il a pris sa retraite de la RCAF avec le grade d'Air Marshal (photo Library and Archives Canada/Department of National Defence fonds/e011309699).

B.2.1.12 - Le bilan de la formation au Canada

En septembre 1939, la RCAF ne comptait que 4.000 hommes et 20 Escadrons de biplans, hormis quelques Hurricane et Lysander. L'accord du BCATP signé en décembre était donc extrêmement ambitieux et le Canada a su relever ce défi. Durant la première phase de fonctionnement du BCATP, d'octobre 1940 à fin juin 1942 (soit 21 mois), plus de 29.000 aviateurs ont été formés au Canada (voir le graphe ci-après) : 23.476 par les écoles du BCATP, et 5.622 dans les écoles de la RAF transférées au Canada. Si les premières ont formé 77% de pilotes canadiens pour 4% de pilotes britanniques, les secondes ont instruit 91% de pilotes britanniques pour 7% de pilotes canadiens (les Australiens et Néo-Zélandais complétant les classes). [382]

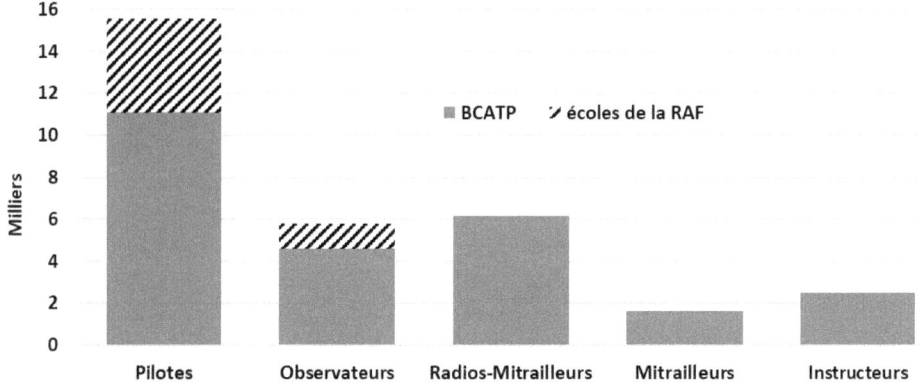

Comme on peut le voir sur le graphe ci-après, la seconde phase du BCATP, du 1er juillet 1942 au 31 mars 1945 (soit 33 mois), a permis d'utiliser au maximum les capacités des écoles existantes, qui n'avaient pour certaines démarré les cours qu'en 1942, en formant 107.578 aviateurs de plus : [383]

---

[382] Graphe de l'auteur à partir des données de l'Annexe A, page 44 et suivantes, du "*Final report of the Chief of the Air Staff to the Members of the Supervisory Board British Commonwealth Air Training Plan*" du 16 avril 1945, conservé sous la référence AIR 20/1342, TNA. Les 2.516 Instructeurs formés par la CFS durant cette phase sont en grande partie des Pilotes nouvellement diplômés qui sont donc visibles deux fois sur le graphe (entrée du 30 juin 1942 du Journal de marche de la CFS, conservé sous la référence C-12340, image 1412, BAC).

[383] Graphe de l'auteur à partir des données de l'Annexe A, page 44 et suivantes, du "*Final report of the Chief of the Air Staff to the Members of the Supervisory Board British Commonwealth Air Training Plan*" du 16 avril 1945, conservé sous la référence AIR 20/1342, TNA. Malheureusement, certaines FIS n'ont pas totalisé les nombres d'instructeurs formés.

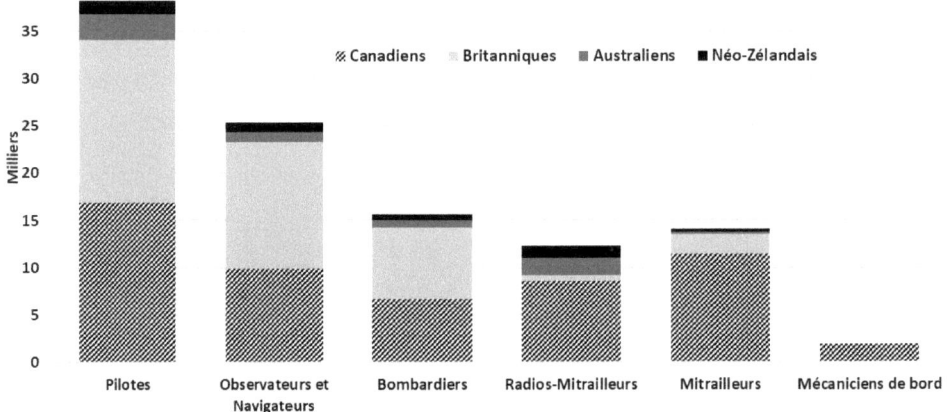

En plus de leur formation de base, près de 22.500 aviateurs ont également fait leur apprentissage de l'art de la surveillance maritime (en GRS (General Reconnaissance School)) et leur formation opérationnelle (en OTU) au Canada. Ces hommes étaient pour 43% des Canadiens et autant de Britanniques, 10% d'Australiens et 4% de Néo-Zélandais. [384]

Même en plein hiver, les mécanos pouvaient travailler dans les immenses hangars construits en un temps record. Ici, le moteur d'un Harvard reçoit les soins des mécanos de la 2ème SFTS d'Uplands, dans l'Ontario, en décembre 1942. Le bâtiment interne à deux étages à droite abrite des bureaux et le magasin d'outillage. Sans les efforts des milliers d'hommes et femmes travaillant dans ces écoles, le BCATP n'aurait pas été un succès (photo Library and Archives Canada/Department of National Defence fonds/a064583).

---

[384] Annexe A, page 57 du "*Final report of the Chief of the Air Staff to the Members of the Supervisory Board British Commonwealth Air Training Plan*" du 16 avril 1945, conservé sous la référence AIR 20/1342, TNA.

Le tableau suivant résume le bilan de la formation des aviateurs au Canada pendant la guerre : [385]

	Brevetés au Canada				Contribution du Canada en pourcentage des 326.252 aviateurs du Commonwealth formés pendant la guerre	
	Canadiens	Britanniques	Australiens	Néo-Zélandais	En effort de formation	En hommes
Pilotes	25.918	22.068	4.045	2.220	42,9%	22,0%
Observateurs ou Navigateurs	12.855	15.778	1.643	1.583	47,8%	20,5%
Bombardiers	6.659	7.581	799	634	77,7%	35,0%
Opérateurs radio	12.744	755	2.875	2.122	32,2%	22,9%
Mitrailleurs	12.917	2.096	244	443	30,1%	25,2%
Mécaniciens embarqués	1.913	-	-	-	9,4%	9,4%
TOTAL = 137.892	**73.006**	**48.278**	**9.606**	**7.002**	**40,0%**	**22,4%**

Pour mémoire, la population du Canada représentait, en 1939, un peu moins de 17% de la population des pays signataires du BCATP. Ce tableau confirme bien que le Canada a été l'acteur principal de la formation des pilotes, navigateurs et bombardiers des forces aériennes du Commonwealth.

Environ 167.000 hommes [386] sont entrés dans les établissements de formation implantés au Canada (qu'ils soient de la RAF ou du BACTP). 82% ont donc réussi à devenir aviateurs, même si ce n'était pas toujours dans la catégorie qu'ils souhaitaient au départ. Grâce à la réorientation des élèves vers d'autres catégories d'aviateurs si leur niveau s'avère un peu faible pour être pilote ou navigateur, le taux d'échec reste raisonnable : seuls 18% des aspirants-aviateurs sont rejetés, plus de la moitié restant dans leur Force Aérienne mais pour des métiers au sol (instructeurs Link, contrôleurs, opérateurs radios, etc.). Si l'on raisonne en termes d'aviateurs disponibles pour les forces aériennes du Commonwealth, il faut également retirer les 856 élèves tués durant leur

---

[385] Annexe 3 du document *"Flying Training - Volume I - Policy and Planning"*, op. cit. La dénomination *"Britanniques"*, dans ce tableau est à prendre au sens *"Britanniques et assimilés RAF"*, puisque les chiffres de la RAF incorporent les aviateurs alliés (Belges, Tchécoslovaques, Polonais, Danois, Français, Norvégiens, Grecs, Yougoslaves, etc.). Les aviateurs formés dans les écoles de la RAF transférées au Canada pendant la première phase du BCATP ont été inclus, d'où des chiffres un peu supérieurs à ceux du *"Final report of the Chief of the Air Staff to the Members of the Supervisory Board British Commonwealth Air Training Plan"* du 16 avril 1945, op.cit. Rappel : la méthodologie utilisée pour jauger l'effort de formation est expliquée au glossaire en fin d'ouvrage.

[386] Les aviateurs entrés dans les écoles de la RAF transférées au Canada pendant la première phase du BCATP ont été estimés à environ 9.000 hommes. Si on les exclut, le chiffre officiel est de 159.340 entrants dans les écoles canadiennes.

formation (0,04% des recrues du BCATP), les 661 élèves Américains rappelés aux USA, et tous les aviateurs affectés, au moins temporairement, en tant qu'instructeurs dans les écoles canadiennes. [387]

Le nerf de la guerre : le bilan comptable [388]

Le coût total du BCATP a été déterminé à 2 milliards 231 millions de dollars canadiens (2.231.129.039,26 $ pour être exact). La phase 1 a coûté 797 millions de dollars, soit 190 millions de plus que prévu, bien qu'elle ait été raccourcie arbitrairement au 30 juin 1942 (au lieu du 31 mars 1943). Ceci s'explique en grande partie par le déménagement des écoles de la RAF au Canada qui a entraîné des dépenses imprévues, ainsi qu'à l'accroissement des capacités des écoles.

Au final, le Canada a financé 72,5 % de ce plan d'entraînement (soit 1 milliard 618 millions de dollars), l'Australie 2,9 % (65 millions) et la Nouvelle Zélande 2,2 % (48 millions), mais ces deux pays ont aussi bénéficié de 28 millions de dollars d'aide du Canada (notamment des avions). Si la contribution canadienne semble élevée, il ne faut pas oublier que les autres pays devaient assurer la formation initiale chez eux (ITS et *"grading"* au Royaume-Uni, ITS et EFTS pour les deux autres) et qu'une fois embarqués sur des navires en partance pour l'Europe, tous les aviateurs devenaient la charge financière du gouvernement britannique pour le reste de la guerre. Le Canada a aussi conservé les installations mises en place pour le BCATP, même si beaucoup sont devenues surnuméraires par rapport aux besoins de sa force aérienne avant même que la guerre ne soit terminée (voir ci-après).

Sur le plan comptable, les Britanniques s'en sortent fort bien, puisqu'ils n'ont avancé "que" 9,7% des financements :
- Leur contribution s'élève à 500 millions de dollars, dont 446 millions d'équipements fournis au Canada : 162 millions directement par le Royaume-Uni (avions principalement) et 284 millions dans le cadre de loi du prêt-bail américain.
- D'après les comptes, ils devaient encore rembourser le Canada de 425 millions de dollars canadiens, mais en mai 1946, le Parlement Canadien accepte d'effacer cette ardoise.

Un aviateur formé dans le cadre du BCATP revenait donc en moyenne à 16.960 dollars canadiens (toutes catégories confondues, sachant bien sûr qu'un pilote ou un navigateur coûtait plus cher qu'un mitrailleur, ne serait-ce que par la durée de leur formation et le carburant consommé), soit 14.156 dollars par recrue entrée dans les écoles canadiennes puisque le taux global d'échec (toutes catégories confondues) était de 16,5%. [389] Encore une fois, ces moyennes ne tiennent pas compte du fait que le coût intégral de formation

---

[387] Données de l'Annexe A, page 56, du "*Final report of the Chief of the Air Staff to the Members of the Supervisory Board British Commonwealth Air Training Plan*" du 16 avril 1945, conservé sous la référence AIR 20/1342, TNA.
[388] Tableau 3A du livre de Fred Hatch (voir bibliographie).
[389] Ce chiffre ne prend pas en compte les écoles de la RAF transférées au Canada pendant la première phase du BCATP et est donc légèrement différent de celui de 18% cité précédemment.

des recrues canadiennes était supporté par le BCATP, alors que les recrues d'autres nationalités effectuaient une part conséquente de leur cursus avant d'arriver au Canada.

"En route vers Tokyo, notre avion s'est posé à Bowden pour se ravitailler. Vous ne pourriez pas reconnaître ce terrain. Tous les petits baraquements verts ont été remplacés par de grands bâtiments d'architecte, car Bowden est désormais l'une des plus grandes villes du Canada occidental." [390]

Grâce aux dizaines d'aérodromes bâtis pour le BCATP, le Canada a bénéficié dès l'après-guerre d'une infrastructure solide pour développer son aviation civile. La RCAF a conservé certains terrains, mais beaucoup ont été adaptés pour une utilisation civile, que ce soit en devenant des aéroports municipaux, nationaux, voire internationaux. Combien parmi les 4,5 millions de passagers qui transitent annuellement par l'aéroport James A. Richardson International de Winnipeg, Manitoba savent que des centaines d'Observateurs ont été formés de 1941 à 1945 par la 5ème AOS située sur ce terrain ? Le fait que la proximité de centres urbains et de voies ferrées, afin d'avoir accès aux ressources locales et pour faciliter les communications, ait fait partie des critères de sélection a été très favorable à la reconversion civile de ces aérodromes après la guerre. D'autres sont toujours utilisés aujourd'hui par des aéroclubs. [391]

En janvier 1943, le Premier Ministre canadien a reçu une lettre du Président Roosevelt félicitant l'effort de guerre canadien et qualifiant ce pays *"d'aérodrome de la démocratie"*. Cette formule a été choisie pour servir de titre à l'histoire officielle du Plan d'entraînement aérien du Commonwealth britannique. [392] Sachant que le Canada a assuré la formation de 42% de tous les aviateurs des forces aériennes du Commonwealth pendant la guerre (et de 46% des pilotes, loin devant le Royaume-Uni avec 13%), ce titre semble bien approprié.

Plusieurs avions utilisés dans le cadre du BCATP (Menasco Moth, Harvard, Battle, Anson, Finch, Crane, Cornell, etc.) sont exposés au Musée de l'aviation et de l'espace du Canada à Ottawa. [393] Un autre musée à Brandon, Manitoba retrace l'histoire du BCATP et maintient quelques monomoteurs en état de vol (Tiger Moth, Cornell, Harvard et Finch), ainsi que d'autres avions présentés au sol (Anson, Expeditor, Bolingbroke, Fort, Hurricane et simulateur Link). [394]

---

[390] Introduction d'un article intitulé *"Pouvez-vous imaginez ? ... Dans 20 ans"* de Miss E. Smetana, publié page 24 de la revue *"Three corners"* de mars 1944 de la 32ème EFTS de Bowden, Alberta. Si cette prédiction s'est avérée vraie pour beaucoup d'aérodromes du BCATP, ce n'a pas été le cas du terrain de Bowden qui n'existe plus aujourd'hui. Bowden reste une bourgade d'environ 1.300 âmes.
[391] Pour plus de détails, voir l'article d'Alistair MacKenzie (voir bibliographie).
[392] Page iv du livre de Fred J. Hatch (voir bibliographie).
[393] Pour plus de détails, voir le site https://ingeniumcanada.org/fr/aviation consulté en ligne le 22 mai 2023.
[394] Pour plus de détails, voir le site https://airmuseum.ca/ consulté en ligne le 22 mai 2023.

B.2.2 - L'Australie

Avant-guerre, la Royal Australian Air Force (RAAF) était très petite (moins de 3.500 hommes et 246 appareils, dont 164 avions de guerre en 1939) et était ballotée de crise en crise, la dernière étant la démission du Chef d'État-Major en février 1939 suite à un rapport très défavorable de l'Inspecteur-Général de la RAF sur la préparation et la sécurité au sein de la RAAF. Le Vice Air Marshal Stanley Goble, un Australien, est nommé Chef d'État-Major. Cependant, les politiciens australiens semblaient faire peu confiance à leurs militaires et ont souvent montré leur préférence pour des officiers britanniques qu'ils estimaient plus expérimentés, que ce soit pour la RAAF ou l'Armée de Terre (par exemple, le Lieutenant Général Ernest K. Squires, un Britannique, avait été nommé à la tête de l'Armée australienne en octobre 1939, remplaçant un Australien).

Le 20 septembre 1939, le gouvernement australien annonce son intention d'offrir au Royaume-Uni les services de six Escadrons (quatre de bombardiers et deux de chasseurs). Il propose aussi de former des aviateurs, puisque Goble estimait qu'en recrutant des instructeurs civils et avec les 200 avions disponibles (70 de la RAAF et 130 civils), 1.000 pilotes pouvaient être formés annuellement, plus que l'Australie jugeait nécessaire pour sa défense, et que ce chiffre pourrait même atteindre 3.500 nouveaux pilotes par an avec 700 avions de formation. Une semaine plus tard, le gouvernement britannique invite l'Australie à envoyer une délégation au Canada pour étudier les modalités d'un plan de formation commun à tous les pays de l'Empire, plan qui deviendra le BCATP. Comme il fallait conserver des instructeurs en Australie, l'envoi de six Escadrons est reporté, seul le 10ème Escadron de la RAAF est formé au Royaume-Uni pour utiliser des hydravions Sunderland commandés avant-guerre par l'Australie. En compensation, l'Australie s'est engagée à mettre à la disposition de la RAF une part conséquente de ses aviateurs formés, ce qui a duré durant toute la guerre : cet accord a été renouvelé le 31 mars 1943, stipulant que les deux-tiers des aviateurs australiens formés seraient mis à disposition de la RAF, pour servir soit au sein des Escadrons de l'article XV de la RAAF (voir le chapitre spécifique), soit au sein d'unités de la RAF. [395]

B.2.2.1 - La première phase de la mise en place du BCATP en Australie

En novembre 1939, le Ministre de l'Air australien autorise la formation des premières EFTS en utilisant les aéroclubs civils, la RAAF se chargeant de la supervision, des cours au sol et de la discipline. Le taux d'échec était estimé à priori à 13%. Ces écoles d'initiative australienne ont permis la formation de plus de 400 pilotes avant même la mise en place du BCATP. Toutefois, l'accord du gouvernement pour la participation de l'Australie au BCATP a été donné sans consulter le Conseil de l'Air, et c'est la goutte d'eau qui provoque une nouvelle démission du Chef d'État-Major de la RAAF en décembre 1939. Le Vice Air Marshal Stanley Goble est envoyé au Canada pour … assurer la liaison australienne au sein du BCATP ! Un Britannique, l'Air Chief Marshal Sir Charles S. Burnett est nommé à sa place en janvier 1940, ce qui provoque une polémique dans la presse australienne

---

[395] Page 528 du document *"Flying Training Volume II Part 2 Basic Training Overseas"*, op. cit.

bien que le gouvernement argumente que Burnett a été choisi notamment en raison de son expérience de premier commandant du Training Command de la RAF. Alors que Goble était partisan de renforcer d'abord la défense de l'Australie et d'offrir un surplus de capacité de formation pour aider la RAF, Burnett a favorisé pendant un peu plus de deux ans l'envoi de recrues australiennes au BCATP, jusqu'à ce que l'entrée du Japon dans la guerre change la donne dans le Pacifique. [396] D'après l'accord du BCATP, 22% des candidats aviateurs australiens recrutés toutes les quatre semaines devaient être envoyés au Canada pour terminer leur formation de base (soit 80 élèves pilotes formés en ITS et en EFTS ; 42 élèves observateurs et 72 élèves opérateurs radio formés en ITS), le reste étant formé au pays. Ceci impliquait la mise en place d'une organisation conséquente, avec les mêmes problèmes que ceux déjà décrits pour le Canada. En particulier, l'Australie manquait d'aérodromes et d'avions ; par exemple, au printemps 1941, les écoles ne disposaient que des deux tiers de leur dotation théorique en avions. [397] Les principales livraisons d'appareils de formation par le Royaume-Uni sont résumées annuellement dans le tableau ci-après. [398] À ces chiffres, il faut ajouter les Commonwealth Aircraft Corporation (CAC) Wirraway (dérivé australien du North American NA-16, prédécesseur du Harvard), et les avions d'écolage élémentaire (Tiger Moth et CAC Wackett) produits sur place.

	Oxford, Anson	Battle	Totaux
1940	108	117	225
1941	475	129	604
1942	324	124	448
1943	362	10	372
1944	74	-	74
Totaux	1.343	380	1.723

Jusqu'en avril 1940, le personnel militaire des EFTS n'était chargé que de l'instruction au sol, les cours de pilotage étant faits par des instructeurs civils. Il est ensuite décidé de retirer la gestion des EFTS aux aéroclubs civils pour la confier à la RAAF, les avions utilisés jusque-là étant jugés *"non seulement obsolètes mais aussi définitivement antiques"* et les enseignements délivrés inconsistants. [399] Ce changement n'est pas anodin puisqu'il faut affecter des dizaines de militaires à ces EFTS et les loger. Par exemple, les effectifs militaires de la 4ème EFTS de Mascot, Nouvelle Galles du Sud, doivent évoluer de la façon suivante :

---

[396] Chapitre 3 du *"Volume I - Royal Australian Air Force, 1939-1942"* (voir bibliographie).
[397] Page 519 du document *"Flying Training Volume II Part 2 Basic Training Overseas"*, op. cit.
[398] Données des rapports *"Export of Aircraft"*, conservés sous les références AIR 20/2018 et AIR 20/2039, TNA. Ces chiffres sont donnés au départ du Royaume-Uni, certains appareils ne sont jamais arrivés à destination, par accident de transport ou par fait de guerre.
[399] Page 513 du document *"Flying Training Volume II Part 2 Basic Training Overseas"*, op. cit.

	Officiers	Sous-Officiers et Hommes du Rang	Élèves
EFTS "civile"	5	40	48
EFTS "militaire"	15	193	48

Il est estimé qu'un investissement de plus de 16.000 livres sterling est nécessaire pour cette école : 9.242 £ pour les bâtiments (baraquements, cantines, QG, poste de garde, etc.), le reste pour l'infrastructure (réseaux, routes, etc.) et les imprévus. [400]

À la fin du mois, les premières recrues formées en Australie dans le cadre du BCATP sont accueillies par la 1ère ITW de Somers dans l'état de Victoria ; les premiers élèves pilotes formés en EFTS embarquent pour le Canada en septembre 1940. Tout comme les écoles canadiennes, les débuts sont parfois difficiles, par exemple :
- La 1ère EFTS de Parafield, Victoria, ne dispose que de 8 parachutes lorsqu'elle reçoit ses 23 premiers élèves le 8 janvier 1940, et les vols sont donc limités jusqu'au 19 janvier quand arrive, non pas des parachutes supplémentaires, mais … l'autorisation de donner les leçons sans parachute ! [401]
- La 5ème EFTS de Narromine, Nouvelle Galles du Sud, a le même souci puisqu'elle n'a reçu aucun parachute quand les premiers cours commencent le 27 juin 1940. Lorsque le Directeur de la Formation (le Group Captain G. Jones) visite l'école le 12 juin, il s'étonne que le QG de Melbourne n'ait pas répondu au message envoyé un mois plus tôt par le staff de l'école pour demander des parachutes ou l'autorisation de voler sans. À la fin du mois, seuls 15 parachutes (sur les 66 de la dotation théorique) sont arrivés. Narromine souffre aussi d'une mauvaise disposition de certains bâtiments (les élèves doivent parcourir près d'un kilomètre pour suivre les cours d'armement puis revenir) et du manque d'autres. Le commandant note que *"l'absence totale de gymnase gêne les efforts pour garder une bonne forme physique. Le fait qu'il n'y ait aucun équipement ni meuble dans les baraquements, ni aucune installation récréative n'induit pas un moral élevé."* [402]
- Durant ses premières semaines de fonctionnement, la 2ème EFTS d'Archerfield dans le Queensland n'a pas sa propre cuisine et les élèves comme les instructeurs doivent se contenter de rations militaires achetées au début de la guerre. Après deux mois de ce régime sans fruits ni légumes frais, certains élèves montrent des symptômes inquiétants (irritations cutanées). Il n'y a ni eau chaude ni laverie pendant des mois. Le Commandant se plaint aussi de ne pas avoir d'autorité financière suffisante, ne serait-ce que pour acheter des tableaux noirs pour les salles de classe. [403]
- Faute de bâtiment disponible, le QG de la 4ème EFTS de Mascot en Nouvelle Galles du Sud est installé dans le clubhouse de l'Aéroclub Royal de Nouvelle Galles du Sud.

---

[400] Mémorandum *"Extensions to n°4 Elementary Flying Training School, Mascot, NSW"* à l'intention du Secrétaire du Département de Coordination de la Défense, non daté (probablement septembre 1940), conservé sous la référence A705, 171/23/215 PART 1, pages 290 à 296, NAA.
[401] Journal de marche de la 1ère EFTS, conservé sous la référence A-9186, 375, image 3, NAA.
[402] Journal de marche de la 5ème ETS, conservé sous la référence A-9186, 375, images 402 à 404, NAA.
[403] Journal de marche de la 2ème EFTS, conservé sous la référence A-9186, 375, images 137 à 146, NAA.

Les premiers élèves ont aussi la mauvaise surprise d'apprendre qu'il n'y a encore aucun baraquement construit pour les accueillir et qu'ils doivent donc loger à l'hôtel de Brighton-le-Sands, à leurs frais ! [404]
- La 5ème SFTS d'Uranquinty, Nouvelle Galles du Sud, qui doit ouvrir le 20 octobre 1941 et accueillir ses premiers élèves mi-novembre, ne peut pas avoir d'électricité avant la fin de l'année. Il faut donc acheter des lampes à pétrole pour l'éclairage. [405]

Les effectifs théoriques d'une EFTS et d'une SFTS de Nouvelle Galles du Sud à leurs débuts sont donnés ci-dessous : [406]

		5ème EFTS de Narromine	5ème SFTS d'Uranquinty
Création		25 mai 1940	20 octobre 1941
Staff de l'école	Officiers	25	61
	Autres grades	320	914
	Civils	4	0
Élèves		Deux classes de 48	200
Avions		36 IE + 18 IR (Tiger Moth)	72 IE + 36 IR (Wirraway)

En octobre 1940, comme les Britanniques réclament un accroissement de la capacité des écoles lors de la bataille d'Angleterre, les EFTS australiennes passent à 60 élèves (au lieu de 48 précédemment) et les SFTS à 200 élèves (au lieu de 160) (alors que les Canadiens avaient choisi de réduire la durée des programmes, par exemple en passant le séjour en EFTS de 8 à 7 semaines). Cette accélération des programmes de formation a amené l'Australie à envoyer plus d'élèves pilotes au Canada à compter de janvier 1941, soit 100 toutes les quatre semaines (au lieu de 80 précédemment). Ces quotas d'élèves à envoyer finir leur formation au Canada ont fluctué au fil des ans et des besoins pour chaque catégorie d'aviateurs, ainsi qu'en fonction des navires disponibles (par exemple, à partir d'octobre 1942, une centaine d'observateurs formés en Australie sont envoyés chaque mois au Canada pour y entrer en OTU, au lieu d'être embarqués directement pour l'Angleterre car il n'y a pas assez de convois en partance pour le Royaume-Uni).

En novembre 1940, l'Australie s'engage à envoyer annuellement 580 élèves, formés uniquement en ITS, pour suivre le cursus EFTS puis SFTS en Rhodésie du Sud. La plupart ont ensuite été envoyés en Égypte après avoir reçu leur formation opérationnelle au Moyen-Orient.

---

[404] Entrée du 8 janvier 1940 du Journal de marche de la 4ème EFTS, conservé sous la référence A-9186, 375, image 349, NAA.
[405] Note de service du 7 octobre 1941 du QG du 2ème Training Group, conservée sous la référence A705 - 151/2/34, pages 85-86, NAA.
[406] Entrée du 30 juin 1940 du Journal de marche de la 5ème EFTS, et tableau de montée en puissance de la 5ème SFTS du 1er août 1941, conservés sous les références A9186 - 375, page 399 et 151/2/34, pages 86 à 88, NAA.

B.2.2.2 - Des formations sur différents continents

Le tableau ci-après résume les conditions salariales des élèves australiens durant leur formation : [407]

Stade de formation	Catégorie d'aviateur	Lieu	Groupe	Grade	Paye par jour *
ITS	Tous	Australie	V	AC2	6s 6d
En formation (EFTS, etc.) ou en attente d'embarquement	Élèves Pilotes, Bombardiers et Navigateurs	Australie	II	LAC	10s 6d
	Élèves Opérateurs radio et Mitrailleurs		V	LAC	7s
Transit de l'Australie vers le Canada	Élèves Pilotes, Bombardiers et Navigateurs	en mer	II	LAC	11s 5d
	Élèves Opérateurs radio et Mitrailleurs		V	LAC	7s 7d
SFTS, AOS, B&GS, etc.	Élèves Pilotes, Bombardiers et Navigateurs	Canada	standard	LAC	2,25 $ CAN **
WS, B&GS	Élèves Opérateurs radio et Mitrailleurs jusqu'à 2 semaines du brevet		standard	LAC	1,5 $ CAN
	Élèves Opérateurs radio et Mitrailleurs deux dernières semaines		standard	LAC	2,25 $ CAN **
En attente d'embarquement **	Pilotes, Bombardiers et Navigateurs brevetés		spécial	Sgt	3,70 $ CAN
	Opérateurs radio brevetés		spécial	Sgt	3,45 $ CAN
	Mitrailleurs brevetés		spécial	Sgt	2,95 $ CAN
	Tous Officiers brevetés		GD	P/O	6,25 $ CAN
Après avoir quitté le Canada ***	Pilotes	en mer ou Royaume-Uni	spécial	Sgt	19s 1d
	Bombardiers et Navigateurs		spécial	Sgt	17s 5d
	Opérateurs radio		spécial	Sgt	15s 10d
	Mitrailleurs		spécial	Sgt	14s 2d
	Tous Officiers		GD	P/O	22s 5d

* En shilling (s) et pence (d) australiens, ou en dollars canadiens. Une paye différée de 2s (3s pour les Officiers) par jour n'est pas incluse ici.   ** y compris prime de vol

*** y compris primes diverses, et toujours en shilling (s) et pence (d) australiens (même si la solde des élèves était payée par le Royaume-Uni à partir de ce stade).

---

[407] Bulletin n°1 *"Daily rates of pay – Aircrew trainees and Graduates"* du 1er août 1943, conservé sous la référence AA1966/5 - 338, page 187, NAA. L'Australie n'a introduit le dollar australien qu'en 1966.

Avant leur embarquement, les élèves recevaient un livret de la RAAF d'une trentaine de pages intitulé *"Informations générales pour les élèves australiens au Canada"*. Ils y apprenaient les modalités de versement de leur solde par le gouvernement canadien à compter de leur embarquement, les procédures de remplacement de leurs effets personnels si nécessaire, les tarifs du courrier et des trains, les règles de censure et d'emploi d'appareils photographiques, les modalités d'échange de monnaies, les règles douanières applicables s'ils envoyaient des cadeaux en Australie ou s'il se faisaient envoyer des cigarettes et les conditions pour aller aux États-Unis lors de leurs permissions. Pour les perspectives d'avenir, ce livret soufflait aussi bien le chaud et le froid puisque les questions relatives aux mariages au Canada (uniquement après avoir atteint avec succès la fin de la formation) et au transfert des épouses canadiennes en Australie étaient abordées, de même que celles sur la façon de rédiger un testament. [408]

Les périples effectués par les trois aviateurs ci-après illustrent le long parcours de formation suivi par les élèves australiens :

Avant d'être pilote du Bomber Command Lawrence O. Larmer de Melbourne, Australie, a suivi une formation partielle en Australie, a terminé sa formation de base de pilote au Canada, puis a reçu sa formation opérationnelle au Royaume-Uni pour une durée totale un peu supérieure à 1 an et 8 mois : [409]

	Début	Fin	Durée (semaines)
1ère ITS, Somers, Victoria, Australie	4 décembre 1942	6 mars 1943	13
11ème EFTS, Benalla, Victoria, Australie	7 avril 1943	24 mai 1943	6,5
Transit Australie - Canada (Sidney, Brisbane, Nouvelle-Zélande, San Francisco, Vancouver, Edmonton)	24 mai 1943	13 juillet 1943	7
10ème SFTS Dauphin, Manitoba, Canada	13 juillet 1943	23 octobre 1943	14,5
Permission puis transit Canada - Royaume-Uni	24 octobre 1943	19 mars 1944	21
18ème EFTS, Fairoaks, Surrey	20 mars 1944	26 mars 1944	1
14ème (P)AFU (Oxford), Banff, Écosse *	21 mai 1944	15 juillet 1944	8
27ème OTU (Wellington), Lichfield, Staffordshire	18 juillet 1944	1 octobre 1944	10,5
1.658ème Unité de Conversion (Halifax), Ricall, Yorkshire	12 janvier 1945	26 février 1945	6,5

* dont 5 jours à la 1.542ème BAT de Dallachy, Écosse

Une fois arrivé en Angleterre, le Sergent Larmer a suivi un court stage d'une semaine sur Tiger Moth à la 18ème EFTS de Fairoaks, Surrey, pour retrouver ses réflexes de

---

[408] Livret conservé sous la référence AA1966/5 - 338, pages 1 à 34, NAA.
[409] Carnet de vol de Lawrence O. Larmer, IBCC Digital Archive, op.cit. Les temps d'attente en Dépôts du Personnel n'ont pas été indiqués.

pilotage après presque cinq mois sans voler. Il a été promu Officier en mars 1944. Il a ensuite rejoint le circuit classique (P)AFU, OTU, Unité de Conversion, avant d'être affecté en mars 1945 au 51ème Escadron sur Halifax III, juste à temps pour effectuer une dizaine de missions de guerre.

L'équipage de chasseur de nuit - Intruder sur Mosquito (456 puis 464èmes Escadrons) du Wing Commander P. Gordon Panitz, DFC, et du Flying Officer Officer Richard S. Williams, DFC, deux Australiens, montre un autre parcours de formation de pilote, et un parcours d'observateur-opérateur radar. Panitz, maître boulanger dans le civil, avait déjà suivi quelques cours de pilotage au sein de l'Aéroclub Royal du Queensland avant de s'enrôler. Il a reçu son brevet de pilote en Australie en mai 1941 et a été promu Pilot Officer avant sa formation opérationnelle au Royaume-Uni (durée totale de près de 14 mois) : [410]

	Début	Fin	Durée (semaines)
3ème Centre de Recrutement, Brisbane, Queensland, Australie	6 décembre 1940		
2ème ITS de Lindfield, New South Wales, Australie	8 décembre 1940	31 janvier 1941	7,7
2ème EFTS d'Archerfield, Queensland, Australie	6 février 1941	6 avril 1941	8,4
3ème SFTS d'Amberley, Queensland, Australie	7 avril 1941	24 juillet 1941	15,4
Transit Sydney - Vancouver Halifax (?) - Royaume-Uni	8 août 1941 17 septembre 1941	29 août 1941 5 octobre 1941	8,3
3ème Centre de Réception du Personnel (PRC) de Bournemouth, Dorset	8 octobre 1941	*27 octobre 1941*	2,7
54ème OTU de Charterhall, Berwickshire	28 octobre 1941	*23 février 1942*	16,9

Williams, magasinier dans le civil, a effectué la plus grande partie de sa formation d'observateur au Canada avant de se qualifier comme opérateur de radar air-air au Royaume-Uni (durée totale de plus d'un an et quatre mois) : [411]

	Début	Fin	Durée (semaines)
2ème Centre de Recrutement de Sydney, Nouvelle-Galles du Sud, Australie	28 avril 1941		
2ème ITS de Lindfield, New South Wales, Australie	28 avril 1941	20 juin 1941	7,6
Transit Sydney - Vancouver	8 août 1941	29 août 1941	3

---

[410] Dossier personnel de Panitz, conservé sous la référence A9300 - 5255046, NAA. Les dates incertaines sont notées en italiques.
[411] Dossier personnel de Williams, conservé sous la référence A9300 - 5256671, NAA.

Suite du tableau de la page précédente	**Début**	**Fin**	**Durée** (semaines)
2ème AOS d'Edmonton, Alberta, Canada	30 août 1941	22 nov. 1941	12
5ème B&GS de Dafoe, Saskatchewan, Canada	23 novembre 1941	3 janvier 1942	5,9
1ère ANS de Rivers, Manitoba, Canada	4 janvier 1942	3 février 1942	4,3
Transit 1er Dépôt du Personnel Halifax Halifax - Royaume-Uni	8 février 1942		6,7
	18 mars 1942	27 mars 1942	
3ème PRC de Bournemouth, Dorset	28 mars 1942	16 avril 1942	4,1
3ème École Radio de Prestwick, Écosse	16 avril 1942	9 juin 1942	10,4
54ème OTU de Charterhall, Berwickshire	9 juin 1942	12 août 1942	17

Williams ne semble pas avoir apprécié la discipline trop stricte de la 2ème AOS puisque son dossier comporte deux mentions de retour tardif de soirée les 17 et 18 octobre 1941 : pour cette double infraction il a été confiné dans l'école pendant sept jours et a eu droit à des corvées supplémentaires. Ces écarts mineurs ne l'ont pas empêché d'être promu Pilot Officer le 17 juin 1942 à l'issue de sa formation d'opérateur radar. On notera que Panitz et Williams avaient voyagé sur le même navire entre l'Australie et le Canada, mais ils ne se sont retrouvés que lorsque Williams a rejoint le 456ème Escadron le 14 août 1942. [412] Leur histoire opérationnelle est évoquée plus en détails dans le livre de cette série sur les chasseurs de nuit de la RAF.

Les voyages internationaux n'étaient pas du goût de tous les élèves, et il est amusant de lire dans les rapports de l'Air Vice Marshal Stanley J. Goble, Officier de Liaison australien pour le BCATP, que certains élèves australiens se plaignent de la nourriture canadienne *"qui diffère par certains aspects de la cuisine australienne"*. [413] On ne peut qu'imaginer que ces élèves ont ensuite regretté leurs cantines canadiennes lorsqu'ils ont goûté la cuisine britannique de temps de guerre ! D'autres élèves se plaignent aussi d'avoir perdu un jour de paye lors du franchissement de la ligne de changement de date.

B.2.2.3 - Après l'entrée en guerre du Japon

Avec le début du conflit dans le Pacifique, les envois d'élèves australiens partiellement formés ont cessé en décembre 1941. Ils ont repris en mars 1942 vers le Canada, mais pas vers la Rhodésie. Autres conséquences de la guerre dans le Pacifique, des aérodromes de formation ont été réaffectés et les écoles radio ont perdu leurs DC-2 et DH-89, ainsi que quelques instructeurs au profit des unités combattantes. Certaines écoles ont également reçu pour instructions de former des Escadrons de Réserve (que l'on pourrait qualifier

---

[412] Les deux hommes ont effectué leur première mission de guerre ensemble le 2 octobre 1942 (entrée du Journal de marche du 456ème Escadron, conservé sous la référence A9186 - 142, image 121, NAA). Auparavant, Panitz volait avec un autre observateur.

[413] Pages 7 et 8 du rapport *"Training of Australian Aircrew in Canada"* du 25 janvier 1941, conservé sous la référence AA1966/5 - 338, page 100, NAA.

de "Formations d'Urgence Anti-Invasion") avec leurs propres avions et leurs instructeurs, mais dans les faits, ces unités n'existaient que sur le papier. Par exemple, la 2ème ANS de Nhill, Victoria, devait créer le 97ème Escadron de Réserve. Plus efficacement, des OTU ont aussi dû être créées en Australie pour former les aviateurs restant en Asie-Pacifique afin de permettre l'expansion prévue de la RAAF dans cette région de 22 Escadrons existants aux 73 Escadrons prévus.

Pour éviter de recaler des élèves sur l'opinion d'un seul instructeur, la RAAF instaure une procédure basée sur un formulaire détaillé dont un exemple a été traduit ci-après : [414]

```
            Formulaire P/T 21 A. (révisé en mai 1943)
               RAPPORT SPÉCIAL POUR UN ÉLÈVE
          DONT LA FORMATION DE PILOTE A ÉTÉ SUSPENDUE
Établissement (EFTS ou SFTS) : 1ère EFTS
Matricule : 1234         Grade : LAC         Nom : XXXX / YYYY
Début de la formation : 20 mars 1944
Date de la suspension : 3 et 5 avril 1944
Classe n° : 47               École(s) précédente(s) : 4ème ITS
Heures de vol :     Avion : DH-82
Élève XXXX   Doubles-commandes : 18h25  Solo : 2h55   Total : 21h20
Élève YYYY   Doubles-commandes : 13h45  Solo :  -     Total : 13h45
Raison principale de suspension :
```

Raison	Cochez	Résumé
Mal de l'air		
Autre raison médicale		
Discipline		
Demande personnelle		
Échec sur les sujets enseignés au sol		
Échec d'apprentissage du pilotage	X, Y	*Si ceci est la raison principale de la suspension, un rapport complet est nécessaire (Sections suivantes à compléter).*

```
Accident(s) : Aucun.
```
Dans tous les cas pour lesquels un "échec d'apprentissage du pilotage" a été sélectionné comme étant la raison principale de suspension, les Parties A et B ci-après doivent être complétées par le dernier Instructeur qui a donné des leçons de pilotage à l'élève (hors test de pilotage).

---

[414] Dossier *"Number 1 Elementary Flying Training School - Course 47(P)"*, conservé sous la référence A705, 208/17/457, NAA. Les commentaires de deux formulaires ont été combinés ici sous les appellations "élève X" et "élève Y" (le premier ayant volé solo avant son élimination, le second n'étant pas arrivé à ce stade) pour illustrer la façon dont différents élèves étaient évalués.

Partie A – Description des défauts de pilotage

Cochez et décrivez uniquement les phases de pilotage que l'élève s'est avéré incapable d'apprendre et pour lesquelles il a continué à faire des erreurs persistantes.

Phase de pilotage	Cochez	Résumé des défauts spécifiques
Roulage au sol		
Vol rectiligne en palier		
Montée		
Virages		
Décollage	X	Vire à droite au décollage
Élaboration du circuit	Y	N'en a pas la moindre idée
Virage d'approche		
Vitesse d'approche	Y	Trop lente ou trop rapide
Altitude par rapport au sol	X	Ne parvient pas à déterminer l'altitude au-dessus du sol
Posé des roues au sol	Y	Une aile inclinée
Prise en compte du vent (force)		
Dérive	X, Y	Ne parvient pas à juger de la dérive
Réaction en cas d'atterrissage manqué	X, Y	Trop lente
Vrille	X	Récupération trop lente, tend à piquer
Voltige	X	
Vol aux instruments		

Partie B – Explication des défauts de pilotage

Cochez les critères applicables à cet élève par ordre d'importance (1, 2, 3).

Peur du vol		Piètre coordination	X1, Y3	Manque de bon sens	
Facilement perturbé		Force sur les commandes	Y	N'a pas les dispositions nécessaires	X2
Manque de confiance	Y1	Brutal avec les commandes	Y	Ne comprend pas les affichages des instruments	
Tendu	Y2	Saccadé	Y	Oublie les instructions	X3
Pas motivé		Réactions lentes	Y	Apathique	

Rapport de l'Instructeur de pilotage :
- J'ai volé avec le LAC XXXX pendant ses premières 9 heures. Il était très lent dans son apprentissage et avait une coordination médiocre. Il n'avait aucune idée de son altitude par rapport au sol et était incapable de planifier un circuit d'atterrissage. <u>Signature</u> : P/O Jack R. Muggleton
- Les performances en vol de l'élève YYYY étaient dans la moyenne au début, mais une fois que nous avons commencé les décollages et atterrissages, son apprentissage est devenu très lent. L'atterrissage était sa plus grande faiblesse. À l'approche du sol, il devenait très tendu et n'avait aucune idée de la distance le séparant du sol. Il n'est pas parvenu à améliorer ses atterrissages de façon importante. <u>Signature</u> : P/O W. G. Hay

Rapport du Commandant d'Escadrille :
- J'ai volé avec le LAC XXXX à plusieurs reprises, et bien que son pilotage s'améliorait de manière générale, il n'était pas au niveau attendu. Il était distrait et ses réactions étaient très lentes. Ses estimations lors des approches d'atterrissage étaient extrêmement médiocres, même lors des approches avec l'aide du moteur, et il n'a montré aucune capacité à estimer la dérive. Comme il est toujours sous le niveau requis par rapport aux heures de vol effectuées avec peu de chances de s'améliorer de façon notable, il est recommandé qu'il soit à nouveau testé par le Chef Instructeur. <u>Signature</u> : F/Lt J. G. Groudace
- L'élève YYYY n'a pas réussi à voler en solo après 13h45 en doubles commandes, uniquement à cause de ses atterrissages inconsistants. Ses approches sont parfois acceptables, et d'autres fois son estimation est mauvaise, il approche avec une aile abaissée et il ne détecte pas une dérive. Il manque de confiance et se raidit à l'approche du sol. Il est recommandé qu'il soit testé par le Chef Instructeur. <u>Signature</u> : F/Lt J. G. Groudace

Rapport du Chef Instructeur - Pilotage :
- J'ai volé avec le LAC XXXX alors qu'il avait 21h20 de vol à son actif. J'ai trouvé sa planification du circuit d'atterrissage médiocre, une piètre coordination dans les virages, et ses estimations très lacunaires pour l'approche, qu'elle soit assistée du moteur ou en vol plané. Étant donné son faible niveau de pilotage, sa formation de pilote doit prendre fin. <u>Signature</u> : S/Ldr A. J. A. O'Donnell
- Je suis d'accord avec les remarques du Commandant d'Escadrille : parfois la performance du LAC YYYY est acceptable, et la fois suivante, lors de la même manœuvre, elle est médiocre. Il est très motivé pour rester aviateur. Sa formation de pilote doit prendre fin. <u>Signature</u> : S/Ldr A. J. A. O'Donnell

Rapport du Chef Instructeur - Cours au Sol :
- Élève XXXX : Résultats au test intermédiaire de navigation : 75%. Le LAC XXXX est un élève classique, calme, jeune et manquant de maturité, de vigueur et persévérance. Il a bien réussi lors des

> enseignements au sol et est arrivé second avec 75% à un examen intermédiaire difficile. Il aime bien la Navigation et devrait faire un bon Navigateur "B". Signature : F/Lt P. Hemingway
> - Élève YYYY : Résultats au test intermédiaire de navigation : 80%. Le LAC YYYY est un bon élève, avec un cursus scolaire de bon niveau. Il a bien réussi lors des enseignements au sol. Ses résultats en Navigation étant supérieurs à la moyenne, je recommande chaudement pour qu'il lui soit possible d'être ré-orienté en tant que Navigateur "B". Signature : F/Lt P. Hemingway
>
> Rapport de l'Officier Médical en charge : Il n'y a pas de raison médicale expliquant le fait que cet élève ait été incapable d'apprendre à piloter. Catégorie médicale : A1B, A3B Signature : F/Lt J. D. Bishop (identique pour les deux élèves)
>
> Commentaires de l'Élève : Aucun. Signature : XXXX, Élève Pilote. Navigateur "B".
>
> Recommandation du Directeur de la Formation : Décision du Comité de Sélection approuvée. Signature : G/Cpt illisible
>
> Décision du Membre du Conseil de l'Air en charge du Personnel : Recommandation Directeur de la Formation approuvée. Signature : G/Cpt illisible
>
> Décision Finale : Recatégorisé Navigateur "B". Signature : Président du Comité de Sélection - illisible - 28 avril 1944

Pour assurer un flot constant d'aviateurs formés, il faut que tous les établissements soient alimentés en continu, ce qui conduit à avoir des milliers d'élèves à divers stades de formation. Par exemple, au 31 décembre 1943, il y avait 8.279 élèves "dans les tuyaux" en Australie, répartis ainsi : [415]

	Mini par établissement	Maxi par établissement	Moyenne par établissement	Total
Centres de recrutement	-	-	-	1.084
Six ITS	300	825	563	3.375
Sept EFTS	96	144	123	864
Six SFTS	120	220	173	1.040
Une AGS	-	-	-	330
Trois AOS	225	336	262	786
Trois WAGS	624	630	628	1.884

À ces chiffres, il faut ajouter les centaines d'élèves en permission, hospitalisés ou en attente dans les dépôts du personnel ou d'embarquement.

---

[415] État *"Statement of EATS Schools and Aircrew Trainee Establishments as at 31st December, 1943"*, conservé sous la référence AA1966/5 - 323, pages 298 et 300, NAA.

En ce qui concerne le staff des écoles, le tableau ci-après montre l'investissement conséquent consenti par l'Australie pour la formation de ses aviateurs. Au 1er novembre 1943, le staff des écoles atteignait quasiment 30.000 hommes et femmes pour un peu plus de 24.000 élèves : [416]

Écoles	ITS	EFTS	SFTS	AOS	B&GS	ANS	WAGS	Dépôts *	STT	CFS	GRS	OTU	Autres
Nombre d'écoles	6	7	6	2	5	2	3	16	6	1	1	6	-
Officiers RAAF	187	388	538	110	183	65	136	357	109	72	80	507	221
Officiers WAAAF	10	10	16	3	8	2	3	24	13	1	2	9	34
Autres grades RAAF	515	2.153	4.593	785	2.196	384	1.277	1.807	814	372	542	3.827	1.938
Autres grades WAAAF	299	478	936	175	400	89	217	490	431	80	71	488	488
Total militaires	1.011	3.029	6.083	1.073	2.787	540	1.633	2.678	1.367	525	695	4.831	2.681
Civils	35	65	58	15	33	5	20	62	16	5	8	33	25
Total staff	1.046	3.094	6.141	1.088	2.820	545	1.653	2.740	1.383	530	703	4.864	2.706
Élèves (tous grades)	2.742	1.841	1.639	565	518	216	2.108	2.210	5.203	230	293	903	5.716

* Dépôts du Personnel (recrutement, embarquement, etc.)

À l'automne 1943, l'Australie adopte le principe d'une présélection des élèves pilotes équivalente au principe des *"grading schools"* britanniques : ce premier stage de pilotage se conclut par une évaluation après dix heures de leçons, les élèves les moins performants étant orientés vers d'autres spécialités que le pilotage. En plus de réduire ensuite le taux d'élimination en EFTS et en SFTS, il est espéré que ceci répondra à une frustration exprimée par les élèves Navigateurs et Opérateurs radio de ne pas pouvoir tenter leur chance comme Pilotes. Environ 10% d'avions supplémentaires sont nécessaires pour mettre en place cette présélection dans les EFTS (586 appareils au lieu de 556). Fin janvier 1944, cinq EFTS pratique la présélection, et il est prévu que les autres l'aient adoptée avant la fin du trimestre. Sur les 200 premiers élèves qui ont passé la présélection, seuls 10% ont ensuite échoué en SFTS, ce qui est jugé prometteur. Par contre, les commandants des EFTS se plaignent de l'accroissement significatif de la charge administrative puisqu'il faut corriger et analyser des centaines de formulaires de tests. [417]

Les prévisions montraient qu'en 1944 les besoins en formation commençaient à décroître : au lieu d'accepter 1.274 hommes toutes les quatre semaines dans les ITS australiennes comme prévu par un accord signé entre l'Australie et le Royaume-Uni le 31 mars 1943, il est décidé en décembre 1943 de ne plus en prendre que 923 toutes les quatre semaines (soit 1.000 par mois).

---

[416] État *"Details of the strength of the Service and Civilian Personnel of the RAAF and Department of Air"*, conservé sous la référence A14487 - 37/AB/5325, page 34, NAA.
[417] Mémorandum *"Introduction of Pilot's Grading Scheme"* du 10 août 1943, 19ème rapport *"Empire Air Training Scheme training in Australia"* du 28 janvier 1944 et rapport du Commandant de la 9ème EFTS de juillet 1944, conservés sous les références A1196 - 1/501/398 PART 1, page 171 ; AA1966/5 - 323, page 294 et A9435 - 189, page 69, NAA.

Le diagramme ci-dessous montre le cheminement prévu pour ces 923 recrues : [418]

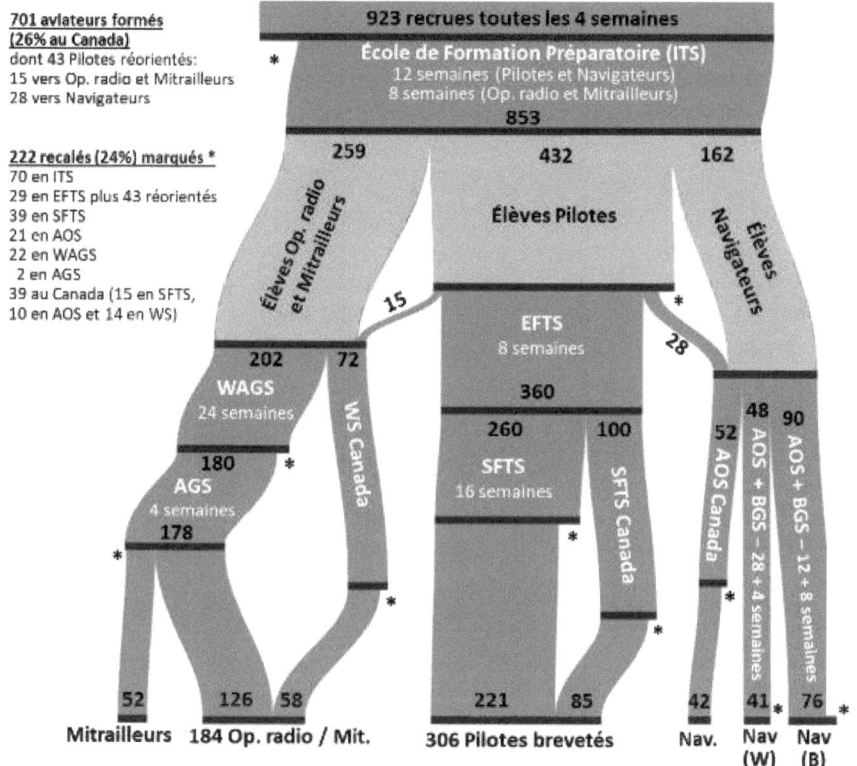

La réduction des besoins en aviateurs a permis de réduire progressivement la capacité des écoles en 1944 (et d'en fermer un certain nombre) et d'améliorer la qualité des formations restantes. Ainsi, la formation des pilotes en EFTS a été allongée de 5 heures de vol (65 au lieu de 60), et celle en SFTS de 15 heures de vol (120 au lieu de 105) fin 1943 (l'objectif étant d'atteindre progressivement 150 heures), et toutes les formations ont été allongées de quatre semaines en mars 1944. Certains aviateurs australiens formés au Canada sont aussi ramenés au pays à l'issue de leur formation pour servir dans la RAAF au lieu de partir vers le Royaume-Uni.

La formation de quelques Mécaniciens embarqués a commencé en Australie en 1944 : tous ces hommes (369 à la fin de la guerre) ont été affectés à des Escadrons australiens de Sunderland ou de Liberator en Asie-Pacifique. [419] En juin 1944, le dernier contingent complet d'élèves australiens part pour le Canada et seuls quelques élèves navigateurs sont ensuite envoyés durant l'été. Simultanément, les envois d'aviateurs formés en Australie

---

[418] Pages 528 à 532 du document *"Flying Training Volume II Part 2 Basic Training Overseas"*, op. cit. Graphe de l'auteur à partir des Annexes 70 et 71 du document *"Flying Training Volume II Part 2 Basic Training Overseas"*, op. cit.

[419] Pages 532 à 535 du document *"Flying Training Volume II Part 2 Basic Training Overseas"*, op. cit.

vers le Royaume-Uni décroissent également jusqu'à se conclure définitivement à la fin de l'année. À la fin de l'année 1944, il ne reste plus que neuf écoles en fonctionnement en Australie, et six autres qui ont été mises temporairement "sous cocon" au cas où il faudrait les réactiver. Ces dernières sont définitivement fermées en juin 1945 et les écoles restantes n'acceptent plus de nouveaux élèves mais sont utilisées comme centres de maintien en condition des aviateurs qui ont terminé leur formation.

Les écoles australiennes ont globalement été bien intégrées localement, même si elles ont moins fait appel aux services de compagnies privées que leurs homologues canadiennes (par exemple, les EFTS et les AOS qui étaient gérées en grande partie par des sociétés privées au Canada). Cette bonne entente a mené à quelques missions très particulières, comme le 12 septembre 1944, lorsque le médecin de la bourgade de Monto, Queensland, fait appel au commandant de la 8ème SFTS de Bundaberg afin de transporter un bébé jusqu'à l'hôpital de Brisbane pour une transfusion urgente. Ce trajet de 500 kilomètres par la route aurait probablement été fatal. L'école envoie immédiatement un Anson sur place pour assurer ce transport inhabituel. [420]

Les écoles pour aviateurs en activité pendant la guerre en Australie sont listées en Annexe 6B. Leur répartition est montrée sur la carte ci-après. Ces écoles se trouvaient en général à proximité, où à quelques heures de voiture, des grands centres urbains. [421]

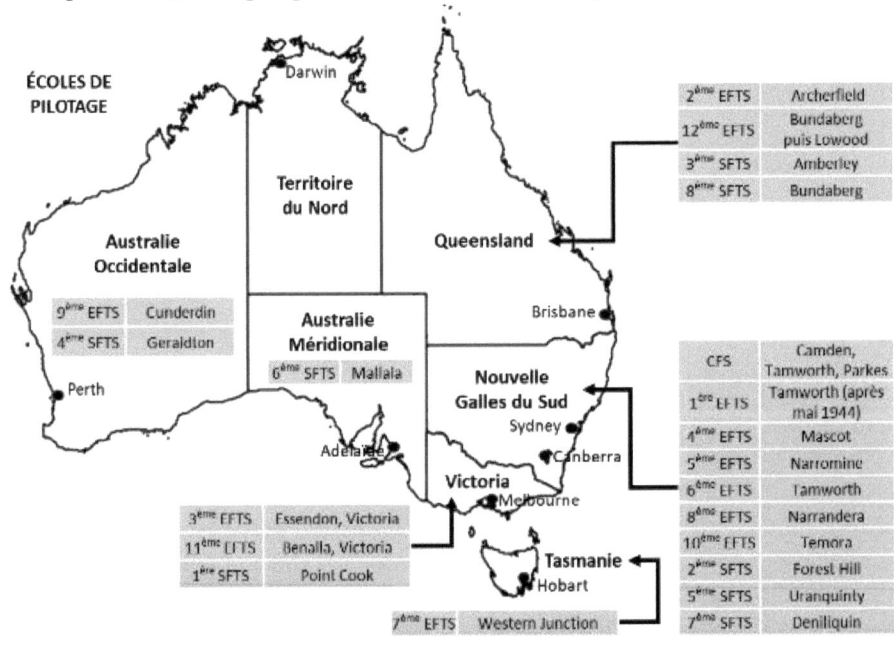

---

[420] Entrée du 12 septembre 1944 du Journal de marche de la 8ème SFTS, conservé sous la référence A9186 - 476, image 843, NAA.
[421] Les écoles sont indiquées dans la région où elles sont restées le plus longtemps. Pour plus de détails, voir l'Annexe 6B.

B.2.2.4 - Le bilan australien

En tout, 676 élèves-pilotes australiens ont été envoyés en Rhodésie : 514 ont été brevetés pilotes (76%) et 20 ont été tués durant leur formation (3%). Environ la moitié des élèves recalés en tant que pilotes ont été réorientés avec succès dans des formations d'observateur (61 brevetés soit 9% des élèves envoyés en Rhodésie) ou de mitrailleur (8 brevetés soit 1,2%). [422]

10.351 élèves partiellement formés en Australie ont été envoyés au Canada, dont 9.606 hommes ont été brevetés aviateurs (92,8%). Près de 28.000 aviateurs ont été formés entièrement en Australie pendant la guerre. Le tableau ci-après résume le bilan des différents parcours de formation pour les aviateurs australiens : [423]

	Aviateurs Australiens brevetés			Contribution de l'Australie en pourcentage des 326.252 aviateurs du Commonwealth formés pendant la guerre	
	en Australie	au Canada	en Rhodésie	en effort de formation	en hommes
Pilotes	10.998	4.045	514	10,2 %	13,2 %
Observateurs ou Navigateurs	5.929	1.643	61	9,7 %	12,2 %
Bombardiers	159	799	-	1,3 %	5,0 %
Opérateurs radio	7.158	2.875	-	13,4 %	18,0 %
Mitrailleurs	3.286	244	8	6,5 %	6,9 %
Mécaniciens embarqués	369	-	-	1,8 %	1,8 %
TOTAL	**27.899**	**9.606**	**583**	**9,0 %**	**11,7 %**

Pour mémoire, la population de l'Australie représentait, en 1939, un peu plus de 10% de la population des pays signataires du BCATP.

Le coût de ces formations effectuées en Australie a été estimé à la fin de la guerre à près de 140 millions de Livres Sterling, montant auquel il faut ajouter la contribution de l'Australie pour la formation de ses aviateurs au Canada. [424]

Les principaux flux de formation et d'affectation des aviateurs australiens durant la guerre peuvent être résumés par le tableau suivant : [425]

---

[422] Page 524 du document *"Flying Training Volume II Part 2 Basic Training Overseas"*, op. cit. L'Annexe 74 indique 674 élèves-pilotes australiens envoyés en Rhodésie au lieu de 676.
[423] Annexe 3 du document *"Flying Training - Volume I - Policy and Planning"*, op. cit. La dénomination *"aviateurs du Commonwealth"* est très souple, puisque les chiffres de la RAF incorporent environ 8.750 aviateurs alliés (Belges, Tchécoslovaques, Polonais, Danois, Français, Norvégiens, Grecs, et Yougoslaves).
[424] Page 538 du document *"Flying Training Volume II Part 2 Basic Training Overseas"*, op. cit.
[425] Annexe 74 du document *"Flying Training Volume II Part 2 Basic Training Overseas"*, op. cit.

Lieu de formation de base	Australie puis Rhodésie	Australie puis Canada	Australie	
Lieu de formation opérationnelle (OTU)	Moyen-Orient	Royaume-Uni *	Royaume-Uni	Australie
Théâtre d'affectation	Moyen-Orient	Royaume-Uni **		Australie-Asie-Pacifique
Aviateurs brevetés	583	9.606	15.746	12.153 pour la RAAF en Australie-Asie-Pacifique
	25.935 mis à disposition de la RAF (y compris les Escadrons de l'Article XV)			

* Sauf quelques-uns au Canada.   ** En Escadron RAF ou RAAF (Article XV)

L'Australie a largement tenu son engagement vis-à-vis du gouvernement du Royaume-Uni puisque plus de 68% de ses aviateurs formés ont été mis à disposition de la RAF.

L'entonnoir schématique ci-dessous permet de réaliser qu'il y avait beaucoup de volontaires mais peu d'élus puisque moins de 10% des jeunes Australiens qui ont franchi les portes d'un centre de recrutement sont finalement devenus aviateurs (chaque petit carré représente 1.000 hommes) :

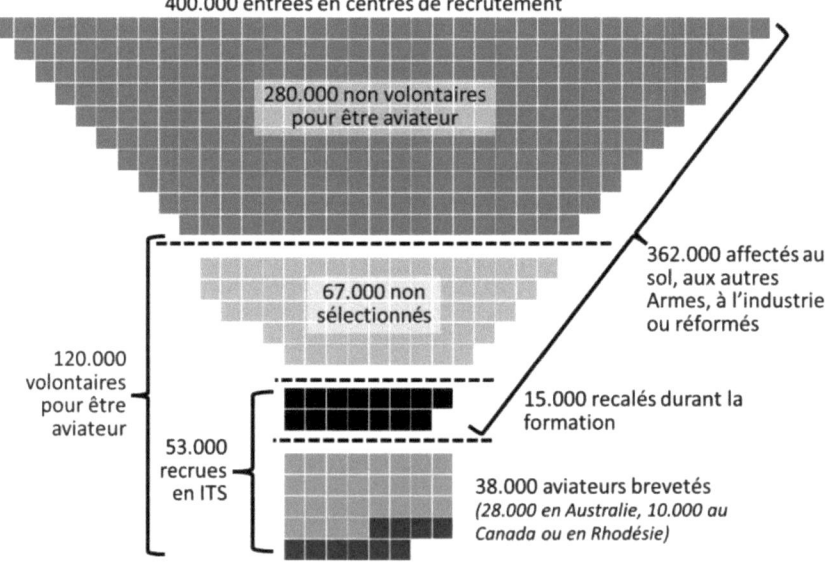

B.2.3 - La Nouvelle-Zélande

Avant la guerre, la Nouvelle Zélande n'avait qu'une seule école de formation au pilotage à Wigram, près de Christchurch, avec la capacité de former une quarantaine de pilotes par an. Une quinzaine de ces pilotes étaient envoyés au Royaume-Uni pour servir cinq ans dans la RAF, avant de revenir pour quatre années supplémentaires au sein de la RNZAF. Mi-1939, les Britanniques acceptent d'aider la Nouvelle-Zélande (avec une aide financière et en personnel) à accroître la formation locale en passant à 220 pilotes annuellement en augmentant la capacité de la FTS de Wigram et en ouvrant une seconde FTS à Blenheim. Ce pays était donc le seul Dominion à avoir sensiblement augmenté sa capacité de formation d'aviateurs avant le déclenchement des hostilités.

Les principales écoles du pays sont listées ci-dessous :

N°	Lieu	En activité	Avions principaux	Remarques
FIS puis CFS	Mangere près d'Auckland	sept. 1939 - existe toujours	Divers	Déménage à Hobsonville après mars 1940, puis Tauranga en 1941, puis Woodbourne fin 1944
1ère EFTS	Taieri, Dunedin	oct. 1939 - oct. 1944	Tiger Moth	Convertie en "Grading School" et ITW
2ème EFTS	Bell Block, New Plymouth puis Ashburton après oct. 1942	nov. 1939 - oct. 1944	Tiger Moth	Avions, élèves et instructeurs envoyés à la 3ème EFTS en octobre 1944.
3ème EFTS	Harewood	juil. 1940 - juillet 1945	Tiger Moth	
4ème EFTS	Whenuapai, Auckland	déc. 1940 - mars 1942	Tiger Moth	Fermée pour laisser l'aérodrome aux unités combattantes
1ère SFTS	Wigram	existait déjà - août 1945	Baffin, Vildebeest, puis Oxford	Existait avant-guerre
2ème SFTS	Blenheim	déc. 1939 - fin 1944	Vincent, Vildebeest, puis Harvard	Avions et instructeurs envoyés à la 1ère SFTS.
3ème SFTS	Ohakea	nov. 1940 - début 1942	Vincent, Vildebeest, Gordon, Hind, puis Oxford et Harvard	Fermée pour laisser l'aérodrome aux unités combattantes
1ère AOS	Ohakea	nov. 1939 - oct. 1940		Fermée pour créer la 3ème SFTS

Les principales livraisons d'avions de formation à la Nouvelle-Zélande sont résumées annuellement dans le tableau ci-après (les arrivages directs depuis les USA sont indiqués en grisé, les autres provenaient du Royaume-Uni). [426] À ces chiffres, il faut ajouter les Tiger Moth produits sur place.

	Harvard	Oxford, Anson	Battle	Tiger Moth	Totaux
1940		125		65	190
1941	67				67
1942	50	19	11		80
1943	53	11			64
1944	32	5			37
Totaux	202	160	11	65	438

Comme pour l'Australie, les élèves pilotes néo-zélandais qui partaient se former au Canada effectuaient d'abord le cursus en ITW et EFTS dans leur pays. Le tableau ci-après résume le bilan de la formation pendant la guerre des aviateurs brevetés en Nouvelle-Zélande et de ceux qui ont reçu une formation partielle avant d'être envoyés au Canada : [427]

	Aviateurs Néo-Zélandais brevetés		Contribution de la Nouvelle-Zélande en pourcentage des 326.252 aviateurs du Commonwealth formés pendant la guerre	
	en Nouvelle-Zélande	au Canada	en effort de formation	en hommes
Pilotes	6.118	2.220	5,7 %	7,1 %
Observateurs ou Navigateurs	165	1.583	0,5 %	2,8 %
Bombardiers	-	634	0,3 %	3,3 %
Opérateurs radio/Mitrailleurs	-	2.122	0,4 %	3,8 %
Mitrailleurs	208	443	0,5 %	1,3 %
TOTAL	6.491	7.002	2,3 %	4,1 %

Pour mémoire, la population de la Nouvelle-Zélande représentait, en 1939, 2,5% de la population des pays signataires du BCATP. En mai 1944, la RNZAF comptait plus de 12.000 hommes et femmes, alors qu'elle n'avait qu'un effectif de 766 hommes début septembre 1939.

---

[426] Données des rapports *"North American Aircraft Deliveries"* et *"Export of Aircraft"*, conservés sous les références AIR 20/2018 et AIR 20/2039, TNA.
[427] Annexe 3 du document *"Flying Training - Volume I - Policy and Planning"*, op. cit.

B.2.4 - Les Escadrons des Dominions dans la RAF : conséquences de l'Article XV du BCATP [428]

Nous avons vu que lors des négociations de 1939 qui ont débouché sur l'accord du BCATP, les questions de souveraineté occupaient une part primordiale. Le Premier Ministre canadien, William L. Mackenzie King, a notamment obtenu, presque seul contre tous, l'inclusion de l'article XV dont le texte était le suivant : [429]

"Le Gouvernement du Royaume-Uni s'engage à ce qu'une fois leur entraînement terminé, les élèves du Canada, de l'Australie et de la Nouvelle-Zélande, soient affectés à leurs Dominions respectifs, soit en organisant des unités ou des formations spécifiques à ces Dominions, soit d'une autre façon ; ce choix devant faire l'objet d'un accord avec chacun des Gouvernements des Dominions cités. Le Gouvernement du Royaume-Uni prendra l'initiative de pourparlers entre les gouvernements à cette fin."

Les Britanniques avaient freiné des quatre fers en ce qui concernait cet article, car ils ne souhaitaient pas se retrouver avec une force aérienne dans la laquelle *"plus de 50% des Escadrons seraient nommés d'après des Dominions simplement parce que leurs pilotes proviendraient de ces Dominions, alors que la plus grande partie du personnel de ces Escadrons serait Britannique."* Pour trouver un compromis, et ne voulant pas abandonner le principe que chaque pays devait financer une unité portant son nom, le Ministère britannique des Finances avait calculé que la contribution canadienne au BCATP pendant les trois années prévues initialement correspondait grosso-modo aux dépenses de 15 Escadrons. Il avait donc été proposé de limiter les Escadrons canadiens formés dans le cadre du BCATP à ce chiffre, mais c'était sans compter sur la détermination de Mackenzie King qui a fait sauter toute limite. [430] Le lendemain de la signature de l'accord, le Ministre des Finances britannique, Sir John A. Simon, se désolidarise de ses collègues qui ont envoyé des télégrammes de félicitations en indiquant *"qu'il n'avait pas donné son accord en tant que Chancelier de l'Échiquier pour que le Canada puisse exiger la création d'un nombre illimité d'unités de la RCAF aux frais du contribuable britannique."* Mauvais perdant lorsqu'il lui a été demandé de rédiger un communiqué de presse conjoint avec le Ministère de l'Air, il se plaint du fait que le Canada n'ait pas encore approuvé un accord sur les livraisons de céréales. [431]

En pratique, les articles XV à XVII ont impliqué que les aviateurs formés dans le cadre du BCATP soient affectés par ordre de priorité :

1. **Dans des unités nationales pour la défense du pays** (par exemple, pour un Canadien, être affecté comme instructeur dans une école du BCATP, ou au 9ème Escadron de la RCAF basé à Bella Bella en Colombie-Britannique dont les hydravions

---

[428] Assez curieusement, les articles de l'accord étaient numérotés en chiffres arabes dans l'accord original (voir l'Annexe 1B), alors que la plupart de la littérature postérieure fait référence à l'article XV en chiffres romains (par exemple les dossiers *"Air Training Scheme Agreement : article XV"*, conservés sous les références DO 35/1083/7 et DO 35/1084/1, TNA).
[429] Les efforts du Premier Ministre canadien lors de ces négociations sont décrits en détails dans les articles de Bill Dalke et de Richard Oliver Mayne (voir bibliographie).
[430] Page 409 du compte-rendu W.M.113(39) de la réunion du Conseil de Guerre du 13 décembre 1939, conservé sous la référence CAB 65/2/47, TNA.
[431] Page 457 du compte-rendu W.M.118(39) de la réunion du Conseil de Guerre du 18 décembre 1939, conservé sous la référence CAB 65/2/52, TNA.

assuraient la surveillance maritime des côtes Ouest du Canada contre les sous-marins japonais). Ces unités étaient administrées et financées par leur pays, mais elles pouvaient être rattachées au commandant du théâtre d'opération où elles étaient envoyées. Elles portaient le nom de leur force aérienne, par exemple, "9ème Escadron, RCAF" (qu'il ne faut pas confondre avec le "9ème Escadron, RAF", le "9ème Escadron, RNZAF" ou le "9ème Escadron, RAAF").

2. **Dans des unités "outre-mer", dites "de l'Article XV",** que ce soit par exemple au Royaume-Uni ou en Égypte, et **rassemblant des personnels d'un même pays**. Ces unités étaient administrées et financées par le Royaume-Uni de la même façon que celles de la RAF, et elles étaient généralement placées sous l'autorité d'un Commandement de la RAF. Elles avaient un numéro attribué par la RAF, avec en théorie le nom du pays ajouté entre parenthèses, par exemple, "456ème Escadron (Australie)" [432] de chasse de nuit qui a effectué toute la guerre au Royaume-Uni sous l'autorité du Fighter Command.

3. **Dans des unités de la RAF**, par exemple, dans le "9ème Escadron, RAF".

Dans les faits, les aviateurs qui n'étaient pas affectés à une unité nationale se retrouvaient généralement, après un long voyage, dans un Centre de Réception du Personnel (PRC) (le plus connu étant celui de Bournemouth, Dorset). En fonction des places disponibles dans les unités de formation (AFU et OTU) et des besoins opérationnels, ils étaient ensuite répartis entre des unités "de l'Article XV" ou de la RAF.

L'application des articles XV à XVII de l'accord du BCATP a fait l'objet de négociations difficiles. Le 7 janvier 1941, James L. Ralston, Ministre canadien de la Défense [433] parvient à un accord avec le Secrétaire d'État britannique à l'Air, Sir Archibald H. M. Sinclair, pour que vingt-cinq Escadrons canadiens soient formés dans le cadre de l'article XV (chiffre accru plus tard suite à de nouvelles discussions). Cependant, l'application est très lente et en juin 1941, Charles G. Power, Ministre canadien de la Défense Nationale pour l'Air, s'inquiète dans une lettre au Premier Ministre de ne pas savoir où sont affectés les aviateurs canadiens envoyés outre-mer ni de pouvoir répondre aux familles lorsqu'un incident survient. Power, accompagné du Chef d'État-major de la RCAF, l'Air Chief Marshal Lloyd S. Breadner et de l'Air Commodore Harold Edwards se rendent à Londres en juillet 1941 pour faire part de leurs inquiétudes auprès du Sous-Secrétaire d'État à l'Air, Harold Balfour. À cette date, environ 5.000 aviateurs et 1.000 techniciens radar canadiens sont présents au Royaume-Uni, mais la plus grande partie est

---

[432] On trouve cependant souvent des mentions avec le nom de leur force aérienne au lieu du pays pour ces unités (par exemple "456ème Escadron (RAAF)", au lieu de "456ème Escadron (Australie)", ce qui peut prêter à confusion. Pour un excellent exemple d'allers-retours sur ce sujet, le lecteur pourra se référer aux ordres contradictoires émis fin 1941 - début 1942 par le QG des Forces Aériennes en Égypte au sujet de l'appellation des 450 et 451èmes Escadrons (Australiens) ou (RAAF) dont l'histoire est résumée pages 120-121 du chapitre 5 du Volume 3 de l'histoire officielle *Australia In The War of 1939-1945*" (voir bibliographie).

[433] On se souvient que Ralston avait participé aux négociations de l'accord du BCATP en tant que Ministre des Finances. Il est devenu Ministre de la Défense le 5 juillet 1940, poste qu'il a occupé jusqu'en novembre 1944.

dispersée dans des unités de la RAF. Ce n'est qu'en janvier 1942 que la RCAF se décide à nommer un Officier supérieur, en l'occurrence Edwards, promu Air Vice Marshal, à Londres pour représenter le point de vue canadien et superviser la situation de ses aviateurs. Edwards va mettre en place une Direction du Personnel canadien, veiller à améliorer le quotidien de ses hommes (courrier, compléments de paye, etc.) et œuvrer de façon continue pour faire appliquer l'article XV du BCATP. [434]

B.2.4.1 - Les Escadrons canadiens "de l'Article XV"

En tout, 44 Escadrons canadiens "de l'Article XV" ont vu le jour pendant la guerre (n° 400 à 443), bien plus donc que les 15 proposés initialement à contre-cœur par le Royaume-Uni. Contrairement aux autres Dominions, le Canada a renuméroté "à la sauce RAF" ses Escadrons nationaux envoyés au Royaume-Uni, bien qu'ils n'aient pas été au départ des unités "de l'Article XV" :

Arrivée en Angleterre	Escadron national	Nouvelle dénomination	Rôle
mars 1940	110ème Escadron RCAF	400ème Escadron (Canada)	Appui-feu
juin 1940	1er Escadron RCAF	401ème Escadron (Canada)	Chasse
décembre 1940	112ème Escadron RCAF	402ème Escadron (Canada)	Chasse
novembre 1943	118ème Escadron RCAF	438ème Escadron (Canada)	Appui-feu
janvier 1944	123ème Escadron RCAF	439ème Escadron (Canada)	Appui-feu
février 1944	111ème Escadron RCAF	440ème Escadron (Canada)	Appui-feu
	125ème Escadron RCAF	441ème Escadron (Canada)	Chasse
	14ème Escadron RCAF	442ème Escadron (Canada)	Chasse
	127ème Escadron RCAF	443ème Escadron (Canada)	Chasse

Les autres 35 Escadrons canadiens "de l'Article XV" ont été créés au Royaume-Uni, le premier étant le 403ème Escadron (Canada) formé en mars 1941 à Baginton, Warwickshire, (aujourd'hui l'aéroport de Coventry). Au départ, ces Escadrons ne comptaient que très peu d'aviateurs canadiens, et les équipes au sol étaient presque entièrement britanniques, le BCATP drainant la quasi-totalité des hommes formés disponibles. Peu à peu, une "canadianisation" a pris place mais elle a été relativement lente comme le montre l'exemple ci-après du 408ème Escadron (Canada) de bombardiers lourds (Hampden, puis Halifax et enfin Lancaster), créé en juin 1941 sur la base de Lindholme, Yorkshire, qui comptait plus de 600 hommes en 1942 et 1943 : [435]

---

[434] Les longues tractations anglo-canadiennes menant à la "canadianisation" sont décrites en détails dans le livre *"Le creuset de la guerre, 1939-1945 : Histoire officielle de l'Aviation royale du Canada, tome III"* (voir bibliographie), notamment les chapitres 2 et 3.
[435] Graphe de l'auteur à partir des données du Journal de marche et ses annexes pour les mois mentionnés, conservé sous les références C-12274 et C-12275, BAC. En août 1944, le personnel au sol de l'Escadron a été administrativement rattaché à la Base de Linton-on-Ouse, Yorkshire, ce qui explique l'absence de données pour ces personnels en janvier 1945.

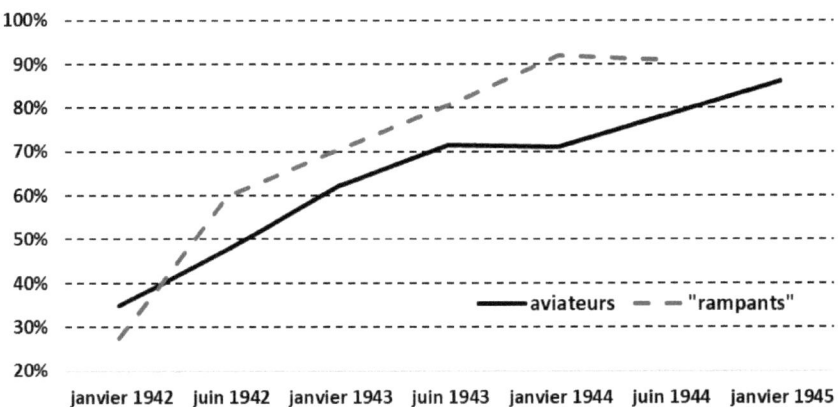

Pourcentages de Canadiens au sein du 408ème Escadron

La même lente "nationalisation" a eu lieu pour les Escadrons des autres Dominions. On voit donc que contrairement à ce qu'aurait pu craindre les Dominions, la RAF a accepté de fournir une aide conséquente en personnel aux Escadrons "de l'Article XV", en plus de les financer. Dans l'exemple du 408ème Escadron (Canada), six mois après sa formation, les deux tiers des aviateurs étaient Britanniques (à l'exception de quatre Néo-Zélandais et trois Américains) ainsi que presque les trois-quarts des personnels au sol.

À partir d'octobre 1942, les Escadrons canadiens "de l'Article XV" de bombardiers lourds ont été rassemblés au sein du 6ème Groupe du Bomber Command : ce Groupe était placé sous les ordres d'un Canadien, l'Air Vice Marshal George E. Brookes (puis l'Air Vice Marshal Clifford M. McEwen de mars 1944 à juillet 1945). Cependant, même en 1945, ce 6ème Groupe comptait toujours une proportion importante de Britanniques, sans parler d'aviateurs Australiens, Néo-Zélandais ou autres. [436]

La "canadianisation" des Escadrons de la série 400 reste l'objet de débats houleux entre historiens. Certains estiment que le gouvernement de Mackenzie King n'a pas défendu suffisamment les intérêts de la RCAF et de son pays, alors que d'autres jugent (probablement à raison) qu'obtenir des Britanniques de financer entièrement ces unités (que ce soit les avions, les salaires des personnels, le carburant, les munitions, etc.) tout en leur reconnaissant une forte identité canadienne était déjà une victoire impressionnante. [437] Aller plus loin aurait impliqué d'une part de financer entièrement ces Escadrons par le Canada, et d'autre part de leur donner une plus grande indépendance de commandement, par exemple en ayant un Bomber Command canadien (un peu à l'image de la Eighth Air Force américaine rebaptisée United States Strategic Air Forces in Europe en février 1944). C'était le but ultime que proposait l'Air Marshal Harold

---

[436] Pour l'histoire de ce Groupe, se reporter aux livres de Spencer Dunmore et Chris Ward (voir bibliographie).

[437] Voir par exemple la tribune *"The importance of Canadianizing our Aerial Forces In WWII"* de David MacLellan dans la revue Esprit de Corps volume 25, n°1, février 2018 en réaction au livre de Larry D. Rose (voir bibliographie).

Edwards dès mars 1942, [438] mais ceci aurait forcément généré de nombreuses duplications d'efforts, des divergences et des frictions inutiles.

B.2.4.2 - Les Escadrons australiens "de l'Article XV" avec des aviateurs "infiltrés"

En janvier 1941, un accord, similaire à celui signé par le Ministre canadien de la Défense, James L. Ralston, est trouvé entre Britanniques et Australiens, pour que 18 Escadrons australiens soient formés dans le cadre de l'article XV entre mars 1941 et mai 1942. Cependant cet accord n'est ratifié que le 7 avril 1941. Entretemps, le Chef d'État-Major de la RAAF a proposé la méthode suivante pour constituer ces Escadrons : [439]

"*INFILTRATION – ÉQUIPAGES DES AVIONS* :

Au fur et à mesure que les aviateurs terminent leur formation, ils seront envoyés individuellement à la RAF, sans tenter de les assembler en unité constituée. Après une formation supplémentaire au sein des OTU de la RAF outre-mer, ces aviateurs seront affectés aux Escadrons de la RAF, initialement sans distinction entre eux et les aviateurs formés en Angleterre (ou ailleurs). Plus tard, lorsque ces Australiens auront acquis de l'expérience, une partie d'entre eux sera regroupée, par des affectations rédigées par le Ministère de l'Air [britannique], pour former des "Escadrons Australiens" [avec au moins 75% d'aviateurs australiens mais des personnels au sol britanniques] ou des "Escadrons RAAF" [équipages et personnels au sol australiens] au sein de la RAF. Il est clair qu'il serait imprudent, non seulement pour l'efficacité de la RAF, mais aussi pour la sécurité des équipages, de former des Escadrons comprenant 75% (ou plus) d'aviateurs sans expérience préalable dans la RAF qui a des appareils modernes et dispose d'un savoir-faire au combat."

Poster de recrutement de la RAAF
(photo US NARA, référence 44266086).

Ce sage raisonnement est aussi appliqué à *"l'infiltration des personnels au sol"*, qui doivent s'accoutumer aux matériels de la RAF avant de pouvoir rejoindre un Escadron de l'article XV. Le mot *"infiltration"* (en anglais) est assez déroutant car dans un contexte guerrier, il évoque plus le travail d'agents ennemis qu'une coopération entre alliés. On pourrait être tenté

---

[438] Page 73 du livre *"Le creuset de la guerre, 1939-1945 : Histoire officielle de l'Aviation royale du Canada, tome III"* (voir bibliographie).

[439] Mémorandum *"Empire Air Training Scheme - Administrative policy (Infiltration - Article 15)"* du 27 mars 1941, conservé sous la référence A14487, 17/AB/3260, NAA.

de le traduire par *"noyautage"*, ce qui n'aurait pas été non plus signe d'une démarche très amicale. En fait, il faut le comprendre au sens physique du terme, les recrues australiennes étant comparées à un liquide percolant à travers l'organisation de la RAF pour y acquérir l'expérience et les compétences nécessaires avant de rejoindre un Escadron de l'article XV : un terme plus approprié aurait pu donc être *"percolation"*, ou mieux *"phase d'apprentissage opérationnelle"*.

Les premiers Escadrons australiens "de l'Article XV" ont été formés au début de 1941 en Égypte. Le 452ème Escadron (Australien) est le premier formé au Royaume-Uni en avril 1941. En tout, 17 Escadrons australiens "de l'Article XV" ont vu le jour pendant la guerre (n° 450 à 467, sauf 465).

B.2.4.3 - Les Escadrons néo-zélandais "de l'Article XV"

Six Escadrons néo-zélandais "de l'Article XV" ont été créés :

	Création	**Rôle**
485ème Escadron	Mars 1941	Chasse
486ème Escadron	Mars 1942	Chasse de nuit / Appui-feu
487ème Escadron	Août 1942	Bombardement léger
488ème Escadron	Juin 1942	Chasse de nuit
489ème Escadron	Août 1942	Torpillage / attaque en mer
490ème Escadron	Mars 1943	Surveillance maritime

Tous ces Escadrons néo-zélandais ont été formés au Royaume-Uni et ont participé aux opérations en Europe, sauf le dernier qui a vu le jour en Afrique de l'Ouest pour s'adonner à la lutte anti-sous-marine dans l'Atlantique Sud.

B.3 - Les autres principaux pays de formation d'aviateurs de la RAF

B.3.1 - Le Groupe de Formation Aérienne de Rhodésie du Sud [440]

Ce n'est que fin 1935 qu'une Section Aérienne est créée au sein de la Force Territoriale de la colonie autonome de Rhodésie du Sud. Les sept premiers élèves-pilotes Rhodésiens, formés par l'école civile locale de la compagnie de Havilland Aircraft, sont brevetés en mai 1938. Alors que la Rhodésie du Sud avait annoncé son entrée dans la guerre dès le 3 septembre 1939, la Force Aérienne de Rhodésie du Sud (SRAF) ne voit le jour que le 19 septembre. Le mois suivant, le Lieutenant-Colonel Charles W. Meredith, un Sud-Africain nommé quelques semaines auparavant Directeur de l'Aviation du pays, se rend au Royaume-Uni et convainc la hiérarchie du Ministère de l'Air que la Rhodésie du Sud peut devenir une plateforme attrayante pour former les aviateurs britanniques en toute sécurité. La création du Groupe de Formation Aérienne de Rhodésie du Sud (RATG - Rhodesian Air Training Group) a été officiellement annoncée en janvier 1940 et Meredith, promu Air Commodore en mars (et plus tard Air Vice Marshal), en prend les rênes. Les premières formations en EFTS ont commencé en mai, démarrant ainsi quelques semaines avant celles du BCATP au Canada. Contrairement aux accords passés avec les autres Dominions, la Rhodésie du Sud était considérée comme un "Commandement des Outre-Mer" et le Royaume-Uni supportait donc la majorité des coûts du RATG. [441]

On pourrait se demander pourquoi la RAF avait passé des accords pour développer la formation des aviateurs en Rhodésie et en Afrique du Sud, alors que le BCATP venait d'être signé et que les besoins en formation semblaient être entièrement couverts à raison de 55% par le BCATP, et 45% au Royaume-Uni et aux USA. Certes, suivant le vieil adage de ne pas mettre tous ses œufs dans le même panier, il semblait sage de diversifier les lieux de formation, mais cela avait aussi l'inconvénient de disperser les ressources et de réduire l'efficacité et la cohérence de la formation. Cependant, l'encre des signatures n'était pas encore sèche sur l'accord du BCATP que les planificateurs du Ministère de l'Air de Londres avaient révisé leurs estimations des besoins en aviateurs, qui s'avéraient désormais supérieures d'un tiers aux chiffres précédents. Le BCATP ne comblait plus

---

[440] Bien que le nom complet utilisé à l'époque soit "colonie de Rhodésie du Sud" (aujourd'hui Zimbabwe) pour la distinguer de la "Rhodésie du Nord" (actuelle Zambie), les appellations de "Rhodésie du Sud" ou "Rhodésie" ont pu être employées ici par simplification, en particulier dans les tableaux. La "colonie de Rhodésie du Sud" n'était pas un Dominion, mais elle en avait quasiment le statut, étant devenue une colonie autonome en 1923.

[441] Page 43 du compte-rendu de la conférence *"Aircrew Training"*, Document Secret (SD) n°349 de février 1942, op. cit. Pour plus de détails sur le RATG, voir la publication officielle *"The war history of Southern Rhodesia"* (voir bibliographie).

que 42% de ces nouveaux besoins et il fallait donc trouver l'équivalent de quinze nouvelles SFTS. [442]

Les écoles installées en Rhodésie pendant la guerre pour le RATG sont listées ci-dessous :

École	Lieu	En activité	Avions principaux	Remarques
ITW	Bulawayo	avril 1940 - 1945		
25ème EFTS	Belvedere	25 mai 1940 - 3 nov. 1944	Tiger Moth, Cornell	
26ème EFTS	Guinea Fowl	8 août 1940 - 14 août 1945	Tiger Moth, Cornell	
27ème EFTS	Induna	28 jan. 1940 - 21 sept. 1945	Tiger Moth, Cornell	
28ème EFTS	Mount Hampden	1er avril 1941 - 7 sept. 1945	Tiger Moth, Cornell	
20ème SFTS	Cranborne	10 juillet 1940 - 7 sept. 1945	Harvard	
21ème SFTS	Kumalo	8 octobre 1940 - 18 mai 1945	Oxford	Quelques Harvards et Anson.
22ème SFTS	Thornhill	25 mars 1941 - 30 sept. 1945	Harvard	De 1947 à janvier 1954 (avec une interruption de 1948 à 1951), Thornhill accueille la 5ème FTS et la 3ème École de Navigation.
23ème SFTS	Heany	8 juillet 1941 - 30 sept. 1945	Oxford	De 1947 à janvier 1954, Heany accueille la 4ème FTS.
École Centrale de Pilotage de Rhodésie	Belvedere, puis Norton	3 sept. 1941 - 9 octobre 1945	Tiger Moth, Cornell, Oxford, Harvard	Transformée en FIS (n°33) de mai 1942 à mai 1944 (rétablie à Norton).
École Combinée d'Observation Aérienne	Moffat	3 août 1941	Oxford, Anson, Battle	Rebaptisée 24ème École de Bombardement, de Tir et de Navigation en mai 1943.
29ème École Élémentaire de Navigation	Moffat	12 mai 1943	Oxford, Anson	

---

[442] Page 138 du document *"Flying Training Volume II Part 2 Basic Training in the United Kingdom"*, op. cit. Ce document semble minimiser la contribution du gouvernement Rhodésien, qui a accepté de prendre à sa charge le coût des terrains et bâtiments, de verser 800.000 Livres Sterling annuellement pour le fonctionnement du RATG, ainsi que de payer les civils employés par les écoles (3.000 hommes) et les troupes Askari qui assuraient la sécurité (2.000 hommes).

Il a fallu créer ces écoles en quelques mois, en sélectionnant des zones où les moustiques porteurs de la malaria ne pullulaient pas, trouver des sources d'eau et d'énergie, ériger des hangars et des baraquements, dégager des pistes (y compris six aérodromes satellites), installer des dépôts, créer deux champs de tirs et des routes, ainsi qu'importer et remonter des avions et tous les équipements spécialisés (armement, simulateurs Link, radios, etc.).

La plupart des pilotes formés en Rhodésie du Sud ont été gardés au Moyen-Orient ou en Méditerranée - Europe du Sud, comme par exemple James H. Bird qui s'était enrôlé à Londres durant l'été 1942. À la fin de l'année, il débarque à Durban en Afrique du Sud avant de rejoindre l'ITW de Bulawayo en Rhodésie du Sud pour y commencer sa formation de pilote. [443]

	Début	**Fin**	**Durée** (semaines)
ITW Bulawayo, Rhodésie du Sud	6 décembre 1942	24 mars 1943	15,4
27ème EFTS, Induna, Rhodésie du Sud	24 mars 1943	9 juillet 1943	15,3
21ème SFTS, Kumalo, Rhodésie du Sud	9 juillet 1943	26 novembre 1943	20,0
76ème OTU, Aqir, Palestine (aujourd'hui Tel Nof, Israël)	22 janvier 1944	30 mars 1944	9,7

Bird a rejoint le 104ème Escadron début mai 1944. Il a effectué 38 missions de guerre avec cette unité basée en Italie. Il a été promu Officier le 6 août 1944 et a reçu la DFC en janvier 1945. Il a retrouvé l'Angleterre fin 1944 et a terminé la guerre avec le grade de Flying Officer en pilotant des Armstrong Whitworth Albemarle au sein d'Unités de Conversion sur Planeurs Lourds (HGCU). [444]

En plus des Britanniques et des Australiens, de nombreux aviateurs étrangers (Grecs, Yougoslaves, Français, Polonais, etc.) ont été formés dans le cadre du RATG, et il a fallu créer un stage spécifique à Bulawayo afin de leur donner les rudiments d'anglais nécessaires pour pouvoir suivre les cours.

Tout comme l'Afrique du Sud, la Rhodésie du Sud n'avait pas d'industrie aéronautique et dépendait donc des importations. Les caisses contenant ces avions étaient débarquées des navires en Afrique du Sud et les mécanos réassemblaient les machines à Durban ou au Cap avant un essai en vol puis un convoyage par la voie des airs. Les élèves arrivaient également par convoi maritime en Afrique du Sud avant de rejoindre la Rhodésie du Sud en train. Les principales livraisons d'avions de formation à la Rhodésie sont résumées annuellement dans le tableau ci-après (les arrivées directs depuis les USA ou le Canada sont indiqués en grisé, les autres provenaient du Royaume-Uni) : [445]

---

[443] Carnet de vol de James H. Bird, op. cit. Les temps de transit ou en Dépôts du Personnel ont été omis.
[444] Suppléments de la London Gazette des 17 octobre 1944, 23 janvier 1945 et 9 mars 1945.
[445] Données des rapports *"North American Aircraft Deliveries"* et *"Export of Aircraft"*, conservés sous les références AIR 20/2018 et AIR 20/2039, TNA.

	Harvard	Cornell	Oxford, Anson	Tiger Moth	Harvard, Battle	Totaux
1940	-	-	131	102	59	292
1941	82	-	240	138	185	645
1942	56	-	100	55	9	220
1943	130	125	97	34	4	390
1944	50	181	6	-	-	237
Totaux	318	306	574	329	257	1.784

La Rhodésie du Sud a elle aussi mis en place un Corps de Formation Aérienne, en 1943, pour attirer les jeunes vers l'aviation militaire.

Le tableau ci-après résume la formation des aviateurs en Rhodésie du Sud pendant la guerre : [446]

	Britanniques brevetés en Rhodésie	Australiens brevetés en Rhodésie	Contribution de la Rhodésie du Sud en pourcentage de l'effort de formation pour les 326.252 aviateurs du Commonwealth
Pilotes	7.216	514	6,5 %
Observateurs ou Navigateurs	717	61	1,2 %
Mitrailleurs	1.591	8	3,1 %
TOTAL	**9.524**	**583**	**3,1 %**

Alors que la population de la Rhodésie du Sud représentait moins de 0,25% de celle de l'Empire Britannique, sa contribution à la formation d'aviateurs de la RAF a été importante, en particulier pour les pilotes. Le gouvernement de la Rhodésie du Sud a déboursé au total 11 millions de Livres Sterling pour la formation des aviateurs sur son sol. [447] L'histoire officielle souligne d'ailleurs qu'au plus fort de la guerre, les dépenses de fonctionnement du RATG dépassaient très largement le budget du pays qui l'accueillait !

Après la guerre, la plupart des écoles ont été fermées et l'organisation de formation en Rhodésie a été réduite, passant du statut de Groupe à celui d'Escadre (Air Training Wing) fin 1946. La 4ème et la 5ème FTS, basées respectivement à Heany et Thornhill, utilisent des Tiger Moth et des Harvard, les malheureux Cornell ayant été passés au pilon pour ne pas avoir à acheter des pièces de rechange aux USA. À partir de 1951, les Tiger Moth sont remplacés par des monoplans de Havilland Canada Chipmunk. Paradoxalement, avec l'avènement de la guerre froide, la RAF qui avait un surplus d'aviateurs à la fin de la

---

[446] Annexe 3 du document *"Flying Training - Volume I - Policy and Planning"*, op. cit. La dénomination *"Britanniques"*, dans ce tableau et celui de l'Afrique du Sud ci-après, est à prendre au sens *"Britanniques et assimilés RAF"*, puisque les chiffres de la RAF incorporent les aviateurs alliés (Belges, Tchécoslovaques, Polonais, Danois, Français, Norvégiens, Grecs, Yougoslaves, etc.) ainsi que d'éventuels Rhodésiens.

[447] Page 36 du livre de John Golley (voir bibliographie).

guerre, se retrouve face à une pénurie de personnel à la fin des années quarante. En mai 1948, l'Escadre de Formation de Rhodésie redevient un Groupe, et les deux FTS et l'ANS de Thornhill et de Heany retrouvent une activité plus forte qui va durer jusqu'à fin 1953, la RAF décidant de rapatrier toutes ses formations au Royaume-Uni au début de 1954.

B.3.2 - L'Afrique du Sud

Lorsque l'Afrique du Sud déclare la guerre à l'Allemagne le 6 septembre 1939 d'une courte majorité, la Force Aérienne Sud-Africaine (SAAF) dispose de 1.600 hommes (dont 160 officiers d'active), d'un assortiment de biplans plus ou moins antiques, et de … huit monoplans modernes (six Hurricane Mk I, un Fairey Battle et un Bristol Blenheim). Si le climat d'Afrique du Sud présentait des avantages pour les activités aériennes, l'altitude de certains terrains et la chaleur contrebalançaient ces points positifs et ce pays était relativement loin, à cinq semaines de navigation en convoi (contre huit à douze jours de mer entre Liverpool et le Canada).

Bien informé par Sidney Waterson, Haut-Commissaire (équivalent d'un ambassadeur) sud-africain à Londres, le gouvernement britannique s'est montré bien plus sensible aux soucis de politique intérieure de Jan C. Smuts, Premier Ministre de l'Afrique du Sud, qu'à ceux du Premier Ministre canadien, William Lyon Mackenzie King lors des négociations de décembre 1939. Smuts faisait face à une forte opposition des Afrikaners, descendants d'émigrants hollandais et allemands, qui souhaitaient que le pays reste neutre et toute ingérence britannique, réelle ou supposée, aurait été très mal perçue. Chamberlain a, en quelque sorte, tenu la porte ouverte à une participation de l'Afrique du Sud au BCATP, mais sans lui forcer la main. Étant donné la situation politique du pays et ayant créé son propre programme de formation de pilotes avant-guerre, l'Afrique du Sud n'a pas souhaité se joindre à ce plan, adoptant ainsi une *"position anormale"* par rapport aux autres Dominions. [448] Londres est resté dans une position d'attente, et a su ensuite tirer parti des ouvertures décrites ci-après.

Au début de 1940, la SAAF a pris le contrôle des quatre écoles civiles qui s'occupaient jusque-là de la formation élémentaire des pilotes réservistes pour les rassembler en deux EFTS, et a créé deux SFTS en plus de la CFS basée à Kimberley dans le but de former 60 pilotes par mois. Sept autres écoles assuraient la formation des observateurs, mitrailleurs, opérateurs radio, etc. Le Royaume-Uni ayant accepté de soutenir cet effort en fournissant près de 200 appareils (Tiger Moth, Hind et Anson), le gouvernement sud-africain propose fin 1939 d'offrir les places de formation disponibles aux sujets britanniques locaux. Le gouvernement britannique saisit cette opportunité pour suggérer l'ouverture de négociations visant à mettre en place un plan commun de formation d'aviateurs, ce qui est accepté. Une délégation britannique, menée par l'Air Chief Marshal

---

[448] Page 150 du livre de John Golley. Le qualificatif de *"position anormale"* de l'Afrique du Sud vis-à-vis du BCATP est employé page 93 du livre de Johnson-White (voir bibliographie).

Sir Robert Brooke-Popham (qui avait été membre de la délégation Riverdale au Canada), arrive en Afrique du Sud le 30 avril 1940. Un accord est trouvé en juin 1940 pour former mensuellement les aviateurs suivants en Afrique du Sud, sous le nom de Joint Air Training Scheme (JATS – Plan Commun de Formation Aérienne) : [449]

	Pilotes	Observateurs	Opérateurs radio
Pour la RAF	136	60	-
Pour la SAAF	60	40	40

Étant donné la situation chaotique régnant en Europe à cette époque, il était difficile de prévoir un planning rigide pour les matériels et personnels devant être fournis par le Royaume-Uni. L'accord comprenait donc deux phases successives, sans date précise, la première consistant à renforcer les écoles existantes, et la seconde à ouvrir de nouvelles écoles pour finalement disposer de : six EFTS, six SFTS et cinq écoles combinées (AONS et B&GS) pour former des Observateurs (puis Navigateurs) et Mitrailleurs. Avec les menaces que faisaient peser l'Allemagne sur les îles britanniques et l'Italie sur le Kenya, les écoles suivantes ont également été déménagées en Afrique du Sud :
– Fin 1940 : deux écoles de Navigation pour Observateurs (AONS) et une école de Surveillance Maritime (General Reconnaissance) en provenance du Royaume-Uni.
– Printemps 1941 : une EFTS et une SFTS exilées du Kenya.

Les écoles de pilotage suivantes voient donc le jour en Afrique du Sud pendant la guerre (en gras, celles de la phase 1 du JATS, créées dès 1940 ; celles de la phase 2 ont été ouvertes en 1941, sauf mention contraire) :

Air School n°	Type	Lieu	Fermeture	Principaux avions	Remarques
1	**EFTS**	Baragwanath	8 mars 1944	Tiger Moth	Deux EFTS formées en mai 1940 en fusionnant quatre écoles civiles existantes.
2	**EFTS**	Randfontein	5 août 1944	Tiger Moth	
3	EFTS	Wonderboom	5 août 1944	Tiger Moth	Ex-30ème EFTS du Kenya.
4	EFTS	Benoni	24 juin 1945	Tiger Moth	
5	EFTS	Witbank	11 nov. 1944	Tiger Moth	
6	EFTS	Potchefstroom	6 oct. 1945	Tiger Moth	
7	EFTS	Kroonstad	16 déc. 1944	Tiger Moth	

Ce tableau se poursuit page suivante.

---

[449] Chapitre 10 du document *"Flying Training Volume II Part 2 Basic Training Overseas"*, op. cit.

Air School	Type	Lieu	Fermeture	Principaux avions	Remarques
21	SFTS	Zwartkop puis Kimberley	2 déc. 1944	Hind, Hart, Oxford	Initialement 1ère FTS.
22	SFTS	Zwartkop puis Vereeniging	8 déc. 1945	Hind, Hart, puis Master, Harvard	Formée en novembre 1939, initialement 2ème FTS.
23	SFTS	Zwartkop puis Waterkloof	7 juin 1944	Hind, Hart, puis Oxford	Ex-SFTS du Kenya. Aussi appelée 16ème SFTS.
24	SFTS	Nigel	8 mars 1946	Master, Oxford, Harvard, Hart	
25	SFTS	Standerton	17 mars 1945	Hind, Hart, Master, Harvard	
26	SFTS	Pietersburg	18 nov. 1944	Master, Oxford	Ouverte en 1942. Effectue la conversion des élèves formés sur Hart.
27	SFTS	Bloemspruit	17 mars 1945	Master, Harvard	Ouverte en mars 1942.
62	CFS *	Zwartkop puis Kimberley, puis Bloemfontein	Existe toujours	Divers	Formation des instructeurs.

* Ne faisait pas partie du JATS avant novembre 1943.

Les modalités financières de cet accord restent floues en 1940, les discussions se poursuivant les mois suivants jusqu'à un accord en juin 1941. Les écoles du JATS étaient en grande partie organisées et pourvues en avions et en personnel par le Royaume-Uni. Par exemple, les principaux évènements de la création de la SFTS de Nigel, à une cinquantaine de kilomètres au sud-ouest de Johannesbourg sont les suivants : [450]

28 mars 1941	Dotation théorique de la 4ème SFTS définie : 1.068 hommes (dont 104 officiers) avec deux Escadrons de pilotage. 72 IE + 36 IR Miles Master. 72 IE + 36 IR Hawker Hart (ou similaires).
27 juin 1941	Création administrative de la 4ème SFTS en Angleterre.
28 juin 1941	Départ de Liverpool de 565 hommes (dont 30 officiers) commandés par le Group Captain C. B. Dalton sur le *R.M.S. Rangitata* et le *S.S. Anselm*.
29 juillet 1941	Arrivée du convoi à Cape Town. La 4ème SFTS est rebaptisée 24ème École d'Aviation (Air School).
5 août 1941	Arrivée des premiers Britanniques à Dunnottar, sur la commune de Nigel.
23 août 1941	Révision de la dotation théorique de l'école : 819 hommes (dont 97 officiers) avec deux Escadrons de pilotage. 160 élèves simultanément en quatre Classes. 40 nouveaux élèves tous les mois. Taux de rejet prévu : 15 % (34 pilotes brevetés pour 40 entrants).

---

[450] Données du Journal de marche conservé sous la référence AIR 54/168, TNA.

Sept. 1941	Réception des bâtiments de l'école au fur et à mesure des constructions.
22 sept. 1941	Convoyage des quatre premiers Miles Master par des instructeurs du 9ème Dépôt de l'Aviation de Wingfield à la 24ème École d'Aviation de Nigel.
1er oct. 1941	Arrivée des trente premiers élèves et début des cours "intermédiaires" le lendemain pour la Classe n°1.
18 oct. 1941	Premier accident mortel de l'école : le Master 2642 s'écrase lors d'un exercice de navigation, tuant le Flying Officer John F. Reid et l'élève-pilote D. Bain.
25 oct. 1941	Arrivée des élèves de la Classe n°2.
22 nov. 1941	Arrivée des élèves de la Classe n°3.
24 nov. 1941	Début des cours "avancés" pour la Classe n°1.
16 jan. 1942	Remise des brevets de Pilote aux élèves de la Classe n°1 (24 promus officiers).

Autre exemple, en juillet 1941, la 5ème SFTS prend elle aussi naissance administrativement avec les effectifs rassemblés au sein du 1er Centre d'Embarquement du Personnel de West Kirby, Cheschire, sous le commandement du Group Captain John L. M. DC. Hughes-Chamberlain, avant d'embarquer à la fin du mois sur le paquebot *MV Reina del Pacifico*. La 5ème SFTS est plus tard rebaptisée 25ème École d'Aviation (Air School) à Standerton. Les cours y commencent le 27 octobre 1941 et les premiers pilotes de cette promotion sont brevetés le 13 février 1942. [451]

Tout comme au Royaume-Uni ou au Canada, les meilleurs élèves brevetés sont retenus au sein du système de formation. Le tableau ci-dessous montre qu'une part très importante des classes formées en 1942 est retenue pour faire fonctionner les écoles : les élèves sélectionnés sont envoyés à la 62ème Air School pour suivre les cours leur permettant de devenir instructeurs. Les autres partent pour un Dépôt du Personnel comme celui de Prétoria afin d'y recevoir leur affectation suivante. [452]

École n°	Classe n°	Date de remise des brevets de pilote	Nombre total d'élèves brevetés	Y compris		Pourcentage affecté à l'instruction
				Nommés instructeurs	Nommés "staff pilots"	
23	5	2 février 1942	23	10	-	43,5 %
23	6	27 février 1942	33	12	5	51,5 %
23	7	27 mars 1942	29	18	-	62,1 %
21	20	22 mai 1942	50	13	-	26,0 %
21	24	6 novembre 1942	20	8	-	40,0 %

Suivant les promotions, les taux de réussite fluctuent grandement : par exemple, pour six des sept Classes ayant débuté leur instruction en 1941 à la 23ème Air School (SFTS) de Waterkloof, ce taux va de 97,4% (Classe n°4 brevetée le 2 janvier 1942) à seulement 50%

---

[451] Données du Journal de marche conservé sous la référence AIR 54/167, TNA.
[452] Journaux de marche, conservés sous les références AIR 54/167 et AIR 54/169, TNA.

(Classe n°1 brevetée le 10 octobre 1941). [453] La durée des cours a également varié au fil du temps. En 1941, le séjour en SFTS était de 16 semaines. Il est passé ensuite à 24 semaines en 1942, mais en janvier 1943, les SFTS augmentent leur capacité en passant de 160 à 200 élèves accueillis simultanément, et en réduisant la durée des cours à 20 semaines. [454]

Dans les faits, le développement du JATS a été fortement handicapé par le manque d'avions modernes en nombre suffisant. Jusqu'en juillet 1941, seuls 85% des avions embarqués sur des navires au Royaume-Uni arrivent en Afrique du Sud. [455] Les principales livraisons d'avions de formation à l'Afrique du Sud sont résumées annuellement dans le tableau ci-après (les arrivages directs depuis les USA sont indiqués en grisé, les autres provenaient du Royaume-Uni) : [456]

	Harvard	Cornell	Anson, Oxford, Dominie	Tiger Moth	Hind, Fury, Battle, Master, etc.	Totaux
1940	306	-	115	-	242	663
1941	95	-	575	313	651	1.634
1942	143	-	438	92	263	936
1943	368	-	326	76	12	782
1944	124	156	15	-	22	317
Totaux	1.036	156 *	1.469	481	1.190	4.332

* Les Cornell étaient destinés à remplacer les Tiger Moth, mais suite à un essai effectué avec un appareil emprunté à la Rhodésie du Sud, il a été déterminé que son moteur manquait de puissance pour les terrains en altitude. Les Tiger Moth ont donc été conservés dans les EFTS d'Afrique du Sud et les Cornell ont été envoyés vers la Rhodésie. [457]

Le manque d'avions modernes pour les écoles oblige à prolonger la durée de vie d'appareils obsolètes et à adapter les cursus : ainsi, à partir d'avril 1942, les élèves formés à la 23ème Air School (SFTS) de Waterkloof sur Hawker Hart sont envoyés, après avoir reçu leur brevet de pilote, à la 26ème Air School (SFTS) de Pietersburg pour y suivre un stage de conversion sur des machines plus performantes. Leur formation est donc plus longue que la normale. [458]

---

[453] Journal de marche, conservé sous la référence AIR 54/169, TNA. Il est impossible de calculer ce taux pour la Classe n°5 car le nombre d'élèves entrants n'a pas été enregistré.
[454] Entrée du 23 janvier 1943 du Journal de marche de la 21ème Air School, conservé sous la référence AIR 54/167, TNA.
[455] Page 571 du document *"Flying Training Volume II Part 2 Basic Training Overseas"*, op. cit.
[456] Données des rapports *"North American Aircraft Deliveries"* et *"Export of Aircraft"*, conservés sous les références AIR 20/2018 et AIR 20/2039, TNA. Les exports du Royaume-Uni incluent les avions des écoles de la RAF déménagées en Afrique du Sud.
[457] Page 596 du document *"Flying Training Volume II Part 2 Basic Training Overseas"*, op. cit.
[458] Entrée du 25 avril 1942 du Journal de marche, conservé sous la référence AIR 54/169, TNA.

Les écoles sud-africaines, ainsi que celles du Canada et de Nouvelle Zélande, ont utilisé beaucoup de biplans Hawker Hind à doubles commandes. Le Hind n'était pas vraiment plus moderne que le Hart dont il était issu, à part une hélice métallique et une version plus puissante du moteur Rolls-Royce Kestrel (photo de l'auteur).

Les écoles combinées (AONS et B&GS) formaient les Observateurs (puis Navigateurs) et les Mitrailleurs, et recevaient également les élèves-pilotes sortant des SFTS pendant deux semaines pour les initier au tir et au bombardement. Par exemple, la 42ème Air School (école combinée) de Port Elizabeth avait la dotation théorique suivante fin 1941 : [459]

Sections	Avions	Élèves	Durée des cours
AONS	Anson : 8 IE + 4 IR	60 Observateurs (30 toutes les six semaines)	12 semaines
B&GS	Battle : 27 IE + 13 IR Northrop Nomad : 17 IE + 8 IE	30 Observateurs (ex-AONS) 54 à 60 Observateurs (ex-45ème Air School) 30 Mitrailleurs	6 semaines
	Autres : 12 IE + 6 IR	34 à 40 Pilotes (ex-SFTS)	2 semaines

Tout comme au Canada, les avions portaient des tenues variées : ceux provenant du Royaume-Uni avaient un camouflage de guerre, les autres étaient peints entièrement en "jaune canari" pour se conformer aux ordres reçus en mai 1940. [460] Même quand les avions étaient disponibles, le climat sud-africain, le manque de techniciens qualifiés et la pénurie de pièces détachées se sont ligués pour réduire la disponibilité des appareils. N'ayant pas d'industrie aéronautique, contrairement aux autres Dominions, l'Afrique du Sud est entièrement dépendante des importations. Souvent, seuls 20% des presque 500 Miles Master envoyés en Afrique du Sud étaient en état de vol dans les SFTS, ce qui a provoqué de nombreux retards dans les plannings de formation, avec des effets en cascade sur toutes les écoles du cursus des pilotes. Cet avion a connu plusieurs accidents structurels, comme le 9 juin 1942 : les élèves pilotes A. J. Walker et Walter W. Weeks sont tués quand le Master 2793 de la 25ème Air School de Standerton se désintègre en vol. [461] Lorsque trois Master se disloquent en vol en octobre 1943, la SAAF décide de ferrailler

---

[459] Dotation théorique en annexe 3 du Journal de marche de décembre 1941, conservé sous la référence AIR 54/171, TNA.
[460] Entrée du 6 mai 1940 du Journal de marche de la 2ème FTS, conservé sous la référence AIR 54/166, TNA.
[461] Rapport d'accident FA.34/25/51/42 conservé sous la référence AIR 54/167, TNA.

ces avions et de n'utiliser que des Harvard pour les SFTS à monomoteurs. [462] La 27ème Air School de Bloemspruit, par exemple, reçoit ses premiers Harvard en janvier 1943 et lâche son premier élève sur ce type d'avion le 5 février. [463]

Durant les premières années du JATS, la formation des aviateurs présente des lacunes et les élèves formés en Afrique du Sud sont donc encore plus mal lotis que leurs collègues formés dans le cadre du BCATP. Les Hawker Hart des SFTS du JATS n'ont pas les instruments nécessaires pour s'entraîner au pilotage sans visibilité et les écoles ne disposent pas au départ de simulateurs Link. Par exemple, les vols de nuit ne commencent timidement à la 23ème Air School (SFTS) de Waterkloof que le 17 novembre 1941, alors que deux Classes d'élèves ont déjà été brevetés (et la troisième Classe a quasiment terminé son cursus). [464] Le tableau ci-après montre la faible part que représentait l'entraînement au vol de nuit pour les pilotes, y compris pour les instructeurs, avant 1943 : [465]

Nom	Breveté pilote	Date du relevé des heures	Expérience totale	Heures de nuit
Sgt. Ronald O. Barker	2 février 1941	13 mai 1941	150 heures (dont 100 en solo)	13 heures (dont 8 en solo)
2nd Lt. Pax. L. Temple-Thurston	20 mars 1941	16 mai 1941	231 heures (dont 98 en solo)	7 heures (dont 50 minutes en solo)
Sgt. R. B. Mindel	3 avril 1941	16 juillet 1941	165 heures (dont 104 en solo)	0
Lt. R. L. Crisp (instructeur en SFTS)	7 juin 1941	2 nov. 1942	827 heures (dont 688 en solo)	39 heures (dont 22 en solo)
LAC G. Myers	Pas encore	3 nov. 1942	126 heures (dont 49 en solo)	8 heures (dont 15 minutes en solo)
LAC C. Mandefield	Pas encore	29 déc. 1942	189 heures (dont 96 en solo)	6 heures (dont 1 en solo)
Sgt R. J. Kite	Pas encore	30 déc. 1942	209 heures (dont 106 en solo)	7 heures (dont 5 en solo)

En 1943, la situation s'est améliorée sensiblement puisque les élèves reçoivent une vingtaine d'heures d'entraînement au vol de nuit et les simulateurs Link sont en service.

En plus des cours, les écoles organisent des activités sportives ou récréatives. Des conférences sont aussi organisées, certaines ayant uniquement les élèves pour audience, ou d'autres visant un public plus large. Par exemple, les conférences suivantes ont eu lieu à la 23ème Air School (SFTS) de Waterkloof durant deux mois de 1941. On constate que les thèmes principaux étaient soit liés à la formation (audience restreinte), soit politique (audience élargie). [466]

---

[462] Pages 584 et 591 du document *"Flying Training Volume II Part 2 Basic Training Overseas"*, op. cit.
[463] Entrées de janvier et février 1943 du Journal de marche, conservé sous la référence AIR 54/171, TNA.
[464] Entrée du 17 novembre 1941 du ournal de marche, conservé sous la référence AIR 54/169, TNA.
[465] Données relevées sur divers rapports d'accidents conservés sous les références AIR 54/168 et AIR 54/171, TNA. Les temps de vol ont été arrondis à l'heure la plus proche.
[466] Journal de marche, conservé sous la référence AIR 54/169, TNA.

Date	Conférencier	Thème
11 août	Cpt. Sutherland	Attaque aérienne contre des formations au sol
18 août	Cpt. Sutherland	Évolution des avions
21 août	Vice-Consul Armin	La Pologne
25 août	Cpt. G. Davies	Identification des avions
28 août	Cpt. Wellington	L'Afrique en tant que pays de l'Homme blanc
1 septembre	Sgt. E. Morris	Types d'avions
4 septembre	Révérend Eaton	Le Soldat et le Sexe
8 septembre	Lt. Riley	La reconnaissance aérienne
11 septembre	-	Film "Les jeux olympiques de Los Angeles"
15 septembre	Maj. Schoeman	Le contrôle aérien et l'emploi de la puissance aérienne
22 septembre	Cpt. G. Davies	Tactiques aériennes
25 septembre	Lt. Col. Hoernie	Théorie et pratique du Nazisme
2 octobre	Mr B. Potter	Comment produit-on un Journal ?

Bien plus que dans les autres pays du Commonwealth, les conditions de travail des écoles étaient aussi marquées par les inquiétudes liées à de possibles actions de sabotage. On trouve de nombreuses mentions dans les Journaux de marche des écoles de suspicions d'activités subversives. Les militaires identifiés comme sympathisants de l'Ossewabrandwag, organisation pro-nazie, étaient au minimum placés sous surveillance. Les tâches liées à la défense des terrains étaient donc bien plus lourdes que dans les écoles des autres pays, avec une armurerie gardée jour et nuit et des équipes de sécurité bien fournies en nids de mitrailleuses et en automitrailleuses. Menace moins sérieuse mais irritante, d'autres soucis sont causés par les bergers qui semblent avoir eu une grande habileté à manier la fronde puisque pas moins de quatre Oxford de la 21ème Air School (SFTS) de Kimberley sont endommagés juste après le décollage au mois de novembre 1942. [467]

Les élèves britanniques suivaient les cours en ITW (et de Navigation élémentaire pour les futurs Observateurs) au Royaume-Uni avant d'embarquer pour l'Afrique du Sud. Le tableau ci-après résume la formation reçue par Eric F. Coling, un Anglais qui s'était engagé dans la RAF en janvier 1941 et avait été appelé devant le Comité de Sélection des Aviateurs de Padgate, dans le Cheshire, en avril. Ce Comité l'avait retenu pour être formé en tant qu'Observateur : [468]

---

[467] Entrées du 5 et 14 décembre 1942 du Journal de marche, conservé sous la référence AIR 54/167, TNA.
[468] Carnet de vol et histoire d'Eric F. Coling, IBCC Digital Archive, document 40638 et 40648. Certaines dates ne sont pas connues avec précision.

	Début	**Fin**	**Durée** (semaines)
Reception Centre, St John's Wood	août 1941		3
4ème ITW de Paignton, Devon	septembre 1941	décembre 1941	13
1ère École Élémentaire des Observateurs Aériens, Eastbourne, Sussex	décembre 1941	mars 1942	13
Transit sur le *Highland Chieftain* : Avonmouth - Durban	mai 1942	juin 1942	
Air School, Grahamstown (Anson, Oxford), Afrique du Sud	20 juin 1942	2 novembre 1942	19
Transit sur l'*Empress of Scotland* : Durban - New York Attente aux USA de 5 semaines Transit sur l'*Empress of Scotland* : New York - Royaume-Uni	décembre 1942	janvier 1943	8
7ème Centre de Réception du Personnel, Harrogate, Yorkshire	18 janvier 1943	février 1943	6
16ème OTU, Upper Heyford, Oxfordshire (Anson, Wellington)	mars 1943	15 mai 1943	12
1.660ème Unité de Conversion, Swinderby, Lincolnshire (Manchester, Lancaster)	juin 1943	juillet 1943	4

Sa formation a donc duré quasiment deux ans, en passant par trois continents (même si son séjour aux USA n'était lié qu'au trajet du paquebot le ramenant d'Afrique du Sud). Mi-juillet 1943, le Sergent Coling a rejoint le 50ème Escadron de Skellingthorpe, Lincolnshire, pour voler sur Lancaster. Ayant été formé comme Observateur, Coling avait le choix entre le poste de Bombardier ou celui de Navigateur. Il raconte avoir préféré la première option afin de voir ce qui se passait durant le vol, le Navigateur étant enfermé au milieu du fuselage. Son carnet de vol se remplit rapidement avec des missions sur Turin, Milan, Hambourg, Mannheim, Nuremberg, Berlin, Peenemünde et Hanovre. Le 29 septembre 1943, durant une opération de minage en mer Baltique, le Lancaster de Coling est abattu par un Ju-88. L'équipage parvient à monter à bord du canot de sauvetage gonflable, sauf le Navigateur, le Sergent Bernard Ridsdale, qui est emporté par une vague et se noie. Après cinq jours en mer, les survivants sont recueillis par un bateau de pêche danois et finissent la guerre comme prisonniers au Stalag IVB, près de Dresde.

Par exemple, la 21ème Air School (SFTS) de Kimberley, avait les effectifs suivants le 31 janvier 1941 : [469]

Staff : 506 hommes et femmes dont 58 officiers, plus 10 officiers rattachés temporairement, dont la provenance est détaillée ci-dessous :

RAF : 127 hommes dont 5 officiers

SAAF : 334 hommes dont 45 officiers (et 10 officiers rattachés temporairement)

---

[469] État nominatif en annexe du Journal de marche, conservé sous la référence AIR 54/166, TNA.

WAAF : 45 femmes dont 3 officiers
Élèves : 151 (quatre classes différentes)

Contrairement aux écoles du BCATP, les élèves lents semblent avoir eu plus d'aide pour leur apprentissage dans les établissements d'Afrique du Sud puisque l'on trouve souvent la mention d'un second ou d'un troisième passage au même examen pour un élève (voir par exemple le cas mentionné précédemment de Lenard W. Douglass qui avait raté son premier vol en solo). Ainsi, quatre élèves de la Classe n°4 et quatre autres de la Classe n°5 de la 27ème Air School de Bloemspruit réussissent leurs examens de fin de SFTS le 8 février 1943 à leur troisième tentative, avec respectivement deux et un mois de retard sur leurs collègues qui ont eu leur brevet du premier coup (il semble que le test de Théorie de la Navigation ait donné du fil à retordre à plusieurs candidats). [470] De même, les erreurs de pilotage ne semblent pas souvent mener à des cours martiales ou à des punitions très sévères, même lorsqu'il s'agit d'une négligence grossière comme l'oubli de déployer le train avant l'atterrissage. Dans ce dernier cas, les sanctions ne sont pas très consistantes malgré une instruction d'appliquer un simple "redoublement" de Classe. [471] Dans les faits, ces sanctions vont d'une sévère réprimande verbale au payement des dégâts causés avec 14 jours d'arrêt de rigueur, en passant par le "redoublement" dans une Classe suivante, l'inscription d'une mention négative sur le carnet de pilotage, la "perte des privilèges" pendant une semaine à dix jours (interdiction de sortie de la base et pointage au corps de garde deux fois par jour). Quelques présentations en cour martiale ont été tentées mais rejetées par les juristes car les faits reprochés ne constituaient pas *"une menace au bon ordre ou à la discipline militaire"*. On notera que les cas de Miles Master posés sur le ventre par oubli se comptent par dizaines comme le montre le tableau ci-après qui ne porte que sur quelques mois et que sur deux écoles, ce qui pourrait laisser penser que l'apprentissage et l'application des check-lists vitales manquaient de rigueur. [472]

SFTS	Date (1942)	Pilote	Expérience	Master n°	Catégorie des dégâts		Sanction
					Avion	Moteur	
25	15 juillet	D. Templar	117 h (dont 49 en solo)	2726	1	1	Redoublement dans la Classe suivante.
25	21 juillet	E. R. Stewart	98 h (dont 41 en solo)	2706	1	1	Redoublement dans la Classe suivante.
25	18 août	A. T. Moore	112 h (dont 43 en solo)	2777	1	1	Amende de 83 £ et 14 shillings et 14 jours d'arrêt de rigueur.

---

[470] Entrée du 8 février 1943 du Journal de marche, conservé sous la référence AIR 54/171, TNA.
[471] Instruction mentionnée dans le rapport d'accident d'E. R. Stewart, voir tableau ci-après.
[472] Liste non exhaustive des rapports d'incidents de Master posés sur le ventre par oubli de déployer le train pour deux Air Schools au deuxième semestre 1942, conservés sous les références AIR 54/168 et AIR 54/171, TNA. Les pilotes dont les noms sont suivis d'un astérisque étaient des instructeurs, tous les autres étaient des élèves non brevetés. Certains rapports sont difficiles à lire et les noms ou numéros d'avions ont peut-être été mal déchiffrés.

25	24 août	B. J. Smith *	334 h (dont 237 en solo)	2822	2	2	*Non mentionnée*
25	11 sept.	J. R. Colville	133 h (dont 48 en solo)	2682	1	1	Proposition de cour martiale, mais cas rejeté. Inscription de *"grave négligence"* sur le carnet de vol.
27	11 sept.	M. D. Lawton	99 h (dont 44 en solo)	2893	1	1	Inscription de *"grave négligence"* sur le carnet de vol.
27	17 sept.	*illisible*	128 h (dont 37 en solo)	2943 (?)	1	2	Réprimande verbale sévère.
27	17 sept.	G. J. Husk	105 h (dont 44 en solo)	2776	1	1	Perte des privilèges pendant une semaine pour s'être posé (sur le ventre) sans autorisation sur le terrain auxiliaire.
25	21 sept.	C. W. G. Brewer	82 h (dont 34 en solo)	2818	1	1	Proposition de cour martiale, mais cas rejeté.
27	5 oct.	C. G. Begg *	797 h (dont 667 en solo)	2960	*Non mentionnée*		Inscription de *"grave négligence"* sur le carnet de vol.
25	17 oct.	D. M. Frost	242 h (dont 166 en solo)	2884	1	1	Proposition de cour martiale, suite donnée non mentionnée.
27	27 oct.	J. F. Jackson	131 h (dont 59 en solo)	2881	1	2	Redoublement dans la Classe suivante.
25	30 oct.	G. N. Banner (?)	111 h (dont 47 en solo)	2763	1	-	Pas de sanction car il y avait un doute sur le bon fonctionnement du klaxon et de l'indicateur du train.
27	16 nov.	I. T. Gowar	140 h (dont 71 en solo)	2755	1	1	Oui, mais pas de détails.
27	18 nov.	A. J. Duguid	208 h (dont 99 en solo)	2663	1	1	Oui, mais pas de détails.
25	19 nov.	J. H. Smith	189 h (dont 92 en solo)	2848	1	1	Oui, mais pas de détails.
25	23 nov.	T. J. O'Reilly	128 h (dont 50 en solo)	2632	1	1	Inscription de *"grave négligence"* sur le carnet de vol.
25	27 nov.	S. A. Meggs	195 h (dont 78 en solo)	2718	1	1	Inscription de *"grave négligence"* sur le carnet de vol.
25	12 déc.	J. S. Gibbins	136 h (dont 54 en solo)	2667	1	1	Inscription de *"grave négligence"* sur le carnet de vol (et tentative de cour martiale mais la suite n'est pas notée).
25	22 déc.	J. Wallace	148 h (dont 59 en solo)	2680	1	1	Amende de 196 £ et 7 jours d'arrêt de rigueur.

En novembre 1943, un nouvel accord incorpore diverses écoles de la SAAF (dont la CFS) au JATS.

En plus des élèves du cru et des Britanniques, les écoles du JATS accueillent d'autres nationalités. Par exemple, les élèves belges ont le rang d'Aspirant et sont intégrés à la Force Aérienne d'Afrique du Sud pendant leur cursus de formation. [473] Tout comme ceux formés en Rhodésie du Sud, la plupart des aviateurs sortant des écoles d'Afrique du Sud ont été affectés au Moyen-Orient ou en Méditerranée - Europe du Sud. Le tableau suivant résume la formation des aviateurs en Afrique du Sud pendant la guerre : [474]

	Brevetés en Afrique du Sud		Contribution de l'Afrique du Sud en pourcentage des 326.252 aviateurs du Commonwealth formés pendant la guerre	
	Sud-Africains	Britanniques	en effort de formation	en hommes
Pilotes	4.123	4.227	6,7 %	3,5 %
Observateurs ou Navigateurs	2.072	10.170	13,0 %	3,3 %
Bombardiers	56	2.404	7,9 %	0,3 %
Opérateurs radio	1.909	-	3,4 %	3,4 %
Mitrailleurs	622	445	1,7 %	1,2 %
Mécaniciens embarqués	79	-	0,4 %	0,4 %
TOTAL	8.861	17.246	6,3 %	2,7 %

Malgré le lent démarrage du JATS, l'Afrique du Sud a ensuite mis les bouchées doubles et a formé deux fois plus d'aviateurs de la RAF que pour sa propre force aérienne.

---

[473] Entrées du 4 juillet, du 4 septembre 1942 et du 7 janvier 1943 du Journal de marche de la 24ème Air School (SFTS) de Nigel, conservé sous la référence AIR 54/168, TNA.
[474] Annexe 3 du document *"Flying Training - Volume I - Policy and Planning"*, op. cit.

B.3.3 - La formation des aviateurs étrangers aux USA pendant la guerre [475]

B.3.3.1 - Les Écoles "de rafraîchissement" et l'école de navigation de Pan American Airways [476]

Faisant feu de tout bois, les Britanniques avaient tenté en mai 1940 de convaincre le gouvernement américain de les aider à former leurs aviateurs, ne serait-ce qu'en tant que clients "civils" dans des écoles privées, mais ceci avait été refusé et ces négociations avaient fait scandale dans l'opinion publique canadienne qui voyait là une trahison de l'accord de l'Empire Air Training Plan.

Le *"Comité Clayton Knight"*, qui recrutait discrètement aux USA des instructeurs pour les écoles canadiennes, engageait également des pilotes pour la RAF. Les aviateurs expérimentés se faisant rares, il était devenu, mi-1940, difficile de satisfaire la RAF qui exigeait une expérience d'au moins 250 heures de pilotage. Les Britanniques obtiennent l'autorisation d'envoyer les pilotes américains insuffisamment expérimentés dans trois écoles "de rafraîchissement" (à Dallas, Texas ; Tulsa, Oklahoma et Glendale, Californie). Une quatrième école a ouvert à Bakersfield en Californie en avril 1941, compensant la fermeture de celle de Dallas le mois suivant. Chaque école pouvait accueillir une dizaine d'élèves pour des cours d'une durée maximale de six mois et 80 heures de vol par étudiant. Ne pouvant pas être enrôlées dans la RAF sur le sol des États-Unis, les recrues étaient payées par une société-écran, la British Aviation, et il était fait comprendre aux élèves qu'ils pourraient ensuite s'engager dans la RAF. Ces pilotes ont permis de créer les trois *"Eagles Squadrons"* de la RAF (71ème Escadron formé en septembre 1940, 121ème Escadron formé en mai 1941 et 133ème Escadron formé en juillet 1941), et ceux qui étaient jugés inaptes pour rejoindre les unités combattantes ont servi comme instructeurs ou comme convoyeurs d'avions (par exemple au sein de l'Air Transport Auxiliary). [477]

Un petit nombre d'élèves observateurs ont été envoyés à compter de mars 1941, en tenue civile, à l'école de navigation de Pan American Airways à Miami, le Royaume-Uni payant leur formation (environ 500 $ par élève, plus les frais de transport et d'hébergement). Cette dernière durait douze semaines (puis a été allongée à quinze semaines) et était bien détaillée pour les cours au sol, mais l'expérience de vol était limitée à quelques dizaines d'heures sur hydravions, notamment d'antiques quadrimoteurs Sikorsky S-40. Lors de ces vols, un seul élève tenait le rôle de "Premier Navigateur" et les neuf autres élèves étaient "Seconds Navigateurs". Par exemple, le Leading Aircraftman Ian I. Samuels de la Classe 42-4 (à l'école Pan Am du 3 mars au 2 juillet 1942) a effectué douze vols entre le 1er mai et le 22 juin 1942, dont quatre de nuit, sur Consolidated

---

[475] Le séjour des jeunes Britanniques envoyés se former aux États-Unis semble avoir durablement marqué leur imagination puisque les livres de témoignages abondent. Pour plus de détails, se reporter par exemple aux livres de Tom Killebrew, Jack Currie, John Golley, Gilbert S. Guinn, Paula C. Denson et Will Largent (voir bibliographie).

[476] Les informations de cette section proviennent principalement du chapitre 12 du document *"Flying Training Volume II Part 2 Basic Training Overseas"*, op. cit.

[477] Pour plus de détails sur les aviateurs américains engagés dans la RAF et la RCAF, se reporter au livre de Peter W. Fydenchuk (voir bibliographie).

Commodore et Sikorsky S-40, soit un total de 50 heures et 25 minutes de vol (dont 20h25 de nuit). Il n'a fait qu'un seul vol de 5 heures en tant que "Premier Navigateur". [478] Pendant ces vols, les élèves apprenaient à se repérer en utilisant les cartes, à naviguer à l'estime, à faire le point au sextant sur le soleil puis sur des étoiles, à estimer la dérive due au vent, à calculer les caps à suivre pour rejoindre un point fixe ou un navire, à déterminer la position de l'avion par des relevés radiogoniométriques, à organiser des recherches systématiques au-dessus d'une zone, etc. L'affectation d'instructeurs britanniques ainsi que l'emploi d'instruments, de cartes et de procédures de la RAF ont permis d'adapter le programme aux besoins des militaires. Les aspects bombardement et tir étaient ensuite enseignés à ces élèves au Canada ou au Royaume-Uni. Les contingents reçus ont pris de l'importance, passant de dix élèves à soixante, puis à cent-cinquante. Initialement, cette école formait des élèves envoyés pour cela du Royaume-Uni, via le Canada, mais ensuite, ces cours ont été remplis par beaucoup d'élèves-pilotes recalés et réorientés (voir par exemple le cas de l'élève-pilote Ian I. Samuels, détaillé à l'Annexe 4B, et 3ème à partir de la gauche, au premier rang sur la photo ci-contre).

Quelques-uns des 149 élèves de la Classe 42-4 posent dans la cour de leur hôtel à Miami. Notez l'instructeur en uniforme de la Pan Am au centre (photo reproduite avec la permission du Banstead History Research Group).

Au final, 1.177 observateurs britanniques ont été formés par l'école de navigation de Pan American Airways entre mars 1941 et le 17 octobre 1942, sur 1.225 élèves entrants (soit un taux de rejet inférieur à 4%), preuve que les recrues avaient bien été sélectionnées et préparées en ITW. [479]

---

[478] Carnet de vol de Ian I. Samuels aimablement communiqué à l'auteur par le Banstead History Research Group.
[479] Page 15 de l'étude n°64 *"Training of Foreign Nationals by the AAF 1939-1945"* publiée dans le cadre des US Army Air Forces Historical Studies (voir bibliographie).

B.3.3.2 - L'élargissement de l'aide américaine

Une fois les élections présidentielles américaines du 5 novembre 1940 passées, les discussions reprennent au printemps 1941, en plus de l'accord du prêt-bail, les Britanniques obtiennent la mise en place de trois autres cursus parallèles de formation pour leurs pilotes aux USA (ils sont détaillés ci-après). Le tableau suivant résume ces dispositifs :

	Début	Fin	Pilotes formés	Remarques
Écoles "de rafraichissement"	novembre 1940	juin 1942	600 Américains volontaires pour la RAF ou la RCAF.	
Écoles Britanniques (BFTS)	juin 1941	août 1945	6.921 Britanniques. Ont aussi formé 558 Américains pour l'USAAC.	10.654 entrants britanniques (35% d'échec).
Dispositif "Arnold"	juin 1941	mars 1943	4.370 Britanniques dont 577 pilotes conservés temporairement aux USA comme instructeurs.	7.860 entrants (44% d'échec).
Dispositif "Towers"	juillet 1941	novembre 1944 *	3.865 Britanniques et Commonwealth	2.081 pilotes brevetés pour la FAA et 1.784 pour RAF.

* Sauf pour les élèves pilotes de la FAA dont la formation s'est poursuivie jusqu'en août 1945.

D'autres formations ont également eu lieu aux États-Unis pour d'autres personnels de la RAF ou de la FAA, les plus importantes étant celle de la Pan Am mentionnée ci-dessus et celle d'environ 400 navigateurs et 660 radios/mitrailleurs pour la FAA au sein du dispositif Towers. Dans le cadre des achats d'appareils américains, certains personnels ont aussi reçu une formation spécifique aux États-Unis : par exemple, des équipages britanniques ont été formés pendant deux mois au début 1941 au maniement du B-17 Fortress en Californie, avant de retourner au Royaume-Uni pour instruire à leur tour les autres aviateurs des Escadrons concernés.

B.3.3.3 - Les Écoles Britanniques de Formation au Pilotage (BFTS - British Flying Training Schools) [480]

En janvier 1941, durant la visite au Royaume-Uni de Harry Hopkins, conseiller du Président Roosevelt, Churchill et la hiérarchie de la RAF n'avaient pas manqué d'évoquer les difficultés rencontrées pour former les aviateurs au Royaume-Uni, à la fois en raison de l'allocation des terrains en priorité pour les unités combattantes et de la météorologie peu clémente. [481] Le 5 mars 1941, sur ordre du Président Roosevelt, le Général Henry H.

---

[480] Pour plus de détails sur les BFTS, se reporter au livre de Tom Killebrew (voir bibliographie).
[481] Ce sujet avait déjà été évoqué à de multiples reprises entre les deux pays, comme par exemple en août 1940 par l'Air Marshal Garrod lors d'une réunion avec le Colonel Carl Spaatz de l'USAAC (futur commandant des Forces Aériennes Stratégiques de l'USAAF en Europe).

Arnold, commandant de l'United States Army Air Corps (USAAC), propose aux Britanniques de leur fournir près de 600 avions PT-17 et PT-19 (pilotage élémentaire), et AT-6 Texan et BT-13A Valiant (pilotage avancé) [482] dans le cadre du prêt-bail pour former des pilotes britanniques dans des écoles civiles aux USA. Bien que les avions de formation avancée prévus soient défalqués des commandes britanniques, et qu'il faille avancer l'argent pour la construction des bâtiments de ces écoles (environ un demi-million de dollars chacune), le gouvernement du Royaume-Uni s'empresse d'accepter cette offre puisqu'elle permet d'envisager de former plusieurs milliers de pilotes par an en toute sécurité. Ce plan est d'ailleurs baptisé *"programme des 3.000 élèves"* par les Américains, appellation que les Britanniques n'ont pas reprise, préférant le terme *"BFTS"*. [483]

En avril 1941, le Group Captain David V. Carnegie est affecté aux USA en tant que Directeur de la Formation Aérienne Britannique au sein d'une nouvelle organisation qui prendra en juin le nom de Délégation de la RAF à Washington. Cette Délégation était dirigée par l'Air Marshal Arthur T. Harris (futur commandant du Bomber Command). Durant les six premiers mois de son existence, pour ne pas soulever d'objections en raison de la neutralité officielle des USA, les officiers de la RAF qui la composaient ne se déplaçaient qu'en tenue civile, et étaient officiellement connus sous le nom de "Conseillers Aériens du Conseil d'Approvisionnement Britannique en Amérique du Nord". Carnegie passe les semaines suivantes à parcourir les États-Unis en compagnie de représentants de l'USAAC et des sociétés privées pour trouver les terrains et obtenir les multiples autorisations nécessaires. Six écoles (BFTS) sont créées en 1941, chacune rassemblant les cursus d'une EFTS et d'une SFTS, ce qui permet de faciliter la formation de base complète d'un élève qui n'a pas à changer de lieu. Avec une efficacité toute américaine, des bâtiments surgissent en quelques semaines là où il n'y avait que de la prairie et des buissons, et les écoles reçoivent leurs premiers cadets début juin 1941 :

- 1ère BFTS à Terrell, à l'est de Dallas au Texas. Ouverte en août 1941.
- 2ème BFTS à Lancaster, au nord de Los Angeles en Californie. Ouverte en juillet 1941. Dernière Classe britannique acceptée en août 1942, l'USAAF reprenant ensuite le terrain et les installations de l'école à son compte.
- 3ème BFTS à Miami dans l'Oklahoma. Ouverte en juillet 1941. Seule école à utiliser des Fairchild PT-19 pour la formation élémentaire, les autres écoles ayant reçu des Stearman PT-17.
- 4ème BFTS à Mesa, à l'est de Phoenix dans l'Arizona. Ouverte en août 1941.
- 5ème BFTS à Clewiston, entre Miami et Orlando en Floride. Ouverte en août 1941.
- 6ème BFTS à Ponca City dans l'Oklahoma. Ouverte en août 1941. Fermée au deuxième trimestre 1944.

---

[482] L'histoire officielle (page 640 du document *"Flying Training Volume II Part 2 Basic Training Overseas"*, op. cit.) mentionne l'emploi de North American NA-64 Yale par les BFTS, ce qui semble être une confusion avec les Vultee BT-13.
[483] Page 10 de l'étude n°64 *"Training of Foreign Nationals by the AAF 1939-1945"* publiée dans le cadre des US Army Air Forces Historical Studies, op.cit..

- 7ème BFTS à Sweetwater, à l'ouest d'Abilene au Texas. Ouverte en mai 1942, cette école a été fermée en août de la même année, l'USAAF reprenant le terrain et les installations de l'école à son compte. Aucun élève britannique n'a été breveté pilote à cette école, les élèves de la première et unique Classe ayant été répartis dans d'autres BFTS après l'étape "élémentaire" de leur formation.

Pour l'anecdote, l'école de Mesa dans l'Arizona apparait assez longuement dans le film de propagande *"Journey Together"* produit par l'Unité Cinématographique de la RAF. [484]

Cinq mois après leur arrivée aux USA, les premiers élèves des BFTS sont brevetés fin octobre 1941. L'USAAC s'est mis en quatre pour aider les Britanniques, allant même jusqu'à accueillir les deux premières classes dans ses propres écoles élémentaires (elles aussi gérées par des sociétés privées) lorsqu'il s'est avéré que la construction des BFTS ne serait pas assez avancée pour recevoir ces élèves. Par exemple, la première classe de 200 Britanniques a été répartie entre quatre écoles à Dallas (Texas), Glendale (Californie), Tulsa (Oklahoma) et Phoenix (Arizona) dès le 9 juin puisque les quatre premières BFTS n'étaient pas encore prêtes. Leur nom "d'écoles britanniques" peut être trompeur, puisque ces établissements étaient confiés à des sociétés privées américaines. Les instructeurs étaient principalement civils, à part un demi-Instructeur en Chef pour le Pilotage et un Instructeur en Chef pour les cours théoriques au sol qui étaient affectés par la RAF aux écoles, mais ceci s'est rapidement avéré insuffisant. Le nombre d'Instructeurs en Chef pour le Pilotage a ensuite été doublé, à raison d'un par école, puis un Officier Administratif et un Instructeur pour les cours d'armement ont été ajoutés, suivis plus tard par un Instructeur de Navigation. Les élèves recevaient une formation initiale en ITW avant de traverser l'Atlantique pour rejoindre le Canada. Durant leur court séjour dans un dépôt du personnel, ils recevaient chacun un carnet de vol de Pilote (Pilot's flying log book) de la Royal Canadian Air Force dans lequel ils devaient consigner religieusement toutes les heures de pilotage qu'ils effectueront ensuite, que ce soit sur de vrais avions ou sur des simulateurs Link. Pour voyager aux États-Unis, ils passaient un costume civil. Chaque BFTS pouvait accueillir 200 élèves, à raison de 50 entrants toutes les cinq semaines. Le séjour de chaque Classe en BFTS durait 20 semaines (dix semaines de formation élémentaire et autant pour la formation avancée).

Le schéma ci-dessous montre l'imbrication au sein d'une BFTS des cadres de la RAF (en gris clair), des personnels de l'USAAF (en gris foncé) et des personnels civils pour l'instruction des élèves en 1941 et 1942. Les liens entre ces trois catégories n'étaient pas hiérarchiques mais contractuels. Il faut aussi ajouter toutes les équipes civiles chargées d'assurer l'approvisionnement et le fonctionnement de l'école, soit plus de 200 personnes (cantine, gardiennage, entretien des avions et des bâtiments, etc.). [485]

---

[484] Film réalisé pendant la seconde moitié de la guerre et diffusé en 1946 (voir bibliographie).
[485] Page 153 du livre de Tom Killebrew (voir bibliographie).

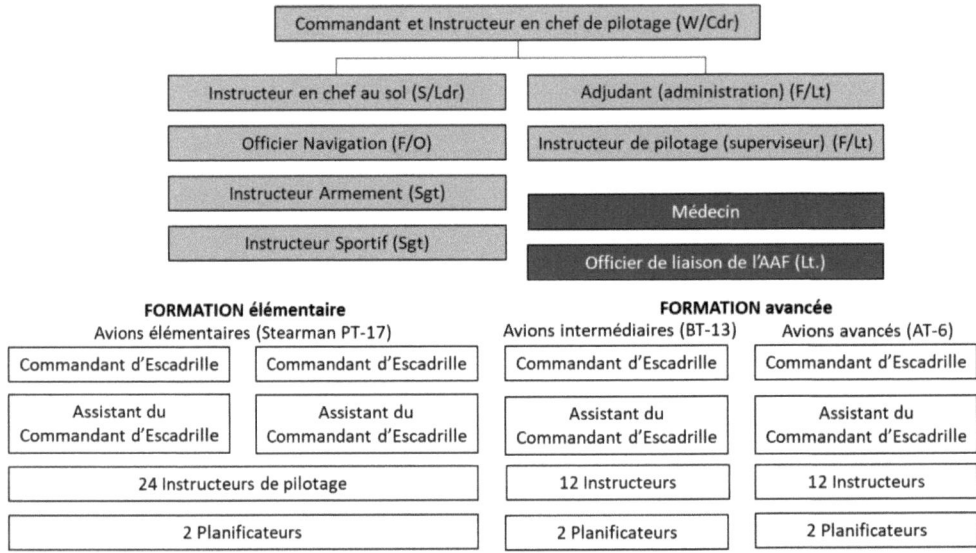

Chaque instructeur s'occupait normalement de quatre élèves. John E. Misseldine faisait partie du premier contingent d'élèves envoyé en Californie. Après une formation initiale à Blackpool et un séjour à la 1ère ITW, Babbacombe, Devon, il a reçu, en mai 1941, l'ordre d'embarquer pour *"terminer sa formation outre-mer, après perception d'une tenue tropicale"*. La rumeur court que leur destination est la Rhodésie du Sud. C'est donc avec un peu de surprise qu'il a débarqué en Islande pour une dizaine de jours, avant de reprendre la mer sur un paquebot réquisitionné. Après avoir frôlé quelques icebergs pour échapper au cuirassé *Bismarck*, Misseldine passe quatre jours dans des trains avec 49 autres élèves britanniques pour rejoindre Los Angeles. Il commence sa formation à Glendale avant que l'aérodrome de la 2ème BFTS de Lancaster ne soit terminé. Il décrit ainsi ses instructeurs : *"Nous avons eu beaucoup de chance d'être envoyés dans une nouvelle école civile, dont les instructeurs étaient des pilotes expérimentés de cirques aériens qui avaient parcouru le pays en long, en large et en travers. Ils avaient donc des centaines d'heures de vol à leur actif. ... La méthode américaine de formation n'était pas d'encourager les élèves mais plutôt d'être très directif. ... Lors d'une soirée arrosée avec les instructeurs, nous leur avons indiqué qu'ils obtiendraient de meilleurs résultats avec les élèves britanniques en étant plus positifs, et à leur honneur, ils en ont tenu compte au point que tous les élèves de ma Classe ont passé l'étape du vol solo, même si un ou deux ont ensuite été recalés et réorientés vers des formations d'observateurs au Canada. ... Fin octobre 1941, j'avais accumulé 150 heures de vol dont 88 en solo."* [486] De retour au Royaume-Uni et après sa formation opérationnelle, Misseldine a rejoint le 611ème Escadron du Fighter Command sur Spitfire. Abattu par des chasseurs allemands lors d'une mission d'escorte de bombardiers Boston sur Saint Omer en juin

---

[486] Interview de juin 1986, conservée par l'Imperial War Museum dans la collection *"Oral history"*, référence 9826 – bobine 1.

1942, et malgré des brûlures et la perte d'une botte pendant sa descente en parachute, il a réussi à rejoindre Gibraltar, après avoir traversé la France avec l'aide de la Résistance.

Les élèves britanniques de la 4ème BFTS de Falcon Field, Mesa, Arizona défilent pour le photographe en mars 1942, parachute sur le dos, devant leurs biplans Stearman PT-17 (photo du Signal Corps conservée par les Archives Nationales US sous la référence 14872798).

La formation élémentaire (70 heures de vol) et la formation avancée (80 heures de vol) duraient chacune 10 semaines. Dans le cadre des contrats passés entre la RAF et les sociétés privées, le coût des vols est fixé de la façon suivante : [487]

- Avions PT-17 et PT-19 (formation élémentaire) : 21,6 $ de l'heure.
- Avions BT-13A Valiant et AT-6 Texan (formation avancée) : 32 $ de l'heure.
- Simulateur Link : 5 $ de l'heure (le différentiel de coût avec les avions réels démontre bien l'énorme avantage de pouvoir effectuer un certain nombre d'heures de formation dans ces simulateurs, sans même prendre en compte le fait qu'ils peuvent être utilisés quelle que soit la météo).

À la fin de leur formation élémentaire, les élèves bénéficiaient généralement d'une semaine de permission. Début 1942, pour se conformer au programme du *"New Deal"*, la formation élémentaire et la formation avancée sont allongées à 14 semaines chacune, pour respectivement 91 et 109 heures de vol. [488] Plus tard, il a été reconnu que les élèves ne bénéficiaient pas beaucoup d'un allongement de la formation élémentaire et les deux phases passent respectivement à 9 et 18 semaines, avec 70 et 130 heures de vol. La capacité d'accueil de chaque école restant fixée à 200 élèves simultanément jusqu'en novembre 1942, une nouvelle classe de 50 élèves était alors incorporée toutes les sept semaines.

Les exercices en vol des BFTS, tels que prévus par la Délégation Britannique à Washington en juillet 1942, sont listés dans le tableau ci-dessous. Ces exercices étaient

---

[487] Page 86 du livre de John Golley (voir bibliographie). Les chiffres de l'histoire officielle (page 632 du document *"Flying Training Volume II Part 2 Basic Training Overseas"*, op. cit.) sont supérieurs de quelques dollars à ceux cités par Golley.
[488] Page 269 du livre de Tom Killebrew (voir bibliographie).

répétés avec une difficulté croissante en fonction du progrès de l'élève (formation élémentaire ou avancée). [489]

N°	Sujet
1	Présentation de l'avion, vol de découverte
2	Effet des commandes - initiation
3	Vol rectiligne en palier
4	Montée et descente
5	Roulage au sol
6	Virages doux en palier
7	Effet des commandes - suite
8	Perte de vitesse
9	Virages en montée et en descente
10	Décollage face au vent
11	Circuits d'approche
12	Approche et atterrissage face au vent
13	Faire un nouveau circuit
14	Vrille
15	Premier vol solo sur un type d'avion
16	Pilotage aux instruments : les instruments
17	Navigation : garder le cap
18	Navigation : virer pour prendre un cap
19	Navigation : lecture de cartes et repérage

N°	Sujet
20	Dérapages
21	Pilotage aux instruments : vol rectiligne en palier
22	Virages serrés
23	Pilotage aux instruments : montée et descente
24	Vol à basse altitude
25	Pilotage aux instruments : virages doux en palier
26	Atterrissage de précaution
27	Pilotage aux instruments : virages en montée et en descente
28	Atterrissages forcés
29	Pilotage aux instruments : décollage
30	Décoller hors de l'axe de vent
31	Pilotage aux instruments : circuits d'approche
32	Atterrir hors de l'axe de vent
33	Urgences : incendie, évacuation, re-démarrage du moteur
34	Pilotage aux instruments : vrille
35	Voltige aérienne
36	Pilotage de nuit
37	Procédure en cas d'atterrissage trop long
38	Test de l'élève en vol

Les BFTS étant des établissements civils qui ont commencé à former des élèves étrangers alors que les États-Unis n'étaient pas encore en guerre, il n'était initialement pas question d'enseigner le bombardement et le tir autrement que sous l'angle théorique dans les salles de classe, avec des instructeurs de la RAF. L'entraînement au tir est ajouté tardivement en novembre 1943, avec dix heures de vol supplémentaires, soit un total de 210 heures pour qu'un élève sorte "macaroné" d'une BFTS.

En plus du carnet de vol, chaque élève était suivi par une "Fiche hebdomadaire d'enregistrement des progrès du Cadet" et par une page de "Rapport hebdomadaire des progrès du Cadet". La fiche de la dixième et dernière semaine de la formation élémentaire

---

[489] Programme conservé dans le carnet de vol de J. W. Quine, IBCC Digital Archive, document 24935. Durant les premières années, le pilotage sans visibilité ne débutait qu'à la phase intermédiaire, les avions de formation élémentaire ne disposant pas des instruments nécessaires.

de Norman F. Whisler à la 5ème BFTS de Clewiston en Floride est présentée ci-dessous : [490]

WEEK OF COURSE 10
DATE STARTED 4-3-45
DATE TO FINISH 6-9-45
STAGE Primary
FLIGHT D
SQUADRON Oxford

No. 5 BRITISH FLYING TRAINING SCHOOL
CLEWISTON, FLORIDA
CADET PROGRESS CHART
WHISLER, N.F.
CADET'S NAME (PRINT)
25
COURSE

INSTRUCTIONS for COMPILING CHART
CHECK OFF MANEUVERS DAILY COMPLETED. AT END OF EACH WEEK'S FLYING, TOTAL UP NO. OF MANEUVERS CHECKED & CARRY OVER TO TOP LINE OF FOLLOWING WEEKLY PAGE. GRADE DAILY OUT OF 10 MARKS & CARRY FORWARD ON OPPOSITE SHEET.

EXERCISE NO. 1 2 3 4 5 6 7 8 9 10 11 12 13 14 15 16 17 18 19 20 21 22 23 24 25 26 27 28 29 30 31 32 33

DAY OF WEEK 1 2 3 4 5 6 7

WEEKLY TEST
A B C D E
WEEKLY COMPOSITE GRADE

PROGRESS REPORT INSPECTED
SIGNATURE
RANK or TITLE
DATE
INSTRUCTOR'S SIGNATURE
RANK
SQUADRON Oxford

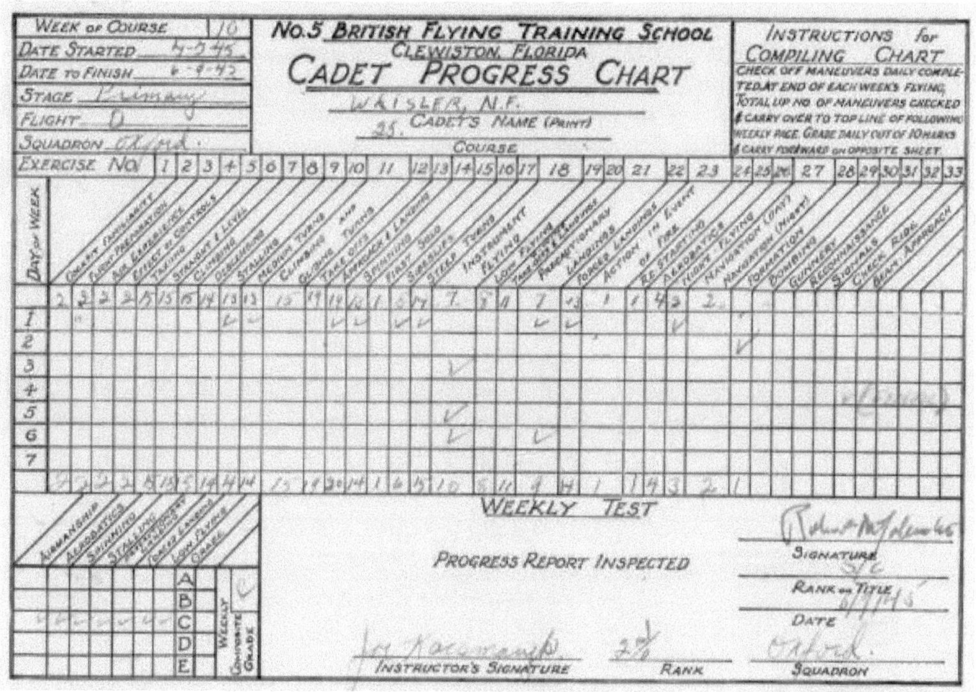

La première ligne sous les intitulés de chaque exercice reprenait le nombre de fois que chaque manœuvre avait été faite durant les semaines précédentes, et la ligne en bas y ajoutait les exercices de la semaine (par exemple, les atterrissages de précaution, colonne 21, avaient été effectués 7 fois précédemment, et 2 fois durant la semaine n°10, soit un total de 9 fois). On note à droite, le "tick" (au crayon rouge) correspondant à l'examen final en vol de la phase de formation élémentaire. L'instructeur rédigeait ses commentaires chaque jour sur le "rapport hebdomadaire des progrès du Cadet", et donnait une note sur dix à la performance du jour. À la fin de la formation élémentaire, un score maximal de 320 points de pilotage était possible. Whisler a obtenu le score honorable de 215 points, ce qui lui a permis de passer à l'étape suivante de son cursus. Sa formation de pilote aux USA était quasiment terminée lorsque la 5ème BFTS a cessé ses activités, son dernier vol étant enregistré en date du 6 septembre 1945.

On notera que les BFTS, qui avaient été créées à l'époque du Blitz, alors que les USA étaient encore neutres, ne formaient les pilotes que sur des avions monomoteurs, permettant d'utiliser l'argument politique que ces pilotes étaient destinés à un rôle défensif (chasse) et non pas offensif (bombardement). Cependant, ceci n'empêchait pas ensuite la

[490] Page reproduite avec la permission de l'Embry-Riddle Aeronautical University, Collection de la 5ème BFTS.

RAF d'en convertir beaucoup sur bimoteurs dès leur retour au pays, comme en témoigne Allan Biffen, futur pilote de Lancaster (57ème Escadron) : *"À mon retour des USA, après une quinzaine de jours en permission, nous avons été envoyés à Harrogate et de là à la (P)AFU ((Pilot) Advanced Flying Unit - Unité de Pilotage Avancé) de RAF Brize Norton en juillet 1943 pour être formés sur le bimoteur Airspeed Oxford. Nous avons été affectés chacun à un instructeur. Sur les bimoteurs, l'élève prenait le siège de gauche et l'instructeur celui de droite. Nous étudions ensemble le tableau de bord. Chaque avion disposait d'un manuel baptisé 'Notes à l'intention des Pilotes', et nous avons reçu ce manuel pour l'Oxford. Nous avons dû le lire, l'apprendre et l'assimiler de façon à presque pouvoir y faire référence de façon précise sans avoir, pour ainsi dire, à le parcourir. Ensuite, nous sommes passés au vol en doubles commandes avec l'instructeur. Pendant ces sessions, il attirait notre attention sur les différentes particularités de l'avion et sur ce qu'il fallait surveiller. De façon surprenante, après seulement deux heures en doubles commandes, la plupart de nous ont été lâchés en solo. La vitesse à laquelle un pilote peut passer d'avions mono à bimoteur est étonnante."* [491]

Le carnet de vol de John A. Kell permet de reconstituer sa formation qui est représentative de l'expérience des élèves de BFTS formés sur monomoteurs aux USA et qui ont dû passer sur bimoteurs en AFU, une fois de retour au Royaume-Uni. Ce parcours est résumé dans le tableau ci-après : [492]

	Début	Fin	Durée (semaines)	Cumul des heures de vol	Avions
Escadron Universitaire de Belfast	4 mai 1942	29 août 1942	-	2h en doubles commandes (en 5 vols)	Tutor et Tiger Moth
22ème EFTS de Cambridge ("grading")	8 octobre 1942	3 novembre 1942	4	15h, y compris un court vol solo	Tiger Moth
Traversée de l'Atlantique					
Primary - 3ème BFTS Miami, Oklahoma	30 mars 1943	21 mai 1943	7	80h de jour (dont 29 solo) et 5h de nuit (dont 2 solo) et 3h sur Link	PT-19A
Advanced - 3ème BFTS Miami, Oklahoma	31 mai 1943	2 oct. 1943	18	189h de jour (dont 86 solo) et 26h de nuit (dont 12 solo), et 28h sur Link	AT-6A
Traversée de l'Atlantique					
28ème EFTS "pré-AFU" de Wolverhampton	31 déc. 1943	21 janvier 1944	3	195h de jour (dont 87 solo) et 26h de nuit (dont 12 solo), et 28h sur Link	Tiger Moth
14ème (P)AFU de Dallachy *	28 juin 1944	28 août 1944	9	258h de jour (dont 118 solo) et 41h de nuit (dont 20 solo), et 48h sur Link	Oxford

---

[491] Interview non datée, conservée par l'Imperial War Museum dans la collection *"Oral history"*, référence 33797 - bobine 4.
[492] Carnet de vol de John A. Kell, IBCC Digital Archive, document 30467.

Suite du tableau de la page précédente.

	Début	**Fin**	**Durée** (semaines)	**Cumul des heures de vol**	**Avions**
20ème OTU de Lossiemouth	29 août 1944	3 novembre 1944	9	299h de jour (dont 145 solo) et 81h de nuit (dont 52 solo), et 64h sur Link	Wellington
1.662ème HCU de Blyton	4 janvier 1945	25 février 1945	7	328h de jour (dont 165 solo) et 104h de nuit (dont 72 solo), et 64h sur Link	Lancaster

* dont une semaine à la 1.544ème BAT d'Errol, et plus 18 heures en tant que "passager"

À l'issue de sa formation, Kell a rejoint le 101ème Escadron de Ludford Magna, dans le Lincolnshire, le 26 février 1945, juste à temps pour effectuer deux missions de nuit et sept de jour avant la fin de la guerre, dont le bombardement de Berchtesgaden le 25 avril 1944.

Tout comme leurs collègues qui sortaient en 1941 des écoles du BCATP, les élèves des premières classes des BFTS avaient peu de chances de survivre à la guerre, à moins d'être affectés comme instructeur. Par exemple, seuls 14 des 38 élèves britanniques brevetés de la 3ème Classe de la 1ère BFTS de Terrell, Texas, ont survécu au conflit, soit à peine plus d'un sur trois. [493] À titre d'illustration, la carrière de leurs contemporains de la 3ème Classe de la 5ème BFTS de Clewiston en Floride est résumée à l'Annexe 4B.

À partir de juin 1942, le gouvernement américain a racheté toutes les écoles de pilotage civiles, y compris les BFTS, mais cela n'a rien changé concernant leur mode de fonctionnement. Les améliorations effectuées après cette date ont donc été financées directement par des fonds publics. L'USAAF a notamment décidé d'installer une infirmerie militaire à chaque BFTS, ainsi qu'une ambulance et un camion incendie. Pour compenser le transfert des 2ème et 7ème BFTS à l'USAAF, les BFTS restantes passent chacune de quatre classes de 50 élèves à trois classes de 100 élèves fin 1942. Afin de montrer que les BFTS restantes bénéficiaient également à l'USAAF, ces classes élargies comprenaient également 17% de cadets américains aux côtés des élèves britanniques. [494] Ces classes bi-nationales ont eu lieu de novembre 1942 à juin 1944. Afin de pouvoir accueillir 300 élèves simultanément dans chaque école au lieu de 200 précédemment, il a fallu agrandir les cantines et les salles de cours, construire des baraquements, des hangars et accroître le nombre d'instructeurs et d'appareils (y compris les simulateurs Link), la dotation de chaque BFTS passant de 75 à 103 avions (dont 64 AT-6).

Les pilotes formés commençant à s'accumuler au Royaume-Uni en 1944, la phase de formation élémentaire est allongée d'une semaine en juillet 1944 et la phase de formation avancée l'est aussi de deux semaines, soit respectivement un total de 10 et 20 semaines avec en tout 220 heures de vol.

---

[493] Page 300 du livre de Tom Killebrew (voir bibliographie).
[494] Page 663 du document *"Flying Training Volume II Part 2 Basic Training Overseas"*, op. cit..

En tout, 10.654 Britanniques ont été envoyés aux USA pour être formés en BFTS. [495] 6.921 d'entre eux (65%) et 558 Américains sont sortis de ces écoles entre 1941 et 1945 avec leur brevet de pilote (pour les Américains, entre mi-1942 et mi-juin 1944). [496] Les dernières BFTS ont fermé en août-septembre 1945, les promotions étant simplement interrompues et les élèves ramenés au Royaume-Uni pour être démobilisés.

85 élèves britanniques, 2 élèves américains et 10 instructeurs civils ont trouvé la mort dans des accidents aériens durant les années d'activité des BFTS. [497]

Le taux moyen d'élimination en BFTS était de l'ordre de 36% pour les élèves britanniques. La 5ème BFTS avait les taux d'élimination les plus faibles : 24,4% pour les élèves britanniques et 12,8% pour les élèves américains, ce qui dénote une sélection particulière et une acclimatation plus facile pour ces derniers. Ces écoles se sont donc avérées efficaces, et très peu coûteuses pour les Britanniques grâce à la loi prêt-bail et le personnel essentiellement américain. Ce succès est en grande partie lié aux efforts constants des instructeurs civils américains et des dirigeants des sociétés privées gérant les écoles. Preuve de cette implication, John Paul Riddle (co-fondateur avec John G. McKay des écoles de Clewiston et de Carlstrom Field) a demandé à ce qu'une stèle soit érigée au cimetière d'Arcadia en Floride à son décès, aux côtés des 23 élèves britanniques tués en Floride.

Un musée à Terrell au Texas retrace l'histoire de la 1ère BFTS. [498]

B.3.3.4 - Le Dispositif Arnold [499]

Après une visite au Royaume-Uni en avril 1941, le Général Henry H. Arnold a proposé de mettre un tiers de la capacité de formation de pilotes de l'USAAC à la disposition des Britanniques. En effet, les écoles américaines ont un excédent temporaire de capacité puisqu'elles peuvent former plus de pilotes qu'il n'y aura d'avions à piloter dans les mois qui viennent. Ceci permettait d'envisager de former 4.000 pilotes par an en plus pour la RAF, le financement étant assuré (hormis le transport et les salaires des élèves) sous couvert de la loi du prêt-bail adoptée par le Congrès des États-Unis en mars 1941. Cette proposition est acceptée mi-juillet 1941. Ce dispositif a donc été baptisé *"programme des 4.000 élèves"* par les Américains, les Britanniques préférant le terme de *"Arnold scheme"*. [500]

---

[495] Chiffre mentionné Tableau 2, page 21 du document *"RAF Flying Training USA 1941-1945"*, de Derrick Croisdale, 4 BFTS, consulté en ligne le 21 septembre 2024 sur https://commons.erau.edu/bfts-history/4/ .
[496] Annexe 14, page 171, de l'étude n°64 *"Training of Foreign Nationals by the AAF 1939-1945"*, op. cit. (voir bibliographie). Les chiffres de Derrick Croisdale sont légèrement différents.
[497] Données du livre de Tom Killebrew (voir bibliographie). Les chiffres de Derrick Croisdale sont légèrement différents.
[498] Pour plus de détails, voir le site https://www.bftsmuseum.org/ consulté en ligne le 22 mai 2023.
[499] Pour plus de détails sur le Dispositif Arnold, se reporter au livre de Gilbert S. Guinn (voir bibliographie). Les lecteurs qui souhaiteraient plus de détails sur les formations de l'USAAC (puis de l'USAAF) pourront se reporter aux histoires officielles dont les principales sont listées dans la bibliographie.
[500] Page 11 de l'étude n°64 *"Training of Foreign Nationals by the AAF 1939-1945"*, op. cit..

Tout comme les BFTS, les premiers cadets sont reçus durant l'été 1941. Chaque contingent était composé de 550 élèves britanniques, à raison d'un toutes les cinq semaines. Pour mesurer l'importance de ce dispositif, il suffit de mentionner qu'au cours de toute l'année 1937, l'USAAC avait breveté au total 184 nouveaux pilotes ! [501]

Cette superbe vue aérienne du terrain Carlstrom près d'Arcadia en Floride permet d'admirer la conception particulière des écoles civiles de la société Embry-Riddle. On trouve, de bas en haut : le poste de garde sur la route d'accès, le bâtiment administratif à l'extrémité de l'allée des baraquements, les terrains de sport et la piscine au centre de l'allée, la cantine et les salles d'instruction, les quatre doubles hangars et le terrain sur lequel on dénombre plus d'une quarantaine d'appareils. **La 5ème BFTS à Clewiston, Floride, avait une architecture similaire** (photo reproduite avec la permission de l'Embry-Riddle Aeronautical University).

Les écoles de l'USAAC étaient spécialisées avec trois niveaux progressifs, et, contrairement aux BFTS, les élèves devaient changer d'établissement après chaque étape de dix semaines chacune :

- Six écoles privées avec des instructeurs civils accueillaient les élèves britanniques en Floride et en Géorgie pour la formation élémentaire au pilotage ("Primary"). Les avions utilisés étaient principalement des Stearman PT-17A sur lesquels chaque élève volait environ 60 heures. [502] Le Royaume-Uni devait financer cette partie de la formation en écoles civiles. [503]
- Deux écoles militaires pour la formation intermédiaire ("Basic"), soit 70 heures de vol sur des avions de type Vultee BT-13. Le pilotage aux instruments ne commençait qu'à ce stade car les avions d'écolage élémentaire n'étaient pas équipés pour cela. Les instructeurs étaient des militaires américains, avec plus tard quelques Britanniques, lorsqu'il a été réalisé que cela facilitait la réussite des élèves.

---

[501] Chiffre mentionné sur la page suivante du Musée de l'USAF, consultée en ligne le 22 mai 2023, https://www.nationalmuseum.af.mil/Visit/Museum-Exhibits/Fact-Sheets/Display/Article/196919/flight-training-on-the-eve-of-wwii/ .

[502] On notera que les Américains baptisaient leurs avions en fonction de leur utilisation : PT = Primary Trainer ; BT = Basic Trainer ; AT = Advanced Trainer.

[503] Page 33 du livre de Tom Killebrew (voir bibliographie).

- Quatre écoles militaires pour le niveau avancé ("Advanced"), également pour 70 heures de vol sur des avions monomoteurs North American AT-6 initialement. En 1942, les bases de Turner et Moody ont été dotées d'avions bimoteurs AT-7 (Beechcraft Model 18), AT-10 (Beechcraft Wichita) ou AT-17 (Cessna Bobcat - Crane). La formation sur simulateur Link ne commençait qu'à ce stade.

Le graphe ci-après permet de voir les principaux changements apportés au programme de la formation de base (avant toute formation opérationnelle) des élèves pilotes américains avant et après l'entrée en guerre des USA. Alors que la durée totale de la formation de base a été réduite d'un an en 1938 à sept mois en 1940, le nombre d'heures de vol n'est jamais passé sous 200 heures pour la formation de base des pilotes américains. [504] Il faut attendre 1942 pour que le cursus de la RAF arrive à ce niveau d'heures.

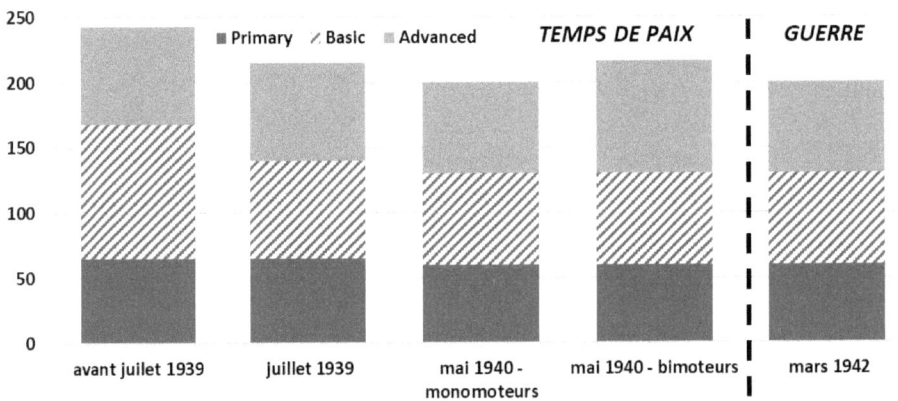

Heures de vol de la formation de base des pilotes de l'USAAC / USAAF

Pour l'anecdote, on notera que l'emploi d'écoles civiles pour la formation élémentaire au pilotage ("Primary") a été imposé fin 1938 par le Général Henry H. Arnold au grand dam de son état-major, certains colonels n'hésitant pas à comparer cette action *"à un assassinat"*. Au final, ces écoles ont démontré qu'elles rejetaient moins de recrues et avaient moins d'accidents que les écoles militaires qu'elles ont remplacées. [505]

Pour faciliter leur gestion administrative et leur suivi, les élèves Britanniques étaient uniquement affectés au Centre de Formation du Sud-Est, l'un des trois Centres de Formation de l'USAAC. Le Wing Commander Henry A. V. Hogan, DFC, as de la bataille d'Angleterre, sert de premier administrateur britannique au sein du QG du Centre de Formation du Sud-Est à Maxwell Field en Alabama, et un officier de la RAF a été affecté à chaque école américaine afin d'assurer le suivi des élèves, notamment la paye. Les trois étapes successives de formation se déroulaient au sein des établissements listés ci-dessous

---

[504] Graphe de l'auteur à partir des données de l'Annexe page 566 du livre de Rebecca H. Cameron (voir bibliographie).
[505] Article *"Laying the Foundation of a Mighty Air Force: Civilian Schools and Primary Flight Training during World War II"* Stephen G. Craft, revue Air Power History, volume 59, n°3, printemps 2021.

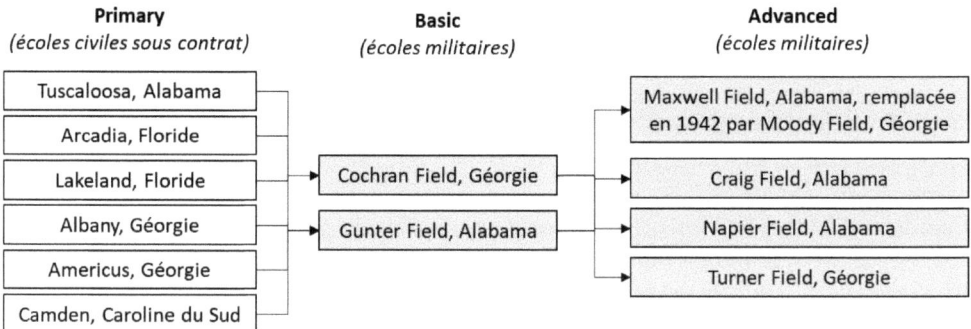

Par exemple, le Caporal Thomas Sayer, secrétaire formé à l'École Administrative de la RAF de Ruislip près de Londres en 1939-1940, s'était porté volontaire pour une formation de pilote qui est résumée dans le tableau ci-après : [506]

	Début	Fin	Durée (semaines)
1ère Escadre de Réception de Babbacombe, Devon	5 avril 1941	13 mai 1941	5,5
3ème ITW de Torquay, Devon	13 mai 1941	10 juin 1941	4
Centre de Dispatching du Personnel, Wilmslow	10 juin 1941	18 juin 1941	1
Transit (navire *Royal Ulsterman* - Islande - navire *HMS Maloja* - Halifax, Nouvelle Écosse puis train jusqu'à Albany, Géorgie)	18 juin 1941	27 juillet 1941	5,5
Darr-Aero Tech, Albany (Stearman PT17) **PRIMARY**	27 juillet 1941	30 sept. 1941	9,5
Cochran Field, Macon, Géorgie (Vultee BT13) **BASIC**	30 sept. 1941	15 déc. 1941	11
Napier Field, Alabama (AT6A) * **ADVANCED**	15 déc. 1941	10 février 1942	8
Transit (train Dothan, Alabama - Moncton, Nouveau-Brunswick, puis navire *HMS Orangi*)	10 février 1942	8 avril 1942	8
Centres de Réception du Personnel de Bournemouth et Harrogate	8 avril 1942	16 mai 1942	5,5
14ème (P)AFU, Ossington, Nottinghamshire (Oxford) **	16 mai 1942	14 juillet 1942	8,5
17ème OTU Upwood, Cambridgeshire (Blenheim)	14 juil. 1942	7 oct. 1942	12
10ème OTU Stanton Harcourt, Oxfordshire (Whitley V) ***	7 octobre 1942	31 mars 1943	25
Battle School, Driffield, Yorkshire	31 mars 43	17 avril 1943	2,5
1.652ème Escadrille de Conversion Marston Moor, Yorkshire (Halifax) £	17 avril 1943	22 mai 1943	5

---

[506] Carnet de vol de Thomas Sayer, IBCC Digital Archive, document 3629.

* Dont 8 jours à Eglin Field, Floride   ** Dont 8 jours à la 1.520ème BAT de Holme, Yorkshire
*** Dont détachement à St Eval, Cornouailles   £ Dont détachement auprès du 76ème Escadron

On notera que Sayer n'est pas passé par une étape de sélection en Angleterre ("Grading School") avant de partir aux USA, ce dispositif n'ayant été mis en place qu'en novembre 1941. Sur la fin de sa formation en OTU, Sayer a effectué huit patrouilles de surveillance maritime à partir de la base de St Eval en Cornouailles avant de rejoindre le 102ème Escadron (Halifax) le 22 mai 1943 pour y mener 27 autres missions de guerre. Il a reçu la DFM le 10 décembre 1943 et a été promu Officier le 26 mai 1944. Après son tour d'opérations, il a été instructeur au sein de la 81ème OTU des Forces Aéroportées (principalement sur Whitley V, mais avec une opération de largage de parachutistes du SAS en juillet 1944, un saut d'entraînement en parachute et le pilotage de planeurs Horsa) et a fini la guerre avec le grade de Flying Officer. [507]

Seulement 29% des pilotes brevetés dans le cadre du dispositif Arnold ont été formés sur des avions bimoteurs (type Cessna AT-17). Beaucoup d'autres, comme Sayer, ont donc appris à maîtriser les multimoteurs uniquement à leur retour au Royaume-Uni.

La discipline particulière des écoles de l'USAAC était peu appréciée par les élèves Britanniques et certains ont eu des difficultés à s'adapter à ces nouvelles méthodes d'enseignement. Même les historiens officiels de l'AAF reconnaissent que les instructeurs américains pouvaient *"ne pas avoir une fine appréhension ni de sympathie pour les différences nationales de tempérament et par conséquent avoir tendance à traiter les élèves étrangers de façon franche, brusque et virile, tout comme ils le faisaient avec les élèves américains."* [508] Alors que les BFTS brevetaient 65% des élèves qui leur étaient envoyés, les écoles de l'Air Corps recalaient entre 40 et 50% des candidats. Les Britanniques ont analysé rapidement les causes de ces échecs et instauré les mesures suivantes : [509]

- Dès le quatrième contingent en partance pour les USA, les effectifs sont augmentés de 550 à 750 élèves afin de compenser les éliminations plus élevées que prévues initialement.
- Avant de quitter le Royaume-Uni, les élèves sont testés dans des écoles de sélection ("grading schools") dotées de Tiger Moth permettant un premier tri, notamment pour détecter ceux qui souffrent du mal de l'air ou qui sont tétanisés dès que l'avion quitte le sol.
- À compter du 4 octobre 1941 (cinquième contingent britannique), les élèves ne sont plus envoyés directement dans les écoles après la traversée de l'Atlantique mais passent par un cours d'acclimatation aux USA de 4,5 semaines au "Centre de Remplacement" de Maxwell Field en Alabama (après janvier 1942, à Turner Field, toujours en Géorgie). Un nouveau contingent d'élèves arrive alors toutes les 4,5 semaines. En plus de s'habituer aux règlements et aux accents américains locaux, ils y apprennent notamment toute une terminologie étrange, car comme l'a dit

---

[507] Suppléments de la London Gazette des 10 décembre 1943, 25 juillet et 25 décembre 1944.
[508] Pages 74 et 76 de l'étude n°64 *"Training of Foreign Nationals by the AAF 1939-1945"*, op. cit.
[509] Page 645 du document *"Flying Training Volume II Part 2 Basic Training Overseas"*, op. cit.

Churchill, *"le Royaume-Uni et les USA sont deux nations séparées par un langage commun."* [510] Ainsi l'essence se dit "petrol" en Angleterre, contre "gasoline" aux USA, une hélice est appelée "airscrew" dans la RAF au lieu de "propeller" pour les Américains, etc.

- La plupart des élèves pilotes rejetés lors des formations initiales américaines sont réorientés vers des formations de Navigateur (y compris à l'école de la Pan Américain Airways à Miami) ou de Mécanicien embarqué, mais quelques-uns se voient offrir une seconde chance en tant que pilote dans les EFTS canadiennes, voire même reviennent aux USA au sein d'une BFTS après être passés devant un conseil de réorientation au Canada. [511]

- Dès janvier 1942, les meilleurs élèves britanniques brevetés dans les écoles de l'USAAC sont affectés en tant qu'instructeurs dans ces mêmes établissements pour faciliter la communication avec les élèves. Six mois plus tard, il y a déjà 177 instructeurs britanniques répartis dans ces écoles et le nombre a atteint près de 10% des instructeurs impliqués dans le dispositif Arnold (voir le graphe ci-contre). [512] Ils ont même reçu en juillet 1942 l'autorisation de s'occuper aussi bien d'élèves britanniques qu'américains. En tout, 577 pilotes ont ainsi été retenus temporairement aux USA, soit 12,8% des élèves brevetés dans la cadre du dispositif Arnold. En théorie, la durée de ce rôle d'instructeur était de six mois à un an avant d'être renvoyé au Royaume-Uni via le Canada, mais certains ont eu la déception d'être alors affectés au Training Command.

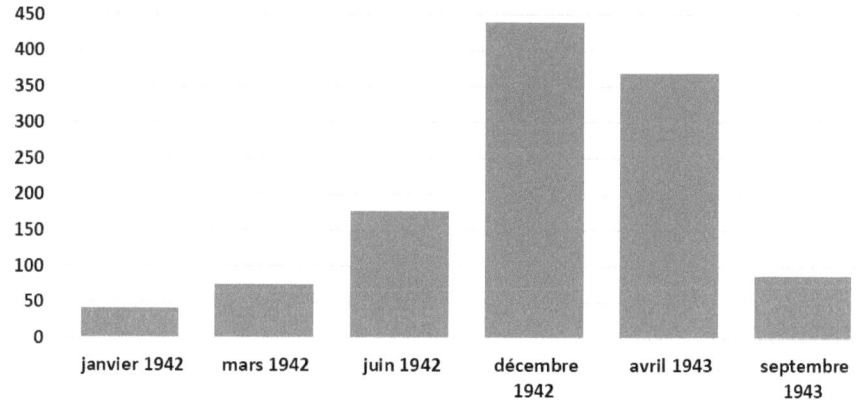

Instructeurs britanniques dans les écoles de l'AAF

---

[510] Citation attribuée également à Oscar Wilde ou à George B. Shaw. Les manuels officiels de l'USAAF de la seconde moitié de la guerre ont systématiquement incorporé un glossaire "bilingue" "AMERICAN – BRITISH" pour les appareils utilisés par les deux pays.
[511] Page 307 du livre de Tom Killebrew (voir bibliographie).
[512] Graphe de l'auteur à partir des données pages 95 et 96 de l'étude n°64 *"Training of Foreign Nationals by the AAF 1939-1945"*, op. cit.. Les chiffres semblent différer quelque peu par rapport à ceux mentionnés dans le document *"Flying Training Volume II Part 2 Basic Training Overseas"*, op. cit. (par exemple pages 656 à 662), peut-être car ce dernier inclut les pilotes "Arnold" retenus comme instructeurs au Canada, mais ceci n'est pas précisé.

L'attaque japonaise de décembre 1941 a poussé l'USAAF à augmenter le nombre d'élèves formés, et dès le mois suivant, chacune des trois étapes de la formation des pilotes a été réduite d'une semaine (soit 27 semaines en tout au lieu de 30, plus la phase d'acclimatation de 4,5 semaines pour les Britanniques). Fin février 1942, le nombre d'élèves de chaque contingent britannique est réduit à 509 (au lieu de 750), ce qui permet à l'USAAF de récupérer une école de pilotage élémentaire pour ses propres cadets.

Le schéma ci-après montre de façon simplifiée le long périple que devait parcourir un élève de la RAF aspirant à devenir pilote de bombardier via le dispositif Arnold : une fois sélectionné, il lui fallait passer en un an et demi par onze établissements différents, sans compter les centres d'attente et les périodes de transit, ni les éventuelles formations spécialisées (par exemple à la navigation pour les pilotes du Coastal Command). [513]

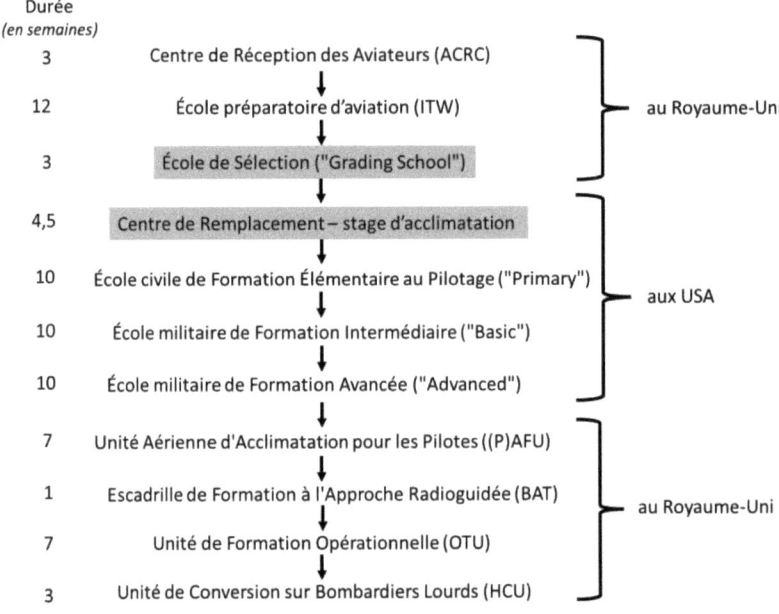

---

[513] Schéma de l'auteur. Les durées indiquées sont des valeurs représentatives de la période 1942-43, se reporter au texte pour les variations de durée des différents cursus.

Le graphe ci-contre permet de voir que les chances d'être éliminé se réduisaient au fil des trois phases principales de la formation et que 56% des recrues entrées dans le dispositif Arnold se sont qualifiées pour poursuivre leur formation de pilotes opérationnels (ou d'instructeurs pour 7,3%). <u>Note</u> : Seuls 9 élèves Britanniques ont été éliminés durant la phase "d'accueil" en "Centre de Remplacement" : il faut donc lire 0,1% sur le graphe.

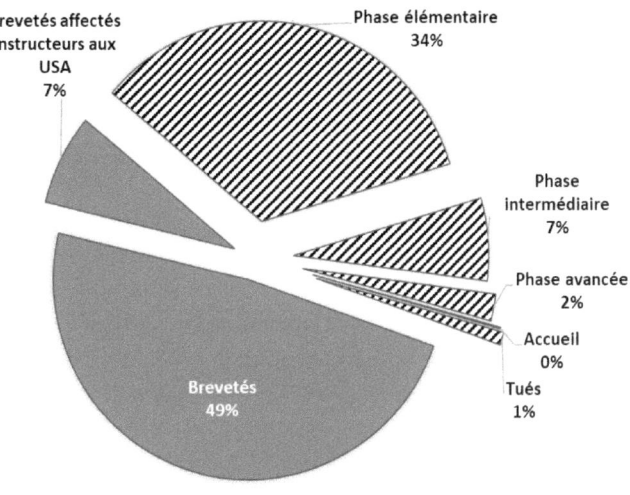

La dernière Classe de Britanniques du dispositif Arnold a commencé les cours aux USA le 1er juillet 1942 et a été brevetée le 17 mars 1943. Au final, 4.370 pilotes britanniques ont été brevetés dans le cadre du dispositif Arnold entre juin 1941 et mars 1943, sur 7.860 élèves entrants (soit un taux de rejet supérieur à 44%). [514] À titre de comparaison, entre le 1er juillet 1939 et le 31 août 1945, l'USAAC (puis l'USAAF) a breveté 193.400 pilotes pour ses propres besoins, sur près de 318.000 élèves, soit un taux d'échec avoisinant les 40%. [515] On peut en conclure qu'après quelques débuts difficiles, les élèves britanniques se sont bien adaptés au cursus de formation américain qui était tout de même plus sélectif que celui de la RAF ou du BCATP (qui avaient un taux d'élimination de l'ordre de 30 à 35% si l'on cumule les échecs en EFTS et en SFTS, mais ce taux était très variable en fonction des classes et des époques). Cette plus grande sélectivité peut s'expliquer par le fait que le réservoir de recrues potentielles était bien plus important aux États-Unis qu'au Royaume-Uni, et que les instructeurs américains pouvaient donc être plus exigeants sans pour autant craindre une pénurie de candidats. Avant-guerre, le taux d'élimination des cadets dans les écoles de l'USAAC était déjà supérieur à 50%. [516]

---

[514] Pages 15 de l'étude n°64 *"Training of Foreign Nationals by the AAF 1939-1945"*, op. cit… Le document *"Flying Training Volume II Part 2 Basic Training Overseas"*, (page 662) op. cit., donne la date du 15 février 1943 pour le macaronage de la dernière Classe "Arnold" et mentionne le chiffre de 7.800 recrues (au lieu de 7.860), ce qui est probablement un chiffre arrondi. Le chiffre de 7.885 est aussi mentionné par d'autres sources.
[515] Pages 127 et 128 du livre de John Golley (voir bibliographie).
[516] Page 24 du livre du Dr Bruce Ashcroft (voir bibliographie).

B.3.3.5 - Le Dispositif Towers

Pour compléter l'offre de l'USAAC, l'US Navy propose également son aide aux Britanniques, mi-1941, pour former une centaine de pilotes par mois. Ce programme, baptisé *"dispositif Towers"*, du nom de l'Amiral John H. Towers, commandant le Bureau de l'Aéronautique de l'US Navy, a reçu ses premiers cadets durant l'été 1941 (60 élèves pilotes de la RAF, 40 de l'Aéronavale britannique (FAA), 30 élèves observateurs et 30 élèves opérateurs radio / mitrailleurs). Les hommes ont été sélectionnés par la RAF pour servir au sein du Coastal Command, notamment sur hydravion, et par la FAA pour les appareils embarqués sur porte-avions. Cependant, à leur retour au Royaume-Uni, certains ont été "détournés" en étant affectés au Bomber Command.

Tout comme le dispositif Arnold, la formation de Britanniques assurée par l'US Navy était financée en grande partie dans le cadre de la loi du prêt-bail. Les étapes initiales (Primary, Basic, Advanced) de cette formation étaient identiques à celles de l'USAAC sur 30 semaines, avec environ 200 heures de vol, mais la phase "avancée" utilisait des avions plus performants que ceux des écoles de l'USAAC, même s'ils étaient parfois obsolètes sur le plan opérationnel. À compter du quatrième contingent d'élèves britanniques, une étape de sélection a été ajoutée, qui a obligé à porter le nombre de candidats pilotes de chaque contingent à 118 (88 pour la RAF et 30 pour la FAA) afin de tenir compte des éliminations :

Phase	Durée (semaines)	Heures de vol	Base	Avions
Sélection	4	11	Grosse Ile, Michigan	Naval Aircraft Factory N3N [517]
Élémentaire ("Primary")	12	70	Pensacola puis Grosse Ile	N2S (Stearman PT-17)
Intermédiaire ("Basic")	12	50	Pensacola, Floride	SNV-1 (Vultee BT-13) SNJ (North American AT-6)
Avancée ("Advanced")	6	50 à 80	Pensacola, Floride	Consolidated P2Y et PBY (pilotes destinés au Coastal Command)
			Miami, Floride	Brewster F2A Buffalo (pilotes destinés à l'Aéronavale)

---

[517] Dans le système de l'époque des appellations de l'US Navy, les premières lettres correspondaient au rôle de l'avion, et les dernières au nom du fabricant. Des chiffres étaient intercalés si un même fabricant produisait plusieurs avions de la même catégorie. Par exemple :
- N en première lettre = "Trainer" (appareil de formation),
- N = Naval Aircraft Factory d'où le nom de N3N pour le troisième type d'avion de formation produit par ce constructeur.
- S en première lettre = "Scout" (appareil d'exploration maritime), SN = "Scout Trainer"
- J = North American d'où le nom de SNJ pour l'AT-6 ; V = Vultee d'où le nom de SNV pour le BT-13.
- P en première lettre = "Patrol" (appareil de surveillance maritime),
- Y = Consolidated d'où le nom de P3Y pour le Catalina.

Au passage, on notera que les appellations des avions différaient de l'USAAC, puisqu'il aurait été impensable que la Navy utilise les mêmes noms que l'Army (certaines versions de SNJ étaient équipées de crosse d'appontage (SNJ-3C, -4C et -5C)). Les sessions de formation étaient aussi parfois pimentées avec des appareils plus exotiques, comme des biplans Vought O3U-1 Corsair ou une version terrestre de l'hydravion Vought OS2U-3 Kingfisher. Les pilotes destinés au Coastal Command recevaient leur brevet d'aptitude sur Catalina en tant que Second Pilote et étaient envoyés au Canada ou au Royaume-Uni pour la suite de leur formation. Ceux de la FAA passaient encore entre six à neuf mois avec les Escadrons américains en Atlantique pour terminer leur formation. [518] Avec l'entrée en guerre des États-Unis, cette formation opérationnelle américaine a cessé, les pilotes destinés à la FAA rentrant au Royaume-Uni après leur formation avancée aux USA. Pour former plus de pilotes, l'US Navy a drastiquement réduit la durée des formations, puisqu'avant-guerre, les cours de l'école des pilotes de Pensacola s'étalaient sur douze mois, ramenés à six mois en octobre 1939 avec alors respectivement pour les trois phases de formations : 85, 115 et 100 heures de vol.

Le tableau ci-après résume le parcours de formation du Flying Officer Charles R. Cuthill, DFC, qui s'était enrôlé à l'âge de 15 ans comme apprenti mécanicien avant de se porter volontaire au printemps 1942 pour devenir pilote. [519]

	Début	**Fin**	**Durée** en semaines (et avions)	**Cumul des heures de vol**	**Grade**
1ère École de Formation Technique	août 1938	juin 1940	-	-	Apprenti mécanicien
Atelier de Réparation des Moteurs de Gosport, Hampshire	juin 1940	février 1941	-	-	AC1
2ème B&GS de Millom, Cumbria	février 1941	février 1942	-	-	Caporal
11ème EFTS de Perth, Écosse ("grading")	11 juin 1942	25 juin 1942	2 (DH-82)	11h30 (dont 10 min solo)	
Traversée de l'Atlantique	-	-	-	-	
Base de la Réserve de l'US Navy de Grosse Ile, Michigan, USA	27 août 1942	29 nov. 1942	13 (N3N)	82h30 (dont 45h solo) + 10h Link	
Base de l'US Navy de Pensacola, Floride, USA **	2 déc. 1942	26 avril 1943	21 (SNJ, P2Y, PBY)	122h (dont 66h solo) + 10h Link	

Suite du tableau page suivante

---

[518] Pages 647-648 du document *"Flying Training Volume II Part 2 Basic Training Overseas"*, op. cit..
[519] Carnet de vol de Charles R. Cuthill, IBCC Digital Archive, document 38424.

Suite du tableau de la page précédente.	Début	Fin	Durée en semaines (et avions)	Cumul des heures de vol	Grade
31ème GRS de Prince Edward Island, Canada	12 juin 1943	1er août 1943	7 (Anson)	225 h (dont 66h solo) + 10h Link	Sergent
Traversée de l'Atlantique	-	-	-	-	
6ème (P)AFU * de Little Rissington, Gloucestershire	5 nov. 1943	3 avril 1944	21 (Oxford)	277 h (dont 121h solo) + 36h Link	
12ème OTU de Edgehill, Oxfordshire	25 avril 1944	14 juin 1944	7 (Wellington)	354 h (dont 189h solo) + 46h Link	Flight Sergeant
1.657ème HCU de Stradishall, Suffolk	18 juillet 1944	9 août 1944	3 (Stirling)	391 h (dont 217h solo) + 46h Link	
3ème LFS de Feltwell, Norfolk	17 août 1944	26 août 1944	1 (Lancaster)	404 h (dont 225h solo) + 47h Link	

* Dont 9 jours à la 1.523ème BAT
** Plus 109 heures en tant que "passager" (par exemple quand il y avait plusieurs élèves qui prenaient les commandes à tour de rôle)

Ayant appris à piloter des hydravions (P2Y-3, PBY-2, PBY-5) aux États-Unis, puis ayant été formé aux techniques de surveillance maritime et de lutte anti-sous-marine au Canada, il aurait été logique que Cuthill soit affecté au Coastal Command. En fait, il s'est retrouvé aux commandes d'un Lancaster pour un tour d'opérations de 27 missions de guerre au sein du 149ème Escadron de Methwold, Norfolk. Il a ensuite été affecté comme instructeur jusqu'à la fin de la guerre (30ème OTU et 3ème FIS).

Les élèves du dispositif Towers semblent avoir eu moins de soucis avec la discipline américaine que leurs collègues du dispositif Arnold, comme le raconte Daniel P. Norman qui a été formé en 1944-45 : *"Au milieu du troisième et dernier mois de notre formation à HMS St Vincent à Gosport, il a été annoncé qui partait en formation au pilotage au Canada, environ les deux-tiers, et qui partait aux USA, le troisième tiers. … Nous avons embarqué sur le RMS Queen Elisabeth à Glasgow pour notre traversée d'une semaine jusqu'à New-York. La machine de formation du "dispositif Towers" était énorme et fonctionnait comme un pipeline, on pourrait même la comparer à une machine à saucisses ; mais si vous suiviez le parcours prévu, vous ressortiez parfaitement formé. Il y avait peut-être quelques aspects qui n'étaient pas adaptés aux conditions de pilotage que nous allions rencontrer plus tard en Europe. Mais ceci était rectifié par deux ou trois courts stages une fois de retour au Royaume-Uni. La discipline américaine au sol était assez peu différente de la nôtre, à part peut-être les termes ou les ordres employés. En fait, nous n'avons eu que peu d'occasion de défiler avec les Américains. La discipline en vol était excellente et presque trop rigoureuse au point d'inhiber les initiatives individuelles. Toutefois, elle était nécessaire pour former autant d'élèves à la fois, la formation opérationnelle devait ensuite permettre un peu plus de flexibilité."* [520] Norman est resté dans la FAA après la guerre et a piloté des Fairey Firefly durant la guerre de Corée.

À partir de l'automne 1942, chaque contingent "Towers" comportait aussi des Canadiens, des Australiens ou des Néo-Zélandais puisqu'il y avait plusieurs Escadrons "Article XV" sur hydravions (par exemple les 413, 422 et 423èmes Escadrons canadiens ou le 461ème Escadron australien). Début 1944, la RAF a réduit le nombre de pilotes d'hydravion à former et la dernière Classe avec des élèves de la RAF a commencé sa formation le 24 février pour être brevetée le 20 septembre. En contrepartie, le contingent d'élèves de la FAA a un peu augmenté (80 élèves toutes les quatre semaines), ce qui a perduré jusqu'à la capitulation japonaise.

Dans le cadre du dispositif Towers, les formations des observateurs et des opérateurs radio / mitrailleurs aux États-Unis duraient respectivement 12 et 16 semaines. Les observateurs bénéficiaient en plus de 12 semaines au sein des Escadrons de la Flotte Atlantique américaine en tant que formation opérationnelle. À partir du troisième contingent d'élèves britanniques, les élèves observateurs et opérateurs radio / mitrailleurs n'ont plus été envoyés directement du Royaume-Uni mais ont été sélectionnés parmi les élèves éliminés par les écoles de pilotage américaines ou canadiennes. Avec l'entrée en guerre des USA, la formation des observateurs et des opérateurs radio / mitrailleurs a pris fin, les derniers étant brevetés à Pensacola respectivement en juillet et en septembre 1942. Comme dans le cas du dispositif Arnold, un officier de la RAF a été affecté à chaque école de l'US Navy afin d'effectuer le suivi administratif des élèves, une douzaine d'instructeurs britanniques formaient les pilotes d'hydravions à Pensacola pendant que deux de leurs collègues, eux aussi Britanniques, assuraient certains cours de navigation pour les élèves observateurs.

Un peu moins de 5.000 aviateurs britanniques ou des Dominions, dont près de 80% de pilotes, ont été formés dans le cadre du *"dispositif Towers"*.

B.3.3.6 - Courte digression sur les formations des aviateurs français aux USA [521]

Bien que sortant du cadre de cet ouvrage, il faut mentionner que les Britanniques n'ont pas été les seuls à bénéficier de formations aux États-Unis. 20.500 élèves (18.500 aviateurs et 2.000 techniciens au sol) de 31 nationalités différentes ont été formés dans les écoles de l'USAAF, sans compter ceux envoyés dans les établissements de l'US Navy. Les aviateurs de la France Libre ont bénéficié d'une aide américaine s'inspirant fortement des dispositifs Towers (pour les marins de l'Aéronautique Navale) et Arnold.

<u>Les aviateurs français formés par l'US Navy</u> : Avec l'aval de sa hiérarchie et des Britanniques, le Lieutenant de vaisseau (puis Capitaine de corvette) Charles-Edouard Lahaye négocie avec les Américains pour former aux USA les équipages d'un Escadron

---

[520] Interview de novembre 1994, conservée par l'Imperial War Museum dans la collection *"Oral history"*, référence 14796 - bobine 1.
[521] Pour plus de détails, les lecteurs pourront se reporter aux livres de Jean-Paul Quentric, de Patrick Ehrhardt, de Jean Fleury et de Jean-Marie Commeau (voir bibliographie).

de Catalina de surveillance maritime. En juillet 1942, un accord est trouvé lors d'une rencontre à Londres entre le Général de Gaulle, le Général Marshall, Chef d'État-Major de l'Armée Américaine, et l'Amiral King, Commandant en Chef de la Flotte Américaine. Le mois suivant, l'Amiral Towers confirme que les premiers aviateurs français seront formés dès le mois d'octobre en Floride. 362 marins français, aussi bien personnels navigants que "rampants", sont donc envoyés aux États-Unis en plusieurs détachements pour y recevoir leur formation afin de constituer la 6ème Flottille d'Exploration : les premiers arrivent sur la base navale de Jacksonville en Floride à l'automne 1942. [522] Initialement prévue pour le théâtre Pacifique sous commandement américain, cette 6FE est finalement envoyée en Afrique du Nord en février-mars 1944 avec 299 de ces marins français. D'autres équipages français ont ensuite été formés par l'US Navy, ceux de la 8ème Flottille d'Exploration, elle aussi sur Catalina ; et ceux des 3ème et 4ème Flottilles de Bombardement sur Douglas SBD-5 Dauntless. Ces aviateurs français ont effectué leur formation opérationnelle aux USA, par exemple sur la base de Jacksonville pour les équipages de Catalina.

Le taux d'échec a été élevé parmi les marins français envoyés dans les écoles de pilotage de l'US Navy (50% pour le second détachement à l'école de Dallas durant l'été 1943), la barrière de la langue s'ajoutant aux difficultés culturelles déjà évoquées pour les élèves britanniques. Ceci a conduit à affecter des pilotes français expérimentés ou des élèves bien notés en tant qu'instructeurs dans les établissements des phases "Primary" et "Basic", après une formation d'un mois dans une école d'instructeurs. Par exemple, pour n'en citer que deux : le Maître pilote Jacques M. Mouriès est instructeur à l'école intermédiaire de Pensacola entre mai et décembre 1943 ; l'Aspirant François J. D. Schloesing, breveté pilote le 30 juillet, est instructeur à l'école élémentaire de Dallas d'août à décembre 1943. [523]

En plus des effectifs constituant les quatre Flottilles mentionnées ci-dessus, 495 autres marins français ont été formés aux USA pendant la guerre pour compléter ou renouveler les personnels. Cette coopération s'est poursuivie jusqu'à nos jours, une partie importante de la formation des pilotes d'aéronefs à voilure fixe de l'Aéronavale française s'effectuant toujours au XXIème siècle au Texas, en Floride ou dans le Mississippi. [524]

À titre d'exemple de parcours de l'un de ces marins français, le tableau ci-après résume la formation du futur Lieutenant de vaisseau Jean-Marie Commenge, qui s'était enrôlé dans les FAFL en janvier 1943 à Gibraltar. Il était auparavant Observateur Aérien au sein de la 1ère Escadrille du Groupe de Bombardement 1/32 avant sa démobilisation à l'automne 1941. Une fois breveté pilote aux USA, il a rejoint la flottille 8FE sur hydravion Catalina puis la 6FE sur bimoteur Lockheed Ventura. [525]

---

[522] Le terrain d'aviation de la base navale de Jacksonville s'appelle d'ailleurs aujourd'hui "Towers Field".
[523] Pages 43 et 44 du livre de Jean-Paul Quentric (voir bibliographie).
[524] Cursus de formation de l'Aéronavale consulté en ligne le 20 juin 2023 sur https://eopan.fr/cursus-eopan/ .
[525] Données du livre de Guy Thevenin (voir bibliographie).

	Début	Fin	Durée (semaines)	Remarques
Traversée Gibraltar – Glasgow sur le *HMS Letitia*	4 février 1943	12 février 1943	-	
Centre d'instruction des FAFL de Camberley, Surrey	25 janvier 1943 *	juillet 1943	20	S'engage dans les FNFL en juin 1943 avec le grade d'Aspirant de réserve de Marine.
Centre d'instruction des FNFL d'Emsworth, Hampshire	juillet 1943	août 1943	8	
Traversée de l'Atlantique sur le *HMT Pasteur*	28 août 1943	septembre 1943	-	-
Formation élémentaire au pilotage, Dallas, USA	25 sept. 1943	déc. 1943	15	118 heures de vol, dont 60 en doubles commandes
Base de l'US Navy de Pensacola, Floride, USA	5 janvier 1944	-	23	Formation intermédiaire
	-	27 mai 1944		Formation avancée sur hydravions. Total : 346 heures de vol, dont 176 sur Catalina.
Base de l'US Navy de Jacksonville, USA	27 juin 1944	10 août 1944	6	Formation opérationnelle.
Bases de l'US Navy de Norfolk et de Boca Chica, USA	14 août 1944	22 octobre 1944	10	Formation aux vols longue distance et à la lutte anti-sous-marine. Affecté à la flottille 8FE.
Traversée de l'Atlantique en Catalina USA - Maroc	26 octobre 1944	15 novembre 1944	-	

* Date administrative par effet rétroactif.

Commenge a été rendu à la vie civile en octobre 1947 et a encore volé jusqu'en 1955 comme pilote pour Air Madagascar avant de quitter le monde de l'aviation.

<u>Les aviateurs français formés par l'USAAF</u> : La première centaine d'élèves français a été accueillie dans les écoles de l'USAAF fin juin 1943. Ils ont suivi le même cursus que les Britanniques affectés dans des écoles de l'AAF, mais étant moins nombreux, ils ont été moins dispersés : les établissements fréquentés pour les trois niveaux progressifs étaient ceux de : [526]

- L'école civile de Tuscaloosa en Alabama, puis après septembre 1944 Orangeburg en Caroline du Sud, pour la formation élémentaire au pilotage ("Primary").
- L'école militaire de Gunter Field en Alabama pour la formation intermédiaire ("Basic").

---

[526] Page 36 de l'étude n°64 *"Training of Foreign Nationals by the AAF 1939-1945"*, op. cit..

- L'école militaire de Craig Field en Alabama pour la formation avancée ("Advanced") sur des avions monomoteurs. Durant la seconde moitié de 1944, trois Classes ont reçu cette formation sur avions bimoteurs sur la base de Shaw Field en Caroline du Sud.

Le taux d'échec a été également relativement élevé pour les candidats français dans les filières de l'USAAF. Les mêmes remèdes ont été utilisés, et l'ajout d'instructeurs français dans les écoles de l'AAF mentionnées ci-dessus a permis à certains élèves de surmonter leurs difficultés. Contrairement aux instructeurs britanniques, les instructeurs français ne participaient qu'à la formation d'élèves français. [527]

1.351 élèves français ont reçu leur brevet de pilote aux USA entre janvier 1944 et décembre 1945. Ont aussi été formés : 253 bombardiers, 74 navigateurs, 955 mitrailleurs et 1.475 techniciens au sol (armuriers, techniciens radio, mécaniciens, etc.). Des stages d'instruction opérationnelle sur diverses bases américaines de l'AAF ont également complété la formation de base de la plupart des aviateurs mentionnés précédemment, que ce soit pour les futurs pilotes de Republic Thunderbolt P-47, ou pour les équipages de Martin Marauder B-26. [528]

B.3.3.7 - Les écoles américaines : un dépaysement certain pour les étrangers

Pour les élèves britanniques ou français, les bases américaines paraissent souvent immenses avec plus de voitures que l'on ne trouve de vélos sur les bases européennes et des cantines regorgeant des glaces et de sodas. Les BFTS bénéficiaient notamment d'une piscine, de terrains de volley-ball et de basket-ball, de courts de tennis, de tables de ping-pong et d'un journal hebdomadaire (par exemple, les élèves britanniques de la 5ème BFTS de Clewiston et de l'école d'Arcadia sous contrat de l'AAF, toutes deux en Floride, recevaient une copie du *"Fly-Paper"* publié par la société Embry-Riddle qui administrait ces deux établissements). Jack Currie (élève britannique qui a fait le reste de la guerre comme pilote au sein du Bomber Command) décrit la base de Cochran, en Géorgie, comme suit : *"Pour accueillir deux classes d'élèves simultanément comprenant 300 élèves dans la Classe "junior", et 260 dans la Classe "senior" (une quarantaine d'élèves ayant été éliminés durant la première classe), le terrain militaire de Cochran s'étalait sur 445 hectares et disposait de 4 terrains auxiliaires, 178 avions, 3.000 hommes et femmes, 22 bâtiments servant de baraquements, 4 cantines, 3 bâtiments pour les opérations de vol et d'autres pour les cours au sol, d'innombrables hangars, magasins et ateliers, des bâtiments administratifs, un dépôt d'essence, un bureau de poste, un cinéma, trois simulateurs Link, et un stand de tir."* [529]

---

[527] Page 95 de l'étude n°64 *"Training of Foreign Nationals by the AAF 1939-1945"*, op. cit..
[528] Annexe 13 de l'étude n°64 *"Training of Foreign Nationals by the AAF 1939-1945"*, op. cit..
[529] Page 86 du livre de Jack Currie (voir bibliographie).

Un cadet effectue son deuxième vol solo de la journée, cette fois-ci avec un amerrissage dans la piscine de l'école d'Arcadia en Floride. La tradition voulait que chaque élève qui avait effectué son premier vol solo soit jeté dans la piscine tout habillé. Malheureusement, le Leading Aircraftman Alfred T. Lloyd s'est noyé le 5 janvier 1942 lors d'une célébration similaire [530] (photo reproduite avec la permission de l'Embry-Riddle Aeronautical University).

Avec le passage du temps, les livres de témoignages de vétérans tendent à décrire les écoles de pilotage américaines comme le nec plus ultra de l'époque, même si les aspects disciplinaires sont souvent critiqués. Les moustiques et alligators de Floride, ainsi que les serpents à sonnette, ont fourni aussi des anecdotes diverses.

Il est vrai que les élèves qui sont passés par les dispositifs Arnold ou Towers ont accumulé plus d'expérience (de l'ordre de 250 heures de pilotage) sur plus de types d'appareils que leurs équivalents des écoles britanniques ou canadiennes. Certaines parties du programme de formation différaient, que ce soit parce que les appareils ne s'y prêtaient pas (par exemple, la formation élémentaire britannique incluait des exercices de redémarrage en vol du moteur, ce qui était quasiment impossible avec les moteurs en étoile des PT-17 ou des N3N dont le taux de compression était bien trop important), ou par habitude (par exemple, l'AAF formait les élèves à exécuter des virages précis en leur faisant faire des huit au-dessus de deux points fixes, ce qui ne se faisait pas dans la RAF). [531] Cependant, Jack Currie souligne que certains aspects étaient négligés, comme par exemple le vol asymétrique sur un seul moteur ou les atterrissages de précision (et encore, il fait partie des chanceux qui ont reçu une formation sur avions bimoteurs aux USA). Il se souvient aussi du manque d'instructeurs qualifiés et *"d'avoir parfois eu le sentiment que mes pas étaient guidés à travers le brouillard de l'ignorance par des hommes qui, s'ils n'étaient pas aussi aveugles que moi, ne bénéficiaient que d'une vision partielle. ... Du coin de l'œil, je pouvais apercevoir le visage figé d'angoisse d'un instructeur apprenant à piloter l'avion en prétendant m'enseigner."* [532]

---

[530] Pages 241-242 du livre de Will Largent (voir bibliographie).
[531] Page 185 du livre de Will Largent (voir bibliographie)
[532] Pages 123 et 137 du livre de Jack Currie (voir bibliographie).

B.3.3.8 - Le bilan des écoles américaines

Le tableau ci-après résume la formation des aviateurs britanniques aux États-Unis pendant la guerre : [533]

	Brevetés aux USA	Contribution des USA en pourcentage de l'effort de formation pour les 326.252 aviateurs du Commonwealth
Pilotes	13.673	10,5 %
Observateurs ou Navigateurs	1.715	2,5 %
Opérateurs radio	662	1,1 %
TOTAL	**16.050**	**4,4 %**

On peut estimer à plus de 25.000 le nombre de recrues britanniques et du Commonwealth envoyées se former aux États-Unis. On note l'importance de la contribution américaine pour la formation des pilotes de la RAF. Même si les écoles du BCATP ou sur le continent africain instruisaient leurs premières classes d'aviateurs au début de 1941, les offres d'assistance américaines ont certainement été considérées par certains décideurs du Ministère de l'Air britannique comme une sorte d'assurance nécessaire en cas d'échec d'une de ces filières. [534] Le fait que les BFTS et les écoles des dispositifs Arnold et Towers étaient largement financées par le prêt-bail américain et qu'elles immobilisaient très peu de personnels de la RAF par rapport aux écoles du BCATP, de Rhodésie du Sud ou d'Afrique du Sud a conduit les Britanniques à réduire en priorité la voilure au Canada en 1944 lorsqu'il s'est avéré que trop d'aviateurs étaient formés.

Des discussions ont été menées en 1942 entre les États-Majors de la RAF et de l'USAAF pour implanter dix OTU aux USA et une autre aux Bahamas, mais finalement seule cette dernière a vu le jour fin août 1942. Numérotée 111ème OTU, elle a formé des équipages de B-24 Liberator et de B-25 Mitchell aux missions de surveillance maritime et de lutte anti-sous-marine, chaque stage durant douze semaines, jusqu'à la fin de la guerre. [535]

---

[533] Annexe 3 du document *"Flying Training - Volume I - Policy and Planning"*, op. cit.. (Note : Le chiffre des pilotes formés mentionné dans cette Annexe semble inférieur au total réel : BFTS : 6.921 pilotes ; dispositif Arnold : 4.370 pilotes ; dispositif Towers : 3.865 pilotes ; Total : 15.156 pilotes. La différence est peut-être en partie due à l'oubli dans l'Annexe 3 des pilotes australiens, canadiens et néo-zélandais formés aux USA). Il a été considéré que tous les aviateurs avaient suivi une formation en ITW, estimée à 10% de leur cursus de formation, avant d'embarquer pour les USA.
[534] Page 25 du livre de Tom Killebrew (voir bibliographie).
[535] Page 13 de l'étude n°64 *"Training of Foreign Nationals by the AAF 1939-1945"*, op. cit..

B.3.4 - Les autres pays contributeurs : Inde, Moyen-Orient

Avant-guerre, la RAF n'avait qu'une seule FTS hors des îles britanniques : la 4ème FTS en Égypte. À l'approche du conflit, quelques écoles de "rafraîchissement" pour les réservistes ou les volontaires locaux sont aussi établies en divers points de l'Empire (Hong-Kong, Singapour, etc.). En 1940, deux EFTS et une SFTS ont été ouvertes en Inde, ainsi qu'une EFTS au Kenya. Cette dernière a dû déménager en Afrique du Sud au printemps 1941 en raison de la menace italienne. Malgré quelques revers, comme la fermeture de la 4ème SFTS mi-1941 qui s'était installée en Irak au début du conflit, le Moyen-Orient devient peu à peu une base importante de formation opérationnelle, avec neuf OTU, une HCU et deux écoles de Mitrailleurs en 1944-45. [536]

Les principales livraisons d'avions de formation à ces écoles sont résumées annuellement dans le tableau ci-après (les arrivages directs depuis les USA ou le Canada sont indiqués en grisé, les autres provenaient du Royaume-Uni) : [537]

	Asie, Inde		Moyen-Orient	Kenya		Totaux
	Harvard	Cornell	Harvard	Harvard	Tiger Moth	
1940-41	4		19		46	69
1942	57		87			144
1943	322		54	3		379
1944	134	115	68	1		318
1T1945	6		43			49
Totaux	523	115	271	4	46	959

Le tableau ci-après résume la formation des aviateurs en Inde et au Moyen-Orient pendant la guerre : [538]

	Brevetés		Contribution en pourcentage	
	en Inde	au Moyen-Orient	de l'Inde	du Moyen-Orient
Pilotes	956	273	0,8 %	0,2 %
Observateurs ou Navigateurs	114	38	0,2 %	0,1 %
Opérateurs radio	185	-	0,3 %	-
Mitrailleurs	17	1.161	0,03 %	2,3 %
Mécaniciens embarqués	14	-	0,1 %	-
TOTAL	1.286	1.472	0,4 %	0,5 %

---

[536] Annexe 4 du document *"Flying Training - Volume I - Policy and Planning"*, op. cit.
[537] Données des rapports *"North American Aircraft Deliveries"* et *"Export of Aircraft"*, conservés sous les références AIR 20/2018 et AIR 20/2039, TNA. Les exports du Royaume-Uni incluent les avions des écoles de la RAF déménagées en Afrique du Sud.
[538] Annexe 3 du document *"Flying Training - Volume I - Policy and Planning"*, op. cit.

B.4 - L'arrivée au Royaume-Uni des aviateurs formés "outre-mer"

B.4.1 - Les centres d'embarquement et divers dépôts du personnel, les traversées océaniques

Entre deux stages dans des écoles ou entre une école et un embarquement, les aviateurs étaient hébergés dans des centres dédiés, que ce soit au Royaume-Uni, au Canada ou en Australie, parfois pour quelques jours, d'autres fois pour plusieurs semaines pour les plus malchanceux. [539] Le plus grand de ces centres était probablement le 31ème Dépôt du Personnel de la RAF de Moncton, Nouveau Brunswick, puisqu'il gérait non seulement les arrivées et départs au Canada, mais il servait aussi de plaque tournante pour les aviateurs en transit entre les États-Unis et le Royaume-Uni, ainsi que pour les Néo-Zélandais et Australiens : plus de 8.000 aviateurs pouvaient y loger. Ces dépôts devaient gérer des centaines d'hommes et les garder occupés, notamment en leur dispensant des cours divers. Ils servaient également de centres de réorientation en recevant les élèves recalés par une formation. L'organisation logistique et administrative des filières de formation a demandé des efforts considérables à une époque durant laquelle la machine à écrire, les cartes perforées et le téléscripteur représentaient la pointe de la technologie.

Par exemple, en 1942, le programme des cours pour les aviateurs australiens en dépôts était de 40 heures par semaine. En 1943, il est proposé de le réduire à 34 heures par semaine, avec également 24 heures de formation hebdomadaire lors de la traversée (tableau page suivante). [540] Il est peu probable que ces programmes aient été respectés, car l'encadrement était limité. Par exemple, pour le 1er Dépôt d'Embarquement de Ransford (Melbourne, Victoria) : [541]

- En moyenne sur le mois de janvier 1944, ce dépôt a géré 2.664 aviateurs avec un staff de 310 hommes et femmes. Seuls 628 aviateurs ont participé à des cours pendant le mois, dispensés par la Section d'Instruction du Dépôt, mais il est précisé que *"tous les aviateurs en attente d'embarquement ont eu des cours intensifs de sport."* D'autres ont été envoyés suivre un stage d'aguerrissement. Au 31 janvier (après le départ de deux navires, un pour le Canada et un pour le Royaume-Uni), il ne restait "plus que" 1.851 aviateurs à la charge du dépôt, avec les cas particuliers suivants :
    - 563 en permission ;
    - 103 ayant échoué à leur dernière formation et en attente de réorientation ;

---

[539] Tom Killebrew (page 85 de son livre, voir bibliographie) reproduit le témoignage de Robert H. Brown qui a attendu dix semaines au 1er Centre de Dispatching du Personnel, Heaton Park, Manchester, qu'un convoi soit disponible pour lui permettre de traverser l'Atlantique.
[540] Révision 7 de "l'*AP1388 adaptée aux besoins de la RAAF"* publiée en avril 1942, et recommandations du 1er Training Group de mai 1943 pour réviser l'AP1388, conservées sous la référence A705 - 172/3/2883 PART 1, page 148 et pages 67 à 69, NAA.
[541] Journal de marche de janvier 1944 du 1er Dépôt d'Embarquement, conservé sous la référence A9186 - 447, page 111, NAA. Le *USNT Hermitage* était un paquebot italien *(SS Conte Biancamano)* réquisitionné par les USA en 1942.

- o   14 hospitalisés et 47 malades ;
- o   165 en attente d'embarquement ;
- o   78 en attente de démobilisation.
- Les 225 Leading Aircraftmen qui quittent le Dépôt le 17 janvier 1944 pour embarquer sur l'*USNT Hermitage* en partance pour le Canada ne sont accompagnés que par un Officier, deux Adjudants et deux Caporaux.

Heures par semaine	En dépôt						En mer					
	Mitrailleurs	Élèves Op. radio vers Canada	Navigateurs	Élèves Navigateurs vers Canada	Pilotes	Élèves pilotes vers Canada	Mitrailleurs	Élèves Op. radio vers Canada	Navigateurs	Élèves Navigateurs vers Canada	Pilotes	Élèves pilotes vers Canada
Navigation	-	-	3	3	2	4	-	-	4	3	2	3
Transmissions	-	6	4	3	4	3	-	5	2	3	2	2
Identification avions	3	3	2	3	2	3	5	2	3	2	3	2
Identification navires	2	1	1	1	1	1	4	1	1	1	1	1
Géographie de l'Empire	-	1	-	2	-	2	-	1	-	1	-	1
Sport	10	11	10	11	10	11	11	11	11	11	11	11
Météorologie	-	-	1	-	1	-	-	-	1	-	1	-
Révision des cours reçus en ITS	-	-	-	2	-	-	-	-	-	1	-	-
Révision des cours reçus en EFTS	-	-	-	-	-	2	-	-	-	-	-	2
Premiers soins	-	-	-	1	-	-	-	-	-	1	-	-
Électricité	-	2					-	2				
Armement	-	3	3	-	4	-	-	2	-	-	-	-
Théorie de la visée	2	-	-	-	-	-	2	-	-	-	-	-
Démontage mitrailleuse	4	-	-	-	-	-	-	-	-	-	-	-
Enrayages	1	-	-	-	-	-	-	-	-	-	-	-
Entretien des armes	2	-	-	-	-	-	-	-	-	-	-	-
Stand de tir	2	-	-	-	-	-	-	-	-	-	-	-
Tactiques	2	-	-	-	-	-	-	-	-	-	-	-
Estimation des distances	2	-	-	-	-	-	-	-	-	-	-	-
Autres sujets (sécurité, visites, mises à jour techniques, etc.)	4	7	10	8	10	8	2	-	2	1	4	2
Totaux	34						24					

Les Britanniques avaient été les premiers à mettre en place ce type de programme de formation, mais les conditions de traversée, notamment en Atlantique Nord en hiver, n'étaient pas franchement propices à l'instruction, même pour les aviateurs qui avaient la chance d'embarquer sur un paquebot neuf réquisitionné. Le témoignage de David A. R. Day qui quitte le Royaume-Uni en décembre 1942 pour rejoindre la 31ème EFTS, De Winton, Alberta, explique pourquoi, dans l'argot de la RAF, les transports de troupes étaient baptisés *"cattle boats"* (cargo-bétaillère) : *"J'ai traversé l'Atlantique sur le RMS Andes qui avait été lancé juste avant la guerre et converti tout de suite en transport de troupes. Ce navire avait été conçu pour l'Atlantique Sud et en hiver dans l'Atlantique Nord, c'était un calvaire. La coque n'était pas prévue pour le type de houle de l'Atlantique Nord ; le navire plantait sa proue dans les vagues puis il remontait, et quand il replongeait la poupe sortait de l'eau : on pouvait entendre l'hélice qui accélérait hors de l'eau. Nous avions nos quartiers sous la ligne de flottaison, dans une pièce prévue originellement pour accueillir six marins et dans laquelle nous étions une trentaine ou une quarantaine. J'ai commencé à être malade dès que nous avons quitté le port… c'était horrible. 90 à 95% d'entre nous souffraient d'un mal de mer sévère. Nous étions dans des hamacs serrés les uns contre les autres, à tel point qu'en tendant le bras, on pouvait toucher le quatrième hamac par rapport au sien. Les occupants étaient tellement malades qu'ils ne se levaient même plus pour vomir. Le sol était immonde. De toute façon, les toilettes étaient complètement bouchées. C'était un véritable enfer, c'est le seul descriptif que l'on peut faire. La traversée a duré cinq jours, et ce n'est que le dernier jour que nous avons commencé à avoir le pied marin. Je m'en souviendrai toujours."* [542]

B.4.2 - Les Centres de Réception du Personnel (PRC)

Ces Centres rassemblaient les personnels fraîchement débarqués au Royaume-Uni pour répondre à deux impératifs : [543]

- D'une part, il fallait créer une capacité tampon pour assurer un flux constant d'aviateurs vers les écoles du Royaume-Uni alors que les arrivées des convois se faisaient à intervalles très irréguliers en fonction des aléas météorologiques, des navires disponibles et des menaces des U-Boote.
- D'autre part, les Australiens, Canadiens, Néo-Zélandais et autres étrangers avaient besoin de recevoir une formation basique sur la vie au Royaume-Uni en temps de guerre : coupons de rationnement, couvre-feu, alertes aériennes. Une fois cette formation reçue, les nouveaux arrivants pouvaient généralement profiter d'une semaine de permission pour découvrir ce nouveau pays. Une fois de retour au PRC, les aviateurs en attente d'affectation devaient suivre des cours généraux (renseignements sur les Forces Aériennes ennemies, hygiène, transmissions, navigation, tir, coopération avec l'Armée de Terre et la Marine, etc.).

Les PRC les plus importants se trouvaient à Bournemouth, Dorset (3ème PRC) et à Harrogate, Yorkshire (7ème PRC).

---

[542] Interview de juin 1995, conservée par l'Imperial War Museum dans la collection *"Oral history"*, référence 15479 - bobine 1.
[543] Page 25 du *"Monthly Aircrew Training Bulletin n°1"* publié en mai 1942, op.cit.

B.4.3 - Les Unités Aériennes d'Acclimatation pour les Pilotes ((P)AFU) ou les Observateurs ((O)AFU)

Dès que les premiers cadets formés "au-delà des mers" reviennent au Royaume-Uni, les quelques défauts des formations suivies sont mis au jour : les nouveaux pilotes ont du mal à s'orienter dans un paysage où les routes et les voies ferrées sont denses et ne se croisent pas à angle droit, où le couvre-feu masque toutes les lumières des villes, où les nuages dominent et où la visibilité n'est pas de 30 km. La formation de Reginald J. Lane, futur Lieutenant General de la RCAF, [544] est un exemple de parcours d'un élève pilote envoyé directement d'une SFTS canadienne à une OTU en Angleterre. [545]

	Début	**Fin**	**Durée** (semaines)
2ème ITS, Regina, Saskatchewan	*novembre 1940*	*février 1941*	13
8ème EFTS, Vancouver, Colombie Britannique	*10 février 1941*	*28 mars 1941*	6,5
10ème SFTS, Dauphin Manitoba	*16 avril 1941*	*21 juin 1941*	9,5
10ème OTU (Whitley), Abingdon, Berkshire	24 août 1941	3 octobre 1941	5,5

Le Pilot Officer Lane s'est présenté le 13 octobre 1941 à son Commandant d'Escadrille, le Flight Lieutenant Leonard Cheschire, DFC, DSO (futur récipiendaire de la Victoria Cross) du 35ème Escadron (Halifax). Même si le séjour de Lane en OTU a été relativement calme, il a été tout de suite "jeté dans le grand bain" avec une mission sur Berlin le 7 novembre 1941 comme première expérience du combat. En 1944, il est nommé à la tête du 405ème Escadron d'Éclaireurs sur Lancaster, chargé de marquer les cibles pour les autres bombardiers. Il finit la guerre avec le grade de Group Captain, et reçoit la DFC avec agrafe pour 65 missions lors de trois tours d'opérations.

Au printemps 1942, des écoles baptisées Unités Aériennes d'Acclimatation (Advanced Flying Units (AFU)) permettant une adaptation aux conditions de vol au Royaume-Uni sont créées (dont dix en convertissant des SFTS). Dix-huit de ces AFU sont en place à la fin de l'année pour accueillir les élèves formés à l'étranger, treize pour les pilotes ((P)AFU), et cinq pour les observateurs ((O)AFU). Ces AFU étaient rattachées au Flying Training Command.

Le séjour en (P)AFU est prévu pour être de 8 semaines avec 60 heures de vol pour les pilotes de bimoteurs, et de 4 semaines avec 30 heures de vol pour les pilotes de monomoteurs lorsque les conditions climatiques sont favorables ; en hiver, il faut allouer plus de temps. [546] Que ce soit sur Miles Master pour les monomoteurs ou sur Airspeed Oxford pour les bimoteurs, les heures de vol de nuit étaient complétées par des heures de pilotage nocturne simulé grâce à des écrans spéciaux en volant du jour. Les pilotes

---

[544] La RCAF a adopté un nouveau système de grades en 1968 lors de l'unification des Forces Armées du pays : les grades n'ont plus été calqués sur ceux de la RAF.
[545] Carnet de vol de Reginald J. Lane, IBCC Digital Archive, document 24507.
[546] Page 161 du document *"Flying Training - Volume I - Policy and Planning"*, op. cit.

multimoteurs étaient également envoyés suivre un stage spécialisé d'approche radioguidée (voir la section suivante).

Le programme de formation en vol dans les (P)AFU utilisant des bimoteurs Oxford est détaillé ci-dessous. Plusieurs sujets étaient étudiés lors de chaque vol (par exemple 12, 13, 22, 33) : [547]

N°	Sujet
1	Apprentissage de la disposition du poste de pilotage
2	Préparation du vol
3	Vol de découverte
4	Effet des commandes
5	Roulage au sol
6	Vol rectiligne en palier
7	Montée
8	Descente
9	Décrochage
10	Virages moyens
11	Virages en montée et en descente
12	Décollage face au vent
13	Approche et atterrissage
14	Vrille
15	Premier vol solo
16	Dérapage
17	Virages serrés
18	Pilotage aux instruments : (i) Les instruments (ii) Vol rectiligne en palier (iii) Montée (iv) Descente (v) Virages (vi) Virages en montée et en descente (vii) Virages sur un cap (viii) Décollage (ix) Faire un nouveau circuit (x) Rétablissement d'une vrille (xi) Manœuvres inhabituelles (xii) Panne de moteur

N°	Sujet
19	Vol à basse altitude
20	Décoller et atterrir hors de l'axe de vent
21	Atterrissages de précaution
22	Atterrissages forcés
23	Action en cas d'incendie
24	Redémarrer le moteur en vol
25	Voltige aérienne
26	Pilotage de nuit
27	Navigation par le Pilote
28	Vol en formation
29	Armement - Pilotage [bombardement]
30	Armement - Tir
31	Photographie et reconnaissance
32	Transmissions
33	Pilotage sur un seul moteur : (i) Pilotage sur un seul moteur (ii) Atterrir avec un seul moteur (iii) Panne d'un moteur lors du décollage

---

[547] Programme utilisé mi-1944 par la 14ème (P)AFU de Banff, Écosse, conservé dans le carnet de vol de Lawrence O. Larmer, IBCC Digital Archive, document 9655.

Malgré l'apparition des AFU, il faut attendre la fin 1942 pour que la plupart des pilotes formés outre-mer ne soient pas envoyés directement de la SFTS à une OTU. Ceci reste aussi la règle pour les pilotes formés en Rhodésie du Sud et affectés au Moyen-Orient.

Les quinze (P)AFU en activité pendant la guerre au Royaume-Uni sont listées en Annexe 6C. Une (P)AFU a aussi existé en Inde de fin 1943 à avril 1946. Neuf (O)AFU ont également été créées progressivement à partir de février 1942, numérotées de 1 à 10 (pas de n°5). Tout comme les pilotes, les observateurs avaient besoin de s'adapter aux conditions de vol dans une Europe en guerre. Bien que leurs élèves soient rapidement tous devenus des Navigateurs, le titre de ces AFU n'a pas changé.

Pour éviter que les pilotes ne perdent la main quand aucune place en (P)AFU n'était disponible à court terme, et pour remettre en selle les pilotes qui ont passé des semaines en transit entre deux continents, des EFTS du Royaume-Uni offraient un cours de quelques semaines, baptisés stages "pré-Unité Aérienne d'Acclimatation". [548]

Après leur séjour en AFU, les pilotes et observateurs sont envoyés en OTU et finalement en Escadrons.

B.4.4 - Les Escadrilles "chauve-souris" de Formation à l'Approche Radioguidée

Avec la généralisation des opérations nocturnes, notamment pour le Bomber Command, des Escadrilles spécialisées sont créées au début de 1941 pour former les pilotes à l'approche sur radiobalise (*"Standard Beam Approach"* - SBA). [549] Ces Escadrilles avaient reçu l'acronyme approprié de "BAT" (chauve-souris en anglais) pour "*Beam Approach Training*". Dans le cadre de leur formation en AFU, les nouveaux pilotes passaient 5 à 8 jours dans une BAT. Peu à peu, les SFTS ont aussi été équipées pour pouvoir initier les élèves à cette technique d'approche radioguidée.

Les élèves effectuaient une dizaine d'exercices en vol (virages sur le faisceau radio, vol en forme de "8", approche, taux de descente, etc.) certains étant répétés plusieurs fois, la plupart aux instruments dans un Oxford, avec et sans le relèvement magnétique de la balise (QDM). [550]

---

[548] Voir par exemple le parcours de John A. Kell au chapitre sur les formations américaines : à son retour des USA, il a pu effectuer un peu plus de cinq heures de vol et trois heures sur simulateur Link au sein de la 28ème EFTS de Wolverhampton, Staffordshire, avant de rejoindre une (P)AFU.
[549] Pour plus de détails sur la SBA, voir le livre de cette série sur les chasseurs de nuit.
[550] Programme utilisé mi-1942 par la 1.517ème BATF de Wattisham, Suffolk, conservé dans le carnet de vol de Hedley R. Madgett, IBCC Digital Archive, document 18820. Les codes 'Q' sont des abréviations standardisées permettant des échanges efficaces en morse. Ces codes ont été initialement approuvés internationalement en 1912 et se sont enrichis au fil des ans. Pour ne donner que quelques cas :
   Code   Question
   Q.D.M. Quel est le cap magnétique à suivre pour me diriger vers vous par vent nul ?
   Q.D.R. Quel est le relèvement magnétique de l'avion pour votre station ? (QDR = QDM-180°)
   Q.F.E. Quelle est la pression atmosphérique au sol ?

N°	Sans capote
1	Familiarisation
2	Virages pour détecter le faisceau radio
3	Virages en forme de "8"
4	Approche

N°	Sous capote (pilotage aux instruments)
5	Virages en forme de "8"
6	Taux de descente
7	Approche avec QDM
8	Approche sans QDM
9	Vol à grande distance

En moyenne, le séjour en BAT permettait de faire une dizaine d'heures de pilotage, et cinq heures sur simulateur Link. En mai 1942, pour la formation des élèves, seuls les aérodromes de 9 OTU et de 3 écoles au Royaume-Uni étaient équipés pour l'approche sur radiobalise, mais il était prévu que la plupart des SFTS, y compris dans les Dominions, en soient équipées durant l'année afin de commencer l'initiation des élèves à l'approche radioguidée. [551] Ce n'était pas une simple affaire puisqu'il fallait vérifier que la configuration de l'aérodrome convenait avant d'acquérir des terrains supplémentaires pour y installer les radiobalises (balise rapprochée à environ 300 mètres du début de piste, et balise lointaine à 3.200 mètres), poser des lignes électriques et téléphoniques et créer des routes pour les équipes de maintenance. La formation des techniciens, les essais et la calibration demandaient également du temps. Au début de 1943, les terrains des SFTS canadiennes commençaient à être équipés, que ce soient les aérodromes principaux, ou les aérodromes secondaires. [552] Ce n'est que vers la fin de l'année que les premiers élèves brevetés en SFTS ont bénéficié d'une initiation d'une douzaine d'heures en doubles commandes aux approches radioguidées : par exemple, la classe n°89 brevetée le 26 novembre 1943 est la première à avoir suivi ces cours à la 36ème SFTS de Penhold, Alberta. [553]

---

[551] Page 35 du compte-rendu de la conférence *"Aircrew Training"*, Document Secret (SD) n°349 de février 1942, op. cit et page 9 du *"Monthly Aircrew Training Bulletin n°2"* publié en juin 1942, op. cit.
[552] Article *"More on the Relief Landing Fields - The forgotten fields of the BCATP"* de John Higenbottam, op. cit.
[553] Rapport de la 89ème Classe de la 36ème SFTS, conservé sous la référence C-12357, image 201, BAC.

B.5 - Comparaison des parcours de formation

B.5.1 - Les filières de formation des Alliés

Dès le début du BCATP, la question du standard de formation est soulevée. Dans son rapport de janvier 1941, l'Air Vice Marshal Stanley J. Goble, Officier de Liaison australien pour le BCATP, indique qu'après discussion entre les Officiers de Liaison des différents pays concernés *"nous sommes tombés d'accord sur le fait que le standard de formation [au Canada] des Pilotes est égal à celui de la Royal Air Force en Angleterre, sauf que puisqu'il n'y a pas de couvre-feu au Canada, le pilotage nocturne peut s'effectuer dans des conditions plus faciles que celles présentes actuellement au Royaume-Uni. En ce qui concerne les Observateurs Aériens, nous sommes d'accord sur le fait que le standard de formation atteint au Canada sera plus élevé que celui du Royaume-Uni car il y a plus d'opportunités au Canada pour pratiquer la Navigation Astronomique. En ce qui concerne les Opérateurs radio – Mitrailleurs, nous pensons que le standard sera probablement légèrement inférieur à celui de la Royal Air Force en Angleterre en raison de la mise en place du nouveau cursus au sein des Écoles Radio puisqu'une bonne part de l'instruction théorique a été supprimée."* [554] La mise en place des AFU au Royaume-Uni a découlé en partie de ce type de discussions, et nous avons vu que les échanges ont été permanents pour ajuster les formations sur tous les continents aux besoins des unités combattantes.

Une proposition de janvier 1942 du Membre du Conseil de l'Air chargé de la Formation d'uniformiser autant que possible les durées de formation des pilotes dans les différents pays impliqués permet de se rendre compte de l'investissement énorme que représentait déjà à l'époque l'instruction des aviateurs. Les chiffres indiqués page suivante sont les semaines de formation nécessaires pour chaque étape. [555]

On obtient donc les durées minimales suivantes de formation :
- 50 à 63 semaines pour les pilotes de bombardiers lourds et les avions de torpillage ;
- 47 à 60 semaines pour les pilotes de chasseurs de nuit ;
- 46 à 55 semaines pour les pilotes de bombardiers moyens et légers, de coopération avec l'Armée de Terre, et de surveillance maritime (Coastal Command) ;
- 44 à 53 semaines pour les pilotes de chasseurs diurnes ;
- 46 semaines pour les pilotes d'hydravions.

Bien sûr, ces chiffres ne sont que des estimations idéales, qui ne tiennent pas compte des temps d'attente et de transit entre les écoles (parfois sur deux continents distincts), des durées des permissions ou des hospitalisations pour maladies ou blessures, ni des cas des élèves conservés comme Instructeurs. Ils ne tiennent pas compte non plus d'autres formations spécialisées (surveillance maritime, navigation, conversion sur quadrimoteurs, etc.). De plus, certaines formations peuvent être allongées en fonction des conditions

---

[554] Pages 1 et 2 du rapport *"Training of Australian Aircrew in Canada"* du 25 janvier 1941, conservé sous la référence AA1966/5 - 338, page 100, NAA.
[555] Annexe 23 du document *"Flying Training Volume II Organisation Part 1 Basic Training in the United Kingdom"*, op. cit.

météorologiques pour pouvoir respecter le nombre prescrit d'heures de vol (notamment en hiver). Ces durées sont comparables à celles constatées aux États-Unis. Par exemple, au milieu de la guerre, il fallait 1 an et demi pour former un pilote de l'US Navy. [556]

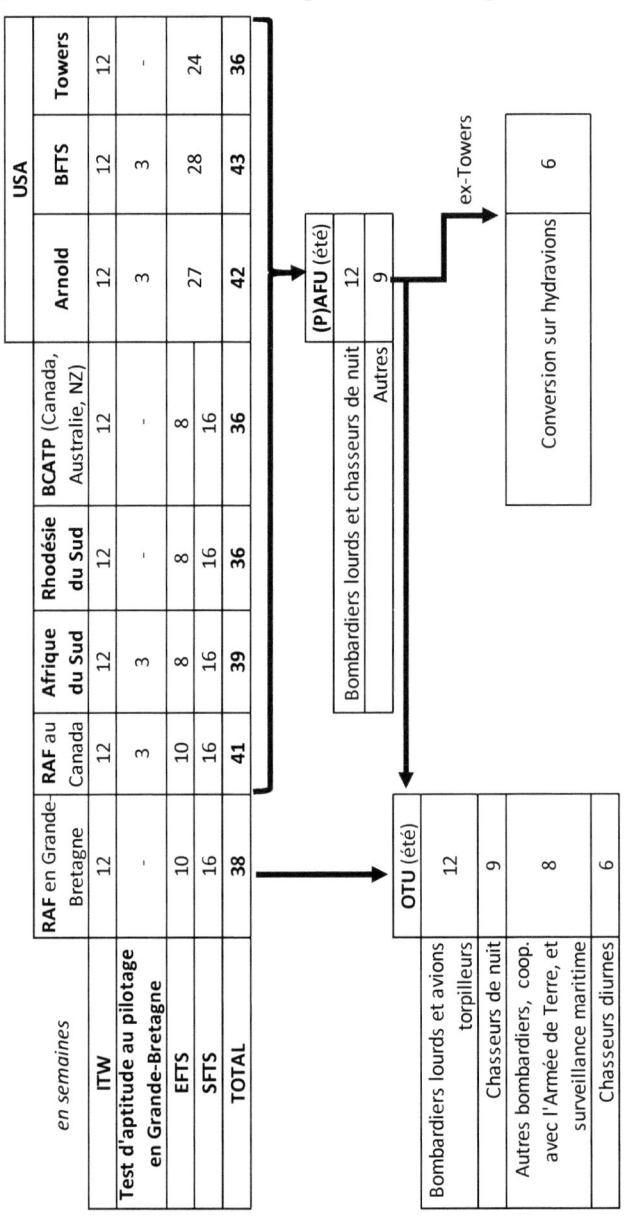

---

[556] Page 28 du livre de Jean-Paul Quentric (voir bibliographie).

Le résumé ci-après du parcours de formation du futur Flight Lieutenant William R. P. Perry, DFC, qui travaillait dans un commerce à Kettering, Northamptonshire, avant son 18ème anniversaire, illustre bien que la durée totale de la formation d'un aviateur dépassait largement les durées idéales mentionnées ci-dessus : [557]

	Début	**Fin**	**Durée** (semaines)	**Grade** (date d'effet)
Enrôlé à 18 ans		23 avril 1941		AC2 (23 avril)
En attente d'appel	24 avril 1941	18 août 1941	16,6	
1er Centre d'Accueil des Aviateurs (ACRC), Londres	18 août 1941	6 septembre 1941	2,7	
10ème ITW, Scarborough, Yorkshire	6 septembre 1941	17 novembre 1941	10,3	
Permission	17 novembre 1941	21 novembre 1941	0,6	LAC (17 nov.)
9ème EFTS, Ansty, Warwickshire (évaluation uniquement)	22 novembre 1941	16 décembre 1941	3,4	
51ème Group Pool et ADC, Heaton Park, Manchester	*16 décembre 1941*	*17 décembre 1941*	0,1	
Permission	17 décembre 1941	27 décembre 1941	1,4	
En transit vers Canada	28 décembre 1941	19 janvier 1942	3,1	
31ème EFTS, De Winton, Alberta	19 janvier 1942	23 mai 1942	17,7	
37ème SFTS, Calgary, Alberta	23 mai 1942	15 septembre 1942	16,4	
31ème Dépôt du Personnel, Moncton, Nouveau Brunswick	15 septembre 1942	*16 septembre 1942*	0,1	Sergent et breveté Pilote (11 sept.)
En transit retour UK	*16 septembre 1942*	26 septembre 1942	1,4	
Permission	26 septembre 1942	3 novembre 1942	5,4	
14ème (P)AFU, Ossington, Nottinghamshire **	3 novembre 1942	5 janvier 1943	9,0	
29ème OTU, North Luffenham, Rutland *	5 janvier 1943	9 mai 1943	17,7	
1.654ème Unité de Conversion, Wigsley, Nottinghamshire	9 mai 1943	11 juin 1943	4,7	

---

[557] Formulaire *"Royal Air Force - airman's record sheet,"* IBCC Digital Archive, document 36231, et suppléments des London Gazettes du 13 juillet 1943, du 11 février 1944 et du 15 juin 1945. Certaines dates ne sont pas connues avec précision et ont été indiquées en italique. On note que ces dates de rattachement administratif ne concordent pas toujours exactement avec celles enregistrées sur les carnets de vol.

Suite du tableau de la page précédente.	**Début**	**Fin**	**Durée** (semaines)	**Grade** (date d'effet)
106ème Escadron	11 juin 1943	février 1944	**1er tour d'opération**	P/O (19 mai), F/O (18 nov.)
5ème École de Conversion sur Lancaster	février 1944	mai 1945	**Instructeur**	F/Lt (19 mai 45)
106ème Escadron puis Transport Command (TC)	mai 1945	1947 (démobilisé)	Tiger Force *** puis TC	

* Dont deux permissions (7 jours et 10 jours)   ** Dont 8 jours à la 1.518ème BAT School de Scampton, Lincolnshire

*** Tiger Force : Nom de code regroupant toutes les unités de la RAF désignées pour aller combattre en Asie une fois la guerre terminée en Europe.

On constate que la durée totale de formation de ce pilote avant son arrivée en Escadron a été d'un an et dix mois, période à laquelle il faut ajouter près de 4 mois d'attente entre son enrôlement et son appel sous les drapeaux. Même si le parcours de Perry semble s'être déroulé sans anicroche (pas de redoublement en EFTS ou en SFTS, pas d'hospitalisation, pas de sélection pour rester comme instructeur au Canada), il a duré presque 7 mois de plus que le temps "idéal" indiqué par le Membre du Conseil de l'Air chargé de la Formation dans sa proposition de janvier 1942.

Perry a obtenu la DFC le 11 février 1944 pour avoir effectué avec succès vingt missions de guerre, et pour avoir ramené à trois reprises son Lancaster sur trois (et même une fois sur deux) moteurs.

B.5.2 - Deux ascenseurs qui se croisent : la comparaison avec le camp d'en face

Nous avons vu que durant la seconde moitié de la guerre, les pilotes de la RAF accumulaient entre 370 et 510 heures de vol avant de rejoindre un Escadron. "De l'autre côté de la colline", alors que les pilotes allemands recevaient 220 à 270 heures de pilotage avant d'être affectés en unité combattante au début de la guerre, le manque de carburant et d'instructeurs a réduit ce chiffre autour de 160 heures fin 1943. [558] Un peu comme deux ascenseurs qui se croisent, le graphe ci-après montre le nombre d'heures de vol que recevait un pilote de chaque camp avant d'être affecté en Escadron de première ligne. Ces chiffres sont évidemment des ordres de grandeur moyens, la formation d'un pilote de quadrimoteur du Coastal Command étant bien plus longue que celle d'un pilote de chasse de jour. [559]

---

[558] Page 161 du document *"Flying Training - Volume I - Policy and Planning"*, op. cit, et page 341 de l'étude n°69 de l'Army Air Forces Historical *"Technical Training within the German Luftwaffe"* (voir bibliographie).

[559] Graphe de l'auteur à partir des données mentionnées précédemment et pages 203 à 226 du chapitre de James Corum dans le livre publié sous la direction de Robin Higham et Stephen Harris (voir bibliographie).

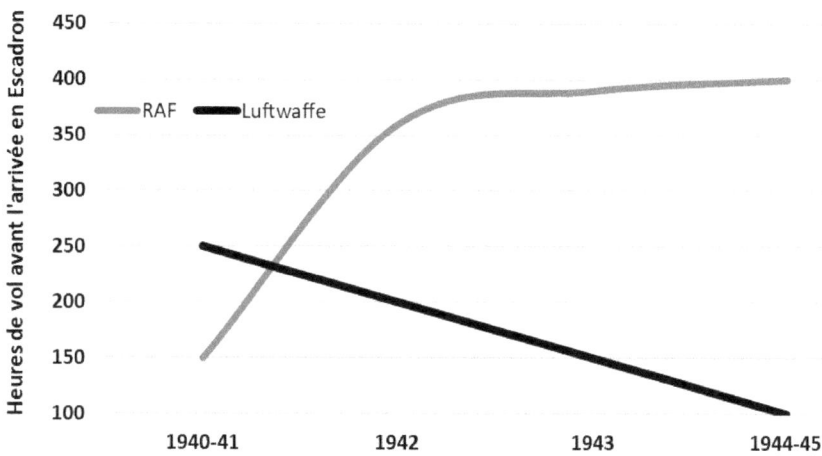

B.5.3 - L'accidentologie des différents dispositifs de formation

B.5.3.1 - La formation : la "plus grande 'bataille aérienne'" ?

Nous avons vu que la formation de milliers d'aviateurs nécessitait des moyens humains et financiers considérables. Durant les premières années de guerre, les usines ne produisaient pas assez d'avions de formation pour répondre aux besoins. Par exemple, en 1942, il n'y avait pas encore assez d'avions bimoteurs pour former le nombre de pilotes souhaité par le Bomber Command : le ratio était alors de deux SFTS sur bimoteurs pour chaque SFTS sur avions monomoteurs, alors que les besoins estimés pour la fin de l'année étaient de quatre SFTS sur bimoteurs pour chaque SFTS sur avions monomoteurs. [560] Du fait du travail intensif des écoles, les appareils accumulaient très rapidement un nombre impressionnant d'heures de vol : les cellules et les moteurs atteignaient rapidement l'âge de la retraite ou *"l'âge guillotine"* (par exemple 2.400 heures de vol, pour chaque Tiger Moth jusqu'en septembre 1943). [561] Malgré l'attention des instructeurs et des mécaniciens, l'attrition du parc était aggravée par un emploi souvent brutal des machines par des élèves inexpérimentés et par de nombreux accidents, à tel point que le BCATP a même été qualifié par un historien de *"plus grande 'bataille aérienne' de l'histoire canadienne"*. [562] L'Annexe 2B retrace la carrière de quelques avions d'écolage élémentaire : on voit bien qu'en plus d'être économique à l'emploi, il fallait qu'un avion de formation soit robuste et facile à réparer, faute de quoi il ne pouvait pas servir longtemps.

Moins l'accident était sérieux, moins les données sont fiables : certaines unités n'avaient pas l'habitude de rapporter les incidents et se contentaient de réparer les pièces

---

[560] Page 32 du compte-rendu de la conférence *"Aircrew Training"*, Document Secret (SD) n°349 de février 1942, op. cit.
[561] Entrée du 29 septembre 1943 du Journal de marche du 2ème Training Command, conservé sous la référence C-12153, image 408, BAC.
[562] Article *"La plus grande « bataille aérienne » de l'histoire canadienne"* de Jean Martin, Ph.D. op. cit.

endommagées après avoir sermonné le pilote concerné. L'accumulation des accidents et les inconsistances de traitement ont amené le Canada à demander l'aide de la RAF qui a envoyé un expert fin 1941, avant d'établir au printemps 1942 un Service d'Enquêtes des Accidents (Accidents Investigation Branch).

B.5.3.2 - Les pertes durant la formation des aviateurs, par pays

Il est difficile d'effectuer des statistiques fiables sur les accidents de cette époque, car les définitions étaient différentes d'un pays à l'autre et elles ont évolué au fil des années. Par exemple, en janvier 1943, la RAF révise sa définition d'un accident en ne considérant plus que deux types d'événements, à savoir ceux qui causent des dégâts "substantiels" à l'avion (plus de 48 heures pour réparer sur place) ou aux aviateurs (plus de 48 heures d'hospitalisation), alors qu'auparavant il y avait cinq catégories d'accident, de l'accident "mortel" à l'accident "mineur" (dégâts de catégorie A ou AC). [563]

Le Royaume-Uni

Le tableau ci-après donne une idée des pertes subies (hommes tués ou portés manquants) par les aviateurs de la RAF durant leur formation au Royaume-Uni : [564]

	Pilotes	Observateurs / Navigateurs	Bombardiers	Opérateurs radio	Mitrailleurs	Mécaniciens embarqués
1940 (10 mois)	228	21		28	5	
1941	733	169		289	72	
1942	852	505		423	226	2
1943	429	262	144	224	233	23
1944	359	294	183	270	391	144
1945 (7 mois)	162	116	69	110	122	39
TOTAL	2.763	1.367	396	1.344	1.049	208

---

[563] Air Publication Secret Document 96 *"Statistical Report on Flying Accidents"* de janvier 1943, conservé sous la référence AIR 10/3913, TNA.

[564] Données ne portant que sur les aviateurs "en formation" et compilées à partir des tableaux *"Metropolitan Air Force Casualties"*, conservés sous la référence AIR 20/2040, TNA. Une note manuscrite en en-tête alerte sur le fait que ces données ne sont pas précises et ne doivent être considérées que comme des ordres de grandeur. Il y aurait un gros travail de recherche à effectuer pour vérifier ces chiffres. Par exemple, les données de ces tableaux diffèrent des statistiques des rapports SD n°96, *op.cit.*, conservés sous les références AIR 10/3913 et AIR 10/3914, TNA. L'appellation "aviateurs de la RAF" englobe non seulement les Britanniques, mais également les aviateurs étrangers qui avaient rejoint les rangs de la RAF après l'occupation de leur pays (Polonais, Belges, Néerlandais, Norvégiens, Français, etc.).

À ces 7.127 hommes tués ou portés manquants au Royaume-Uni avant même d'avoir rejoint une unité combattante, il faut ajouter tous ceux qui ont connu le même sort au Canada, aux USA, en Afrique du Sud ou en Rhodésie du Sud, et près de 4.500 blessés. On constate que les pertes croissent jusqu'en 1942, puis se réduisent progressivement, à la fois grâce aux mesures prises pour améliorer la sécurité, puis par la diminution des effectifs. Si l'on se base sur les statistiques officielles de janvier et février 1944, seuls 20% des aviateurs tués durant leur formation le sont avant d'entrer en OTU, les 80% restants étant victimes d'accidents en OTU ou en HCU. [565]

Le Canada

Au total, 856 aviateurs ont été tués au Canada dans le cadre du BCATP, ce qui est peu si l'on considère que plus de 500 accidents suffisamment graves pour être rapportés se produisaient chaque mois une fois le plan d'entraînement arrivé à maturité : [566]

Canadiens	Australiens	Néo-Zélandais	Britanniques et autres Alliés
469	65	31	291

Le taux de décès des élèves par accident aérien au Canada était donc de l'ordre de 0,5%.

Intuitivement, on pourrait croire que le nombre d'accidents diminuait au fil de l'accroissement de l'expérience d'un élève pilote. En fait, les chiffres démontrent que c'était exactement l'inverse : il était bien plus difficile d'avoir un accident grave sur un lent biplan Tiger Moth en EFTS qu'avec un Harvard rapide en SFTS ou un complexe Mitchell ou Liberator en OTU. Il est probable que bien d'autres facteurs rentraient aussi en compte, comme l'excès de confiance ou l'indiscipline de jeunes pilotes (voir la section spécifique sur ce sujet). D'ailleurs, la fréquence des accidents mortels dans les EFTS canadiennes est restée relativement stable durant toute la guerre malgré les efforts des Training Commands pour améliorer la sécurité des vols : un aviateur était tué en moyenne toutes les 25.000 heures de vol en EFTS. La hiérarchie canadienne a eu plus de succès pour réduire les accidents en SFTS et en OTU : les accidents mortels en 1944-45 étaient presque trois fois moins fréquents qu'en 1941-42 dans ces écoles comme le montre le tableau page suivante indiquant la moyenne des heures de vol pour qu'un accident mortel survienne : [567]

---

[565] Tableaux D1 de janvier et février 1944 des rapports SD n°96, *op.cit.*, conservés sous la référence AIR 10/3914, TNA. Le pourcentage exact pour ces deux mois est de 17%, mais il faut ajouter les hommes tués ou portés manquants lors de leur formation hors du Royaume-Uni.

[566] Page 55 du "*Final report of the Chief of the Air Staff to the Members of the Supervisory Board British Commonwealth Air Training Plan*" du 16 avril 1945, conservé sous la référence AIR 20/1342, TNA. Pour une discussion détaillée sur ce sujet, se reporter à l'article "*La plus grande « bataille aérienne » de l'histoire canadienne*" de Jean Martin, Ph.D. op. cit

[567] Données page 41 du "*Final report of the Chief of the Air Staff to the Members of the Supervisory Board British Commonwealth Air Training Plan*" du 16 avril 1945, conservé sous la référence AIR 20/1342, TNA.

	SFTS	OTU
Août 1940 à mars 1941	8.407	-
Avril 1941 à mars 1942	10.864	1.401
Avril 1942 à mars 1943	16.782	3.275
Avril 1943 à mars 1944	19.191	3.073
Avril 1944 à mars 1945	28.730	3.896

L'Australie

L'Australie recense 1.070 tués ou blessés graves dans les écoles du BCATP (dont 152 morts et 55 blessés au Canada) et 1.762 tués ou blessés graves en OTU ou dans d'autres écoles (dont 724 morts et 298 blessés en OTU au Royaume-Uni ; et 110 morts et 71 blessés dans d'autres écoles au Royaume-Uni). Sur un total de 4.496 tués ou blessés de la RAAF dans des accidents aériens entre septembre 1939 et août 1945, la période de formation représente donc 63% des pertes, les autres accidents étant survenus au sein des unités combattantes. [568]

La Rhodésie du Sud

De 1940 à la fin de la guerre, la Rhodésie du Sud a reçu plus de 10.000 élèves pour breveter un peu moins de 7.000 pilotes de la RAF, 514 Australiens, environ 50 Sud-Africains et approximativement 200 d'autres nationalités (Grecs, Yougoslaves, Français, Polonais et Belges). La première cause de mortalité était les accidents en vol, bien loin devant les accidents de la route, les maladies, les rencontres avec la faune locale (un décès dû aux crocodiles) ou les noyades. Un peu plus de 360 décès ont été enregistrés entre juin 1940 et juillet 1945 dans les écoles de la RAF en Rhodésie, dont 82% (293 morts, dont 20 Australiens, 13 Grecs, [569] 4 Sud-Africains et 1 Français (le Sergent Pierre G. A. Pelissier des FAFL, tué le 15 février 1943 dans l'accident du Harvard P5814 de la 22ème SFTS)) ont eu lieu lors de 196 accidents aériens impliquant 213 avions. Le taux de décès des élèves par accident aérien en Rhodésie est donc de l'ordre de 2,5%. Le graphe ci-après montre l'évolution du nombre d'accidents aériens mortels en Rhodésie et la répartition en fonction des types d'écoles. [570]

---

[568] Annexe 3 "*RAAF Casualties in all Theatres*" du Volume 4 de l'histoire officielle "*Australia In The War of 1939-1945*" (voir bibliographie). La RAAF a eu un total de 13.754 tués ou blessés pendant la guerre, toute causes confondues. Certains des 1.070 tués ou blessés graves du BCATP et des 1.762 tués ou blessés graves en OTU ou dans d'autres écoles n'étaient pas victimes d'accidents aériens, mais d'accidents au sol (accidents de la route par exemple), ou de maladies.

[569] Par une coïncidence étrange, parmi les treize Grecs qui ont trouvé la mort dans les SFTS de Rhodésie, deux portaient des noms à consonance bien guerrière : les Sergents Eleftherios Stratigis et Stefanos Taktikos.

[570] Ces chiffres doivent être considérés comme des ordres de grandeur car il est très difficile de trouver des données fiables, et certains dossiers d'archives ne sont pas encore ouverts aux chercheurs en 2023 (par exemple la série AIR 81 des dossiers d'accidents, TNA).

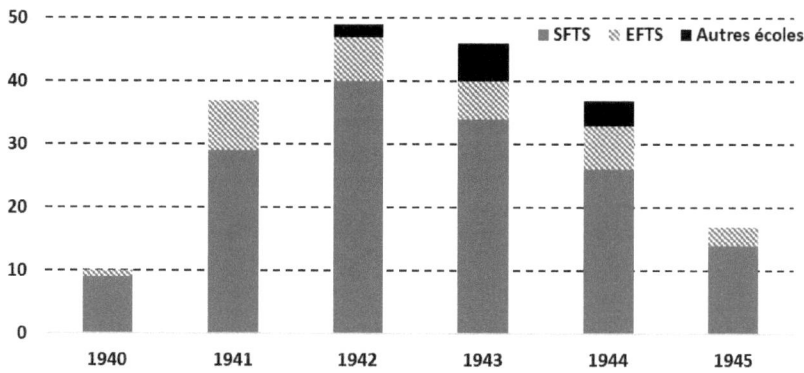

Les USA

Les pertes humaines dans des accidents aériens des écoles britanniques aux USA sont indiquées dans le graphe ci-après (la 7ème BFTS n'a pas fait de victimes durant sa courte existence) :

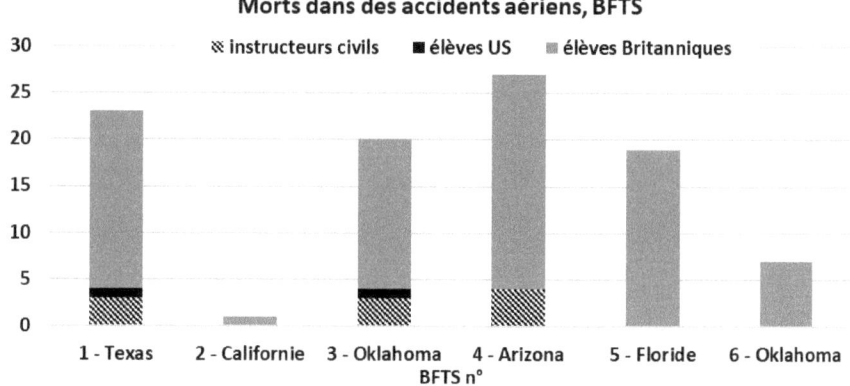

Si l'on estime à 11.300 (10.654 Britanniques et environ 646 Américains) le nombre de recrues qu'il a fallu envoyer aux BFTS pour former 7.479 pilotes, le taux de décès par accident aérien en BFTS est donc tout juste inférieur à 0,9%.

Il faut ajouter à ces chiffres 81 élèves britanniques tués dans les écoles américaines du dispositif "Arnold" (taux de décès de l'ordre de 1%) et les pertes liées au dispositif "Towers" (au moins quatre Britanniques sont enterrés au cimetière de Pensacola en Floride).

Les statistiques ne pouvant détailler les circonstances et les facteurs humains des accidents, les sections suivantes comprennent les descriptions de quelques événements mineurs puis majeurs, sélectionnés parmi les centaines de cas survenus. Les aspects disciplinaires sont ensuite évoqués dans une section spécifique.

Les Annexes 2A et 2B listent des exemples d'accidents mineurs survenus lors du travail de routine des écoles de pilotage. [571] Certains accidents méritant d'être mentionnés pour leur côté inhabituel ou tragicomique, sans parler de ceux causés par la découverte de sports peu pratiqués en Australie, en Nouvelle Zélande ou au Royaume-Uni comme le hockey sur glace, le curling, le ski ou le patin à glace, sont décrits sommairement en Annexe 10A.

Même si les personnels et élèves des B&GS et des SFTS manipulaient diverses armes, explosifs et dispositifs pyrotechniques, les accidents restaient relativement mineurs, les instructeurs imposant une discipline de fer. Par exemple, le non-respect des drapeaux rouges interdisant toute activité sur les champs de tir par un jeune pilote trop enthousiaste de tester ses mitrailleuses était sanctionné systématiquement en cour martiale. Quelques cas typiques de ces accidents sont illustrés ci-après, certains étant dus à une maladresse ou une inattention que les armes à feu ne pardonnent pas (les Britanniques ayant l'expression assez appropriée *"finger trouble"* pour ce type d'accident, l'équivalent français étant probablement *"d'avoir deux mains gauches"*) :

- Le 5 février 1943, un Anson de la 4ème B&GS de Fingal, Ontario, Canada, obtient un coup au but involontaire sur la serre installée contre la maison de Mr et Mme Jewell de St Thomas : heureusement, le projectile qui semble s'être détaché tout seul, n'était qu'une petite bombe fumigène. Le journal local, qui rapporte cet incident, rappelle que quelque temps plus tôt, un groupe de fêtards avait également été bombardé par erreur par un avion de 4ème B&GS qui avait confondu leur feu de camp avec la cible du champ de tir. [572]
- Le 17 mars 1943, Mme Taylor, une habitante de Port Stanley, Ontario, Canada, est blessée au bras par une balle de mitrailleuse alors qu'elle se trouvait dans sa cuisine. Un avion de la 4ème B&GS de Fingal est immédiatement soupçonné, bien que cela implique un tir en-dehors de la zone réservée pour les exercices de tir air-air. [573]
- Le 11 avril 1943, le Leading Aircraftman J. R. Deane ajuste le sac de récupération des douilles de la mitrailleuse arrière du Fairey Battle L5417 de la 2ème BAGS de Port Pirie, Australie Méridionale, avant un exercice de tir sur cible remorquée. Lors de ces manipulations, il touche la gâchette par inadvertance et lâche une rafale qui endommage son propre avion. [574]
- Le 4 juin 1943, les armuriers Leading Aircraftman C. A. Armstrong et l'Aviateur de 1ère Classe J. W. Mack s'en sortent bien lorsqu'une bombe d'exercice qu'ils étaient en train de fixer sur le rack d'un avion de la 1ère B&GS de Jarvis, Ontario, Canada,

---

[571] Les lecteurs intéressés par le détail des accidents d'un autre type d'école pourront se reporter au livre de Rachel L. Heide (voir bibliographie) qui a étudié les accidents survenus à la 5ème B&GS Dafoe, Saskatchewan.
[572] Article du St Thomas Times en annexe du Journal de marche de la 4ème B&GS de Fingal, Ontario, conservé sous la référence C-12333, image 380, BAC.
[573] Entrée du 17 mars 1943 du Journal de marche de la 4ème B&GS de Fingal, Ontario, conservé sous la référence C-12333, image 361, BAC.
[574] Rapport d'accident, conservé sous la référence A9845 - 232, page 22, NAA.

explose : quelques éclats sont retirés des jambes des deux hommes par le médecin de la base. [575]

- Le 20 juillet 1943, le Leading Aircraftman H. F. Galvin de la 1ère BAGS d'Evans Head, Nouvelle Galles du Sud, Australie, tente de ranger la mitrailleuse défensive du Fairey Battle L2091 après un exercice de tir sur cible remorquée. Cette mitrailleuse se rabattait pour se loger sous un capotage à l'arrière de l'avion. Comme le chargeur était encore en place et que le cran de sûreté n'était pas enclenché, il a suffi d'une secousse ou d'un doigt mal placé pour lâcher une rafale à l'intérieur de l'empennage, heureusement sans toucher aucun câble des commandes de vol. [576]
- Le 1er septembre 1943, le Leading Aircraftman R. G. Stockdill de la 3ème BAGS de West Sale, Victoria, Australie, se montre trop enthousiaste lors d'un exercice de tir libre depuis le poste arrière du Battle L5015 puisqu'il mitraille la queue de son propre avion. [577]
- Le 19 novembre 1943, le Fairey Battle K9426 revient se poser sur le terrain de la 2ème BAGS de Port Pirie, Australie Méridionale, avec une bombe de 20 livres (9 kg) qui a refusé de se détacher durant un exercice de bombardement. Au moment où l'avion se gare et que des mécanos approchent, la bombe tombe et explose, incendiant l'avion. Les trois occupants s'en sortent avec des brûlures légères, mais deux mécanos sont sérieusement blessés. [578]

D'après la légende de cette photo, cet AT-6 de la 5ème BFTS de Clewiston, Floride, *"profiterait d'une baignade bien méritée dans un lac des Everglades"*. Il n'y a malheureusement pas d'autres détails sur les circonstances de cet accident. Il ne semble pas s'agir d'une panne d'essence ou de moteur, les deux pales de l'hélice étant tordues (photo reproduite avec la permission de l'Embry-Riddle Aeronautical University).

Quelques accidents graves représentatifs sont décrits à l'Annexe 10B.

---

[575] Entrées du 4 juin 1943 du Journal de marche de la 1ère B&GS, conservé sous la référence C-12331, image 790, BAC.
[576] Rapport d'accident, conservé sous la référence A9845 - 230, page 65, NAA.
[577] Rapport d'accident, conservé sous la référence A9845 - 231, page 11, NAA.
[578] Rapport d'accident, conservé sous la référence A9845 - 230, page 47, NAA.

B.5.3.3 - Les sauts d'urgence en parachute

"Quand vous en avez besoin, vous en avez VRAIMENT besoin" (lapalissade utilisée comme titre d'un article sur les parachutes de la revue mensuelle *"Tee Emm"* de la Direction de la Formation du Ministère de l'Air britannique) [579]

Démonstration de maîtrise d'un parachute sur le terrain de l'école d'Arcadia en Floride où des centaines de cadets britanniques ont reçu leur formation élémentaire au pilotage dans le cadre du dispositif Arnold (photo reproduite avec la permission de l'Embry-Riddle Aeronautical University).

Les recours au parachute comme moyen d'extraction en dernière extrémité restent relativement rares au sein des établissements de formation comme le montrent les statistiques de sauts d'urgence en parachute de quelques pays qui sont détaillées ci-après. On notera cependant qu'il y a eu quelques cas assez étranges de pilotes tombés par inadvertance de leur avion. Dans au moins un cas, le parachute a été utilisé, non pas comme outil d'extraction, mais comme moyen de transport pour aider un autre aviateur dans une zone où il était impossible de se poser sans endommager un avion : le 29 octobre 1942, suite à une collision avec un oiseau, l'élève-pilote Harris de la 21ème Air School (SFTS) de Kimberley en Afrique du Sud, pose son Oxford en catastrophe sur le ventre. Le Lieutenant Adendorff, un instructeur qui a aperçu la scène depuis un autre avion, laisse les commandes à son élève et saute en parachute pour porter assistance à Harris qui s'en sort avec quelques égratignures. [580]

Les sauts en parachute au Royaume-Uni ou aux États-Unis

John E. Misseldine, pilote britannique de Spitfire formé à la 2ème BFTS de Lancaster, Californie, durant la seconde moitié de 1941, et abattu en juin 1942 près de Steenbecque, Nord, décrit ainsi les instructions qu'il avait reçues concernant l'art du parachutisme : *"Nous n'avions reçu aucune formation pour l'emploi du parachute, hormis qu'il fallait tirer la poignée, et c'était tout."* [581]

---

[579] Page 178 de la revue "Tee Emm" Volume 3, n°8 de novembre 1943.
[580] Entrée du 29 octobre 1942 du Journal de marche de la 21ème Air School, conservé sous la référence AIR 54/167, TNA.
[581] Interview de juin 1986, conservée par l'Imperial War Museum dans la collection *"Oral history"*, référence 9826 – bobine 3.

Il y a certainement dans les archives britanniques des rapports sur les sauts en parachute dans les écoles du pays ou dans les BFTS, mais ils restent à découvrir. Un rapport analyse les 323 sauts effectués au sein de la RAF durant les trois premiers trimestres de 1941, mais sans indiquer l'unité d'appartenance des 137 avions impliqués. Il est donc impossible de savoir si les Tiger Moth, Anson ou Oxford mentionnés se livraient à des activités de formation ou effectuaient un vol de liaison ou une mission de guerre (au moins pour les Anson). On y apprend cependant qu'il était plus facile de quitter un Anson par les fenêtres que de tenter d'ouvrir la porte en vol. Parmi les sept parachutistes comptabilisés pour les DH-82 et Tiger Moth, au moins trois avions ont été abandonnés pour cause de vrille incontrôlable, et un élève qui n'avait pas bien attaché son harnais s'est retrouvé seul en plein ciel lorsque son instructeur a démontré la façon d'exécuter un tonneau. Il n'est pas sûr que l'élève ait retenu la technique pour effectuer un tonneau mais il a certainement vérifié plus soigneusement le verrouillage de son harnais lors des vols suivants ! [582] Ce cas est loin d'être unique (voir la section ci-après sur les incidents en Australie), et au moins un incident identique est survenu à un élève britannique dans une école de Floride. [583]

Les sauts en parachute au Canada

Lors d'au moins 194 accidents impliquant 240 avions de formation au Canada entre août 1940 et juillet 1945, 333 aviateurs (élèves ou instructeurs) ont été obligés de sauter en parachute. [584] 310 hommes ont ainsi été sauvés. Parmi les 23 tués, trois n'avaient pas verrouillé correctement leur harnais de parachute, sept se sont noyés, cinq ont heurté l'empennage, et les autres ont sauté à trop basse altitude. Près de 60% des avions impliqués appartenaient à des EFTS ou des SFTS, le reste étant réparti en proportion à peu près égales entre les B&GS, les écoles de navigation (ANS, AOS et CNS), les OTU et S of GR, et enfin les autres établissements (FIS, WS, etc.). La répartition des causes de ces 194 accidents est présentée page suivante.

Parfois, les accidents sont plus graves que ceux listés ci-dessus, mais les aviateurs parviennent à s'en sortir sans trop de mal, comme le 23 juin 1944, lorsque l'Anson Mk II 7380 de la 9ème SFTS de Centralia, Ontario, est pris dans une violente tempête en fin d'après-midi et ne répond plus aux commandes : l'élève-pilote Leading Aircraftman E. W. Elliott parvient à sauter en parachute au sud du village de Wingham. Trois jours plus tard, l'élève-pilote Leading Aircraftman James Moore n'a pas la même chance : il est tué

---

[582] Rapport confidentiel *"Emergency Parachute Descents January – September 1941"*, conservé sous la référence AIR 14/50, TNA. Ce rapport, que l'on retrouve aussi dans les archives australiennes sous la référence A1196-200686, NAA, semble avoir été rédigé par un analyste fâché avec les statistiques puisque la plupart de ses calculs de pourcentages ont été corrigés manuellement. Il n'est pas expliqué pourquoi les DH-82 et Tiger Moth ont été classés en deux catégories différentes (peut-être pour distinguer les avions civils réquisitionnés des appareils militaires ?)
[583] Anecdote mentionnée page 185 du livre de Will Largent (voir bibliographie)
[584] Article *"Parachute Jumps in Canada & Newfoundland 1927-1945"* de Ian M. Macdonald, 2019, consulté le 2 décembre 2023 sur https://www.cahs.com/parachute-jumps-made-in-canada-and-newfoundland-1927-1945.html . Ces accidents ont impliqué plus d'aviateurs, puisque certains ont été blessés ou tués mais n'ont pas sauté en parachute.

lorsque l'Anson Mk II 7233 s'écrase juste après le décollage pour un entraînement de nuit. [585]

Lors de collisions aériennes, la violence et l'effet de surprise empêchent souvent toute extraction. Même lorsque les parachutes sont utilisés, les occupants des deux appareils ne parviennent à sauter que dans 15% des cas de collision avion contre avion.

Si l'on considère que près de 138.000 aviateurs ont été formés au Canada et en ajoutant les instructeurs, seuls 0,2 % de ces hommes ont donc eu besoin de recourir à leur parachute (ou formulé autrement : 2 hommes ont sauté en parachute pour chaque groupe de 1.000 élèves et instructeurs).

Les causes des 194 accidents au Canada et des 47 accidents en Australie ayant entraîné des sauts en parachute des avions des écoles (y compris les OTU) étaient les suivantes :

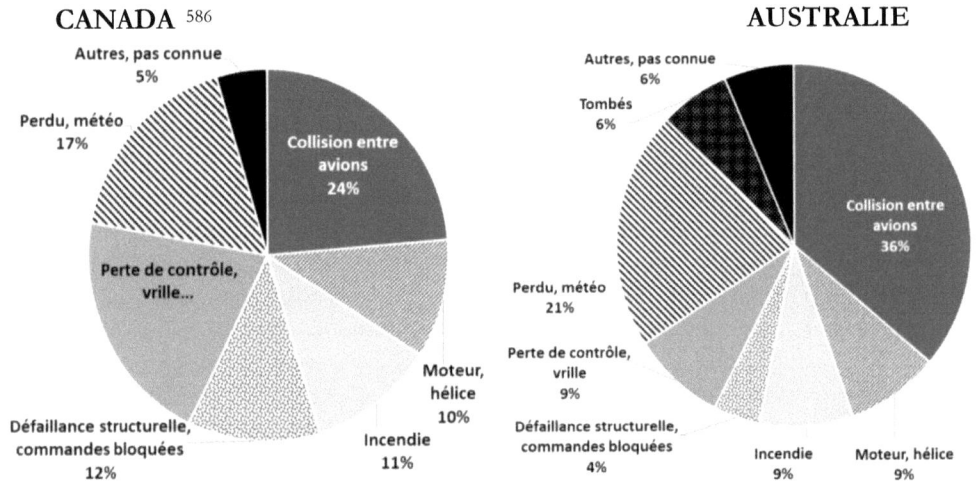

Les sauts en parachute en Australie

L'Annexe 3A détaille les circonstances des sauts en parachute effectués par les élèves ou instructeurs des écoles australiennes pendant la guerre. Parmi les 82 sauts recensés, on note que dans quatre cas, le saut était involontaire :

- Le 18 novembre 1940, le Pilot Officer Lenn Bayliss tombe du Tiger Moth A17-29 de la 4ème EFTS de Mascot, Nouvelle Galles du Sud, pendant un tonneau lent. Probablement surpris, il ne reprend pas ses esprits assez vite pour activer son parachute à temps. L'élève, le Leading Aircraftman A. W. Clark, ramène l'avion. Suite

---

[585] Entrées des 23 et 26 juin 1944 du Journal de marche de la 9ème SFTS, conservé sous la référence C-12347, image 1712, BAC.
[586] Graphes de l'auteur à partir des données de Ian M. Macdonald (op.cit.) et des rapports d'accidents correspondants.

à cet accident, le harnais du siège est amélioré de façon à ce que la cordelette qui tient la goupille de verrouillage ne puisse être tirée par inadvertance. [587]

- Le 16 septembre 1944, le même accident surprend le Flight Sergeant W. J. Whyte sur le Tiger Moth A17-204 de la 9ème EFTS de Cunderdin, Australie-Occidentale, mais il a la chance que ceci se produise suffisamment haut pour lui permettre de se servir de son parachute. L'élève ramène l'avion. Whyte a été puni pour négligence, aucun défaut n'ayant été découvert sur le harnais de l'avion. [588]

- Six mois auparavant, le 23 mars 1944, le Flight Lieutenant J. L. Powell a été éjecté du Wirraway A20-531 de la 7ème SFTS de Deniliquin, Nouvelle Galles du Sud, lorsqu'il a effectué une manœuvre violente pour éviter une collision pendant un simulacre de combat aérien, son élève s'étant montré imprudent. Pour sa défense, Powell indique qu'il avait relâché son harnais de siège pour avoir une meilleure vue depuis la place arrière et que la verrière était ouverte. À la question *"Avez-vous eu des difficultés pour quitter l'avion ?"* du formulaire à remplir après un parachutage, il a répondu avec humour *"Aucune !"* [589]

On notera que dans ces trois cas, c'est l'instructeur qui s'est retrouvé subitement hors de l'avion contre son gré alors que les élèves sont restés sur leur siège. Même si dans le premier cas, le bouclage du harnais pouvait être défait par inadvertance, il est de bonne pratique de vérifier ce point avant de se lancer dans des manœuvres de voltige. Ces accidents peuvent donc être attribués en partie à une imprudence des instructeurs, probablement générée par une répétition jour après jour des mêmes leçons de pilotage jusqu'à ce qu'elles semblent sans danger.

- Le 7 décembre 1944, le Flying Officer H. J. Kidd de la 8ème OTU de Parkes, Nouvelle Galles du Sud, se retrouve dans les airs sur son siège suite à la collision de son Boomerang A46-36 avec le Boomerang A46-32. Kidd parvient à se débarrasser de son siège et à activer son parachute. Le pilote de l'autre appareil, le Pilot Officer Arthur Watkins n'a pas cette chance et est tué. [590]

Les pénuries de parachute durant la phase d'expansion des écoles australiennes ont été décrites précédemment. Au moins un élève en a été victime. Le 4 mars 1941, dix élèves de la 3ème SFTS d'Amberley, Queensland, (école dont les cours avaient démarré mi-novembre 1940) doivent effectuer un exercice de navigation à grande distance. Ils sont répartis sur dix Anson, cinq élèves tenant le rôle de pilote, les cinq autres devant assurer la navigation. En plus de ces dix hommes, deux mécaniciens, les Aviateurs de 1ère Classe L. E. Cox et C. B. Campbell embarquent dans l'Anson W1533, ayant obtenu la veille la permission de leur Sergent de participer à un vol. Cependant, du fait de leur présence, l'élève Leading Aircraftman Eric A. Girdler ne trouve plus de parachute disponible.

---

[587] Dossier d'accident conservé sous la référence A705 - 32/10/3053, NAA.
[588] Rapports conservés sous les références A9435 - 189 page 72 et A9186 - 390 page 621, NAA.
[589] Rapport conservé sous la référence A705, 158/1/675 PART 1 page 109, NAA.
[590] Rapport conservé sous la référence A9845 - 175, page 8, NAA.

Plutôt que de soulever la question avec le responsable des vols, il décide d'embarquer dans l'Anson W1535 sans cet accessoire. Durant le vol, et contrairement aux ordres de naviguer séparément, les Anson W1535 et W1533 volent en formation et entrent en collision à une altitude d'environ 1.400 mètres près de Casino en Nouvelle Galles du Sud (à 130 km environ au sud d'Amberley). Le pilote de W1533 pose son avion en catastrophe et aucun des occupants (deux élèves pilotes et deux mécaniciens) n'est blessé. Le pilote de W1535 ne parvient pas à contrôler l'avion qui entame une vrille sur le dos ; il saute en parachute en tentant de prendre Girdler avec lui mais ils se séparent et ce dernier est tué. La commission d'enquête trouve que les procédures d'autorisation des vols ne sont pas connues de tous et que les vérifications pré-vol manquent de formalisme. Le commandant de l'école propose de faire passer le pilote de W1533 devant une cour martiale et d'octroyer 28 jours d'arrêt aux deux autres élèves pour vol en formation non autorisé. [591]

Deux exemples de rapports de sauts en parachute sont traduits à l'annexe 3B.

Les accidents et la discipline

« L'aviation n'est pas intrinsèquement dangereuse mais elle pardonne mal l'imprudence, la négligence et l'incompétence. » Capitaine Alfred G. Lamplugh, aviateur et assureur britannique, 1895-1955

Si quelques accidents sont jugés inévitables (panne de moteur sans terrain dégagé où se poser par exemple), la plupart sont liés à l'inexpérience des élèves, voire à des imprudences délibérées. Lorsque l'enquête estime que l'accident est lié au manque d'expérience, l'élève reçoit une simple inscription de réprimande dans son carnet de vol. Par exemple, en fin d'après-midi le 25 février 1942, le Leading Aircraftman John D. P. Cotter pose son Tiger Moth 5974 sur l'aérodrome de la 33ème EFTS de Caron, Saskatchewan. Ayant mal jugé les distances, il percute le Tiger Moth 5947 du Leading Aircraftman Bloomfield qui roulait au sol, causant des dégâts sérieux à cet avion. Cotter n'avait que 2 heures et 5 minutes de pilotage en solo (et 18 heures en doubles commandes) avant ce vol. Le 12 mars, le Wing Commander Worger-Slade, commandant l'école, porte la mention suivante dans le carnet de vol de Cotter *"A causé des dégâts au Tiger Moth 5947 en atterrissant. Erreur de jugement le 25 février 1942."* Ceci n'a pas empêché Cotter d'obtenir ses ailes de pilote et d'effectuer 34 missions de guerre sur Halifax. [592]

Alan Biffen, futur pilote de Lancaster (57ème Escadron), témoigne aussi d'un incident lors de sa formation à la 4ème BFTS de Mesa dans l'Arizona : *"Le Harvard avait un travers dont il fallait être conscient : si l'on ne se posait pas à une vitesse proche de la vitesse correcte, en se rappelant de ramener la manette des gaz en arrière au bon moment, l'avion avait tendance à virer vers le côté gauche et il était très difficile de le ramener sur la piste. Ceci pouvait se terminer en ce que l'on appelle*

---

[591] Rapports conservés sous les références A9845 - 100, page 38 et A705 - 32/10/3344, NAA.
[592] Carnet de vol de John D. P. Cotter, IBCC Digital Archives, document 3189 ; et compte-rendu d'accident consulté en ligne le 7 octobre 2023, n° CASPIR 0009/00000151.

un 'cheval de bois' avec une perte complète de contrôle. Même en ayant fermé complètement la manette des gaz, le saumon d'aile peut toucher le sol et l'avion part alors en cheval de bois. À la fin de ma formation, j'ai exécuté deux vols de nuit d'affilée, de 2,5 heures chacun, et j'étais fatigué et ma concentration n'était plus aussi bonne qu'il aurait fallu. Au moment d'atterrir à l'aube, j'ai fait un cheval de bois, l'aile s'est plantée dans la terre et j'ai plié une jambe du train d'atterrissage et l'hélice. Je n'étais vraiment pas content et j'étais un peu secoué. Par chance j'avais isolé tous les circuits. L'ambulance est arrivée et m'a emporté. Mon Instructeur de pilotage a été très clément en me disant que "cela démontrait combien il était vital de rester concentré en toute circonstance". J'ai été convoqué devant l'Officier commandant l'École : "Combien d'heures avez-vous fait ?", "En tout, 190 heures, Sir." "Dix heures avant votre brevet, quel dommage. ... Je suis désolé mais je vais devoir parapher votre carnet de vol." Ce paraphe consistait en une mention défavorable à l'encre rouge. Il a ajouté "Cela n'influera pas votre progression mais sera un rappel utile, principalement pour vous, mais aussi pour vos futurs instructeurs." Heureusement, mon Instructeur l'a persuadé de ne pas parapher mon livret et j'ai donc échappé à la mention infamante, mais cet épisode m'a servi de bonne leçon." [593]

Pour compléter le sujet des inscriptions dans les carnets de vol, on retiendra que les mentions liées à l'inexpérience se faisaient à l'encre noire, celles relatant des imprudences étaient à l'encre rouge et il existait aussi des mentions "vertes" pour les pilotes ayant démontré des qualités de pilotage exceptionnelles en se sortant d'une situation délicate. Par exemple, le Flying Officer Colin M. Wallace, instructeur de la 16ème OTU après un tour d'opérations sur Lancaster, a reçu une telle inscription à l'encre verte sur son carnet pour avoir ramené au sol le Wellington III X3347 quand la boite de réduction du moteur gauche a rendu l'âme juste après un décollage dans la nuit du 18 au 19 septembre 1944. [594]

Les infractions mineures étaient souvent jugées au niveau local, comme le 13 février 1941, lorsque le Commandant de la 3ème EFTS d'Essendon dans l'état de Victoria en Australie, supprime sept jours de paye au Leading Aircraftman N. F. D. Simpson pour négligence : deux jours plus tôt, aux commandes du Tiger Moth R-5182, il avait heurté une clôture et causé des dégâts de l'ordre de 30 Livres Sterling lors du roulage au sol. [595] Les instructeurs savaient tenir compte des circonstances, même lorsque des accidents graves se produisaient. Par exemple, au Canada, les deux élèves ci-dessous ont obtenu leurs ailes le 5 juin 1942 à la 36ème SFTS de Penhold, Alberta malgré des accidents qui les ont certainement marqués : [596]

- Le 10 mars 1942, le Leading Aircraftman John R. Hill pose l'Oxford AS367 sur le ventre suite à l'arrêt brutal de son moteur gauche. Le souci est que cet arrêt avait été causé par un manque de carburant, le pilote n'ayant pas basculé sur le réservoir auxiliaire puisqu'il voyait 25 gallons affichés sur la jauge du réservoir principal (soit la

---

[593] Interview non datée, conservée par l'Imperial War Museum dans la collection *"Oral history"*, référence 33797 - bobine 4.
[594] Carnet de vol de Colin M. Wallace, IBCC Digital Archives, document 28604.
[595] Entrée du 13 février 1941 du Journal de la 3ème EFTS, référence A-9186, 375, image 261, NAA.
[596] Entrée du 10 mars 1942 du Journal de marche de la 36ème SFTS, conservé sous la référence C-12356, image 1702, BAC ; et comptes-rendus d'accident consultés en ligne le 7 septembre 2023, n° CASPIR 0011/00000039 et 0011/00000040.

moitié du réservoir), jauge qui a ensuite été déclarée défectueuse. Le Flight Lieutenant Hill a perdu la vie dans la nuit du 21 au 22 juin 1944, lors de sa neuvième opération de guerre : le Lancaster ME675 du 49ème Escadron a été abattu par un chasseur de nuit au-dessus des Pays-Bas.
- Le même jour vers 15h00, l'Oxford AS674 du Sergent Sydney Gulliver rentre en collision en vol avec l'Oxford AR972 du Leading Aircraftman Ralph A. Stevens alors que les deux avions étaient dans le circuit d'atterrissage. Gulliver parvient à se poser sur le ventre mais Stevens décède dans la soirée. Une commission d'enquête, présidée par le Squadron Leader F. R. Sharp de la 3ème SFTS, conclut que les deux pilotes n'ont probablement pas vu les signaux lumineux du contrôleur au sol à cause du soleil et que Gulliver ne pouvait pas voir l'autre avion qui était plus bas que lui. Il est suggéré que des fusées de signalisation soient tirées dans les cas d'urgence plutôt que des signaux lumineux.

Si l'on en juge par certaines cours martiales, les instructeurs n'étaient pas les derniers à franchir la ligne rouge, mais il faut prendre en compte le fait que la plupart avaient moins de 25 ans et que certains avaient passé leurs premières années de guerre à voler au ras du sol sur Battle, Blenheim ou Hurricane et avaient du mal à respecter les règles rigides des Training Commands. D'ailleurs, le rapport final du BCATP souligne que dans plus de la moitié des accidents rapportés, et quel que soit le type d'école, un pilote breveté était impliqué (et pas seulement un élève inexpérimenté). [597]

Stanley Brand, pilote de Fairey Swordfish de l'Aéronavale (FAA), qui avait appris à piloter sur Tiger Moth à la 19ème EFTS de Sealand au pays de Galles a fait la même analyse que la hiérarchie des écoles : *"[Pour le pilotage], ceux qui voulaient frimer sont ceux qui ne survivaient pas."* [598] Pour tenter de juguler les imprudences, la hiérarchie des Training Commands canadiens impose des peines sévères pour les coupables d'infractions. Ils sont aiguillonnés en cela par l'état-major de la RCAF qui leur rappelle d'engager des poursuites (cour martiale) dans les cas de vols non autorisés à basse altitude ou les acrobaties aériennes sur des avions non certifiés pour ce type de manœuvres et que la sentence normale est l'éviction de Force Aérienne pour les Officiers et la prison pour les autres grades. [599] La procédure à suivre pour les Officiers est alors la suivante :

"Le Ministère de l'Air a ordonné que cet Officier revienne au Royaume-Uni en suivant la procédure suivante :
- *Une fois les ordres de mouvement reçus, cet Officier devra se rendre au point d'embarquement et montera à bord sous escorte militaire. Lui et l'escorte devront être accompagnés par l'Officier Administratif de votre Dépôt. Une fois à bord, et juste avant le départ du navire, l'Officier*

---

[597] Page 40 du *"Final report of the Chief of the Air Staff to the Members of the Supervisory Board British Commonwealth Air Training Plan"* op. cit..
[598] Interview de février 2005, conservée par l'Imperial War Museum dans la collection *"Oral history"*, référence 27347 - bobine 10.
[599] Par exemple, note de service C.45-4-26(D of P)(P.1) du 25 octobre 1943 du Chef d'État-Major de la RCAF *"Breaches of flying regulations – Unauthorized aerobatics"*, et Ordre de Routine de la Force Aérienne n°1146/43, conservés sous la référence T-21788, images 1820 et 1835, BAC.

Administratif lui communiquera le chef d'accusation, le verdict et la peine de la cour martiale, ainsi que le fait que ces éléments ont été entérinés. Il sera de plus informé que :
- ○   *Son éviction de la Force Aérienne prend effet immédiatement ;*
- ○   *Son statut est désormais celui d'un civil et qu'il n'est pas autorisé à porter l'uniforme.*
- *L'Officier Administratif donnera l'original de la lettre qui lui est destinée à cet ex-Officier et lui fera signer un accusé de réception. L'Officier Administratif veillera à ce que le Capitaine du navire, l'Officier commandant les troupes et l'Officier responsable du contingent de la RAF à bord soient informés du statut de civil de cet ex-Officier.*
- *Une fois l'escorte et l'Officier Administratif de retour à votre Dépôt, le résultat de la cour martiale devra être publié dans vos Ordres Journaliers.*
- *Une copie de vos Ordres Journaliers avec l'entrée mentionnée ci-dessus devra être envoyée … au 4ème Training Command pour publication…"* [600]

La lettre qui est transmise à bord du navire prévient le passager qu'en tant que civil, il est désormais susceptible d'être appelé sous les drapeaux, et que "*le Conseil de l'Air britannique a décidé de lui offrir l'opportunité de s'enrôler au sein de la RAF Volunteer Reserve en tant que "pilote-homme du rang" pour la durée de la guerre*" (comprendre Sergent, puisque c'est le grade minimum pour les aviateurs, alors qu'il risque d'être appelé comme fantassin ou marin de 2ème Classe). Certains de ces jeunes gens, condamnés pour quelques figures de voltige exécutées dans un moment d'enthousiasme, ont ainsi l'opportunité de faire amende honorable et ont réussi à gagner à nouveau leurs galons d'officier (voir par exemple le cas de Ian A. C. Blue en Annexe 4B).

Un infime échantillon de cas démontrant qu'il est difficile d'instaurer une stricte discipline auprès de jeunes aviateurs est présenté en Annexe 10C.

Malgré les efforts des commissions d'enquêtes, certains accidents restent inexpliqués, faute de retrouver l'épave de l'avion quand il disparaissait sans laisser de traces ou en l'absence de témoins. C'est par exemple le cas de l'accident qui a coûté la vie au Caporal René Leprou des FAFL le 31 mai 1942 : les débris de son Oxford AS831 de la 34ème SFTS de Medicine Hat, Alberta sont retrouvés à trois kilomètres du terrain secondaire d'Holsom. Il semble que l'avion a percuté le sol presque à la verticale, moteurs en marche, en début d'après-midi. Le rapport d'accident porte donc la mention suivante pour la cause principale de l'accident : "*inconnue*". Leprou, qui avait commencé son cursus dans les écoles de l'Armée de l'Air française avant l'armistice, avait alors 96 heures de pilotage à son actif (dont 54 en doubles commandes). [601]

---

[600] Instructions reçues par le commandant du 31ème Dépôt du Personnel de Moncton le 10 avril 1944, conservées sous la référence T-21788, image 4157, BAC.
[601] Entrée du 31 mai 1942 du Journal de marche, conservé sous la référence C-12354, image 796, BAC, compte-rendu d'accident consulté en ligne le 7 octobre 2023, n° CASPIR 0014/00000080.

PARTIE C - Quelques outils pédagogiques utilisés par la RAF

C.1 - Les simulateurs

Dès les débuts de l'aviation, des essais ont été faits pour tenter de donner une partie de l'instruction au sol, de façon plus sécurisée que lorsque l'élève se retrouvait en vol. Durant la Seconde Guerre Mondiale, les outils de simulation se sont développés de façon exponentielle (et parfois anarchique) au gré des besoins et de l'inventivité des instructeurs en profitant des avancées technologiques. Ayant prouvé leur valeur, ils font désormais partie intégrante du cursus de formation des pilotes civils ou militaires, jusqu'à occuper aujourd'hui 50% des heures de formation que les élèves passent dans un poste de pilotage.[602]

L'emploi de simulateurs s'est imposé au sein de la RAF par la force des choses comme le reconnait en mai 1941 un manuel du 6ème Groupe du Bomber Command : *"Peu après le début des hostilités, il est apparu clairement que les aérodromes, les avions et les personnels formés nécessaires pour faire fonctionner le dispositif de formation étaient bien supérieurs aux ressources existantes. Il fallait prévoir le nombre d'équipages de bombardiers requis pour compenser les pertes subies par les unités combattantes du Bomber Command, et pour fournir les équipages à un Commandement qu'il était prévu de multiplier à plusieurs fois sa taille d'avant-guerre. ... Il a été pris comme fil directeur que tout substitut à la formation en vol devait simuler les conditions obtenues lors d'exercices en vol avec autant de réalisme que possible. Avant la fin de la première année de guerre, les bases d'un programme, qui a été baptisé depuis "formation sur simulateur", ont été posées ... et ses principes peuvent être utiles pour des formations s'appliquant à tous les types d'avions militaires."* [603]

Toutes sortes d'outils de simulation (baptisés initialement "outils de formation artificielle" (synthetic training devices) puis "aides à la formation" (training aids)) ont été développés, parfois à un seul exemplaire par l'initiative d'un instructeur motivé, les plus efficaces étant répliqués par d'autres écoles ou déclinés pour s'adapter aux besoins locaux. Pour faire le tri et sélectionner les outils les plus efficaces, un Comité de la Formation Artificielle, présidé par le Directeur en Second de la Formation Opérationnelle, est créé dès le début de 1940. Une Unité de Développement de la Formation Artificielle à la Navigation est mise en place en mai 1941 et au début de 1942, son champ d'action est étendu à tous les outils d'aides à la formation, son titre devenant Unité de Développement de la Formation Artificielle (STDU - Synthetic Training Development Unit). Cependant cette Unité manque de moyens de recherche et de production et elle est remplacée en

---

[602] Pourcentage mentionné page 57 de l'article *"The RAF's leading role in the development and application of Synthetic Training Equipment"* du Dr Trevor Nash, publié dans la revue Air and Space Power Review Vol 26 No 1, 2024, pages 54 à 74. La formation élémentaire des pilotes de l'Armée de l'Air et de l'Espace française divise les heures de vol en 63% sur avion Pilatus PC-7 MKX et 37% sur simulateur d'après le communiqué de presse suivant consulté en ligne le 11 janvier 2025 : https://www.babcockinternational.com/news/babcock-awarded-long-term-contract-to-support-french-air-force-training-programmes/

[603] Document Secret SD269 de mai 1941 *"Programme de formation sur simulateur des équipages de Whitley et de Wellington"* du 6ème Groupe, conservé sous la référence AIR 10/4025, TNA.

avril 1943 par une Unité de Développement des Aides de Formation (TADU - Training Aids Development Unit) dépendant du Ministère de la Production Aéronautique, et non plus du Ministère de l'Air. Basée à Cardington, Bedfordshire, et dirigée par le Professeur Leo S. Palmer, chercheur universitaire en électrotechnique, la TADU a effectué un travail de coordination, d'harmonisation et de diffusion sous l'autorité du Comité de la Formation Artificielle. Par exemple, seize types différents "d'aides à la formation" sur les moteurs sont étudiés et leurs mérites comparés. La TADU a notamment diffusé une cinquantaine de rapports permettant aux écoles de produire elles-mêmes des simulateurs simples, a catalogué les simulateurs, a créé 36 prototypes de simulateurs pour répondre aux besoins exprimés par les utilisateurs, a assuré la production en petite série de six d'entre eux et a supervisé la fabrication d'autres par des entreprises spécialisées. La TADU avait catalogué 255 "aides à la formation" utilisées par la RAF et défini quatre classes pour ces dispositifs : [604]

1. Les **aides de démonstration** permettaient à un instructeur d'illustrer son cours : par exemple un moteur coupé en deux pour montrer aux élèves le mouvement des composants.
2. Les **aides d'instruction** servaient à transmettre un savoir : les silhouettes ou les maquettes pour apprendre à reconnaître les avions amis et ennemis en sont une illustration.
3. Les **aides de pratique** permettaient aux élèves d'améliorer leur habileté pour une manœuvre particulière : par exemple un fuselage d'avion servant à s'entraîner à l'évacuation d'urgence.
4. Les **aides d'évaluation** notaient la performance des élèves : les cinémitrailleuses d'entraînement au tir ou les testeurs de vision nocturne étaient rangés dans cette classe.

Les simulateurs ont permis d'améliorer la qualité des apprentissages, d'économiser des milliers d'heures de vol et de garder les élèves occupés de façon utile lorsque le mauvais temps ne permettait pas de sortir les avions. Ces outils ont aussi réduit les temps de formation, par exemple en simulant les conditions vols de nuit en plein jour.

Les simulateurs utilisés dans les OTU sont évoqués plus en détail dans les autres livres de cette série (par exemple, les simulateurs électroniques des radars air-air sont décrits dans le livre sur les chasseurs de nuit).

---

[604] Rapport *"The Training Aids Development Unit"* rédigé en 1945 par le Professeur L. S. Palmer, conservé sous la référence AVIA 44/541, TNA.

Des outils de plus en plus complexes

Les simulateurs les plus simples étaient probablement les maquettes, que ce soit celles d'avions pour apprendre aux élèves à les reconnaitre sous tous les angles et sous différents éclairages, ou que ce soit celle d'un aérodrome pour démontrer les différents circuits et éclairages. Un autre exemple est la maquette du canot de sauvetage largable Mk. IA : mesurant 1,2 mètres de long, manipulable comme un jouet et très détaillée, elle a été largement distribuée aux différents Escadrons afin de familiariser les aviateurs avec le contenu du canot et la façon d'établir la voilure. [605]

Ci-dessus, à gauche, des aviateurs se familiarisent avec la maquette du canot de sauvetage largable Mk. I ; à droite un système d'entrainement à la procédure d'amerrissage : chaque membre d'équipage dispose d'un panneau et doit enfoncer le bouton correspondant à l'action à effectuer à chaque stade de l'amerrissage. Si le mauvais bouton est enfoncé, cela bloque toutes les actions suivantes. Ci-dessous, à gauche, simulateur du circuit hydraulique du Mosquito, à droite fuselage de Halifax permettant de s'entrainer aux procédures d'évacuation d'urgence (photos Library and Archives Canada/Department of National Defence fonds/e011316184 et de l'Air Publication 2655, Volume 1)

---

[605] Chapitre 39 *"Airborne Lifeboat Model"* de la Section 1 de l'Air Publication 2655, Volume 1 *"Manuel des aides à la formation"*.

À gauche, les postes des opérateurs radio dans un simulateur au sol de la 5ème OTU de Boundary Bay, Colombie Britannique. Les portes pour isoler les compartiments sont ouvertes pour la photo. Ce type de simulateur était souvent relié à d'autres pour chacun des membres d'équipage pour former un "simulateur pour équipage" ("Crew trainer"). Les plus sophistiqués bénéficiaient d'effets d'ambiance, que ce soit le bruit des moteurs ou les faisceaux lumineux simulant les projecteurs au sol. À droite, tourelle de mitrailleuses Frazer Nash alimentée sur secteur pour faire fonctionner le système hydraulique monté à l'arrière de la remorque. Certaines de ces tourelles étaient utilisées au champ de tir. D'autres étaient placées dans un hangar obscur et équipées d'une lampe projetant un faisceau lumineux pour que les élèves apprennent à manipuler les commandes en essayant de suivre une forme tracée sur le mur, par exemple un grand "8" (photo Library and Archives Canada/Department of National Defence fonds/5012627 et AP2655, Volume 1, Section 2, Chapitre 14)

Le tableau ci-dessous liste les simulateurs ("synthetic trainers") qui sont officiellement approuvés mi-1942 pour différentes écoles (en plus des simulateurs Link) : [606]

Outils de simulation	École
Enseignement élémentaire de tir avec déflexion	SFTS (avions monomoteurs)
Tir avec déflexion par point lumineux sur simulateur Link (dispositif *"Fisher"*)	SFTS (avions monomoteurs)
Simulateur de bombardement ("AML Bombing Teacher")	SFTS (avions bimoteurs), AOS, B&GS, ANS
Simulateur de tir en tourelle (plusieurs types disponibles)	B&GS, AGS
Enseignement du tir avec munitions traçantes	B&GS, AGS
Images de visée pour le tir avec munitions traçantes	SFTS (avions bimoteurs), B&GS
Identification des avions (dispositif *"Hunt"*)	SFTS (avions monomoteurs), B&GS, AGS
Simulateur de radiogoniométrie	AOS, S of GR
Enseignement de la navigation à l'estime	AOS, ANS
Simulateur d'entraînement d'un équipage	S of GR, ANS
Repérage sur carte	ITW
Simulateur pour dérivomètre	AOS

---

[606] Pages 34 et 35 du *"Monthly Aircrew Training Bulletin n°1"* publié en mai 1942, op.cit.

Cette liste n'était pas exhaustive puisque, par exemple, le Journal de marche de la 12ème SFTS de Brandon, Manitoba, mentionne l'installation d'un simulateur pour la navigation à l'estime et d'un autre pour les exercices de communication. [607] Les AOS canadiennes utilisaient des salles de classe transformées en "Simulateur de Formation à la Navigation à l'Estime" (SRDT – Synthetic Dead Reckoning Trainer) : isolé dans un box, un élève jouant le rôle du navigateur disposait des instruments nécessaires (compas, altimètre, badin, etc.) et communiquait par interphone avec un autre élève dans un autre box jouant le rôle du pilote. Les instructeurs pouvaient modifier l'affichage des instruments et introduire des paramètres variables (vent, ordres reçus du sol, etc.). La 5ème AOS de Winnipeg, Manitoba, estime que chaque mois, la salle du SRDT a permis aux élèves de parcourir fictivement 1,2 millions de kilomètres. Le fonctionnement et l'entretien de cette salle nécessitaient deux instructeurs en navigation et six hommes du rang.

Vue partielle de la salle du Simulateur de Formation à la Navigation à l'Estime de la 5ème AOS de Winnipeg, Manitoba. On peut voir en (A) et en (B) les deux boxes d'un pilote et de son navigateur. Dans le box au premier plan, un élève australien de la Classe 108A trace sa trajectoire sur une carte. On voit à sa droite le compas avec une tige verticale connectée à une poulie en haut à droite de la photo, qui permet à l'instructeur de modifier l'indication de ce faux instrument. De même, les autres instruments sont placés en (C) et sont réglables depuis l'extérieur du box par les instructeurs. Le petit cadre noir horizontal devant les instruments permettait d'installer un astrographe à la verticale de la carte (photo de la revue *Drift Recorder*, décembre 1944).

Des étudiants sont mis à contribution en 1941 pour produire des dizaines de maquettes qui sont nécessaires pour les cours d'identification des écoles d'aviateurs du Canada. On reconnait à droite au premier plan deux Messerschmitt 110, et à gauche probablement des Boulton Paul Defiant (photo Library and Archives Canada/Department of National Defence fonds/e000760256).

---

[607] Entrée du 26 mai 1943 du Journal de marche de la 12ème SFTS, conservé sous la référence C-12349, image 16, BAC.

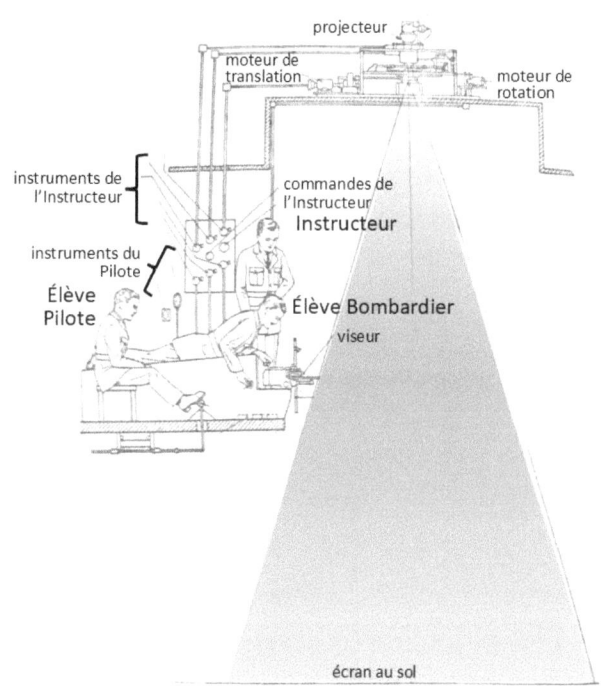

Dessin montrant l'emplacement des utilisateurs d'un simulateur de bombardement (AM Bombing Teacher Mk III) dont le développement avait commencé avant la guerre sous le nom de *"Bygrave bombing teacher"*. Le Capitaine Leonard C. Bygrave, qui travaillait au sein de Laboratoire du Ministère de l'Air après la Première Guerre, était un inventeur prolifique qui est notamment crédité de l'invention du compas à lecture déportée et d'une règle à calcul de navigation astronomique originale de forme cylindrique avec trois tubes coulissants l'un dans l'autre pour être utilisée facilement dans un poste de pilotage exigu et ouvert à tous les vents. [608]
(Dessin de l'AP2655 vol1, sect2, chapitre 4).

La 1ère B&GS de Jarvis, Ontario, Canada, a été la première école du BCATP à installer une sorte de tyrolienne dans son gymnase pour simuler les sauts en parachute. [609]

Le simulateur d'atterrissage de jour (projet General Aircraft n°51)

Afin de réduire le temps de formation des élèves-pilotes, le Ministère de l'Air confie, début 1942, la conception d'un prototype de simulateur d'atterrissage à la société General Aircraft Ltd. (fabricant des planeurs de combat Hotspur et Hamilcar). Un tapis roulant portant une maquette d'aérodrome au 1/100ème défile sous les yeux de l'élève qui l'observe grâce à un périscope comme s'il était à une trentaine de mètres de haut. Le poste de pilotage de l'élève est monté sur pivots pour simuler l'inclinaison longitudinale en fonction des mouvements du manche à balai. Le tapis roulant monte ou descend suivant l'altitude à simuler et sa vitesse de défilement est réglée par la manette des gaz. Divers artifices rendent l'expérience plus réaliste (bruit du moteur, courant d'air, vibrations du

---

[608] Page 33 du compte-rendu du séminaire *"A History of Navigation in the Royal Air Force"* du 21 octobre 1996, publié par la RAF Historical Society, ISBN 0951982478, et article *"Bygrave celestial computer"* du Major Jack W. Howe, publié page 21 de la revue trimestrielle de l'Air Training Command de l'USAF *The Navigator*, Volume XV, numéro 1, automne 1967. Des photographies d'une règle à calcul Bygrave sont visibles sur le site de la collection Powerhouse consulté en ligne le 18 février 2024 https://collection.powerhouse.com.au/object/373041 . Cette règle a été copiée au Japon et en Allemagne (Höhenrechenschieber HR1, HR2 et MHR1).

[609] Page 6 de la revue *"Fly Paper"*, de juillet 1943 de la 1ère B&GS de Jarvis, Ontario.

roulage au sol, etc.). L'instructeur dispose d'indicateurs lui montrant l'altitude, la vitesse, l'attitude de l'avion et les réglages de commandes de vol appliqués par l'élève. À titre d'essai, 130 élèves sont répartis en deux groupes dont un seul bénéficie de cours sur ce prototype de simulateur. Les élèves de ce groupe parviennent en moyenne à effectuer leur premier vol en solo avec deux heures de moins en doubles commandes. En décembre 1943, General Aircraft dépose une demande de brevet (GB2114543A) pour ce système. La TADU a suggéré de nombreuses améliorations et General Aircraft a donc proposé une version Mark II plus élaborée mais qui n'a jamais été construite. [610]

Dessin du prototype de simulateur construit par General Aircraft en 1942 montrant le poste de pilotage de l'élève avec l'instructeur derrière et les tapis roulants au fond à droite (Figure I en annexe du rapport rédigé en 1947 *"General Aircraft Limited : Summary of wartime development, 1939-1945"*, conservé sous la référence AVIA 44/598, TNA).

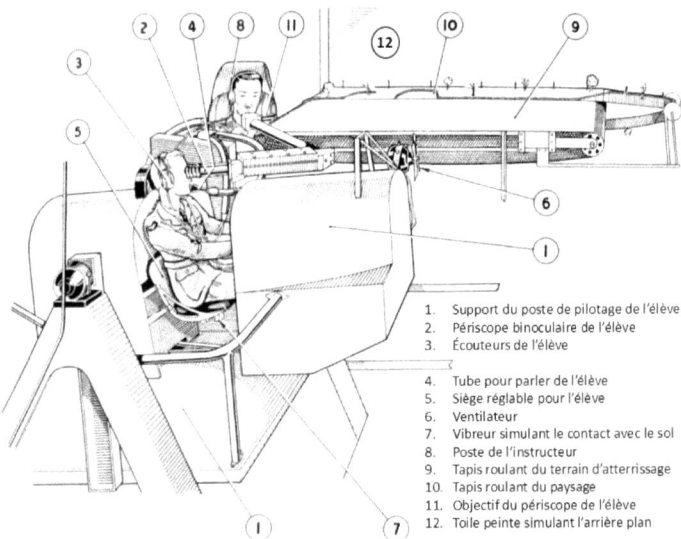

1. Support du poste de pilotage de l'élève
2. Périscope binoculaire de l'élève
3. Écouteurs de l'élève
4. Tube pour parler de l'élève
5. Siège réglable pour l'élève
6. Ventilateur
7. Vibreur simulant le contact avec le sol
8. Poste de l'instructeur
9. Tapis roulant du terrain d'atterrissage
10. Tapis roulant du paysage
11. Objectif du périscope de l'élève
12. Toile peinte simulant l'arrière plan

La simulation du vol de nuit

Le manque de temps pour voler de nuit était une forte contrainte pour les écoles, que ce soit en hiver lorsqu'il était impossible de voler à cause de la météo, ou en été parce que les nuits étaient très courtes. En Angleterre, il fallait aussi ajouter les alertes qui interrompaient toute activité de formation lorsque des intrusions d'appareils ennemis étaient signalées. Outre l'emploi de simulateurs Link pour une partie des cours, la solution adoptée consistait à effectuer ces heures de pilotage de jour en situation de nuit simulée. Après de multiples essais de différents dispositifs, les deux outils suivants ont été utilisés par la plupart des écoles pendant la guerre :

1. **Système monocouche (*"one-stage"*)** : Cet outil était relativement complexe puisqu'il fallait baliser la piste d'atterrissage avec plusieurs lampes à vapeur de sodium alimentées par un groupe électrogène. Le pilote portait des lunettes filtrantes dont l'opacité était sélectionnée parmi quatre options en fonction de la luminosité du jour

---

[610] Page 113 du rapport *"The Training Aids Development Unit"*, op. cit.

grâce à des graphes calibrés et en tenant compte de l'expérience de l'élève (nuit avec Lune pour débutant, nuit noire ensuite). Le tableau de bord de l'avion était également éclairé par une lampe à vapeur de sodium pour que le pilote puisse voir ses instruments. Le pilote avait ainsi l'impression de piloter de nuit. Les lampes (y compris celle du tableau de bord) devaient être allumées 15 à 20 minutes avant le décollage pour que les vapeurs de sodium atteignent la bonne température, ce qui imposait une grosse demande aux batteries de l'avion, empêchant toute installation sur de petits avions de formation. Malgré la lourdeur de mise en œuvre, ce système était fiable et les vitres de l'avion restaient inchangées. Cependant, les lampes à sodium n'étaient assez puissantes que pour des avions ayant un circuit d'approche de faible rayon, les quadrimoteurs étaient donc exclus.

Ci-dessus : Train de remorques portant les lampes à vapeur de sodium. Au fond, on aperçoit le touret portant les câbles électriques de raccordement au groupe électrogène. Il fallait huit hommes pour installer de dispositif.

Ci-contre : La lampe à vapeur de sodium montée sur le sommet du tableau de bord d'un Bristol Blenheim. On notera la présence de doubles commandes sur cet appareil.
(Image : Figures 2 et 4 du chapitre *"Synthetic Night Flying Training"* du document secret *"Fighter Command Synthetic Training Manual"*, publié en février 1943 par la Direction de la Formation Opérationnelle du Ministère de l'Air. Document conservé sous la référence AIR16/1146, TNA).

2. **Système bicouche orange (*"two-stage amber"*)** : Des écrans orange transparents démontables en acétate étaient installés sur les panneaux vitrés de l'avion et l'élève devait porter des lunettes bleutées spéciales : la combinaison de ces deux composants donnait l'impression qu'il faisait nuit lorsqu'il regardait dehors, mais il pouvait voir ses instruments. Ce système a été monté sur les avions suivants (liste non exhaustive) :

Harvard	Prentice	Firefly	Meteor	Buckmaster	Proctor
Mosquito	Chipmunk	Auster	Hornet	Crane	Wirraway

La fabrication demandait une grande rigueur pour obtenir la qualité souhaitée des écrans filtrants. Plusieurs essais ont été effectués avec d'autres filtres colorés *("two-stage brown"*, *"two-stage blue"*, etc.), d'ailleurs les Cessna Crane utilisés au Canada disposaient d'écrans verts sur les fenêtres et les lunettes de l'élève avaient une couleur rouge. [611] Cette version canadienne est jugée comme n'étant *"pas complètement satisfaisante"* par l'Unité de Développement des Aides de Formation (TADU) en raison, notamment, de difficultés pour distinguer les fusées éclairantes, pour lire les cartes et de la gêne pour la vision de l'instructeur, à tel point que l'ajout d'un périscope est suggéré. [612]

Que ce soit pour le système monocouche ou le système bicouche, un instructeur ou un autre élève (sans lunettes) jouant le rôle de vigie de sécurité devait être à bord pour éviter les collisions (mais le système bicouche a été installé aussi sur des avions monoplaces comme le Hornet F3). En cas d'urgence, l'élève-pilote pouvait retirer ses lunettes pour se retrouver en plein jour. La principale difficulté était de ventiler les lunettes pour éviter la formation de buée, dont le pilote ne pouvait pas détecter la présence facilement. La TADU a effectué de nombreux essais sur ce sujet et pour améliorer la mise en œuvre des deux systèmes avec différents avions.

"Le" simulateur Link

Pour tenter de limiter la casse lors du premier vol, les premiers simulateurs avaient vu le jour avant même la Première Guerre mondiale. Jusque-là très rustiques, ces engins vont entrer dans une nouvelle ère en 1930, lorsqu'Edwin A. Link dépose un brevet pour un simulateur électropneumatique. Link pensait pouvoir diminuer le coût, la durée et le risque de la formation sur avion à double commande. Utilisant la technologie des orgues et pianos de la fabrique familiale, son simulateur permet de donner à l'élève-pilote des rudiments de pilotage avec le cockpit ouvert, et de le former au vol sans visibilité (conditions d'un vol de nuit ou dans les nuages) sous habitacle fermé. L'instructeur communique par interphone avec l'élève dont il peut suivre la progression sur son bureau par des instruments répétiteurs et un traceur sur carte (surnommé "le crabe").

Le Link Trainer connait un succès timide dans quelques écoles civiles. Ce n'est qu'en 1934, après une série de crashs mortels, que l'US Army Air Corps en acquiert six exemplaires (à 3.500 $ pièce) pour la formation au pilotage sans visibilité des pilotes en charge du transport du courrier. C'est le début du succès et aussi de la pénurie car les usines ne peuvent pas produire assez de simulateurs pour répondre à la demande. Mi-1937, l'Air Commodore Robert Leckie, Directeur de la Formation au sein du Ministère de l'Air britannique, effectue une visite aux USA et recommande à son retour l'emploi des simulateurs Link par la RAF. Les 51 premiers appareils sont mis en service sur les

---

[611] Paragraphe 23 des Notes à l'intention des Pilotes de Crane I et IA, Publication Canadienne de l'Air n°135, Vol. 2, octobre 1942.
[612] Page 121 du rapport *"The Training Aids Development Unit"*, op. cit.

bases britanniques avant la fin de l'année. [613] Au début de la guerre, chaque Link des écoles britanniques est utilisé 72 heures par semaine, les cours s'arrêtant le soir à 22h00. Chaque instructeur Link travaille six jours par semaine, à raison de deux sessions de trois heures chaque jour. Ces instructeurs suivent douze semaines de cours. [614] Cependant, certaines écoles doivent attendre des mois avant que leur première "boite bleue" (surnom souvent donné au simulateur Link) arrive : par exemple, la 3ème EFTS d'Essendon dans l'état de Victoria en Australie, qui a ouvert le 2 janvier 1940, ne commence les cours sur Link que le 17 février 1941. [615]

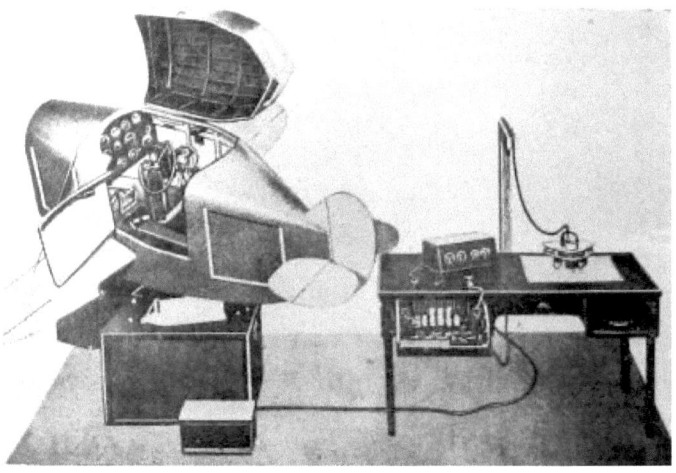

Vue d'ensemble d'un simulateur Link avec *"la boite bleue"* à gauche dans laquelle s'installait l'élève, et le bureau de l'instructeur à droite sur lequel trône le "crabe" au bout d'un câble pour tracer sur une carte la trajectoire virtuellement suivie par l'avion (photo AP2655 Vol1 Sect1 Chap32)

Pendant la guerre, les simulateurs Link ont été produits à plus de 10.000 exemplaires aux USA et au Canada par Link Aviation Devices Incorporated et exportés vers toutes les forces aériennes alliées. De nombreux simulateurs Link sont conservés dans les musées d'aviation.

Des simulateurs Link ont été installés sur toutes les bases, et les pilotes brevetés de la RAF devaient s'entraîner régulièrement et inscrire leurs heures de simulateur sur leurs carnets de vol. Même les pilotes de l'Air Transport Auxiliary, [616] qui ne recevaient aucune formation au vol sans visibilité, étant sensés convoyer leurs appareils par beau temps et de jour uniquement, ne perdaient pas une occasion de s'asseoir dans un simulateur Link après s'être faits quelques frayeurs dans les nuages qui recouvrent régulièrement le Royaume-Uni.

Des dizaines de milliers d'élèves-pilotes ont redouté les séances dans *"la boite bleue"* sous la critique d'instructeurs chevronnés des deux sexes, mais il valait mieux apprendre

---

[613] Page 59 de l'article *"The RAF's leading role in the development and application of Synthetic Training Equipment"* du Dr Trevor Nash, op.cit..

[614] Page 34 du compte-rendu de la conférence *"Aircrew Training"*, Document Secret (SD) n°349 de février 1942, op. cit.

[615] Entrée du 17 février 1941 du Journal de marche de la 3ème EFTS, conservé sous la référence A-9186, 375, image 261, NAA.

[616] Pilotes chargés du convoyage des avions entre les usines, les centres de réparation et les unités combattantes. Beaucoup de ces pilotes étaient des femmes.

ainsi que sur un véritable avion perdu dans les nuages ! Le Link était donc naturellement l'un des sujets favoris dans les journaux des écoles. Parmi les nouvelles publiées en mars 1944 dans le magazine *"The Pendletonic"* de la 10ème EFTS de Pendleton, Ontario, on trouve l'information suivante : [617] *"La salle des simulateurs Link a reçu une couche initiale de peinture verte. C'est une teinte de vert splendide qui est sensée être très reposante pour les yeux (??). Certains instructeurs ont fait remarquer que cette couleur correspondrait tout à fait à celle des nouveaux élèves [après une séance sur simulateur]."*

Les deux dessins ci-dessous représentent quelques-uns des rêves (ou cauchemars) des élèves : [618]

Le Leading Aircraftman Montgomery apprend vite ?
(dessin signé de façon illisible)

OK, maintenant, descendez à 400 pieds par minute, 120 milles à l'heures, etc. (dessin signé "J.B.")

(Dessins © Government of Canada. Reproduced with the permission of Library and Archives Canada (2024). Source: Library and Archives Canada/Department of National Defence fonds/Reel C-12353 p. 659 et Reel C-12354 p. 289)

L'élève du dessin ci-dessus a-t-il vraiment existé ? Accident d'atterrissage improbable d'un simulateur Link échappé de son bâtiment ? Il s'agit plus certainement d'une mise en scène par les instructeurs de la 5ème BFTS de Clewiston, Floride, au moment de la mise au rebut de ce pauvre simulateur qui a dû voir défiler bien des élèves entre 1941 et 1945 (photo reproduite avec la permission de l'Embry-Riddle Aeronautical University).

---

[617] Page 4 du journal *"Pendletonic"* du 9 mars 1944, conservé sous la référence C-12339, image 1555, BAC.
[618] Page 8 du journal *"The Pioneer"* de la 31ème SFTS, et page 31 du journal "The Gen" de la 33ème SFTS (tous deux de décembre 1942).

Le programme d'instruction de cinq heures sur simulateur Link en EFTS était le suivant en septembre 1939 : [619]

Exercice	
1	Vol de familiarisation pour s'habituer au simulateur.
2	Vol rectiligne en palier à différentes vitesses. Cap sur les points Cardinaux.
3	Montée. Descente (en vol plané et au moteur).
4	Essais de virages sans trop tenter de conserver l'altitude et d'arriver sur un cap donné, le but étant de garder un taux de virage constant.
5	Virages aux taux ½ et 1 tout en montant, en descendant ou volant en palier. [620]
6	Virages aux taux 1½ et 2 (en palier, en montant, en descendant).
7	Révision.
8	Test du "T". Altitude à conserver à +/- 100 pieds. [621]
9	Test du "U".
10	Vrilles. Vérifier que le palonnier est braqué dans la direction opposée *[à la vrille]* avant que le manche à balai ne soit poussé vers l'avant et que la vitesse en piqué ne devient pas excessive.

Chaque exercice devait durer trente minutes et être fait en air calme. [622] Peu à peu, ce programme a été étendu à dix heures en EFTS, avec plus d'exercices de complexité croissante (par exemple, il y en avait 17 en juillet 1943). [623]

---

[619] Page 22 de la 5ème édition (septembre 1939) de l'Air Publication 1388 *"Programme Standard de la Royal Air Force pour la formation des Pilotes, Observateurs Aériens et Mitrailleurs Aériens aux sein des Établissements de Formation (Paix et Guerre)"*.

[620] Virages "standards" (de taux 1, taux 2, etc.). La RAF définit un virage de taux 1 comme étant un virage de 360° effectué en 2 minutes (ce qui donne un demi-tour (180°) en une minute, d'où son appellation de 'rate one' = 'taux 1').

[621] Ce test consistait à donner des instructions de vol pour que le tracé du vol sur une carte ait au final la forme d'un "T". De même, l'exercice suivant permettait de tracer un "U" si l'élève suivait correctement les instructions.

[622] Le simulateur Link pouvait être réglé sur "air calme", ou "air turbulent" pour obliger l'élève à tenir les commandes plus fermement et à corriger des écarts aléatoires.

[623] Programme conservé dans le carnet de vol de Leslie R. Pearson, IBCC Digital Archive, document 10559.

Le programme d'instruction sur simulateur Link en SFTS était le suivant fin 1942 : [624]

Exercice	
1	Familiarisation avec l'horizon artificiel et le conservateur de cap.
2	Vol rectiligne en palier. Panneau standardisé complet mais avec l'indicateur de virage caché. [625]
3	Changement de vitesse, maintenir le vol en palier.
4	Monter et descendre.
5	Virages aux ailerons avec 10 - 12° d'inclinaison à l'aide de l'horizon artificiel.
6	Virages : passer d'un virage à droite à un virage à gauche et vice-versa avec 15° d'inclinaison.
7	Virages au compas ou sur des caps magnétiques avec uniquement l'aide du compas.
7bis	Virages en utilisant uniquement le conservateur de cap.
8	Virages en montée et en vol plané.
9	Circuit de nuit.
10	Rétablissement après des virages standards, en utilisant les instruments de base.
11	Ressource d'urgence.
12	Demi-tour.
13	Vol longue distance triangulaire, avec dérive due au vent.
14	Introduction au faisceau de radioguidage.
15	Vol d'entraînement sur faisceau de radioguidage.
16	Introduction à l'Approche Radioguidée Standard (SBA).
17	Procédure d'Approche Radioguidée Standard.
18	Procédure d'Approche ZZ. [626]
19	Utilisation du radiocompas pour le ralliement sur balise et pour obtenir des points de localisation.
20	Examen final.

Le simulateur Link a été remplacé peu à peu à partir de 1945 par le "Link Trainer Type 45" qui présentait des caractéristiques de pilotage plus proches de celles d'un avion réel et qui disposait d'un simulateur de gestion du moteur, d'un générateur automatique de signaux de radiobalise et d'une ambiance sonore de moteur d'avion. [627]

---

[624] Programme conservé dans le carnet de vol de Raymond Harris, op. cit.
[625] Sur la base des travaux du Flight Lieutenant W. E. Patrick Johnson, la RAF avait adopté en 1937 un panneau standardisé pour les six instruments de base pour le pilotage sans visibilité. Les instruments étaient placés sur deux rangées, toujours dans le même ordre, et les élèves pilotes étaient formés à les parcourir du regard de façon ordonnée et systématique. De gauche à droite et de haut en bas : badin, horizon artificiel, variomètre, altimètre, conservateur de cap et indicateur de virage et de dérapage. Ce panneau est resté inchangé sur tous les avions de la RAF pendant plusieurs décades.
[626] Guidage par radio VHF par un contrôleur au sol pour l'atterrissage en utilisant des relevés radiogoniométriques. Pour plus de détails, voir l'AP 3024 *"Flying Control in the Royal air Force"*.
[627] Page 123 du rapport *"The Training Aids Development Unit"*, op. cit.

Les autres simulateurs Link

Des applications spécialisées ont été dérivées du simulateur Link pendant la guerre, comme par exemple pour former aux rudiments du pilotage en ITS ("Visual Link"), au tir en déflexion, et même au pilotage de planeur sous remorque. [628] Le Link servait aussi à la formation des contrôleurs au sol chargés de guider par radio un avion à travers les nuages (procédure "ZZ"), mais dans ce cas, c'était l'instructeur qui "pilotait" le Link et les élèves qui simulaient les triangulations radiogoniométriques et le guidage.

En plus de ces dérivés ingénieux du simulateur standard, Link Aviation a aussi produit des simulateurs bien plus sophistiqués qui n'avaient plus grand-chose à voir avec *"la caisse à savon bleue"*. Le simulateur le plus complexe développé pendant la guerre est probablement celui de formation à la navigation astronomique (CNT – Celestial Navigation Trainer). Le premier de ce type testé hors des États-Unis est monté en quinze semaines à la 31ème école de Navigation Aérienne de Port Albert, Ontario, et testé durant l'été 1941. Le Chef Instructeur ne tarit pas d'éloges dans son rapport dont les conclusions sont : *"Le CNT de Link est un instrument idéal pour la formation des Observateurs Aériens et des équipages. Son adoption immédiate par la RAF est fortement recommandée. ... Une grande part de la formation des Observateurs Aériens peut être mieux effectuée avec ce simulateur que ce n'est possible en vol. Son adoption aura de grands bénéfices pour la formation des Observateurs Aériens en améliorant grandement la compétence des élèves, ... en réduisant le temps de formation et de vol ainsi que les coûts, et en augmentant le nombre d'élèves par école."* Il propose que onze CNT soient installés dans chaque ANS et AOS afin de garantir qu'il y en ait toujours dix en fonctionnement 18 heures par jour, six jours par semaine, chaque leçon durant 2h30 plus une pause d'une demi-heure. Dans ce cas, et avec 200 élèves par école, chaque élève recevrait en moyenne deux séances de simulateur par semaine. En considérant que ces onze CNT permettraient de réduire le temps de vol des avions de l'école d'au moins 35%, le nombre d'élèves de chaque école pourrait être augmenté de 50% sans avoir plus d'avions ou de pilotes. Le rapport du Chef Instructeur développe donc une véritable analyse de rentabilisation visant à réduire le nombre d'écoles grâce aux simulateurs : l'économie initiale est donc estimée à 1,15 millions de dollars canadiens par école en fermant une école sur trois et en équipant les deux autres de CNT, plus une économie annuelle de 1,1 millions de dollars canadiens par école en frais de fonctionnement. Même si finalement, seuls un ou deux CNT sont installés dans les AOS et ANS, ces arguments font craindre au Membre du Conseil de l'Air chargé de la Formation que le Ministère des Finances ne cherche qu'à réduire le nombre d'avions de ces écoles. [629]

---

[628] Voir par exemple pages 97 et 98 du rapport *"The Training Aids Development Unit"*, op. cit.
[629] Rapport du 1er septembre 1941 du Chef Instructeur de la 31ème Air School *"The Link CN Trainer : Service trial report"* et notes de discussion avec le Membre du Conseil de l'Air chargé de la formation, conservés sous la référence AIR 20/4113, TNA.

Un bâtiment (75) de 14 mètres de haut ressemblant à un silo octogonal abrite le simulateur. Un habitacle d'avion (38) est placé en hauteur sur un pylône tubulaire (36). Il peut accueillir l'équipage en formation : un pilote, un navigateur, un bombardier et un opérateur radio. Les mouvements de cet habitacle sous l'effet de turbulences sont simulés par des soufflets (48 et 50) intercalés sur les tubes du pylône, ainsi que les mouvements imposés par les manœuvres du pilote (tangage et roulis). Les manœuvres en lacet sont reproduites par la rotation du pylône autour de l'axe vertical (39) grâce au moteur au sol (32), le poste du navigateur se trouvant sur cet axe. Un dôme grillagé (95) est placé au-dessus de l'habitacle : il est équipé de petites lampes qui permettent de reproduire les principales constellations stellaires avec 350 étoiles (dont onze collimatées pour permettre les mesures au sextant) et peut se déplacer sur un rail courbe (70). Un écran au sol permet de projeter un terrain avec une cible éventuelle. Le bureau de l'instructeur (458) permet de donner l'échelle du schéma, avec le classique traceur "crabe" du simulateur Link qui marque le déplacement théorique de l'avion une carte. Depuis son poste, il peut modifier les conditions de vol : déplacement des étoiles en fonction de l'écoulement du temps et de la position théorique de l'avion, force des turbulences et du vent (0 à 97 km/h), luminosité et visibilité des étoiles pour simuler les nuages, etc. (Figure 1 du brevet déposé le 28 décembre 1942 sous le n°470.344 par Edwin A. Link).

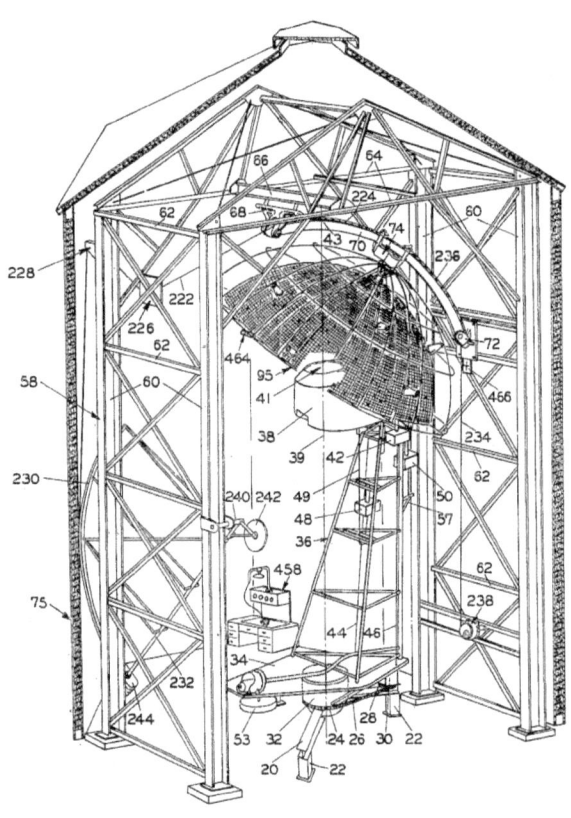

Le fait que l'instructeur puisse à tout moment mettre l'appareil en pause pour corriger une erreur, puis reprendre l'exercice, est l'un des énormes avantages du CNT par rapport à un vol réel, sans parler du fait que le vol sur simulateur peut avoir lieu à toute heure, quelles que soient les conditions météorologiques.

Un élève australien de la Classe 108A s'apprête à effectuer un relèvement au sextant depuis le poste du navigateur dans le simulateur de formation à la navigation astronomique de la 5ème AOS de Winnipeg, Manitoba. Le poste du pilote et de l'opérateur radio sont sur la gauche de la photo et on devine une petite partie du dôme grillagé en haut à gauche (photo de la revue *Drift Recorder*, décembre 1944).

En 1941, l'USAAC et l'US Navy ont déjà passé commande de 90 de ces simulateurs, et la RAF doit donc ronger son frein pour recevoir ses CNT puis les faire livrer aux quatre coins de l'Empire.

Le fonctionnement et l'entretien d'un CNT nécessitait une équipe d'une dizaine de personnes, dont quatre instructeurs en navigation. Tout comme certains pilotes n'ayant pu terminer leur instruction par exemple pour des raisons médicales, se retrouvaient instructeurs sur simulateur Link, des observateurs souffrant de sévère mal de l'air étaient affectés à l'instruction sur CNT.

En 1943, un tel simulateur de formation à la navigation astronomique coûtait environ 14.000 Livres Sterling (£), prix auquel il fallait ajouter la construction d'un bâtiment climatisé (environ 8.000 £), les pièces de rechange et les frais de port depuis les États-Unis (environ 2.000 £). Cependant, ces coûts élevés se justifiaient aisément puisque le simulateur évitait de nombreuses heures de vol (donc moins d'avions, moins de pilotes, moins de mécaniciens, etc.), pouvait être utilisé jour et nuit et permettait de s'affranchir de la météo, par toujours favorable aux observations astronomiques. [630]

SYMPATHETIC TRAINER

Pour conclure sur les simulateurs, on peut comprendre le désespoir de cet élève navigateur, coincé pendant des heures dans le box d'un SRDT, et qui espère un "simulateur sympathique" (jeu de mot avec "synthetic trainer") avec la voix de son pilote dans les écouteurs qui réclame *"alors c'est quoi ce changement de cap ?"* (dessin anonyme publié page 12 de la revue de la 33ème ANS *"The Mount Hope Meteor"* de juillet 1944).

---

[630] Demande budgétaire du 26 août 1943 pour l'acquisition de trois simulateurs de formation à la navigation astronomique pour des OTU australiennes, conservée sous la référence A14487 - 36/AB/5217, NAA. Le rapport du Chef Instructeur de la 31ème Air School (op. cit.) donne les coûts suivants en septembre 1941 : 80.000 à 85.000 $ canadiens pour le simulateur, et 9.000 $ canadiens pour le bâtiment.

C.2 - Les publications de formation

Les manuels de formation étaient déjà nombreux à l'issue de la Première Guerre mondiale : par exemple, le Ministère de l'Air publie en mai 1919 un manuel (FS Publication n°118) sur *"La théorie et la pratique de la visée aérienne"*, et en juillet 1920 des *"Notes sur la navigation aérienne"* (Air Publication n°44). Cependant, dès le début de la Seconde Guerre mondiale, la modernisation et la complexité des systèmes embarqués obligent la RAF à publier de nombreux nouveaux manuels, que ce soit à l'intention des élèves aviateurs, des instructeurs, ou des techniciens. Par exemple, le Squadron Leader Frederick C. Richardson est chargé en 1940 de réviser l'Air Publication (AP) 1234 *"Manuel de Pilotage Aérien"* (le mot "pilotage" étant à comprendre au sens "navigation"). Il fait le constat suivant : *"Cette tâche semblait être un défi facile puisque le manuel existant était tellement inadapté. Ce vieux texte était sérieusement obsolète car, malgré la lente évolution d'avant-guerre des instruments, il ne convenait plus aux performances des avions actuels et ne tenait pas compte des pratiques modernes ... La navigation astronomique était devenue monnaie courante dans notre métier, et bien que sa théorie ait été complètement développée dans l'Air Publication 1456 grâce à la plume du Squadron Leader L. K. Barnes, MBE, ce traité était trop complexe pour la plupart des aviateurs."* La nouvelle Air Publication 1234, rebaptisée *"Manuel de Navigation Aérienne"*, publiée en 1941 a été utilisée dans toutes les écoles du Commonwealth et au-delà, même la Luftwaffe avait traduit une copie capturée. Rien qu'au Royaume-Uni, ce document a été imprimé à 125.000 exemplaires pour former les élèves pilotes et navigateurs. [631]

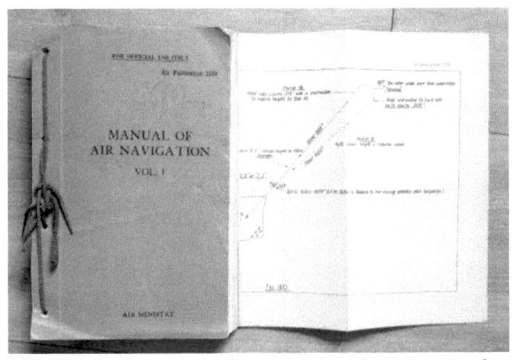

Ci-contre : Un exemplaire original de l'AP1234 ayant servi à un élève des écoles d'aviation en Afrique du Sud (collection de l'auteur).

En plus de servir de mode d'emploi, les manuels techniques ont souvent un rôle pédagogique et il serait impossible de les citer tous ici puisque leur liste atteignait presque une centaine de pages en 1945. [632] Pour ne citer que quelques-uns des documents les plus pertinents pour la formation des aviateurs :
- AP1388 *"Programme Standard de la Royal Air Force pour les Écoles de Formation 'ab initio' au Pilotage"*, devenue en 1939 : *"Programme Standard de la Royal Air Force pour la formation des Pilotes, Observateurs Aériens et Mitrailleurs Aériens aux sein des Établissements de Formation (Paix et Guerre)"*. Déclinée à compter de 1942 en plusieurs volumes (par exemple AP1388A *Pilotes*, AP1388B *Pilotes de la FAA*, AP1388C *Navigateurs*, AP1388D

---

[631] Pages 143-145 du livre du Group Captain 'Dickie' Richardson (voir bibliographie).
[632] Air Publication 113 *"Manual and Index of Air Publications, Air Ministry Pamphlets and Air Diagrams, RAF Forms"*, juin 1945.

Mitrailleurs, AP1388F *Instructeurs de Pilotage des Écoles de Formation Élémentaire*, AP1388H *Instructeurs de Pilotage des Écoles de Formation Avancé*, AP1388J *Instructeurs de Pilotage des OTU*, AP1388K *Unités de Pilotage Avancé sur bimoteurs*, etc.).

- AP129 *"Manuel de Formation au Pilotage ; Partie I : Avions basés à terre"*.
- AP1098 *"Manuel de Formation au Pilotage ; Partie II : Hydravions"*.
- AP1234 *"Manuel de Navigation Aérienne"*, révision de 1941.
- AP1723 *"Notes de cours pour les élèves pilotes des Écoles de Formation au Pilotage"*.
- AP1732a *"Manuel de l'Instructeur de Formation Élémentaire au Pilotage"*, 1ère édition novembre 1942.
- AP1732b *"Manuel de l'Instructeur de Formation Avancée au Pilotage"*, 1ère édition mai 1943.
- AP1920 *"Manuel de l'Instructeur sur simulateur Link"*, 1ère édition 1941.
- AP1979A *"Formation Élémentaire au Pilotage"*, 1ère édition avril 1943.
- AP1979B *"Formation Avancée au Pilotage"*.
- AP2655 Volumes 1 et 2 *"Manuel des aides à la formation"*, 1ère édition 1944 (?). [633]

Ci-dessous : Ce dessin de la revue *"Drift Recorder"* de la 5ème AOS de Winnipeg, Manitoba, de mars 1944 illustre une boutade bien connue des aviateurs : *"Le pilote (ou le navigateur) n'est pas perdu, il est juste incertain de sa position exacte."* **Ici, il semble que l'AP1234 reste un pilier de consolation après douze semaines de cours, l'élève ayant réalisé que la navigation est plus ardue qu'il ne le croyait initialement.** [634]

D'avril 1941 à mars 1946, la Direction de la Formation du Ministère de l'Air publie un petit fascicule mensuel au nom bizarre *"Tee Emm"* (pour Training Mémorandum) qui présente toutes sortes de sujets sérieux sous un angle humoristique, avec notamment les aventures du Pilot Officer Prune, sorte de Gaston Lagaffe de la RAF. L'Air Marshal A. Guy E. Garrod, Membre du Conseil de l'Air en charge de la Formation, avait lui-même recruté l'éditeur en la personne d'Anthony A. Willis qui travaillait pour le magazine satirique "Punch". Willis s'est aussitôt assuré les services des meilleurs caricaturistes de l'époque et *Tee Emm* a eu un grand succès. Willis avait poussé la plaisanterie jusqu'à réussir

---

[633] La première mise à jour de ce document est datée de juillet 1944.
[634] Dessin anonyme publié page 7 de la revue *"The Drift Recorder"* de mars 1944 de la 5ème AOS de Winnipeg, Manitoba.

à faire attribuer un bureau à Prune au Ministère de l'Air à Londres, avec numéro de téléphone et plaque sur la porte ! [635] À titre d'exemple, le sommaire du *Tee Emm* n°3 de juin 1941 est traduit ci-dessous :

Thème	Article
Généralités	Éditorial
Instructeurs, formation	L'Instructeur technique
Pilotage	L'anniversaire du mois (Gladiator en Norvège)
Pilotage	Éclairage des aérodromes la nuit
Accidents et prévention	Sans commentaires (extraits de deux rapports d'accidents)
Tactiques	Ce que le Boche mijote
Instructeurs, formation	La bataille de la Formation
Navigateurs et navigation	À la recherche d'idées de simulateurs
Pilotage	Oxygène et tout ça
Pilotage	C'est rigolo, mais … (les pannes de moteur)
Organisation, efficacité et discipline	Fabriquez un avion durant votre temps libre (n'accumulez pas les pièces de rechange)
Approche radioguidée	Approche Standard en Aveugle
Tactiques	La guerre dans le ciel de France

Preuve que cette approche humoristique fonctionne auprès des jeunes aviateurs, Michael Allen, opérateur radar sur chasseur de nuit avec douze victoires revendiquées (et rare récipiendaire à trois reprises de la DFC), a gardé un souvenir ému d'une session sur simulateur Link durant laquelle il a suivi religieusement les instructions listées page 41 du "*Tee Emm*" de mai 1945 : *"Je me suis retrouvé avec un superbe tracé du 'Doigt Coincé' ('Irremovable Finger'), emblème du fameux Pilot Officer Prune."* [636]

Des centaines de posters [637] ainsi que de petits livrets sont aussi imprimés pour renforcer les messages importants : ainsi le pamphlet n°117 *"Air sense"* ("Du bon sens pour le pilotage") s'adresse aux élèves des EFTS, alors que le n°122 *"More air sense"* ("Toujours plus de bon sens pour le pilotage") est destiné aux élèves des SFTS. [638]

Les publications servant de base aux cours donnés en EFTS et en SFTS sont listées en Annexe 7A et illustrent le fait que ces cours s'appuyaient sur une masse documentaire solidement établie et à laquelle les élèves étaient encouragés à se référer aussi souvent que

---

[635] Pages 158-159 du livre du Group Captain 'Dickie' Richardson (voir bibliographie).
[636] Page 290 de son livre *"Pursuit through darkened skies : an ace night-fighter crew in World War II"* Shrewsbury : Airlife, 1999. ISBN 978-1840370836.
[637] Ces posters sont listés dans l'Air Publication 113 (op. cit.) ainsi que dans le Chapitre 36 *"Air Crew Training Diagrams"* de la Section 1 de l'AP 2655 Volume 1 *"Manuel des aides à la formation"*.
[638] Page 44 du compte-rendu de la conférence *"Aircrew Training"*, Document Secret (SD) n°349 de février 1942, op. cit et page 9 du *"Monthly Aircrew Training Bulletin n°2"* de juin 1942, op. cit.

possible durant leurs heures d'études. Même si les programmes de formation étaient basés sur l'AP1388, des disparités existaient en fonction des particularités locales et du volontarisme des instructeurs et du commandant de chaque établissement. Par exemple, en 1943, le QG du 1er Groupe de Formation australien recense les polycopiés qui sont donnés aux élèves des écoles pour les aider dans leur apprentissage : [639]
- Les 7ème et 11ème EFTS, la 2ème ANS, la 2ème AOS et la 4ème ITS ont fourni ce type de notes standards de cours à leurs élèves pour tous, ou pour quelques sujets.
- Les 1ère et 3ème EFTS, les 1ère, 6ème et 7ème SFTS, la 1ère ITS et la 2ème B&GS n'ont proposé aucun document à leurs élèves.

Les Notes à l'intention des Pilotes font également partie des documents créés juste avant la guerre et utilisés lors de la formation des aviateurs. Leur histoire est décrite plus en détail en annexe du manuel de pilotage traduit du Tiger Moth (publié séparément).

Les méthodes d'enseignement ont beaucoup évolué durant la guerre, que ce soit pour prendre en compte les besoins des unités combattantes (voir ci-après), ou pour s'adapter aux nouvelles technologies disponibles. Le cas de l'approche radioguidée a déjà été évoqué, et on peut également mentionner l'évolution de la formation du pilotage aux instruments qui a été repensée en 1941, à la fois pour améliorer les compétences des élèves et pour faciliter l'apprentissage. Jusque-là, les instruments gyroscopiques du tableau de bord (horizon artificiel et conservateur de cap) étaient considérés comme secondaires et moins fiables que les autres instruments (badin, altimètre, variomètre, indicateur de virage et de dérapage, compas) : les élèves apprenaient donc à piloter sans visibilité sur le *"panneau partiel des instruments"*, c.-à-d. sans les instruments gyroscopiques, ce qui exigeait de croiser en permanence les données affichées et était peu précis. Les instructeurs de SFTS n'avaient pas été sensibilisés à l'importance du vol aux instruments et leur niveau de compétence sur ce sujet avait été jugé équivalent à celui d'un élève moyen lorsque la Direction de la Formation a mené une étude au début de 1941. [640] La méthode d'enseignement est donc entièrement révisée, avec la publication en septembre 1941 d'un manuel pédagogique spécifique à l'attention des instructeurs (Air Ministry Pamphlet n°123 *"Instrument-flying instruction on the standard panel"*), pour inclure dès le départ l'apprentissage du pilotage sans visibilité sur le *"panneau complet des instruments"*. En plus de cette refonte des programmes pour les élèves, les instructeurs de SFTS doivent désormais effectuer une séance hebdomadaire de pilotage aux instruments.

C.3 - La coordination des différents efforts de formation

En janvier-février 1942, le Membre du Conseil de l'Air chargé de la Formation organise une conférence au Royaume-Uni pour réunir les représentants des différents pays impliqués dans le BCATP. Le Royaume-Uni, le Canada, l'Australie, la Nouvelle-Zélande

---

[639] Note de service U.3107 du 19 janvier 1942 *"Aircrew Training : Standard Notes for Trainees"*, conservée sous la référence A705 - 208/1/1868, page 232, NAA.
[640] Page 154 du document *"Flying Training - Volume II - Part 1 - Basic Training in the United Kingdom"*, op. cit.

et l'Afrique du Sud participent, et l'USAAF ainsi que l'US Navy envoient des "observateurs". Le représentant de la Rhodésie du Sud avait dû retourner au pays pour une urgence. Les participants ont l'opportunité de visiter les QG des principaux Commandements ainsi que plusieurs écoles avant de se réunir pour discuter des progrès réalisés et des synergies possibles. Parmi les nombreux sujets débattus, il est décidé de publier régulièrement un bulletin détaillé rassemblant les meilleures pratiques, les besoins opérationnels et les nouveautés. Le premier de ces bulletins mensuels est publié en mai 1942, et le dernier en octobre 1945. [641] Ils permettent notamment de tenir les instructeurs rapidement informés de la façon dont les unités combattantes perçoivent les lacunes des nouveaux aviateurs fraîchement sortis des écoles. Par exemple, le bulletin de juillet 1942 permet au Bomber Command d'apporter les suggestions suivantes : [642]

- Enseigner dès les premiers jours l'importance de régler les moteurs pour réduire autant que possible la consommation. Le Bomber Command regrette de ne pouvoir couvrir autant de territoire ennemi que l'autonomie théorique des appareils pourrait le permettre car les pilotes n'ont pas été suffisamment formés.
- Augmenter le temps d'entraînement au vol sur un seul moteur, notamment en volant longtemps sur bimoteur avec un moteur à l'arrêt, car beaucoup de pertes sont attribuées à un manque de formation poussée sur cette situation dégradée.
- Enseigner dès que possible à atterrir avec un vent de travers car les trains d'atterrissage des quadrimoteurs sont comparativement moins robustes que ceux des avions plus petits lors d'un atterrissage "en crabe".
- Mieux former les Navigateurs au repérage des points remarquables et des cibles pour suivre le trajet sur la carte, car même si cette tâche est en grande partie confiée au Bombardier sur les bombardiers lourds, elle reste primordiale pour les autres appareils (bombardiers légers, chasseurs *Intruder*) et pour permettre une bonne coopération entre les deux hommes.
- Rendre plus réaliste la formation des Mitrailleurs, par exemple en leur apprenant à résoudre l'enrayage d'une mitrailleuse dans le noir complet, puisque l'utilisation d'une lampe torche leur ferait perdre toute vision nocturne pendant plusieurs minutes.
- Inclure les réparations de base dans la formation pratique des Opérateurs radio, car son équipement est indispensable pour assurer le retour du bombardier au bercail.

Certaines de ces suggestions finissent par être intégrées formellement dans les programmes de formation, mais en attendant, ces bulletins permettent aux instructeurs de prêter plus d'attention à ces sujets et leur donnent des exemples concrets pour renforcer leurs messages auprès des élèves.

---

[641] Compte-rendu de la conférence *"Aircrew Training"*, Document Secret (SD) n°349 de février 1942, op. cit. Assez curieusement, le représentant de l'USAAF est encore noté comme "représentant de l'USAAC".

[642] Pages 2 et 3 du *"Monthly Aircrew Training Bulletin n°3"* publié en juillet 1942, par le Département du Membre du Conseil de l'Air chargé de la Formation, conservé sous la référence AIR 22/327, TNA.

Ceci étant, la coordination par documents interposés reste un exercice difficile et il faut souvent établir des contacts personnels pour accepter des suggestions provenant d'inconnus situés à des milliers de kilomètres. Les Anglo-Saxons ont d'ailleurs une expression simple pour décrire le réflexe naturel de rejet d'un changement suggéré ainsi : *"not invented here"* (que l'on pourrait traduire par *"si ce n'est pas de chez nous, ça ne vaut rien"*). Par exemple, plusieurs pays ont publié des rapports documentant leurs différents outils pédagogiques, mais la TADU ne semble pas avoir trouvé beaucoup de mérites aux propositions canadiennes jusqu'à ce que son responsable échange sur place avec les écoles d'Amérique du Nord lors d'une visite au Canada et aux USA. Cette visite permet d'identifier huit "aides de formation" britanniques non utilisées au Canada, et à l'inverse onze "aides" canadiennes (sur 64 listées) qui méritent d'être étudiées de plus près, ainsi que trois simulateurs américains (dont deux sont des évolutions du simulateur Link). [643] Quelques-uns de ces rapports sont listés ci-dessous pour illustrer l'inventivité dont ont fait preuve les instructeurs d'autres pays que le Royaume-Uni (le n° indiqué correspond au numéro du rapport publié à l'époque) :

Outils pédagogiques Canadiens	Outils pédagogiques d'Afrique du Sud
N°1. Entraînement au tir à munitions traçantes.	N°5. Emploi d'un dérivomètre (avec secousses).
N°2. Dispositif d'instruction pour réduire les erreurs de bombardement.	N°7. Utilisation des graphes de Dalton/Appleyard.
N°3. Entraînement au tir avec déflexion.	N°8. Emploi de la règle à calcul de navigation Dalton.
N°4. Pratique de la radiogoniométrie.	
N°5. Estimateur de distance et identification.	
N°6. Entraînement au tir.	
N°8. Utilisation des postes radio.	
N°9. Cours avec des simulateurs.	
N°10. Panneau de démonstration de radiogoniométrie.	
N°12. Entraînement au tir à munitions traçantes (Mark I).	
N°13. Reproduction des bruits de moteurs d'avion pour simulateurs.	
N°16. Tableau électrique d'identification des avions.	
N°17. Entraînement d'un équipage.	
N°18. Notation d'un film de cinémitrailleuse.	
N°20. Démonstrateur des zones de visée.	

Toujours pour accroître la coordination, une École Centrale de Pilotage de l'Empire est créée en avril 1942 à Hullavington, Wiltshire, pour former les instructeurs et améliorer les programmes de formation de manière centralisée. En fait, cette école a remplacé l'École Centrale de Pilotage d'Upavon, Wiltshire d'avril 1942 à mai 1946, cette dernière devenant une "simple" École des Instructeurs de Pilotage pendant cette période.

---

[643] Pages 65 à 70 et 120 à 126 du rapport *"The Training Aids Development Unit"*, op. cit.

C.4 - Conclusion générale sur la formation des aviateurs du Commonwealth

Pendant les deux premières années de la guerre, la demande en aviateurs formés dépassait les moyens des circuits de formation mis en place jusque-là. Les écoles manquaient d'appareils performants, les programmes ne correspondaient pas toujours avec les besoins opérationnels et les instructeurs ne maîtrisaient pas tous certaines compétences ou n'avaient pas conscience de leur importance (pilotage aux instruments par exemple). Nous avons vu que, malgré des discussions parfois âpres où chaque pays défendait ses intérêts et sa souveraineté, les gouvernements britanniques et des Dominions ont mis en place des accords symbiotiques "gagnant-gagnant" pour développer les infrastructures et permettre la formation de dizaines de milliers d'aviateurs.

Le Royaume-Uni, avec l'aide du Commonwealth et des USA, a réussi à démultiplier (et en partie à délocaliser) rapidement la formation de ses aviateurs. Par exemple, les 19 EFTS présentes sur le sol du Royaume-Uni à la déclaration de la guerre ont été renforcées par 70 autres écoles élémentaires sorties de terre durant les deux années suivantes comme on peut le voir sur le graphe ci-dessous : [644]

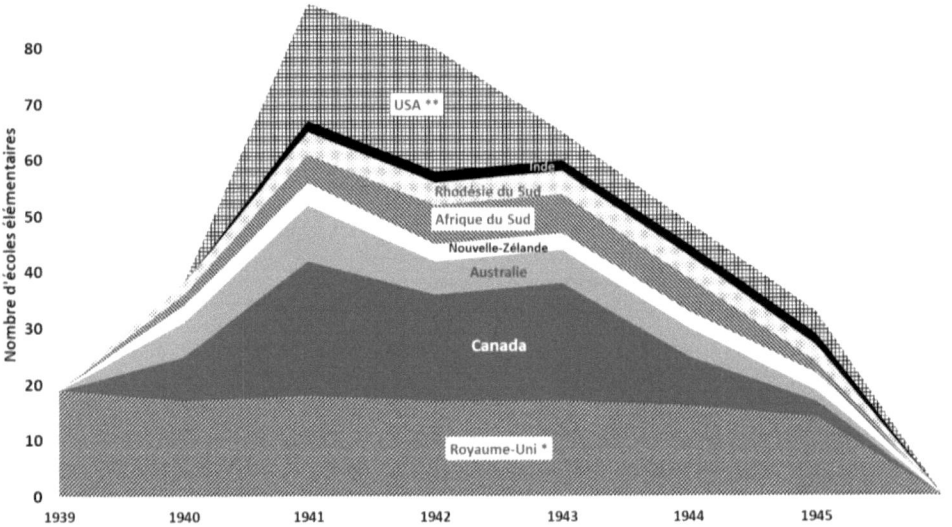

* À partir de novembre 1941, certaines EFTS britanniques se consacraient à la sélection des élèves avant leur envoi au Canada ou aux USA ("Grading Schools").

** Étape de formation "Primary" des BFTS, écoles Arnold et Towers.

La carte ci-après schématise les principaux flux logistiques que la délocalisation de la formation des aviateurs impliquait. Les chiffres incluent les staffs des écoles déménagées

---

[644] Graphe de l'auteur à partir des données de l'Annexe 4 du document *"Flying Training - Volume I - Policy and Planning"*, op. cit.

de la RAF, mais il ne faut les considérer que comme des ordres de grandeur. [645] Si l'on inclut les élèves de toutes nationalités ainsi que les personnels des écoles britanniques déplacées au Canada ou en Afrique, la RAF a pris un risque conséquent en déplaçant environ 300.000 hommes à travers les océans pour les former alors que la bataille de l'Atlantique faisait rage. Le torpillage d'un ou deux paquebots chargés de troupes aurait certainement soulevé des interrogations quant à ces choix. [646]

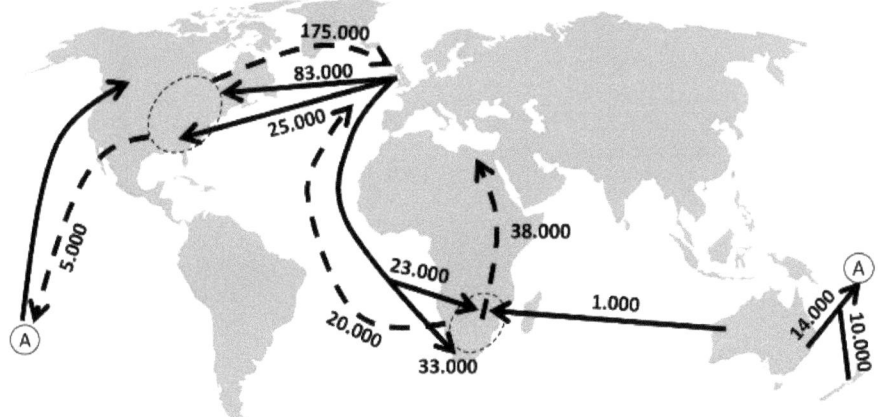

Le choix du Canada comme maillon principal du programme de formation du BCATP et pour délocaliser certaines écoles de la RAF s'est avéré très judicieux. En plus d'opérer en toute sécurité loin des lignes de front, il a permis de se procurer aux États-Unis à la fois des avions et des moteurs, notamment lors de la crise de mi-1940 quand le Royaume-Uni a été contraint de cesser temporairement les exportations. Ce sont ainsi plus de 2.500 avions et plus de 8.500 moteurs (pour la fabrication des Anson, Harvard et Cornell sous licence au Canada et pour les Tiger Moth Menasco), sans parler des pièces de rechange, qui ont été livrés directement par les USA au Canada. L'industrie aéronautique canadienne a fabriqué plus de 9.300 avions de formation pendant la guerre, à peu près 2,5 fois plus que ce pays n'en a reçu du Royaume-Uni. Si quelques-uns de ces appareils "made in Canada" ont été exportés en Rhodésie ou en Australie (voire même aux USA), la plupart ont été "consommés" directement sur place par le BCATP. Même les EFTS de la RAF délocalisées ont utilisé des dizaines de Kaydet et de Cornell. Que ces avions

---

[645] Schéma de l'auteur. Il est normal que les chiffres aller-retour ne correspondent pas puisque par exemple les élèves sud-africains ou canadiens étaient formés sur place avant de rejoindre leur théâtre d'opération. Il n'a pas été tenu compte des mouvements de renouvellement des instructeurs. Il serait intéressant que des chercheurs se penchent en détail sur les flux des transports de troupe durant la guerre, que ce soit pour l'infanterie, les forces aériennes ou les prisonniers de guerre.

[646] Pour mémoire, par crainte de l'accumulation de nouvelles négatives vers la fin de la bataille de France, le Premier Ministre Churchill a fait censurer la nouvelle du naufrage du paquebot de la Cunard *RMS Lancastria*, coulé le 17 juin 1940 par la Luftwaffe. Ce naufrage, qui a fait plus de 4.000 morts, n'a été dévoilé au public britannique que cinq semaines plus tard, après avoir été annoncé dans les journaux américains.

aient été fabriqués aux USA ou au Canada, leur utilisation locale a dégagé des volumes énormes sur les Liberty ships pour d'autres matériels.

Les États-Unis se sont aussi avérés être une source précieuse d'instructeurs : ils ont permis "d'amorcer" le fonctionnement du BCATP en 1940-1941, avant que le système ne puisse produire ses propres instructeurs en prélevant des élèves formés.

Les deux graphes ci-après permettent de voir à quel point le Royaume-Uni s'est appuyé sur les Dominions et sur les USA pour former ses pilotes et navigateurs, allant même jusqu'à réduire à peau de chagrin le nombre de ces hommes formés in-situ dans les îles Britanniques de 1943 à 1945. [647]

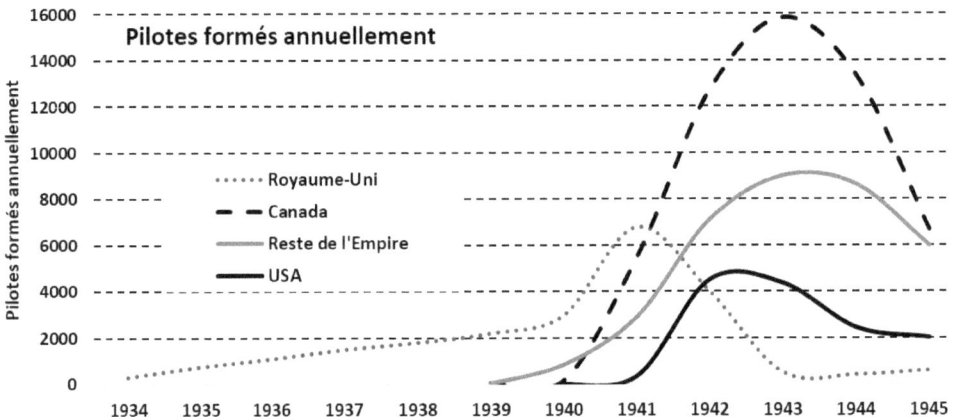

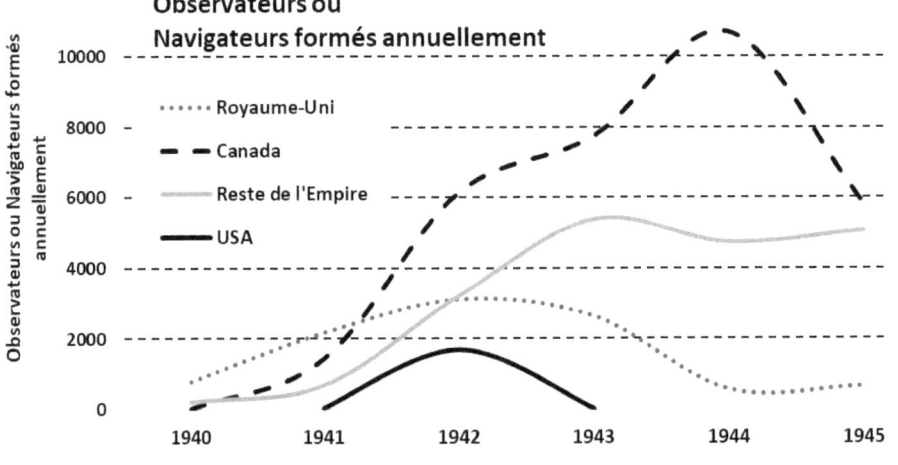

---

[647] Graphes de l'auteur à partir des données de l'Annexe A du "*Final report of the Chief of the Air Staff to the Members of the Supervisory Board British Commonwealth Air Training Plan*" du 16 avril 1945, conservé sous la référence AIR 20/1342, TNA. Le terme "USA" ne couvre que les élèves britanniques et des Dominions, pas les élèves américains.

Pour mettre ces chiffres en perspective, il faut se souvenir que la RAF avait accueilli en tout moins de 7.000 recrues durant les cinq années précédant la guerre pour former ses nouveaux personnels au sol et navigants. [648]

En contrepartie de la formation d'aviateurs en grand nombre, les Dominions ont bénéficié de l'appui du Royaume-Uni pour créer des unités aériennes qu'ils n'auraient jamais eu les moyens d'avoir seuls, les avions, les pièces de rechange, les munitions, le carburant et les techniciens étant, dans la majorité des cas, fournis par la RAF. Dans les Escadrons de l'Article XV, même la solde des équipages était financée par le Royaume-Uni. En moins de trois ans (1940 à 1942), le succès du BCATP a permis à la RCAF de passer du statut de force aérienne mineure à celui de centre d'expertise de la formation des aviateurs, obtenant une voix égale à celle de la RAF ou de l'USAAF lors des discussions entre Alliés sur ce sujet. Les Escadrons de l'Article XV et la formation du seul Groupe non Britannique au sein du Bomber Command montrent également l'importance qu'a pris le Canada dans le dispositif aérien de la RAF.

Les Britanniques ont eu la sagesse de ne pas mettre tous leurs œufs dans le même panier et de saisir toutes les opportunités pour développer de nouvelles filières, que ce soit dans les Dominions, en Rhodésie du Sud ou aux États-Unis. Certains au Ministère de l'Air ont d'ailleurs dû être un peu surpris de constater que tous ces programmes ont fonctionné comme prévu, voire même mieux que prévu. En 1943, tous les différents circuits de formation mis en place pour la RAF atteignent leur maturité, produisant plus de 20.000 nouveaux pilotes annuellement. Ces succès, combinés à des pertes moindres qu'anticipées (notamment pour les unités de chasse), conduisent rapidement à une surabondance d'aviateurs que les historiens britanniques ont modestement qualifiée *"d'embarrassante"*. [649]

Le graphe ci-après permet de visualiser, en pourcentages, les efforts contribués par chaque pays pour former les aviateurs de différentes catégories, comme évalués précédemment et présentés sous forme de tableaux. Par exemple, pour les 117.669 pilotes brevetés pendant la guerre, le Canada est le plus gros contributeur, ayant assuré près de 43% de tous les efforts de formation pour cette catégorie d'aviateurs en brevetant :
- 25.918 Canadiens en ITS, EFTS et SFTS, soit 100% du cursus de formation de base ;
- 22.068 Britanniques (ou étrangers intégrés à la RAF) en EFTS et SFTS, soit 90% du cursus ;
- 4.045 Australiens et 2.220 Néo-Zélandais en SFTS (soit 75% du cursus).

Toujours concernant les pilotes, le Royaume-Uni est second, avec "seulement" 16,4% des efforts de formation, loin derrière le Canada (42,9%), et suivi par les USA (10,5%) et l'Australie (10,2%). [650]

---

[648] Page 24 du livre de John Golley (voir bibliographie).
[649] Chapitre 2 du document *"Flying Training Volume II Part 2 Basic Training in the United Kingdom"*, op. cit.
[650] Voir le glossaire : d'autres méthodes d'évaluation de la contribution de chaque pays sont possibles, par exemple en termes de fourniture d'appareils de formation le Royaume-Uni est loin devant.

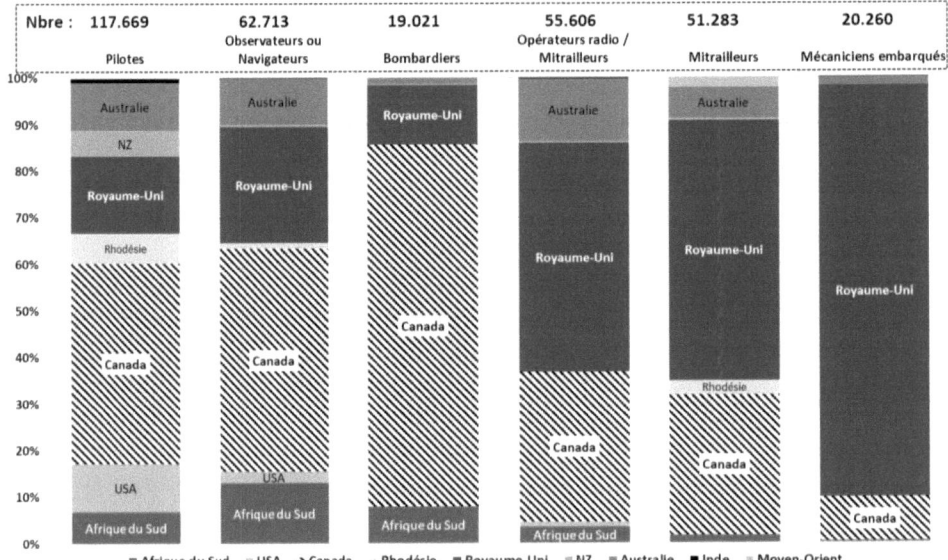

Former des aviateurs coûtait (et coûte toujours) extrêmement cher. Même si les pays du BCATP ont utilisé des méthodes différentes, nous avons vu que les taux d'échec aux formations ont été maintenus relativement bas en assurant une meilleure sélection des recrues. Les outils de simulation ont émergé pour contribuer à réduire un peu les coûts de formation et ils font désormais partie intégrante des cursus de formation des aviateurs.

La responsabilité de la doctrine de formation se trouve au sommet de la hiérarchie

Il est intéressant de comparer rapidement les politiques des deux protagonistes principaux de la guerre aérienne en Europe en matière de formation des aviateurs. La hiérarchie de la Luftwaffe a négligé cette tâche, considérant les écoles comme des unités secondaires et préférant se concentrer sur les seuls chiffres de la production aéronautique. À chaque crise, les établissements de formation se voyaient retirer des instructeurs et des allocations de carburant. Par exemple, le Chef d'État-Major de la Luftwaffe, le Generaloberst Hans Jeschonnek, a déclaré que s'il pouvait *"transférer le carburant des écoles aux unités de première ligne, la guerre serait finie avant que l'on ait besoin des aviateurs en formation"* ou *"qu'il fallait d'abord vaincre l'URSS avant de commencer à s'occuper de former des aviateurs"*. Le Generalfeldmarschall Erhard Milch, responsable de la production aéronautique allemande, a eu beau jeu de dire après la guerre que *"le programme de formation de la Luftwaffe a été mortellement étouffé par la pénurie d'essence"*, mais c'est une piètre excuse alors que c'est la hiérarchie de la Luftwaffe elle-même qui a sevré les écoles de ressources et réduit les cursus comme s'il s'agissait d'une variable ajustable à volonté sans conséquence. [651] Même

---

[651] Page 200 du livre *"The rise and fall of the Luftwaffe"* de David Irving, Futura publications, 1976, ISBN 0860072533 et pages 27-28 de l'étude n°189 de l'Army Air Forces Historical *" Historical Turning Points in the German Air Force"* (voir bibliographie).

lors de périodes difficiles, les responsables de la RAF ont résisté à ce type de tentation, ayant considéré dès le départ qu'il fallait disposer d'équipages compétents pour ne pas gaspiller les efforts consentis et les machines produites à grands frais. Ils ont certes modulé la durée des formations en fonction des besoins, mais ils ont aussi veillé à ne pas aller trop loin, et à accroître les compétences des élèves dès que possible en écoutant les critiques des unités combattantes qui accueillaient les nouveaux aviateurs. L'Annexe 4C résume le parcours de quelques-uns des aviateurs les plus médaillés, ou aux carrières les plus prestigieuses, qui ont suivi les filières de formation mentionnées ici.

Il ne faut cependant pas croire que tout était au point et idéal en 1944-45 au sein des forces aériennes du Commonwealth. Les formations données restaient des cursus de temps de guerre, en d'autres mots "le minimum vital que les élèves pouvaient absorber dans le plus court temps possible". Si les quantités d'aviateurs formés ont répondu numériquement aux besoins des forces aériennes du Commonwealth une fois les filières de formation en place, nous avons vu que la qualité n'était clairement pas au rendez-vous avant la mise en place du *"New Deal"* en 1942. Et si la formation de base s'est ensuite avérée adéquate, la formation opérationnelle de quelques semaines ne pouvait jamais donner l'ensemble des compétences requises sur le champ de bataille pour assurer la survie des nouveaux équipages s'ils étaient immédiatement mis "dans le grand bain". Que ce soit durant la bataille d'Angleterre en 1940 ou pendant les durs combats de l'hiver 1944-45, les "bleus" avaient peu de chance de survivre à leur première semaine en Escadron. En septembre 1940, les fortes pertes au sein du Fighter Command avaient obligé à créer trois catégories (A, B et C) d'Escadrons afin de ne plus affecter les nouveaux pilotes directement aux unités les plus exposées. Pierre Clostermann, as français des FAFL, témoigne que même avec un cursus de formation plus complet qu'en 1940, les mêmes erreurs produisent les mêmes effets cinq ans plus tard : *"Le 20 mars [1945] au matin, le "duty" Anson nous a amené quatre sergents pilotes et un adjudant-chef. Le dernier de ces cinq nouvelles recrues se faisait tuer le 23 mars. Nos vieux, éreintés par leurs trois sorties quotidiennes, avaient trop à faire à sauver leur propre peau pour pouvoir s'occuper des nouveaux. Les pauvres gosses que l'on recevait frais émoulus d'OTU avaient juste trois ou quatre heures de vol sur Tempest."* [652]

Les forces aériennes des Dominions ont fait un bond organisationnel et technologique inenvisageable avant-guerre, et les concessions politiques obtenues de Londres ont participé à l'accélération du processus, déjà entamé avant-guerre, d'une prise d'autonomie de plus en plus importante qui mènera à la fin de l'Empire britannique. [653]

Comme l'a écrit Ken Delve, spécialiste reconnu de la RAF, *"la tâche monumentale de fournir des équipages formés pour la RAF, pendant une période d'expansion couplée à des taux de pertes importants, a trop souvent été passée sous silence par les historiens, alors qu'il s'agit de l'une des réalisations les plus remarquables de la guerre."* [654]

---

[652] Page 317 du livre *"Le grand cirque"* de Pierre Clostermann, éditions J'ai Lu, n°41 et 42, 1959.
[653] Les lecteurs intéressés par cette histoire pourront se reporter aux livres de Johnston-White et de Stewart (voir bibliographie).
[654] Page 100 de son livre (voir bibliographie).

C.5 - La formation des aviateurs dans les années d'après-guerre

Comme après la Grande Guerre, les années 1945 et 1946 ont vu la RAF se réduire drastiquement, les appelés étant rendus à la vie civile. Beaucoup d'écoles d'aviation ont purement et simplement été fermées et leurs avions mis à la casse. Il a donc fallu restructurer les cursus de formation avec un nombre réduit d'établissements.

C.5.1 - De 1945 à 1950 : un retour partiel à la situation d'avant-guerre

Les EFTS sont soit fermées, soit reconverties, comme avant-guerre, en Écoles des Réserves (RFS - Reserve Flying School). Les quelques SFTS qui survivent aux coupes budgétaires reprennent donc à leur compte la formation élémentaire au pilotage, en plus de la formation avancée.

Les AFU sont dissoutes et les BAT sont remplacées en 1947 par une unique École d'Approche Radioguidée. Les nombreuses OTU et les HCU sont reconverties, fusionnées pour donner naissance à quelques rares Écoles de Pilotage Avancé (AFS - Advanced Flying School) et Unités de Conversion Opérationnelle (OCU - Operational Conversion Unit). Les premières formaient les équipages nouvellement constitués à travailler ensemble sur les appareils de première ligne, et les secondes étaient spécialisées par activité (par exemple, la 203ème OCU formait à la chasse diurne, la 204ème préparait les équipages de Mosquito au bombardement, la 228ème OCU était consacrée à la chasse de nuit et la 237ème se spécialisait dans la reconnaissance photographique). Le cursus de formation des nouveaux pilotes de la RAF à la fin des années 1940 peut donc être résumé comme suit :

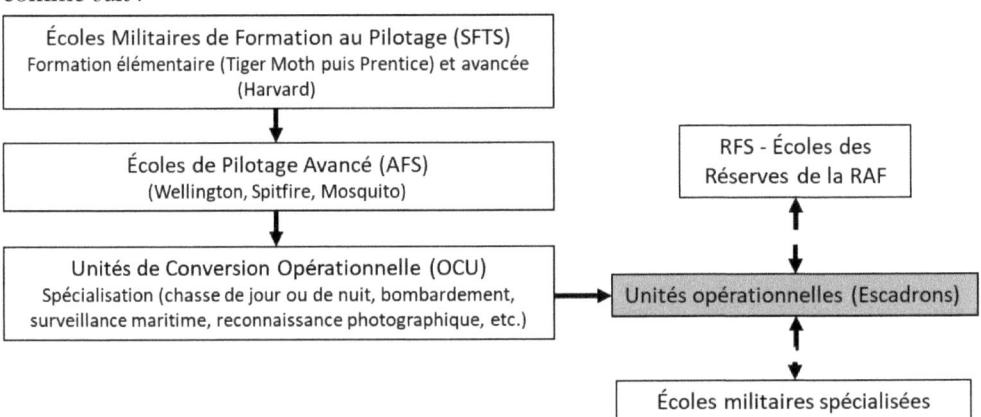

Les avions de formation restent majoritairement ceux du temps de guerre, avec l'apparition de rares nouveautés, comme les versions Mk 20 et Mk 21 de l'Anson pour la formation des Navigateurs, ou le bimoteur Bristol Buckmaster pour les OCU.

C.5.2 - 1950 à 1955 : la guerre de Corée et le début de la guerre froide

Après des années de démobilisation, la RAF se retrouve en manque d'aviateurs face à la crise du blocus de Berlin et à la guerre de Corée, même si finalement elle n'engage aucune unité dans ce conflit, seuls les avions de la FAA y ayant pris part. Pour relancer la "fabrique des aviateurs", les concepts testés durant la guerre ont été conservés ou réactivés : par exemple, des écoles de sélection ("Grading schools") ont été ouvertes à Digby et à Kirton in Lindsey en 1951 et 1952. Entre 1950 et 1953, cinq Écoles de Formation Élémentaire au Pilotage (BFTS - Basic Flying Training Schools, à ne pas confondre avec les British Flying Training Schools aux USA durant la guerre) ont été créées pour assurer la formation ab initio des recrues. Ces écoles étaient gérées par des sociétés privées et l'emploi de monoplans Chipmunk au lieu de Tiger Moth était leur principale différence avec les EFTS de la Seconde Guerre Mondiale. Créées dans l'urgence de la guerre de Corée, ces BFTS ont été fermées dès l'armistice de juillet 1953 signé.

Mis un temps en demi-sommeil, le Groupe de Formation Aérienne de Rhodésie du Sud (RATG) a été réactivé et a fonctionné à nouveau à plein régime de mai 1948 à mars 1954, date à laquelle il a été décidé de rapatrier ses écoles au Royaume-Uni.

Les quatre AFS créées avant l'ouverture des hostilités en Corée sont renforcées par de nouveaux établissements créés dans l'urgence :

AFS	Base initiale	En activité	Principaux avions
201 *	Swinderby	mars 1947 - juin 1954	Wellington T.10, Varsity, Valetta
202 *	Finningley Valley	mars à déc. 1947 avril 1951 - mars 1954	Wellington T.10, Meteor T.7, Vampire F.1 et FB.5
203 *	Keevil	juillet 1947 - juin 1954	Spitfire LF.16, Meteor F.4 et T.7, Vampire FB.5
204	Cottesmore	mars 1947 - fév. 1952	Mosquito T.3 et FB.6
205 *	Middleton St. George	sept. 1950 - juin 1954	Meteor F.4 et T.7
206 *	Oakington	nov. 1951 - juin 1954	Meteor F.3, F.4 et T.7, Vampire FB.5 et T.11
207	Full Sutton	nov. 1951 - juillet 1954	Meteor F.4 et T.7
208 *	Merryfield	nov. 1951 - juin 1954	Meteor T.7, Vampire F.1, FB.5 et T.11
209 *	Weston Zoyland	juin 1952 - juin 1954	Meteor F.4 et T.7
210	Tarrant Rushton	août 1952 - mars 1954	Meteor F.3 et T.7, Vampire FB.5
211 *	Worksop	août 1952 - juin 1954	Meteor T.7 et T.8
215	Finnigley	fév. 1952 - mai 1954	Meteor F.4 et T.7

* AFS transformées en FTS à la fin du conflit, les autres sont fermées.

De nouveaux avions de formation ont commencé à apparaitre durant cette période : de Havilland Canada Chipmunk et Percival Prentice pour la formation élémentaire, Percival Provost et de Havilland Vampire T.11 pour la formation avancée. Des Vickers

Varsity, conçus pour la formation des équipages, ont commencé à remplacer les Anson des Écoles de Navigation Aérienne. Les OCU se sont adaptées à de nouveaux appareils, abandonnant peu à peu les avions à moteurs à piston (Spitfire, Lincoln, Mosquito, B-29 Washington, etc.) pour des avions à réaction (Gloster Meteor, DH Vampire ou English Electric Canberra)

C.5.3 - L'ère des hélicoptères, des avions à réaction, des missiles et de l'atome

Avec la montée en puissance de la guerre froide et la création d'une force de frappe nucléaire au sein de la RAF (classe des bombardiers "V" : Vickers Valiant, Avro Vulcan et Handley Page Victor mis en service au milieu des années 1950), le Royaume-Uni a dû poursuivre son effort de formation d'aviateurs. L'évolution des matériels a donné lieu à l'emploi de simulateurs de plus en plus complexes [655] et à des modifications des unités spécialisées comme par exemple :

- Les unités de conversion ont continué à s'adapter à de nouveaux appareils, comme en 1953 celle de la 2ème Force Aérienne Tactique en Allemagne qui forme les pilotes sur Canadair Sabre (version produite sous licence au Canada du North American F-86) ; en juin 1955, la 232ème OCU a été créée sur Vickers Valiant ; en 1957, la 230ème OCU forme les équipages sur Avro Vulcan ; ou dans les années soixante la 226ème OCU qui troque ses Gloster Javelin pour des English Electric Lightning.
- Alors que la FAA avait un Escadron dédié à la formation au pilotage d'hélicoptères depuis 1947, la RAF n'a créé une Escadrille spécifique au sein de la CFS de Little Rissington, Gloucestershire, qu'en 1954.
- La dernière unité de formation sur hydravion de Pembroke Dock au pays de Galles a fermé en octobre 1956.
- La base de l'école des avions d'observation de Middle Wallop, Hampshire, est devenue le QG de l'aviation de l'Armée de Terre (équivalent de l'Aviation Légère de l'Armée de Terre française (ALAT)) et a assuré la formation des élèves sur avions d'observation et hélicoptères.

Dans les écoles de pilotage, les Harvard et Percival Provost ont été remplacés par des Percival Jet Provost.

Une fois une quinzaine d'Escadrons équipés de bombardiers "V" en place à la fin des années 1950 et avec la normalisation de la guerre froide, les besoins en formation de la RAF se sont stabilisés et les coupes budgétaires des années suivantes ont peu à peu réduit les structures. La fourniture d'armes atomiques tactiques à la 2nde Force Aérienne Tactique a par exemple permis en 1958 de diviser par deux le nombre d'avions déployés par la RAF en Allemagne. La RAF a même été menacée de devenir une arme totalement dépourvue d'aviateurs puisque le Livre Blanc de la Défense de 1957 prévoyait de

---

[655] Voir par exemple l'article *"Synthetic Training Aids in the Royal Air Force"*, du Squadron Leader J. Wilson, The Journal of Navigation , Volume 11 , n°4 , octobre 1958 , pages 365 - 367.

remplacer les bombardiers et les chasseurs par des missiles tirés du sol. [656] En juin 1968, le Commandement de la Formation Technique (Technical Training Command) et le Commandement de la Formation au Vol (Flying Training Command) ont fusionné pour redonner naissance au Training Command de la RAF qui a subsisté jusqu'en 1977.

Avitaillement en JP-4 (AVTAG) d'un Jet Provost Mk III sur le parking d'une école. Il est intéressant de comparer cette photo avec celle de l'un des prototypes du Provost à moteur à piston pour constater les modifications radicales effectuées pour donner naissance au Jet Provost. Il est probable qu'une vingtaine d'années plus tôt, ce camion Bedford QL ravitaillait des Tiger Moth sur le même parking (photo © BAE SYSTEMS).

La formation des personnels de la RAF est aujourd'hui gérée par un seul Groupe : le 22ème Groupe. [657] On notera que certaines appellations traditionnelles perdurent, comme par exemple les FTS ou la CFS, ou le nom donné aux avions d'écolage élémentaire Tutor (Grob G115E) et Prefect (Grob G120TP). Le Corps de Formation Aérienne créé en 1941 pour attirer les jeunes vers les carrières de l'aéronautique militaire et les Escadrons Aériens Universitaires ont survécu jusqu'à nos jours. Assez curieusement, au début du XXIème siècle, la RAF a repris à son compte la méthode de la FAA de donner des numéros d'Escadrons à certaines unités de formation : ainsi, en 2003, le 29ème Escadron qui s'était illustré dans la chasse de nuit durant la Seconde Guerre Mondiale, a été réactivé pour servir d'Unité de Conversion Opérationnelle sur Eurofighter Typhoon, et en 2019 le 207ème Escadron a resurgi de ses cendres pour faire de même pour les futurs pilotes des nouveaux Lockheed Martin F-35 Lightning II.

C.5.4 - Épilogue : Comment ne pas oublier un savoir-faire durement acquis

Bien que cela sorte du cadre de cet ouvrage, il paraît intéressant de s'arrêter un instant sur quelques similarités entre la période d'entre-deux-guerres et celle qui suit la fin de la Guerre Froide. Entre 1933 et 1939, le Député de l'opposition Winston Churchill a plusieurs fois mis en garde les gouvernements britanniques successifs sur les dangers du

---

[656] Articles 15, 16 et 23 du Livre Blanc de la Défense de 1957, référence AIR 129/86, TNA.
[657] Site officiel de la RAF, consulté le 13 mai 2024 sur https://www.raf.mod.uk/our-organisation/groups/no-22-group/ .

réarmement allemand et sur les lacunes de la RAF, à la fois en appareils performants et en personnels qualifiés. [658] En écho à ces avertissements, on trouve facilement des alertes similaires depuis les années 1980 dans les débats de la Chambre des Communes. [659] Ceci n'est guère étonnant puisque les dépenses de défense nationale du Royaume-Uni sont passées de 9% du Produit Intérieur Brut (PIB) au début des années cinquante à 7% en 1960, puis à 5% à la fin des années 1970 (avec un léger rebond suite à la guerre des Malouines) avant de s'effondrer à moins de 3% dans les années 2000 (2% en 2015). Le 1er novembre 2022, le Ministre de la Défense britannique a été obligé d'avouer devant la Chambre des Communes qu'il y avait plus d'avions Lockheed Martin F-35 Lightning II disponibles que de pilotes formés pour les piloter. [660]

Entre 2012 et 2024, le nombre de militaires de la RAF a été réduit de 20%, mais de plus, en 2024, il y avait un déficit de 10% par rapport à l'objectif de personnels ayant terminé leur formation. [661] Avec une flotte vieillissante de jets de formation Hawker Siddeley Hawk et peu de places dans les écoles, la durée de formation, **avant** l'arrivée en unité de conversion opérationnelle était en 2022 d'un peu moins de cinq ans : il fallait ensuite attendre près d'un an pour qu'une place se libère, et ajouter 20 mois supplémentaires avant d'obtenir un pilote opérationnel. [662] Il semble que certaines mesures évoquant celles que nous avons étudiées dans cet ouvrage (notamment l'envoi d'élèves dans des écoles de pilotage aux États-Unis ou dans d'autres pays) soient envisagées pour accélérer la formation des futurs aviateurs. [663] La RAF n'étant pas la seule force aérienne européenne à avoir subi des coupes sombres durant les dernières décennies, [664] ces mesures seront un bon sujet de recherche pour de futurs historiens, en espérant que leur efficacité n'ait pas à être prouvée à l'épreuve du feu comme elle le fut pour les aviateurs formés entre 1934 et 1945.

---

[658] Voir par exemple les débats de la Chambre des Communes de novembre 1934, Hansard, référence HC Deb. 28 November 1934, vol. 295 cc880-881.
[659] Voir par exemple l'admission du Sous-Secrétaire d'État à la Défense, Mr Geoffrey Pattie, devant la Chambre des Communes le 23 juin 1980, que la RAF manque de pilotes de chasse (Hansard, référence HC Deb 23 June 1980 vol 987 cc49-50).
[660] Article de presse consulté le 6 juillet 2023 sur https://news.sky.com/story/uk-has-more-f-35-fast-jets-than-pilots-to-fly-them-ben-wallace-admits-12735825 . Le lendemain, le Ministre a corrigé son propos en indiquant qu'il y avait 30 pilotes britanniques formés pour 27 avions, mais, avec un euphémisme bien britannique *"que cela ne représentait pas une marge considérable"*, (voir https://parliamentlive.tv/Event/Index/0df5d051-ae43-44d8-925b-8e7f744ff145).
[661] Pages 10 et 11 du rapport n°7930 du 13 août 2024 de la Chambre des Communes "*UK defence personnel statistics*" de Esme Kirk-Wade, consulté le 10 septembre 2024 sur https://researchbriefings.files.parliament.uk/documents/CBP-7930/CBP-7930.pdf .
[662] Article de presse consulté le 6 juillet 2023 sur https://www.airforce-technology.com/features/uk-military-pilot-training-in-limbo-for-beleaguered-raf/?cf-view
[663] Réponse du 11 octobre 2022 du Ministre des Forces Armées à la question d'un Député de la Chambre des Communes, consultée le 6 juillet 2023 sur https://www.theyworkforyou.com/wrans/?id=2022-09-21.53285.h .
[664] La France dépensait 7,2% du PIB pour sa défense en 1953, 5,3% en 1960, 3,2% dans les années 1980, et 1,95% en 2021. L'Allemagne avait des chiffres frisant les 1% durant les 20 premières années du XXIème siècle.

PARTIE D : Les avions de formation

Jusqu'au début de la guerre, les programmes d'expansion n'avaient provoqué qu'un accroissement marginal de la production d'appareils de formation. Avec la complexité croissante des chasseurs et bombardiers modernes, il devenait cependant clair qu'il fallait trouver des avions de formation avancée permettant d'assurer en toute sécurité la transition des nouveaux pilotes des avions d'écolage élémentaire aux machines opérationnelles. Pour commencer, des Fairey Battle et des Avro Anson ont été retirés des Escadrons ou prélevés à la sortie des usines. Pour l'expansion du Bomber Command, il fallait former des milliers de pilotes sur multimoteurs, mais la pénurie de bimoteurs dans les écoles était énorme. Les Britanniques ont alors été confrontés au paradoxe suivant : un programme d'expansion obligeait à fabriquer plus d'avions opérationnels, mais pour former les équipages de ces avions, il fallait produire plus d'avions de formation, ce qui réduisait la capacité de production d'avions opérationnels. En 1940, le Secrétaire d'État à l'Air estimait que la proportion d'avions de formation devait atteindre 40% des productions d'appareils neufs pour permettre la formation des aviateurs nécessaires en période d'expansion, ce qui faisait grandement tousser le Ministre de la Production Aéronautique, Lord Beaverbrook, nommé dans l'urgence par Churchill justement pour produire plus d'avions opérationnels. Une fois passée la crise de la bataille d'Angleterre, ce ratio de 40% d'avions de formation et 60% d'avions opérationnels a finalement été accepté en novembre 1940. [665] Le graphe page suivante montre la production au Royaume des cinq principaux avions de formation de 1937 à 1945, ainsi que les livraisons de North American Harvard en provenance des USA. [666] On constate qu'une part significative de l'industrie aéronautique de l'époque était bien consacrée aux appareils de formation : plus de 6.000 avions de formation sont sortis des usines britanniques en 1941, dont 60% étaient des bimoteurs. La même année, moins de 4.700 bombardiers et un peu plus de 7.500 chasseurs ont été fabriqués au Royaume-Uni.

Il faut tenir compte du fait que nombre des avions comptés sur ce graphe n'ont pas été utilisés par des écoles (par exemple, en 1937, les Anson étaient principalement affectés au Coastal Command ; en 1941, 81 Miles Magister ont été exportés en Turquie), mais en contrepartie, des milliers d'avions opérationnels en fin de carrière ou aux performances douteuses ont servi à la formation. On peut citer parmi ceux-ci :
- Les Hawker Hart, et ses dérivés Hind et Audax, ont été massivement utilisés par les écoles avant et pendant la guerre. À titre d'exemple, avant même le début de la guerre, plus de 200 Hawker Audax avaient déjà été détruits dans des accidents lors de la formation des élèves. [667]

---

[665] Page 122 du document *"Flying Training - Volume I - Policy and Planning"*, op. cit.
[666] Graphe de l'auteur à partir des données des rapports *"North American Aircraft Deliveries"* et *Aircraft deliveries, imports and exports"*, conservés sous les références AIR 20/2018 et AIR 19/524, TNA.
[667] Page 19 du livre d'Harley Boxall (voir bibliographie).

- Les bombardiers légers Fairey Battle ont été attribués en masse aux écoles de formation des pilotes, des observateurs et des mitrailleurs après leur combats de mai-juin 1940 en France ;
- Les Westland Lysander, qui avaient partagé les combats en France avec les Battle, ont trouvé un nouveau rôle au sein des écoles comme remorqueurs de cibles aériennes (ainsi que pour le transport clandestin d'agents de la Résistance ou du Special Operations Executive) ;
- Les Boulton Paul Defiant jugés inadaptés au combat diurne dès le début de la bataille d'Angleterre ont été utilisés pour la chasse de nuit mais aussi comme remorqueurs de cibles ou pour la formation des mitrailleurs ;
- Les avions torpilleurs Blackburn Botha qui n'ont jamais réussi à emporter la moindre torpille en raison de leur sous-motorisation ont été utilisés pour la formation des mitrailleurs ;
- Les Curtiss Seamew ont subi le même sort que les Botha pour la formation des mitrailleurs de l'Aéronavale britannique.

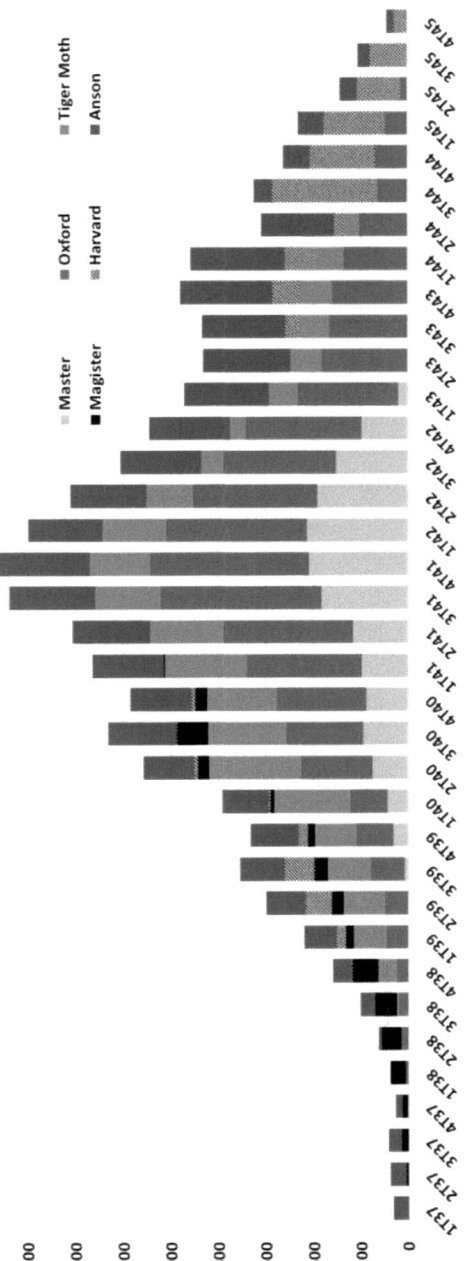

Les quatre graphes ci-après montrent l'évolution du parc des avions des EFTS et des SFTS au Royaume-Uni entre l'été 1940 et janvier 1944 : [668]

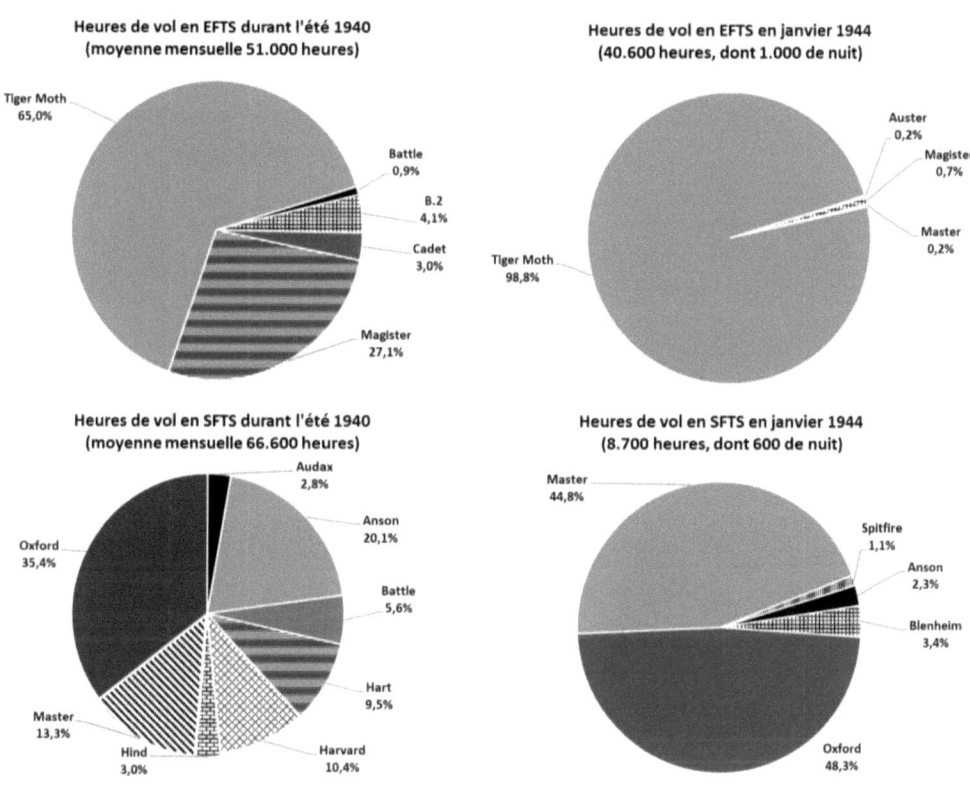

On constate que les parcs d'avions avaient été rationnalisés en 1944 avec le Tiger Moth qui régnait en maître sur les EFTS du Royaume-Uni et la disparition des biplans Audax, Hart et autres Hind des SFTS. Au passage, il est intéressant de noter les évolutions des volumes d'heures de vol en nette diminution grâce à la délocalisation des écoles dans les Dominions.

---

[668] Graphes de l'auteur à partir des données des rapports SD n°96, *op.cit.* pour 1940 et 1944-45, conservés sous les références AIR 10/3913 et AIR 10/3914, TNA. Il aurait été préférable de comparer les mois d'été de 1940 et 1944, mais la façon dont la RAF a compilé les données a beaucoup changé au fil des années de guerre.

Les OTU ont utilisé toutes sortes d'avions opérationnels, souvent des versions jugées obsolètes (Hawker Hurricane, Armstrong Whitworth Whitley, Handley Page Hereford, Vickers Wellington, etc.). Les quatre graphes suivants montrent l'évolution du parc des avions des OTU entre l'été 1940 (premier graphe) et janvier 1944 (trois graphes suivants) : [669]

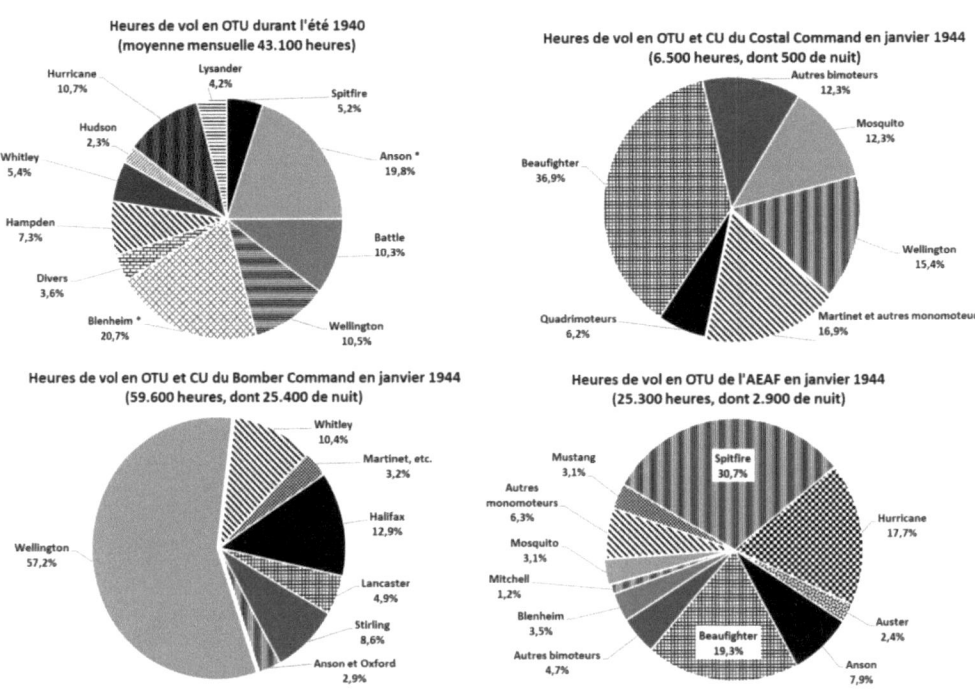

Conformément à la nomenclature de mai 1936, la RAF nommait les avions de formation par des mots évoquant l'éducation (Tutor, Master, Prefect, Magister pour les avions britanniques), ou du nom d'universités américaines (Harvard, Yale) pour les avions américains. Il y a bien sûr des exceptions, comme le Tiger Moth ou le Chipmunk. Cette tradition perdure puisque les avions utilisés aujourd'hui par les forces armées britanniques pour les premiers stades de formation des Cadets ou dans les Escadrons Aériens Universitaires ont été baptisés Tutor (Grob G115E) et Prefect (Grob G120TP).

---

[669] Graphes de l'auteur à partir des données des rapports SD n°96, *op.cit.* pour 1940 et 1944-45, conservés sous les références AIR 10/3913 et AIR 10/3914, TNA. Les avions dont les noms sont suivis d'un astérisque étaient utilisés par plusieurs types d'OTU (par ex Blenheim : OTU des Bomber, Coastal et Fighter Commands).

D.1 - Résumé des performances des principaux avions de formation de base du BCATP

	Conception	Type	Moteur	Puissance, ch (par moteur)	Occupants	Vitesse max, km/h	Plafond, m	Masse max, kg	Fabrication	Utilisé pour la formation
Tiger Moth	de Havilland	monomoteur, biplan	de Havilland Gipsy Major ou Menasco D-4 Super Pirate	130	2	175	4 100	800	GB, Canada, Australie	pilotage élémentaire, opérateurs radio
Magister	Miles	monomoteur, monoplan	de Havilland Gipsy Major	130	2	230	5 000	860	GB	pilotage élémentaire
Finch	Fleet	monomoteur, biplan	Kinner B-5	125	2	165	3 200	900	Canada	pilotage élémentaire
Cornell (PT-26)	Fairchild	monomoteur, biplan	Ranger L-440-3 ou -7	200	2	210	4 700	1 150	US, Canada	pilotage élémentaire
Kaydet (PT-17)	Boeing-Stearman	monomoteur, biplan	Lycoming R-680 ou Continental R-670-6N	225	2	200	3 700	1 195	US	pilotage élémentaire
Wackett	Commonwealth Aircraft Corp.	monomoteur, monoplan	Warner Scarab	175	2	185	5 000	1 175	Australie	pilotage élémentaire
Wirraway	Commonwealth Aircraft Corp.	monomoteur, monoplan	Pratt & Whitney R-1340	600	2	355	7 000	2 990	Australie	pilotage avancé
Master	Miles	monomoteur, monoplan	Bristol Mercury XX	870	2	390	7 700	2 525	GB	pilotage avancé
Crane	Cessna	bimoteur, monoplan	Jacobs R-755 (L-4)	225	5	315	6 700	2 585	US	pilotage avancé, navigation, opérateurs radio
Anson	Avro	bimoteur, monoplan	Armstrong Siddeley Cheetah IX ou Jacobs L-6MB R-915 ou Pratt & Whitney R-985 Wasp Junior	335	5	300	5 800	3 625	GB, Canada	pilotage avancé, navigation, opérateurs radio
Harvard	North American	monomoteur, monoplan	Pratt & Whitney R-1340 Wasp	600	2	335	7 400	2 540	US, Canada	pilotage avancé
Yale (NA-64)	North American	monomoteur, monoplan	Wright R-975-E3 Whirlwind	420	2	265	5 350	2 040	US	opérateurs radio *
Oxford	Airspeed	bimoteur, monoplan	Armstrong Siddeley Cheetah X	260	3	310	7 180	3 400	GB	pilotage avancé, tir, bombardement
Fort	Fleet	monomoteur, monoplan	Jacobs L-6MB	330	2	260	4 570	1 585	Canada	opérateurs radio *
Proctor	Percival	monomoteur, monoplan	de Havilland Gipsy Queen II	210	3 ou 4	250	4 300	1 585	GB	opérateurs radio
DH89 Dominie	de Havilland	bimoteur, biplan	de Havilland Gipsy Six	200	8	250	5 100	2 495	GB	navigation, opérateurs radio
DH84 Dragon	de Havilland	bimoteur, biplan	de Havilland Gipsy Major	130	6	205	3 800	1 905	GB	navigation, opérateurs radio
Martinet	Miles	monomoteur, monoplan	Bristol Mercury XX	870	2	385	6 000	3 060	GB	remorquage de cibles
Battle	Fairey	monomoteur, monoplan	Rolls-Royce Merlin II	1 030	3	415	7 600	4 895	GB	tir, bombardement, remorquage de cibles

Notes : Il est toujours difficile de résumer les performances d'un appareil en quelques chiffres (voir les avertissements en fin d'ouvrage), d'autant plus que certains avions ont été déclinés en plusieurs versions, avec des motorisations et des équipements différents. Les chiffres cités ici ont été arrondis et ne doivent être considérés que comme des ordres de grandeur : il faut se reporter aux manuels à l'intention des pilotes pour des données précises.

* Avion affecté initialement aux écoles de pilotage intermédiaire.

D.2 - Courte histoire de quelques appareils

Il serait impossible de détailler ici l'histoire souvent longue et complexe du développement et de l'emploi de tous les types d'avions mentionnés précédemment. Certains seront étudiés dans d'autres livres de cette série, comme le Fairey Battle qui a été utilisé en grand nombre pour former les pilotes, les mitrailleurs, les bombardiers et les observateurs, ainsi que pour remorquer des cibles, mais qui avait été conçu comme bombardier. Seul un court résumé est fait pour les principaux avions de formation : ils ont été présentés par catégorie avec d'abord les monomoteurs, puis les bimoteurs. Pour plus de détails, les lecteurs sont invités à se reporter aux livres mentionnés en bibliographie, notamment à celui de Ray Sturtivant *"The history of British military training aircraft"*.

D.2.1 - Les avions d'écolage élémentaire
De Havilland Tiger Moth

Au milieu des années vingt, la de Havilland Aircraft Company Ltd avait entamé la longue lignée des Moth (papillons de nuit) avec le DH60 Moth, un biplan léger à deux places. Gipsy Moth, Moth Major, Cirrus Moth, Giant Moth, Hawk Moth, Puss Moth et Swallow Moth se succéderont avant que n'apparaisse le DH82 Tiger Moth, construit pour répondre à la spécification T23 de 1931 du Ministère de l'Air britannique pour un avion pour la formation initiale. Il s'agit en fait d'une évolution du DH60 : baptisée DH60T, pour "Trainer", avant d'être renommée DH82, cet avion de formation avait été modifié par rapport au DH.60M en déplaçant le centre de l'aile haute vers l'avant pour permettre l'évacuation rapide du stagiaire en cas d'urgence. Le premier DH.60T Tiger Moth G-ABNJ est livré le 18 août 31 au Centre de Recherches Expérimentales sur les Avions et leurs Armements (A&AEE - Aeroplane and Armament Experimental Establishment) à Martlesham Heath dans le Suffolk. Avec quelques modifications, (notamment le dièdre de l'aile inférieure légèrement augmenté) la première commande est passée en 1931 pour 35 appareils DH-82.

Les commandes se font d'abord au compte-gouttes, mais le manque de pilotes au sein de la RAF va obliger à ouvrir de multiples écoles de formation : 3.450 appareils sont commandés en 1938-39 ! La première grosse commande est faite en mai 1938 pour 50 appareils, et une autre suit pour 400 exemplaires supplémentaires le mois suivant. En septembre 1939, nouvelle commande pour 1.000 appareils, puis 2.000 en octobre (crise de Munich oblige !). De Havilland se voit obliger de sous-traiter, notamment à Morris Motors à partir de juin 1940, en particulier pour alléger la charge de l'usine de Hatfield dans le Hertfordshire qui peut ainsi se consacrer à la fabrication des premiers Mosquito, dont les premiers cinquante exemplaires (y compris un prototype) ont été commandés en mars 1940.

Vol solo au-dessus de la campagne anglaise sur le Tiger Moth R5130. Cet appareil a servi au sein de nombreuses unités (dont une FIS) et a survécu à la guerre pour finalement être détruit accidentellement en 1961 (photo © BAE SYSTEMS).

Les premiers Tiger Moth ont quelques soucis de vrilles à plat : quelles que soient les actions prises par le pilote, l'avion continue sa rotation. De nombreux essais sont menés au Centre de Recherches Aéronautiques de Farnborough, Hampshire, notamment avec un appareil R5129 équipé d'un parachute de sécurité pour casser la vrille (utilisé au moins une fois avec succès après 13 tours de vrille !). De Havilland étudie diverses modifications de la dérive et l'installation de petits plans horizontaux sur l'arrière du fuselage. Le Tiger Moth se pilotait facilement, mais étant très léger, il était sensible au vent. Stuart McKay présente de façon humoristique une échelle de l'expérience à avoir en fonction de la vigueur d'Éole : [670]

> *"0 à 5 nœuds : Convenable pour tous, surtout si le vent est aligné avec la piste. ...*
>
> *15 à 20 nœuds : Commencez à faire attention. ... Manœuvrez uniquement face au vent et faites-vous aider pour rouler au sol. ...*
>
> *25 à 30 nœuds : Situation ne convenant qu'aux as, aux idiots ou aux cas d'urgence. Rentrez l'avion dans le hangar, il ne devrait pas être dehors de toute façon.*
>
> *30 nœuds et plus : Demandez en avance un devis pour les réparations d'importants dégâts."*

Faute de freins, le roulage au sol se fait uniquement au moteur et avec la gouverne de direction, ce qui est un très bon apprentissage pour les nouveaux élèves.

Le Tiger Moth a eu deux versions principales : Mk I à moteur Gipsy III de 120ch (en fait un Gipsy II inversé), et Mk II à moteur Gipsy Major de 130ch. Avec 1.000 heures de vol entre deux grandes révisions dès 1937 (450 heures entre 1932 et 1937), ces moteurs sont très fiables pour l'époque. L'élève est assis à la place arrière qui peut être recouverte d'une capote opaque pour le vol aux instruments. La communication avec l'instructeur se fait par des tubes acoustiques (après-guerre, certains avions bénéficieront d'un véritable système d'intercommunication). L'autonomie avec marge de sécurité est estimée à 2h15,

---

[670] Page 106 de son livre (voir bibliographie).

et l'autonomie maximale à 2h30, les ordres des EFTS exigeant que les élèves se posent avant ce délai. [671]

Stanley Brand, qui travaillait dans les usines chimiques d'ICI (Imperial Chemical Industries) de Middlesborough, s'était engagé dans l'Aéronavale (FAA) en espérant devenir aviateur. Il avait effectué ses formations de base de marin dans les stations *HMS Daedalus* de Lee-on-Solent, et *HMS St Vincent*, Gosport, avant de rejoindre, après une courte permission, la 19ème EFTS de Sealand au pays de Galles dont les bâtiments, construits avant-guerre, lui semblent luxueux, avec notamment de l'eau chaude à volonté, après l'austérité des bases de la Royal Navy mentionnées. Il est moins impressionné par les avions, "*tous des Tiger Moth d'avant la guerre, rassemblés d'aéroclubs de droite et de gauche ou d'ailleurs, certains étaient usés jusqu'à la corde, certains difficiles à démarrer, mais malgré tout d'autres étaient un plaisir à piloter et je suppose que ces derniers avaient appartenu à des enthousiastes qui consacraient tout leur temps à les bichonner. Les mal-foutus qui volaient avec l'aile gauche abaissée, ou avec une attitude cabrée, provenaient des aéroclubs sans propriétaire spécifique. Ils étaient entretenus par des mécaniciens de second ordre, les meilleurs mécanos étant nécessaires pour les Escadrons opérationnels, et nous avons eu quelques cas de maintenance non satisfaisante. … Le Tiger Moth est un avion très, très, léger, avec un moteur très fiable. Sa structure est presque entièrement en bois entoilé. Étant très léger, cet avion rebondit très facilement. Le train d'atterrissage est plutôt costaud. Les instruments sont assez primitifs. Il manœuvre superbement bien et répond à la moindre sollicitation des commandes. Beaucoup d'accidents ont été causés par l'absence de freins. Le seul moyen de le diriger au sol et de voir malgré le moteur devant consistait à le faire zig-zaguer d'un côté à l'autre en poussant le palonnier à fond et en donnant un coup de manettes des gaz pour envoyer un courant d'air sur la gouverne de direction. Ça demandait une certaine technique, mais c'était vital et c'était donc l'un des premiers points que nos instructeurs nous apprenaient : comment rouler au sol.* " [672]

Les avions britanniques n'étaient pas adaptés aux conditions hivernales présentes au Canada et la filiale de Havilland Aircraft of Canada, de Toronto, Ontario, a apporté les modifications suivantes :
- Système de chauffage pour les postes de pilotage ;
- Verrières coulissantes pour protéger les pilotes des courants d'air ;
- Train d'atterrissage renforcé et avancé de 25 cm pour limiter le risque de mise en pylône.

1.548 de ces Tiger Moth améliorés (DH82C) ont été produits au Canada. Pour pallier une pénurie éventuelle de moteurs Gipsy Major importés du Royaume-Uni, 136 de ces appareils ont été équipés d'un moteur en ligne américain Menasco D-4 Super Pirate et ont pris le nom de "Menasco Moth". Manquant de puissance, et avec un sens de rotation inversé pour l'hélice par rapport aux autres Tiger Moth, ces Menasco Moth ont été affectés aux Écoles de Formation des opérateurs radio. Chargés d'un émetteur T-1083 et

---

[671] Cours de la 9ème EFTS de Cunderdin, Australie Occidentale, *"Notes on Airframes"*, conservé sous la référence A705 - 208/1/1868, page 122, NAA.
[672] Interview de février 2005, conservée par l'Imperial War Museum dans la collection *"Oral history"*, référence 27347 - bobine 9.

d'un récepteur R-1082 en plus du pilote et de l'élève opérateur radio, ils avaient bien du mal à décoller, surtout par temps chaud !

Vue des postes émetteur-récepteur installés à la place arrière d'un Menasco Moth. On comprend bien que la masse imposante des matériels radio et de leurs batteries handicapait sérieusement les performances de l'avion (photo Library and Archives Canada/Department of National Defence fonds/a063771).

Bien qu'il n'ait été conçu qu'en tant qu'avion de formation, le Tiger Moth a connu quelques brèves apparitions sur le front des hostilités, notamment :
- En 1939-40, le 81ème Escadron de Liaison faisait partie de la composante aérienne du Corps Expéditionnaire Britannique en France. Sur les 23 Tiger Moth employés, 12 ont été détruits.
- De mi-décembre 1939 à fin mai 1940, dans l'espoir d'obliger les sous-marins allemands à plonger, une soixantaine de Tiger Moth des Coastal Patrol Flights patrouillent les côtes britanniques. L'emploi, en plein hiver et au-dessus de la mer, de ces avions monomoteurs à cockpit ouvert sans radio ni armement montre l'état de piètre équipement du RAF Coastal Command au début de la guerre.
- Face aux menaces d'invasion allemande de l'été 1940, la RAF équipe 350 Tiger Moth de racks sous le fuselage pour huit bombes d'une dizaine de kilos chacune. Le Tiger Moth ne peut alors emporter qu'un seul pilote, à la place avant. La RAAF fait de même lorsque les Japonais approchent de l'Australie en 1942.

Quelques adaptations particulières du Tiger Moth ont vu le jour :
- Une version hydravion a été testée (spécification T.6/33 pour 2 prototypes puis 5 conversions) mais ne s'est pas avérée très satisfaisante.
- Une version radiocommandée (on parlerait aujourd'hui de "drone") a été conçue pour servir d'avion cible afin de former les tireurs de la DCA de la Royal Navy. Cet avion, baptisé DH82B Queen Bee, est développé sur la base d'un fuselage de DH60 Moth (en bois et donc moins coûteux que celui du Tiger Moth) adapté pour recevoir les ailes du Tiger Moth. Doté d'un train d'atterrissage classique ou de flotteurs, il pouvait être catapulté. Environ 400 exemplaires ont été produits.

- La Force Aérienne Impériale d'Iran a passé une commande d'une version offrant la possibilité de monter une mitrailleuse tchèque de 7,92 mm et d'installer un viseur de bombardement à la place du manche à balai dans le poste avant.
- Quelques exemplaires ont été modifiés en Australie en 1944-45 en supprimant le poste arrière pour pouvoir emporter une civière avec un blessé.

Les Tiger Moth ont souvent servi dans des rôles de liaison et pour permettre aux pilotes des QG ou du Ministère de l'Air de garder la main pendant leur affectation derrière un bureau. Ils ont été retirés des écoles de la RAF en 1952 mais ils sont restés en service au sein de l'Air Training Corps pour initier les cadets jusqu'à la fin des années cinquante.

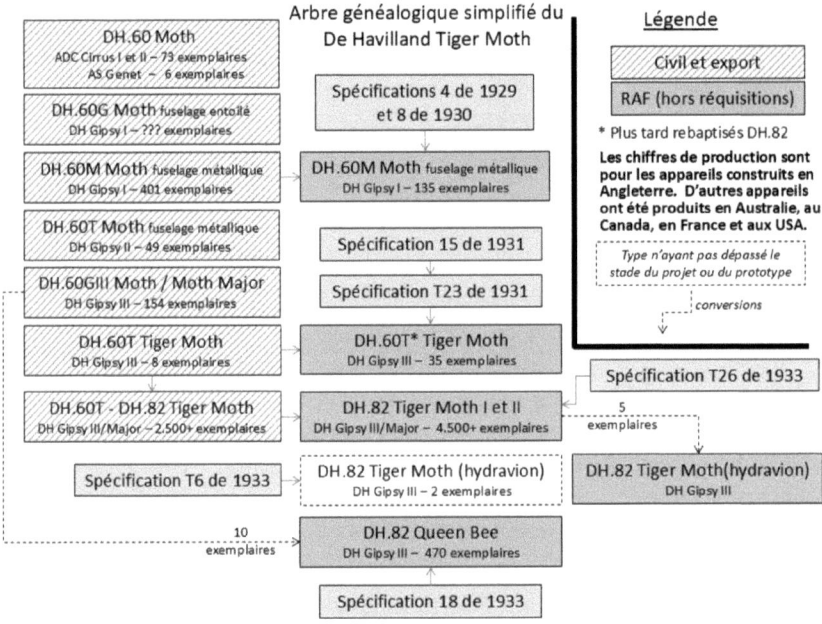

Plus de 7.500 exemplaires ont été produits en Angleterre. D'autres pays en ont également construit, dont l'Australie (1.085) et le Canada (plus de 1.500). Mi-1943, le coût d'un Tiger Moth était estimé à 1.440 Livres Sterling (960 pour la cellule et 480 pour le moteur Gipsy Major). [673] De nombreux exemplaires volent encore aujourd'hui.

---

[673] Note du 2 juillet 1943 du Membre du Conseil de l'Air australien en charge du matériel "*Supply of wastage requirements of Tiger Moth airframes and Gipsy Major engines to 31st March 1945*", conservée sous la référence A14487, 34/AB/5048 page 3, NAA.

Miles Magister

Depuis 1933, la société Miles Aircraft Ltd. avait développé une série d'avions biplaces monomoteurs monoplans à train d'atterrissage fixe et à cockpits ouverts : les M.2 A à D Hawk; les M.2 E à U Hawk Major et enfin les M.2 W à Y Hawk Trainer. Certains de ces avions étaient utilisés par les sociétés privées qui géraient les ERFTS pour le compte de la RAF. En octobre 1936, le Ministère

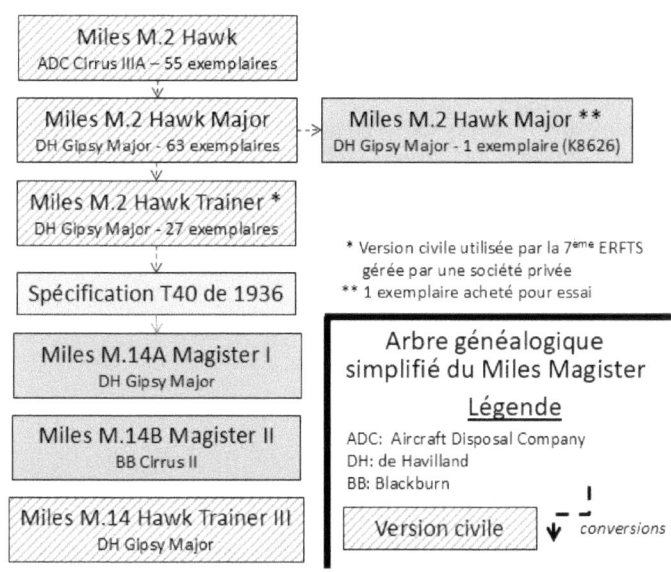

de l'Air britannique publie la spécification T.40 pour une version militaire de l'avion de formation élémentaire Hawk Trainer. Les changements à apporter sont mineurs bien que nombreux, les plus importants étant de remplacer le patin de queue par une roulette, le montage des harnais de sécurité standards de la RAF (harnais Sutton), la réorganisation des instruments du tableau de bord, la mise en place de doubles-commandes pour les volets hypersustentateurs, le réglage du mélange et le compensateur d'équilibrage pour les gouvernes de profondeur, la pose d'un compensateur d'équilibrage fixe pour la gouverne de direction, et l'installation d'un système Bendix de freinage différentiel des roues. Le Hawk Trainer civil 333 (plus tard immatriculé L5912 par la RAF) sert de prototype au Miles M.14, baptisé Magister. Les premiers avions de série sont livrés en septembre 1937. Le Magister est le premier avion de formation monoplan de la RAF (battant de quelques mois la mise en service de l'Airspeed Oxford, lui aussi monoplan, mais bimoteur et à train escamotable). Les derniers appareils sont livrés fin 1941. De plus, dès l'ouverture des hostilités, la RAF réquisitionnera onze Miles Hawk Trainer et onze Miles Hawk Major civils.

Bien qu'ayant le même moteur DH Gipsy Major I que le biplan Tiger Moth, le Magister est bien plus moderne, étant un monoplan doté de freins, de volets hypersustentateurs, de deux réservoirs de carburant et d'une roulette de queue.

Tout comme les Tiger Moth, quelques Magister ont été équipés de petites bombes durant l'été 1940 pour s'opposer à une éventuelle invasion allemande.

Magister I (L6919) photographié lors d'un vol solo. On voit bien la capote d'entraînement au pilotage aux instruments, repliée derrière le pilote (photo © BAE SYSTEMS).

En plus de la formation de milliers de pilotes, les Magister ont souvent été affectés aux Escadrons de la RAF comme avion d'entrainement, de liaison et servitude. C'est ainsi que le 23 mai 1940, les pilotes du 54ème Escadron se voient confier une mission de secours à haut risque : un Magister piloté par le Flight Lieutenant James A. Leathart, escorté de deux Spitfire pilotés par le Flying Officer Alan C. Deere, futur as Néo-Zélandais, et le Pilot Officer Johnnie L. Allen, traverse la Manche pour récupérer le Squadron Leader Francis L. White, commandant du 74ème Escadron, qui avait été abattu plus tôt dans la journée. Alors que le Magister redécolle des Messerschmitt Bf-109 attaquent et Deere en abat deux, ses premières victoires, permettant le succès de la mission.

La RAF a reçu plus de 1.200 Magister, et une centaine d'exemplaires ont été fabriqués sous licence en Turquie. Après-guerre, plus d'une dizaine de forces aériennes ont également utilisé cet avion et d'autres ont fait le bonheur des aéroclubs. Quelques exemplaires sont conservés dans des musées et quelques-uns volent encore aujourd'hui.

Fairchild Cornell

En 1939, le Fairchild M-62 gagne une compétition de l'US Army Air Corps pour un avion d'entrainement. Ce monoplan biplace à train fixe est de construction robuste et facile à entretenir (fuselage entoilé et ailes en bois).

Ce Cornell est si bien bichonné par les conservateurs du Musée de l'Aviation et de l'Espace du Canada à Ottawa que l'on ne dirait pas qu'il est sorti de l'usine il y a plus de 80 ans. Cet appareil a notamment servi au sein de la 34ème EFTS d'Assiniboia, Saskatchewan (photo de l'auteur).

Avec l'approche de la guerre, il est commandé en grand nombre par l'USAAC sous la désignation PT-19 (PT = Primary Trainer : écolage de base).

La Commission Britannique d'Achat de matériels aéronautiques passe deux commandes à la Fairchild Engine and Airplane Corporation pour 648 exemplaires, mais exige que les cockpits, jusque-là ouverts, soient recouverts par une verrière avec un système de chauffage pour l'emploi dans les écoles de l'Empire Air Training Scheme au Canada. Cette version PT-26 est baptisée "Cornell". L'usine canadienne de Fleet Aircraft Ltd. à Fort Erie, Ontario a produit 1.902 exemplaires sous licence, dont 115 pour l'Inde et 248 pour la Rhodésie du Sud. Au moins 72 autres exemplaires destinés à la Rhodésie ont été victimes des torpilles des U-Boote dans la bataille de l'Atlantique. 93 PT-23 à moteur en étoile ont également été fabriqués au Canada pour l'USAAC.

Appellation		Moteur
USAAC	RAF	
PT-19	-	en ligne Ranger L-440-1
PT-19A et B	-	en ligne Ranger L-440-3
PT-23	-	en étoile Continental R-670
PT-26	Cornell I	en ligne Ranger L-440-3
PT-26A et B	Cornell II et III	en ligne Ranger L-440-7

Le livret d'accueil des nouveaux élèves de la 32ème EFTS de Bowden, Alberta, Canada, présente le Cornell de la façon suivante : *"Vous avez de la chance d'être affecté à une EFTS sur Cornell. Cet avion est considéré comme le meilleur avion de formation élémentaire en service. Étant de type monoplan à ailes basses, il est plus proche des avions opérationnels modernes que le Tiger Moth qu'il a remplacé. Quand vous aurez obtenu votre brevet de pilote, vous vous rendrez compte de l'apport qu'a représenté votre formation sur Cornell."* [674]

La voie relativement large de son train d'atterrissage et sa charge alaire plus élevée le rendait moins susceptible de partir en cheval de bois lors de l'atterrissage que les biplans utilisés dans le même rôle.

En incluant les productions sous licence au Canada, 7.260 exemplaires de PT-19, -23 et -26 ont été produits (et un peu plus de 200 au Brésil), permettant de former des milliers de pilotes pendant et après la guerre. Quelques rares exemplaires volent encore aujourd'hui.

---

[674] Page 12 du livret *"32 EFTS – PUPIL'S GUIDE"*, conservé en Annexe "A" du Journal de marche d'octobre 1943 sous la référence C-12340 image 277, BAC.

Stearman PT-13 à -27

Cet avion a été conçu en 1933 par la Stearman Aircraft Company avant qu'elle ne soit rachetée par Boeing, et le nom officiel de cet avion est donc "Boeing Model 75", mais l'appellation de "Stearman" est restée assez fréquente. Le premier exemplaire a pris l'air en octobre 1934. L'USAAC a acheté ses premiers Stearman en 1936 et les a baptisés PT-13 Kaydet.

USAAC	US Navy	Caractéristiques
PT-13	N2S-2 et -5	Moteur Lycoming
PT-17	N2S-1, -2 et -4	Moteur Continental
PT-18	-	Moteur Jacobs
-	NS	Moteur Wright
PT-27	-	PT-17 avec verrière pour la RACF

Des milliers d'exemplaires de Stearman ont été employés dans les écoles de l'USAAC et de l'US Navy. 300 PT-17 ont été utilisés dans le cadre du BCATP au Canada à partir de l'été 1942. Ils ont servi principalement au sein de la 3ème FIS d'Arnprior, Ontario et de quatre EFTS, mais après quelques mois d'utilisation, ils ont été remplacés par des Fairchild Cornell qui eux disposaient de postes de pilotage fermés, plus adaptés à l'hiver canadien. Il semble que l'ajout de verrière sur les postes de pilotage du Stearman (version PT-27) n'ait pas été jugé suffisamment satisfaisant.

Tout comme les autres avions d'écolage élémentaire, sa faible masse le rend sensible au vent de travers lors du décollage ou de l'atterrissage, et la voie relativement étroite de son train d'atterrissage ne jouait pas en faveur des élèves inattentifs, causant quelques chevaux de bois.

Un Stearman PT-17 au-dessus du terrain de l'école de Carlstrom en Floride, probablement avant l'été 1942 (le rond rouge des cocardes et les rayures rouges et blanches de la dérive ayant été supprimés en mai). Les avions identiques utilisés par les EFTS canadiennes étaient intégralement peints en jaune (photo reproduite avec la permission de l'Embry-Riddle Aeronautical University).

La production totale de Stearman a dépassé les 10.000 exemplaires et certains volent toujours aujourd'hui.

Fleet Finch

Si un Fleet Finch était apparu au-dessus des tranchées en 1916, personne ne lui aurait trouvé une apparence trop moderne. Le Finch a fait son premier vol le 8 février 1939 sous le nom de Fleet Model 16. La société Fleet Aircraft de Fort Erie, Ontario, produisait des biplans de formation élémentaire depuis le début des années 1930 et avait déjà rencontré un certain succès avec le Fawn (Model 7) dont une soixantaine d'exemplaires avaient été utilisés par la RCAF, ou le Model 10 qui a été produit sous licence en Roumanie. En 1938, la RCAF a demandé un certain nombre d'améliorations qui ont donné naissance à deux versions successives :
- Finch Mark I : moteur en étoile Kinner R5-2 de 160 chevaux ; 27 exemplaires.
- Finch Mark II : moteur en étoile Kinner B5-R de 130 chevaux ; 404 exemplaires.

Ces appareils ont servi dans les EFTS durant les premières années du BCATP, avant d'être progressivement remplacés par des Tiger Moth puis des Cornell. Quelques exemplaires ont survécu.

Le Fleet Finch 4510 conservé par le Musée de l'Aviation et de l'Espace du Canada à Ottawa. Cet appareil a notamment servi aux 3ème et 11ème EFTS de London, Ontario et de Cap de la Madeleine, Québec. Pour affronter les vols en hiver, une verrière a été montée sur les deux postes de pilotage (photo de l'auteur).

de Havilland Chipmunk

Après-guerre, de Havilland Aircraft of Canada Ltd. conçoit un petit avion biplace à cockpit fermé pour remplacer le biplan Tiger Moth. La technique de fabrication s'éloigne des avions précédents de de Havilland qui favorisait le bois. Le DHC-1 est entièrement métallique, à part les gouvernes et la partie arrière des ailes qui sont entoilées. Le moteur de Havilland Gipsy Major est choisi pour sa grande fiabilité (1.500 heures entre chaque révision). Le prototype DHC-1 fait son premier vol le 22 mai 1946. Pour le vol solo, le pilote s'installe sur le siège avant (et non plus arrière comme dans le Tiger Moth).

La RCAF a adopté cet appareil dès 1947 pour la formation initiale de ses pilotes, sous la désignation DHC-1 Chipmunk.

Le Chipmunk T.2 (moteur Gipsy Major 10) conservé au musée de Hamilton, Ontario. La verrière "goutte d'eau" montée sur les appareils de la RCAF donnait une excellente visibilité aux deux occupants (photo de l'auteur).

Le 15 avril 1947, le Chipmunk CF-DIO-X est prêté à l'AAEE de Boscombe Down, Wiltshire, pour quelques essais informels. Le rapport suggère quelques modifications mineures mais conclut que cet avion *"a démontré d'excellentes qualités de vol, avec une bonne plage de manœuvrabilité et des commandes bien réglées, des caractéristiques non vicieuses de décrochage, et un pilotage facile et simple. Avec quelques modifications de la disposition du poste de pilotage pour correspondre aux besoins de la RAF, le Chipmunk ferait un excellent avion d'écolage élémentaire."* [675]
Le Ministère de l'Air britannique publie la spécification T.8 en 1948 pour la fabrication au Royaume-Uni de 740 exemplaires du Chipmunk T.10 pour la RAF. Ces appareils sont livrés entre novembre 1949 et octobre 1953. Avec leur moteur de Havilland Gipsy Major 8, l'endurance est de l'ordre de trois heures avec un plein de 82 litres de carburant. Ces avions sont surnommés affectueusement *"Chippie"* par les élèves pilotes. La plupart ont été remplacés dans les années 1970 par des Scottish Aviation Bulldog mais les derniers sont restés en service jusqu'en 1996 pour les vols d'initiation des cadets de la RAF. Deux exemplaires sont encore en service pour l'entraînement de routine des pilotes du Battle of Britain Memorial Flight.

Le coût d'achat d'un Chipmunk pour un aéroclub civil était de 7.500 dollars canadiens au début des années cinquante. [676]

Si l'on inclut les appareils construits au Canada, au Royaume-Uni et sous licence au Portugal, 1.283 exemplaires sont sortis des chaines et ont servi dans plus d'une vingtaine de forces aériennes. Plusieurs exemplaires de Chipmunk sont encore maintenus en état de vol, certains avec une verrière "goutte d'eau" prisée au Canada, ou avec des moteurs plus puissants que celui d'origine.

---

[675] Rapport *"Chipmunk CF-DIO-X – Brief handling tests"* du 29 avril 1947, conservé sous la référence A705, 9/1/1409 images 132 et 133, NAA.
[676] Page 18 du livret commercial *"DHC-1 Chipmunk"* de The de Havilland Aircraft Of Canada Ltd., conservé sous la référence A705, 9/1/1409 image 90 et suivantes, NAA.

D.2.2 - Les avions de formation intermédiaire et avancée
Vultee BT-13 Valiant

Vultee a proposé plusieurs prototypes à l'USAAC pour des avions de formation intermédiaire et avancée. Durant l'été 1940, l'USAAC passe commande pour la version de formation intermédiaire et la baptise BT-13. Cet avion était comparable au North American BT-14 (NA-64 pour la version française).

Avec son moteur plus puissant, son hélice à pas variable et ses volets hypersustentateurs, le BT-13 était bien plus complexe que les avions d'écolage élémentaire, même s'il a encore un train d'atterrissage fixe. Ce n'était pas un avion vicieux, mais le fort couple du moteur en cas de remise brutale des gaz a causé plusieurs accidents, les élèves se faisant surprendre à basse altitude en cas d'approche ratée.

USAAC	US Navy	Moteur	Remarques
BT-13	-	Pratt & Whitney	
BT-13B	SNV-1		Carénages du train supprimés
BT-13B	SNV-2		Circuit électrique 24 volts
BT-15	-	Wright	

Cet avion était surnommé de façon peu flatteuse *"Vibrator"* par les élèves et les instructeurs.

Produit à plus de 10.000 exemplaires, le BT-13 et ses dérivés ont été utilisés par plusieurs forces aériennes. Plusieurs exemplaires ont survécu dans des musées et quelques-uns sont conservés en état de vol.

Vol en formation serré au-dessus de la Floride en septembre 1942 pour ce BT-13A de la 5ème BFTS (photo de l'instructeur Donald C. Bay, reproduite avec la permission de l'Embry-Riddle Aeronautical University).

Fleet Fort

Anticipant le besoin d'avions de formation intermédiaire, la société canadienne Fleet Aircraft développe en 1938 un monomoteur monoplan à ailes basses avec volets hypersustentateurs et un train d'atterrissage fixe équipé de freins. L'instructeur occupait le poste arrière sur un siège surélevé lui permettant de voir au-dessus de la tête de l'élève. Avec un moteur en étoile Jacobs, le prototype effectue son premier vol le 22 mars 1940. La RCAF passe commande pour 200 exemplaires, baptisés Fort Mk I, mais les appareils de série disponibles mi-1941 souffrent de défauts de fabrication. Surtout il s'avère plus facile de convertir les élèves directement du Tiger Moth au Havard sans ajouter l'apprentissage d'un appareil intermédiaire. La commande est donc réduite à une centaine d'exemplaires, qui sont finalement affectés aux Écoles de Formation des opérateurs radio pour remplacer les Menasco Moth, rôle dans lequel ils sont à peine plus performants que leurs prédécesseurs. Durant l'été 1944, les Fleet Fort sont remplacés par des Havard.

Un Fort est conservé en état de vol par le Canadian Warplane Heritage Museum d'Hamilton, Ontario.

Cette photographie du Fort 3562 montre bien le poste surélevé de l'instructeur (photo Library and Archives Canada/Department of National Defence fonds/a064010).

North American Yale et Harvard ; Commonwealth Aircraft Corporation Wirraway

Le 1er avril 1935, le prototype du North American 16, un biplace monoplan à train d'atterrissage fixe, prend l'air pour la première fois. Conçu pour la formation des pilotes il va rapidement être un succès, y compris à l'export, avec de multiples versions et améliorations. Trois avions utilisés par les Forces Aériennes du Commonwealth sont apparentés au NA-16 : les North American Yale et Harvard, et le Commonwealth Aircraft Corporation Wirraway.

Le Yale : La France avait passé commande pour deux versions à train d'atterrissage fixe dérivées du NA-16 : 237 exemplaires du NAA-57 P-2 ("Avion North American de Perfectionnement Biplace") avec un moteur Wright R-975 de 400 chevaux et 230 du NAA-64 P-2 avec un moteur Pratt & Whitney R-985 Wasp Junior de 450 chevaux. Au moment de l'armistice de juin 1940, 15 NAA-57 et 119 NAA-64 n'avaient pas encore été livrés et ces reliquats ont bénéficié à la RAF. 119 appareils ont été affectés au Canada pour le BCATP sous le nom de Yale. [677] Après un temps dans les SFTS, ils ont été relégués à la formation en vol des opérateurs radio aux côtés des Fleet Fort.

---

[677] D'après les rapports *"North American Aircraft Deliveries"* et *"Export of Aircraft"*, conservés sous la référence AIR 20/2039, TNA, et certains auteurs (comme K. J. Meekcoms, pages 135 et 198 de son livre) les 119 Yale comprendraient un mélange de 89 appareils d'un type et 30 d'un autre type à choisir entre NAA-57 et NAA-64. Cependant, les sources se contredisent : par exemple, le site du Canadian Warplane Heritage Museum https://caspir.warplane.com/asrc/acn/200001795/ consulté en ligne le 21 janvier 2023 liste les 119 appareils comme étant des NAA-64 mais avec des moteurs Wright R-975-E3 ; Meekcoms penche pour 89 NAA-57 (Yale Mark I) et 30 NAA-64 (Yale Mark II),

Le Yale 3350 conservé au musée de Hamilton, Ontario, avec derrière à droite son frère d'armes 3400. Ces deux appareils ont servi au sein de la 1ère SFTS de Camp Borden, Ontario, avant d'être affectés à la 4ème École Radio de Guelph, Ontario. On constate qu'il s'agit bien d'un NAA-64 puisque le fuselage a un revêtement métallique et que la gouverne de direction a une forme triangulaire identique à celle des Harvard. Le fuselage des NAA-57 était entoilé et leur gouverne de direction avait une forme arrondie (photo de l'auteur).

Le Harvard : En juin 1938, la Commission Britannique d'Achat de matériels aéronautiques passe commande pour 200 exemplaires du type NA-49, baptisés "Harvard Mark I" dans la RAF. Les premiers arrivent au Royaume-Uni en décembre. La Commission Française en avait également commandé, et 446 de ces appareils ont été transférés à la RAF après la défaite de 1940 (la plupart pour servir au Canada et en Rhodésie du Sud). Face à la demande croissante, une usine est ouverte à Dallas au Texas, et les avions qui en sortent sont baptisés "Texan", nom qui sera repris pour les versions américaines. Les appareils utilisés par l'USAAC reçoivent l'appellation d'AT-6 (Advanced Trainer) et ceux de l'US Navy sont baptisés SNJ.

Le Wirraway : En juin 1938, la RAAF passe commande de 40 exemplaires d'un avion fabriqué sous licence sur la base du NA-16 à un consortium australien formé deux ans plus tôt, la Commonwealth Aircraft Corporation (CAC). Deux avions avaient été commandés à North American pour servir de patrons : un à train d'atterrissage fixe (NA-32), et l'autre à train rétractable (NA-33). Finalement, tous les appareils produits par CAC, baptisés Wirraway, sont équipés d'un train rétractable. Destinés initialement à la formation, de nombreux appareils ont été militarisés pour servir de chasseurs, puis de chasseurs-bombardiers. Les ingénieurs de la CAC ont réutilisé la conception de certains composants du Wirraway (ailes, empennage, train, etc.) lorsqu'ils ont dessiné le chasseur Boomerang, produit à 250 exemplaires.

---

mais ceci semble peu probable si l'on en croit les articles de Pierre Cortet (voir bibliographie) puisqu'il indique qu'il ne restait plus que 15 NAA-57 à livrer en juin 1940. Toutes les photos étudiées de Yale montrent des NAA-64 facilement reconnaissables à la forme de leur gouverne de direction. Il est possible que la RCAF ait préféré les moteurs Wright R-975 pour ses NAA-64.

Le schéma ci-dessous montre de façon très simplifiée la genèse des principales versions des Yale, Harvard et Wirraway utilisés par les Forces Aériennes du Commonwealth. Les appellations commençant par "NA-" sont celles du fabricant. La colonne centrale montre les appellations américaines, et la colonne de droite, celles de la France et de la RAF/RAAF. Il y a eu des dizaines d'autres versions qu'il serait impossible de détailler ici (NA-46 : douze avions pour la Marine brésilienne, NA-48 : quinze avions pour la Chine, etc.).

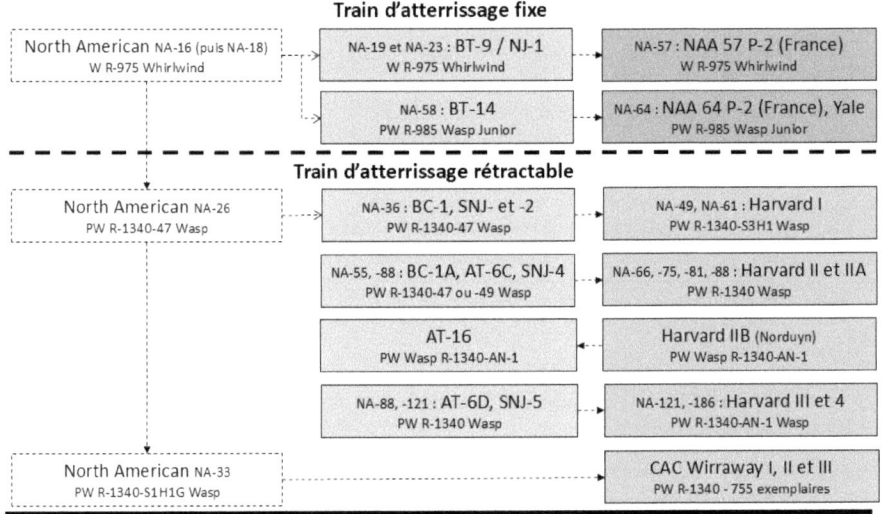

Arbre généalogique simplifié des North American Yale et Harvard, et du Commonwealth Aircraft Corporation Wirraway

Le Harvard semble présenter un seul (gros) défaut pour un avion de formation : il est relativement difficile à sortir de vrille. Si le pilote tarde à agir, il y a un risque de passer à une vrille à plat dont il est impossible de sortir. Le 16 février 1939, le premier Harvard livré (N.7000) au Royaume-Uni s'écrase lors d'essais : le pilote, le Squadron Leader Robert Cazalet, a déployé le parachute de queue spécialement prévu sur les machines expérimentales, mais il s'est détaché et l'avion est parti dans une autre vrille avant de s'écraser, tuant le pilote et Robert P. Alston un scientifique du Centre de Recherches Aéronautiques de Farnborough, Hampshire. Finalement, le rapport des essais a conclu que l'avion était sain et qu'il suffisait de mieux former les pilotes en leur apprenant à se méfier de la seconde vrille toujours possible tant que la vitesse n'était pas suffisante. [678] Autre souci, en décembre 1941, le QG du 1er Training Command à Toronto constate que trois Harvard ont récemment pris feu lors d'un exercice de sortie de vrille, ceci étant

---

[678] Rapport *"Spinning trials on Harvard N-7001 (Wasp S.3.H.1.)"* de l'Aeroplane and Armament Experimental Establishment du 14 octobre 1939, conservé dans le dossier AVIA 18/1245, TNA.

attribué à une fuite d'essence sous l'effet des forces centrifuges exercées lors de la vrille. Une modification est suggérée pour éviter ce phénomène pour le moins indésirable. [679]

Pour les élèves, le Harvard était une machine imposante, qui ne pardonnait pas les fautes d'inattention, notamment à l'atterrissage, l'avion partant facilement en cheval de bois. Avec une vitesse de croisière de 270 km/h, il allait bien plus vite que les avions des écoles élémentaires (160 km/h environ pour les Tiger Moth ou les Stearman PT17). Le Leading Aircraftman Gerald J. J. Edwards, (futur récipiendaire de la DFC et Major Général de la RCAF) se souvient ainsi de sa première rencontre avec les Harvard de la 10ème SFTS de Dauphin, Manitoba, Canada, au printemps 1941 : *"Pour moi, c'était un avion terrifiant. Il était cinq fois plus bruyant qu'un bon vieux Tiger Moth, une odeur différente, entièrement métallique, un monoplan à ailes basses, il était surnommé "le péril jaune". Je me souviens l'avoir regardé et m'être demandé si je pourrais le piloter. Finalement, après six heures en doubles commandes, j'ai été lâché en solo sur Harvard. ... Il avait une forte tendance à virer à gauche au décollage à cause du couple, dont il fallait se méfier pour ne pas partir en cheval de bois. Il était extrêmement bruyant, et avait bien plus de puissance que le Tiger Moth, ce qui était très bien pour la voltige aérienne. ... C'était un avion bien plus violent, et si vous ne le traitiez pas correctement, il ne vous le pardonnait pas. Je pense que sur les soixante ou soixante-dix élèves de ma Classe, huit ou dix ont été tués en SFTS. La plupart sont partis en vrille à une altitude trop basse ou ont décroché lors d'une approche trop lente pour se poser. Ces avions prenaient feu facilement et nous avons enterré plusieurs camarades."* [680]

Près de 15.500 Harvard/Texan ont été fabriqués, dont 3.350 au Canada par les usines Noorduyn Aviation (Harvard IIB) et Canadian Car & Foundry (Harvard 4), sans compter 755 CAC Wirraway construits sous licence en Australie. La RAF a acheté, reçu dans le cadre du prêt-bail ou de l'aide mutuelle canadienne (version Mk IIB / AT-16) un total de 5.457 Harvard qui, pour la plupart, ont servi dans les écoles de l'Empire Air Training Scheme au Royaume-Uni, au Canada, en Australie, en Nouvelle Zélande, ainsi que dans les autres écoles de la RAF en Rhodésie du Sud, au Kenya, au Moyen Orient, en Inde et en Afrique du Sud.

Le Harvard/Texan a été utilisé par de nombreuses forces aériennes après-guerre. L'appellation américaine a changé en 1948 : l'AT-6 est devenu le T-6. La France en a utilisé plusieurs centaines (principalement T-6D, T-6G, Harvard et SNJ-4) pour la formation, et durant la guerre d'Algérie pour l'appui feu. De nombreux exemplaires volent encore aujourd'hui.

---

[679] Entrée du 30 décembre 1941 du Journal de marche du 1er Training Command, conservé sous la référence C-12151, image 1511, BAC.
[680] Interview de l'été 1979 conservée par l'Université de Victoria, Collections spéciales, Fonds Reginald Herbert Roy, référence SC104, cassette 1 face 1. Plusieurs avions de formation de cette époque, peints en jaune comme mesure anti-collision, ont reçu ce surnom de *"péril jaune"*, le plus connu étant probablement le biplan Naval Aircraft Factory N3N.

Ce Harvard IIB a été fabriqué au Canada par Noorduyn à l'usine de Cartierville, Montréal dont il est sorti fin juillet 1941. Portant l'immatriculation 3064, il a formé les élèves de la 14ème SFTS d'Aylmer pendant la guerre. Il a ici reçu la livrée camouflée d'un Harvard (FE788)  **utilisé au Royaume-Uni pendant la guerre** (photo de l'auteur).

Miles Master

En 1936-37, l'ingénieur Frederick G. Miles dessine le Kestrel, un petit monoplan biplace qui se révèle très rapide avec une vitesse de pointe de 475 km/h. Le Ministère de l'Air britannique avait choisi le de Havilland Don comme avion de formation avancée, mais handicapé par une tourelle arrière, il se révéla rapidement inadapté et les quelques exemplaires produits ont été relégués au rôle d'avions de liaison (sans la tourelle !). Le Ministère de l'Air demande donc à Miles d'adapter le Kestrel pour servir d'avion de formation avancée. Après quelques modifications (notamment le déplacement du radiateur), ce prototype reprend l'air sous sa nouvelle appellation "Master" en 1938.

Facile à construire, avec une structure en bois et utilisant du contreplaqué comme revêtement principal, le Master a été décliné en trois versions :
- Mk I : moteur en ligne Rolls-Royce Kestrel XXX de 715 ch.
- Mk II : moteur en étoile Bristol Mercury XX ou 30 de 870 ch.
- Mk III : moteur en étoile Pratt & Whitney Wasp Junior de 825 ch. Cette version est très rapide et avec des commandes lourdes à manœuvrer.

À partir de mai 1939, les exemplaires de série du Master sont livrés aux écoles de formation de la RAF et de la Fleet Air Arm (aéronavale britannique). Cet avion a servi également dans des rôles de calibration de radar, de liaison et de remorquage de cibles ou de planeur (version GT.II).

Les performances du Master étaient assez proches de celles des premiers chasseurs monoplans de la RAF, et sa vitesse de croisière (335 km/h) était supérieure de celle du Harvard (270 km/h) qui tenait le même rôle dans les SFTS.

Après-guerre, de nombreux Master, surplus de la RAF, ont été cédés à d'autres forces aériennes. L'Armée de l'Air française en a utilisé quelques exemplaires jusqu'en 1950.

Plus de 3.200 Master ont été construits entre 1939 et 1942. À cause de sa construction essentiellement en bois, aucun exemplaire n'a survécu jusqu'à nous. Le Miles Martinet, qui lui a succédé sur les chaines de production, a repris de nombreux composants du Master.

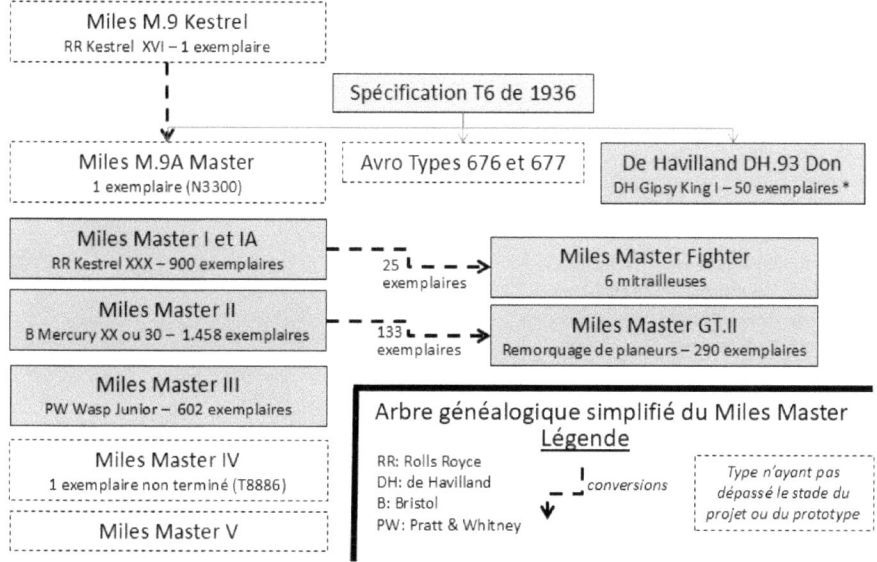

* Commande sur plans sans prototype de 250 appareils, finalement réduite à 50 exemplaires, dont 20 ont été livrés pour l'instruction au sol, sans moteur.

Percival Prentice

En 1943, le Ministère de l'Air britannique publie la spécification n°23 pour un avion monomoteur de formation élémentaire. Percival Aircraft Company remporte le contrat pour la fabrication de six prototypes. Le premier prend l'air le 31 mars 1946 avec un moteur de Havilland Gipsy Queen 32. Pour les élèves-pilotes, cet avion est plus complexe que le biplan Tiger Moth qu'il est destiné à remplacer, notamment avec une hélice à pas variable, des volets hypersustentateurs et une radio. L'instructeur et l'élève-pilote s'assoient côte à côte, et un troisième siège est disponible à l'arrière pour qu'un second élève profite des commentaires de l'instructeur. Cette idée louable n'a cependant pas vraiment été mise en pratique car la motorisation du Prentice était peu performante.

Les premiers exemplaires sont livrés en novembre 1947. Mis en service un peu vite, plusieurs accidents mortels ont lieu lors de vrilles. L'avion se met en vrille à plat après quelques tours : la dérive est alors masquée par le fuselage et le gouvernail de direction n'a plus d'efficacité. Les pilotes d'essais du Centre de Recherches Aéronautiques de Farnborough, Hampshire, appelés à la rescousse, découvrent que pour sortir de vrille, il faut braquer à fond le palonnier, et pousser le manche à balai dans la position "à piquer". Après de nombreuses modifications, les Prentice sont jugés enfin suffisamment sûrs pour retrouver leurs élèves pilotes. Ces avions ont été remplacés en 1953 par des Percival Provost.

La RAF a reçu 349 Prentice, et les forces aériennes du Liban, de l'Argentine et de l'Inde ont également utilisé cet avion. 483 Prentice ont été construits par Percival Aircraft et par Blackburn Aircraft en Angleterre (et 42 exemplaires en Inde sous licence). Quelques exemplaires sont conservés dans des musées (notamment en Angleterre) et deux volent encore aujourd'hui.

Pour l'anecdote, le Percival Prentice apparaît dans l'album *"L'île noire"* des aventures de Tintin.

L'un des 100 Prentice commandés par la Force Aérienne argentine. On voit bien l'excellente visibilité que procurait l'énorme verrière (photo © BAE SYSTEMS).

Percival Provost

En septembre 1948, le Ministère de l'Air britannique publie la spécification T.16 pour un avion monomoteur de formation élémentaire. Plus d'une trentaine de projets sont reçus de plusieurs fabricants, et après de multiples itérations de la fiche-programme, le projet P.56 de la Percival Aircraft Ltd. remporte le contrat. Le premier prototype prend l'air en février 1950 avec un moteur Armstrong Siddeley Cheetah 18, mais les avions de série commandés en 1951 sont équipés d'un moteur Alvis Leonides Mk. 25. Pour les élèves-pilotes, cet avion, baptisé Provost, est deux fois plus puissant que le Percival Prentice qu'il est destiné à remplacer et les prépare à l'étape suivante de leur formation : le passage sur DH Vampire à réaction. L'instructeur et l'élève-pilote s'assoient côte à côte, ce qui facilite l'instruction.

Cet avion est le dernier appareil d'écolage à moteur à pistons utilisé par la RAF puisqu'au début des années 1960, les derniers Provost sont remplacés dans les écoles par le Jet Provost à réaction.

Plusieurs pays ont acheté des Provost neufs ou d'occasion (près d'une centaine d'exemplaires exportés en tout) pour leurs propres écoles de pilotage et quelques-uns ont été armés pour la lutte anti-guérilla. Lorsque la production cesse en 1961, 461 Provost avaient été construits en dix ans par Percival Aircraft.

Facile à entretenir, puissant et capable de voltige aérienne, le Provost à moteur à pistons a acquis une bonne réputation et a transmis son nom très rapidement à son descendant à réaction le Jet Provost, qui est resté en service dans la RAF jusqu'en 1993.

Plusieurs Provost sont conservés dans des musées et quelques-uns volent encore aujourd'hui.

Le Provost WE522 était le premier prototype avec un moteur Armstrong Siddeley Cheetah 18 (photo © BAE SYSTEMS).

<u>Avro Anson</u>

En 1933, Imperial Airways demande à Avro de développer un petit avion bimoteur de transport rapide à longue distance. Roy Chadwick développe cet avion, baptisé Avro 652, comme un monoplan à aile basse en bois et fuselage entoilé sur une structure tubulaire métallique soudée, pour emporter deux pilotes et quatre passagers. Les moteurs sélectionnés sont des Armstrong Siddeley Cheetah V en étoile de 270 chevaux. Ce projet, renommé 652A et légèrement modifié pour une version militarisée avec une tourelle arrière, est proposé à la RAF en 1934 pour un avion de patrouille maritime répondant à la spécification 18 de 1935. Avro reçoit une commande pour un prototype, en compétition avec le De Havilland 89M (dérivé de l'avion Dragon Rapide en version civile, qui sera plus tard rebaptisé Dominie par la RAF dans sa version militaire).

Le prototype de l'Avro 652A, immatriculé K4771, fait son premier vol le 24 mars 1935 et remporte la compétition face au DH89M. La première commande est passée avant l'été pour 174 Anson Mk I avec moteurs Cheetah IX de 350ch. Sur cette version Mk I, le train d'atterrissage et les volets hypersustentateurs se manœuvraient à la main (les versions suivantes ont bénéficié d'une motorisation hydraulique). Il fallait compter 180 tours de manivelle pour remonter le train, et autant pour l'abaisser : on comprend donc facilement pourquoi les pilotes aimaient bien emporter un ou deux passagers ! Les hélices bipales métalliques sont à pas fixes. Assez rapidement, les Anson ont été jugés obsolètes pour des missions de guerre, leur rayon d'action et leur charge militaire étant notamment insuffisants pour les tâches de surveillance maritime. Beaucoup d'Anson Mk I ont donc été produits sans tourelle pour la formation des pilotes, navigateurs et opérateurs radios, mais 313 Mk I ont reçu une tourelle hydraulique Bristol B1 Mk VI (identique à celle du Bristol Blenheim) avec deux mitrailleuses Browning de 7,7mm pour former les mitrailleurs.

Poste de pilotage d'un Anson Mk I (W2419) équipé de doubles commandes pour les leçons de pilotage. Le siège de gauche pouvait être recouvert d'une capote pour le pilotage aux instruments. Le dossier du siège de droite est montré ici en position repliée. (Photo Library and Archives Canada/Department of National Defence fonds/a064000)

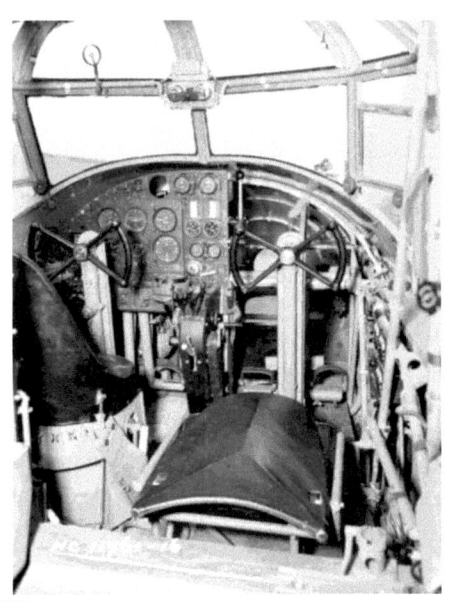

Avec les programmes de réarmement successifs, les commandes d'Anson s'accumulent, et la production est déployée sur plusieurs usines d'Avro. À partir de l'Anson II elle est étendue au Canada (notamment dans les usines Federal Aircraft Ltd, Canadian Car & Foundry Company Ltd, De Havilland Aircraft Canada Ltd, Ottawa Car and Aircraft Ltd., National Steel Car Corporation et MacDonald Brothers), avec montage de moteurs américains Jacobs, Wright ou Pratt & Whitney.

La version Mk II est construite au Canada à partir de l'automne 1941. La version Mk V est conçue en 1942 pour minimiser l'emploi de métaux en privilégiant le bois et est également produite au Canada.

Prototype du Anson Mk II (7069) photographié en juin 1942, près d'un an après son premier vol du 21 août 1941. (Photo Library and Archives Canada/Department of National Defence fonds/a064295)

La version Mk X voit le jour en 1943 et a un plancher renforcé par rapport à celui des versions précédentes pour emporter des charges lourdes.

À partir de la version 11, le fuselage est agrandi vers le haut pour augmenter la place disponible.

La version 19 est produite en deux versions : ailes en bois pour la série 1, et ailes métalliques pour la série 2. Ces ailes métalliques ont été conservées sur les versions suivantes et parfois installées sur des Mk 11 et 12 lors d'une grande visite de maintenance.

Les Anson étaient très appréciés par leurs pilotes pour leur fiabilité et étaient surnommés *"faithful Annie"* (fidèle Annie). Ils étaient très faciles à piloter et *"volaient tout seuls"*. [681] La seule difficulté se présentait durant la phase d'atterrissage : ayant une vitesse de décrochage très faible, l'Anson avait tendance à vouloir continuer à voler au lieu de se poser.

Les versions d'entraînement au pilotage T20, T21 et T22 ont été développées après-guerre.

La production d'Anson s'est arrêtée en 1952, après 17 ans et 11.020 exemplaires ! C'est le second avion britannique multi-moteurs le plus produit juste derrière les 11.461 exemplaires du Vickers Wellington.

Les coûts étaient estimés de la façon suivante : [682]
- Anson sans tourelle :   8.050 £ Sterling (octobre 1944)
- Anson avec tourelle :   8.610 £ Sterling (octobre 1944)
- Moteur Cheetah IX :   1.254 £ Sterling (octobre 1944)
- Anson sans tourelle et sans ailes :   5.704 £ Sterling (juin 1945)
- Un jeu d'ailes pour Anson :   2.222 £ Sterling (juin 1945)

Déjà prisés par de nombreuses forces aériennes avant la guerre (Irlande, Turquie, Grèce, Finlande, Estonie), des Anson disponibles après la fin des hostilités sont rachetés par l'Arabie Saoudite, la Belgique, la France, les Pays-Bas, le Portugal, l'Iran, Israël, l'Égypte, et de nombreux clients civils. L'Armée de l'Air française a utilisé 223 Anson pour l'écolage et les liaisons, en métropole et dans les colonies. Les modèles avec des ailes en bois ont été retirés dans les années soixante, mais des exemplaires à ailes métalliques volent toujours.

L'emploi opérationnel des Anson d'autres versions, ainsi que leur arbre généalogique seront détaillés dans le livre de cette série consacré aux avions du Coastal Command.

<u>Airspeed Oxford</u>

En 1934, Airspeed Limited met sur le marché un bimoteur de transport civil, l'AS.6 Envoy. De conception très moderne, cet avion monoplan dispose d'un train d'atterrissage rétractable et de volets hypersustentateurs (après la 18ème machine de série). Le Ministère de l'Air britannique, à la recherche d'un avion pour la formation des hommes d'équipage du Bomber Command, émet en 1936 la spécification T.23 pour transformer l'Envoy civil. Airspeed est la seule compagnie appelée à soumettre une proposition. Avec l'accélération des tensions internationales lors de la crise de Munich,

---

[681] Citation de Jack Currie, page 3 de son livre *"Mosquito victory"*, ISIS Publishing, 2008, ISBN 978-0753195161.

[682] Mémoranda *"Empire Air Training Scheme : Adjustment of claims between the United Kingdom and Australia for training aircraft, engine and maintenance spares, etc. to the 31st March 1943"* et *"Anson and Oxford aircraft : Adjustment of claims between the United Kingdom and Australia for training aircraft under Empire Air Training Scheme for the period 1st April 1943 to 31st March 1945"*, conservés sous les références A14487 - 50/AB/6601, page 4 et - 45/AB/6168, page 4, NAA. Un document donnait les prix en livres sterling, l'autre en livres australiennes. Pour éviter toute confusion, la conversion a été faite pour n'avoir qu'une seule devise ici.

le Ministère de l'Air passe une commande pour 160 exemplaires directement sur plans en octobre 1936. Le prototype de ce nouvel avion, baptisé AS.10 Oxford, prend l'air le 19 juin 1937 et les livraisons commencent à la fin de l'année. Les différentes configurations permettent de former des pilotes (doubles commandes, tableau de bord permettant le vol de nuit (principalement des Oxford II sans tourelle)), des observateurs (2ème siège de pilotage retiré et bombes d'exercice de 5 kg pour le bombardement), des mitrailleurs (Oxford I à tourelle dorsale manuelle Armstrong Whitworth avec une mitrailleuse Lewis), et des opérateurs radio (principalement Oxford II et III).

Cependant, la production est insuffisante pour couvrir les besoins de la RAF, devenus énormes au gré des plans de réarmement successifs. Alors que l'Oxford avait été conçu dès le départ en tant qu'avion de formation, il a fallu trouver d'autres appareils pour cette tâche. L'Avro Anson, conçu pour les patrouilles de surveillance maritime a donc été sélectionné "par défaut" pour les écoles, même si ses performances étaient inférieures à celles de l'Envoy et qu'il ne convenait pas pour la formation au vol de nuit ou au pilotage sans visibilité. [683] L'Oxford était jugé plus adapté que l'Anson pour la formation *"en raison de ses similarités avec les appareils modernes, notamment :*

1. *Son système hydraulique.*
2. *Ses caractéristiques lors du décrochage.*
3. *Les effets similaires produits par les volets hypersustentateurs.*
4. *Ses compensateurs plus sensibles.*
5. *Sa stabilité directionnelle.*
6. *Son système de freinage plus efficace."* [684]

Des Oxford Mk I coincés dans la neige sur la base de Rockcliffe, Ontario. Celui au premier plan, imatriculé AT642, a effectué son dernier vol le 20 décembre 1943 pour la 35ème SFTS de North Battleford, Saskatchewan : après un atterrissage forcé, il a été stocké et n'a jamais été réparé (Photo Library and Archives Canada/Department of National Defence fonds/a064480)

---

[683] Chapitre 2 du document *"Flying Training : Volume II, Part I"*, op.cit.
[684] Page 7 du Mémo *"Review of Empire Air Training in Australie : Recommendations for stabilization and increased efficiency"* de juillet 1943, conservé sous la référence A1196, 1/501/398 PART 1, page 176, NAA.

D'après Arthur E. Clouston, pilote d'essais au Centre de Recherches Aéronautiques de Farnborough, Hampshire, de 1935 à 1939, *"les commandes ne sont pas équilibrées, en faisant un avion instable, donc très bon pour la formation puisqu'un pilote formé sur Oxford pourra piloter quasiment n'importe quel autre appareil"*. Jack Currie, futur pilote du Bomber Command, s'est frotté à l'Anson lors de formation : *"L'Oxford n'était pas un avion excitant à piloter, et cependant il n'était pas non plus très reposant. Il nécessitait un pilotage attentionné lors du décollage et de l'atterrissage, car le train d'atterrissage était étroit, les petits moteurs Cheetah étaient proches du fuselage, et il ne volait pas tout seul (contrairement à l'Anson) une fois en vol."* [685]

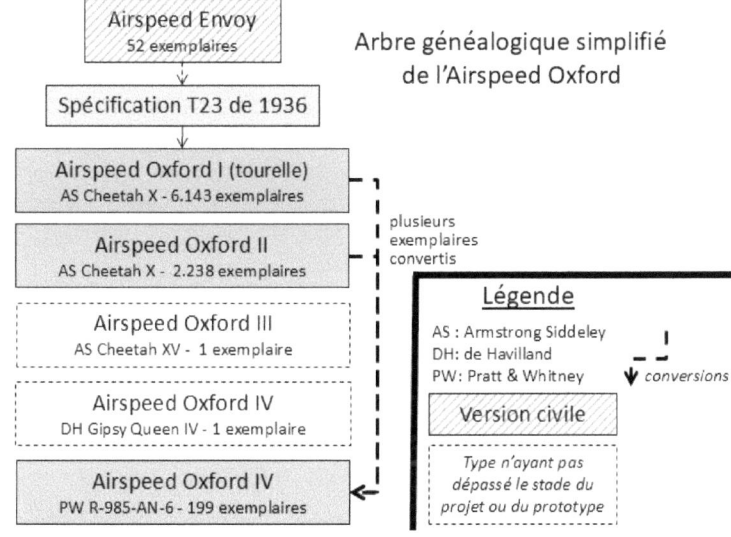

L'Oxford n'était pas conçu à l'origine pour être utilisé dans les rigueurs des hivers canadiens. D'ailleurs, le Canada avait refusé l'envoi d'Oxford à la place d'Anson que le Royaume-Uni souhaitait conserver. Seules les SFTS de la RAF installées au Canada ont donc utilisé des Oxford (voir l'Annexe 6A). Les avions livrés par navire étaient réassemblés au Canada et modifiés par la société MacDonald Aircraft de Winnipeg. Les modifications suivantes ont été réalisées sur place :
- Prise d'air chaud directement sur l'échappement pour alimenter le moteur ;
- Commandes séparées pour les réglages de l'air (chaud ou froid) des deux moteurs ;
- Commandes séparées pour les prises d'air des radiateurs d'huile des deux moteurs ;
- Baffle de protection en aluminium pour les cylindres avant inférieurs ;
- Déflecteur d'air derrière l'anneau Townend ;
- Système de chauffage amélioré pour le poste de pilotage ;
- Installation d'un dispositif de dilution de l'huile pour faciliter les démarrages après une immobilisation nocturne ;
- Pose de thermomètres au niveau des carburateurs avec indication dans le poste de pilotage.

---

[685] Citation de Jack Currie, page 3 de son livre *"Mosquito victory"*, op. cit.

Le premier Oxford ainsi modifié (AT450) est livré à la 36ème SFTS de Penhold, Alberta mi-février 1942. [686]

Un Oxford complet était estimé à 10.408 £A en octobre 1944. [687] Les Oxford ont aussi servi d'avions de liaison, d'ambulance, à l'entraînement des batteries de DCA et pour la calibration des radars. Les derniers exemplaires ont été retirés de la RAF en 1954.

Au fil de multiples commandes, 8.751 Oxford ont été construits. Ils ont été utilisés également par de nombreuses forces aériennes après-guerre. Plusieurs exemplaires sont conservés dans des musées, mais aucun ne vole plus aujourd'hui (en raison de leur construction en bois, contreplaqué et entoilage).

Cessna Crane

Dans les années trente, la Cessna Aircraft Company avait connu le succès avec une série d'avions légers monomoteurs à aile haute et train d'atterrissage fixe (famille des Cessna Airmaster). Elle tente de conquérir le marché des petits bimoteurs avec son premier avion à train rétractable : le Model T-50, capable d'emporter cinq personnes, fait son premier vol en 1939.

Avec l'approche de la guerre, la demande d'avions légers utilisables pour la formation des personnels navigants (pilotes, opérateurs radio, mitrailleurs, navigateurs, etc.) explose. Pour le BCATP, les commandes affluent, notamment pour les North American Harvard, de Havilland Tiger Moth, Fairchild Cornell, Stearman PT-27, Airspeed Oxford et les simulateurs Link. Pour sa part, Cessna reçoit en 1939/40 trois commandes de la Commission Britannique d'Achats de Matériels Aéronautiques aux USA pour 640 Model T-50 légèrement modifiés et baptisés Crane Mk I. La quasi-totalité de ces avions est envoyée dans des écoles du Plan d'Entraînement Aérien de l'Empire au Canada. Dans le cadre de la loi prêt-bail, le Canada a ensuite perçu 181 Crane Mk IA (avec hélices métalliques). Plusieurs milliers de pilotes de la RAF ont débuté leur formation multi-moteurs sur ces Crane avant de passer sur leurs montures de guerre Lancaster, Mosquito, Halifax ou autres Beaufighter et Stirling.

L'US Army Air Corps et l'US Navy ont également utilisé des versions militaires du Model 50, sous les désignations AT (Advanced Trainer) AT-8 et AT-17, UC (Utility Cargo) UC-78 Bobcat et JRC-1 (JR = Utility Transport, C = Cessna). L'Armée de l'Air et l'Aéronavale françaises ont utilisé plusieurs dizaines d'UC-78 jusqu'au début des années 1950, pour le transport et la formation.

Suite à plusieurs cas de rupture structurelle, la voltige aérienne sur Crane était strictement interdite. [688]

---

[686] Entrée du 10 février 1942 du Journal de marche de la 36ème SFTS, conservé sous la référence C-12356, image 1694, BAC.
[687] Mémo "*Anson and Oxford aircraft : Adjustment of claims between the United Kingdom and Australia for training aircraft under Empire Air Training Scheme for the period 1st April 1943 to 31st March 1945*", conservé sous la référence A14487 - 45/AB/6168, page 4, NAA.
[688] Mémo dans le cadre d'un dossier de cour martiale de la RCAF, conservé sous la référence T-21788, image 1834, BAC.

Près de 5.500 exemplaires de cet avion ont été produits et après la guerre, beaucoup ont été rachetés à bas prix pour un usage civil. Plusieurs exemplaires sont conservés au Canada et aux USA, dont quelques-uns en état de vol.

Le Crane Mk I conservé au musée de Hamilton, Ontario, dans la livrée jaune canari utilisée pour les appareils de formation au Canada. Le Crane 7862 a accumulé plus de 2.000 heures de vol pendant la guerre et a survécu à deux collisions au sol : une en février 1942, causée par un autre Crane lors d'exercices nocturnes sur le terrain de la 4ème SFTS de Saskatoon, Saskatchewan, l'autre deux mois plus tard avec un Fairey Battle dont les freins ont lâché soudainement [689] (photo de l'auteur).

Le Crane n'était pas idéal pour servir d'avion de formation : le train d'atterrissage était fragile, les moteurs ne permettaient pas de voler ni très haut ni très vite et n'avaient pas de volets de refroidissement. Certaines versions n'avaient pas d'hélices à pas variable, les freins surchauffaient vite et l'évacuation en cas d'urgence n'était pas facile. Jack Currie (dont nous avons déjà parlé) ne semblait être un admirateur de cet avion puisqu'il mentionne qu'au niveau esthétique *"l'AT-17 donnait l'impression d'avoir été construit à la hâte en assemblant des composants provenant d'autres avions."* [690]

D.2.3 - Les autres avions de formation

Northrop Nomad

La France avait commandé 93 Northrop A-17, un avion biplace monomoteur monoplan d'attaque au sol. Ces appareils étaient des machines d'occasion de l'USAAC qui avaient été remises à niveau par Douglas. Après la bataille de France, le Royaume-Uni a reçu 61 A-17, rebaptisés Nomad Mk I : 32 exemplaires ont été remis au Canada et le reste à l'Afrique du Sud. Ces avions ont principalement servi dans les B&GS, notamment comme remorqueurs de cibles. La Norvège avait également placé une commande avant-guerre et certains de ces avions ont été utilisés par l'école baptisée *Little Norway*, près de Toronto, Ontario, au Canada.

---

[689] Comptes-rendus d'accidents consultés en ligne le 22 janvier 2023 n° CASPIR 0009/00000064 et 0013/00000136.
[690] Voir par exemple page 132 du livre de Jack Currie (voir bibliographie).

Percival Proctor

En 1935, la compagnie Percival Aircraft met sur le marché le Vega Gull, un petit avion monoplan à train fixe motorisé par un de Havilland Gipsy Six et pouvant emporter quatre personnes. Le Ministère de l'Air britannique en achète une quinzaine d'exemplaires pour les liaisons rapides et le transport de personnalités.

En 1938, le Ministère de l'Air publie la spécification n°20 pour un avion monomoteur de formation des opérateurs radio. Percival Aircraft Ltd. propose de développer une version militaire du Vega Gull, avec un moteur de Havilland Gipsy Queen. Le nouvel avion, baptisé Proctor, prend l'air pour la première fois le 8 octobre 1939.

Facile à construire, avec une structure en bois et utilisant du contreplaqué et de l'entoilage comme revêtements principaux, le Proctor a été décliné principalement en quatre versions pendant la guerre :
- Mk I : avion avec doubles commandes, trois places.
- Mk II et III : avion sans doubles commandes, trois places (deux pour la formation radio).
- Mk IV : avion avec ou sans doubles commandes, quatre places (trois pour la formation radio).

En plus de la formation des opérateurs radio, cet avion a servi également dans des rôles de calibration de radar, de liaison et de transport d'officiers et de personnalités, aussi bien au sein de la RAF que de la FAA.

Après-guerre, de nombreux Proctor, surplus de la RAF, ont été cédés à d'autres forces aériennes ou vendus à des civils. De fin 1945 à 1959, l'Armée de l'Air française a utilisé dix-huit Proctor IV pour les liaisons et la formation des opérateurs radio. La RAF a mis ses derniers Proctor à la retraite en 1955.

Plus de 1.100 Proctor ont été construits pour la RAF et la FAA entre 1939 et 1945. Après-guerre, une version civile a également été produite. Quelques rares exemplaires volent encore aujourd'hui, d'autres sont conservés dans des musées.

Le Proctor IV LA589 survole la campagne anglaise lors d'un vol d'essai en 1944. La lettre P dans un cercle jaune indique qu'il s'agit du prototype de cette version (photo © BAE SYSTEMS).

Annexes

ANNEXE 1A - Principales personnalités et structures de formation de la RAF

Cette liste se concentre sur la période 1936-1945. Les Commandants en-dehors de cette période n'ont donc pas été inclus ici.

Directeur de la Formation Poste au sein de l'organisation du Membre du Conseil de l'Air en charge du Personnel avant la nomination d'un Membre du Conseil de l'Air en charge de la formation en juillet 1940. Ministère de l'Air, Londres.

du 4 avril 1934 au 2 octobre 1936	Air Commodore Arthur W. Tedder
du 3 octobre 1936 au 27 novembre 1938	Air Commodore Robert Leckie
du 28 novembre 1938 au 7 juillet 1940	Air Commodore Wilfred A. McClaughry

Membre du Conseil de l'Air en charge de la Formation
Poste créé le 8 juillet 1940 et supprimé le 1er janvier 1947. Ministère de l'Air, Londres.

du 8 juillet 1940	au 26 avril 1943	Air Marshal A. Guy E. Garrod
du 27 avril 1943	au 27 mars 1945	Air Marshal Sir Peter R. M. Drummond
du 14 mai 1945	au 11 décembre 1946	Air Marshal Sir Roderic Hill

Training Command   Devise : *Terra Caeloque Docemus* (*Nous enseignons au sol et dans les airs*)
Formé le 1er mai 1936, principalement à partir des écoles de l'ancien commandement **Inland Area**. QG à Bentley Priory, Middlesex, puis déménage successivement à Buntingsdale Hall, Market Drayton, Shropshire en juillet 1936 et à Shinfield Park, Reading en janvier 1940.

du 1er mai 1936	au 30 juin 1939	Air Marshal Sir Charles Burnett
du 1er juillet 1939	au 27 mai 1940	Air Chief Marshal Sir Arthur Longmore
27 mai 1940		Divisé en deux entités : Flying Training Command et Technical Training Command. (Reformé en juin 1968, puis absorbé en 1977 par le Support Command).

Groupes en 1940 : 21, 23, 24, 25

Reserve Command   Devise : *Support*
Formé le 1er février 1939. Groupes en 1939 : 50, 51, 54
QG à Hendon, puis a déménagé à Wantage Hall, Reading, Berkshire juste avant le début de la guerre.

du 1er février 1939	au 27 août 1939	Air Marshal Sir Christopher Courtney
du 28 août 1939	au 21 avril 1940	Air Chief Marshal Sir John Steel
du 22 avril 1940	au 26 mai 1940	Air Vice Marshal William L. Welsh
27 mai 1940		Absorbé par le Flying Training Command (reformé en mai 1946, puis devient le Home Command en 1950 avant d'être à nouveau absorbé par le Flying Training Command en avril 1959)

Portrait de l'Air Marshal Robert Leckie (page 3 de la revue "*Drift Recorder*" de mars 1945).

Flying Training Command   Devise : *Per Laborem ad Summa (La supériorité par le travail)*
Formé le 27 mai 1940 par division du Training Command et incorporation du Reserve Command.
QG : Shinfield Park, Reading, Berkshire
   du 27 mai 1940   au 6 juillet 1941   Air Marshal Sir Lawrence Pattinson
   du 7 Juillet 1941 au 16 août 1942   Air Marshal Sir William L. Welsh
   du 17 août 1942   au 5 octobre 1945   Air Marshal Sir Philip Babington [691]
Le Flying Training Command a été à nouveau absorbé par le Training Command en juin 1968.

	début 1941	**printemps 1943**	**juin 1944**
Groupes	21, 23, 25, 50, 51, 54	21, 23, 25, 29, 50, 51, 54	21, 23, 25, 29, 50, 51, 54

En 1941, les 21, 23 et 25èmes Groupes comprenaient respectivement 9.000, 14.000 et 16.000 personnes.

Technical Training Command Devise : *Labore Terrestri Caelestis Victoria (Le travail au sol apporte la victoire dans les airs)*
Formé le 27 mai 1940 par division du Training Command.
QG : Wantage Hall, Reading, Berkshire.
   du 27 mai 1940   au 6 juillet 1941   Air Marshal Sir William L. Welsh
   du 7 juillet 1941 au 31 mai 1943   Air Marshal Sir John Babington
   du 1er juin 1943   au 28 septembre 1945   Air Marshal Sir Arthur Barratt
Le Technical Training Command a été à nouveau absorbé par le Training Command en juin 1968.

	début 1941	**printemps 1943**	**juin 1944**
Groupes	20, 24, 26	20, 24, 27, 28	22, 24, 27, 28

Portraits des Air Marshals Sir Arthur Barratt, Sir Philip Babington et Sir William L. Welsh (extrait d'un poster "Leaders of the Royal Air Force" d'août 1941, photo US National Archives and Records Administration (NARA), référence 44266740).

---

[691] Frère cadet de l'Air Marshal Sir John Babington (voir plus bas à la tête du Technical Training Command).

ANNEXE 1B - Texte de l'accord du Plan d'entraînement aérien du Commonwealth britannique signé le 17 décembre 1939 [692]

Protocole d'accord entre les Gouvernements du Royaume-Uni, du Canada, de l'Australie et de la Nouvelle-Zélande portant sur la formation des pilotes et des membres d'équipage d'avions ainsi que sur leur emploi ultérieur.

1. Il est convenu entre les Gouvernements du Royaume-Uni, du Canada, de l'Australie et de la Nouvelle-Zélande qu'un plan coopératif de formation des aviateurs soit établi au Canada comme décrit par le présent Accord et que les personnels ainsi formés soient affectés conformément aux Articles 14 et 15.
2. Le présent Accord entrera en vigueur immédiatement et restera applicable jusqu'au 31 mars 1943 ; à moins que, par accord entre les Gouvernements intéressés, il ne soit prolongé ou interrompu de manière anticipée.
3. Le Gouvernement du Canada agira en tant qu'administrateur du plan pour ses propres intérêts et pour ceux des autres Gouvernements concernés, comme décrit ci-après, et il est entendu que les engagements pris par le Gouvernement du Canada envers les autres Gouvernements concernés sont respectivement assujettis au respect, par ces Gouvernements, des divers engagements qu'ils ont pris dans le présent Accord dans le cadre de ce plan.
4. Le Gouvernement du Canada agissant en tant qu'administrateur, comme décrit précédemment, prendra les mesures qu'il jugera nécessaires pour la mise en place d'une organisation qui, une fois pleinement développée, sera capable de réaliser la formation des nombres suivants de personnel toutes les quatre semaines :

Pilotes (École de Formation Élémentaire au Pilotage)	520
Pilotes (École Militaire de Formation (avancée) au Pilotage)	544
Observateurs	340
Opérateurs radio - Mitrailleurs	580

    De plus, le Gouvernement du Canada s'efforcera de mettre en place l'organisation qu'il juge nécessaire pour arriver aux résultats ci-dessus en se conformant autant que possible au programme de développement détaillé à l'Annexe I.

5. (a) Les Gouvernements de l'Australie et de la Nouvelle-Zélande s'efforceront d'envoyer régulièrement suffisamment d'élèves se former au Canada pour remplir les ratios de places suivants dans les écoles de formation correspondantes, comme indiqué dans les tableaux A, B et C de l'Annexe I ; les proportions ci-après leur étant allouées dans ce but :

    Australie

Pilotes (École Militaire de Formation (avancée) au Pilotage)	2/16èmes
Observateurs	1/10ème
Opérateurs radio - Mitrailleurs	1/10ème

    Nouvelle-Zélande

Pilotes (École Militaire de Formation (avancée) au Pilotage)	1/16ème
Observateurs	1/10ème
Opérateurs radio - Mitrailleurs	1/10ème

    (b) Le Gouvernement du Canada s'efforcera de fournir régulièrement suffisamment d'élèves pour une formation sur place afin de remplir les ratios suivants de places dans les écoles de formation correspondantes, comme indiqué dans les tableaux A, B et C de l'annexe I, moins dix pour cent qui seront fournis par le Gouvernement du Royaume-Uni en vertu des dispositions de la clause (c) ci-après :

---

[692] Traduction du document portant les signatures du Premier Ministre Canadien et des représentants des délégations, conservé sous la référence R16640434, Archives Nationales de Nouvelle Zélande.

Pilotes (École de Formation Élémentaire au Pilotage)	La totalité
Pilotes (École Militaire de Formation (avancée) au Pilotage)	13/16èmes
Observateurs	8/10èmes
Opérateurs radio - Mitrailleurs	8/10èmes

(c) Le Gouvernement du Royaume-Uni pourra envoyer au Canada, et le Gouvernement du Canada s'engage en tant qu'administrateur du programme à les recevoir, des élèves pour leur formation de pilotes et d'observateurs, leur nombre n'excédant pas dix pour cent des effectifs acceptés dans les écoles élémentaires de pilotage et les écoles d'observateurs aériens au Canada. De plus, le Gouvernement du Royaume-Uni s'efforcera d'envoyer au Canada, et le Gouvernement du Canada s'engage en tant qu'administrateur du programme à les recevoir, des élèves pour leur formation en nombre suffisant pour combler toute lacune numérique en élèves provenant d'Australie, de Nouvelle-Zélande et du Canada. Les quotas envoyés par le Gouvernement du Royaume-Uni pourront également inclure des élèves de Terre-Neuve.

(d) Le nombre et les catégories d'élèves envoyés pourront être modifiés de temps à autre par accord entre les Gouvernements concernés.

(e) Il est convenu que si les Gouvernements du Canada, de l'Australie et de la Nouvelle-Zélande ne parviennent pas à remplir les places de formation qui leur sont respectivement attribuées, ils supporteront néanmoins l'intégralité de leur part respective des frais et dépenses prévus à l'Article 10.

6. Les élèves envoyés en formation au Canada en vertu des dispositions de l'Article 5 recevront leur solde, primes et autres émoluments conformément aux dispositions énoncées à l'Annexe II du présent Accord.

7. La formation à dispenser sera conforme au programme d'enseignement prévu pour chaque cours de la formation identique au Royaume-Uni.

8. Pour faciliter l'exécution du programme de formation, les Gouvernements du Royaume-Uni, du Canada, de l'Australie et de la Nouvelle-Zélande prêteront du personnel aux grades et en nombre dont il sera convenu avec le Gouvernement du Canada en tant qu'administrateur du programme.

9. La part du coût du plan supportée par le Gouvernement du Royaume-Uni prendra la forme de contributions en nature, qui seront livrées aux dates et en quantités nécessaires à la bonne exécution du plan conformément au programme de développement détaillé en Annexe I, à savoir :

(a) Moteurs pour avions Moth fabriqués au Canada jusqu'à concurrence de 50 % du nombre total d'appareils nécessaires pour les dotations théoriques initiale et de réserve pour la pleine capacité de formation des Écoles de Formation Élémentaire au Pilotage, conformément à l'Annexe I.

(b) Tous les avions Anson (sans ailes) qui peuvent être nécessaires pour les dotations théoriques initiale et de réserve pour la pleine capacité de formation des Écoles Militaire de Formation (avancée) au Pilotage, des Écoles des Observateurs Aériens et des Écoles de Navigation Aérienne, conformément à l'Annexe I.

(c) Tous les avions Battle qui peuvent être nécessaires pour les dotations théoriques initiale et de réserve pour la pleine capacité de formation des Écoles de Bombardement et de Tir et de l'École d'Armement Aérien, conformément à l'Annexe I.

(d) Le stock initial ad hoc de pièces de rechange pour les cellules et les moteurs fournis conformément aux dispositions des clauses (a), (b) et (c).

(e) Le nombre de cellules et de moteurs qui peut être requis de temps à autre pour remplacer les pertes, résultant d'accidents ou d'usures irréparables, des cellules et des moteurs fournis en vertu des dispositions des clauses (a), (b) et (c).

(f) Un stock ad hoc de pièces de rechange pour l'entretien courant des cellules et des moteurs fournis conformément aux dispositions des clauses (a), (b) et (c).

(g) 533 cellules de Harvard, 666 moteurs Wasp et la portion correspondante du stock de pièces de rechange, qui ont déjà été commandés pour être utilisés dans les Écoles Militaire de Formation (avancée) au Pilotage.

De plus, le Gouvernement du Royaume-Uni prendra en charge les frais de conditionnement, de chargement et de transport jusqu'au Canada des cellules, moteurs et équipements qui seront fournis en vertu des dispositions des clauses (a), (b), (c), (d), (e), (f) et (g) ci-dessus. Les frais de déchargement et de transport à l'intérieur du Canada seront pris en charge par le Gouvernement du Canada, en tant qu'administrateur du programme.

Les types d'avions, de moteurs d'avion et de pièces de rechange qui seront fournis par le Gouvernement du Royaume-Uni dans le cadre des dispositions ci-dessus pourront être modifiés de temps à autre par accord entre les Gouvernements concernés.

10. Les Gouvernements du Canada, de l'Australie et de la Nouvelle-Zélande conviennent que les coûts et dépenses payés ou engagés par le Gouvernement du Canada en tant qu'administrateur du plan (à l'exclusion de la contribution en nature et des dépenses à effectuer et à supporter par le Gouvernement du Royaume-Uni comme prévu à l'Article 9), seront répartis entre eux comme suit :

(a) Le Gouvernement du Canada assumera l'intégralité des coûts et dépenses liés à la formation initiale [en ITS] et à la formation élémentaire au pilotage [en EFTS].

(b) Les frais et dépenses restants seront répartis selon les pourcentages suivants :
   Canada   80,64 %
   Australie   11,28 %
   Nouvelle Zélande 8,08 %

Les pourcentages ci-dessus sont basés sur les attributions de places de formation mentionnées à l'Article 5 ; et il est convenu que si des modifications substantielles de ces allocations sont apportées d'un commun accord entre les Gouvernements concernés, les pourcentages seront révisés.

11. (a) À l'exception de toute avance faite par les autres Gouvernements concernés comme prévu à l'alinéa (b) du présent Article, le Gouvernement du Canada, en tant qu'administrateur du plan, avancera initialement tous les coûts et dépenses engagés en tant qu'administrateur conformément aux dispositions du présent Accord. Les Gouvernements de l'Australie et de la Nouvelle-Zélande rembourseront au Gouvernement du Canada, comme prévu aux présentes, en dollars canadiens, leur part des sommes ainsi avancées dans les proportions indiquées à l'Article 10.

(b) Les Gouvernements du Royaume-Uni, de l'Australie et de la Nouvelle-Zélande effectueront les paiements anticipés nécessaires pour couvrir les salaires et indemnités, les frais de transport et autres dépenses pendant le voyage vers le Canada en ce qui concerne les élèves envoyés au Canada par ces Gouvernements pour y suivre une formation, ainsi que pour d'autres coûts et dépenses tels que convenus de temps à autre. Les Gouvernements du Royaume-Uni, de l'Australie et de la Nouvelle-Zélande informeront immédiatement après la fin de chaque mois le Gouvernement du Canada, en tant qu'administrateur du plan, des montants de tous paiements anticipés qu'ils ont effectués au cours de ce mois et ils enverront dès que possible au Gouvernement du Canada un état détaillé concernant ces paiements anticipés.

(c) En ce qui concerne les remboursements à effectuer par les Gouvernements de l'Australie et de la Nouvelle-Zélande comme prévu à la clause (a), tout paiement anticipé effectué et signalé par les Gouvernements de l'Australie et de la Nouvelle-Zélande en vertu des dispositions de la clause (b) sera pris en compte.

(d) Le Gouvernement du Canada, en tant qu'administrateur du plan, remboursera au Gouvernement du Royaume-Uni tous les paiements anticipés effectués par ce Gouvernement en vertu des dispositions de la clause (b) et le montant de ces remboursements sera inclus dans les coûts et dépenses du plan, à répartir entre les Gouvernements du Canada, de l'Australie et de la Nouvelle-Zélande, comme prévu par la clause (a) et par l'Article 10.

(e) Dans le présent accord, le terme « coûts et dépenses » désigne toutes les frais, coûts, charges et engagements passés ou supportés par le Gouvernement du Canada en tant qu'administrateur du plan et, sans restreindre la portée de ce qui précède, comprend :

  (i) Les salaires et autres dépenses du personnel prêté en vertu des dispositions de l'Article 8 ainsi qu'une contribution en espèces (calculée conformément à la méthode acceptée par les Gouvernements dans de tels cas) pour les pensions futures de ce personnel.

  (ii) Les salaires, primes, frais de transport et autres dépenses liées à la formation des élèves canadiens au Canada à compter de la date de leur enrôlement jusqu'à la date de leur embarquement au Canada en vertu des dispositions de l'Article 16 ou, dans le cas des élèves canadiens sélectionnés pour remplir les postes vacants dans les Escadrons de Défense Nationale de la RCAF, comme prévu à l'Article 14, jusqu'à la date de cette affectation.

  (iii) Les salaires, primes, frais de transport et autres dépenses liées à la formation des élèves au Canada à partir de la date de leur départ du Royaume-Uni, de l'Australie, de la Nouvelle-Zélande ou de Terre-Neuve dans le but de suivre une formation au Canada jusqu'à la date de leur embarquement au Canada en vertu des dispositions de l'Article 16.

  Cependant, le terme « coûts et dépenses » ne comprend pas :

  (iv) La contribution en nature et les dépenses devant être couvertes et supportées par le Gouvernement du Royaume-Uni comme prévu à l'Article 9.

  (v) Les coûts et dépenses liés aux vêtements et à l'équipement personnel des élèves, autres que les remplacements qui peuvent être nécessaires pendant la période de formation et autres que les vêtements et équipements de vol.

  (vi) Les pensions ou allocations aux personnels prêtés en vertu des dispositions de l'Article 8 et aux élèves ou aux personnes à leur charge en cas d'invalidité ou de décès.

  Les coûts et dépenses mentionnés aux clauses (v) et (vi) seront à la charge du Gouvernement prêtant le personnel et envoyant les élèves pour lesquels ces frais, dépenses, pensions ou allocations sont supportés.

12. Les Gouvernements de l'Australie et de la Nouvelle-Zélande paieront ou initieront le paiement, dans un délai d'un mois après qu'un relevé de comptes résumé leur aura été présenté (montrant les paiements effectués au cours du mois précédent par le Gouvernement du Canada, en sa qualité d'administrateur du plan, et tenant compte de toutes recettes et de tous paiements anticipés effectués et engagés comme prévu à l'Article 11(b) par les Gouvernements de l'Australie et de la Nouvelle-Zélande ainsi que de toute régularisation concernant les mois précédents) au Gouvernement du Canada leur quote-part due des coûts et dépenses du plan tels qu'indiqués dans ce relevé de comptes, comme convenu à l'Article 10.

Ces paiements mensuels seront considérés comme des avances sur leur compte et les coûts et dépenses du plan seront finalisés à la clôture de chaque année fiscale et payés une fois que les comptes de cet exercice auront été définitivement validés.

13. (a) Le Gouvernement du Canada nommera, en consultation avec les autres Gouvernements impliqués, un fonctionnaire qui agira en qualité de Conseiller Financier afin de l'aider dans l'exercice de ses fonctions d'administrateur du plan. Les propositions de dépenses que ce Conseiller Financier pourra exiger devront lui être soumises pour approbation et aucune

dépense relative à ces propositions ne sera engagée avant que son approbation n'ait été donnée. Toute proposition rejetée par le Conseiller Financier pourra, à la demande des officiers responsables, être soumise au Ministre de la Défense Nationale pour décision finale. Tous les rapports établis par le Conseiller Financier seront mis, par le Gouvernement du Canada, à la disposition de tous les autres Gouvernements impliqués, et ces derniers auront le droit d'obtenir du Conseiller Financier des informations sur toutes les questions concernant le coût du plan et leur contribution à celui-ci.

(b) Des états comptables mensuels seront fournis par le Gouvernement du Canada aux Gouvernements de l'Australie et de la Nouvelle-Zélande.

(c) Un registre de toutes les dépenses et de toutes les sommes reçues dans le cadre de la formation des élèves au Canada dans le cadre de ce programme sera tenu par le Contrôleur du Trésor du Gouvernement du Canada et sera validé par le Vérificateur Général du Canada. Ce registre sera mis à disposition après validation pour examen par les représentants des Gouvernements impliqués.

(d) Le Gouvernement du Canada mettra à la disposition des Gouvernements de l'Australie et de la Nouvelle-Zélande, le plus tôt possible après la clôture de chaque année fiscale se terminant le 31 mars, un relevé indiquant les dépenses sous les rubriques appropriées, accompagné d'un certificat du Vérificateur Général, des reçus et des paiements liés au plan.

14. Il est convenu que le Gouvernement du Canada pourra prélever, parmi les élèves canadiens qui terminent leur formation dans le cadre de ce plan, pour remplir les postes vacants dans les Escadrons de Défense du Territoire de la RCAF, à condition toutefois que le nombre ainsi employé ne dépasse pas les limites suivantes :

Pilotes	136 par an
Observateurs Aériens	34 par an
Opérateurs radio - Mitrailleurs	58 par an

Tous les autres élèves, à l'issue de leur formation, seront mis à la disposition du Gouvernement du Royaume-Uni, sous réserve que ce Gouvernement suive les dispositions indiquées à l'Article 15 et les charges telles que décrites aux Articles 16 et 17 du présent Accord.

15. Le Gouvernement du Royaume-Uni s'engage à ce qu'une fois leur entraînement terminé, les élèves du Canada, de l'Australie et de la Nouvelle-Zélande, soient affectés à leurs Dominions respectifs, soit en organisant des unités ou des formations spécifiques à ces Dominions, soit d'une autre façon ; ce choix devant faire l'objet d'un accord avec chacun des Gouvernements des Dominions cités. Le Gouvernement du Royaume-Uni prendra l'initiative de pourparlers entre les gouvernements à cette fin.

16. Le Gouvernement du Royaume-Uni assurera, sous réserve des dispositions de l'Article 17, la rémunération, les indemnités, les pensions et les autres avantages différés, la subsistance et les diverses dépenses des pilotes et membres d'équipage formés au Canada (autres que ceux mis à disposition pour servir dans l'Aviation royale canadienne conformément aux dispositions de l'Article 14) à compter de la date de leur embarquement au Canada pour servir au sein de, ou en collaboration avec, la Royal Air Force. Le Gouvernement du Royaume-Uni s'engage également à faire en sorte que les élèves mis à disposition pour servir au sein de la Royal Air Force, ou en collaboration avec celle-ci, soient embarqués aussi rapidement que possible après l'achèvement de leur formation, et à prendre en charge les frais de leurs passages vers les bases auxquelles ils sont affectés à leur départ du Canada.

17. Les salaires, indemnités, pensions et autres avantages différés, subsistances et autres dépenses, pour lesquels le Gouvernement du Royaume-Uni s'engage à être responsable en vertu des dispositions de l'Article 16, seront tels que stipulés dans les règlements de la Royal Air Force. Si le Gouvernement du Canada, le Gouvernement de l'Australie ou le Gouvernement de la Nouvelle-Zélande décide de compléter les montants ainsi payés, ce supplément sera à la charge du Gouvernement intéressé.

18. Le Gouvernement du Canada, en tant qu'administrateur du plan, aura la charge des actifs acquis aux fins du plan. À la résiliation du présent Accord, lesdits actifs qui auront été acquis et payés dans le cadre du coût du projet seront cédés comme suit :
    (a) Tout terrain, à l'exclusion des bâtiments, structures ou accessoires s'y trouvant, acquis ou amélioré aux fins du projet deviendra la propriété du gouvernement du Canada.
    (b) Les actifs acquis pour l'usage des Écoles Préparatoires d'Aviation *[ITS]* et des École de Formation Élémentaire au Pilotage *[EFTS]* deviendront la propriété du Gouvernement du Canada.
    (c) Tous les autres actifs, à l'exception de ceux contribués en nature par le Gouvernement du Royaume-Uni, seront partagés entre les Gouvernements du Canada, de l'Australie et de la Nouvelle-Zélande dans les mêmes proportions que celles fixées à l'article 10 pour la répartition des coûts.
    (d) Tous les actifs apportés par le Gouvernement du Royaume-Uni lui seront rendus.
    La distribution des actifs dans le cadre des arrangements ci-dessus peut être effectuée en nature ou autrement, comme pourra être convenu.
19. Des dispositions seront prises entre les Gouvernements impliqués pour faciliter les communications entre eux dans le cadre du présent Accord ou autrement en relation avec le Plan, soit par câble, soit par l'intermédiaire de représentants au Canada qu'ils nommeront.

Rédigé en cinq exemplaires à Ottawa, ce 17 décembre 1939.

    Pour le Gouvernement du Royaume-Uni : Signé **Riverdale**
    Pour le Gouvernement du Canada : Signé **Mackenzie King**
    Pour le Gouvernement de l'Australie : Signé **S. M. Bruce**
    Pour le Gouvernement de la Nouvelle-Zélande : Signé **W. J. Jordan**

Annexes *(non reproduites ici)*
I - Programme de mise en place du plan de formation au Canada
II - Conditions de service des pilotes et des membres d'équipages

ANNEXE 2A - Accidents recensés par la 13ème SFTS en avril 1944, North Battleford, Saskatchewan [693]

Ce mois-là, l'unité a effectué 2.509 heures et 15 minutes de vol. Elle disposait des avions suivants :

	Fin mars 1944	Fin avril 1944
Harvard II	61 (dont 6 hors service)	58 (dont 2 hors service)
Harvard IIB	28 (dont 1 hors service)	28 (dont 1 hors service)
Anson	8 (dont 2 hors service)	8 (dont 2 hors service)

Jour	Harvard II	Accident	Conséquences
3	BW204	Chaussure du pilote coincée dans le support du frein de gauche à l'atterrissage. Cheval de bois.	Dégâts légers. P/O P. C. Wang et LAC B. P. Chiene (Australien) indemnes.
5	AJ984	Heurte la porte du hangar en se garant.	Dégâts légers. LAC H. S. King (Australien) indemne.
6	AJ952	Arrondi effectué trop haut lors de l'atterrissage et heurte la piste avec une aile. Remise des gaz et nouvel atterrissage réussi.	Dégâts légers. Sgt J. Roberts et LAC A. F. Williams (Britannique) indemnes.
6	AJ968 - 3023 - 2983	En garant AJ968, le souffle de l'hélice a poussé 2983 qui a heurté 3023.	2983 : dégâts légers. P/O H. L. Smith et W. D. Wright indemnes.
6	AJ920	En tournant pour sortir de la piste a freiné violemment pour éviter un autre avion. AJ920 s'est planté sur le nez.	Catégorie "E". * Dégâts légers. F/O R. B. Thompson et LAC T. R. Cook (Australien) indemnes.
8	AJ949	Arrondi effectué trop haut lors de l'atterrissage, décroche et heurte la piste avec une aile. Remise des gaz et nouvel atterrissage avec cheval de bois et l'autre aile au sol.	Catégorie "E". Dégâts légers. LAC P. E. Kelly indemne.
8	AJ978	Arrondi effectué trop haut lors de l'atterrissage, décroche et heurte la piste avec une aile.	Catégorie "E". Dégâts légers. Sgt A. Thomas et LAC K. B. Jarvis indemnes.
11	AJ896	A freiné violemment pour éviter un autre avion. AJ896 s'est planté sur le nez.	Dégâts légers. P/O P. J. Lindquist et LAC R. St Jacques indemnes.

Suite du tableau page suivante

---

[693] Annexe B du Journal de marche de la 13ème SFTS d'avril 1944, conservé sous la référence C-12349, images 1145 à 1147, BAC. Le chiffre de 2.509 heures et 15 minutes de vol est un peu suspect puisqu'il est exactement le même que celui indiqué pour mars 1944 (erreur de frappe ?).

Jour	Harvard II	Accident	Conséquences
11	AJ906	A surcorrigé une embardée vers la gauche et a fini en cheval de bois sur la droite.	Dégâts légers. LAC F. J. R. Gray indemne.
11	AJ945	N'a pas gardé une trajectoire rectiligne à l'atterrissage et a fini en cheval de bois.	Dégâts légers. LAC G. R. Bain indemne.
13	AJ920	N'a pas gardé une trajectoire rectiligne à l'atterrissage et a fini en cheval de bois.	Catégorie "C". Dégâts légers. LAC H. Waterhouse indemne.
20	AJ986	Premier vol solo. Arrondi effectué trop haut lors de l'atterrissage, l'aile droite a décroché et l'avion a rebondi, a fini en cheval de bois.	Catégorie "D". Dégâts légers. LAC D. C. Galbraith indemne.
22	AJ965	Atterrissage normal jusqu'à ce que l'avion parte en embardée à gauche et finisse en cheval de bois.	Catégorie "C". Dégâts légers. LAC G. J. E. Giffney indemne.
22	AJ978	Est sorti de la piste à Hamlin après l'atterrissage et a fini sur le nez.	Dégâts légers. ** LAC C. R. A. Jones (Australien) indemne.
26	Anson Mk.II 7411	Moteur gauche fume et vibre. Atterrissage forcé sur le ventre à 6 km à l'Est de Maidstone.	Dégâts légers. P/O G. E. Warrimer, F/Lt O. G. McLean, LAC R. Wheeler et J. W. Hayns (Australiens) indemnes.

* Pour les catégories d'accident de la RCAF, voir le Glossaire.

** L'annexe indique "dégâts légers", mais le Journal de marche mentionne des "dégâts sérieux".

ANNEXE 2B - Accidents survenus durant la carrière de quelques Fleet Finch de la 3ème EFTS [694]

La carrière de 18 Finch II livrés à la 3ème EFTS en juin 1940 est résumée dans le tableau ci-dessous. Grâce à la faible vitesse et la maniabilité de ces appareils, leurs occupants s'en sortent généralement avec quelques égratignures : on ne recense qu'un accident mortel (deux victimes : Sergent Dougald A. Campbell et LAC Martin W. Disbrowe) et un accident ayant fait un blessé léger (Sergent R. H. MacDonald) dans les 92 accidents répertoriés ci-après. Ce n'est plus le cas en SFTS, où les Harvard et Anson, plus puissants, pardonnent moins les erreurs.

Finch II	Livré à 3ème EFTS	Autres utilisateurs	Nbr total incidents	Grande révision	Obsolescence	Durée de vie utile (années)	Commentaires
4418	*23 juin 1940*	1 EFTS, 3 FIS	8	Été 1942	19 oct. 1943	3,3	
4421	21 juin 1940	4, 13 EFTS	9	Été 1942	2 sept.1943	3,2	
4422	21 juin 1940	21 EFTS, 10 AOS	2	Été 1942	2 sept.1943	3,2	Cellule d'instruction après sept. 1943
4423	21 juin 1940	11 EFTS	11	Été 1942	7 juillet 1943	3,0	Voir ci-après
4424	21 juin 1940	-	1	Été 1942	3 nov. 1943	3,4	Stocké d'août 1942 à sept. 1943
4425	21 juin 1940	7 EFTS	2	-	9 oct. 1941	1,3	Détruit lors d'une collision. Un blessé léger.
4426	21 juin 1940	11, 13 EFTS	11	Hiver 1942	7 oct. 1943	3,3	
4427	21 juin 1940	9 EFTS	2	-	13 avril 1944	3,8	Stocké après sept. 1942
4428	21 juin 1940	3 FIS	1	Été 1942	19 oct. 1943	3,3	283 heures quand réformé
4429	21 juin 1940	13 EFTS	6	Été 1942	7 août 1943	3,1	
4430	*23 juin 1940*	13 EFTS	4	Printemps 1942	23 sept 1943	3,3	Cellule d'instruction après sept. 1943

---

[694] Journaux de marche des écoles concernées et comptes-rendus d'accident consultés en ligne le 8 décembre 2023 n° CASPIR 0071/00000020 ; 0078/00000135 ; 0001/00000204 ; 0001/00000230 ; 0010/00000036 0013/00000201 ; 0020/00000240 ; 0072/00000183 ; 0030/00000241 ; 0033/00000034 ; 0039/00000154 ; 0004/00000078 ; 0004/00000057.

Finch II	Livré à 3ème EFTS	Autres utilisateurs	Nbr total incidents	Grande révision	Obsolescence	Durée de vie utile (années)	Commentaires
4432		11 EFTS, 124 Ferry Sqdr	6	Été 1942	*1 oct. 1943*	3,3	
4433		11 EFTS	6	Été 1942	5 juillet 1943	3,0	Détruit lors d'une collision
4434		-	2	-	30 oct. 1941	1,4	Vrille à plat et percute le sol (deux tués)
4435	17 juin 1940	11 EFTS	4	Printemps 1942	*19 mai 1943*	2,9	
4436		22 EFTS	4	Été 1942	1 déc. 1943	3,5	Stocké après nov. 1942
4437		11, 22 EFTS	8	Hiver 1941	2 sept.1943	3,2	Révision après accident
4438		13 EFTS	5	Printemps 1942	2 sept.1943	3,2	Cellule d'instruction après sept. 1943

Les dates en italiques ne sont pas connues avec certitude.

Avant la date d'obsolescence notée ci-dessus, l'avion était soit en service au sein d'une école, soit en état de vol mais stocké en attente d'affectation : par exemple, le Finch II 4436 a été stocké pendant un an en 1942-43, et ce temps de stockage a été compté dans sa "durée de vie utile", même si l'avion n'a pas été utilisé durant cette période. Une fois jugés obsolètes (par exemple après un accident sérieux), les avions restaient en moyenne encore une année dans les livres de compte de la RCAF avant d'être vendus ou recyclés.

À titre d'exemple, la carrière du Fleet Finch 4423 a été présentée un peu plus en détail page suivante. Pendant ses trois années d'utilisation, cet appareil a connu quelques accidents sérieux (deux passages sur le dos, un impact avec un arbre et trois plantages sur le nez) avant un décrochage qui a fait trop de dégâts pour justifier une réparation, mais aucun de ses occupants n'a jamais été blessé.

Notes du tableau page suivante :

* Pour les catégories d'accident de la RCAF, voir le Glossaire.

Les incidents 1 à 4 ; 7 ; 10 et 11 se sont produits alors qu'un élève était seul à bord. L'incident n°7 n'a pas causé de dommages mais il a quand même fait l'objet d'un compte-rendu d'accident.

Date	Établis-sement	INCIDENT			Commentaire
		N°	Lieu	Catégorie *	
12 avril 1940	1er Training Command	-	-		Appareil neuf perçu par la RCAF.
5 déc. 1940	3ème EFTS	1	London, Ontario	C7	Pilote ébloui par les reflets sur la neige.
27 avril 1941		2	London, Ontario	C5	Atterrissage dur par vent de travers : l'avion bascule sur le dos.
17 août 1941		3	London, Ontario	C6	Cheval de bois à l'atterrissage et impact de l'aile gauche avec le sol.
30 août 1941		4	Près de Thorndale, Ontario	C2	Panne de moteur : aile heurte un arbre en se posant.
17 mars 1942		5	London, Ontario	C1	Avion mis sur le nez par une rafale de vent lors du roulage au sol.
13 mai 1942		6	Lambeth	D1	Papillon des gaz gelé ouvert à l'atterrissage : heurte une clôture et passe sur le nez.
16 juin au 2 juillet 1942	Central Aircraft Manufacturing Company	-	London, Ontario		Grande révision après 1.548 heures et 20 minutes de vol, puis affecté au 3ème Training Command.
29 sept. 1942	11ème EFTS	7	Cap de la Madeleine, Québec	C2	Perte de contrôle lors de l'atterrissage : l'avion finit sur le nez.
13 janvier 1943		8	La Pêche, Quebec	-	Atterrissage de précaution suite à la perte de la pression d'huile.
21 mars 1943		9	Cap de la Madeleine, Québec	D	Perte de la verrière arrière qui heurte l'empennage en vol.
18 avril 1943		10	Aston Jonction, Québec	C4	Perdu, atterrissage forcé sur la neige, un ski se plante et l'avion bascule sur le dos.
7 juillet 1943		11	Cap de la Madeleine, Québec	B	Atterrit trop court, décroche et touche violemment le sol.
14 juillet 1943	9ème Dépôt de Réparations				Envoyé au 9ème Dépôt de Réparations.
25 mai 1944					Rayé des registres, recyclé.

ANNEXE 3A - Sauts en parachute dans les écoles en Australie

Le tableau ci-dessous, qui ne prétend pas être exhaustif, recense quatre-vingt-deux sauts effectués dans les écoles australiennes durant la guerre par ordre chronologique. [695] La première colonne indique le type de parachute utilisé : les aviateurs australiens qui avaient eu la vie sauve grâce à leur parachute fabriqué par la Light Aircraft Pty Ltd (dont l'emblème était un kangourou suspendu à un parachute avec la mention *"je saute pour vivre"*) pouvaient porter sur leur vareuse une épinglette dorée, non officielle mais tolérée, représentant un kangourou, qui marquait leur appartenance au *"Roo Club"*. Ce club avait été créé suite à l'empilage d'Anson de la 2ème SFTS de Forest Hill, Nouvelle Galles du Sud le 29 septembre 1940 mentionné dans le chapitre sur l'accidentologie. La Light Aircraft Pty Ltd avait reçu son premier contrat juste avant la guerre pour produire des parachutes pour la RAAF sous licence des sociétés GQ Parachute Company Ltd (GQ du nom des deux fondateurs James Gregory et Raymond Quilter) et Irvin Air Chute Company (du nom de son créateur Leslie L. Irvin) : elle employait dix couturières en 1939 et 366 en 1944. [696]

Les autres fabricants de parachute avaient également leur propre club, que ce soit le *"Caterpillar Club"* de la Irvin Airchute Ltd (épinglette en forme de ver à soie) (abrégé "Cat." dans le tableau ci-après), ou le *"GQ Club"* pour la GQ Parachute Company Ltd (épinglette en forme de parachutiste avec deux ailes). [697]

Club	Nom, Prénoms	Grade	Date	Unité	Avion	Circonstances
Roo	Sinclair I. M.	F/Sgt	29 sept. 1940	2 SFTS	Anson N4876	Collision avec Anson L9162.
Roo	Hewson J. I.	F/Sgt	29 sept. 1940	2 SFTS	Anson L9162	Collision avec Anson N4876.
Roo	Frazer H. G.	F/Sgt				
Tué	Bayliss, L.	P/O	18 nov. 1940	4 EFTS	Tiger Moth A17-29	Instructeur tombe de l'avion pendant un tonneau lent et se tue. L'élève ramène l'avion.
Roo	MacPherson A. M.	LAC	16 janvier 1941	1 BAGS	Battle L5700	Collision avec Battle L5683. Les deux pilotes sont tués.
Tué	Ross, H. W.	F/Lt	11 février 1941	1 BAGS	Battle R4006	Vol solo. Perdu dans les nuages, le pilote saute mais le parachute, ouvert trop tôt, s'accroche sur l'empennage.

---

[695] Données du dossier *"Record of Emergency Parachute Descents 1941-48"* conservé sous la référence A705 - 158/1/675 PART 1, NAA, des dossiers des rapports d'accidents et des Journaux de marche des unités, conservés sous les références A9845 - 42, 64, 69, 78, 86, 87, 100, 102, 173, 174 et 178 ; A9186 - 375, 390 et 476 ; A9435 - 189 ; A705 - 166/8/187 et 32/10/3245, NAA.

[696] Article publié le 30 novembre 1942 dans le journal The West Australian, consulté en ligne le 6 janvier 2023, https://trove.nla.gov.au/newspaper/article/47356424 , et histoire de Light Aircraft consultée en ligne à la même date, https://www.light-aircraft.com/aboutus .

[697] Ce type de Club existe toujours : par exemple celui des Éjectés, qui se réunit tous les deux ans en marge du salon international de l'aéronautique du Bourget, est la branche française de l'Ejection Tie Club fondé en 1957 par Sir James Martin, fondateur de la Martin-Baker Aircraft Company Limited. Il y avait d'autres clubs, par exemple pour avoir survécu à un amerrissage, un aviateur faisait partie du Goldfish Club et pour être rentré à pied d'un territoire ennemi il recevait un insigne en forme de botte ailée, marque d'appartenance au Flying Boot Club.

Club	Nom, Prénoms	Grade	Date	Unité	Avion	Circonstances
Roo	O'Brien J. J.	F/Sgt	4 mars 1941	3 SFTS	Anson W1535	Collision avec Anson W1533 (qui réussit à se poser). LAC Girdler E. A. tué (pas de parachute car deux mécanos sur W1533 ont pris les deux derniers).
Roo	Dunn E. M.	F/O	7 mars 1941	8 EFTS	Tiger Moth A17-181	Lors d'un vol sur le dos, a percuté Tiger Moth A-17-169 (qui se pose).
Roo	Doyle J. H.	LAC				
Roo	Gribble J. W.	LAC	23 mai 1941	3 EFTS	Tiger Moth N9261	Perdu, à court d'essence, tard le soir.
?	McGuire M.	LAC	2 août 1941	1 SFTS	Wirraway A20-268	Collision avec Wirraway A20-269 (LAC Brock H. G. tué).
?	Fallon C.	LAC	2 août 1941	1 SFTS	Wirraway A20-269	Collision avec Wirraway A20-268.
?	Hill J. D.	LAC				
Roo	Mahony J. D.	LAC	8 sept. 1941	2 SFTS	Wirraway A20-41	Perte de contrôle (vrille).
Roo	Lowing D. B.	LAC	16 octobre 1941	10 EFTS	Tiger Moth A17-304	Perte de contrôle
Roo	Weston B.	F/Sgt	29 déc. 1941	2 SFTS	Wirraway A20-228	Collision avec Wirraway A20-14 (2 occupants tués F/Sgt Jones et LAC Vickers).
Roo	Oliver J.	Cpl				
Roo	Lowe A. M.	Sgt	31 déc. 1941	2 SFTS	Wirraway A20-35	Perte de contrôle (vrille).
Roo	Stafford A. R.	LAC	21 janvier 1942	10 EFTS		*Pas d'information*
?	Brown T. A.	LAC	29 janvier 1942	1 ANS	Anson R9888	Perdu, de nuit, à court d'essence. Le Pilote, le Sergent E. C. S. Seller, ordonne aux occupants de sauter puis il parvient à poser l'avion. Morgan a été légèrement blessé.
?	Gibbons M. H.	LAC				
?	Vincent G. H.	LAC				
?	Morgan C. R.	LAC				
Roo	Rust J. H.	Sgt	4 février 1942	7 EFTS	Tiger Moth T5486	Collision avec Tiger Moth T5463. Trois autres occupants tués. Rust a été légèrement blessé.
?	Legge J. L.	LAC	18 février 1942	6 SFTS	Anson W2510	Perdu, de nuit. LAC Brannigan T. J. et LAC Harper R.J. ont posé l'avion sur le ventre.
?	More N. M.	LAC				
Cat.	Heads G.	P/O	17 avril 1942	5 EFTS	Tiger Moth A17-270	Perdu, à court d'essence, vol de nuit.

Club	Nom, Prénoms	Grade	Date	Unité	Avion	Circonstances
Roo	Sinclair F.	LAC	23 oct. 1942	3 BAGS	Battle K9219	Moteur en feu.
Roo	Rosevear R.	Sgt				
Roo	Shortbridge H.	LAC				
Cat.	Stephens A. C.	Sgt	2 déc. 1942	5 EFTS	Tiger Moth A17-342	Perd hélice qui heurte l'aile. Saute d'une altitude de 120 mètres.
Tué	Wellington S. W.	LAC				Saute d'une altitude de 120 mètres et se tue, parachute non déployé.
Roo	Barrie W. H.	Sgt	28 déc. 1942	2 ANS	Anson W1545	À court d'essence.
Cat.	Morris A. D.	LAC				
Cat.	Oldmeadow R. F.	LAC				
Cat.	Rabbits L.	LAC				
Roo	Lawton J.	LAC	11 janvier 1943	8 SFTS	Anson W2158	À court d'essence, vol en solo.
Roo	Menzies J. S.	F/Lt	21 janvier 1943	2 OTU	Wirraway A20-277	Collision avec Wirraway A20-349 (3 tués : Sgt Bates A. F., Sgt Ryan J. M., P/O Taffe G. E.)
Tué	Rayner L.	LAC	1 mars 1943	5 SFTS	Wirraway A20-131	Collision avec Wirraway A20-440 (W/O Averill K. tué, LAC Utting W. T. pose l'avion). Rayner a sauté mais trop bas : tué.
Roo	Oberg R. R.	F/O				
Cat.	Ward J. F.	F/Sgt	23 avril 1943	5 SFTS	Wirraway A20-442	Collision avec Wirraway A20-417 (qui réussit à se poser).
Roo	Parker I. S.	LAC				
Roo	Richards D. H.	LAC	23 avril 1943	2 ANS	Anson W1599	Panne moteur droit, perte de puissance moteur gauche (Sgt Hollaway A. E. et LAC Saunders D. L. posent l'avion).
Cat.	Rackham A. W.	LAC				
Roo	Kindler I. H.	Sgt				
Roo	Cripps C. M.	Sgt	24 avril 1943	2 OTU	Wirraway A20-451	Collision avec Wirraway A20-530.
GQ	Kildey E. K.	F/Lt				
Roo	MacLeod A. N.	W/O	26 mai 1943	1 EFTS	Tiger Moth A17-240	*Pas de détails*
Roo	Abbott G. B.	LAC	27 mai 1943	2 AOS	Anson R9886	Perte de contrôle du pilote durant une attaque de malaria.
GQ	Gadsen J. G.	Sgt	27 juin 1943	2 OTU	Kittyhawk A29-113	Incendie.

Club	Nom, Prénoms	Grade	Date	Unité	Avion	Circonstances
Roo	Tolcher R. E.	P/O	13 juillet 1943	1 AOS	Anson DJ497	Plus d'essence et panne électrique (LAC Thomson J. G. tué).
?	Edenborough J. B.	Sgt				
?	Sproge R. H	LAC				
?	Thomas A. D.	LAC				
Roo	White L. H.	Sgt	8 août 1943	5 SFTS	Wirraway A20-215	Collision avec Wirraway A20-584 (W/O Smith F. K. et LAC Chantler J. C. tués). Second occupant de A20-215 tué (LAC Cooper R. T.).
Roo	Ryan D. J.	Sgt	15 août 1943	2 AOS	Anson AX250	Commande de profondeur bloquée.
Roo	Reedy W. H.	Sgt				
Roo	McLoughlin E. V.	Sgt				
Roo	Robins R. E.	F/Sgt	18 octobre 1943	GRS	Anson LT195	Perdu, plus d'essence.
Roo	Keyes R. J.	F/Sgt	20 octobre 1943	3 BAGS	Battle L5736	Moteur tousse, opérateur du treuil de remorquage de cible saute ayant mal compris l'ordre du pilote de se tenir prêt à sauter.
Cat.	Ashby R. K.	Sgt	6 décembre 1943	2 OTU	Kittyhawk A29-35	Collision avec Wirraway A20-89
Cat.	White G. H.	F/O	6 décembre 1943	2 OTU	Wirraway A20-89	Collision avec Kittyhawk A29-35
Cat.	Simpson E. P. T.	P/O				
GQ	Tutt A.	F/O	23 février 1944	2 OTU	Spitfire A58-217	Fuite de glycol.
Roo	Powell J. L.	F/Lt	23 mars 1944	7 SFTS	Wirraway A20-531	Éjecté durant une manœuvre violente pour éviter une collision
Cat.	Gumbley C.	F/Sgt	18 mai 1944	1 AGS	Ryan STM-2 A50-12	Rupture de l'aile gauche.
Roo	Johnstone S. G.	Sgt	3 juillet 1944	2 OTU	Wirraway A20-325	Collision, empennage coupé.
GQ	Willcocks	LAC	25 juillet 1944	5 SFTS	Wirraway A20-152	Dérive endommagée (collision oiseaux).
Roo	Brown D. M.	Sgt	26 juillet 1944	2 OTU	Kittyhawk A29-102	Moteur en feu.

Club	Nom, Prénoms	Grade	Date	Unité	Avion	Circonstances
GQ	Samblebe H. C.	LAC	29 juillet 1944	3 AOS	Anson MG226	À court d'essence, vol de nuit.
Cat.	Mashford H. V.	Sgt				
Cat.	Smith J. T.	LAC				
Roo	Matley G. E.	W/O	17 août 1944	AGS (ex-3BAGS)	Battle V1219	Moteur en feu, saute de 300 pieds.
Roo	Whyte W. J.	F/Sgt	16 sept. 1944	9 EFTS	Tiger Moth A17-204	Instructeur tombe pendant un tonneau lent. L'élève ramène l'avion. Whyte a été puni pour négligence (harnais non verrouillé).
?	Gregory R. H.	F/O	20 sept. 1944	8 OTU	Wirraway A20-526	Collision avec Wirraway A20-120. Sgt A. R. Collins et F/O J. A. Walton tués.
Roo	Killalea W. P.	F/O	9 novembre 1944	8 OTU	Wirraway A20-477	Collision avec Wirraway A20-539, empennage coupé.
Roo	Alder J. D.	LAC	15 novembre 1944	2 AOS	Anson MG851	Panne des deux moteurs (à court d'essence ?), vol de nuit.
Roo	Ockenden R. H.	P/O				
Roo	Jamerson	W/O				
Roo	Baesjou J. R. C.	LAC				
Roo	Batzloff D. W.	LAC				
Roo	Kidd H. J.	F/O	7 décembre 1944	8 OTU	Boomerang A46-36	Collision avec Boomerang A46-32 (P/O Watkins A. tué), empennage coupé, Kidd se retrouve dans les airs sur son siège.

ANNEXE 3B - Exemples de rapports de sauts en parachute

Les deux rapports ci-dessous illustrent la façon dont la RAAF cherchait à collecter les retours d'expérience afin d'améliorer les matériels et techniques de saut en parachute. [698]

Annexe A - RAPPORT DE SAUT D'URGENCE EN PARACHUTE

À compléter conformément à l'Ordre sur les Parachutes n°48

QUESTIONNAIRE

Date : 2 décembre 1942   Heure : 14h25   Lieu : 15 milles *(24 km)* au nord-ouest de Mudgee *[Nouvelle Galles du Sud]*
Nom : STEPHENS, A. C.   Matricule : 32524   Grade : Sergent
Type de l'avion et immatriculation : DH.82 n° A17-342
Fabricant, type et numéro du parachute et du harnais : Irvin Airchute n°6515
Objet du vol : Exercice de navigation à grande distance en doubles commandes
Météo : Ciel dégagé, quelques secousses
Circonstances : L'hélice s'est détachée et a frappé les entretoises des ailes de droite, causant la rupture de l'aile droite inférieure.
Événements avant le saut : -
Actions avant de sauter : J'ai tenté de reprendre le contrôle de l'appareil.
Rôle dans l'avion : Exercice de navigation à grande distance en doubles commandes
 [il aurait fallu noter ici "Instructeur"]
Luminosité : Ciel dégagé   Altitude : 3.000 pieds *(915 m)* à l'altimètre
Attitude de l'avion : En vrille vers la droite.
Sortie utilisée : Vers le centre de la vrille.
Méthode de saut : Position debout, puis passage sur l'emplanture de l'aile droite.
Difficultés pour sortir : La force centrifuge me plaquait sur le siège, j'ai utilisé la jauge à essence comme point de traction.
Temps pour tirer la poignée d'ouverture (si connu) : Environ deux roulés-boulés vers l'avant.
Difficultés durant la descente : Aucune.
Sensations : Normales, à part le choc de l'ouverture du parachute.
Atterrissage : (a) Nature du sol : Dégagé, légère pente.
　　　(b) Vent : Environ 16 m.p.h. *(26 km/h)* ; direction 280°.
　　　(c) Difficultés : Aucune.
Blessures causées par la descente en parachute : Aucune.
Dégâts constatés pour le parachute ou le harnais : Aucun.
Commentaires complémentaires : Le choc lors de l'ouverture du parachute (qui a sonné le Sgt Stephens) peut avoir été causé par le mouvement de pirouette de l'aviateur au moment de l'ouverture de la voile.
PERSONNE AYANT PLIÉ LE PARACHUTE
Nom : WICKS, A. H.   Matricule : 10031   Grade : Caporal

---

[698] Rapports conservés sous la référence A705 - 158/1/675 PART 1, pages 249 et 264, et A9845 - 42, pages 34 et 35, NAA.

```
Rôle : Section des Parachutes
Date [du pliage] : 29 novembre 1942        Signature : F/Lt Groudace,
Officier chargé des Parachutes de l'Unité pour le Caporal Wicks
Commentaires du Commandant de l'unité : Le parachute a fonctionné
normalement. Pas d'autres points méritant d'être soulignés.
Date : 14 décembre 1942   Signature : T. L. Baillieu, Wing Commander,
commandant de la 5ème EFTS de Narromine, Nouvelle Galles du Sud
```

Le Sergent Stephens était instructeur et comptait 721 heures et 25 minutes de vol à son actif au moment de cet accident. Le Leading Aircraftman Stanley W. Wellington effectuait sa 39ème heure de leçon de pilotage. Tout comme Stephens, il a réussi à quitter l'avion à basse altitude malgré la violente rotation, mais il semble avoir confondu la poignée du parachute avec la boucle du harnais puisque ce dernier a été retrouvé partiellement ouvert sur son corps et son parachute n'avait pas été activé. Depuis le 4 décembre 1942, il repose au cimetière de Narromine.

Les écoles de la RAAF semblent avoir eu quelques soucis de qualité avec les boulons d'hélice des Tiger Moth puisqu'il y a eu une épidémie d'accidents de ce type durant une période relativement limitée dans le temps, causant de belles frayeurs aux élèves concernés : [699]
- Le 24 octobre 1941, le Leading Aircraftman A. F. Shannon de la 5ème EFTS de Narromine, Nouvelle Galles du Sud, voit son hélice prendre son indépendance durant une séance d'exercices de voltige aérienne. Il parvient à poser son Tiger Moth A17-83 en planant, non sans endommager le train et les ailes inférieures.
- Le 6 janvier 1942, le Leading Aircraftman D. W. Carey de la 1ère EFTS de Parafield, Victoria, pose le Tiger Moth A17-679 sans dommages après avoir perdu son hélice en plein vol.
- Le 9 janvier 1942, c'est l'hélice du Tiger Moth A17-152 de la 5ème EFTS de Narromine, Nouvelle Galles du Sud, qui prend son envol durant un virage serré. Le Leading Aircraftman A. Long pose l'avion sans souci, mais le rapport d'accident indique avec un brin de regret que *"l'hélice n'a pas encore été retrouvée"*.
- Le 30 mars 1942, c'est au tour du Leading Aircraftman I. MacFarlane de perdre son hélice en vol. Il pose le Tiger Moth A17-38 de la 2ème EFTS d'Archerfield, Queensland, sans dommages.

---

[699] Rapports conservés sous la référence A9845 - 34, page 21 ; A9845 - 37, page 6, A9845 - 50, page 21 et A9845 - 32, page 31, NAA. Le second rapport donne l'immatriculation du Tiger Moth comme étant Q17-152, ce qui est probablement une erreur de frappe.

Annexe A - RAPPORT DE SAUT D'URGENCE EN PARACHUTE
À compléter conformément à l'Ordre sur les Parachutes n°48
QUESTIONNAIRE
Date : 23 octobre 1942   Heure : 09h45   Lieu : 3 milles *(5 km)* au sud de l'aérodrome de la 3ème BAGS, à Kilmany *[Victoria]*
Nom : ROSEVEAR, R.   Matricule : 412706   Grade : Sergent - 3ème BAGS de Sale *[Victoria]*
Type de l'avion et immatriculation : Fairey Battle K 9219
Fabricant, type et numéro du parachute et du harnais : Parachute de Pilote, type siège, Dominion *[Light Aircraft]* n°3790
Objet du vol : Exercice de détermination de la vitesse et de la direction du vent
Météo : Beau temps, léger vent du Sud, Sud-Ouest
Circonstances : Panne partielle du moteur menant à un incendie de l'avion en vol.
Événements avant le saut : Les causes de l'abandon de l'avion sont le fonctionnement irrégulier du moteur et l'entrée de fumées et de chaleur dans le poste de pilotage.
Actions avant de sauter : Le pilote a tenté d'effectuer un atterrissage d'urgence, mais la chaleur et les flammes étaient trop importantes pour cela. Une tentative a été faite de stopper le moteur, sans succès. Le pilote n'a pas réussi à contacter l'équipage par l'interphone, et il a essayé de le faire par contact direct.
Rôle dans l'avion : Pilote.   Altitude : 3.800 pieds *(1.160 m)*.
Luminosité : Bonne.   Vitesse : 130 m.p.h. *(209 km/h)* au badin.
Attitude de l'avion : Vol rectiligne en palier.
Sortie utilisée : Porte de sortie du Pilote.
Méthode de saut : J'ai rampé du bord d'attaque de l'aile pour glisser du bord de fuite.
Difficultés pour sortir : Aucune.
Temps pour tirer la poignée d'ouverture (si connu) : Environ 5 à 7 secondes.
Difficultés durant la descente : Aucune.
Sensations : Plaisantes.
Atterrissage : (a) Nature du sol : Dégagé.
    (b) Vent : Léger vent du Sud, Sud-Ouest.
    (c) Difficultés : Aucune.
Blessures causées par la descente en parachute : Aucune.
Dégâts constatés pour le parachute ou le harnais : Légères brûlures de la sacoche du parachute, non liées à la descente.
Commentaires complémentaires : Une fois la poignée d'activation du parachute tirée, environ 5 secondes après avoir quitté l'avion, le parachute était complètement déployé en moins de deux secondes. Aucune secousse perceptible n'a été ressentie, seulement un ralentissement graduel. Les qualités directionnelles ont été testées avec succès, permettant d'éviter une clôture en fils barbelés. Lorsque les suspentes ont été tirées pour tenter de se diriger, une augmentation du taux de descente était perceptible. À l'atterrissage, la sensation était identique à sauter d'une hauteur de 6 pieds *(2 m)*. Le Pilote s'est posé

```
debout et n'a rencontré aucune difficulté pour libérer le harnais et
pour maîtriser le parachute.
PERSONNE AYANT PLIÉ LE PARACHUTE
Nom : JARVIS, J. R. Matricule : 300301    Grade : Caporal
Rôle : Section des Parachutes
Date du dernier pliage : 30 septembre 1942
Signature : 3 novembre 1942       J. R. Jarviss
Commentaires du Commandant de l'unité : -
Date : 6 novembre 1942   Signature : R. F. M. Dalton, Group Captain,
commandant de la 3ème BAGS de Sale Victoria
```

Le Fairey Battle K9219 avait servi au sein du 142ème Escadron au Royaume-Uni de juin 1938 à octobre 1939 avant d'être affecté au 98ème Escadron qui servait en avril-mai 1940 d'unité de formation opérationnelle pour la Force de Frappe Avancée de la RAF en France (AASF). Cet avion était donc un vétéran de la campagne de France, même s'il n'a été utilisé que dans la région de Nantes pour former les aviateurs de l'AASF. Rapatrié en Angleterre, il a fait un séjour dans les 9 et 47èmes Unités de Maintenance avant d'être mis en caisses et de partir pour l'Australie en septembre 1941, où il est arrivé début décembre. [700]

Dans leur rapport respectif, les deux autres membres d'équipage mentionnent que le pilote ne leur a donné aucun signal mais qu'ils ont décidé d'un commun accord de quitter l'appareil vu la quantité de flammes et de fumées. Le Caporal Jarvis avait plié les trois parachutes et a probablement gagné quelques bières et une bonne réputation dans l'unité.

Une Auxiliaire Féminine plie un parachute fabriqué par la Irvin Air Chute Company dans une école canadienne. Les parachutes n'étaient pas attribués individuellement mais devaient être retirés auprès de la Section des Parachutes pour chaque vol, et rendus ensuite. Les anecdotes ne manquent pas sur les rituels suivis par les aviateurs, que ce soit lorsqu'ils retiraient un parachute (« *S'il ne fonctionne pas, ramenez-le nous et on vous en donnera un autre gratuitement* ») ou plus rarement lorsqu'un parachute avait été utilisé (une Livre Sterling donnée au plieur par l'aviateur sauvé). (Photo Library and Archives Canada/Department of National Defence fonds/a064776)

---

[700] Fiche de vie du Battle A22-9219 conservée sous la référence A10297 - BLOCK 113, page 113, NAA.

ANNEXE 4A - Que sont-ils devenus ? La Classe n°51 de la 36ème SFTS du 16 mars au 3 juillet 1942

"Une classe supérieure à la moyenne"

Il a fallu plus de 1.000 classes pour former les 54.269 pilotes qui ont été brevetés au Canada. Il serait bien évidemment impossible de retracer en détail l'histoire de chacune de ces classes. La Classe n°51 de la 36ème SFTS de Penhold, Alberta, a été choisie pour représenter le parcours de quelques-uns de ces pilotes : cette école formait ses élèves sur bimoteurs Oxford et les pilotes étaient donc principalement destinés aux Bomber et au Coastal Commands. Les élèves de cette classe venaient d'Angleterre : 48 sont arrivés à Penhold le 15 mars 1942, et 3 autres le lendemain. Ils provenaient des EFTS suivantes : [701]

Nombre d'élèves	EFTS	Date de fin de stage en EFTS
21	5ème de Meir, Staffordshire	22 décembre 1941 *
20	16ème de Burnaston, Derbyshire	31 décembre 1941
3	20ème de Yeadon, Yorkshire	23 décembre 1941
1	14ème de Elmdon, West Midlands	17 janvier 1942
6	4ème de Brough, Yorkshire	21 janvier 1942

* Cette EFTS a fermé le lendemain.

Huit élèves de classes précédentes ayant manqué les cours pour cause de maladie ont été incorporés à la Classe n°51. Par quelque mystère, cette classe comptait finalement 60 élèves (51 nouveaux venus d'Angleterre, 8 "repêchés" des classes précédentes, et un d'origine non mentionnée). Le rapport de fin de cursus de cette classe est traduit ci-après : [702]

```
Formulaire RCAF T-87A

                    Rapport d'une classe d'une
          École Militaire de Formation (avancée) au Pilotage
    Classe n°51, 36ème École Militaire de Formation (avancée) au Pilotage
                            ---------
Composée d'élèves provenant : du Royaume-Uni
[les autres pays ont été barrés sur le formulaire]
Durée de la classe : du 16 mars au 3 juillet 1942
Annexes :   "A" - Tableau des résultats individuels aux examens
            "B" - Détails des élèves ayant échoué.
[Ces deux Annexes ont été résumées en un seul tableau en fin de
document]
-----------
```

---

[701] Entrée du 15 mars 1942 du Journal de marche de la 36ème SFTS de juillet 1942, conservé sous la référence C-12356, image 1703, BAC.
[702] Annexe A du Journal de marche de la 36ème SFTS de juillet 1942, conservé sous la référence C-12356, images 1780 et suivantes, BAC. Ce rapport devait être envoyé en double exemplaire au QG du Training Command concerné s'il n'y avait que des élèves Canadiens, ou en triple exemplaire dans les autres cas.

Section 1 – Généralités

1. Introduction

Cette classe était composée d'élèves provenant des EFTS Anglaises. Elle a été considérablement handicapée au début par des cas de maladie, mais les élèves ont pu rattraper le retard. Dès la réception du nouveau programme des cours (révision n°5), tous les ajustements possibles pour incorporer les modifications ont été effectués et il a été décidé d'avoir pour objectif 120 heures de vol au total *[par élève]*, 22 heures de pilotage aux instruments, 6 heures de vol en formation, 12 heures de circuits d'atterrissage de nuit et deux vols longue distance en doubles commandes, en conservant la formation à la navigation et aux armes inchangées par rapport à l'ancien cursus. Cet objectif a été atteint pour tous les élèves en appliquant un régime élevé durant la dernière partie du cursus.

Ces élèves avaient des qualités intellectuelles élevées et ont été faciles à former. Les échecs incluent 7 élèves transférés à d'autres classes pour cause de maladie, un élève transféré pour raisons disciplinaires, 6 réaffectés à d'autres rôles *[que pilote]* à cause d'un manque de capacité pour piloter, et un renvoyé à l'Armée de Terre, également pour manque de capacité pour piloter.

2. Commentaires du QG du Training Command : *[Section vierge dans l'exemplaire conservé par l'école]* [703]

3. Élèves (voir aussi les Annexes A et B) :

Inscrits	Diplômés	Échecs	Convenables pour être formés en tant qu'instructeurs
60	45	15	10

Section 2

5. Formation au sol :

(i) Classe au-dessus de la moyenne, aussi bien pour la formation que pour la discipline.

(ii) <u>Niveau d'éducation</u> : Le niveau d'éducation de cette Classe est jugé être "supérieur à la moyenne."

(iii) <u>Résultats des examens</u> : 46 élèves ont effectué les tests de fin de formation et il n'y a eu aucun échec pour l'ensemble de ces examens, quel que soit le sujet.

Examens de fin de formation

[Note finale en] pourcentage	Nombre *[d'élèves]*
85% et plus	0
75 à 84%	16
60 à 74%	29
50 à 59%	0
49% et moins	0

---

[703] Ce texte n'a pas été répété ensuite aux paragraphes 4, 6, 9, 11, 15, 18, 19 (ii) (iv) (vi) (viii) et (x), 22, 24, 26 pour alléger le document : il est donc normal que ces paragraphes soient absents ici.

Section 3 – Formation au pilotage
7. Temps de vol :
(i) Moyennes d'instruction au pilotage :

Jour ou nuit	Doubles commandes jusqu'au premier vol solo	Doubles commandes "avancé"	Pilotage en solo	Total
JOUR	7 h 30 min	29 h 10 min	71 h 4 min	107 h 45 min
NUIT	3 h 23 min	5 h 35 min	5 h 45 min	14 h 43 min

(ii) Durée de vol totale pour les élèves (en excluant les vols en tant que passagers) : 5.521,10 heures.

8. Niveau de pilotage : Sept élèves ont été éliminés de la formation au pilotage à cause d'un manque de capacité pour piloter. Parmi les autres, il n'y a pas d'élève particulièrement remarquable, mais le niveau général de pilotage a atteint une bonne moyenne. Un élève a été élimé en raison d'un pilotage de nuit inférieur à la moyenne causé par une déficience de vision nocturne.

(i) Navigation : Classe au-dessus de la moyenne, les élèves étaient très motivés, ils avaient de bonnes capacités et étaient rigoureux.

(ii) Pilotage aux instruments : Généralement plutôt supérieur à la moyenne avec une amélioration (par rapport à la Classe précédente) pour le niveau de pilotage à l'aide des instruments de base.

Moyenne des heures par élève	Nombre d'élèves ayant effectué la totalité de l'instruction au pilotage aux instruments
22 h 19 minutes	45

(iii) Pilotage de nuit : En plus des douze heures de circuits et d'atterrissages, tous les élèves ont effectué deux vols nocturnes longue distance chacun. Il est considéré que cette nouveauté leur a été grandement bénéfique en leur donnant une expérience de pilotage de nuit à distance d'un aérodrome bien éclairé.

(iv) Autres : Il n'y a pas de commentaire particulier à faire sur cette Classe, si ce n'est que leur travail a été très satisfaisant, aussi bien en vol qu'au sol, où leurs notes ont été bien supérieures à la moyenne.

10. Formation sur simulateurs Link : 46 élèves ont terminé la formation avec une moyenne de 21 heures et 18 minutes. Le niveau atteint a été très élevé.

Moyenne des heures par élève	Nombre d'élèves ayant effectué la totalité de l'instruction sur simulateur
21 h 18 minutes	46

12. Météo :

	Jours convenables pour tous vols	Jours ne convenant pas pour faire voler les élèves	Max. possible
Demi-journées	185	35	220
Journées entières	92	18	110
Nuits	86	23	109

13. Atterrissages forcés :

Cause	Évitables (nombre)	Inévitables (nombre)
(i) Violation des ordres	1	-
(ii) Panne de moteur	-	1

14. Remarques (atterrissages forcés) :

(i) Cet élève, ayant reçu l'ordre de décoller pour s'entraîner aux virages serrés, s'est perdu à cause d'un vent fort en altitude, puisqu'il n'a pas appliqué la procédure consistant à noter des points de repère, alors que cela lui avait été prescrit. Il est tombé à court de carburant et a fait un atterrissage forcé à Craigmyle, à 40 km E-N-E de Drumheller, Alberta. L'avion a été ramené intact par un instructeur.

(ii) Le moteur droit est tombé en panne à seize kilomètres au nord de Penhold. L'élève est revenu à Penhold et a effectué un bon atterrissage avec un seul moteur.

16. Accidents :

Cause	Évitables (nombre)	Inévitables (nombre)
(i) Roulage imprudent au sol	1	-
(ii) Atterrissage de nuit mal estimé	1	-
(iii) Panne des freins	-	1

17. Remarques (accidents) :

(i) Cet élève a atterri après un entraînement au vol de nuit, a viré pour sortir de la piste, s'est arrêté et a complété la checklist des Actions Vitales. Il a ensuite commencé à rouler vers la zone de stationnement qu'il pensait se trouver plus loin et il est entré en collision avec un avion parqué, ayant très mal jugé la distance à parcourir. Cet élève a ensuite été éliminé et il a été déterminé qu'il souffrait d'une mauvaise vision nocturne.

(ii) Cet élève s'entraînait à des atterrissages de nuit en solo lorsqu'il a fait une approche trop rapide, s'est posé avec l'empennage très haut, a tiré le manche à balai en arrière avant que l'avion n'ait atteint la vitesse de décrochage et a donc repris l'air, redescendant brutalement. Les jambes gauche et droite du train d'atterrissage se sont rompues, endommageant le fuselage, les ailes et les hélices.

(ii) Alors que cet élève roulait au sol vers la zone de stationnement du terrain satellite d'Innisfail, une panne des freins s'est produite. L'avion a viré sur la zone engazonnée et le pilote a tenté de s'éloigner des hangars en utilisant les moteurs, mais il n'a pas réussi à virer assez rapidement et l'avion s'est dirigé alors vers un fossé. Le pilote a coupé les moteurs et a rétracté le train d'atterrissage, mais a quand même atteint le fossé, causant des dégâts majeurs à l'avion.

19. Difficultés :

(i) <u>Difficultés techniques</u> : Le nombre d'avions est satisfaisant, mais une importante indisponibilité a été générée par l'usure des cylindres. Le manque de cylindres et les segments trop grands causent de gros soucis et il y a désormais 35 moteurs en attente de révision pour ce problème.

Le démarrage difficile des moteurs a quasiment été résolu par l'incorporation d'une modification conçue localement, consistant à adapter le démarreur électrique. Le 4ème Training Command a été informé de cette modification.

La fabrication locale de filtres à air pour adapter les Oxford aux basses températures se poursuit lentement en raison du manque de chaudronniers, des difficultés à obtenir les matériaux et la forte charge des ateliers causée par les réparations des capots et des carénages.

Les problèmes liés au compresseur B.T.H. ont été résolus grâce à des achats locaux, et en mettant au point une procédure de ré-usinage de la soupape de décharge. Le personnel prévu par la dotation théorique de l'école est jugé très inférieur aux besoins pour entretenir et ravitailler les avions Oxford.

(iii) <u>Difficultés concernant le matériel</u> :

<u>Transmissions</u> : En raison des performances aléatoires des postes T.R.9D. des avions, la formation aux communications air-air et air-sol n'a pu aboutir. Ceci a déjà été signalé.

<u>Navigation</u> : Pénuries de matériel : aucune.

Armement : Pénuries de matériel : 5 lampes C, flashes photo de signalisation et accessoires pour les séances de Bombardement sur Chambre Noire comme imposé par le nouveau programme des cours.

Photographie : Pénuries de matériel : aucune.

(v) <u>Difficultés concernant le personnel et l'armement</u> : Un nombre suffisant d'instructeurs était disponible pour cette Classe.

Navigation : Instructeurs présents comme prévu par la dotation théorique de l'école.

(vii) <u>Maladies anormales</u> : 260 journées de pilotage ont été perdues pour cause de maladie des élèves, auxquelles il faut ajouter 294 journées perdues après vaccination. Ceci a fortement impacté le début de cette Classe, mais la situation devrait s'améliorer pour les prochaines Classes puisque le pilotage en doubles commandes a été autorisé après vaccination.

(ix) <u>Autres causes</u> : Néant.

Section 4 – Formation sur l'armement

20. **Remarques générales** :
(a) 100 exercices de détermination de la vitesse et de la direction du vent ont été effectués.
(b) 91 exercices de bombardement "P" avec approche directe ont été faits.
(c) 91 exercices de bombardement "O" avec approche directe ont été faits.
(d) Chaque élève a tiré 150 coups à la mitrailleuse Browning.
(e) 585 exercices sur simulateur au bombardement AML ont eu lieu.

Le programme requis a été complété et une note moyenne de 73% a été obtenue. Il n'y a pas eu d'échec lors de la formation sur l'armement. Le nouveau programme des cours (révision n°5), est arrivé trop tard pour que la formation sur l'armement de cette Classe puisse être allongée.

585 exercices sur simulateur au bombardement ont été faits, avec une moyenne de 13 exercices par élève. Il est proposé d'accroître ces exercices sur simulateur lors des prochaines Classes.

Tous les élèves ont effectué les exercices à la mitrailleuse Browning au champ de tir.

Le tir sur pigeons d'argile MO.Skeet.O [704] a été réalisé et a donné des résultats satisfaisants. Le programme requis n'a pas été terminé à cause des mauvaises conditions météorologiques.

Photographie : La formation à la photographie *[aérienne]* réalisée durant cette Classe a été d'un très bon niveau. 235 exercices ont été faits.

21. **Résultats** :

Entraînements	Remarques sur les résultats
(i) Détermination de la vitesse et de la direction du vent	Dans la moyenne
(ii) Approche directe de bombardement en tant que Pilote	Dans la moyenne

23. Discipline : La discipline de cette Classe était supérieure à la moyenne. Les élèves étaient motivés et travaillaient dur. Un élève a été une exception : il a été suspendu de la formation de pilotage en attendant la conclusion de l'enquête pour une infraction de vol à basse altitude.

25. Remarques supplémentaires : Néant.

Signature : W. B. Farrington	36ème École Militaire de Formation (avancée) au Pilotage
Group Captain	Penhold, Alberta

Le tableau à la fin de cette Annexe donne le grade des élèves de cette classe à leur arrivée, la note globale qu'ils ont obtenue à la fin de leur cursus en SFTS, et tente de retracer leur carrière durant

---

[704] Nom commercial du lanceur de cibles en argile "MOSKEETO". Après la guerre, les publicités pour ces lanceurs indiquaient fièrement que la RCAF avaient consommé des millions de pigeons d'argile MOSKEETO.

la guerre. On note que cette classe a eu la chance de bénéficier d'une météo forcément plus clémente que les classes hivernales, et qu'elle n'a eu que très peu d'accidents par rapport à d'autres Classes (par exemple, la Classe n°49 du 16 février au 5 juin 1942 a connu neuf accidents, dont une collision aérienne mortelle le 10 mars 1942 ; la Classe n°53 du 13 avril au 8 août 1942 a connu huit accidents, dont une collision aérienne mortelle le 27 juillet 1942). [705]

Sur les huit élèves dont la formation a été reportée pour maladie, sept ont fini par être diplômés, même celui qui avait été temporairement mis de côté pour avoir volé trop bas, (certains en étant encore reportés à des classes postérieures), et un seul a été définitivement recalé.

Les 45 élèves brevetés de la Classe n°51 ont été affectés ainsi :
- 10 sont partis à la nouvelle 2ème École des Instructeurs de Pilotage de Vulcan, Alberta, comme le Pilot Officer William W. Martindale qui a ensuite trouvé la mort le 2 novembre 1942 en redécollant après avoir posé le Tiger Moth 1124 de la 34ème EFTS pour laisser passer une tempête. [706]
- 4 ont repris les cours à la 31ème École de Navigation Aérienne de Port Albert, Ontario, où ils ont probablement été affectés à la 8ème classe SN (classe "Courte de Navigation" - Short Navigation course) qui a commencé le 13 juillet avec 25 élèves et s'est finie le 4 septembre 1942 avec 19 diplômés (2 recalés, 1 malade et 3 reportés à la classe suivante). Ces 19 élèves ont été affectés comme instructeurs dans différentes écoles au Canada. [707]
- 13 sont entrés à la 31ème École de Surveillance Maritime de Charlottetown, Prince Edward Island : 10 pour suivre des cours de navigation les destinant au Coastal Command et 3 pour une formation de "Staff Pilots", c'est-à-dire pilotes d'avions des écoles au Canada (par exemple, les écoles de formation des opérateurs radio, des navigateurs et des bombardiers nécessitaient beaucoup de pilotes pour les exercices à effectuer en vol) : [708]
  - Wilson, Snoxell, Staniland, Armstrong dans la Classe 49A commencée le 27 juillet et terminée le 26 septembre 1942
  - Perry, Read, Nicoll, Tait et Healey dans la Classe 49B (dates identiques).
  - Van Der Straeten et Stewart dans la Classe 50B commencée le 3 et terminée le 29 août 1942.
- 5 ont rejoint le QG du RAF Ferry Command à Dorval, Québec pour participer au convoyage d'avions du continent américain au Royaume-Uni. Parmi eux se trouvait le Pilot Officer Francis J. Pook qui disparait aux commandes du B-25 Mitchell FR369 dans l'Atlantique le 15 octobre 1942 avec les trois autres membres d'équipage (équipage de deux pilotes, un navigateur et un opérateur radio civil).
- 13 ont été envoyés au 31ème Dépôt du Personnel à Moncton, New Brunswick, première étape de leur retour au Royaume-Uni.

Le fait que 17 élèves de cette classe aient commencé leur carrière en tant qu'instructeurs ou "staff pilots" au Canada est probablement lié à la remarque du rapport *"Ces élèves avaient des qualités intellectuelles élevées"*, et au fait qu'une quinzaine de ces hommes était à l'origine des volontaires transférés de l'Armée de Terre (matricules compris entre 656089 et 657820), et qu'au moins deux autres étaient probablement des mécaniciens de la RAF s'étant portés volontaires pour apprendre à piloter.

---

[705] La 36ème SFTS ne recevait que des Classes aux numéros impairs.
[706] Compte-rendu d'accident consulté en ligne le 10 septembre 2023, n° CASPIR 0024/00000102.
[707] Entrées du 13 juillet et du 4 septembre 1942 du Journal de marche de la 31ème ANS, conservé sous la référence C-12356, images 1497 et 1516, BAC.
[708] Annexes H et A du Journal de marche de la 31ème GRS de juillet et août 1942, conservé sous la référence C-12366, images 631, 632 et 645, BAC. Seuls onze noms ont été retrouvés, il est possible que les deux autres aient été malades ou aient eu un accident mineur les obligeant à être inscrits sur une classe ultérieure.

La plupart de ces hommes ont fini par rejoindre le Royaume-Uni pour passer en Escadron après un stage en (P)AFU puis un autre en OTU, ceux qui ont servi comme instructeurs ou comme "staff pilots" au Canada ne retraversant l'Atlantique qu'en 1943 ou 1944.

On voit que trente élèves ont été fait immédiatement Officiers, avec ancienneté datée du jour de leur sortie de la 36ème SFSTS. [709] Les grades suivants étant acquis par ancienneté, sauf exception, ils ont été promus Flying Officer le 3 janvier 1943, et Flight Lieutenant le 3 juillet 1944. Sur les quinze élèves restants, cinq ont été tués en 1943, ne leur laissant pas le temps de monter en grade et par conséquent seuls quatre ont été promus Officiers avant la fin de la guerre.

Bien que 49% des élèves gradués de la classe n°51 aient été affectés à un premier emploi loin des zones de conflit (instructeurs, "staff pilots", ou convoyeurs du Ferry Command), quasiment un quart de leur promotion a perdu la vie avant la fin de la guerre. Trois ont été tués dans des accidents dans le cadre de leur formation en OTU, deux autres ont péri dans des accidents en étant instructeur ou convoyeur, et six ont été tués en mission de guerre. Au moins un a été fait prisonnier de guerre (le Lancaster III (ED625) du Pilot Officer Jack H. Moss a subi les assauts de deux chasseurs de nuit lors d'une mission sur Nuremberg dans la nuit du 10 au 11 août 1943 : seul Moss et le Sergent Leonard F. Bradfield ont survécu). On notera la grande diversité des avions pilotés par les anciens de la classe n°51 (Mosquito, Wellington, Whitley, Halifax, Mitchell, Stirling, Lancaster, etc.).

Un des hommes de la classe n°51 a reçu la DFM, et un autre la DFC (un des quinze Sous-Officiers à la sortie de la SFTS). La citation de la DFM attribuée le 2 février 1945 à John E. Masini pour ses missions au sein du 512ème Escadron est la suivante : *"Cet aviateur a participé à de nombreuses sorties et a fait preuve d'une compétence, d'une détermination et d'un dévouement louables tout au long de sa carrière. En septembre 1944, le Flight Sergeant Masini a piloté un avion dans le cadre d'une mission impliquant le largage de matériel pour nos forces terrestres combattant près d'Arnhem. À l'approche de la zone de largage, son avion a été la cible d'intenses tirs de canons antiaériens légers. Malgré cela, le Flight Sergeant Masini a exécuté une bonne approche pour larguer ce matériel avec précision. Son avion a été touché par des obus et des balles en d'innombrables endroits, mais il l'a ramené jusqu'à sa base. Cet aviateur a fait preuve d'un courage et d'une détermination de premier ordre."* Masini avait bien failli ne jamais recevoir ses ailes de pilote puisque le 12 mars 1942, son Oxford AT600 avait heurté l'abri du contrôleur au sol en roulant de nuit ; heureusement, il a été reconnu que cet accident avait été causé par la défaillance complète du circuit de freinage. [710]

Beaucoup des survivants sont restés quelques années dans la RAF, Nelson Briggs prenant sa retraite avec le grade le plus élevé (Group Captain) en juillet 1964.

Grade	Nom	Prénoms	Note %	P/O	F/O	F/Lt	Remarques
LAC	Wharton	Claud	77,9	3 juil. 1942	3 jan. 1943	3 juil. 1944	Reste dans la RAF Volunteer Reserve jusqu'en mai 1955.
LAC	Wilson	Robert	77,9	*id.*	*id.*	*id.*	Démobilisé le 23 avril 1946 pour raison médicale.
LAC	Perry	Arthur Ernest	78,4	*id.*	*id.*	*id.*	
LAC	Read	Ernest William	78	*id.*	*id.*	*id.*	

Le tableau se poursuit sur les pages suivantes.

---

[709] Promotions publiées pour la plupart dans les Suppléments de la London Gazette des 22 et 29 septembre, et 6 et 13 octobre 1942.
[710] Entrée du 12 mars 1942 du Journal de marche de la 36ème SFTS, conservé sous la référence C-12356, image 1702, BAC.

Grade	Nom	Prénoms	Note %	P/O	F/O	F/Lt	Remarques
Cpl	Snoxell	Gerald James Thomas	77,6	id.	id.		Tué le 13 janvier 1943 (accident du Hudson N7226 de la 1ère (Coastal) OTU lors d'un vol d'entraînement de nuit). Enterré à Luton, Bedfordshire.
Sgt	Gwynne	Hubert Thomas	77,2	id.	id.	id.	
LAC	Armstrong	Terence	76,7	id.	id.	id.	Reste dans la RAF jusqu'en décembre 1953.
LAC	Pook	Francis John	76,6	id.	id.		Tué le 15 octobre 1942 lors du convoyage du B-25 Mitchell FR369 du Canada au Royaume-Uni. Mémorial de Runnymede.
LAC	Croft	Kenneth	76,5	id.	id.	id.	
LAC	Staniland	Reginald Edward	76,4	id.	id.	id.	Reste dans la RAF jusqu'en septembre 1957 et s'enrôle dans la Réserve de la RCAF.
Sgt	Unwin	Thomas Eric	76,3	id.	id.	id.	
LAC	Bertram	William	76,3	id.	id.	id.	
LAC	Farrar	Edward Hanson	76,3	id.	id.	id.	Démobilisé le 8 août 1945 pour raison médicale.
LAC	Marsh	Peter	75,8	id.	id.	id.	
Cpl	Nicoll	John Robertson	75,6	id.	id.	id.	Reste dans la RAF jusqu'en 1967 (Auxiliaire de 1957 à 1964 ; Réserviste ensuite).
LAC	Jarrett	Neville Batchellor	75,5	id.	id.	3 jan. 1945	Repêché de la classe n°49. Reste dans la RAF jusqu'en 1951 puis passe dans l'Armée de Terre.
LAC	Phillips	Frederick Albert	75,4	id.	id.	3 juil. 1944	Quitte la RAF en mars 1956 avec le grade de S/Ldr.
LAC	Martindale	William Wilde	74,9	id.			Tué le 2 novembre 1942. Accident lors d'un vol de formation (Tiger Moth 1124 de la 34ème EFTS). Enterré au cimetière d'Assiniboia, Saskatchewan.
LAC	Nixon	John Cornthwaite	73,6	id.	id.	id.	Tué le 28 septembre 1944 (Mosquito FBVI MM407, 464ème Escadron, en mission *Intruder* sur la Ruhr). Enterré au cimetière de la forêt du Reichswald.
Cpl	Tomalin	John	73,5	id.	id.		Tué le 15 mars 1944 (51ème Escadron, Halifax III HX330 en mission sur Stuttgart, abattu par un chasseur de nuit). Enterré à Choloy, France.

Grade	Nom	Prénoms	Note %	P/O	F/O	F/Lt	Remarques
LAC	Holland	Charles	73,5	id.	id.	id.	
LAC	Nicholls	Roy Harold Andrew	75,5	id.	id.	id.	Reçoit en 1947 l'Efficiency Medal en tant qu'ancien membre de la Territorial Army.
LAC	Tait	James Maxwell	73,4	id.	id.		Tué le 13 juillet 1943 (accident du Wellington HF838 de la 7ème (Coastal) OTU lors d'un vol d'entraînement). Enterré à Berwick-Upon-Tweed, Northumberland.
LAC	Percival	Arthur Leonard	73,2	id.	id.	id.	Reste dans la RAF Volunteer Reserve jusqu'en 1968.
LAC	Briggs	Nelson	72,3	id.	id.	id.	S/Lr : 1 juillet 1950. Group Captain en juillet 1964
LAC	Farrell	Reginald Robert	70,9	id.	id.	id.	Reste dans la RAF jusqu'en 1958.
LAC	Van Der Straeten	George Harry	70,6	3 juil. 1942	3 jan. 1943	3 juil. 1944	Reste dans la RAF jusqu'en décembre 1946.
LAC	Mettam	Stanley	70,5	id.	id.	id.	Repêché de la classe n°49. Reste dans la RAF jusqu'en 1958.
Cpl	Rees	Jack Phillips	70,5	id.	id.	id.	
LAC	McNaught	John	70,1	id.			Passe dans la RNVR le 29 nov. 1943.
LAC	Moss	Jack Herbert	65,6	2 avr. 1943	2 oct. 1943	2 avr. 1945	Repêché de la classe n°49. Abattu le 10 août 1943 (Lancaster ED625 du 49ème Escadron), fait prisonnier, Reste dans la RAF jusqu'en août 1955.
LAC	Madelaine	Leonard Arthur	69,9	19 juil. 1943	19 jan. 1944		
LAC	Caughey	Walter	68,3	23 fév. 1945	23 août 1945		
LAC	Masini	John Edward	62,4	29 mars 1945	5 sept. 1946		Repêché de la classe n°47. DFM en 1945 (512ème Escadron - Flight Sergeant). Démobilisé le 5 sept. 1946.
LAC	Prescott	John	72,4				
LAC	McBride	Robert	69,9				
LAC	Mitchell	Eric	69,9				Tué dans la nuit du 27 au 28 avril 1943, était alors Sergent (accident lors d'un vol d'entraînement, Whitley V LA841 de la 19ème OTU). Enterré au cimetière de Todmorden, Yorkshire.

Grade	Nom	Prénoms	Note %	P/O	F/O	F/Lt	Remarques
LAC	Barber	George William	69,8				Tué le 4 juillet 1943, était alors Sergent au sein du 15ème Escadron (Stirling III BK648 abattu lors d'une mission sur Cologne). Enterré à Rheinberg, Allemagne.
LAC	Healey	Frank	69,4				
LAC	Parritt	Geoffrey Charles	69,4				Repêché de la classe n°49. Tué le 29 juin 1943, était Sergent au sein du 76ème Escadron (Halifax V DK137 en mission sur Cologne, abattu par un chasseur de nuit). Enterré à Heverlee, Belgique.
LAC	Smith	George William	69,2				
LAC	Fletcher	Peter Gordon	68,9				Repêché de la classe 49. Tué le 22 novembre 1943, était alors Flight Sergeant au sein du 144ème Escadron (Beaufighter TFX LZ415 en mission de torpillage en Norvège, rentre sur un seul moteur (Flak ?) et percute la mer). Mémorial de Runnymede.
LAC	Bradford	Arthur Thomas	67				
LAC	Stewart	Daniel	66,2				Tué le 15 août 1943, était alors Flight Sergeant au sein du 547ème Escadron (Wellington XI MP565, probablement abattu par Ju-88). [711] Mémorial de Runnymede.
LAC	Hall	Charles Mortimer	64,6				Reçoit la DFC le 23 février 1945, était alors Warrant Officer au sein du 148ème Escadron.
LAC	7 élèves		Recalés définitivement pour cause de progrès insuffisant, dont un provenant d'une classe précédente.					
LAC	7 élèves		Reportés à la classe n°53 pour raison médicale.					
LAC	1 élève		Reporté à la classe n°53 puis 55 pour raison disciplinaire (vol à basse altitude).					

---

[711] D'après le Journal de marche du 547ème Escadron, deux Wellington ont disparu ce jour-là, et un troisième a été attaqué par sept Ju-88 et a réussi à s'échapper après avoir subi cinq attaques. Ce Wellington a aperçu un avion plonger dans la mer avant d'être à son tour pris en chasse. Journal conservé sous la référence AIR 27/2033/12, TNA.

ANNEXE 4B - Que sont-ils devenus ? La Classe n°3 de la 5ème BFTS du 2 octobre 1941 au 13 mars 1942

"La Classe des Universitaires"

Les élèves britanniques de la 3ème Classe de la 5ème BFTS de Clewiston en Floride posent pour la photo souvenir fin 1941 devant leurs BT-13A Valiant qui étaient généralement affublés du surnom peu flatteur de "Vibrator". On note au fond l'un des bâtiments flambants neufs de l'école, entourés de palmiers. Le BT-13A visible sur la gauche (numéro 41-11584) a été sauvé en 1988 d'un champ où il rouillait. Remis partiellement en état (sans les ailes), il est visible au musée de Topeka au Kansas. Les BT-13 ont été retirés des BFTS durant la seconde moitié de 1942 et remplacés par des AT-6 (photo reproduite avec la permission de l'Association de la 5ème BFTS).

Cette Classe a été la première à suivre l'ensemble de ses cours à Clewiston, les deux Classes précédentes ayant commencé à Arcadia car les bâtiments n'étaient pas terminés à Clewiston. Les élèves de cette classe venaient des Escadrons Aériens Universitaires d'Oxford, de Cambridge et d'Édimbourg : ayant donc des connaissances aéronautiques et un niveau d'éducation supérieurs à la moyenne des recrues habituelles, ils avaient de meilleures chances de passer avec succès les différentes étapes de leur formation aux USA. D'ailleurs, alors que moins d'un élève breveté pilote sur cinq était nommé officier dans les autres Classes, tous les élèves brevetés de *"la Classe des Universitaires"* ont été promus Pilot Officer le 14 mars 1942, ce qui en fait donc une Classe exceptionnelle. Le parcours de ces élèves a été résumé ci-après : [712]

---

[712] Données principalement trouvées dans la London Gazette, le livre de Will Largent (voir bibliographie), sur le site de l'Association de la 5ème BFTS, consulté en ligne le 25 juillet 2024, sur http://www.5bfts.org.uk/Default.aspx et avec l'aide du Dr. Jenny Harding. Page 67 de son livre, Will Largent indique que la Classe n°3 est arrivée le 8 octobre, mais les documents d'époque de la 5ème

Après la traversée de l'Atlantique et un court séjour à Toronto au Canada, les cinquante élèves de la Classe n°3 sont arrivés à la 5ème BFTS le 2 octobre 1942. Ils ont été rejoints par Peter F. Clayton de la Classe n°2 (qui était arrivée le 27 août 1941), peut-être suite à un souci de santé passager : ceci explique pourquoi il y a 51 élèves sur la photo de Classe. Tous ces élèves ont franchi avec succès la première phase de leur formation sur les Stearman PT-17 de l'école et sont passés à la phase intermédiaire sur Vultee BT-13A. Il semble cependant que deux d'entre eux (John Pennman et Willy (Alban S. Williams ?)) aient fait tout leur possible pour *"démontrer avec certitude que les avions PT étaient indestructibles"*.

Dans la nuit du 19 au 20 janvier 1942, le Leading Aircraftman Roger B. Crosskey a perdu la vie lors d'une tentative d'atterrissage de nuit : son BT-13A était le dernier en vol, et le brouillard avait commencé à se former au-dessus du terrain. Lorsqu'il a allumé ses phares d'atterrissage, il a été ébloui par la réflexion lumineuse sur le brouillard, et a perdu ses repères au sol. Il a voulu remettre les gaz mais s'est fait surprendre par le couple du moteur : son avion a basculé, a heurté le sol et a immédiatement pris feu. Le pilote n'était pas en cause puisque ces vols de nuit, à ce stade de la formation, auraient dû se dérouler en conditions de vol à vue : son niveau de compétence n'incluait pas encore le passage à du pilotage sans visibilité durant une phase critique du vol.

Durant les phases suivantes de la formation, quatre autres élèves ont été éliminés. Les 46 élèves restants ont été promus Sergents et ont reçu leurs ailes le 12 mars 1942 des mains de l'Air Marshal Douglas C. Evill, nouvellement nommé à la tête de la Délégation de la RAF à Washington. Alastair M. Michie a en plus reçu un bracelet en argent gravé *"A. Michie - Meilleur élève pilote - Classe n°3 - 5ème BFTS, Riddle McKay Aero College"*. Un défilé aérien de dix AT-6 pilotés par ces élèves et par le commandant de l'école, le Wing Commander Kenneth F. Rampling, suivi d'une démonstration de voltige par deux élèves (Albert E. Sloman et Alastair M. Michie), ont eu lieu pour les invités.

Cérémonie de remise des ailes le 12 mars 1942. De gauche à droite, debout : Mr. John G. McKay (l'un des deux fondateurs de l'école avec John Paul Riddle) avec le diplôme du cadet à la main, Squadron Leader George Burdick (Instructeur au sol en chef), Air Marshal Douglas C. Evill (responsable de la Délégation de la RAF à Washington), Wing Commander Kenneth J. Rampling (commandant de l'école pour la RAF), Leading Aircraftman Albert E. Sloman. Notez les nombreuses spectatrices au premier rang, preuve que les cadets de la Classe n°3 avaient des admiratrices (photo reproduite avec la permission de l'Embry-Riddle Aeronautical University).

Dans le livret imprimé à cette occasion, les élèves indiquent : *"Nous emporterons plusieurs choses en rentrant au pays. Tout d'abord, un nouveau vocabulaire. Certains d'entre nous arrivent même à dire "I betcha" avec cet irrésistible accent du Sud. ... Il y a ensuite de nouveaux goûts : le poulet frit, les patates douces, les "cokes", les cocktails cuba-libre ... Et des souvenirs, pleins de souvenirs. Se baigner et bronzer sur les plages de l'Atlantique (une mer douce et paisible ici !), les fêtes endiablées du samedi soir, les couchers de soleil de Floride, la Lune au-dessus de Miami, et, ah, ces filles du Sud. Sur ce point, les films n'ont pas menti. À elles, à nos instructeurs qui ont été si patients, et à tous les autres amis que nous avons rencontrés ici, nous disons "au-revoir à tous" jusqu'à notre prochaine rencontre"*. Ils ne sont pas restés Sergents longtemps puisque deux jours après la cérémonie, ils ont été promus Pilot Officers. Après six mois en Floride (neuf mois pour Clayton),

---

BFTS mentionnent la date du 2 octobre. Les cours ont commencé le 8 octobre, un ouragan ayant perturbé l'activité de l'école.

les nouveaux officiers sont partis en train pour le Dépôt du Personnel de Moncton, Nouveau Brunswick, Canada, avec un court arrêt en chemin à New-York. La plupart ont ensuite embarqué pour le Royaume-Uni.

Parmi les quatre élèves qui avaient été éliminés des cours de pilotage, tous semblent avoir réussi à devenir aviateurs dans d'autres catégories :
- Ian I. Samuels était étudiant en histoire à l'Université de Cambridge avant de partir aux USA. Ayant été recalé aux cours de pilotage de la 5ème BFTS, il a eu la chance d'intégrer l'école de navigation de Pan-American Airways à Miami. Pendant 90 jours, du 3 mars au 2 juillet, il a planché sur des exercices de navigation au sol et en vol avec les 148 autres élèves de sa Classe. Noté *"élève exceptionnel pour la théorie et moyen pour les exercices en vol"*, il a été promu officier dès octobre 1942. De retour en Angleterre via le Canada, il a été affecté au 142ème Escadron qui combattait en Afrique du Nord. Dans la nuit du 3 au 4 juillet 1943, le Pilot Officer Samuels était le Navigateur du Wellington X HZ474 piloté par le Squadron Leader Arthur P. Craigie, DFC. Touché par la Flak au-dessus de Messine en Sicile, le pilote a tenté un amerrissage à quelques kilomètres au sud de l'île. Samuels a été éjecté lors de l'impact et a réussi à rejoindre la plage après de longues heures. Seul survivant, il a passé le reste de la guerre dans des camps de prisonniers en Italie puis en Allemagne au Stalag Luft III. [713]
- Bernard Wilkinson était également devenu Navigateur et a été promu officier en septembre 1944. Il est resté dans la RAF jusqu'en août 1957.
- William C. Hopekirk et Leonard Sattin ont aussi été promus officiers en 1944 (respectivement en mai et en octobre), probablement à la fin de leur premier tour d'opérations.

Certains des pilotes de la Classe n°3 étant bien notés, ils ont été affectés comme instructeurs :
- Dès son arrivée en Angleterre, Thomas S. Haynes a suivi un stage d'instructeur. Il a ensuite été affecté dans une EFTS, puis, toujours comme instructeur, dans une FIS.
- Le Pilot Officer Ian A. C. Blue a également été envoyé suivre un stage d'instructeur au sein de la FIS de Montrose en Écosse, mais dans un élan d'enthousiasme, il a endommagé son avion lors d'un passage à basse altitude sur le manoir de Lord Glentanar le 4 juin 1942. Passé en cour martiale, son brevet d'officier lui a été retiré le 9 août 1942 et il a été rendu à la vie civile, avec option de s'enrôler à nouveau de la RAF, ce qu'il a fait, devenant Sergent-Pilote. Affecté en 1943 au 182ème Escadron sur Typhoon, il a effectué 117 missions de guerre et reçu la DFM en août 1944. Il n'est pas resté le seul sous-officier de la Classe n°3 à la fin de la guerre, puisqu'il a été à nouveau promu Pilot Officer le 13 juillet 1944, puis Flying Officer le 13 janvier 1945. On notera que les instructeurs de la 5ème BFTS cernaient bien la personnalité de leurs élèves, puisqu'ils avaient noté que Blue *"avait tendance à avoir un excès de confiance"*. [714]
- Peter R. Mellor a été instructeur en (P)AFU en 1943, puis a rejoint le 635ème Escadron sur Lancaster.
- Peter M. Bickett a reçu l'Air Force Cross au Canada, peut-être pour service rendu en tant qu'instructeur.

Crosskey n'a pas été le seul de cette Classe à être tué durant sa formation :
- Le Pilot Officer Billie B. Cooper a été porté disparu le 21 septembre 1942 lorsque le bimoteur Armstrong Whitworth Whitley V Z9472 de la 10ème OTU s'est écrasé par mauvais temps, probablement à court de carburant, durant une patrouille anti-sous-marine. Les quatre autres membres d'équipage n'ont également jamais été retrouvés (Warrant Officer Robert O. O.

---

[713] Informations compilées par le Banstead History Research Group, site consulté en ligne le 25 juillet 2024, sur
https://www.bansteadhistory.com/Memorial/2_C_HZ474%20Wellington%20Crew.html .
[714] Anecdote détaillée page 9 de la *"5 BFTS Newsletter"* de mars 2020 et page 7 de celle de septembre 2020 de l'Association de la 5ème BFTS et suppléments de la London Gazette du 1er septembre 1942, du 10 octobre 1944 et du 16 février 1945.

Warren, un Américain engagé dans la RCAF, Sergents Ivor J. Sims, Joseph H. Southwell et John R. Stott). [715]
- Le Flying Officer Peter F. Smith a été tué le 25 octobre 1942 au décollage du Havoc I BB898 de la 51ème OTU de chasse de nuit ainsi que son opérateur radar, le Sgt Denis T. E. Massey.

En tout 14 des 46 pilotes de cette Classe ont été tués durant la guerre (voir la liste plus loin) et 4 autres ont été retirés du service avant la fin du conflit (dont au moins deux pour raison de santé). Comme Ian I. Samuels, d'autres ont été faits prisonniers de guerre, notamment :
- Le Flight Lieutenant Patrick S. Engelbach du 141ème Escadron s'est soudainement retrouvé éjecté de son Mosquito II (DD787) au-dessus des Pays-Bas lorsqu'il a explosé durant une mission *Serrate* dans la nuit du 27 au 28 juin 1944. Engelbach a réussi à déployer son parachute et a été fait prisonnier puis envoyé au Stalag Luft III, mais son opérateur radar, le Flight Lieutenant Ronald S. Mallett, DFC, a été tué. Mallett en était à son troisième tour d'opérations. [716]
- Le Hurricane IIb (HW299) du Flying Officer William A. P. Manser du 134ème Escadron a été abattu le 23 juillet 1943 lors du mitraillage d'un convoi d'artillerie en Crète. Sur les neuf pilotes de Hurricane de cette patrouille, un a été tué (Sergent David A. Horsley), un a été fait prisonnier (Manser), et deux autres (Flying Officers I. L. Lowen et W. H. Wright) ont été blessés par la Flak. Manser a lui aussi passé le reste de la guerre au Stalag Luft III. [717]

Avec les promotions à l'ancienneté, les pilotes survivants ont été nommés Flying Officer le 1er octobre 1942, puis Flight Lieutenant le 14 mars 1944. Certains ont fini la guerre au grade de Squadron Leader, ou ont été décorés. Partis d'une même formation sur avions monomoteurs aux USA, ils ont piloté les avions les plus performants et les plus divers de la RAF, par exemple :
- George Hogarth était pilote *"Intruder"* de nuit sur Beaufighter puis Mosquito au sein du 25ème Escadron. Il est ensuite devenu pilote d'essai pour tester les nouveaux équipements radars mis au point par les scientifiques du Centre de Recherche des Télécommunications de Malvern dans le Worcestershire. Il y a piloté toutes sortes d'appareils, du Lancaster au Firefly, en passant par des Hellcat ou des Barracuda. Il a entamé son second tour d'opérations sur Mosquito au sein du 219ème Escadron puis a suivi le stage de Leader de Chasse de Nuit à Tangmere, Sussex. Démobilisé fin mai 1946, il avait alors accumulé plus de 1.000 heures de vol sur 43 types d'avions différents, du biplan PT-17 au jet Gloster Meteor.

George Hogarth aux commandes du prototype de la version de chasse du Mosquito (W4052). Cet appareil a fait l'objet de multiples modifications entre 1941 et 1946, notamment l'installation d'un radar air-air pour la chasse de nuit, un aérofrein "Youngman" encerclant le fuselage, un canon de 40 mm, des réservoirs

---

[715] Dossier de pertes conservé sous la référence AIR 81/18061, TNA.
[716] Entrée du 28 juin 1944 du Journal de marche du 141ème Escadron, AIR 27/971/11 et 12 TNA.
[717] Entrée du 23 juillet 1943 du Journal de marche du 134ème Escadron, AIR 27/946/23 et 24 TNA.

largables, etc. (photo reproduite avec l'aimable autorisation du Dr. Jenny Harding, fille de G. Hogarth).

- Peter F. Clayton, pilote de quadrimoteurs Lancaster du 97ème puis du 149ème Escadrons, a terminé la guerre au grade de Squadron Leader et a été décoré de la DFC et du DSO.
- Alastair M. Michie était également pilote *"Intruder"* de nuit sur Mosquito au sein du 605ème Escadron : il a effectué deux tours d'opérations, soit plus de 80 missions de guerre.
- Peter R. Mellor, du 635ème Escadron, a reçu la DFC pour avoir ramené son Lancaster malgré deux moteurs touchés par la Flak lors d'un raid sur Bochum en novembre 1944. Nommé Squadron Leader, il a effectué 56 missions de guerre et s'est vu décerner une seconde DFC le 22 mai 1945. Il a pris sa retraite de la RAF en 1967.
- Alfred P. Mellows pilotait des Mosquito au sein du 169ème Escadron de chasse de nuit. La DFC lui a été décernée en mars 1945, ainsi qu'à son navigateur, le Flight Lieutenant Sydney L. Drew, pour avoir détruit plusieurs locomotives et deux avions, et avoir ramené leur appareil fortement endommagé par l'explosion du second avion abattu.
- Robert D. E. Richardson a d'abord été pilote de bimoteurs Blenheim V au 18ème Escadron en Afrique du Nord. Cette unité est ensuite passée sur bombardiers Boston III. Une fois son tour d'opérations terminé, Richardson a été affecté au Fighter Command au Royaume-Uni (Spitfire V), avant de passer au Transport Command sur C-47 Dakota.
- Rodney D. Scrase a lui aussi combattu en Afrique du Nord, mais sur Spitfire au sein du 72ème Escadron. Il a reçu la DFC en avril 1944 et a fini la guerre avec quatre victoires confirmées et trois autres appareils endommagés. [718]
- Noel D. Mackertich, William A. P. Manser, Robert R. Monk, John Penman, Kenneth MacVicar, Ian A. S. Gibson et John C. Buckland sont passés ensemble par la 9ème (P)AFU de Hullavington, dans le Wiltshire, qui était équipée de Miles Master, puis par la 59ème OTU de chasse diurne de Milfield, Northumberland, où ils ont rencontré leurs premiers Hurricane. Kenneth MacVicar, Ian A. S. Gibson et John C. Buckland ont été affectés au 28ème Escadron qui combattait en Birmanie. Les deux premiers ont reçu la DFC, respectivement en 1944 et en 1945. John Pennman a également été pilote de Hurricane en Birmanie, mais au sein du 20ème Escadron.
- Robert R. Monk a piloté des chasseurs-bombardiers Typhoon au 174ème Escadron. Il a reçu la DFC en mai 1945 pour ses attaques contre des cibles au sol lors de la campagne de franchissement du Rhin. Il avait alors le grade de Squadron Leader.
- Duncan F. Wilson a reçu l'Air Medal américaine en juillet 1943 pour son travail de pilote de Spitfire de reconnaissance. Les versions "PR" ("Photographic Reconnaissance") du Spitfire étaient désarmées et les pilotes ne pouvaient compter que sur leur camouflage bleu-gris, leur vitesse et leur altitude pour échapper aux chasseurs. Leur navigation devait également être impeccable pour ramener les photos demandées, ce qui n'était pas une mince affaire dans un poste de pilotage étroit, à très haute altitude.
- Plusieurs de ces hommes ont été cités à l'ordre de la RAF *("mentionned in despatches")*, notamment John C. Yorke, Albert E. Sloman, Alastair M. Michie, Kenneth MacVicar et John P. Bassett.

On peut donc conclure que la Classe n°3 de la 5ème BFTS est probablement unique dans les annales de la RAF puisque, à part un élève victime d'un accident qui n'était pas de son fait, tous les autres élèves sont devenus aviateurs et officiers.

---

[718] Pour plus de détails, se reporter au livre d'Angus Mansfield (voir bibliographie).

Liste des élèves de la Classe n°3 tués durant la guerre, par ordre chronologique : [719]

Grade	Prénoms	Nom	Escadron	Décès	Avion	Résumé des circonstances	Enterré ou mémorial (*italiques*)
LAC	Roger B.	Crosskey	5ème BFTS	20 janvier 1942	BT-13A (41-9721)	Décrites ci-dessus.	Floride, USA
P/O	Billie B.	Cooper	10ème OTU	21 sept. 1942	Whitley V (Z9472)		*Porté disparu (GB)*
F/O	Peter F.	Smith	51ème OTU	25 oct 1942	Havoc I (BB898)		Royaume-Uni
F/O	John R. P.	Taylor	16	29 nov 1942	Mustang I (AG467)	Avion disparu lors d'une mission anti-navire en mer du Nord. Son co-équipier, le F/O Alastair M. Maclay a également disparu (collision, Flak, chasse ?).	*Porté disparu (GB)*
F/O	Robert M.	Cumming	103	3 déc. 1942	Lancaster I (W4339)	Avion abattu par la Flak lors d'une mission sur Francfort. Tous les membres d'équipage ont été tués.	Allemagne
F/O	Douglas	Hunter	?	21 janvier 1943	Spitfire IX (EN121)	Avion disparu lors d'un vol d'entraînement au départ de Gibraltar.	*Porté disparu (Malte)*
F/O	John C.	Taffs	541	7 février 1943	Spitfire PR. XI (EN385)	Avion disparu lors d'une mission de reconnaissance photographique sur Cologne, Dusseldorf et Essen.	*Porté disparu (GB)*
F/O	Philip C.	Price	239	17 avril 1943	Mustang I (AM136)	Collision aérienne avec un autre Mustang de l'Escadron. L'autre pilote (F/O Dirk B. De Kretser) a également été tué.	Royaume-Uni
F/O	John V.	Stuart-Duncan	170	30 mai 1943	Mustang I (AM108)	Tué lors d'un atterrissage par vent de travers. Alors qu'il remettait les gaz, pour une seconde tentative, la roue gauche a heurté le sommet d'un réservoir d'essence qui devait être enlevé, l'aérodrome de Weston Zoyland, Somerset, étant en travaux.	Royaume-Uni
F/O	Vernon	St. John	232	11 août 1943	*tué au sol*	Tué lors d'une attaque de la Luftwaffe à 22h30 sur l'aérodrome de Lentini en Sicile.	Sicile
F/O	Cecil	Jolly	87	2 février 1944	Spitfire Vb (ER310)	Accident lors d'un vol d'entraînement.	Sicile
F/Lt	John C.	Yorke	39	27 mars 1944	Beaufighter TF.X (LZ494)	Avion disparu lors d'une mission anti-navire sans laisser de traces malgré plus de 40 sorties de recherche. Le F/O Walter B. Mathias, navigateur, était également à bord.	*Porté disparu (Malte)*
F/Lt	Alban S.	Williams	1 435	26 avril 1944	Spitfire Vc (LZ895)	Avion a explosé lors d'un atterrissage forcé en Albanie, peut-être suite à un impact de Flak.	*Porté disparu (Malte)*
F/Lt	Alexander W.	Manson	602	17 juillet 1944	Spitfire LF IX (MK350)	Avion touché par la Flak au sud-est d'Argentan en attaquant un camion. A réussi à se poser, mais l'impact semble avoir été trop violent.	France

---

[719] Dossiers de pertes conservés sous les références AIR 81/19436, AIR 81/21115, AIR 81/21424, et Journaux de marche des unités mentionnées : AIR 27/222/29 et 30, AIR 27/1096/4, AIR 27/814/23 et 24, AIR 27/2013/9 et 10, AIR 27/1428/48, AIR 27/1456/37, AIR 27/713/3, AIR 27/408/5 et 6, AIR 27/2343/7, AIR 27/2078/13 et 14 TNA.

ANNEXE 4C - Que sont-ils devenus ? Des quatre coins de l'Empire aux Malouines, en passant par Berlin

Cette annexe résume le parcours de quelques-uns des aviateurs les plus médaillés, ou aux carrières les plus prestigieuses, qui ont suivi les filières de formation mentionnées pendant la guerre. Ceux qui ont été formés avant-guerre ont donc été arbitrairement exclus et cette liste ne présente que quelques cas. Il aurait été évidemment impossible de lister ici les milliers de récipiendaires de la DFC ou de la DFM. On notera que l'attribution des médailles favorise nettement les pilotes, qui sont souvent les seuls à être décorés pour une action durant laquelle tout un équipage a encouru les mêmes risques.

Marshal de la Royal Air Force Sir Michael J. Beetham – Formé aux USA dans le cadre du dispositif Arnold

En mai 1941, ayant tout juste 18 ans, Michael J. Beetham s'est engagé dans la RAF. En franchissant les portes du bureau d'enrôlement, il était loin de se douter que c'était la première marche d'un périple qui l'amènerait aux États-Unis, puis au-dessus de l'Allemagne et enfin à diriger les Forces Armées britanniques quarante ans plus tard dans une guerre à l'autre extrémité du globe. Son parcours de formation est détaillé ci-dessous, les parties grisées étant les périodes d'attente ou de transit : [720]

	Début	Fin	Durée (semaines)
Centre d'Accueil des Aviateurs (ACRC), Londres	6 octobre 1941	25 octobre 1941	2,7
17ème ITW Scarborough, North Yorkshire	25 octobre 1941	27 février 1942	18
11ème EFTS Perth ("Grading School"), Écosse	28 février 1942	21 mars 1942	3
ACDC, Heaton Park, Manchester	22 mars 1942	24 mars 1942	0,3
Transit sur navire *TS Banfora*	25 mars 1942	7 avril 1942	2
31ème Dépôt du Personnel de Moncton, Nouveau Brunswick, Canada	7 avril 1942	29 avril 1942	3
Centre de Remplacement de Turner Field, Géorgie, USA	1 mai 1942	1 juin 1942	4
ELEMENTARY : Lakeland Aero School, Floride, USA	2 juin 1942	5 août 1942	9
BASIC : Gunter Field, Alabama, USA	6 août 1942	10 octobre 1942	9
ADVANCED : Turner Field, Géorgie, USA	10 octobre 1942	13 décembre 1942	9
31ème Dépôt du Personnel de Moncton, Nouveau Brunswick, Canada	16 déc. 1942	4 janvier 1943	3
Transit sur le paquebot *HMT Queen Elisabeth*	5 janvier 1943	12 janvier 1943	1
Centre de Réception du Personnel (PRC) Harrogate, North Yorkshire	13 janvier 1943	28 janvier 1943	2

---

[720] Carnet de vol n°1 de Michael J. Beetham, IBCC Digital Archive, document 11815.

Suite du tableau.

	Début	**Fin**	**Durée** (semaines)
Filey, Yorkshire (endurcissement combat ?)	28 janvier 1943	24 février 1943	4
PRC Harrogate, North Yorkshire	24 février 1943	12 mars 1943	2
"Pré-AFU" 7ème EFTS Desford, Leicestershire	12 mars 1943	2 avril 1943	3
PRC Harrogate, North Yorkshire	2 avril 1943	6 avril 1943	0,6
18ème (P)AFU Church Lawford, Warwickshire	6 avril 1943	1 juin 1943	8
14ème OTU Cottesmore et Market Harborough, Leicestershire	1 juin 1943	1 septembre 1943	13
QG de Morton Hall (CUs), Lincolnshire	8 sept. 1943	14 septembre 1943	1
1.654ème CU Wigsley, Nottinghamshire	14 sept. 1943	25 octobre 1943	6

Au bout de ce parcours de deux années de formation, le Flying Officer Beetham a été affecté au 50ème Escadron où il a effectué un tour d'opérations complet (octobre 1943 à mai 1944) avec 31 missions de guerre, y compris plusieurs attaques de Berlin et deux combats avec des Ju-88. Lors d'une sortie d'entraînement avec des chasseurs dans l'après-midi du 12 février 1944 et avec trois membres d'équipage supplémentaires, le moteur extérieur gauche du Lancaster I (W4119) prend feu et l'aile se brise avant que tous les hommes aient pu sauter. Les Sergents Frederick C. Ball, Ernest D. Moore, Constant King, et Harry G. Pudduck sont tués (ces deux derniers étaient habituellement membres d'un autre équipage et étaient à bord pour cet entraînement). Une semaine après cet évènement dramatique, l'équipage de Beetham, avec un nouveau Mécanicien embarqué et un nouveau Mitrailleur, est en opération au-dessus de Leipzig. À la fin de son premier tour, il est nommé instructeur à la 5ème École de Transition sur Lancaster (LFS) de Syerston Nottinghamshire, après un stage de formation au sein de la 3ème FIS de Lulsgate Bottom dans le Somerset. Il rejoint le 57ème Escadron pour son second tour d'opérations six semaines avant la fin des hostilités en Europe.

Après-guerre, Beetham a gravi tous les échelons jusqu'à être promu Air Chief Marshal en mai 1977 puis Chef d'État-Major de la RAF trois mois plus tard. Pendant la guerre des Malouines, il était Chef d'État-Major des Armées britanniques. Il a pris sa retraite en octobre 1982 avec le grade de Marshal de la Royal Air Force.

Le tableau page suivante résume le parcours de formation de plusieurs aviateurs ayant reçu la Victoria Cross, la décoration militaire britannique la plus élevée. Seuls trois des douze aviateurs mentionnés ci-après (Reid, Jackson et Cruickshank) ont été décorés de leur vivant, les autres l'ayant eue à titre posthume. Ce tableau permet de voir que, malgré le développement dans l'urgence entre 1939 et 1941 des différentes filières de formation, toutes menaient aux mêmes postes et fournissaient des aviateurs de qualité.

Nom	Nationalité	Filière	FORMATION DE BASE				FORMATION OPÉRATIONNELLE	Avion
			ITS, ITW	EFTS	SFTS	Breveté		
F/Sgt Rawdon H. Middleton	Australien	BCATP Australie et Canada	2ième ITS, Bradfield Park, Australie	5ème EFTS de Narromine, Nouvelle Galles du Sud, Australie	1ière SFTS Camp Borden, Canada	6 juin 1941	23ème OTU Pershore, Worcestershire, GB	Stirling
F/Lt David E. Hornell	Canadien	ECATP Canada	3ième ITS, Victoriaville, Québec, Canada	12ème EFTS, Goderich, Ontario, Canada	5ème SFTS Brantford, Ontario, Canada	25 sept. 1941	31ème GRS Charlottetown, Île du Prince Edouard, Canada	Catalina
Lt Robert H. Gray	Canadien	BCATP GB et Canada	HMS St. Vincent, Gosport	24ème EFTS Luton, GB	31ème SFTS Kingston, Ontario	sept. 1941	(OTU) HMS Heron, Yeovilton, GB	Corsair
S/Ldr Ian W Bazalgette	Canadien	GB	2ème ITW, Cambridge, GB	22ème EFTS Cambridge, GB	RAF College FTS Cranwell, GB	3 sept 1941	25ème OTU Finningley, Yorkshire, GB	Lancaster
F/O Lloyd A. Trigg	Néo-Zélandais	BCATP NZ et Canada	ITW Levin, Nouvelle Zélande	3ème EFTS Harewood, NZ	12ème SFTS Brandon, Canada	16 jan. 1942	31ème GRS Charlottetown, Île du Prince Edouard, Canada	Liberator
F/Lt William Reid	Britannique	USA (BFTS)	ITW Newquay, Cornouailles, GB	2ème BFTS, Lancaster, Californie, USA		19 juin 1942	6ème (P)AFU Little Rissington ; 29ème OTU North Luffenham ; 1 654ème CU Wigsley, GB	Lancaster
F/Sgt Arthur L. Aaron	Britannique	USA (BFTS)	Corps des Cadets de Défense Aérienne, Université de Leeds, GB	1ière BFTS, Terrell, Texas, USA		19 juin 1942	6ème (P)AFU Little Rissington ; 26ème OTU Cranfield, Bedfordshire ; 1 657ème HCU Stradishall, Suffolk, GB	Stirling
F/Lt John A Cruickshank	Britannique	USA (Towers)	11ème ITW Scarborough, GB	Base de l'US Navy de Pensacola, Floride, USA		9 juillet 1942	4ème OTU Invergordon, Ecosse	Catalina
P/O Cyril J. Barton	Britannique	USA (Arnold)	ITW ? ; acclimatation à Maxwell Field, Montgomery, Alabama, USA	Darr Aero Tech, Albany, Georgie, USA	Cochran Field, Géorgie puis Napier Fields, Alabama, USA	10 nov. 1942	6ème (P)AFU Chipping Norton, Oxfordshire ; 19ème OTU Kinloss, Ecosse	Halifax
P/O Andrew C. Mynarski*	Canadien	BCATP Canada	3ème Manning Depot, Edmonton, Canada	2ème Wireless School, Calgary, puis 3ème B&GS MacDonald, Manitoba, Canada		18 déc. 1942	16ème OTU Upper Heyford, Oxfordshire, 1 661ème CU, Winthorpe, Nottinghamshire GB	Lancaster
W/O Norman C. Jackson**	Britannique	GB	Écoles de Formation Technique (1939-40)	4ème Ecole de Formation Technique, St Athan pays de Galles, GB	21ème AS Kimberley Afrique du Sud	14 juin 1943	1 654 CU Wigsley, Nottinghamshire, GB	Lancaster
Major Edwin E. Swales	Africain du Sud	Afrique du Sud	75ème AS, Lyttleton, Afrique du Sud	4ème EFTS Benoni, Afrique du Sud	21ème AS Kimberley Afrique du Sud	26 juin 1943	6ème (P)AFU Little Rissington ; 83ème OTU Peplow, Shropshire, GB	Lancaster

* Était mitrailleur dorsal.
** Était mécanicien au sol et s'est porté volontaire en 1942 pour devenir mécanicien embarqué.

ANNEXE 5 - Avions et équipements visibles dans le film *"Les Chevaliers du ciel"* [721]

Type d'avion	Immatriculé	Perçu par la RCAF	Affectation été 1941	Sort	Autres affectations et remarques
Harvard	2550	1 nov. 1940	CFS (?)	Collision le 8 juillet 1944	9, 13, 14, 31èmes SFTS
	2759	8 janvier 1941	CFS	Vendu en 1946	41ème SFTS
	2588	5 oct 1940	2ème SFTS	Accidenté en 1952, occupants tués	-
	3219	24 juillet 1941	CFS	Réformé en 1960	1ère FIS, 14 et 4èmes SFTS
	2505	26 juin 1940	CFS	Accidenté en 1953	1ère SFTS
	2628	26 oct. 1940	CFS	Cellule d'instruction au sol en mars 1943	-
	2689	28 nov. 1940	2ème SFTS	Accidenté le 15 août 1941, pilote tué	-
Anson	6165	21 oct. 1940	CFS	Stocké en juillet 1944, vendu en 1946	5ème SFTS. Ex-RAF R9968. Mk I, converti en Mk III début 1942, puis en Mk IV fin 1943
	6538	16 mai 1941	CFS	Stocké en janvier 1944, vendu en 1945	1ère GRS Ex-RAF W2126, Mk I
	3447	24 sept. 1940	2ème SFTS	Vendu en 1946	6ème WS, 4ème WS
	3398	16 sept. 1940	1ère SFTS	Accidenté le 29 octobre 1943, 2 tués	Air Armament School de Mountain View, Ontario, 2 et 4èmes WS
	3399	16 sept. 1940	1ère SFTS	Vendu en 1946	1ère et 4ème WS. Restauré par la Canadian Harvard Aircraft Association de Woodstock, Ontario
Yale	3400	10 sept. 1940	1ère SFTS	Vendu en 1946	4ème WS. Exposé au musée d'Hamilton, Ontario
	3401	10 sept. 1940	1ère SFTS	Vendu en 1946	4ème WS. Les ailes portent une immatriculation différente de celle du fuselage. Semble avoir reçu les ailes du Yale 3346 ou 3348, peut-être suite à un cheval de bois le 29 avril 1941.
	3407	11 sept. 1940	1ère SFTS	Vendu en 1946	4ème WS (?)
	3454	5 oct 1940	2ème SFTS	Vendu en 1944	6ème SFTS, 4ème WS
Finch	4666	29 oct. 1940	13ème EFTS	Cellule d'instruction au sol en mars 1943	11ème EFTS
	4642	15 oct. 1940	13ème EFTS	Réformé 1945	ex-RAF L5445. Mk I, converti Mk IT (tourelle) fin 1942
Battle I	1988	11 juin 1941	5ème B&GS	Reversés à l'USAAF après un court séjour au Canada, jamais utilisés par la RAF	n° Lockheed 3951
Hudson III	AE596	-	-		n° Lockheed 3952
	AE597	-	-		
	AE601	-	-	Livré à la RAF en 1941	
Electra Junior	7640	29 juin 1940	CFS	Vendu en 1946	n° Lockheed 3956. Affecté aux 62 et 139èmes Escadrons. Utilisé par les Visiting Flights de la CFS
AML bombing teacher			6ème B&GS		Simulateur de bombardement

De nombreux autres avions sont visibles, mais leurs immatriculations ne sont pas discernables.

---

[721] Sort des Hudson III : Page 98 du livre *"The British Air Commission and Lend-lease"* de K. J. Meekcoms (voir bibliographie).

ANNEXE 6A - Les écoles de pilotage au Canada

LES EFTS : Initialement, seules 26 EFTS étaient prévues, mais il y en a finalement eu 30 au Canada qui sont listées dans le tableau ci-après :

N°	Lieu	En activité *	Avions utilisés	Remarques
1	Malton, Ontario	24 juin 1940 - 3 juillet 1942	Fleet Finch puis Tiger Moth	Opérée par Malton Flying Training School. Fermée en 1942 pour permettre l'expansion de la 1ère AOS.
2	Fort William, Ontario	24 juin 1940 - 31 mai 1944	Tiger Moth	Opérée par Thunder Bay Air Training School Ltd.
3	London, Ontario	24 juin 1940 - 3 juillet 1942	Fleet Finch	Opérée par London Elementary Flying Training School Ltd. Fermée en 1942 pour permettre l'expansion de la 4ème AOS.
4	Windsor Mills, Québec	24 juin 1940 - 25 août 1944	Fleet Finch puis Tiger Moth	Opérée par Windsor Mills Elementary Flying Training School Ltd.
5	Lethbridge, Alberta jusqu'au 29 juin 1941, puis High River, Alberta	22 juillet 1940 - 15 novembre 1944	Tiger Moth puis Cornell	Opérée par Lethbridge Flying Training School Ltd. Quitte Lethbridge mi-1941 pour laisser la place à la 8ème B&GS. Devient alors une "double EFTS". A repris de l'activité en mars 1945 au profit des réservistes de la RCAF (hors BCATP).
6	Prince Albert, Saskatchewan	22 juillet 1940 - 15 nov. 1944	Tiger Moth puis Cornell	Opérée par Northern Saskatchewan Flying Training School Ltd.
7	Windsor, Ontario	22 juillet 1940 - 15 nov. 1944	Cornell	Opérée par Windsor Flying Training School Ltd.
8	Vancouver, Colombie Britannique	22 juillet 1940 - 2 janvier 1942	Tiger Moth	Opérée par Vancouver Air Training Company. Fermée suite à l'entrée en guerre avec le Japon.
9	St Catharines, Ontario	14 octobre 1940 - 14 janvier 1944	Fleet Finch puis Tiger Moth	Opérée par St Catharines Flying Training School Ltd. Terrain utilisé par la 4ème Wireless School de Gulph Ontario après fermeture de l'EFTS.
10	Mount Hope, Ontario jusqu'à août 1942, puis Pendleton, Ontario	14 octobre 1940 - 15 septembre 1945	Fleet Finch puis Tiger Moth puis Cornell	Opérée par Hamilton Flying Training School Ltd jusqu'au 30 juin 1944. Déménage en août 1942 pour laisser la place à la 33ème ANS. Re-créée le 1er juillet 1944 sous gestion entièrement militaire.
11	Cap de la Madeleine, Québec	14 octobre 1940 - 11 février 1944	Fleet Finch puis Cornell	Opérée par Québec Airways (Training) Ltd.
12	Goderich, Ontario	14 octobre 1940 - 14 juillet 1944	Fleet Finch puis Tiger Moth	Opérée par Goderich Flying Training School Ltd.
13	St Eugene, Ontario	28 octobre 1940 - 19 mai 1945	Fleet Finch puis Cornell	Opérée par Eastern Ontario Flying Training School Ltd. Réouverte à Saint-Jean-sur-Richelieu, Québec, de mai à septembre 1945, en-dehors du BCATP, et sous gestion militaire.

14	Winnipeg jusqu'au 5 décembre 1940, puis Portage la Prairie, Manitoba	28 octobre 1940 - 3 juillet 1942	Tiger Moth	Initialement prévue à Portage la Prairie, Manitoba, mais doit commencer à Winnipeg faute de bâtiments. Opérée par Central Manitoba Flying Training School Ltd. Fermée en 1942 pour permettre l'expansion de la 7ème AOS.
15	Regina, Saskatchewan	11 nov. 1940 - 11 août 1944	Tiger Moth puis Cornell	Opérée par Regina Flying Training School Ltd.
16	Edmonton, Alberta	11 novembre 1940 - 17 juillet 1942	Tiger Moth	Opérée par Northern Alberta Flying Training School Ltd. Fermée en 1942 pour permettre l'expansion de la 2ème AOS.
17	Stanley, Nouvelle Écosse	17 mars 1941 - 14 janvier 1944	Fleet Finch puis Tiger Moth	Opérée par Nova Scotia Flying Training School Ltd.
18	Boundary Bay, Colombie Britannique	10 avril 1941 - 25 mai 1942	Tiger Moth	Opérée par Boundary Bay Flying Training School Ltd. Fermée suite à l'entrée en guerre avec le Japon ; Boundary Bay Flying Training School Ltd reprend la gestion de la 33ème EFTS (RAF) de Caron, Saskatchewan.
19	Virden, Manitoba	16 mai 1941 - 30 novembre 1944	Tiger Moth puis Cornell	Opérée par Virden Flying Training School Ltd.
20	Oshawa, Ontario	21 juin 1941 - 15 nov. 1944	Tiger Moth	Opérée par Ontario County Flying Training School Ltd.
21	Chatham, Nouveau-Brunswick	3 juillet 1941 - 14 août 1942	Fleet Finch	Opérée par Miramichi Flying Training School Ltd. Fermée en 1942 pour permettre l'expansion de la 10ème AOS.
22	Québec, Québec	29 sept. 1941 - 3 juillet 1942	Fleet Finch	Opérée par City of Quebec Elementary Flying Training School Ltd. Fermée en 1942 pour permettre l'expansion de la 8ème AOS.
23	Davidson, jusqu'au 28 janvier 1945 puis Yorkton, Saskatchewan	9 novembre 1942 - 15 septembre 1945	Cornell	Entièrement militaire (RCAF). Déménage en janvier 1945 pour occuper les installations de la 11ème SFTS, fermée en décembre 1944.
24	Abbotsford, Colombie Britannique	6 septembre 1943 - 15 août 1944	Cornell	Opérée par Vancouver Air Training Company Ltd. Ouverte parce qu'il fallait plus d'élèves pour alimenter les nouvelles SFTS.
25	*VOIR 34ème EFTS*			
26	*VOIR 35ème EFTS*			
31	Calgary, Alberta jusqu'à octobre 1941, puis De Winton, Alberta	16 juin 1941 - 25 août 1944	Stearman jusqu'en déc. 1942, puis Tiger Moth jusqu'à oct. 1943 puis Cornell	RAF. Passe sous management civil le 13 juillet 1942 (Malton Flying Training School Ltd).
32	Swift Current, Saskatchewan jusqu'à octobre	30 juin 1941 - 8 septembre 1944	Tiger Moth puis Cornell	RAF. Passe sous management civil le 20 juillet 1942 (Edmonton Flying Training School Ltd).

N°	Lieu		Avions principaux	Remarques
	1941, puis Bowden, Alberta			
33	Caron, Saskatchewan	11 janvier 1942 - 14 janvier 1944	Tiger Moth	RAF. Initialement prévue à Assiniboia, Saskatchewan, mais les ordres sont modifiés en novembre 1941. Passe sous management civil le 25 mai 1942 (Boundary Bay Flying Training School Ltd qui gérait auparavant la 18ème EFTS). Fermée en 1944 et terrain sert de satellite à la 32ème SFTS.
34 (puis 25)	Assiniboia, Saskatchewan	28 février 1942 - 21 août 1944	Tiger Moth puis Cornell	RAF. Initialement prévue à Caron, Saskatchewan, mais les ordres sont modifiés en novembre 1941. Passe sous management civil le 6 juillet 1942 (Central Manitoba Flying Training School qui gérait auparavant la 14ème EFTS) et devient la 25ème EFTS (RCAF) le 30 janvier 1944.
35 (puis 26)	Neepawa, Manitoba	1er avril 1942 - 25 août 1944	Tiger Moth	RAF. Passe sous management civil le 28 août 1942 (Miramichi, puis Moncton Flying Training School Ltd. qui gérait auparavant la 21ème EFTS). Devient la 26ème EFTS (RCAF) le 30 janvier 1944.
36	Pearce, Alberta	3 avril 1942 - 21 août 1942	Stearman (PT-27) et Tiger Moth	RAF. Fermée en 1942 pour permettre l'expansion de la 3ème AOS.

LES SFTS : Les 29 SFTS en activité au Canada pendant la guerre sont listées ci-après :

N°	Lieu	Activité BCATP *	Avions principaux	Remarques
1	Camp Borden, Ontario	22 juillet 1940 - septembre 1945	Harvard, Yale et Anson	
2	Uplands, Ontario	5 août 1940 - 14 avril 1945	Harvard, Yale	Près d'Ottawa.
3	Calgary, Alberta	28 octobre 1940 - 28 septembre 1945	Anson, Crane	
4	Saskatoon, Saskatchewan	1er octobre 1940 - 14 juin 1945	Anson, Crane	
5	Brantford, Ontario	11 nov. 1940 - 17 nov. 1944	Anson	
6	Dunnville, Ontario	25 novembre 1940 - 1er déc. 1944	Harvard, Yale	
7	Fort MacLeod, Alberta	18 décembre 1940 - 17 nov. 1944	Anson	
8	Moncton, Nouveau Brunswick puis Weyburn, Saskatchewan après janvier 1944	23 décembre 1940 - 30 juin 1944	Anson, Harvard	
9	Summerside, île du Prince Édouard, puis Centralia, Ontario après juillet 1942	6 janvier 1941 - 30 mars 1945	Harvard puis Anson	

10	Dauphin, Manitoba	5 mars 1941 - 14 avril 1945	Harvard, Crane	
11	Yorkton, Saskatchewan	10 avril 1941 - 1er décembre 1944	Harvard, Crane, Anson	
12	Brandon, Manitoba	16 mai 1941 - 31 mai 1945	Crane, Anson	
13	St. Hubert, Québec, puis North Battleford, Saskatchewan après février 1944	1er septembre 1941 - 29 mars 1945	Harvard, Anson	
14	Aylmer, Ontario puis Kingston, Ontario après août 1944	3 juillet 1941 - 7 septembre 1945	Anson, Harvard, Yale, Walrus	A déménagé pour laisser la place à la FES
15	Claresholm, Alberta	9 juin 1941 - 15 mai 1945	Anson	
16	Hagersville, Ontario	8 août 1941 - 21 septembre 1945	Anson, Harvard	
17	Souris, Manitoba	8 mars 1943 - 30 mars 1945	Anson, Harvard	
18	Gimli, Manitoba	6 septembre 1943 - 31 mai 1945	Anson, Harvard	
19	Vulcan, Alberta	3 mai 1943 - 14 avril 1945	Anson	
31	Kingston, Ontario	8 octobre 1940 - 14 août 1944	Battle, Harvard	RAF. ** Formation de pilotes de l'Aéronavale.
32	Moose Jaw, Saskatchewan	novembre 1940 - 17 octobre 1944	Harvard puis Oxford ***	RAF **
33	Carberry, Manitoba	1er janvier 1941 - 1er décembre 1944	Anson	RAF **
34	Medicine Hat, Alberta	18 mars 1941 - 17 nov. 1944	Oxford puis Harvard ***	RAF **
35	North Battleford, Saskatchewan	4 septembre 1941 - 25 février 1944	Oxford	RAF. ** Remplacée en février 1944 par 13ème SFTS.
36	Penhold, Alberta	29 septembre 1941 - 3 nov. 1944	Oxford	RAF **
37	Calgary, Alberta	21 octobre 1941 - 10 mars 1944	Oxford puis Harvard ***	RAF **
38	Estevan, Saskatchewan	27 avril 1942 - 11 février 1944	Anson	RAF **
39	Swift Current, Saskatchewan	15 décembre 1941 - 24 mars 1944	Harvard puis Oxford ***	RAF **
41	Weyburn, Saskatchewan	5 janvier 1942 - 22 janvier 1944	Anson, Harvard	RAF **

* Lorsqu'elles sont connues, ce sont les dates de début et de fin des cours du BCATP citées dans les Journaux de marche qui ont été mentionnées ici. Ces dates peuvent donc être légèrement différentes de celles de l'histoire officielle.

** Voir tableau spécifique détaillant le périple des écoles de la RAF pour leur transfert au Canada.

*** À leur arrivée, les 34 et 37èmes SFTS ont été installées sur des aérodromes où l'emploi de bimoteurs était délicat. Les 32 et 39èmes SFTS sur monomoteurs étant installées sur des aérodromes convenant aux bimoteurs, il est décidé d'échanger les appareils (34 et 32èmes le 23 octobre 1942 ; 37 et 39èmes le 25 septembre 1942). [722]

LES AUTRES ÉCOLES DE PILOTAGE

N°	École	Lieu	Activité BCATP
1	Flying Instructor School	Trenton, Ontario	3 août 1942 - 31 janvier 1945
2	Flying Instructor School	Vulcan, puis Pearce, Alberta après mai 1943	3 août 1942 - 20 janvier 1945
3	Flying Instructor School	Arnprior, Ontario	3 août 1942 - 28 janvier 1944
-	Central Flying School	Trenton, Ontario	1er février 1940 - 1945
-	Instrument Flying School	Deseronto, Ontario	2 avril 1943 - 1945

Les Training Commands canadiens
Les zones géographiques de responsabilité des différents Training Commands canadiens sont représentées en grisé sur la carte ci-dessous :

[722] Ordres 228 et 229 du 22 et du 29 septembre 1942, conservés sous les références C-12352, image 677 et C-12357, image 214, BAC.

ANNEXE 6B - Les principales écoles des aviateurs en Australie

Les écoles de pilotage

	Lieu	En activité	Avions principaux	Remarques
CFS	Point Cook, Victoria puis successivement à Camden, Tamworth et enfin Parkes, Nouvelle Galles du Sud	29 avril 1940 - existe toujours	Anson, Wirraway, Oxford, Tiger Moth, etc.	Existait déjà de 1914 à 1919.
1ère EFTS	Melbourne puis Parafield, Victoria fin 1939 puis Tamworth, Nouvelle Galles du Sud en mai 1944	6 nov. 1939 - 12 déc. 1944	Gipsy Moth, Tiger Moth	Initialement formée avec le n°2, renommée n°1 le 2 janvier 1940. Début des cours le 8 janvier 1940. A formé 1.990 élèves (dont 81 avant le début du BCATP).
2ème EFTS	Archerfield, Queensland	6 nov. 1939 - 31 mars 1942	Gipsy Moth, Tiger Moth	Initialement formée avec le n°3, renommée n°2 le 2 janvier 1940. Début des cours le 10 janvier 1940. A formé 806 élèves.
3ème EFTS	Essendon, Victoria	2 janvier 1940 - 1er mai 1942	Gipsy Moth, Tiger Moth, Wackett	Début des cours le 8 janvier 1940. Premiers élèves du BCATP reçus en mai 1940.
4ème EFTS	Mascot, Nouvelle Galles du Sud	2 janvier 1940 - 24 avril 1942	Gipsy Moth, Tiger Moth	Début des cours le 8 janvier 1940.
5ème EFTS	Narromine, Nouvelle Galles du Sud	30 juin 1940 - 30 juin 1944	Tiger Moth	A formé 2.850 élèves (sur 3.734 recrues).
6ème EFTS	Tamworth, Nouvelle Galles du Sud	22 juin 1940 - mars 1942	Tiger Moth	Établie sur le champ de course de Tamworth.
7ème EFTS	Western Junction, Tasmanie	29 août 1940 - déc. 1944	Tiger Moth	Fermeture définitive le 31 août 1945.
8ème EFTS	Narrandera, Nouvelle Galles du Sud	19 sept. 1940 - déc. 1944	Tiger Moth	Fermeture définitive le 16 juin 1945.
9ème EFTS	Cunderdin, Australie Occidentale	11 sept. 1940 - déc. 1944	Tiger Moth	Fermeture définitive le 30 juin 1945.
10ème EFTS	Temora, Nouvelle Galles du Sud	1er mai 1941 - 14 mai 1945	Tiger Moth	Fermeture définitive le 30 juin 1947. A formé 2.527 élèves.
11ème EFTS	Benalla, Victoria	26 juin 1941 - juillet 1945	Tiger Moth, Wackett	Fermeture définitive le 15 octobre 1948. A formé 2.953 élèves.
12ème EFTS	Bundaberg puis Lowood, Queensland	16 oct. 1941 - 18 avril 1942	Tiger Moth	
1ère SFTS	Point Cook, Victoria	1er mai 1940 - 15 sept. 1944	Wirraway, Oxford	Formée à partir de la 1ère FTS. A formé 2.691 élèves.

	Lieu	En activité	Avions	Remarques
2ème SFTS	Forest Hill, Nouvelle Galles du Sud	1er juillet 1940 - 3 avril 1942	Anson, Wirraway, puis que Wirraway	A formé 559 élèves.
3ème SFTS	Amberley, Queensland	21 sept. 1940 - 10 avril 1942	Wirraway	
4ème SFTS	Geraldton, Australie Occidentale	10 février 1941 - mai 1945	Anson	
5ème SFTS	Uranquinty, Nouvelle Galles du Sud	20 octobre 1941 – 1948	Wirraway	Début des cours le 17 novembre 1941. Rebaptisée 1ère SFTS en 1946.
6ème SFTS	Mallala, Australie Méridionale	25 août 1941 - 1er janvier 1946	Anson	A formé 2.178 élèves.
7ème SFTS	Deniliquin, Nouvelle Galles du Sud	30 juin 1941 - 16 déc. 1944	Wirraway	Ensuite devient Advanced Flying and Refresher Unit avant dissolution en mai 1946. A formé plus 2.200 élèves.
8ème SFTS	Bundaberg, Queensland	14 déc. 1941 - 13 déc. 1944	Anson	Fermeture définitive le 25 juillet 1945.

Les autres principales écoles pour aviateurs

	Lieu	En activité	Avions principaux	Remarques
1ère AOS	Cootamundra, puis Evans Head après décembre 1943, Nouvelle Galles du Sud	15 avril 1940 - 15 août 1945	Anson, Dragon	Fin des cours le 1er juin 1945
2ème AOS	Mount Gambier, Australie Méridionale	6 février 1941 - 1er juin 1946	Anson, Dragon	
3ème AOS	Port Pirie, Australie Méridionale	9 déc. 1943 - 31 janvier 1946	Anson, Battle	Formée par conversion de la 2ème B&GS
1ère ANS	Parkes, Nouvelle Galles du Sud	1er nov. 1940 - 9 déc. 1943	Anson	
2ème ANS	Mount Gambier, Australie Méridionale, puis Nhill, Victoria après septembre 1941	1er juillet 1941 - 9 déc. 1943	Anson	
1ère B&GS	Evans Head, Nouvelle Galles du Sud	26 août 1940 - 8 déc. 1943	Battle	
2ème B&GS	Port Pirie, Australie Méridionale	15 juin 1941 - 8 déc. 1943	Anson, Battle	Convertie en AOS en décembre 1943
3ème B&GS	West Sale, Victoria	12 janvier 1942 - 9 déc. 1943	Anson, Battle, Oxford	Voir AGS
AGS	West Sale, Victoria	9 déc. 1943 - 31 déc. 1945	Anson, Battle, Ryan STM-S2	Remplace la 3ème B&GS

ANNEXE 6C - Les principales écoles de pilotage au Royaume-Uni

Les ERFTS et leur transformation en EFTS en septembre 1939

	Elementary and Reserve Flying Training Schools (E&RFTS)					EFTS	
n°	Terrain	Opérateur	Formée	Sort en sept. 1939		n°	Activité en tant qu'EFTS
1	Hatfield, Hertfordshire	de Havilland Aircraft	4 août 1935	Devient 1ère EFTS		1	Déménage à Holwell Hyde (Panshanger) en septembre 1942. Devient RFS (Reserve Flying School) le 5 mai 1947.
2	Filton, Gloucestershire	Bristol Aeroplane	1935	Devient 2ème EFTS		2	Déménage à Staverton en août 1940, à Perdiswell en avril 1942 puis à Yatesbury en juillet 1945. Fonctionne jusqu'au 30 septembre 1947, avec interruption de novembre 1941 à juillet 1942 (6ème FIS supplémentaire).
3	Hamble, Hampshire	Air Service Training Ltd	1935	Devient 3ème EFTS		3	Déménage à Watchfield en juillet 1940, puis à Shellingford en décembre 1941. Fermée en mars 1948
4	Brough, Yorkshire	Blackburn Aircraft	juin 1935	Devient 4ème EFTS		4	Devient RFS en mars 1947.
5	Hanworth, Middlesex	Flying Training Ltd	1er juin 1935	Devient 5ème EFTS		5	Déménage à Meir en juin 1940. Fermée le 23 décembre 1941.
6	Sywell, Northamptonshire	Brooklands Aviation	10 juin 1935	Devient 6ème EFTS		6	Devient RFS en mai 1947.
7	Desford, Leicestershire	Reid and Sigrist Ltd	25 nov. 1935	Devient 7ème EFTS		7	Devient RFS en mai 1947.
8	Woodley, Berkshire	Philips & Powis Ltd	25 nov. 1935	Devient 8ème EFTS		8	Fermée le 15 octobre 1942.
9	Ansty, Warwickshire	Air Service Training Ltd	6 jan. 1936	Devient 9ème EFTS		9	Fermée le 31 mars 1944
10	Filton, Gloucestershire, puis Yatesbury, Wiltshire en février 1936	Bristol Aeroplane	1er jan. 1936	Devient 10ème EFTS		10	Déménage à Weston-Super-Mare en septembre 1940 puis Stoke Orchard en septembre 1941. Fermée le 21 juillet 1942
11	Perth (RAF Scone), Écosse	Airwork Ltd	27 jan. 1936	Devient 11ème EFTS		11	Devient RFS en mars 1947.
12	Prestwick, Écosse	Scottish Aviation Ltd	17 fév. 1936	Devient 12ème EFTS		12	Fermée le 22 mars 1941
13	White Waltham, Berkshire	de Havilland Aircraft	18 nov. 1935	Devient 13ème EFTS		13	Déménage à Peterborough en janvier 1940. Rebaptisée 21ème EFTS en juin 1941 à Booker.
14	Castle Bromwich	Airwork Ltd	1er juil. 1937	Devient 14ème EFTS		14	Déménage à Elmond en sept. 1939. Fermée en février 1946.
15	Redhill, Surrey	British Air Transport Ltd	1er juil. 1937	Devient 15ème EFTS		15	Déménage à Carlisle en juin 1940. Fermée fin décembre 1947.
16	Shoreham, Sussex de l'Ouest	Martin School of Air Navigation	3 juillet 1937	Fermée 3 sept 1939			
17	Barton, Norfolk	Airwork Ltd	1er oct. 1937	Fermée 2 sept 1939			
18	Fairoaks, Surrey	Universal Flying Services	1er oct. 1937	Devient 18ème EFTS		18	Devient RFS en avril 1947.
19	Gatwick, Surrey	Airwork Ltd	1er oct. 1937	Absorbée par 18ème EFTS			

Elementary and Reserve Flying Training Schools (E&RFTS) - suite						EFTS	
n°	Terrain	Opérateur	Formée	Sort en sept. 1939		n°	Activité en tant qu'EFTS
20	Gravesend, Kent	Airports Ltd	1er oct. 1937	Absorbée, avec la 44ème ERFTS, par la 14ème EFTS			
21	Stapleford Abbots	Reid and Sigrist Ltd	1er jan. 1938	Fermée 3 sept 1939			
22	Cambridge, Cambridgeshire	Marshalls Ltd	1er fév. 1938	Devient 22ème EFTS		22	Devient RFS en avril 1947.
23	Rochester, Kent	Short Brothers Ltd	1er avril 1938	Absorbée par 24ème EFTS			
24	Sydenham, Irlande du Nord	Short Brothers Ltd	1er jan. 1939	Devient 24ème EFTS		24	Déménage à Luton en juillet 1940, à Sealand en février 1942 puis à Rochester en mars 1946. Devient RFS en mai 1947.
25	Waltham, Lincolnshire	Herts & Essex Aeroclub Ltd	24 juin 1938	Fermée 3 sept 1939			
26	Kidlington, Oxfordshire	Marshalls Ltd	24 juin 1938	Fermée 2 sept 1939			
27	Tollerton, Nottinghamshire	Nottingham Airport Ltd	24 juin 1938	Fermée 3 sept 1939			
28	Meir, Staffordshire	Reid and Sigrist Ltd	1er août 1938	Fermée 3 sept 1939			
29	Luton, Bedfordshire	Birket Air Services Ltd	1er août 1938	Fermée 3 sept 1939			
30	Burnaston, Derbyshire	Air Schools Ltd	29 sept. 1938	Devient 30ème EFTS		30	Rebaptisée 16ème EFTS en mai 1940. Devient RFS en mars 1947.
31	Cheltenham, Gloucestershire	Surrey Flying Services	29 sept 1938	Fermée 3 sept 1939			
32	Greatham, Durham	Portsmouth, Southsea and Isle of Wight Aviation Ltd	15 avril 1939	Fermée 3 sept 1939			
33	Whitchurch, Somerset	Chamier, Gilbert Lodge Ltd	3 déc. 1938	Fermée 2 sept 1939			
34	Rochford, Essex	Air Hire Ltd	1er jan. 1939	Fermée 3 sept 1939			
35	Grangemouth, Ecosse	Scottish Aviation Ltd	1er mai 1939	Fermée 3 sept 1939			
36 à 59	Ecoles ouvertes après le 1er juillet 1939 et fermées au début des hostilités, ou planifiées et jamais ouvertes.						

Les E&RFTS utilisaient tout un assortiment d'avions (Blackburn B-2, British Aircraft Swallow, Tiger Moth, Hart, Avro 504N, Audax, Hind, Demon, Hawk Trainer, Magister), avec habituellement une poignée d'avions modernes (Battle, Anson).

Les écoles marquées d'un astérisque formaient déjà les réservistes de la RAF, certaines depuis 1923, avant de recevoir un numéro d'ERFTS.

Les EFTS créées au Royaume-Uni pendant la guerre

EFTS n°	Terrain	Formée	Fermée	Principaux avions utilisés	Remarques
16	Voir la 30ème EFTS dans le tableau précédent				
17	North Luffenham, Rutland	mai 1941	mai 1942	Tiger Moth	Déménage à Peterborough, Northamptonshire, en juillet 1941.
18	Voir le tableau précédent				
19	Sealand, Flintshire	21 janvier 1941	31 décembre 1941	Tiger Moth	
20	Yeadon	1er mars 1941	9 janvier 1942	Tiger Moth	
21	Voir la 13ème EFTS dans le tableau précédent				
22	Voir le tableau précédent				
23	Numéro non utilisé au Royaume-Uni				
24	Voir le tableau précédent				
25	Peterborough, Northamptonshire	1er juin 1941	1er novembre 1945	Tiger Moth	EFTS Polonaise. Déménage à Hucknall, Nottinghamshire, en juillet 1941.
26	Theale, Berkshire	juillet 1941	9 juillet 1945	Tiger Moth	
27	Numéro non utilisé au Royaume-Uni				
28	Wolverhampton, Staffordshire	15 septembre 1941	1er juin 1947	Tiger Moth	Devient RFS fin juin 1947
29	Clyffe Pypard, Wiltshire	13 septembre 1941	9 janvier 1942	Tiger Moth	
30	Voir le tableau précédent				

Note : Les EFTS formées au Royaume-Uni dans le seul but d'assembler les effectifs pour les envoyer au Canada (31ème, 36ème, etc.) n'ont pas été listées ici. Voir les tableaux consacrés aux écoles implantées au Canada.

Les FTS et SFTS au Royaume-Uni pendant la guerre

FTS n°	Lieux utilisés	Création	Re-désignation en sept. 1939	Redésignée / fermée	Remarques
1 *	Leuchars, Netheravon	1er avril 1935	1ère SFTS	7 mars 1942 : fermée	Existait déjà de décembre 1919 à février 1931. Réactivée après-guerre à plusieurs reprises (la dernière en date étant février 2020). Formait des pilotes pour l'Aéronavale (FAA).
2 *	Digby, Brize Norton	1er octobre 1934	2ème SFTS	14 mars 1942 : 2ème (P)AFU	Existait déjà d'avril 1920 à décembre 1933. Réactivée après-guerre à plusieurs reprises (la dernière en date étant janvier 2014).
3 *	Spitalgate. South Cerney	2 avril 1928	3ème SFTS	1er mars 1942 : 3ème (P)AFU	Existait déjà d'avril 1920 à avril 1922. Réactivée après-guerre à plusieurs reprises (la dernière en date étant février 1989).
4 *	*Numéro non utilisé au Royaume-Uni pendant la guerre (Égypte et Irak)*				Réactivée après-guerre à plusieurs reprises (la dernière en date étant août 1960).
5	Sealand puis Ternhill	26 avril 1920	5ème SFTS	11 avril 1942 : 5ème (P)AFU	Réactivée après-guerre à plusieurs reprises (fermée en 1974).
6 *	Netheravon puis Little Rissington	1er avril 1935	6ème SFTS	1er avril 1942 : 6ème (P)AFU	Existait déjà d'avril 1920 à avril 1922. Réactivée après-guerre à plusieurs reprises (la dernière en date étant septembre 2015).
7	Peterborough	2 décembre 1935	7ème SFTS	août 1940 : 31ème SFTS au Canada	Réactivée à Peterborough le 21 décembre 1944, puis à de multiples reprises après-guerre (fermée en septembre 1994). Formait des pilotes pour l'Aéronavale (FAA).
8	Montrose	1er janvier 1936	8ème SFTS	25 mars 1942 : absorbée par 2ème FIS	Réactivée après-guerre à plusieurs reprises (fermée en 1964).
9	Thornaby, Montrose	2 mars 1936	9ème SFTS	14 février 1942 : 9ème (P)AFU	Réactivée après-guerre à plusieurs reprises (fermée en 1955).
10	Ternhill	1er janvier 1936	10ème SFTS	nov. 1940 : 32ème SFTS au Canada	Réactivée après-guerre à plusieurs reprises (fermée en 1954).
11	Wittering, Shawbury	1er octobre 1935	11ème SFTS	14 mars 1942 : 11ème (P)AFU	Réactivée en juin 1954, fermée un an plus tard.
12	Spitalgate	1er décembre 1938	12ème SFTS	1er avril 1942 : 12ème (P)AFU	Réactivée en juin 1954, fermée un an plus tard.
13	Drem	17 mars 1939	13ème SFTS	27 octobre 1939 : fermée	Personnel et matériels répartis dans d'autres SFTS.
14	Kinloss, Ossington	1er avril 1939	14ème SFTS	26 janvier 1942 : 14ème (P)AFU	Réactivée en mars 1952, fermée moins d'un an plus tard.
15	Lossiemouth, Kidlington	1er mai 1939	15ème SFTS	1er mars 1942 : 15ème (P)AFU	Réactivée pour quelques mois en 1952.
16	Redhill, Hucknall, Newton	14 février 1940		18 décembre 1946	Appelée Polish Training and Grading Flight jusqu'en novembre 1940, puis 1ère (Polish) Flying Training School jusqu'en juin 1941.
17	Cranwell	23 décembre 1919	RAF College SFTS	Redevient RAF College en 1947	Appelée RAF College jusqu'en septembre 1939, puis RAF College SFTS jusqu'en mars 1944, puis 17ème SFTS.
18	*Numéro non utilisé au Royaume-Uni pendant la guerre*			Écoles fermées en 1946-47, sauf la 22ème (fermée en 1955)	
19 à 22	Cranwell, Church Lawford, Snitterfield	avril et mai 1945			Pour mémoire. *Ne pas confondre avec les SFTS en Rhodésie du Sud*

Les FTS marquées d'un astérisque sont toujours en activité au sein de la RAF à ce jour (2024).
Les numéros 30 à 34 avaient été réservés pour les SFTS de la RAF prévues pour être établies en France en 1940.

Les Unités Aériennes d'Acclimatation pour les Pilotes ((P)AFU) au Royaume-Uni pendant la guerre

n°	Lieu	Création	Fermeture	Avion principal	Remarques
1	*Numéro non utilisé*				
2	Brize Norton, Oxfordshire	14 mars 1942	13 juillet 1942	Oxford	Formée à partir de la 2ème SFTS.
3	South Cerney, Gloucestershire	1 mars 1942	17 décembre 1945	Oxford	Formée à partir de la 3ème SFTS, et redevient la 3ème SFTS en décembre 1945.
4	*Numéro non utilisé*				
5	Ternhill, Shropshire	1 avril 1942	15 avril 1946	Master	Formée à partir de la 5ème SFTS. Absorbée en avril 1946 par la 7ème SFTS.
6	Little Rissington, Gloucestershire	1 avril 1942	17 décembre 1945	Oxford	Formée à partir de la 6ème SFTS, et redevient la 6ème SFTS en décembre 1945.
7	Peterborough, Northamptonshire	1 juin 1942	21 décembre 1944	Master	Devient la 7ème SFTS en décembre 1944.
8	*Numéro non utilisé*				
9	Hullavington, Wiltshire, Errol, Écosse	14 février 1942	21 juin 1945	Master	Formée à partir de la 9ème SFTS. Absorbée en juin 1945 par la 5ème (P)AFU.
10	*Numéro non utilisé*				
11	Shawbury, Shropshire, Calveley, Cheschire	14 mars 1942	1 juin 1945	Oxford	Formée à partir de la 11ème SFTS.
12	Spitalgate, Lincolnshire, Hixon, Staffordshire	1 avril 1942	21 juin 1945	Oxford	Formée à partir de la 12ème SFTS.
13	*Numéro non utilisé*				
14	Ossington, Nottinghamshire, Banff, Écosse	26 janvier 1942	1 septembre 1944	Oxford	Formée à partir de la 14ème SFTS.
15	Leconfield, Andover, Babdown Farm	1 mars 1942	19 juin 1945	Oxford	Formée à partir de la 15ème SFTS.
16	*Numéro non utilisé*				
17	Watton, Calveley	29 janvier 1942	1 février 1944	Master	
18	Church Lawford, Snitterfield	27 octobre 1942	29 mai 1945	Oxford	Formée à partir de la 1ère FIS.
19	Dalcross, Écosse	20 octobre 1942	25 février 1944	Oxford	Formée à partir d'une partie de la 2ème FIS. Absorbée en mai 1944 par la 21ème (P)AFU
20	Kidlington, Oxfordshire	23 mars 1943	21 juin 1945	Oxford	
21	Wheaton Aston, Moreton-in-Marsh	1 août 1943	6 août 1947	Oxford	Formée à partir de trois écoles de planeurs

Note : Chaque (P)AFU disposait de plusieurs terrains satellites, par exemple la 5ème (P)AFU a utilisé, au fil des années, neuf terrains secondaires à Calveley, Chetwynd, Molesworth, Perton, Tatenhill, Bratton, Condover, Atcham et Wrexham.

Les écoles pour Instructeurs au Royaume-Uni pendant la guerre

Nom	Lieu	Formée	Fermée	Remarques
CFS	Upavon, Wiltshire	12 mai 1912	Toujours en activité	Transformée en FIS (7ème) de décembre 1919 à avril 1920 et d'avril 1942 à mai 1946 et remplacée par ECFS
2ème CFS				Voir 1ère et 2ème FIS
Empire CFS	Hullavington, Wiltshire	1er avril 1942	31 juillet 1949	Rebaptisée Empire Flying School le 7 mai 1946.
Test Pilots School	Boscombe Down, Wiltshire	21 juin 1943	Toujours en activité (mais plus sous contrôle de la RAF depuis 1959)	Rebaptisée Empire Test Pilots School le 18 juillet 1944
1ère FIS *	Church Lawford, Warwickshire	13 janvier 1942	27 octobre 1942	Formée à partir de la 2ème CFS. Octobre 1942 : devient 18ème (P)AFU
2ème FIS *	Cranwell, Lincolnshire, puis Montrose, Écosse, après janvier 1942	10 septembre 1940	11 juillet 1945	Rebaptisée 2ème CFS de novembre 1940 à janvier 1942, puis rebaptisée 1ère FIS. 2ème FIS reformée le 5 janvier 1942
3ème FIS *	Hullavington, Wiltshire	1 août 1942	5 juillet 1945	Absorbée par 7ème FIS en juillet 1945
4ème FIS **	Cambridge, Cambrigeshire	3 juillet 1940	30 avril 1943	
5ème FIS **	Scone, Écosse	septembre 1941	23 novembre 1942	
6ème FIS **	Staverton, Gloucestershire	1er novembre 1941	22 juillet 1942	Formée à partir de la 2ème EFTS en novembre 1941, et redevient cette EFTS en juillet 1942.
7ème FIS *	Upavon, Wiltshire	1er avril 1942	7 mai 1946	Formée à partir de la CFS.
8ème FIS *	Numéro non utilisé au Royaume-Uni			
9ème FIS *	Numéro non utilisé au Royaume-Uni			
10ème FIS **	Woodley, Berkshire	22 juillet 1942	7 mai 1946	
11ème FIS *	Numéro non utilisé au Royaume-Uni			
12ème FIS	St Angelo, Irlande du Nord	1er mai 1944	1er avril 1946	Rebaptisée Coastal Command FIS en février 1945

* Ces FIS ont été rebaptisées FIS (Advanced) en avril 1942.   ** Ces FIS ont été rebaptisées FIS (Elementary) en avril 1942.

ANNEXE 7A - Résumé des programmes de cours de l'AP1388, septembre 1939

Les tableaux ci-après résument les programmes de cours tels que décrits dans les 172 pages de la 5ème édition (septembre 1939) de l'Air Publication 1388 *"Programme Standard de la Royal Air Force pour la formation des Pilotes, Observateurs Aériens et Mitrailleurs Aériens aux sein des Établissements de Formation (Paix et Guerre)"* pour les écoles suivantes :
- ITS,
- EFTS,
- SFTS (stade "intermédiaire" et stade "avancé),
- AOS,
- B&GS,
- École de Navigation Aérienne (stage de 6 semaines pour les Pilotes),
- École Centrale de Pilotage (Stage pour les Instructeurs de Pilotage (9 semaines en temps de paix, 4 en temps de guerre)).

Les programmes suivants de l'École de Navigation Aérienne, très spécialisés, n'ont pas été reproduits ici faute de place :
- Stage de 4 semaines pour les Officiers de Navigation d'un Escadron,
- Stage de 4 semaines pour les Observateurs, niveau "avancé et supplément de navigation astronomique",
- Stage pour les Instructeurs de Navigation.

Cours en ITS (AP1388, Partie 1, chapitre II)

Sujets	Exemples de cours (liste non exhaustive)	Références principales
Comptabilité	Comptabilité des Fonds non publics. Revenus et dépenses des différents Mess, associations et clubs. Audits.	AP1407, AP1408, AP1409, AP112, AP958
Armement (défense contre les gaz de combat)	Les différents gaz de combat. Description et usage du masque à gaz, ajustement, hygiène, désinfection. Abris anti-aériens. Équipes de décontamination. Procédures de décontamination.	AP1510
Hygiène et prévention	Hygiène dans les pays tropicaux. Importance d'une source d'eau propre. Méthodes de test de l'eau. La remorque d'eau de la RAF. Méthode de filtration et de stérilisation de l'eau. Hygiène en cuisine. Latrines. Incinérateurs. Disposition des campements sous tente.	AP1081
Devoirs d'un Officier	Étiquette au Mess. Règles générales. Comportement général. Alcool. Attitude vis-à-vis des invités, des serviteurs. Opportunités d'éducation. Grades (RAF, RN, Armée). Honneurs et gardes. Métiers et spécialités.	Règlements du Roi et Instructions du Conseil de l'Air, AP958
Formation à la marche au pas et éducation sportive	Importance de l'entretien physique. Tests et sports. Marche au pas, salut, différents pas, commandements - exercices individuels et en groupe.	Tableaux du Ministère de la Guerre, AP818A (Manuel de Cérémonie et de Marche).
Règlement et discipline	Différences entre le Code Civil et le Code Militaire. Application. Punitions. Comportement. Autorité de l'Officier Commandant. Procédures. Discipline. Ordres.	Règlements du Roi et Instructions du Conseil de l'Air. Manuel des Lois de la RAF.

Cours en EFTS (AP1388, Partie 1, chapitre III)

Sujets	Heures	Points	Exemples de cours (liste non exhaustive)	Références principales
Administration *(supprimé en temps de guerre)*	6	100	Règlements du Roi. Grades (RAF, RN, Armée). Rôle de l'Officier. Rôle du militaire de la RAF. Lois et règlements.	Règlements du Roi et Instructions du Conseil de l'Air. Manuel des Lois de la RAF. AP1621, AP1723, AP958
Compétence aéronautique	12	200	Compétence aéronautique. Règles de vol de l'école. Règlement de pilotage. Distance franchissable et rayon d'action. Procédures de l'aérodrome (circuit, repères, signaux, Pilote de Garde de la Tour de Contrôle, règles à suivre). Entretien et soin de l'avion. Déplacement de l'avion. Démarrage du moteur et lancement de l'hélice (avec mise en pratique). Actions en cas d'incendie. Procédure d'atterrissage forcé.	AP1621, AP129, Ordres en vigueur à l'école, Ordres du Ministère de l'Air. Rapports d'accidents publiés par le QG du Flying Training Command.
Simulateur Link	5	-	*Voir le chapitre sur les simulateurs. Dix exercices*	-
Construction des aéronefs	10	200	Définitions. Conception. Caractéristiques d'un bon avion. Construction du fuselage, des ailes, de l'empennage, du train, des volets, du bâti moteur, de la cloison pare-feu, des réservoirs, des commandes de vol. Défauts en vol. Mise en pratique (entoilage, montage, alignement).	AP129, AP1167, AP1107 (Manuel d'Assemblage d'Avions)
Armement	25	-	Définitions. Viseurs. Stand de tir. Mitrailleuse Browning. Mitrailleuse Vickers. Pistolet *(en ITW en temps de guerre)*. Montage, démontage, chargement, déchargement, entretien. Tir : visée, groupement, déflexion.	AP1584, AP1641, AP1641B, AP1641C, AP1242, AP1244
Moteurs	15	200	Principe. Construction. Réglage des soupapes. Allumage. Carburation. Lubrification. Réglages, pannes, diagnostic et solutions. Détails des moteurs utilisés par l'école.	AP129, manuel des moteurs
Théorie du vol	11	100	Ailes et flot de l'air. Stabilité. Commandes de vol. Vol rectiligne, en palier, en montée, en descente. Virages. Décollage et atterrissage. Voltige et vrille.	AP129
Navigation aérienne	20	200	Définitions. Cartes (types, représentation, échelles, etc.), zones de danger, préparation pour un vol. Compas et instruments (magnétisme, déclinaison, types, réactions en vol, etc.). Exercices. Badin et altimètre	AP1234, AP1275, Ordre du Ministère de l'Air A.440/38.

			(fonctionnement, causes d'erreur). Bases de navigation à l'estime (vent, dérive, règle à calcul), exercices. Vol à grande distance : procédure.	
Parachutes	-	-	Démonstrations pratiques : parachute, comment le mettre et l'utiliser, entretien et soin, séchage, inspection, rangement, fiche de vie, pliage.	
Transmissions	-	-	Objectif : recevoir un message en Morse à 6 mots par minute	
Exercices en vol - Compétence aéronautique	Au moins 25 hr en doubles commandes et 25 hr en solo. *Voir le chapitre sur les EFTS*		Objectifs : exécuter les manœuvres normales précisément et de manière assurée ; se poser systématiquement correctement ; capable de monter, de voler en palier, de descendre uniquement aux instruments ; effectuer des boucles, des demi-tonneaux et des tonneaux lents de façon satisfaisante.	
Exercices en vol - Navigation aérienne			Objectifs : tenir un cap stable au compas et tourner de façon précise sur un cap donné ; capable de lire une carte et de repérer des points remarquables ; effectuer un vol à longue distance (au moins 50 milles), y compris la préparation, se poser sur un autre terrain et revenir.	

Cours en SFTS, stade "intermédiaire" (AP1388, Partie 1, chapitre IV)

Sujets	Heures	Points	Exemples de cours (liste non exhaustive)	Références principales
Compétence aéronautique	14	200	Règles de pilotage. Principes élémentaires du vol. Instruments. Volets hypersustentateurs, becs, portance, traînée. Approche au moteur et en vol plané. Vrille. Perte de vitesse. Séquences de vérification et d'utilisation des commandes et instruments. Circuit du carburant. Vol à basse altitude, circuit, vol par mauvais temps. Discipline. Utilisation optimale des avions (vitesses et régimes moteur en fonction des phases de vol, plafond, chargement, consommations, etc.). Vol en formation, vol de nuit, accidents, évacuation d'urgence, atterrissage forcé. Aspects physiologiques (oxygène, bruit, altitude, etc.).	AP1723, AP129, AP1182
Exercices sur simulateur Link	5	-	*Voir le chapitre sur les simulateurs*	-
Armement (Groupe I : monomoteurs)	45	200	Viseurs. Bombardement (techniques, types de bombes, etc.). Mitrailleuse Browning et/ou Vickers : montage, démontage, chargement, déchargement, entretien, enrayage. Tir : visée, groupement, déflexion. Dispositifs pyrotechniques (lance-fusées, fusées éclairantes, roquette de signalisation) et démonstration. Dispositif de synchronisation hélice/mitrailleuses.	AP1242, CD119, AP1584, AP1243, AP1244, AP1510

			Revolver, fusil, mesures contre les gaz de combat *(en ITW en temps de guerre)*.	
Armement (Groupe II : multimoteurs)	45	200	Viseurs. Bombardement (techniques, types de bombes, détonateurs, procédures, viseur de bombardement, estimation du vent, erreurs de visée, etc.). Exercices sur simulateur AML. Mitrailleuse Vickers et/ou Lewis : montage, démontage, chargement, déchargement, entretien, enrayage. Dispositifs pyrotechniques (lance-fusées, fusées éclairantes, roquette de signalisation) et démonstration. Cinémitrailleuse. Revolver, fusil, mesures contre les gaz de combat *(en ITW en temps de guerre)*.	AP1242, AP1584, AP1243, AP1244, AP1510, Document Confidentiel 119 (Manuel des Tactiques Aériennes)
Construction des aéronefs	8	-	Construction du fuselage, des ailes, de l'empennage, du train, des volets, du bâti moteur, de la cloison pare-feu, des réservoirs, des commandes de vol, des freins, des compensateurs. Matériaux et corrosion. Techniques d'assemblage.	AP129, AP1167, AP1107, AP1723, Manuel Vol. 1 des avions de l'école
Moteurs	10	100	Révision des cours en EFTS. Puissance d'un moteur. Carburation. Compresseur. Refroidissement. Lubrification. Allumage. Hélice (pas, régulateur, etc.).	AP129, AP1723, manuel des moteurs
Règlement et discipline, administration et organisation *(en ITW en temps de guerre)*.	14	-	Les missions attribuées (Pilote de Garde, Adjudant, Officier du Jour, etc.). Organisation de la RAF. Documents officiels pour le personnel. Discipline. Mess des aviateurs. Matériel. Comptes. Hygiène. Premiers soins.	Règlements du Roi et Instructions du Conseil de l'Air, AP804, AP837, AP112, AP830, AP1407, AP1408, AP1409, AP1269, AP129, AP890, Liste de l'Air Force, Manuel d'Hygiène de de Prévention de l'Armée.
Marche au pas *(en ITW en temps de guerre)*.	24	-	Marche au pas avec et sans fusil, salut, différents pas, commandements - exercices individuel et en formation.	AP818A
Entretien	6	-	Organisation de Maintenance et responsabilités. Métiers. Information technique et manuels. Inspection et entretien des avions. Formulaire F.700, carnet de suivi. Modifications. Essais en vol, procédure. Récupération des épaves. Entretien à l'extérieur (amarrage, protection, etc.). Détection des dommages, changement de roues.	Règlements du Roi et Instructions du Conseil de l'Air, AP129, AP1574, AP1723, AP1464B, AP1081, Manuels Vol. 1 des avions de l'école
Navigation aérienne	40	-	Mathématiques *(en ITW en temps de guerre)*. Cartes (révisions des cours en EFTS, mises à jour des cartes). Instruments de navigation (compas, badin, altimètre, instruments gyroscopiques, réglages, erreurs, etc.). Vol à grande distance : procédures, suivi et formulaires. Météorologie et code météo. Navigation à l'estime (vent, dérive, règle à calcul),	AP1234, AP1275

Sujets	Heures	Points	Exemples de cours (liste non exhaustive)	Références principales
			exercices. Moyens de s'assurer de sa position (y compris par triangulation radio), exercices.	
Reconnaissance et photographie	3	-	Types de reconnaissance et rédaction du rapport. Appareil photographique F.24. Photographie verticale (pilotage, calculs, etc.).	AP1300, AP1081, AP1354, AP1355
Transmissions RAF *(futurs pilotes de la RAF)*	30	50	Emploi de la radio. Rôle de l'Officier des Transmissions. Manuel des Transmissions de la RAF. Rédaction des messages. Degrés de priorité. Types de transmissions radio, avantages et inconvénients. Usage de la radio comme aide à la navigation. Triangulation, limites, erreurs. Radiobalises. Bulletins météo. Approches radioguidées (ZZ, Lorenz, etc.). Morse (manipulateur et lampe Aldis).	AP1083, AP958, AP1234, AP1723
Transmissions FAA *(futurs pilotes de la FAA)*	65	100	Idem RAF plus : Procédures d'envoi, de réception, de répétition. Mots-codes. Équipement des avions de la FAA. Instructions de l'Amirauté concernant les Transmissions. Alphabet phonétique. Organisation radio de la Royal Navy. Dangers liés au matériel radio. Signaux visuels.	AP 1083, AP958, AP1234, AP1093, AP1095. SP 2203, SP02201, SP02200. OU 5366/1935. CCO n°1. Document Confidentiel 28.
Exercices en vol - Compétence aéronautique	50 heures minimum, dont au moins 20 en solo.		Élève breveté Pilote à l'issu de ce stade. Objectifs : Tests de pilotage aux instruments (capacité à voler droit, à virer sur un cap donné, à rétablir lors de situations inhabituelles, vol triangulaire sous capote d'environ 35 milles). Vol nocturne (3 atterrissages en doubles commandes et trois en solo). Test d'altitude (15.000 pieds pendant 30 minutes). Vol simple en formation (pas plus de 3 avions en vol solo, pas de manœuvre serrée ou compliquée). Voltige pour les avions autorisés (boucles, demi-tonneaux, tonneaux lents).	
Exercices en vol - Navigation aérienne	*Voir le chapitre sur les SFTS*		Test en tant que Navigateur supervisé par l'Officier de Navigation ou un Instructeur : préparation d'un vol triangulaire à longue distance (au moins 150 milles) par l'élève (bulletin météo, Formulaire 433, cartes). Exercices en solo y compris la préparation : vol à longue distance (au moins 100 milles), se poser sur un autre terrain et revenir ; vol triangulaire à longue distance (au moins 200 milles), se poser sur un autre terrain et revenir.	

Cours en SFTS, stade "avancé" (AP1388, Partie 1, chapitre V)

Sujets	Heures	Points	Exemples de cours (liste non exhaustive)	Références principales
Simulateur Link	5	-	*Voir le chapitre sur les simulateurs.* Tests T et U.	-
Armement (Groupe I : monomoteurs)	-	-	Mitrailleuse Browning et/ou Vickers : montage, démontage, chargement, déchargement, entretien, enrayage. Racks à bombes (types, fonctionnement, chargement,	AP1243, AP1584, AP1641E, AP1242, AP1243, AP1244

			essais, etc.). Bombardement. Dispositifs de mise à feu.	
Armement (Groupe II : multimoteurs)	-	-	Mitrailleuse Browning et/ou Lewis : montage, démontage, chargement, déchargement, entretien, enrayage. Racks à bombes (types, fonctionnement, chargement, essais, etc.). Bombardement (démonstration à haute et basse altitude, procédures, estimation du vent, erreurs de visée, etc.). Exercices sur simulateur AML. Cinémitrailleuse (utilisation, 2 pellicules en tir sol-air).	AP1243, AP1584, AP1641, AP1641B, AP1242, AP1243, AP1244, AP1644, AP1095. Document Confidentiel 119. Instruction pour les exercices de bombardement.
Marche au pas (en ITW en temps de guerre).	32	-	Marche au pas avec fusil, rôle de la sentinelle, commandements - exercices individuel et en formation.	AP818, AP818A
Surveillance maritime et réglage des tirs de l'artillerie (futurs pilotes de la FAA)	10	-	Recherche aérienne (navigation, vigies, types de quadrillage, ordres, procédures, protection de la Flotte, repérage, collecte des informations essentielles, etc.). Observations au contact (suivi lointain, silence radio, etc.). Signaler le contact (message, procédure, codes, etc.). Patrouilles défensives (anti-sous-marins et anti-avions). Détection des avions. Identification des navires.	-
Météorologie	-	-	Cartes météo. Pression, température, humidité. Les dix types de nuages. Brouillard. Visibilité. Fronts chauds et froids. Atmosphères stables et instables. Température en fonction de l'altitude. Accumulation de givre sur les avions.	AP1234
Navigation aérienne	-	-	Compas et instruments (révisions, étalonnage, et tests de mise en pratique). Navigation à l'estime opérationnelle et tactique (rayon d'action pour différentes missions, détermination des caps à suivre, méthodes d'évaluation du vent, prise en compte de la dérive, etc.).	AP1234, AP1275
Tactiques navales (futurs pilotes de la FAA)	5	-	Définitions. La guerre sur mer. Les phases d'une bataille navale. Mission des unités de reconnaissance. La frappe aérienne, les fumigènes, portée de canons. Les missions confiées à la Royal Navy.	-
Reconnaissance et photographie	-	-	Intérêts et objectifs de la reconnaissance photographique. Importance d'un pilotage précis. Types et utilisation des photographies. Répartition des missions de reconnaissance photographique entre les différents Commandements. Matériels photographiques (types, emploi). Calculs pour la photographie et démonstration pratique pour les mosaïques, les recouvrements et la photographie oblique.	AP1354, AP1355, AP1633
Transmissions RAF (futurs			Transmissions en phonie (emploi et limites, matériels, procédures, alphabet phonétique).	AP 1083, AP1186. Document Confidentiel 28.

pilotes de la RAF)				
Transmissions FAA (futurs pilotes de la FAA)	52,5	-	Matériels électriques embarqués. Transmissions en Morse (révision des cours du stade précédent, emploi, procédures). Organisation Navale des Transmissions (codes, drapeaux, chiffrage, ordres navals, protection de la Flotte, signaler l'ennemi, messages de détresse, signaux lors de l'appontage, etc.). Morse (manipulateur et projecteur Aldis). Transmissions en phonie (emploi, procédures).	AP1083, AP1093, AP1695, AP1234, AP1186. SP 2203, SP02201, SP02200, SP02192. Document Confidentiel 28. Instruction générale des porte-avions.
Exercices en vol - Armement (Groupe I : monomoteurs)	50 heures en tant que pilote		Tir (air-sol, air-air). Bombardement (basse et haute altitude). En SFTS et en B&GS.	Formulaires 406 & 406A
Exercices en vol - Armement (Groupe II : multimoteurs)			Bombardement (basse et haute altitude, détermination du vent, visée sur chambre noire, en tant que Pilote et en tant que Bombardier, erreur moyenne ramenée à 10.000 pieds : 130 yards). Tir (air-sol, air-air en tant que Mitrailleur). En SFTS et en B&GS.	Formulaires 406 & 406A
Exercices en vol - Compétence aéronautique			Objectifs : Vol nocturne (3 atterrissages en doubles commandes et trois en solo piste éclairée, puis idem avec le phare de l'avion si possible). Vol à pleine charge. Vol en formation (y compris décollage, atterrissage). Pilotage aux instruments (vol triangulaire sous capote y compris préparation avec bulletin météo). Test de pilotage.	-
Exercices en vol - Navigation aérienne			Vol à longue distance (environ 200 milles) en tant que Pilote sans atterrissage intermédiaire, y compris préparation (à combiner avec exercice de reconnaissance n°5). Idem en tant qu'Observateur (calcul de la dérive). Test de navigation en tant que Pilote par vol triangulaire à longue distance, y compris préparation (première partie avec carte complète, seconde partie avec carte schématique, troisième partie sous capote), Test de navigation en tant qu'Observateur par vol triangulaire d'environ 2 heures. Pour les futurs Pilotes de la FAA : exercices de détermination du vent.	Formulaires 433 et 441
Exercices en vol - Reconnaissance et photographie (Groupe II : multimoteurs)			Prise de photographies stéréoscopiques en tant que Pilote et tant qu'Observateur. Idem pour des photographies en recouvrement. Rédaction du rapport de reconnaissance.	Formulaires 790 et 401.
Exercices en vol - Transmissions			Utilisation pratique des communications radio en phonie (air-air et air-sol, y compris durant les exercices de tir air-air entre avion remorqueur de cible et avion tireur).	-

Cours en AOS (AP1388, Partie 2, chapitre II)

Sujets	Heures	Points	Exemples de cours (liste non exhaustive)	Références principales
Matières générales *(supprimé en temps de guerre)*	-	-	Anglais, mathématiques (algèbre, géométrie, trigonométrie, logarithmes).	-
Navigation	-	*voir à droite*	Définitions. Cartes (types, représentation, échelles, déclinaison, unités de distance, balises et phares, etc.). Navigation à l'estime (vent, dérive, règle à calcul, cahier du Navigateur, messages au Pilote, gisement, rayon d'action pour différents profils de mission, interception d'un convoi maritime, mesures du temps et références, calcul des heures de lever et coucher du soleil, etc.), exercices. Vol à grande distance : procédure. Compas et instruments (magnétisme, déclinaison, types, réactions en vol, etc.). Météorologie (cartes et codes météo, pression, température, humidité, formation du brouillard, visibilité, température en fonction de l'altitude, types de nuages, fronts chauds et froids, accumulation de givre sur les avions, etc.). Instruments (badin, altimètre, instruments gyroscopiques, instruments à visée (dérivomètre, etc.), calculs de vitesse ou d'altitude vraie, étalonnage, etc.). Aides radio pour la navigation (goniométrie, radiobalises civiles et militaires, avantages et inconvénients).	AP1234, AP1275, Ordres du Ministère de l'Air relatifs aux balises de vol de nuit. EXAMENS Navigation à l'estime - exercices : 150 points - 3 heures Navigation à l'estime - théorie : 150 points - 2 heures Compas et instruments : 150 points - 2,5 heures Aides radio pour la navigation : 100 points - 1,5 heures Mathématiques : 100 points - 2 heures Cartes : 100 points - 2 heures Météorologie : 100 points - 2 heures
Photographie	-	100	Intérêts et objectifs de la reconnaissance photographique. Types et utilisation des photographies. Matériels (appareil F.24, inspection et emploi, montage vertical ou oblique, viseurs de photographie, objectifs, entretien, masses, etc.). Procédure de vol et calculs pour la photographie aérienne (pour les mosaïques, les recouvrements et la photographie oblique). Marquage des cartes.	AP1354, AP1355, AP1081
Reconnaissance	-	100	Objet, principes et limites de la reconnaissance. Types et méthodes. Rapports écrits. Évaluation de la fiabilité. Format des messages. Code de reconnaissance et mise en pratique.	-
Transmissions	-	*voir à droite*	Morse (manipulateur et lampe Aldis) (objectif : 4 mots par minute).	EXAMENS Manipulateur Morse : 95% Projecteur Aldis : 90%

Exercices en vol - Navigation et reconnaissance	36 heures minimum	1. Repérage local et détermination du vent (1,5 hr). 2. Détermination du vent par méthode de trois caps (1 hr). 3. Navigation à l'estime simple (1,5 hr). 4 et 5. Vols triangulaires à longue distance (2 et 3 hr). 6. Suivre des changements fréquents de cap (1,5 hr). 7. Vol à très longue distance (5 à 6 hr). 8. Interception (1,5 hr). 9. Vol nocturne simple à longue distance (1,5 hr). 10. Vol nocturne triangulaire à longue distance (2 hr).	
Exercices en vol - Photographie		Prise de photographies stéréoscopiques, puis en recouvrement, puis en oblique en dirigeant le Pilote. Calculs et prise de photographies en recouvrement en suivant une voie ferrée ou route avec un virage et en mosaïque (uniquement si le programme le permet).	

Cours en B&GS (AP1388, Partie 2, chapitre III)

Sujets	Heures	Exemples de cours (liste non exhaustive)	Références principales
Armement - Tir	72	Théorie de la visée et de la trajectoire d'une balle. Viseurs. Réglage des armes. Cours et démonstrations pratiques sur la visée (maquette vue depuis tourelle, simulateur par visée à point lumineux). Déflexion. Analyse des films de cinémitrailleuse. Cinémitrailleuse (sol-air : 2 pellicules). Mitrailleuse Vickers et/ou Lewis / Browning : montage, démontage, chargement, déchargement, mécanisme, enrayage, tir. Tourelles : mécanisme, utilisation. Munitions de petit calibre. Tactiques. Identification des avions. Entretien des armes. Dispositifs pyrotechniques (types et démonstration). Canon de 20mm : montage, démontage, mécanisme, tir.	Documents Confidentiels 119, 134. AP1242, AP1641, AP1641B, AP1641C, AP1641F, AP1243
Armement - Bombardement	82	Théorie de la visée et de la trajectoire d'une bombe. Viseurs (types, utilisation, entretien et montage). Méthodes de détermination du vent. Rôle du Bombardier, procédures. Erreurs de bombardement. Exercices sur simulateur AML. Instruments (règle à calcul, etc.). Racks à bombes (types, chargement, tests, utilisation). Bombes (types, sécurités, détonateurs, précautions, mise en pratique). Dispositifs fumigènes (théorie et démonstration). Tactiques.	Documents Confidentiels 119, 122. AP1243, AP1664, AP1275
Exercices en vol - Armement - Tir	Obs : 12 heures Mitr : 18 heures	CINEMITRAILLEUSE : 1. Air-air avec déflexion simple (moins de 30°). 2. Air-air contre attaques de l'arrière avec manœuvres échappatoires. 3. Air-air contre attaques de chasseur avec tourelle *(type Defiant)* avec manœuvres échappatoires. TIR : 1. Groupement au sol. 2 et 3. Air-Air mitrailleuse de sabord. 4. Air-Air mitrailleuse ventrale. TIR COMPLEXE : 1. Air-Air nocturne mitrailleuse de sabord. 2. Air-Air nocturne mitrailleuse ventrale.	Document Confidentiel 119. Formulaire 406A
Exercices en vol - Armement - Bombardement	Obs : 18 heures	1. Détermination du vent. 2. Bombardement avec calcul du vent (8 bombes ou chambre noire). 3. Bombardement haute altitude (erreur moyenne ramenée à 10.000 pieds : pas plus de 250 yards ; à répéter plusieurs fois). 4. Bombardement haute altitude avec bombes HE (8 bombes : 4 de 20 livres, 4 de 112 livres (ou 120 ou 250 livres d'exercice)). 5. Bombardement de nuit (3 fois, la dernière avec des fusées éclairantes de 4 pouces). 6. Bombardement sur cible mobile, déplacement rectiligne (six bombes). 7. Bombardement sur cible mobile, déplacement aléatoire (six bombes). 8. Bombardement à basse altitude.	

Cours en École de Navigation Aérienne - Stage de 6 semaines pour les Pilotes (AP1388, Partie 2, chapitre VI)

Sujets	Heures	Exemples de cours (liste non exhaustive)	Références principales
Navigation à l'estime	30	Méthodes de détermination du vent. Calcul de la dérive et des caps à suivre avec la règle à calcul. Vitesse vraie, exercices sur cartes. Relèvements par radiogoniométrie. Rayon d'action pour diverses missions. Interception d'un avion ou d'un navire.	AP1234, AP1456
Navigation astronomique	7	Astres. Mesure du temps. Lever et coucher du Soleil, de la Lune. Longitude, Latitude.	AP1234
Magnétisme et compas	16	Magnétisme, déclinaison, conversion entre les différents types de cap. Compas (types, erreurs, utilisation, corrections, etc.). Révision des cours d'EFTS. Magnétisme dans un avion.	AP1234, AP1456
Météorologie	16	Importance de la météorologie. Observations. Cartes météo. Pression, température, humidité, variations en fonction de l'altitude. Vent (échelle de Beaufort, lien avec la pression, variations, types, etc.). Types de nuages. Précipitations et relief. Fronts chauds et froids, dépressions. Tempêtes. Accumulation de givre sur les avions. Vents en Méditerranée, autres phénomènes (mousson, tempêtes de sable, tornades, etc.).	AP1234
Cartes et tables	6	Révision des cours de FTS. Cartes (types, représentation, échelles, mise à jour, etc.). Rôle de l'Officier de Navigation dans un Escadron.	AP1234. Règlements du Roi et Instructions du Conseil de l'Air
Instruments	8	Instruments de visée (dérivomètre, etc.). Instruments de mesure (révision des cours d'EFTS, badin, altimètre, variomètre, indicateur de virage et de dérapage, étalonnage, etc.).	AP1275, AP1234
Radiogoniométrie	4	Révision des cours de FTS. Radiogoniométrie (limites, utilisation, exercices pratiques).	AP1234
Analyse des exercices en vol	7	Voir les sujets des cours de navigation à l'estime.	AP1234, AP1456
Exercices en vol	33,5	P1. Détermination du vent (2 hr). DR1 à 5. Navigation à l'estime de jour, exercices de complexité croissante (2 à 2,5 hr chacun). DR6 à 9. Navigation à l'estime de nuit, exercices de complexité croissante (2,25 hr chacun). SM1 à 4. Emploi de cartes schématiques et radiogoniométrie, exercices de complexité croissante (2 hr chacun). N1 et 2. Exercices tactiques d'interception d'un navire (1,5 et 2,5 hr).	

Cours en École Centrale de Pilotage - Stage pour les Instructeurs de Pilotage (9 semaines en temps de paix, 4 en temps de guerre) (AP1388, Partie 2, chapitre VII)

Sujets	Heures	Exemples de cours (liste non exhaustive)	Références principales
Construction des aéronefs	6 (paix) 5 (guerre)	Construction du Master, de l'Oxford et du Harvard. Équipements annexes (volets, freins, train, compensateurs).	AP Volume I de chaque appareil
Compétence aéronautique	32 (paix) 11,5 (guerre)	Rôle de l'Instructeur de Pilotage (EFTS, FTS, orientation des élèves, pédagogie, savoir POURQUOI en plus du COMMENT, examens). Méthode de présentation des manœuvres par les Instructeurs ("patter"). Lien entre instruction sur simulateur Link et en vol. Accidents. Principes de base du vol. Utilisation optimale des avions. Aspects physiologiques (oxygène, bruit, altitude, etc.). Règles de pilotage. Pilotage aux instruments.	AP1732, AP1388, AP129, AP1723
Compétence aéronautique - simulateur Link	8 (paix) 6 (guerre)	28 exercices de complexité croissante jusqu'aux approches radioguidées.	
Moteurs	12 (paix) 8,75 (guerre)	Bases à enseigner aux élèves. Puissance et tours/min, compression, indice d'octane, mélange. Réglage du pas d'hélice. Application pour les moteurs Kestrel XXX *[du Master]*, Cheetah X *[de l'Oxford]*, PW Wasp *[du Harvard]*.	Volume I des AP1416G, AP1526B
Organisation et administration en FTS	4 (paix) 0,75 (guerre)	Organisation des Escadrons Intermédiaire et Avancé en SFTS. Utilisation optimale des créneaux de vol. Procédure à suivre pour les carnets de vol et les dossiers de suivi des élèves. Rôle des Instructeurs et devoir d'exemplarité. Discipline.	-
Entretien des appareils	6 (paix) 2,5 (guerre)	Organisation de la maintenance dans les FTS. Rôles et responsabilités. Types d'inspections, modifications, formulaire F.700, carnets de suivi des cellules et moteurs. Essais en vol. Détection des dommages, changement de roues.	Règlements du Roi et Instructions du Conseil de l'Air, AP129, AP1723, AP1574, Formulaire 700A, Manuels Vol. 1 des avions et moteurs
Météorologie	-	Pression, température, humidité, variations en fonction de l'altitude. Cartes météo. Types de nuages. Précipitations. Accumulation de givre sur les avions.	AP1234
Navigation aérienne	20 (paix) 10 (guerre)	Révision des cours reçus en ITS. Supervision des alignements de compas. Instructions à donner pour les vols longue distance. Cours de navigation. Formulaires F441 et 433. Cartes (difficultés rencontrées par les élèves pour se repérer). Problèmes simples de navigation. Utilisation des cartes de correction des compas. Instruments (badin, altimètre, étalonnage, etc.). Procédure de vol à longue distance. Explications des erreurs aux élèves.	Formulaires F441 et 433. AP1234, AP1275
Exercices en vol - Compétence aéronautique	-	Vol en doubles commandes et solo de jour sur les avions d'écolage élémentaire. Vol en doubles commandes et solo de jour et de nuit sur les avions d'écolage intermédiaire mono et bimoteurs.	AP1732

ANNEXE 7B – Exemples de questions d'examen en EFTS

Les élèves de la Classe n°47 de la 1ère EFTS de Parafield, Victoria, Australie, ont dû répondre aux questions suivantes sur les cours qu'ils ont suivis au sol. [723] Les réponses sont faciles à trouver dans les publications de la RAF de l'époque (par exemple, l'AP1730B *"Gun sights"* pour les questions sur la théorie élémentaire du tir aérien, ou l'AP1456 *"Manual of Air Navigation"* pour celles sur la navigation). Les 34 élèves de cette Classe ont commencé leurs cours en EFTS le 20 mars 1944. Vingt sont parvenus à franchir cette étape le 28 mai 1944 pour être envoyés en SFTS au Canada : 9 étaient recommandés pour être pilotes d'avions multimoteurs, 8 d'avions monomoteurs, et 3 pouvaient convenir à l'un comme à l'autre.

Compétence aéronautique - Il faut répondre à toutes les questions
1. Quelle procédure adopteriez-vous en tant que Capitaine d'un avion après avoir été obligé de vous poser en raison d'une panne de moteur durant un vol à grande distance ?
2. Présentez dans un tableau la procédure de décollage, de circuit d'approche et d'atterrissage durant un vol de nuit, en prenant en compte le fait que votre moteur montre des signes de faiblesse durant la partie du circuit vent dans le dos.
3. (a) Présentez dans un tableau l'inspection de votre parachute, avant et après le vol.
   (b) Faites une courte description d'un atterrissage en parachute par une brise modérée.
4. Dessinez un schéma d'un aérodrome de la RAAF montrant les éléments suivants :
   a) Zone de décollage et d'atterrissage
   b) Zone de roulage au sol
   c) Zone de mouvements non-contrôlés
   d) Zone du circuit d'approche
   e) Direction du circuit d'approche
5. (a) Quelles actions prendriez-vous dans les cas suivants :
   1. Votre moteur prend feu alors que vous volez à *[une altitude de]* 2.000 pieds *(600 m)*.
   2. Un autre avion sur votre droite se rapproche de vous à angle droit avec un risque de collision.
   3. Alors que vous volez dans la zone d'entraînement, vous apercevez une fusée Very jaune tirée par le Pilote de Garde de la Tour de Contrôle. [724]
   4. Avant de vous poser sur un aérodrome de la RAAF que vous ne connaissez pas après un vol à grande distance.
   (b) Est-ce que la valeur affichée au badin de votre DH82 pour votre vitesse d'approche sera supérieure ou inférieure lorsque vous vous posez sur un aérodrome situé à *[une altitude de]* 2.000 pieds *(600 m)* au-dessus du niveau de la mer, par rapport à un aérodrome situé au niveau de la mer ?

Test sur les moteurs - Durée : une heure.
1. Décrivez l'effet sur le moteur d'une panne d'une magnéto durant le vol au régime de croisière. Décrivez brièvement les actions que vous prendriez si une telle panne se produisait alors que vous êtes dans le circuit d'approche à *[une altitude de]* 1.500 pieds *(460 m)*.

---

[723] Questions des tests conservées sous la référence A705 - 208/17/457, NAA. Les points ou les durées des tests n'étaient pas toujours indiqués. Le test de météorologie (5 questions, 1 heure, 100 points) n'a pas été traduit faute de place.
[724] L'appellation du pistolet lance-fusées "Very Pistol" est dérivée du nom de l'inventeur américain, le lieutenant Edward W. Very.

2. Donnez la raison pour laquelle le moteur Gipsy Major est démarré à l'aide du contact avant uniquement et expliquez pourquoi l'hélice est mise en rotation avec le contact ouvert [OFF] avant le démarrage.
3. Donnez les raisons pour lesquelles il faut éviter de laisser tourner un moteur au ralenti de manière prolongée.
4. Quelles sont les limites suivantes pour l'avion Tiger Moth :
   Tours/min du moteur (en montée)   Tours/min du moteur (en croisière)
   Distance franchissable hors marge de sécurité   Pression d'huile (moteur chaud)
   Distance franchissable maximale
5. Décrivez le cycle de Beau de Rochas sur un seul cylindre d'un moteur à combustion interne en indiquant les points approximatifs de fonctionnement des soupapes et de la bougie durant le cycle.

Théorie élémentaire du tir aérien - 50 points - Durée : une heure. Il faut répondre à toutes les questions

1. Définissez :   (a) Le cône de tir.   (b) Le groupement des balles.
   (c) La ligne de visée.   (d) L'angle de déflexion.
   (e) La densité du tir.
2. Pourquoi est-ce qu'une densité du tir élevée est un facteur important en combat aérien ?
3. Comment est-ce que la densité du tir peut être accrue ?
4. (a) Quel est l'inconvénient principal du viseur " Réticule de visée et guidon" ?
   (b) Comment cet inconvénient est-il corrigé dans le viseur à réflexion ?
   (c) Quelle est la valeur du diamètre du réticule de visée du pilote en m.p.h. ?
5. Dessinez proprement un graphe de la chute liée à la gravité montrant cette chute à 0, 200, 300, 400, 500 et 600 yards.
6. (a) Si un Zeke [*plus connu sous le nom de "Zéro"*] occupe les 3/10èmes du diamètre du réticule de visée du pilote, à quelle distance se trouve-t-il ?
   (b) Quelles sont les fonctions de l'échelle de base et de l'échelle de portée sur le viseur à réflexion GM2 (pour Pilote) ?
7. Quel serait l'inconvénient de ne pas avoir un rhéostat pour régler l'intensité lumineuse du viseur à réflexion ?
8. (a) Quelles sont les trois positions principales pour un tir sans déflexion ?
   (b) Pourquoi est-il nécessaire d'être capable de tirer en tenant compte de la déflexion, en plus des cas ci-dessus ?
9. (a) Que veut dire le terme "ANGLE DE DÉCALAGE" ?
   (b) Quel est son impact sur votre "Angle de déflexion" ?
10. (a) Complétez le tableau suivant des angles de décalage :

Angle de décalage en degrés	Angle de déflexion en % de la vitesse de l'ennemi	Angle de décalage en degrés	Angle de déflexion en % de la vitesse de l'ennemi
90	?	15	?
60	?	10	?
30	?		

(b) Quels sont les trois facteurs les plus importants qu'il faut prendre en compte pour un tir avec déflexion précis ?

Théorie du vol - Durée : une heure.
1. Becs *[par exemple de bord d'attaque]*
    (a) Qu'est-ce qu'un bec ?
    (b) Quel est l'utilité d'un bec et comment fonctionne-t-il ?
    (c) Quels avantages sont apportés par des becs en extrémité des ailes ?
2. (a) Quels sont les effets des volets hypersustentateurs sur l'angle de descente en vol plané d'un avion ?
    (b) Quels sont les autres avantages des volets hypersustentateurs ?
    (c) Quelles précautions faut-il prendre lorsque l'on manœuvre les volets hypersustentateurs en vol ?
    (d) Dessinez trois types différents de volets hypersustentateurs.
3. Expliquez pourquoi :
    (a) L'ouverture de la manette des gaz est augmentée pendant les virages serrés.
    (b) Un avion doit être incliné pendant les virages.
    (c) Un pilote peu subir un "voile noir" pendant les virages serrés.
4. (a) Pourquoi est-ce que le manche à balai doit être poussé vers l'avant pour sortir d'une vrille ?
    (b) Par vent fort, pourquoi est-il difficile de rouler au sol avec le vent de travers ?
    (c) Durant l'atterrissage, si les roues *[principales]* touchent le sol en premier, pourquoi est-ce que le manche à balai doit être tenu *[centré]* au lieu d'être tiré en arrière ?

Navigation
1. Expliquez à l'aide d'un diagramme la *"méthode des erreurs de trajectoire"* pour la navigation par le Pilote. (10 points)
2. À 17h15, vous quittez Eudunda cap à 179° (cap vrai) à 120 m.p.h. (vitesse vraie).
   À 17h37, vous êtes au-dessus de Sanderston. Utilisez le CSC [725] pour déterminer la direction et la vitesse du vent. (5 points)
3. Préparez le plan de vol pour le vol à grande distance suivant : (15 points)

Parafield – Waikerie	114 m.p.h. (vitesse vraie)
Waikerie – Peterborough	Vent à *[une altitude de]* 3.000 pieds *(915 m)* : 180°, 20 m.p.h.
Peterborough - Burra	

4. (A) Vous accélérez soudainement alors que vous volez cap vers l'Est. Comment votre compas va-t-il réagir ? (2 points)
   (B) Dessinez schématiquement l'affichage du compas en montrant les lignes de référence, la ligne de foi et l'aiguille du compas lorsque l'on vole sur un cap de 264° (au compas). (5 points)

---

[725] Règle à calcul pour la navigation à l'estime permettant de déterminer la dérive et la vitesse vraie de l'avion par rapport au sol. La règle CSC (Course Setting Calculator) a été remplacée assez rapidement au début de la guerre par le Navigational Computor Mk III (qui n'a rien d'un ordinateur contrairement à ce que son nom pourrait laisser penser, mais est une autre règle à calcul). Ces règles à calcul sont les ancêtres de celles qui sont toujours employées pour enseigner la navigation aux élèves pilotes (par exemple les CR-3 et E6-B).

5. Un Navigateur souhaite vérifier la déviation d'un compas O2 et d'un compas P4. [726] Il relève que le cap indiqué par son compas est 257° alors que le compas P4 indique 253°. Il obtient un relèvement de 159° (au compas) sur un phare, ce qui correspond sur sa carte à 161° (relèvement vrai). La déclinaison magnétique locale est de 6°E. Déterminez la déviation du compas O2 et du compas P4 pour ce cap. (10 points)

6. (A) Comment régleriez-vous l'échelle des millibars d'un altimètre de précision afin que les aiguilles indiquent "ALTITUDE BAROMÉTRIQUE" ? (2 points)
   (B) Définissez "ALTITUDE DENSIMÉTRIQUE" (3 points)
   (C) Quel serait l'affichage de votre altimètre si vous voliez depuis une zone de haute pression vers une zone de faible pression ? (2 points)

7. (A) Quelles sont les erreurs, que le Pilote peut corriger, dont souffre le badin ? (3 points)
   (B) Quelles sont les conditions atmosphériques supposées pour étalonner les badins de la RAAF ? (3 points)

8. Carte d'instruction n°5. (40 points)   Déclinaison magnétique : 9°E

   Vous êtes le Navigateur d'un avion basé à Albany. À 07h15, vous mettez le cap vers un navire ancré à la position A : 35°56'S 11°18'E. Vitesse vraie 124 nœuds. En utilisant les prévisions météo d'un vent venant de 230° à 15 nœuds, déterminez :
   1. Cap à suivre (vrai)   2. Cap à suivre (magnétique)
   3. Vitesse par rapport au sol   4. Heure estimée d'arrivée

   Deux minutes après votre heure estimée d'arrivée, votre position est au point A (c-à-d au-dessus du navire). Déterminez : 5. Direction et vitesse du vent

   Vous tournez au-dessus du navire et à 07h59, vous démarrez une recherche à la verticale du navire en suivant les caps ci-après :
   111° (cap magnétique) pendant 6 minutes
   202° (cap magnétique) pendant 6 minutes
   297° (cap magnétique) pendant 12 minutes
   111° (cap magnétique) pendant 4 minutes

   Une fois ces temps écoulés, tracez votre position et mettez le cap sur Palgarup. Déterminez :
   6. Position par navigation à l'estime (LONG. - LAT.)   7. Cap à suivre (vrai)
   8. Cap à suivre (magnétique)   9. Vitesse par rapport au sol
   10. Heure estimée d'arrivée

   À 09h00, vous êtes au-dessus du cap Rame (Rame Head). Déterminez :
   11. La direction et la vitesse du vent depuis que vous avez quitté le navire.

   Vous changez de destination à 09h06 en mettant le cap sur l'aérodrome d'Albany. Déterminez :
   12. Cap à suivre (vrai)   13. Cap à suivre (magnétique)
   14. Vitesse par rapport au sol   15. Heure estimée d'arrivée

   Deux minutes avant votre heure estimée d'arrivée, vous êtes au-dessus de Torbay Junction. Déterminez :   16. La direction et vitesse du vent depuis 09h00

---

[726] Les compas "O" sont les compas pour Observateurs (ou Navigateurs), les compas "P" sont ceux des Pilotes.

ANNEXE 7C - Exemple de feuille de navigation pour un vol triangulaire [727]

```
Formulaire D.D. 237
                        JOURNAL DU NAVIGATEUR
[PARTIE 1 à compléter avant le vol]
Date 31 mars 1943         Avion Master 2609    Pilote SOUTHALL W. A.
Ordres de vol BASE - Position "X" - BOSHOF - BASE      Unité Escadron
"B", Escadrille "F"
Vent à 5000 pieds         Vitesse 25 m.p.h.              De 290°
```

De	à	Vitesse de vol	Route vraie	Distance	Cap vrai	Déclinaison	Cap magnétique	Vitesse / sol	Temps (min.)	ETA
Base	Point "X"	180	008	71	000	-18	018	172	24	
Point "X"	Boshop	180	246	80	252	-19	271	160	30	
Boshop	Base	180	122	75	124	-19	143	205	22	

[PARTIE 2] **SUIVI À COMPLÉTER EN VOL**

Heure	Route requise	Cap suivi	Observation	ETA
11:15			Autorisation de vol donnée par le Pilote d'Astreinte	
11:30			Décollage et montée à 5000 pieds	
11:39	008	018	Au-dessus de la base, départ pour point "X"	
			Altitude 5000 pieds. Vitesse indiquée 160. Vitesse vraie 180	
			Vitesse par rapport au sol 172. Distance 71. Durée 24 min.	12:03
12:44			Point 008 B.15 Vitesse par rapport au sol 180	12:02
11:51			Point 008 B.30 Vitesse par rapport au sol 170	12:03

---

[727] Formulaire complété par le Leading Aircraftman William A. Southall pour un vol d'entraînement en solo sous la supervision d'un instructeur de navigation de la 27ème Air School (SFTS) de Bloemspruit, Afrique du Sud, avant le décollage pour la Partie 1, puis en vol. Southall a été obligé de se poser avant de tomber à court d'essence après s'être perdu à cause d'un orage, ce qui a valu à ce formulaire d'être conservé sous la référence AIR 54/171, TNA. Le Master II avait 191 litres de carburant au décollage, et il restait 73 litres quand il s'est posé près de Bloemhof (voir carte page suivante). Aucune sanction n'a été prise contre Southall puisqu'il a été jugé qu'il avait pris la bonne décision de se poser tant qu'il lui restait du carburant.

12:06			Point "X"	
12:10	246	271	Point "X". Cap sur Boshof. Vitesse par rapport au sol 160	12:40
12:16			Point 246 X.15 Vitesse par rapport au sol 155	12:41
12:25			Point 246 X.40 Vitesse par rapport au sol 160	
			- Obligé de virer à gauche pour éviter un orage, tente de revenir vers le point "X", sans succès, perdu -	
13:40			- Avion posé par précaution -	

Les distances sont en milles terrestres. Les vitesses en milles par heure (mph). Coordonnées du point "X" (bureau de poste) : 28° 04' S, 26° 27' E. Coordonnées de Boshof : 28° 33' S, 25° 14' E. La base était l'aérodrome de la 27ème Air School de Bloemspruit.

ETA : Heure Estimée d'Arrivée

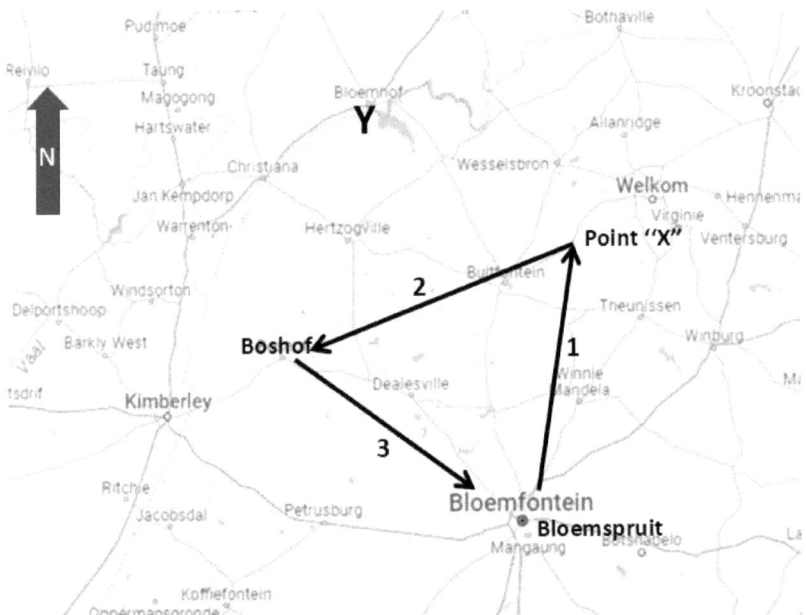

Reconstitution sommaire du trajet prévu pour l'exercice de navigation du 19 mars 1943. Chaque côté du triangle à parcourir mesure entre 120 et 130 kilomètres. Le point "Y" marque l'endroit approximatif où le pilote a posé le Master. Une équipe de maintenance a refait les pleins de l'avion le lendemain matin et un instructeur l'a ensuite ramené jusqu'à l'école (tracé de l'auteur sur fond de carte actuelle Google Maps).

ANNEXE 8 - Les bons mots et anecdotes des rapports, des Journaux de marche ou des magazines des écoles

Faute de place, il aurait été impossible de traduire l'intégralité des rapports ou des journaux de marche consultés : pour donner une idée du volume concerné, une année du journal de marche d'un Escadron (Formulaires 540 et 541) représente en moyenne une centaine de pages, sans les annexes ; à multiplier par cinq années et demie de guerre et par le nombre d'écoles. Cependant, il aurait été dommage de ne pas partager certains extraits particulièrement savoureux, ou représentatifs de l'état d'esprit des élèves et instructeurs, d'où la présente Annexe. Il a été choisi de présenter ces extraits chronologiquement. Le surlignage en caractères gras de certains paragraphes a été ajouté lors de la traduction. Sauf mention contraire, les écoles citées se trouvaient toutes au Canada.

Dans son premier numéro (juin 1941), le journal *"The Wind"* de la 19ème EFTS de Virden, Manitoba, comporte une rubrique intitulée *"Excentricités des Instructeurs"* dans laquelle on trouve les informations suivantes : [728]

"Nous savons désormais pourquoi les élèves de Mr Schuyt ne reçoivent jamais plus d'une heure à la fois de pilotage en doubles commandes. **Il a une tâche au sol à accomplir***, toutes les heures, qui exige son attention personnelle.*

Le summum de la cruauté mentale : Mr Crosby faisant piloter ses élèves si bas dans la vallée que **l'altimètre indique -100 pieds***. Comment vous sentiriez-vous ?*

Comment est-ce que Mr Newhouse espère aider ses élèves en les suivant aux jumelles depuis le sol ? **Ils ne peuvent certainement pas entendre ses jurons depuis là-haut.**"

Les élèves Opérateurs radio / Mitrailleurs de la 1ère École Radio de Montréal, Québec s'inspirent du célèbre poème de Rudyard Kipling *"Tu seras un Homme mon fils"* : [729]

Si …
Si tu piges quelque chose aux balles traçantes,
Et règles ta mitrailleuse pour qu'en tirant elle chante.
Si tu peux scruter sans arrêt le ciel,
Surtout si tu es face au soleil.
Si tu es doué et reconnais,
Les autres avions, amis ou ennemis jurés.
Si tu peux estimer une distance de 365 mètres,
En faisant tous les calculs de tête.
Si tu penses connaître la déflexion à appliquer,
Pour déclencher une longue rafale assurée.
Si tu peux faire tout cela, alors je te le dis cher mitrailleur,
C'est sûr, c'est le Fritz qui plongera en pleurs.

Avec l'été et les attractions nocturnes d'Ottawa, le Journal de marche de la 2ème SFTS d'Uplands, Ontario, constate que *"certains personnels ont tenté d'allonger un peu trop leurs permissions et ont essayé de revenir à la base en passant par-dessus la clôture. Ils ont été pris et il y avait ce soir une belle procession faisant le tour de la place d'armes* **avec leurs paquetages complets sur le dos.**" [730]

---

[728] Page 2 du Journal *"The Wind"* du 7 juin 1941, conservé sous la référence C-12339, image 94, BAC.
[729] Poème non signé, publié page 7 de la revue *The Beam*" de février 1942 de la 1ère École Radio de Montréal, Québec. Il a bien sûr fallu modifier quelque peu le texte pour trouver les rimes en français, mais en espérant conserver l'esprit.
[730] Journal de marche de la 2ème SFTS, conservé sous la référence C-12344, image 1010, BAC.

Le 6 octobre 1942, le Cornell FH664 de la 2ème FIS se pose à une douzaine de kilomètres à l'ouest de l'aérodrome de Vulcan, Alberta, en accrochant une clôture en fil de fer barbelé. Le Journal de marche de l'unité indique que *"l'avion a été démonté et remorqué jusqu'à la base, mais il a d'abord fallu réparer la clôture **sous la surveillance d'une grand-mère de la ferme voisine qui a avancé ses arguments avec l'aide d'un fusil de chasse.**"* [731]

Le Leading Aircraftman Reuben publie un article *"EFTS et tout ça !"* dans la revue *"The Gremlin"* de décembre 1942 de la 31ème EFTS de DeWinton, Alberta, qui détaille de nombreux conseils de pilotage plus loufoques les uns que les autres. La procédure recommandée en cas d'incendie en vol a été traduite ci-après :

"Règles à suivre si l'avion prend feu :

Si vous êtes en vol solo :

    a.   ***Éteignez votre pipe ou votre cigarette.***

    b.   ***Arrosez le poste de pilotage d'essence*** *en poussant de grands cris de joie.*

    c.   *Orientez l'avion vers la tour de contrôle pour qu'ils puissent noter son numéro.*

    d.   *Sautez en parachute.*

Si vous êtes avec un instructeur :

    a.   ***Réveillez l'instructeur.***

    b.   *Sautez en parachute."* [732]

Le journal *"The Flying Gopher"* de janvier 1943 de la 41ème SFTS de Weyburn, Saskatchewan, comporte une rubrique *"Questions des élèves"* dans laquelle on trouve des conseils essentiels comme celui-ci : [733] *"QUESTION : **Je jouais aux cartes avec trois Sergents, et à un moment il y a eu cinq As simultanément sur la table.** Je n'ai rien dit, mais est-ce que ceci est normal ? Je suis confus.*

*RÉPONSE : Oui et non. Le paquet de cartes pour les civils, sauf exceptions, ne contient que quatre As. Mais **ces choses peuvent se produire.** Vous avez eu tout à fait raison de ne faire aucun commentaire."*

Le journal *"The Fingal Observer"* de la 4ème B&GS de Fingal, Ontario, consacre un article "en exclusivité" sur les meilleures techniques pour éviter les séances obligatoires de sport car chacun sait *"qu'il n'y a que deux catégories de personnes : ceux qui n'aiment pas les cours de sport et le reconnaissent, et ceux qui ne les aiment pas mais ne veulent pas l'admettre. Cette seconde catégorie inclut tous ceux qui vous disent "c'est bon pour vous" ou "c'est la meilleure chose au monde", mais se trouvent des excuses pour ne pas participer dès que l'opportunité se présente. J'ai une fois rencontré un Sergent Instructeur de Sports qui m'a presque convaincu qu'il aimait ça, jusqu'à ce que des infirmiers psychiatriques le raccompagnent en le tirant gentiment par la main. Une paire d'Auxiliaires Féminines m'ont timidement avoué qu'elles adoraient les cours de sport car ils leur donnaient une silhouette idéale, mais à mon humble avis, elles ne devraient pas se donner ce mal car il aurait fallu une intervention divine ou un corset extraordinaire pour qu'elles atteignent cet objectif. Mon principal souci en écrivant ces lignes est d'aider tous ceux qui souffrent à la seule pensée de ces "tortures physiques" mais qui n'ont pas assez d'imagination pour trouver leurs propres alibis. Nous avons donc effectué un nouveau sondage parmi les abonnés du Fingal Observer, sans souci de la dépense, et nous avons listé les excuses anti-sport les plus raffinées."*

---

[731] Entrée du 6 octobre 1942 du Journal de marche de la 2ème FIS, conservé sous la référence C-12325, image 486, BAC.

[732] Article publié page 9 de la revue *"The Gremlin"* de la 31ème EFTS de DeWinton, Alberta, de décembre 1942.

[733] Page 11 du Journal *"The flying Gopher" de janvier 1943*, disponible en ligne sur IBCC Digital Archive, document 24330.

Parmi ces excuses, les meilleures consistaient à **être le beau-frère du Médecin de l'école, à atteindre le grade minimum de Squadron Leader ou à dépasser la limite d'âge de 45 ans**. À défaut, d'autres techniques étaient recommandées, aux risques et périls de l'utilisateur, comme par exemple dire que **l'on venait de donner son sang, que ses chaussures de sport étaient chez le cordonnier, que sa femme attendait un enfant, ou … prétexter un article à écrire pour le journal de l'école !** [734]

En plus de ces hommes et femmes, certaines écoles ont d'autres "assistants", comme la 13ème SFTS de Saint Hubert, Québec, qui s'empresse de recruter 25 chats pour combattre une invasion de souris au printemps 1943. Le magazine de l'école consacre une pleine page et demi **pour revendiquer que ces courageux félins soient inscrits sur la dotation théorique de l'unité**, arguant du fait que les pigeons voyageurs étaient bien inscrits sur ce type de document ! [735]

Dessin humoristique "Augmentation d'effectif" accompagnant l'article susmentionné (dessin anonyme © Government of Canada. Reproduced with the permission of Library and Archives Canada (2024). Source: Library and Archives Canada/Department of National Defence fonds/Reel C-12349 p. 948).

Dans le même registre, la 33ème SFTS de Carberry, Manitoba, rencontre en juillet 1942 *"des difficultés avec les chiens qui semblent sortir de nulle part sans aucun maître identifié et qui tentent de **se faire passer pour des militaires de carrière à part entière auprès de la cantine**. L'expulsion d'un groupe a toujours été suivie par l'arrivée de remplaçants, et la situation est rendue encore plus délicate par le fait que chacun de ces chiens semble développer une tendresse particulière pour le Commandant de l'École."* [736] La mascotte de la 5ème AOS de Winnipeg, Manitoba, est une chienne ramenée sur la base par l'une des premières Classes d'Observateurs. Baptisée Hobby, elle a élu domicile avec les gardes, avait manifestement ses entrées au mess des Sergents et n'a jamais manqué l'appel du matin. [737] Ceci dit, la 9ème EFTS de Cunderdin en Australie Occidentale pouvait se vanter d'avoir l'association la plus étrange de deux mascottes : **une kangourou baptisée Elizabeth, et un fox terrier nommé Spot, tous deux participant religieusement au lever des couleurs tous les matins avant d'avoir droit à leur petit déjeuner**. [738]

---

[734] Article du Journal *"Fingal Observer"* de mars 1943 de la 4ème B&GS de Fingal, Ontario, conservé sous la référence C-12333, image 389, BAC. Le terme "tortures physiques" (Physical Tortures) est un jeu de mots intraduisible avec l'acronyme des cours de sport "PT - Physical Training". D'autres élèves pensent aussi que cette activité est "absolument affreuse" (Pretty Terrible).
[735] Article et dessin page 13 du magazine *"Prop wash"* de mai 1943 de la 13ème SFTS.
[736] Entrée du 14 juillet 1942 du Journal de marche de la 33ème SFTS, conservé sous la référence C-12353, image 1675, BAC.
[737] Article publié page 72 de la revue *"The Drift Recorder"* de mars 1945 de la 5ème AOS de Winnipeg, Manitoba.
[738] Pages 29 et 30 du livre *"Units of the Royal Australian Air Force : A concise history. Volume 8 : Training Units"*, voir bibliographie.

La revue Tee Emm a publié plusieurs poèmes *"dix petits pilotes", "dix torpilles de 18 pouces", "dix petits retardataires", "dix petits bombardiers"*, etc., inspirés du roman d'Agatha Christie *"dix petits nègres"* publié en 1939. Les Leading Aircraftmen T. E. Holmes et C. S. Freeman de la Classe 68D de la 33ème ANS de Mount Hope, Ontario, ont rédigé celui-ci qui aurait pu être intitulé *"dix petits navigateurs"* : [739]

Escapade
Dix petits navigateurs sur leurs cartes au-dessus du Rhin, traçaient des courbes en forme d'œufs,
Un *a oublié ses bases en Astronavigation, et ils ne furent plus que neuf.*
Pour l'un de ces petits navigateurs, *ce fut une triste suite,*
Il a suivi une route "Bingo", [740] *et ils ne furent plus que huit.*
Pour poursuivre cette histoire, qui ne nous en laisse plus que sept,
Un *perdit ses repères au-dessus d'une zone de Flak, et arriva au Paradis direct.*
Un petit navigateur *a ensuite oublié qu'un relèvement radiogoniométrique existe,*
Son avion a quitté la formation, et ils ne furent plus que six.
Un autre *n'a pas fait attention aux taux de montée et de descente de son zinc,*
Son avion a rencontré une montagne isolée, et ils ne furent plus que cinq.
"Gardez votre position à jour", c'est une Règle d'Or que l'on idolâtre,
Un petit navigateur *a dit "Pfff, c'est pour les nuls", et ils ne furent plus que quatre.*
De retour via la Hollande, au-dessus de la Grande Mer du Nord dans le froid,
Un équipage *a oublié la procédure d'amerrissage, et ils ne furent plus que trois.*
Le temps a changé au-dessus de l'Europe, et souffla un vent du Nord-Est très nerveux,
Un petit navigateur *a pensé que le vent du briefing Météo convenait mieux, et ils ne furent plus que deux.*
Un petit navigateur *pensant à sa petite amie n'accorda à sa navigation à l'estime que peu de soin,*
Il a confondu son cap avec sur sa vitesse vraie, et il n'en resta plus qu'un.
Celui-là, *seul de tous ceux qui étaient partis, à la Base sain et sauf revint,*
Et désormais, des leçons de l'école de Mount Hope, chante les louanges sans fin.
Les erreurs qu'ils ont commises, je suis sûr que vous en conviendrez,
Sont répétées tous les jours en Opérations. Alors pendant votre formation, apprenez à les évitez !

La revue *"Drift Recorder"* de la 5ème AOS de Winnipeg, Manitoba, d'avril 1943 publie un article intitulé *"Essai sur la Femme"* qui débute par le mot d'humour suivant : *"Dieu créa l'homme et s'est reposé. Dieu créa la femme et depuis ...* **ni Dieu ni l'homme ne se sont reposés.**" [741]

Le 29 juin 1943, le Squadron Leader supervisant la 31ème EFTS de De Winton, Alberta, note avec un brin de frustration que **"la guerre de la paperasse bat son plein** puisque les Officiers et

---

[739] Page 7 de la revue *"The Mount Hope Meteor"* de la 33ème ANS, avril 1943. Il a bien sûr fallu modifier quelque peu le texte pour trouver les rimes en français, mais en espérant conserver l'esprit.
[740] Le terme *"route Bingo"* désigne le trajet idéal à suivre pour rejoindre un aérodrome en utilisant le minimum de carburant possible, cette quantité de carburant étant appelé *"Bingo fuel"*. Tout carburant supplémentaire est appelé *"Combat fuel"*. Ces termes sont toujours utilisés aujourd'hui (référence AP3456 Vol. 9, 2010).
[741] Article publié page 8 de la revue *"The Drift Recorder"* d'avril 1943 de la 5ème AOS de Winnipeg, Manitoba.

Sous-Officiers pilotes doivent renseigner en triple exemplaire leurs résumé de carrière, et beaucoup d'entre eux le font pour la troisième ou la quatrième fois." [742]

L'envoyé spécial de l'hebdomadaire *"Flash"* de juin 1943 de la 5ème ITS de Belleville, Ontario, obtient une réponse poétique du Flying Officer Bill Armour du Service Comptabilité à la question *"Quel est votre ambition secrète dans la Force Aérienne ?"* [743]

Version Anglaise	Version traduite *(librement !)*
Here's to a long life, and a merry one,	À une longue vie, et qu'elle soit joyeuse aussi,
A quick death, and a painless one,	Une mort rapide, et qu'elle soit indolore aussi,
A pretty girl, and a loving one,	Une jolie fille, et qu'elle soit douce aussi,
A cold bottle and another one.	Une bière fraiche, et qu'il y en ait une autre aussi.

Voyant au fil de l'interview que le Flying Officer semble connaître toutes les jolies filles des banques alentour, le reporter conclut qu'il souhaite orienter sa carrière vers la Comptabilité !

Le 25 septembre 1943, les Leading Aircraftmen D. J. Urquhart et E. W. Rawson ont le privilège douteux d'être les premiers élèves punis au sein de la 24ème EFTS d'Abbotsford, Colombie Britannique, cette école ayant accueilli son premier contingent le 6 septembre. Ces deux élèves sont coupables de séquences de vol non autorisées (comprendre "vol à basse altitude ou voltige") et écopent de quatorze jours d'arrêts de rigueur. Le Flight Lieutenant T. M. Gain, Chef Instructeur Pilotage de l'école note dans le Journal de marche que *"cette pratique doit être tuée dans l'œuf car nous croyons fermement au dicton qui dit qu'**il y des pilotes âgés et des pilotes casse-cou, mais qu'il n'y a pas de pilotes âgés et casse-cou**."* [744]

L'hebdomadaire *"Breezy Stuff"* du 8 octobre 1943 mentionne l'anecdote effrayante suivante survenue à un élève pilotant aux instruments sous la capote d'un des Cornell de la 24ème EFTS d'Abbotsford, Colombie Britannique : *"L'élève pensait que l'avion était en perte de vitesse puisque l'aiguille du Badin vibrait autour du zéro. Il a été surpris d'apprendre que son avion n'était pas en train de décrocher mais **dans un piqué à la verticale** à plus de 200 m.p.h. et qu'il avait poussé l'aiguille sur un tour complet."* [745]

La revue *"The Planesmen"* de la 31ème EFTS de DeWinton, Alberta, d'octobre 1943 publie un article intitulé *"The Linkery"* qui souligne le fait que la plupart des élèves n'oublient pas de retirer la boue de leurs chaussures en entrant dans le bâtiment des simulateurs Link, mais que *"de temps à autre, **un élève arrive pour sa première séance de simulateur avec son équipement de vol complet, y compris les bottes fourrées et le parachute**. ... Quelques personnes entretiennent ce type de blagues."* [746]

---

[742] Entrée du 29 juin 1943 du Journal de marche de la 31ème EFTS, conservé sous la référence C-12339, images 1722-1723, BAC.
[743] Page 2 du Journal *"Flash"* du la dernière semaine de juin 1943, conservé sous la référence C-12343, image 320, BAC.
[744] Entrée du 25 septembre 1943 du Journal de marche de la 24ème EFTS, conservé sous la référence C-12339, image 811, BAC.
[745] Article conservé sous la référence C-12339, image 825, BAC.
[746] Article anonyme publié page 13 de la revue *"The Planesmen"* de la 31ème EFTS de DeWinton, Alberta, d'octobre 1943.

La page 17 de la même revue comporte quelques blagues que l'on retrouve souvent dans les magazines d'autres écoles :

"Avez-vous entendu parler du gars qui a rebondi tellement haut à l'atterrissage qu'il a fallu dégivrer l'avion quand on l'a retrouvé ?"

"Je volais si bas au-dessus de la mer que mon badin a été soudainement gradué en nœuds."

"Citations classiques :   "J'ai fait ce que m'a ordonné mon instructeur."
"Le vent soufflait par là quand j'ai décollé."
"Mon altimètre indiquait 500 pieds quand j'ai heurté le sol."

La revue *"The Penhold Log"* de janvier 1944 de la 36ème SFTS de Penhold, Alberta, corrige un oubli de la *"Gazette des éleveurs de Sangliers"* en publiant la liste des membres de l'école ayant reçu des décorations inhabituelles (et totalement inventées), en imitant le style ampoulé de la *London Gazette* (le Journal Officiel britannique). Par exemple : [747]

"DSC (Double Size Chocks – Cales de Double Taille) : Group Captain H. Pringle, AFC. *L'exploit exceptionnel de cet officier alors qu'il était responsable de sa voiture, mais sans en avoir vraiment le contrôle, durant un raid nocturne particulièrement réussi sur un dépôt de victuailles, … a véritablement impressionné tous les témoins, y compris la voiture. …*

DSO (Distinguished Shooting Overseas – Tireur Émérite Outre-Mers) : Flight Lieutenant A. Elliott. *Cet officier a montré une détermination sans faille pour poursuivre les canards canadiens, que ce soit à pied ou en voiture. Un magnifique esprit agressif en tant que conducteur lui a permis de franchir tous les obstacles à la vitesse maximale. …*

OM with Clamp (Ordre de la Météorologie avec couverture nuageuse) : Mr W. W. Stewart. *Les efforts de Mr Stewart pour prédire la météo ont semé la confusion. … Il a réussi à prédire tous les phénomènes naturels possibles pour Penhold, sauf peut-être un tremblement de terre. Cet oubli n'est pas très grave puisque les élèves en vol solo fournissent suffisamment de ce type de tremblements. Si seulement Mr Stewart pouvait aussi recevoir les résultats des courses hippiques sur son Telex, sa contribution à Penhold n'aurait aucun équivalent. …"*

Parmi les nouvelles publiées en mars 1944 dans le magazine *"The Pendletonic"* de la 10ème EFTS de Pendleton, Ontario, on trouve les informations suivantes : [748]

"Certains instructeurs Link ont effectué des vols [sur simulateur] à partir du porte-avions "X". Ces vols se sont terminés de façon désastreuse et il a été suggéré que l'avertissement suivant soit placé sur le nouveau "super simulateur" : "<u>Du simulateur Link au bouillon en une seule leçon facile</u>"."

---

[747] Article intitulé *"The local Gremlin Squadrons"* publié pages 2 et 3 de la revue *"The Penhold Log"* d'avril 1943 de la 36ème SFTS de Penhold, Alberta.
[748] Page 4 du Journal *"Pendletonic"* du 9 mars 1944, conservé sous la référence C-12339, image 1555, BAC.

La revue *"The Beacon"* de la 5ème AOS de Winnipeg, Manitoba, de mars 1944 publie, à l'attention des élèves-navigateurs un article intitulé **"Comment devenir populaire auprès de votre Pilote"** qui donne les conseils suivants : [749]

"1. Dirigez-vous lentement vers votre avion. Il n'y a pas d'urgence. Ça donnera l'occasion à votre pilote de peaufiner ses jurons. Oubliez vos cartes ou vos outils de temps à autre : votre pilote peut toujours rester assis là en regardant les autres pilotes lui faire un salut amical alors qu'ils décollent.

2. Prenez votre temps pour vous installer dans l'avion. Il n'est pas pressé qu'on lui donne un cap, etc. Il peut s'entraîner à faire des circuits d'approche autour de l'aérodrome pendant que vous faites tourner votre règle à calcul.

3. Déplacez-vous librement dans l'avion ; les planchers sont solides. Ceci permettra à votre pilote de s'entraîner à voler tout droit en palier sur vos caps avec de bonnes secousses. Ça le rendra plus fort … et ce sera probablement fatal pour vous.

4. N'acceptez pas que l'on critique votre navigation : après tout c'est vous le navigateur. Si la sortie est ratée, vous pouvez toujours dire que votre pilote n'a pas suivi les caps que vous lui avez donnés, même si 99,4% d'entre eux sont motivés pour vous aider à devenir un bon navigateur.

5. Lorsque vous effectuez des relèvements [par visée], avertissez votre pilote avant de commencer mais ne lui dites pas quand vous avez fini. Ceci garantit un vol rectiligne en palier permanent, du moins jusqu'à ce que votre pilote tombe évanoui par épuisement.

6. Dès que l'avion s'arrête après le vol, quittez-le comme un orignal fou sans vous soucier de remercier le pilote. Après tout, il n'a fait que piloter l'avion pour vous pendant trois heures !"

Le même numéro du *"The Beacon"* propose également à ses lecteurs *"un formulaire d'impôts sur le revenu simplifié* **que même le Flight Lieutenant Lapp et Mr Olafson [deux instructeurs] peuvent comprendre"**. Ce document est assez original puisqu'il a des rubriques telles que : [750]

- *"Revenus du poker, du rami et du bridge (si bridge, ajoutez 5% hors taxes).*
- *Est-ce que le Flight Lieutenant Lapp ou Mr Olafson vous ont aidé à remplir ce formulaire ? (Si oui, ajoutez 10%).*
- *Est-ce qu'ils ont dit qu'ils savaient ce qu'ils faisaient ? (Si oui, ajoutez 7,5 %).*
- *Où étiez-vous la nuit du 31 décembre 1936 ? (Si vous étiez saoul, ajoutez 10% de taxes sur l'alcool).*
- *Intérêt pour les jolies blondes (non déductible si vous avez plus de 45 ans)."*

Chaque Classe de la 5ème AOS de Winnipeg, Manitoba, a l'occasion d'inclure quelques paragraphes chaque mois dans la revue de l'école pour souligner les progrès effectués et les événements qui ont marqués leur apprentissage. On y apprend par exemple qu'après quinze semaines de cours, les 21 survivants de la Classe 91B attendent avec impatience d'être brevetés Navigateurs et promus Sergents, même si certains ont encore des difficultés comme *""Russ" Collins* **qui a utilisé l'étoile Polaire pour son point astronomique, mais sans avoir de bulle dans son sextant,** *ou que Peter Blades* **a pris une mesure sur le Soleil et a fait ses calculs avec les tables astronomiques du mois dernier"**. L'article se conclut en paraphrasant un discours de Churchill de 1940 : **"Jamais dans le domaine de la Navigation, si peu de gens n'ont mis autant de bazar."** La Classe 108A, composée exclusivement d'Australiens, s'est même inventée un blason entouré d'un kangourou et d'un émeu avec la devise **"Donnez-nous du temps"** ; le blason comporte la constellation de la Croix du Sud, un boulier, le Doigt Auréolé (emblème du fameux Pilot Officer Prune) et un badge du Navigateur recouvert d'un énorme point d'interrogation ! Cette Classe s'enorgueillit du fait que *"ses membres ont contribué à leur modeste manière*

---

[749] Article publié page 2 de la revue *"The Beacon* de mars 1944 de la 5ème AOS de Winnipeg, Manitoba.
[750] Article publié page 3 de la revue *"The Beacon"* de mars 1944 de la 5ème AOS de Winnipeg, Manitoba.

à la science de la Navigation : *Smiler Burnett a obtenu la célébrité grâce à sa découverte, avec l'aide de la Règle à Calcul Type E6-B, qu'avec une vitesse de vent de 200 nœuds,* **l'Anson Mk V est capable d'atteindre une vitesse par rapport au sol de 800 nœuds [1.480 km/h !]** *; Phil Davies, quant à lui, a prouvé de façon définitive* **qu'un relèvement pris sur le feu de position d'un avion volant 2.000 pieds plus bas ne servait strictement à rien pour déterminer sa position."** [751]

Le travail de la Section des simulateurs Link de la 16ème SFTS d'Hagersville, Ontario, est résumé de façon humoristique dans un article intitulé **"Qu'est-ce que j'ai fait pour mériter ça ?"** dont quelques extraits sont traduits ici : *"Qu'est-ce que le Link ? Beaucoup pensent que c'est une machine conçue pour énerver les instructeurs et les élèves à parts égales. ... Elle est composée* **d'un cercueil bombé** *avec deux côtés, un fond et un couvercle. Ce couvercle n'est pas cloué en place, mais il peut être cadenassé à volonté par l'instructeur* **pour éviter que la victime ne s'échappe.** *... D'après le Flight Sergeant Ross, chaque fois que l'on voit un élève marchant de manière alerte et enthousiaste, on peut affirmer avec certitude que c'est parce qu'il se dirige vers la Section Link. Ross indique même qu'il a fallu placer un garde armé d'une batte de base-ball pour réguler l'afflux de clients trop empressés. Ce témoignage n'a pas été vérifié, mais un sondage a établi que 73,8% de nos élèves préfèrent une heure de simulateur Link plutôt qu'une heure de punition sur la place d'armes avec un sac à dos plein. ... Il y a eu le cas de cet élève, qui après avoir reçu l'ordre d'ouvrir le couvercle et de sortir, a réclamé une heure supplémentaire. Choqué, l'instructeur a immédiatement reçu les premiers soins et* **il est désormais à l'Institut Mental de l'Ontario où il apprend aux oiseaux à descendre en respectant les 500 pieds par minute."** [752]

Certains articles des revues des écoles présentent d'ambitieuses propositions géopolitiques, comme par exemple celui-ci, rédigé par le Flight Sergeant (Santa Claus) Paton sous le titre **"Une mesure infaillible"** : *"Une fois que la guerre sera terminée (très bientôt nous l'espérons), il y aura beaucoup de débats sur* **la façon d'empêcher les Allemands de reconstruire leur armée** *ainsi que tout l'équipement nécessaire. Il ne servirait à rien de promulguer des lois ou de signer des traités puisqu'ils peuvent les déchirer plus vite que nous ne pourrions les rédiger. Nous devons donc concevoir une mesure absolument infaillible, qui résistera quelles que soient leurs ruses, bidouillages, prières ou demandes, afin qu'ils ne puissent pas se procurer les matériels nécessaires. Nous, de la RCAF, avons la réponse à ce problème crucial.* **Il suffit de mettre en place en Allemagne un système de stockage identique à celui que nous utilisons. Il faut que les Allemands soient obligés à remplir les formulaires E.42, E.26, E.93, et oui, même les E.56 quand ils auront besoin de matériaux. C'est un jeu d'enfants, ils n'auront jamais ce qu'ils souhaitent**, *et ils seront donc coincés. Facile, non ?""* [753]

Bien avant la scène d'introduction du film "La grande vadrouille" du navigateur qui dit à son pilote qu'ils doivent être au-dessus de Calais juste avant d'apercevoir la tour Eiffel, la plaisanterie suivante était imprimée dans les revues des écoles de navigation : *"Un jeune officier de la RAF en Égypte effectuait des exercices de navigation et déterminait sa position à l'aide d'un sextant. Après une série de longs calculs complexes, il s'est soudainement retourné vers son pilote pour lui dire "Retirez votre casquette". La réponse à l'air interrogateur du pilote a été :* **Parce que d'après mes calculs, nous venons d'entrer dans la cathédrale St Paul [à Londres].""** [754]

---

[751] Articles publiés page 17 de la revue *"The Beacon"* de la 5ème AOS de Winnipeg, Manitoba d'avril 1944 et page 6 de la revue d'octobre 1944. Le sextant utilisé en aviation permet les mesures stellaires grâce à une bulle créant un horizon artificiel.

[752] Article publié page 17 de la revue *"The 16 Oracle"* d'avril 1944 de la 16ème SFTS d'Hagersville, Ontario.

[753] Article publié page 14 de la revue *"The Aero-Log"* de juin 1944 de la 12ème SFTS de Brandon, Manitoba.

[754] Article publié page 14 de la revue *"The Drift Recorder"* de juillet 1944 de la 5ème AOS de Winnipeg, Manitoba.

Les cours d'identification des avions amis et ennemis occupaient une place importante à toutes les étapes de la formation des aviateurs. La revue *"The Breeze"* de juillet 1944 de la 24ème EFTS d'Abbotsford, Colombie Britannique, prétend que ces cours remontent très loin dans l'histoire comme on peut le voir sur le dessin ci-contre : *"Hmm ! Je dirais que c'est* **un Ptérodactyle Mark VII**, *envergure de l'ordre de 60 pieds !* " (dessin © Government of Canada. Reproduced with the permission of Library and Archives Canada (2024). Source: Library and Archives Canada/Department of National Defence fonds/Reel C-12339 p. 1001) [755]

Nous avons vu que les jeunes pilotes affectés en tant qu'instructeurs voyaient souvent cela comme une tâche ingrate. Le poème suivant a été reproduit, avec différentes variations, dans plusieurs journaux des écoles canadiennes. Cette version a été publiée dans le journal de la 36ème SFTS de Penhold, Alberta, *"avec remerciements au Flight Lieutenant Peter Chave"* : [756]

La complainte de l'instructeur

« Qu'as-tu fait pendant la guerre Papa ?
 Comment nous as-tu aidés à gagner ? »
« Des circuits, des atterrissages, mon p'tit gars
 Et des sorties de vrilles sans arrêt. »
Enfer, damnation et pauvre de moi !
J'ai volé pendant des mois ;
Mais au lieu de mitrailler des Nazis,
J'ai appris aux jeunes recrues à piloter.
Et pour me récompenser ou me payer,
Je n'ai pris part à aucun raid ni abattu aucun ennemi.
On ne pouvait jamais faire les fous,
Toujours il fallait rester calmes et doux.
C'était un grand non pour les vols sur le dos,
Puisque pour l'Instructeur en Chef, ça aurait été la faute de trop.
Car c'était un tel mauvais exemple en avion,
Que le Commandant nous aurait passé un sacré savon.
Et jamais nous ne serions mutés à une unité de chasse,
On restait coincé dans un simulateur Link, hélas.
Alors c'était des circuits et des atterrissages jusqu'au déjeuner,
Puis des vols aux instruments jusqu'au dîner.
« Incline l'avion, tiens le droit,
Abaisse le train, tu glisses, tu dérapes », ça c'était moi.
À peine avais-tu fini un cours qu'un autre élève surgissait,
Sans oublier les quatre autres qui attendaient leur tour d'un air benêt,
Et encore quatre qui touchaient à tout avec frénésie.
Mais parfois nous lisions dans les journaux, les actes

---

[755] Dessin signé Studs, publié page 7 de la revue *"The Breeze"* d'avril 1944 de la 24ème EFTS d'Abbotsford, conservé sous la référence C-12339, image 1001, BAC
[756] Poème publié **page 24** de la revue *"The Penhold Log"* de janvier 1942 de la 36ème SFTS de Penhold, Alberta. Il a bien sûr fallu modifier quelque peu le texte pour trouver les rimes en français, mais en espérant conserver l'esprit.

Que nos anciens élèves avaient accompli lors d'attaques,
Et nous étions fiers de les avoir formés,
Et de leur avoir montré la route vers le succès.
Alors si vous trouvez l'argent et faites fonctionner les avions,
Nous donnerons tout ce que nous avons,
Pour que ces hommes triomphent dans les cieux,
Et détruisent dans son antre le Démon odieux.

Les **jeunes pilotes n'étaient pas les seuls à craindre d'être affectés comme instructeurs.** Les navigateurs avaient la même inquiétude de se voir retenus de longs mois dans une école, comme le montre ce poème publié dans la revue de la 33ème École de Navigation Aérienne de Mount Hope, Ontario, inspiré du célèbre *"Tu seras un Homme mon fils"* : [757]

Si ... *(avec nos excuses à feu Rudyard Kipling)*
Si tu peux trouver ta route quand tous autour de toi,
Perdent la leur et te blâment avec des éclats de voix,
Si tu peux effectuer un relèvement dans le noir complet,
Et le reporter sur la carte avec une grande efficacité.
Si tu peux synchroniser ta montre avec le méridien de Greenwich,
Tout en passant tes messages avec l'heure de la Zone Européenne à ton pilote qui pleurniche,
Si tu peux rédiger des messages compréhensibles,
Pour qu'ils ne reviennent pas avec la mention "illisible".
Si tu peux tourner l'antenne radiogoniométrique, et de concert,
Estimer la valeur (en blanc sur l'échelle),
Où se cache le signal le plus faible,
Et faire tout ça sans la moindre lumière.
Si tu peux prendre un message en Morse
Quand les éclairs illuminent le ciel avec force,
Pour basculer ton poste directement sur "émission"
Et envoyer un "R" et pas un "IMI" sans ressentir la moindre pression. [758]
Si tu peux te souvenir du vent du briefing Météo et l'ignorer,
Afin de déterminer ta propre position ou la "double dérive" à appliquer,
Si tu peux calculer ta position en navigation à l'estime,
Et tenir compte du changement des vents hostiles.
Si tu peux changer de cap sur des ETA, avoir confiance en ces derniers, [759]
Et utiliser un astrographe pour naviguer dans la nuit étoilée, [760]
Si tu peux vérifier ta vitesse au sol avec un viseur nocturne,
Et affirmer "elle est correcte", et non pas "elle semble être d'environ" d'un air taciturne.
Si tu peux absorber tout le baratin dont tes instructeurs

---

[757] Poème signé Wayde, publié page 27 de la revue The Mount Hope Meteor" de mars 1944 de la 33ème ANS de Mount Hope, Ontario. Il a bien sûr fallu modifier quelque peu le texte pour trouver les rimes en français, mais en espérant conserver l'esprit.
[758] En Morse, le "R" se tape point-trait-point, alors que le bloc des lettres "IMI" point-point-trait-trait-point-point indique à un point d'interrogation.
[759] ETA = Estimated Time of Arrival (heure estimée d'arrivée).
[760] Un astrographe était une sorte de petit rétroprojecteur permettant au navigateur de faire défiler une bobine indiquant les positions sur sa carte d'où l'on pouvait observer les étoiles suivant un certain angle en fonction de la date et de l'heure. On évitait ainsi les calculs de trigonométrie. Chaque appareil disposait de plusieurs bobines de film, pour différentes zones géographiques. Il suffisait de mesurer la hauteur de deux étoiles et de trouver sur la carte les deux lignes sur lesquelles on pouvait observer ces étoiles à un moment donné à ces hauteurs : l'avion se trouvait donc à l'intersection de ces deux lignes.

T'abreuvent chaque jour avec ardeur,
(Ils jacassent des phrases sans queue ni tête,
Puis veulent que tu penses qu'ils ne sont pas bêtes).
Si tu peux remplir des cahiers par centaines,
Et potasser la nuit au lieu de conter fredaine,
Ne crois pas que tu seras dans un Escadron de bonne heure,
Car ils feront de toi un fichu instructeur.

De même, les instructeurs de la 1ère École Radio de Montréal envisageaient ainsi leur arrivée devant St Pierre : [761]

Décédé
Un Technicien radio frappa aux portes du Paradis,
Son visage vieux et meurtri.
Il se redressa en voyant St Pierre,
Et demanda à rejoindre ses confrères.
- « Qu'avez-vous fait » demanda St Pierre
  « Pour être admis ici ? »
- « J'ai été instructeur jusqu'à hier,
   Instructeur pendant 365 jours de galère. »
Aussitôt les portes du paradis s'ouvrirent sur le parc,
Et St Pierre fit sonner une cloche.
« Entrez vite et choisissez votre harpe,
 Vous l'avez bien mérité, vous avez eu votre quota de têtes de pioche ! »

Le responsable du dépôt de la 5ème École Radio de Clinton au Canada écrit en mars 1945 un petit article humoristique dans le journal de l'unité sur la façon de commander différents articles en utilisant une nomenclature claire. Il donne l'exemple suivant : *"EFFECTUEZ ce test : rédigez votre description, placez la pièce détachée que vous souhaitez commander au milieu d'autres pièces ressemblantes, et demandez à quelqu'un d'identifier votre pièce en se fiant UNIQUEMENT à votre description écrite.* **Nous n'aimons pas recevoir des demandes comme celle-ci :**

- *S'il vous plait, commandez rapidement,* **quantité UN, DISPOSITIF, ATTRAPE-SOURIS, MOBILE.**

N'est-il pas plus simple d'appeler **cette fichue chose UN CHAT** *?"* [762]

Les Gremlins

Dans son premier numéro, le journal de **la 31ème EFTS de De Winton, Alberta**, demandait à ses lecteurs de suggérer un titre pour cette publication. Le Leading Aircraftman Sampson remporte un prix d'un mois de cinéma gratuit pour avoir proposé un titre *"qui n'était utilisé par aucun autre magazine d'École et qui était tout à fait adapté au sujet des Forces Aériennes . "Le Gremlin"".* Le premier article du numéro 2 du Journal est donc consacré à un catalogue officiel des espèces et variétés de Gremlins qui a été traduit ci-après, et en page 4 figure une chanson intitulée *"La marche des Gremlins"* : [763]

---

[761] Poème anonyme, publié page 8 de la revue *The Beam"* de février 1942 de la 1ère École Radio de Montréal, Québec, Ontario. Il a bien sûr fallu modifier quelque peu le texte pour trouver les rimes en français, mais en espérant conserver l'esprit.
[762] Annexe du 15 mars 1945 du journal de marche de l'école, conservé sur microfilm sous la référence C-12367 Bibliothèque et Archives Canada.
[763] Pages 1 à 4 du Journal *"The Gremlin"* du 11 septembre 1942, conservé sous la référence C-12339, images 1478 à 1481, BAC.

"*Informations sur les Gremlins*, par le Caporal E. E. Stevens (Classe 63)

 Il semble régner une assez grande confusion dans les esprits des Personnels, à la fois Civils et Militaires, concernant les Gremlins. J'ai même rencontré un aviateur qui n'y croyait pas. Son sort est scellé, car les Gremlins auront sa peau. Tout d'abord, il faut savoir que les Gremlins sont des vaches volantes, qui symbolisent la malchance qui frappe les aviateurs. Ils sont bien connus pour s'acharner de manière vicieuse sur les élèves-pilotes.

 Les Gremlins ont été étudiés et ont été catalogués en cinq variétés, toutes étant très déplaisantes lorsqu'on les croise. Il est connu que les premiers types de Gremlins ont été combattus par un célèbre Escadron de l'Auxiliary Air Force qui, sortant triomphant de ce combat, a adopté un Gremlin déchaîné comme emblème [probablement le 607ème Escadron].

MARK I : Ce type de Gremlin a une grande tête ressemblant à une vache, avec un petit corps effilé. La proie favorite de cette menace est le tableau de bord, ce dont peut témoigner toute personne qui a tenté de piloter aux instruments sous capote. Sous l'influence des Gremlins, les instruments refusent de se comporter normalement et plusieurs victimes des Gremlins Mark I bénéficient désormais de cours de harpe [au Paradis].

MARK II : Le Mark II a la même tête que le Mark I, mais il a en plus un gros corps disgracieux. C'est le démon qui perturbe le bon fonctionnement des moteurs, particulièrement durant la phase de décollage.

MARK II* : Ce membre de la famille des Gremlins, connu sous le surnom familier de "Étoile", est souvent confondu avec le Mark II. La principale différence est qu'il a de longues cornes, qu'il emmêle dans les trains d'atterrissage des pilotes qui ne sont pas sur leurs gardes, pour causer leur perte.

MARK III : C'est une variété géante de Gremlins, qui se spécialise dans le soulèvement ou l'abaissement de la surface d'un aérodrome au moment précis où le pilote novice est sur le point de se poser. J'ai personnellement eu plusieurs rencontres avec cette variété de Gremlins. Ils sont généralement victorieux car il faut beaucoup de temps pour apprendre à les contrer.

MARK IV : Variété identique au Mark III, la principale différence étant que cette variété est aquatique et qu'elle est doté de branchies et/ou d'une cabine pressurisée. Il est raconté que ce sont des Gremlins extrêmement mécontents car ils sont hantés par les esprits des gens qui ne croient pas en leur existence. Leur rôle consiste à perturber la surface de la mer en soulevant l'horizon puis en le laissant tomber d'un coup. Ceci cause les plus grandes difficultés aux équipages d'hydravions. Lors de notre voyage depuis l'Angleterre, un Marin âgé et buriné a donné la réponse suivante à la question "Est-ce que vous avez des Gremlins en mer ?". Après un temps de réflexion, il a déclaré "Désolé, je ne connais pas grand-chose en navigation." Ça fait réfléchir, non ?

NOUVEAUTÉ : Plusieurs d'entre nous ont croisé le fer avec un type de Gremlin qui n'est pas encore catalogué avec certitude. Il semblerait être apparenté à la variété Mark II* et son rôle est de retenir l'aile gauche des avions Stearman lors du décollage. Je soupçonne cette variété d'être la Mark II**.

<u>NOTE</u> : La rumeur selon laquelle un Gremlin a été aperçu aux premières lueurs de l'aube, porteur d'un insigne d'Instructeur de Sports, est totalement infondée. [En page 4 du Journal, il est mentionné que l'Escadrille A des élèves n'est toujours pas réconciliée avec la séance de sports à l'aube, la plupart des élèves considérant que ce moment correspond au milieu de la nuit.]"

 Les Farfadets sont probablement l'équivalent français ancien des Gremlins de la RAF qui semblent avoir des prédilections pour les circuits mécaniques ou électriques. Il existait aussi manifestement d'autres types de Gremlins, puisqu'en page 3 du même Journal, il est mentionné que "*selon des sources sûres, le travail des chronométreurs [chargés de noter précisément les heures de décollage et d'atterrissage des avions et les personnels concernés] semble avoir été perturbé par des Gremlins. Après la danse de mercredi soir, nous soupçonnons que ce soit une jeune Gremlin blonde qui en soit la cause. Dave, une idée ?*".

Dans le même esprit, **le 2ème Dépôt du Matériel de la RCAF de Winnipeg** semble avoir été hanté par une Gremlin nommée Helen (voir la mention en haut du dessin de droite ci-dessous) qui déclenche les alarmes incendie et mélange les dossiers de personnel (Dessins signés Emil © Government of Canada. Reproduced with the permission of Library and Archives Canada (2024). Source: Library and Archives Canada/Department of National Defence fonds/Reel C-12370 p. 675 et p. 687) : [764]

"Il n'y a donc aucun homme mignon dans cette unité qui ne soit pas marié ?" *"Il n'y a pas de feu, mais je suis vraiment trop seule ici !"*

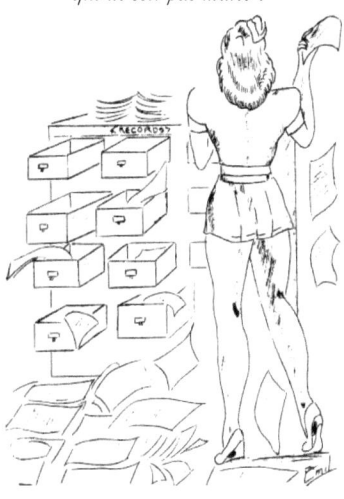 

Le Pilot Officer J. D. Forbes confirme également l'existence de ces lutins maléfiques dans un long article dont le premier paragraphe est traduit ci-après : *"Oui, nous en avons ! Sinon, comment pourrait-on expliquer les millions de choses qui tournent mal alors que malgré toutes les vérifications elles devraient fonctionner ? Quelle autre explication pourrait convenir à :*
- *Ces atterrissages manqués alors qu'il n'y a pas un brin de vent,*
- *Ce moteur qui a des ratés alors que le tableau de bord dit que tout va bien,*
- *Ce circuit d'allumage qui refuse de fonctionner alors que l'avion sort de révision,*
- *Cette lampe du sextant qui s'éteint juste au moment de lire la mesure alors que l'on vient de faire une longue visée en se gelant dans le courant d'air glacé,*
- *Certains formulaires remplis par les élèves pendant leurs vols avec des mesures de vent extraordinaires ou des vitesses calculées fantastiques,*
- *Ce relèvement radiogoniométrique que le Sergent Airborne vient de vous donner,*
- *Ce point astronomique qui vous place dans le Dakota du Nord,*
- *La disparition de vos tables astronomiques ou de votre règle à calculer,*
- *Ces prévisions météo [qui ne correspondent pas à ce que vous voyez] ?*

Il n'y a pas d'explication raisonnable, donc il ne peut s'agir que de l'œuvre des Gremlins et des Fifinellas." [765]

---

[764] Dessins par Emil dans le Journal *"Two-Ee-Dee"*.
[765] Article publié **page 4 de la revue *"The Drift Recorder"*** d'avril 1943 de la 5ème AOS de Winnipeg, Manitoba. Les Fifinellas étaient des gremlins femelles et avaient été adoptées comme mascottes par les auxiliaires féminines de l'USAAF.

La revue mensuelle *"Tee Emm"* de la Direction de la Formation du Ministère de l'Air mentionne aussi l'existence de *"Gremlets"* avec la définition suivante : *"Petits Gremlins immatures, nés habituellement en-dehors des liens du mariage, et que l'on trouve presque exclusivement au Nord de l'Écosse."* [766]

Les élèves de la 41ème SFTS de Weyburn, Saskatchewan, pensaient *"avoir découvert une nouvelle espèce, "le Gremlin des Prairies", mais après une étude détaillée, on peut affirmer qu'il s'agit d'une espèce britannique, le Gremlin Mk II, très malfaisante, qui a effectué la traversée clandestinement sur l'USS …"*. [767]

Preuve que les Gremlins sont des êtres maléfiques, les simulateurs Link si redoutés des élèves sont surnommés *les "Gremlins boxes"* ("boites à Gremlins"). [768] S'insinuant partout, une espèce particulière trafique les compas des Anson de la 33ème SFTS et est surnommée *"les bidouilleurs de déviation"*, ou plus communément *"Gremlins de compas"*. [769] À la 16ème SFTS d'Hagersville, Ontario, les Gremlins se spécialisent dans les circuits d'essence des *"puissants bombardiers Anson"*, soit en déplaçant une manette des gaz ou un levier de réglage du mélange, voire même en plaçant le robinet principal sur *"interconnexion"*, ce qui fait passer tout le carburant dans un réservoir et déséquilibre l'avion. [770] Les Gremlins étaient également accusés de causer la disparition des montres des élèves navigateurs de la 5ème AOS de Winnipeg, Manitoba. Sachant que ces montres faisaient partie de leur équipement réglementaire pour la navigation astronomique et qu'il fallait débourser 70 $ canadiens pour en acheter une autre, il n'est pas étonnant que les victimes souhaitaient *"la mort des Gremlins à montres"*. [771]

À la 36ème SFTS de Penhold, Alberta, il est suspecté qu'un Gremlin ait réussi à s'échapper des hangars pour créer le chaos dans la bureaucratie du QG de l'école. Un mercredi matin, entre autres désordres, les instructeurs auraient tous reçu une permission de 28 jours, un ordre aurait été rédigé appelant à mettre les gardes en cellule tous les soirs, et les calculettes de la comptabilité ne faisaient plus que des soustractions de sorte que les aviateurs se seraient retrouvés avec des paies négatives. [772]

Les Cadets de la RCAF étaient aussi surnommés *"Les Gremlins"*, probablement pour leur propension à poser des questions et à toucher à tout. [773]

---

[766] Page 176 de la revue *"Tee Emm"* Volume 3, n°7 d'octobre 1943.
[767] Article intitulé *"Gremlinology"* publié page 8 de la revue *"The Flying Gopher"* de septembre 1942 de la 41ème SFTS de Weyburn, Saskatchewan.
[768] Page 10 de la revue *"The Aero Log"* de janvier 1944 de la 12ème SFTS de Bradon, Manitoba.
[769] Page 8 de la revue *"Gen"* de juin 1944 de la 33ème SFTS de Carberry, Manitoba.
[770] Article publié page 16 de la revue *"The 16 Oracle"* d'avril 1944 de la 16ème SFTS d'Hagersville, Ontario.
[771] Article publié page 4 de la revue *"The Beacon"* d'avril 1944 de la 5ème AOS de Winnipeg, Manitoba.
[772] Article intitulé *"The local Gremlin Squadrons"* publié pages 2 et 3 de la revue *"The Penhold Log"* d'avril 1943 de la 36ème SFTS de Penhold, Alberta.
[773] Page 11 du journal *"Recco"* de la 1ère Reconnaissance & Navigation School, conservé sous la référence C-12327, image 846, BAC.

Anecdotes relatives à la sécurité des écoles

Au Canada : Si certaines écoles canadiennes en campagne semblent avoir accueilli à bras ouverts les visiteurs locaux ou même étrangers (comme par exemple deux Américains se présentant comme membres de la convention des Assureurs en tournée au Canada), d'autres sont bien plus sensibles à la crainte de saboteurs ou d'espions. Ainsi, dans la nuit du 13 au 14 juin 1941, les gardes de la 8ème EFTS de Vancouver ouvrent le feu sur un homme qui s'enfuit lorsqu'il lui est demandé de s'identifier.

L'attaque de Pearl Harbor par le Japon provoque un branle-bas de combat au sein de cette EFTS qui se sent particulièrement exposée. Le personnel est confiné sur l'aérodrome, des barrages sont placés sur les routes, les élèves sont affectés jour et nuit à des tours de garde, fusil en bandoulière, des nids de mitrailleuses sont installés, le black-out est imposé, et chacun doit porter son casque en acier et son masque à gaz. Le 18 décembre 1941, un ordre est émis pour déménager l'école de Sea Island à Boundary Bay (toujours à proximité de Vancouver), mais une fois dans ses nouveaux locaux, la décision est prise six jours plus tard de dissoudre purement et simplement cette école, dont les avions sont reversés à la 18ème EFTS. [774]

Le 12 mars 1942, la 20ème EFTS d'Oshawa, Ontario, a failli **se retrouver avec un élève-pilote supplémentaire lorsque l'Oberleutnant Frederick Oeser, pilote de bombardier de la Luftwaffe** est interpellé par Robert E. H. Bowman, l'instructeur sur simulateur Link, dans les baraquements de l'école, à la recherche d'équipements de vol. Il s'était évadé, en compagnie d'un autre prisonnier, du camp de Bowmanville, à une quinzaine de kilomètres de l'aérodrome, et souhaitait subtiliser un avion pour voler le plus au Sud possible à travers les États-Unis. [775] C'était la deuxième tentative d'évasion d'Oeser qui avait déjà été repris en décembre 1941 après s'être enfui dans un camion de linge. Les plus grandes EFTS (celle d'Oshawa n'avait que 173 militaires de la RCAF (dont 148 élèves) et 14 élèves de la RAF) s'inquiètent du fait qu'un intrus aurait beaucoup plus de facilité à se fondre dans la masse des différents uniformes de leurs aviateurs Britanniques, Canadiens, Australiens, Néo-Zélandais, Polonais, Tchèques, Norvégiens, Belges, Français ou Néerlandais.

En Australie : Tout comme leurs homologues canadiennes, les écoles australiennes ont eu leurs lots d'alertes de sécurité. Le passé des recrues était vérifié et les sympathisants nazis étaient refusés (ou limogés s'ils avaient déjà été engagés). Par exemple, malgré son bon comportement, un cadet de la 2ème EFTS d'Acherfield dans le Queensland est renvoyé le 21 février 1940 dès réception du rapport du Service Militaire du Renseignement sur ses activités politiques avant son engagement. [776]

Le 5 août 1944, la 8ème SFTS de Bundaberg, Queensland, est alertée par téléphone qu'une évasion de masse s'est produite au 12ème Camp de Prisonniers de Guerre de Cowra en Nouvelle Galles du Sud. 359 prisonniers japonais ont réussi à se faire la belle après avoir tué quatre gardiens. Malgré les plus de mille kilomètres qui séparent Cowra de Bundaberg, les gardes sont doublées et l'armurerie de l'école est placée sous surveillance constante jusqu'au 8 août. Au final, 231 Japonais ont été tués (beaucoup pendant la tentative d'évasion). [777]

---

[774] Entrée du 14 juin 1941 du Journal de marche de la 8ème EFTS et ordres n° 171 et 172 du 18 et du 24 décembre 1941, conservés sous la référence C-12336, images 454, 488 et 490, BAC.

[775] Entrée du 12 mars 1942 du Journal de marche de la 20ème EFTS, conservé sous la référence C-12339, image 268 et suivantes, BAC.

[776] Journal de marche de la 2ème SFTS, conservé sous la référence A9186 - 375, image 141, NAA.

[777] Annexe A du Journal de marche de la 8ème SFTS, conservé sous la référence A9435 - 21474054, image 500, NAA. En comparaison, la fameuse "grande évasion" du Stalag Luft III allemand dans la nuit du 24 au 25 mars 1944 n'a permis la sortie "que" de 76 prisonniers, dont 50 ont été exécutés par la Gestapo et dont seuls 3 autres ont réussi à ne pas être repris. Les lecteurs intéressés par plus de détails sur l'évasion de Cowra pourront se référer au livre *"The Cowra Breakout"* de Mat McLachlan, Hachette Australia, 2022, ISBN 978-0733647628.

ANNEXE 9 - Les magazines des écoles au Canada

Le tableau ci-dessous recense quelques-uns des magazines publiés par différentes écoles de la RCAF et de la RAF au Canada. Cette liste ne se veut nullement exhaustive.

École	Magazine	Remarques
1ère ITS de Toronto, Ontario	"Fox-Prop"	
2ème ITS de Régina, Saskatchewan	"ITS News"	
3ème ITS de Victoriaville, Québec	"The Take-Off"	
4ème ITS d'Edmonton, Alberta	"The Airman" puis "Flak"	
5ème ITS de Belleville, Ontario	"Flash"	
6ème ITS de Toronto, Ontario	"Parade"	
7ème ITS de Saskatoon, Saskatchewan	"Sideline Snapshots" puis "Kiwi"	
3ème École Radio, Winnipeg, Manitoba	"WAG Mag."	WAG = Opérateur radio - Mitrailleur.
31ème École RDF (radar), Clinton, Ontario	"Towers Review"	Titre en référence aux tours radio de l'école.
2ème EFTS de Fort William, Ontario	"The Thunderer"	Titre en référence à la compagnie civile gérant cette EFTS, la Thunder Bay Air Training School Ltd.
10ème EFTS de Pendleton, Ontario	"The safety Bug", "The Pendletonic", "Genformation"	Le Safety Bug était un hebdomadaire de prévention des accidents.
12ème EFTS de Brandon, Manitoba	"The Aero-Log"	
19ème EFTS de Virden, Manitoba	"The Wind" puis "The Tiger Rag"	
24ème EFTS d'Abbotsford, Colombie Britannique	"Breezy Stuff" puis "The Breeze"	
31ème EFTS de De Winton, Alberta	"The Adastrian" puis "The Gremlin" et "Planesman"	The Adastrian : Titre en référence à la devise de la RAF.
32ème EFTS de Bowden, Alberta	"Three Corners"	Titre en référence à la pièce de Shakespeare La Vie et la Mort du roi Jean, Acte 5, Scène 7 : "Qu'ils viennent en arme des trois coins du monde, et nous les surprendrons. Personne ne nous fera de mal, si l'Angleterre reste unie."
33ème EFTS de Caron, Saskatchewan	"The Moth monthly" puis "The Tailspin"	
36ème EFTS, Pearce, Alberta	"The Elevator"	
1ère B&GS, Jarvis, Ontario	"Fly Paper"	
3ème B&GS, MacDonald, Manitoba	"Tracer"	Référence aux balles traçantes.
4ème B&GS, Fingal, Ontario	"The Observer" puis "The Fingal Observer"	
31ème B&GS, Picton, Ontario	"Wings" puis "Hill topics"	Bimestriel
1ère SFTS, Camp Borden, Ontario	"Wings over Borden"	
4ème SFTS, Saskatoon, Saskatchewan	"The Reconnaissance : Very informal organ of N°4 SFTS"	
5ème SFTS, Brantford, Ontario	"The Skyline"	

École	Magazine	Remarques
8ème SFTS, Moncton, Nouveau Brunswick	*"Take off"*	
11ème SFTS, Yorkton, Saskatchewan	*"Wings"*	
13ème SFTS, Saint Hubert, Québec	*"Prop wash"*	*"Prop"* : raccourci de "propeller" (hélice).
14ème SFTS, Aylmer puis Kingston, Ontario	*"Aylmer Airman"* puis *"What's cookin"*	Bulletin hebdomadaire
15ème SFTS, Claresholm, Alberta	*"Windy Wings"*	Mensuel
16ème SFTS, Hagersville, Ontario	*"Albatross"* puis *"The 16 Oracle"*	
17ème SFTS, Souris, Manitoba	*"Out of the Scramble"*	Bulletin hebdomadaire
19ème SFTS, Vulcan, Alberta	*"Wings over Vulcan : the official organ of N°19 SFTS"*	Bimensuel
31ème SFTS, Kingston, Ontario	*"The Pioneer Magazine : the Magazine of the first RAF unit in Canada"*	
32ème SFTS, Moose Jaw, Saskatchewan	*"The Prairie Flyer"* puis *"The Gen"* à partir de juin 1944	*The Gen* : "La Rumeur" dans le jargon de la RAF.
33ème SFTS, Carberry, Manitoba	*"GEN"*	Voir ci-dessus.
35ème SFTS, North Battleford, Saskatchewan	*"The Prairie Howler"*	
36ème SFTS, Penhold, Alberta	*"The Penhold Log"*	
37ème SFTS, Calgary, Alberta	*"Calgary Wings"*	
39ème SFTS, Swift Current, Saskatchewan	*"The Swift"*	
41ème SFTS, Weyburn, Saskatchewan	*"The flying Gopher"*	
2ème FIS, Pearce, Alberta	*"Pearce Patter"*	Titre en référence à la méthode de présentation des manœuvres par les Instructeurs (*"patter"*)
1ère AOS, Malton, Ontario	*"The Navigator"* puis *"The Star Shooter"*	Titre en référence aux mesures astronomiques au sextant.
2ème AOS, Edmonton, Alberta	*"The Observer"*	
5ème AOS, Winnipeg, Manitoba	*"The Drift Recorder"*	Et *"The Beacon"*
31ème École de Surveillance Maritime, Charlottetown, île du Prince Édouard	*"The Graf"*	
1ère R&NS, Summerside, île du Prince Édouard	*"Recco"*	
École de Formation Technique, St Thomas, Ontario	*"The Aircraftman"*	
31ème Dépôt du Personnel de la RAF, Moncton, Nouveau Brunswick	*"In Transit"*	

Quelques couvertures de ces magazines (© Government of Canada. Reproduced with the permission of Library and Archives Canada (2024). Source: Library and Archives Canada/Department of National Defence fonds/Reel C-12336 p. 957 ; Reel C-12339 p. 1384 ; Reel C-12342 p. 1119 ; Reel C-12342 p. 1660 ; Reel C-12356 p. 1367 et Reel C-12349 p. 935)

ANNEXE 10 - Exemples d'accidents

Accidents mineurs

Certains accidents méritent d'être mentionnés pour leur côté inhabituel ou tragicomique, sans parler de ceux causés par la découverte de sports peu pratiqués en Australie, en Nouvelle Zélande ou au Royaume-Uni comme le hockey sur glace, le curling, le ski ou le patin à glace :

- Le 24 juillet 1940, le Tiger Moth A17-29 de la 5ème EFTS de Narromine en Nouvelle Galles du Sud, Australie, est pris dans un tourbillon de poussière (dit *"willy-willy"* dans le jargon local ou *"dust devil"* aux États-Unis) et subit des dégâts considérables (fuselage et empennage tordus, réservoir d'essence endommagé). Cet avion était parqué et arrimé au sol comme 17 autres appareils, mais le *"willy-willy"* semble l'avoir choisi comme unique victime. [778]
- Le 13 mai 1941, le Sergent Ronald O. Barker décolle de la 41ème Air School (B&GS) d'East London, Afrique du Sud, sur le Hawker Hart n°398. Ce biplan avait été mis en service presque dix ans auparavant (mai 1932) et avait notamment été utilisé par la 1ère FTS de Leuchars en Écosse avant d'être mis en caisses pour l'Afrique du Sud. Barker n'avait manifestement pas vérifié le contenu du réservoir puisqu'il avait à peine arraché l'avion de la piste que le moteur Kestrel IB5 s'arrête faute d'essence. Le pilote tente de revenir vers l'aérodrome mais l'avion s'écrase dans un petit bois. Barker, originaire d'Edgware au nord de Londres, avait alors 150 heures de pilotage à son actif (dont 100 en solo) et avait été breveté pilote le 2 février 1941. Cette erreur lui aurait sûrement valu un renvoi en d'autres lieux ou d'autres temps, mais à cette époque, la RAF manquait d'aviateurs. Barker a fini sa formation avant d'être envoyé combattre en Méditerranée. Il a été promu officier le 19 novembre 1941. Il avait le grade de Flying Officer lorsqu'il a été tué le 4 juillet 1943 aux commandes de son Spitfire Vc du 43ème Escadron. Il repose aujourd'hui au cimetière militaire de Syracuse en Sicile. [779]
- Le 1er septembre 1941, le Leading Aircraftman H. D. McNabb effectue sa 19ème heure de vol en solo à s'entraîner aux atterrissages forcés, sauf qu'il le fait en dehors de la zone autorisée et qu'il emporte au passage la cheminée de Mr A. W. Schmidt, un fermier habitant au nord-est d'Elm Creek, Manitoba, Canada. La cheminée est réparée le lendemain aux frais de la 14ème EFTS de Portage la Prairie, Manitoba, mais le Tiger Moth 4163 s'avère être bon pour la casse. [780] McNabb est gardé à l'EFTS en attendant la décision du QG du 2ème Training Command concernant son sort. Il passe finalement devant une cour martiale, présidée par un Wing Commander, du 26 au 29 septembre.
- Le 24 janvier 1942, le Leading Aircraftman Derek M. Sharp, élève de l'école élémentaire de Tuscaloosa en Alabama dans le cadre du "dispositif Arnold", a refusé d'utiliser son parachute lorsqu'il s'est retrouvé à cheval, en plein ciel, sur l'empennage de son Stearman PT-17, faute d'avoir attaché correctement sa ceinture. L'instructeur, Mr. J. A. McCausland a réussi à ramener l'avion au sol avec les deux occupants (même si le terme "occupant" ne convenait plus pour Sharp !). [781]
- Le 24 janvier 1942, le Flying Officer M. G. M. Peters, instructeur chevronné de la 33ème EFTS de Caron, Saskatchewan, Canada, décolle en fin de matinée pour un vol d'essai du Tiger Moth 5982 qui était suspecté de problèmes d'accumulation de monoxyde de carbone dans le cockpit

---

[778] Entrée du 24 juillet 1940 du Journal de marche de la 5ème EFTS, conservé sous la référence A9186 - 375, image 408, NAA.
[779] Rapport d'accident conservé sous la référence AIR 54/171, TNA. London Gazettes du 17 mars et 13 novembre 1942.
[780] Journal de marche de la 14ème EFTS de septembre 1941, conservé sous la référence C-12336, images 555 à 557, BAC et compte-rendu d'accident consulté en ligne le 8 septembre 2023 n° CASPIR 0003/00000043.
[781] Anecdote mentionnée page 228 du livre de Gilbert S. Guinn (voir bibliographie).

(la version canadienne DH-82C avait une verrière au-dessus des postes des pilotage et un dispositif de chauffage : des fumées d'échappement provenant du compartiment moteur pouvaient donc s'accumuler, alors que les versions britanniques avaient des postes de pilotage ouverts à tous les vents). Effectivement, à 2.700 mètres d'altitude, Peters perd conscience et le Tiger Moth décroche. Heureusement, le pilote revient à lui et parvient à sauter en parachute vers 1.200 mètres d'altitude, mais le Tiger Moth 5982 est détruit lorsqu'il percute le sol à la verticale. Sérieusement intoxiqué, Peters est conduit à l'infirmerie. La commission d'enquête demande l'inspection de tous les DH-82C. On peut s'étonner qu'elle n'ait pas aussi recommandé de développer une technique de test un peu moins "darwinienne" que celle utilisée par la 33ème EFTS. [782]

- Le 14 octobre 1942, l'élève-pilote G. W. Stegman décolle de la 25ème Air School (SFTS) de Standerton en Afrique du Sud pour un vol en solo de navigation à longue distance. Il se perd à cause d'une météo inclémente et aperçoit un bout de terrain qui lui semble convenir pour un atterrissage de précaution avant de tomber en panne d'essence. Malheureusement, comme l'indique son Chef Instructeur dans le rapport d'incident, *"il a fait preuve d'un manque de bon sens aéronautique en confondant le champ de tir de Brakfontein, sur lequel un bombardement était en cours, avec un terrain d'atterrissage secondaire."* Le pilote s'en sort sans dommages mais pas son Miles Master II n°2773 qui est tout de même réparable, mais pas par les moyens de l'École. [783]

- Le 19 mars 1943, le Lieutenant Leslie G. Aylwin, instructeur de la 27ème Air School (SFTS) de Bloemspruit, Afrique du Sud, décolle à 11h30 sur le Harvard IIA 7151 pour une leçon en doubles commandes avec l'élève James G. Ward qui n'avait encore effectué que trois heures de vol sur ce type d'appareil. La démonstration d'un atterrissage forcé s'avère plus réaliste que prévue lorsque le Harvard se pose sur le ventre sur l'aérodrome satellite de Blydschap vers midi. Dans sa déposition recueillie sous serment, Alywin indique avoir oublié de déployer le train d'atterrissage. Ni lui, ni l'élève n'ont entendu le klaxon d'alarme, bien que les tests après l'accident aient démontré qu'il fonctionnait parfaitement. L'erreur d'Aylwin est qualifiée de "négligence grave", mais les dégâts ne sont pas très importants et sont réparables par les moyens de l'école. Ce pilote avait 767 heures de vol à son actif, dont près de 450 heures en tant qu'instructeur. [784] Le travail d'instructeur pouvait être particulièrement routinier et répétitif, ce qui peut expliquer ce type d'incident (comme les cas déjà mentionnés d'instructeurs ayant négligé de verrouiller correctement leur harnais).

- Le 9 mai 1943, le Fairey Battle R3956 revient sur le terrain de la 2ème BAGS de Port Pirie, Australie Méridionale après un exercice de formation de trois élèves observateurs. Le Sergent Robert R. Knuckey pense avoir effectué un atterrissage parfait jusqu'à ce qu'un bruit de métal froissé se fasse entendre. Il réalise alors qu'il a oublié de déployer le train d'atterrissage. Ce pilote avait reçu ses ailes deux mois plus tôt à la 7ème SFTS de Deniliquin, et il avait été envoyé directement à la 2ème BAGS pour servir en tant que "staff pilot". Au moment de cet incident, il avait 65 heures de vol sur Battle, et devait commencer à se sentir en confiance, au point d'oublier sa check-list d'atterrissage. Malgré ce souci, il a été promu Flight Sergeant en septembre 1943. Après un an de "staff pilot", Knuckey a embarqué pour l'Angleterre le 22 mars 1944 et le temps qu'il passe en (P)AFU et en OTU, la guerre était terminée en Europe. Il est revenu en Australie en février 1946 avant d'être démobilisé. [785]

---

[782] Entrée du 24 janvier 1942 du Journal de marche de la 33ème EFTS, conservé sous la référence C-12340, image 605, BAC et compte-rendu d'accident consulté en ligne le 2 décembre 2023 n° CASPIR 0008/00000094. Peters avait plus de 900 heures de vol à son actif, dont 846 sur Tiger Moth.
[783] Rapport d'accident conservé sous la référence AIR 54/168, TNA.
[784] Rapport d'accident et dépositions, conservés sous la référence AIR 54/171, TNA.
[785] Rapport d'accident et dossier personnel de Knuckey, conservés sous les références A9845 - 236, page 52 et A9301 - 410992, NAA.

- Deux jours avant la cérémonie de remise des "ailes" aux élèves de la classe n°73, le Leading Aircraftman Robert Chute décolle le 12 mai 1943 du terrain de la 9ème SFTS de Centralia, Ontario, Canada, pour le dernier vol de nuit en solo de son cursus. L'Anson 11186 se perd et finit par être à court de carburant. Le largage de plusieurs fusées éclairantes des deux côtés de la rivière Sainte Claire qui fait la frontière entre le Canada et les USA crée l'émoi des habitants qui pensent assister à une pluie de météorites. Vers minuit, désorienté, Chute pose l'Anson sans trop l'abimer dans un quartier au sud de Port Huron, Michigan et est accueilli aux USA par le Sheriff A. J. Foster qui lui offre un toit pour la nuit. Deux ans plus tôt, il est probable que la Canada aurait reçu des protestations officielles en raison de la neutralité des USA, mais en 1943, ce genre d'incident se réglait localement. [786]
- Le 26 mai 1943, le Leading Aircraftman Walter C. G. Barnes effectuait un vol solo de navigation à grande distance sur l'Oxford X7117 lorsque sa carte est soudainement aspirée par un courant d'air et disparait par la fenêtre ouverte. Après des longues minutes, il parvient finalement à repérer la voie ferrée au nord de Wetaskiwin et prend un cap vers l'aérodrome de la 36ème SFTS de Penhold, Alberta, Canada. Cependant le carburant lui manque et il se pose dans un champ cabossé, faisant le mauvais choix de sortir le train d'atterrissage : l'avion se plante brutalement sur le nez et manque de basculer sur le dos. Barnes s'en sort mieux que l'avion, puisque seul son amour-propre a été blessé lorsque son carnet de vol a reçu la mention infamante à l'encre rouge de *"grave négligence"*. Il avait alors 110 heures de vol à son actif, dont 44 sur Oxford effectuées depuis son arrivée à Penhold le 19 avril 1943. Il semble que sa carrière de pilote se soit arrêtée là puisque son nom apparait sur la liste des élèves recalés de la 79ème Classe pour motif de *"progrès de pilotage insuffisants."* [787]
- Le 21 juin 1943, le Warrant Officer 2nd Class R. J. O'Hara perd le contrôle du Bolingbroke Mk IVT 10053 en voulant démontrer à deux élèves-bombardiers de la 1ère B&GS de Jarvis, Ontario, Canada, comment cet avion volait sur un seul moteur. L'avion n'est redressé qu'au ras des vagues du lac Érié, si bas que les deux hélices sont tordues en heurtant la surface de l'eau. O'Hara, qui avait presque 800 heures de vol inscrites dans son carnet au moment de cet accident, a réussi à ramener l'avion et ses deux élèves, mais il a dû faire face à une commission d'enquête pour expliquer comment il a failli transformer un avion en sous-marin. [788]
- Le 9 juillet 1943, l'Anson 7522 de la 4ème B&GS de Fingal, Ontario, Canada, se pose à Island Airport à Toronto et finit sa course dans le lac, sous deux mètres d'eau, sans faire de blessés. [789]
- Lors d'un vol en solo de routine le 2 novembre 1943, l'hélice du Tiger Moth 5818 de la 19ème EFTS de Virden, Manitoba, Canada, se brise lors d'une collision avec une oie sauvage. Les vibrations sont telles que selon le rapport d'accident *"le moteur a rompu ses quatre supports et a quitté l'avion, entraînant une perte de contrôle"*. Le Leading Aircraftman H. M. Hunter n'a pas d'autre choix que de sauter en parachute : il sort indemne de cette expérience. Le Tiger Moth 5818 est détruit. [790]

---

[786] Entrée du 12 mai 1943 du Journal de marche de la 9ème SFTS, conservé sous la référence C-12347, image 1512, BAC.

[787] Entrée du 26 mai 1943 du Journal de marche de la 36ème SFTS et rapport de la 79ème Classe, conservés sous la référence C-12357, images 88 et 143, BAC, et compte-rendu d'accident consulté en ligne le 15 décembre 2023 n° CASPIR 0036/00000026.

[788] Entrée du 21 juin 1943 du Journal de marche de la 1ère B&GS, conservé sous la référence C-12331, image 793, BAC et compte-rendu d'accident consulté en ligne le 5 septembre 2023 n° CASPIR 0036/00000232.

[789] Entrée du 9 juillet 1943 du Journal de marche de la 4ème B&GS, conservé sous la référence C-12333, image 751, BAC.

[790] Entrée du 2 novembre 1943 du Journal de marche de la 19ème EFTS, conservé sous la référence C-12338, image 1805, BAC et compte-rendu d'accident consulté en ligne le 2 décembre 2023 n° CASPIR 0047/00000183.

- Le 6 novembre 1943, le Leading Aircraftman J. A. M. Hale s'entraîne aux atterrissages sur le Tiger Moth 5878 de la 2ème EFTS de Fort William, Ontario, Canada. Ayant mal jugé sa manœuvre, il coupe un câble haute tension (8.000 volts) avec le train d'atterrissage, mais ramène l'avion à la base. Le Journal de marche indique que le pilote et l'avion n'ont subi aucuns dommages, mais on peut en douter puisqu'un mois plus tard, cet avion est envoyé au 8ème Dépôt de Réparation avant d'être réformé pour devenir une cellule d'instruction au sol pour le Corps des Cadets de la RCAF. [791]

    Un an et demi auparavant, les occupants du Tiger Moth 5034 de la 32ème EFTS de Bowden, Alberta, Canada, avaient eu moins de chance lors d'un accident similaire dû à un vol à basse altitude non autorisé : le Pilot Officer H. S. Nielson et le Leading Aircraftman C. Gordon ont été blessés et l'instructeur a dû répondre de ses actes devant une cour martiale. [792]

- Pendant un exercice de navigation nocturne aux premières heures du 17 juin 1944, le moteur gauche de l'Anson Mk V 12395 de l'École Centrale de Navigation de Trenton, Ontario, Canada s'arrête, probablement en raison d'un givrage du carburateur. Peu après, le moteur droit décide de faire de même et le pilote, le Pilot Officer M. D. Bates, n'a d'autre choix que d'amerrir sur l'immense lac Manitoba. Les cinq occupants (le pilote, l'opérateur radio et trois élèves (deux Australiens et un Britannique)) ont eu le temps de méditer sur l'Anson qui flotte bien jusqu'à ce qu'un Bolingbroke de la 3ème B&GS de MacDonald, Manitoba, leur largue un canot gonflable dans la matinée. Après une nuit à l'infirmerie de MacDonald, ils sont rapatriés à leur école le 18 juin. [793]

- Le 15 septembre 1944, le Tiger Moth A17-473 se trouvait dans le hangar B de la 1ère EFTS de Tamworth, Nouvelle Galles du Sud, Australie pour un remplacement de moteur. Une fois le moteur déposé, un mécanicien, le Leading Aircraftman J. R. McKeown, a commencé à dégraisser le poste de pilotage à l'aide d'un chiffon et d'essence. Un feu a démarré durant ce travail et McKeown a réussi à s'extirper de l'avion avant d'aider ses collègues à pousser A17-473 hors du hangar, ce qui est facilité par l'absence de la masse du moteur. L'incendie a été éteint à grands coups d'extincteurs, mais une bonne partie des ailes et du fuselage a été endommagée. Deux jours plus tard, une Commission d'Enquête démarre. Il ne semble pas qu'elle ait débouché sur une cour martiale, ce qui est heureux pour le principal intéressé, car le témoignage de McKeown aurait rendu la tâche de son défenseur très difficile. D'après le rapport du commandant de l'école, McKeown avait *"placé un seau contenant de l'essence sur l'aile droite [inférieure]. Dans sa déposition, le LAC McKeown a déclaré avoir accidentellement mis à feu une allumette alors qu'il faisait un cure-dent et que cette allumette est tombée dans le seau d'essence. Le LAC McKeown a été mis aux arrêts."* [794]

- Parfois, la chance est vraiment du côté des aviateurs : dans la nuit du 11 au 12 janvier 1945, la 1ère AOS de Malton, Ontario, Canada, perd cinq Anson V et deux autres sont endommagés : les avions se heurtent à une dépression et à une tempête de neige non signalées. Dix-neuf aviateurs répartis dans cinq avions (immatriculés 11981, 11935, 12315, 11957, 11978) sautent en parachute, huit autres dans deux avions (immatriculés 11964 et 11995) se posent sur le ventre à court d'essence. Seul le Sergent Unsworth du Anson 11995 est légèrement blessé. La

---

[791] Entrée du 6 novembre 1943 du Journal de marche de la 2ème EFTS, conservé sous la référence C-12336, image 1372, BAC et fiche du Tiger Moth 5878 consultée en ligne le 19 janvier 2024 n° CASPIR TigerMoth-5878-HC.
[792] Compte-rendu d'accident consulté en ligne le 19 janvier 2024 n° CASPIR 0014/00000041.
[793] Entrée du 17 juin 1944 du Journal de marche de la 3ème B&GS, conservé sous la référence C-12332, image 765, BAC et compte-rendu d'accident consulté en ligne le 5 septembre 2023 n° CASPIR 0057/00000135.
[794] Entrée du 15 septembre 1944 du Journal de marche de la 1ère EFTS, et compte-rendu d'accident rédigé par le commandant de l'école le 19 septembre, conservés sous les références A9186 - 375, page 125 ; A9845 - 45, page 16, NAA.

commission d'enquête estime que les plans de vol étaient raisonnables sur la base des informations météorologiques disponibles. Il est suggéré de rétablir les Sections Météorologiques de bases récemment fermées afin de détecter plus rapidement les phénomènes se développant rapidement. [795]
- Le 15 janvier 1945, le Leading Aircraftman C. S. Falconer revient de son premier (et dernier) combat. Lorsqu'il ramène le Tiger Moth A17-586 sur le terrain de la 11ème EFTS de Benalla, Victoria, Australie, les mécanos trouvent seize impacts de plomb de chasse sur l'empennage. Ce n'étaient pas des soldats japonais qui avaient ouvert le feu sur son avion, mais un fermier australien irascible qui ne supportait pas le survol de ses champs. Comme cette zone n'était pas autorisée pour l'entrainement aux atterrissages forcés, Falconer a certainement passé un mauvais moment dans le bureau du commandant de l'école. [796]

Pour terminer avec les accidents étranges, cinq anecdotes d'empilages d'avions ont été compilées ci-dessous, ne serait-ce que pour le plaisir de paraphraser la réplique d'un film bien connu, *"c'est curieux chez les aviateurs, ce besoin de d'empiler leurs Anson"* : [797]

- Le 29 septembre 1940, deux Anson Mk I de la 2ème Service Flying Training School de Forest Hill, Australie entrent en collision en vol et restent coincés l'un avec l'autre. Les deux navigateurs et le pilote de l'avion du dessous L.9162 parviennent à sauter en parachute, mais le pilote du N.4876, le Leading Aircraftman Leonard G. Fuller, réussit à poser les deux avions dans un champ, probablement son premier vol sur quadrimoteur ! N.4876 a été réparé, mais L.9162 a fini sa carrière comme cellule d'instruction des mécanos. Cet accident a été à l'origine de la création du *"Roo Club"* (voir l'Annexe 3a). [798]
- Et de deux : en milieu de matinée, le 31 janvier 1941, le Leading Aircraftman J. S. McEwen aligne son Anson W1642 sur la piste de la 7ème SFTS de Macleod, Alberta, Canada. Au même moment, le Leading Aircraftman L. A. Bolli faisait de même sur le Anson W1570, un peu plus haut et sur la droite de W1642. Les deux avions entrent en collision à 15 mètres du sol et se posent, empilés l'un sur l'autre. Les deux pilotes en sont quittes pour une bonne frayeur (et un passage devant la commission d'enquête). W1642 est irréparable, mais les mécanos parviennent à sauver W1570. Aucune photographie de cet accident n'a été trouvée. [799]
- Et de trois : Lors d'un atterrissage de nuit le 19 octobre 1943 sur l'aérodrome de Kinloss, en Écosse, l'Avro Anson I, DJ104, s'est malencontreusement posé sur l'Armstrong Whitworth Whitley V, N1369 qui s'apprêtait à décoller. Les deux appareils appartenaient à la 19ème OTU. L'Anson a été réparé mais le Whitley, qui avait déjà bien servi au sein du 102ème Escadron, n'a pas été jugé réparable. Personne n'ayant été blessé, cet atterrissage est satisfaisant suivant le vieil adage des pilotes qui met dans cette catégorie *"toute prise de terrain dont on peut s'éloigner sur ces deux jambes…"*. Il n'est pas sûr que le commandant de la 19ème OTU ait été du même avis ! [800]

---

[795] Comptes-rendus d'accidents consultés en ligne le 1er décembre 2023 n° CASPIR 0063/00000045, 47, 48, 49, 50, 51 et 52. Le Journal de marche de la 1ère AOS, conservé sous la référence C-12328, image 1877, BAC, est muet sur cet incident.

[796] Rapport préliminaire du commandant de la 11ème EFTS, conservé sous la référence A9845 - 48, page 3, NAA.

[797] *"C'est curieux chez les marins, ce besoin de faire des phrases"* dans le film *"Les Tontons flingueurs"*, dialogues de Michel Audiard.

[798] L'Australian War Memorial conserve une photo de cet empilage sous la référence P00410.001.

[799] Entrée du 31 janvier 1941 du Journal de marche de la 7ème SFTS, conservé sous la référence C-12347, image 39, BAC et compte-rendu d'accident consulté en ligne le 2 décembre 2023 n° CASPIR 0074/00000208.

[800] L'Imperial War Museum conserve une photo de cet empilage sous la référence HU 54488.

- Et un quatrième empilage d'Anson, cette fois-ci au Canada. Le 7 décembre 1943, juste après midi, le Leading Aircraftman C. P. Adams et le Flight Sergent P. J. Cooper tentent de poser leurs Anson II simultanément sur la piste de la 18ème SFTS de Gimli, Manitoba, Canada. Les deux appareils se perdent de vue lors du dernier virage d'approche. JS167 se pose le premier, et immédiatement après, JS193 atterrit sur le toit de son collègue. Adams avait alors 83 heures de pilotage à son actif (40 en solo), et Cooper en avait 81 (35 en solo). Manifestement, les deux appareils ont été séparés sans trop de dommages et réparés puisqu'ils n'ont été rayés des registres de la RCAF qu'après-guerre. Les deux élèves pilotes ont reçu une mention de négligence dans leur carnet de vol. [801] (Photo reproduite avec l'aimable autorisation de John Menzies et initialement produite par Aeroplane Photo Supply).

- Une photographie d'un cinquième accident de ce type a été publiée dans la revue mensuelle *"Tee Emm"* de la Direction de la Formation du Ministère de l'Air sous la rubrique *"Est-ce que votre accident est vraiment nécessaire ?"* (en référence au poster américain préconisant d'économiser en temps de guerre avec le slogan *"est-ce que votre déplacement est vraiment nécessaire ?"*). On y voit deux Anson avec les n°52 et 59 peints sur le nez, mais leurs immatriculations sont illisibles et il n'y a pas d'autres indications sur le lieu ou la date de l'accident. [802]

L'empilage d'avions n'était pas l'apanage des Anson : par exemple, le 14 mai 1942, le Tiger Moth T7673 atterrit sur un de ses confrères qui tentait de se poser au même moment sur la piste de la 28ème EFTS de Mount Hampden, Rhodésie du Sud.

La plupart des accidents (environ 40% d'après les statistiques canadiennes) [803] se produisaient lors de l'atterrissage, en particulier lorsque celui-ci avait lieu sur un terrain inconnu parce que l'élève s'était perdu ou suite à une panne mécanique.

Les composants des avions trop usés ou abimés pouvaient souvent être récupérés, soit pour réparer d'autres appareils, soit pour l'instruction, par exemple pour faire des simulateurs permettant de se familiariser avec le tableau de bord, de s'entraîner à l'évacuation d'urgence ou pour former les mécanos.

---

[801] Entrée du 7 décembre 1943 du Journal de marche de la 18ème SFTS, conservé sous la référence C-12351, image 1388, BAC et compte-rendu d'accident consulté en ligne le 5 novembre 2023, n° CASPIR 0048/000000169.

[802] Page 176 de la revue *"Tee Emm"* Volume 2, n°8 de novembre 1942. Quelques aviateurs malicieux et un brin rebelles ont utilisé le slogan du poster sur le nez de leurs avions (P-51D 44-63289 ; B-24 42-50446 ; etc.).

[803] Page 40 du *"Final report of the Chief of the Air Staff to the Members of the Supervisory Board British Commonwealth Air Training Plan"* du 16 avril 1945, conservé sous la référence AIR 20/1342, TNA.

Une fin utile mais peu glorieuse pour ce Westland Wapiti qui attend tristement les assauts des tournevis des apprentis. Beaucoup d'appareils victimes d'un atterrissage forcé sont affectés à une École de Formation Technique une fois jugés irréparables (Library and Archives Canada/A. Douglas Pearce fonds/a092531).

Accidents graves

Les accidents ne concernent pas que les aviateurs comme illustré ci-après (voir aussi le cas des armuriers cités plus haut) :

- Même les unités qui n'ont aucun avion ont parfois des séries noires, comme cela arrive durant le premier mois d'existence de la 31ème École RDF de Clinton, Ontario qui forme les techniciens de maintenance de radars : entre le 30 juillet et le 31 août 1941, un incendie se déclare dans la salle de lecture du QG Technique, l'Aviateur de 2ème Classe Henry G. Beaty se noie à Grand Bend dans le lac Huron, et le Flight Lieutenant Charles Ewens et le Flying Officer Reginald D. Parker sont tués dans deux accidents de la route. [804]
- Le 18 août 1941, le Leading Aircraftman Robert E. Geesdale, de la 1ère ANS de Rivers, Manitoba, est tué par une hélice en rotation. Même les aviateurs et les mécaniciens expérimentés sont victimes de ce type d'accident, par exemple : [805]
  - Le 15 octobre 1941, le Squadron Leader Charles E. Wilmot, commandant le second Escadron de la 2ème SFTS d'Uplands, Ontario, marche dans le cercle d'une hélice d'un Harvard et est tué sur le coup.
  - Le 3 août 1944, Mr Gordon Lee, mécanicien civil employé par la Portage Air Observer School Ltd pour le compte de la 7ème AOS de Portage la Prairie, Manitoba, connaît le même sort dans un accident identique.
- Le 7 septembre 1942, le Leading Aircraftman Thomas R. Wilson, mécanicien à la 21ème Air School (SFTS) de Kimberley en Afrique du Sud, prend les commandes de l'Oxford 3473 pour une raison inconnue, décolle puis s'écrase. Il est tué sur le coup. [806]

Quelques accidents graves représentatifs

- Mi-décembre 1940, la 1ère SFTS de Camp Borden, Ontario, Canada perd trois avions et cinq pilotes en deux jours. Durant un vol en formation le 12 décembre 1940, le Northrop A17A Nomad n°3503 est à la traîne et disparait sans laisser de trace au milieu des averses de neige. Le lendemain, treize avions décollent pour poursuivre les recherches. Dans la matinée, les Nomad n°3512 et 3521, qui volaient en formation serrée, se percutent et plongent dans le lac

---

[804] Journal de marche de la 31ème école RDF pour les mois de juillet et août 1941, conservé sous la référence C-12366, images 1427 et 1428, BAC.
[805] Entrées des Journaux de marche des unités citées, conservés sous les références C-12327, image 494 ; C-12344 image 1023 et C-12330, image 1236, BAC.
[806] Entrée du 7 septembre 1942 du Journal de marche de la 21ème Air School, conservé sous la référence AIR 54/167, TNA.

Muskoka, tuant les quatre occupants (Flight Sergeant Lionel Francis et Leading Aircraftman William P. Gosling ; Flight Lieutenant Peter Campbell et Leading Aircraftman Theodore C. Bates). Seule une tache d'huile sur le lac donne un indice aux sauveteurs. Les deux pilotes étaient des instructeurs avec près de 1.000 heures de pilotage chacun, et leurs deux passagers étaient des élèves-pilotes avec environ 140 heures chacun. L'épave du Nomad n°3503 est finalement retrouvée le 14 décembre avec le corps du Leading Aircraftman Clayton P. Hopton aux commandes (il volait en solo). Cet élève avait 152 heures de pilotage à son actif (dont 83 en solo). La commission d'enquête estime que, puisqu'il semble que le pilote ait perdu le contrôle en pilotant aux instruments, il faudrait mieux tenir compte des faiblesses des élèves en fonction des conditions météorologiques en cours. [807] Le Nomad n°3521 a été localisé par des plongeurs de la police locale en 2010 et Campbell et Bates ont enfin pu être enterrés en septembre 2013 (les corps de Francis et Gosling et leur Nomad n°3512 avaient été sortis de l'eau en 1941). Le Nomad a été sorti de l'eau en octobre 2014 dans l'espoir d'être restauré pour le musée de Trenton, Ontario. [808]

- D'après le programme théorique en EFTS et en SFTS, les élèves devaient apprendre la procédure à suivre pour sortir de vrille avant leur premier vol en solo. Pourtant, il ne semble pas que cela ait toujours été le cas puisque le rapport d'enquête sur l'accident survenu le 16 août 1941 au Harvard N7198 indique que les deux élèves n'avaient pas bénéficié de ce cours. Ce jour-là, les Sergents Harold G. Boulter et Oswald M. Connors, deux Australiens, ont décollé de l'aérodrome de la 22ème SFTS de Thornhill en Rhodésie du Sud pour effectuer un vol d'entraînement au pilotage sans visibilité, l'un des deux élèves étant sous la capote pour piloter aux instruments pendant que l'autre jouait le rôle de pilote de sécurité pour éviter toute collision. Il semble que le pilote, concentré sur ses instruments, ait oublié de changer à temps de réservoir et que le moteur du Harvard se soit arrêté faute d'essence. En l'absence du moteur et n'ayant pas mis l'avion en légère descente pour conserver la vitesse, un décrochage est survenu, suivi d'une vrille qui s'est finie au sol près de la ville de Gwelo (aujourd'hui Gweru au Zimbabwe). [809] Boulter et Connors reposent au cimetière de cette ville.

- Le 23 décembre 1941, les Tiger Moth 4052 et 4099, pilotés respectivement par les Leading Aircraftmen Denis P. Froud et N. D. Holliday de la 18ème EFTS de Boundary Bay, Colombie Britannique, Canada, entrent en collision en plein vol. L'empennage du Tiger Moth 4052 est arraché. Holliday parvient à ramener son avion à la base de Sea Island à Vancouver, tandis que Froud saute en parachute mais atterrit dans le fleuve Fraser et se noie. Son corps n'est retrouvé qu'en juin 1942. La commission d'enquête recommande que les zones d'exercice soient élargies pour réduire les risques de collision. [810]

- Juste avant l'arrêt des vols pour la journée, deux Anson (7339 et 7566) de la 1ère B&GS de Jarvis, Ontario, Canada, entrent en collision en vol à 18h55 le 15 juin 1943 lors d'une mission de formation au bombardement. L'Anson 7566 a pris feu lors de la collision et s'est écrasé, alors que 7339 a volé encore un peu avant de s'abattre à son tour. Le Journal de marche de l'unité mentionne une tempête, mais le rapport d'accident indique que *"les pilotes des avions ont*

---

[807] Entrées de décembre 1940 et janvier 1941 du Journal de marche de la 1ère SFTS, conservé sous la référence C-12343, images 1632, 1643, 1649 et 1661, BAC et comptes-rendus d'accidents consultés en ligne le 18 novembre 2023, n° CASPIR 0071/00000041 et 0071-00000043.

[808] Article *"Northrop Nomad (A-17A) Recovered in Canada"* du 30 octobre 2014, consulté en ligne le 18 novembre 2023 sur https://vintageaviationnews.com/warbirds-news/northrop-nomad-a-17a-recovered-canada.html .

[809] Page 353 du Volume 1 des livres de Colin Cummings (voir bibliographie) et dossier d'accident conservé sous la référence AIR 81/8352, TNA.

[810] Entrée du 12 juin 1942 du Journal de marche de la 18ème EFTS, conservé sous la référence C-12336, image 774, BAC et compte-rendu d'accident consulté en ligne le 8 septembre 2023, n° CASPIR 0007/00000012.

entamé une séance non autorisée de tir aérien en chemin vers le champ de tir." Les huit occupants des deux avions étaient : [811]

7339 : pilote P/O R. Clayton Herring	7566 : pilote F/O Edward B. Norbury
LAC Arthur R. Hayes	LAC J. H. Kearney
LAC John A. Holgate	LAC James A. Smith
LAC Frederick H. Innes	LAC Hector P. Samuel

Six sont morts sur le coup, Holgate est décédé trois jours plus tard, seul Herring a survécu à ses blessures après avoir été soigné à l'hôpital de la 16ème SFTS de Hagersville, Ontario.

- Dans la nuit du 24 au 25 août 1941, l'Anson 6649 de la 2ème ANS de Pennfield Ridge, Nouveau-Brunswick, Canada, s'égare lors d'un exercice nocturne de navigation. Le pilote, le Flying Officer Barneson, épuise son stock de fusées éclairantes sans trouver de terrain permettant un atterrissage forcé. Il remonte à 2.000 mètres d'altitude et ordonne aux quatre autres occupants de sauter avant de recourir lui aussi à son parachute. Tous se posent indemnes près de Liverpool en Nouvelle Écosse, sauf le Sergent J. H. McDay qui s'est cassé le bras en heurtant l'empennage de l'avion. Le temps que l'un des aviateurs parvienne à rejoindre un téléphone, la base a envoyé plusieurs appareils à la recherche de l'Anson 6649, porté manquant après 03h15 du matin. En cherchant des traces au sol, l'Anson 6644 accroche un arbre, s'écrase et prend feu. Les occupants, le Flight Lieutenant Walter S. L. Smallman, l'Aviateur de 1ère Classe Gerald J. Eliott et les Sergents Sydney Street et Thomas J. Woodhams, sont tués. L'enquête conclut que le pilote a peut-être été ébloui par le soleil levant lors d'un virage à basse altitude. [812]

- En début d'après-midi le 9 mars 1943, deux Tiger Moth de la 8ème EFTS de Narrandera, Nouvelle Galles du Sud, Australie, se percutent en plein vol près d'un terrain satellite durant un entraînement aux atterrissages forcés. Accrochées l'une à l'autre, les deux épaves tombent d'une altitude d'environ 200 mètres sans qu'aucun des quatre occupants ne puissent s'échapper. Le Flying Officer Vincent T. Connellan, le Pilot Officer Charles E. Croft, et les Leading Aircraftmen Philip M. Phillips et Graham M. Harding sont tués. [813]

- Le 3 septembre 1943, le Fairey Battle L5653 décolle de la 2ème B&GS de Port Pirie, Australie Méridionale pour remorquer des cibles au profit des élèves mitrailleurs d'autres avions. Le Sergent Robert A. Scott, âgé de 19 ans, avait oublié de vérifier que la cale de blocage des ailerons avait été retirée. Cette cale était installée pour éviter que le vent ne fasse bouger les gouvernes lorsque l'avion était laissé en stationnement. Arrivé à 130 mètres d'altitude, l'avion a basculé sur le dos et a piqué vers le sol où il s'est écrasé. Scott et l'opérateur du treuil de remorquage, l'Aviateur de Première Classe Kenneth L. Stephen ont été tués sur le coup. [814]

- Le 4 octobre 1943, le Sergent Walter Adamson et le Leading Aircraftman Gordon F. Edwards, deux élèves Britanniques de la 21ème SFTS, décollent à 10h30 de Kumalo en Rhodésie du Sud pour un vol triangulaire de navigation à longue distance. Leur Oxford HN607 ne revenant pas à la base, des recherches sont déclenchées mais ne donnent aucun résultat. Un mois plus tard, un policier et des soldats retrouve l'Oxford, intact, posé dans le désert du Kalahari, au Bechuanaland (actuel Botswana). Un message écrit indique *"Nous sommes partis vers l'Est. Pas beaucoup d'eau, pas de trousse de secours, l'avion n'a besoin que d'essence et d'huile. Date : 5 octobre 1943,*

---

[811] Entrée du 15 juin 1943 du Journal de marche de la 1ère B&GS, conservé sous la référence C-12331, image 792, BAC et compte-rendu d'accident consulté en ligne le 5 septembre 2023, n° CASPIR 0037/00000057.

[812] Entrée du 25 août 1941 du Journal de marche de la 2ème ANS, conservé sous la référence C-12327, image 1007, BAC et compte-rendu d'accident consulté en ligne le 19 janvier 2024, n° CASPIR 0001/00000129.

[813] Entrée du 9 mars 1943 du Journal de marche de la 8ème EFTS, et compte-rendu d'accident, conservés sous les références A9186 - 390, page152 et A9845-87, pages 27 et 28, NAA.

[814] Dossier d'accident conservé sous la référence A9845 - 233, page 15, NAA.

heure 08:30. Signé W. Adamson et G. Edwards." L'Oxford a repris du service mais les deux aviateurs n'ont jamais été retrouvés et la raison pour laquelle ils se sont égarés durant leur vol n'a jamais été élucidée. Huit chasseurs-cueilleurs ont été suspectés de les avoir tués pour éviter qu'ils ne les dénoncent pour braconnage, mais leur procès se termine le 2 octobre 1944 par une relaxe. [815] Malgré ce verdict, il semble que la légende d'une fin atroce sous les coups de cannibales se soit propagée. [816]

- Dans la nuit du 13 au 14 mai 1944, vingt-cinq Anson V de la 2ème ANS effectuent un exercice nocturne de navigation mais trois avions (Anson 11588, 11600 et 11687) ne rentrent pas à la base de Pennfield Ridge, Nouveau-Brunswick, Canada. La nuit était très sombre, avec un fort vent imprévu du Sud-Ouest, et des orages électriques perturbaient les communications radio. Le lendemain, quatorze avions font des recherches sans succès. Une commission d'enquête, menée par un Wing Commander, est rassemblée le 15 mai. Le 16, l'Anson 11687 est retrouvé près de Barachois, Québec : trois des occupants sont morts (Warrant Officer 2nd Class Marion E. Trask, Caporal Norman B. Gildemaster, Leading Aircraftman Arthur V. Murphy) et deux autres sont blessés (Leading Aircraftmen W. A. Ellis et T. A. Wilson). Le 17 mai, un canot gonflable est découvert dans le golfe du Saint Laurent par un avion américain : les quatre occupants (Flying Officer William Duncan Potter, Caporal Henry J. Stoik, Leading Aircraftmen Ronald Colley et Kenneth Eves) du Anson 11588 sont morts de froid après avoir réussi un amerrissage de nuit. Entre le 31 mai et le 9 juin, les corps de trois des cinq occupants de l'Anson 11600 (Warrant Officer 2nd Class Allan C. Murchie, Caporal Carl E. Logan, Leading Aircraftmen Frank Duncan, William J. S. Mathers et Albert C. Kilsby) sont retrouvés sur des plages de Terre-Neuve. La commission d'enquête conclut que l'exercice n'aurait pas dû être autorisé en raison des prévisions météorologiques et que l'équipement radio des Anson était obsolète et médiocre, ne permettant pas d'établir le contact pour demander un cap de retour en cas d'orage. [817]

- Un peu avant 9h30 le 24 mai 1944, le Bolingbroke 9881 décolle de l'aérodrome de Dafoe, Saskatchewan, Canada, avec à son bord un pilote (Pilot Officer Frederick L. Butcher), un instructeur (Warrant Officer 1st Class William D. Mitchell) et trois élèves (Leading Aircraftmen Stephen Newton, Stanley E. Steeden et Howard J. Rolls) de la 5ème B&GS pour un exercice de tir simulé (cinémitrailleuse). Après une dizaine de kilomètres, des témoins voit l'avion engagé partir en vrille. Le pilote parvient à sortir de vrille mais trop tard et l'avion s'écrase tuant les cinq occupants (tous Canadiens, sauf Newton qui était Britannique). L'enquêteur conclut que la vrille est survenue en raison d'une montée trop raide et que le fait que le pilote ne portait pas son harnais de sécurité a pu contribuer à la sortie tardive de la vrille. Butcher avait plus de 660 heures de vol à son actif, ce qui peut peut-être expliquer son excès de confiance. [818]

- Le 13 avril 1945, le Bolingbroke Mk. IVTT 9196 décolle de l'aérodrome de la 10ème B&GS de Mount Pleasant, sur l'île du Prince Édouard au Canada, pour une mission de remorquage de cibles aériennes au profit des élèves-mitrailleurs. À 17h20, l'Escadrille de remorquage signale

---

[815] Article *"Disappearance and Displacement: The San, the Bamangwato and the British Bechuanaland Protectorate, 1943–1945"* de Robert K. Hitchcock, Daniel Acheson-Brown, Elizabeth Self et Melinda C. Kelly, publié dans le volume 69, n°4, pages 548-567 du South African Historical Journal, 2017.

[816] Voir par exemple la dernière page de l'article *"Rhodesian Air Training Group : 1940-54"* de Dave Newnham, 2022, consulté en ligne le 7 juin 2024 sur le site d'Air-Britain, https://air-britain.com/web/da-military/ .

[817] Entrées du 13 mai au 9 juin 1944 du Journal de marche de la 2ème ANS, conservé sous la référence C-12327, images 1118 à 1127, BAC et compte-rendu d'accident consulté en ligne le 19 janvier 2024, n° CASPIR 0056/00000024.

[818] Entrée du 24 mai 1944 du Journal de marche de la 5ème B&GS, conservé sous la référence C-12334, image 989, BAC et compte-rendu d'accident consulté en ligne le 9 septembre 2023, n° CASPIR 0056/00000096.

que l'avion n'est pas rentré. Les recherches ne permettent de trouver qu'un canot de sauvetage partiellement gonflé dans le golfe du Saint Laurent. Le pilote, le Flight Sergeant John A. Thomson et les trois Leading Aircraftmen Walter R. Eaton, Joseph P. Lowney et Harold F. McBride sont portés disparus ; leurs noms sont inscrits sur le mémorial d'Ottawa. La commission d'enquête ne peut déterminer les causes de l'accident faute de témoin ou d'épave à examiner, mais elle relève de graves manquements, notamment : [819]

- o L'absence d'entraînement régulier au vol sans visibilité, que ce soit sous capote ou en simulateur Link.
- o L'absence d'exercice d'abandon d'un avion ayant amerri avec mise en œuvre des canots gonflables.
- o L'habitude des pilotes de voler sans gilet de sauvetage, alors que les survols de la mer sont routiniers pour cette école.
- o Deux des passagers sont montés dans l'avion sans autorisation et sans être inscrits sur le manifeste (Formulaire F.17) signé par le Chef d'Escadrille. Ceci était fréquent à cette unité puisque deux semaines plus tard, il est découvert qu'un des occupants du Bolingbroke 10098, qui s'est écrasé après une panne de moteur durant l'approche, était également monté à bord sans autorisation.

- Le 11 février 1941, le Fairey Battle R4006 décolle en début d'après-midi de Laverton, Victoria, en compagnie de quatre autres appareils pour un convoyage jusqu'à la 1ère B&GS d'Evans Head, Nouvelle-Galles du Sud, un vol de près de 1.300 kilomètres. Le pilote du R4006 était le Flight Lieutenant Hector W. Ross, un vétéran de la guerre de 14-18 qui avait près de 2.650 heures de vol à son actif. En mai 1916, Ross avait embarqué à Sydney pour l'Europe, où il a servi dans l'artillerie en France. En 1918, il a appris à piloter en Angleterre (école élémentaire de Shawbury et école spéciale de Gosport) avant de repartir au front. Il a reçu la DFC en juin 1919. [820] Réserviste, il avait été rappelé sous les drapeaux en juillet 1940. Il avait effectué un stage de mise à niveau qui s'était terminé le 30 décembre 1940, mais la commission d'enquête n'a trouvé aucune trace confirmant que Ross avait pratiqué le vol sans visibilité depuis son réengagement dans la RAAF. [821] Chaque Battle était piloté en solo, sauf le R3531 du leader, le Flying Officer J. P. Black, à bord duquel se trouvait aussi un opérateur radio, l'Aviateur de Première Classe S. R. Read. D'après leur ordre de mission, ces avions n'étaient pas autorisés à voler dans les nuages, et ils devaient se poser si la couche nuageuse descendait à moins de 300 mètres du sol. Au fil des kilomètres, les nuages s'accumulent. Read demande par radio une mise à jour du bulletin météorologique mais la réponse reçue le laisse perplexe : *"ERE I iETPCC 9"*. Par sécurité, les bulletins n'étaient transmis que par message chiffré, mais les écoles de la RAAF ne disposaient pas des livres de code nécessaires pour les déchiffrer. Les nuages finissent par atteindre le sol près de Bowral, Nouvelle-Galles du Sud. Conformément à ses instructions, le leader décide de faire demi-tour, mais le Battle R4006 s'égare dans les nuages. Après avoir cherché à retrouver sa route, le pilote a décidé de sauter, mais son parachute, ouvert trop tôt, s'est emberlificoté sur l'empennage ; Ross a été tué lorsque le Battle s'est écrasé. Suite à cet accident, la CFS, les SFTS et les B&GS ont été placées sur la liste de distribution du livre de chiffrage (Confidential Document 75). [822] Il restait encore à apprendre

---

[819] Entrée du 13 avril 1945 du Journal de marche de la 10ème B&GS, conservé sous la référence C-12335, image 1206, BAC et compte-rendu d'accident consulté en ligne le 5 septembre 2023, n° CASPIR 0064/00000249.

[820] Supplément de la London Gazette du 3 juin 1919 et dossier personnel de Ross, conservé sous la référence B2455, NAA.

[821] Dossier personnel de Ross et rapport préliminaire d'accident, conservés sous les références A93009, et A705 - 32/10/3274, NAA.

[822] Rapport d'accident, conservé sous la référence A705 - 32/10/3245, page 4 et pages 16 et suivantes, NAA. Le bulletin reçu en code correspondait à la station de Canberra, à 150 km de Bowral, puisque

aux aviateurs à s'en servir, ce qui n'était pas évident puisqu'un an plus tard, le Service du Personnel du Ministère de l'Air australien argumente encore que les élèves qui sont destinés à partir à l'étranger n'avaient pas besoin de se familiariser avec ces techniques de déchiffrage. [823]

Certains accidents n'étaient pas dus aux avions ou à leurs équipages, mais à une mauvaise organisation des équipes au sol. Ainsi, le 26 novembre 1942, le Master II n°2797 s'élance sur la piste de la 25ème Air School (SFTS) de Standerton en Afrique du Sud pour une leçon en doubles commandes. En raison de la courbure de la piste placée sur une légère colline, les deux pilotes ne savent pas qu'un tracteur coupe l'herbe sur leur trajectoire. Lorsque les engins se percutent, le Master prend feu. Le Lieutenant G. S. F. Tolmer, instructeur ayant plus de 700 heures de vol à son actif, et le Leading Aircraftman S. Brown, élève-pilote, s'en sortent avec des blessures et quelques brûlures légères, mais l'avion est détruit. Le rapport ne mentionne pas le sort du conducteur du tracteur. De simples précautions (tondre en dehors des heures de vol, ou installer une vigie avec des drapeaux en haut de la colline) auraient pu éviter cet accident. [824]

Les exemples de cas jugés en cour martiale

Un infime échantillon de cas démontrant qu'il est difficile d'instaurer une stricte discipline auprès de jeunes aviateurs (leurs noms n'ont été cités que pour les cas les plus bénins) est présenté ici :
- La 3ème EFTS avait ouvert à London, Ontario le 24 juin 1940 et le premier incident justifiant la tenue d'une cour martiale n'a pas tardé : le 18 septembre, le Leading Aircraftman R. G. Calvert ramène le Finch II n°4496 avec 12 mètres de fil téléphonique accroché au train d'atterrissage, preuve qu'il a volé au ras des pâquerettes sans autorisation. Une cour martiale est assemblée le mois suivant et cet élève est condamné le 25 octobre 1940 à 28 jours d'arrêt à l'école de Formation Technique de St Thomas, Ontario pour avoir causé 100$ de dommages. [825] Cette sentence est cohérente avec celles qui semblent avoir été appliquées à l'autre bout de l'Empire, par exemple lorsque le Leading Aircraftman M. C. Johnston de la 3ème EFTS d'Essendon, dans l'état de Victoria en Australie, est condamné le 4 février 1941 par une cour martiale à 20 jours d'arrêt pour avoir piloté son Tiger Moth à basse altitude au-dessus de la ville de Burwood (à l'Est de Melbourne) le 19 janvier. [826]
- Le Harvard AJ982 du Flight Lieutenant Frederick W. Snell, instructeur de la 39ème SFTS, a eu la mauvaise idée de heurter un poteau téléphonique sous les fenêtres de la résidence d'un Wing Commander à Swift Current, Saskatchewan alors qu'il revenait d'un vol de vérification de la météo à l'aube du 29 juillet 1942. Snell parvient à poser l'avion sur le ventre mais il heurte un fossé qui arrache les ailes et le moteur du fuselage : les dégâts sont estimés à environ 20.000 $. Le pilote souffre d'un nez cassé et de coupures au visage. Snell avait rejoint la RAF en 1936 et était un vétéran de la bataille de France (88ème Escadron) : il avait reçu la DFC le 16 juillet 1940 pour ses missions de guerre sur Fairey Battle en mai 1940. [827] Le Squadron Leader qui assure sa défense lors de son procès ne manque pas de pointer que son "client" ronge son frein au

---

les stations météo intermédiaires ne transmettaient pas leurs bulletins aux avions. Une fois décodé, il disait *"Base des nuages 2.000 – 3.000 pieds. Ciel entièrement couvert. Beau temps. Visibilité comprise entre 2,5 et 6 milles. Vent au sol de 8 à 12 m.p.h. venant du SE. Pression 1.012 mbar."*

[823] Notes de service du 10 et du 26 avril 1942 échangées entre le 2ème Training Group et le service du Personnel, conservées sous la référence A705 – 172/3/2883, pages 141 et 142, NAA.
[824] Rapport d'accident conservé sous la référence AIR 54/168, TNA. Le rapport est peu lisible, il se peut que le numéro du Master ait été mal déchiffré.
[825] Entrées de septembre et octobre 1940 du Journal de marche de la 3ème EFTS, conservé sous la référence C-12336, BAC.
[826] Entrée du 4 février 1941 du Journal de marche de la 3ème EFTS, conservé sous la référence A-9186, 375, image 259, NAA.
[827] London Gazette du 16 juillet 1940.

Canada depuis 19 mois et qu'il n'a jamais commis d'autres imprudences. Snell plaide coupable et est condamné le 14 septembre 1942 à perdre une partie de son ancienneté au grade de Flight Lieutenant et à contribuer 150 $ de sa paye pour compenser en partie les dégâts causés.

Cette amende provoque une avalanche de notes de service et de télégrammes entre Londres et Ottawa puisque le Ministère de l'Air britannique a pour politique de ne pas tenir les aviateurs financièrement responsables des dommages. Finalement, une note de service du 27 mars 1943 ordonne de ne pas appliquer ce type d'amende, qui reste par contre possible pour les Canadiens, les Australiens ou les Néozélandais, ainsi que pour les personnels de la RAF servant dans des unités de la RAF au Canada. [828] La RAF a clairement donné une seconde chance à Snell puisque son souhait de rejoindre la première ligne a été exaucé et qu'il a été rapidement promu : Wing Commander en janvier 1945, il prend le commandement du 82ème Escadron (Mosquito VI) et reçoit une seconde fois la DFC le 23 octobre 1945 pour ses missions en Birmanie. [829]

Le Harvard de Snell, sans moteur et sans ailes. À part peut-être les instruments des tableaux de bord, les mécanos n'ont certainement pas réussi à sauver grand-chose de cette épave (photo du dossier de cour martiale, © Government of Canada. Reproduced with the permission of Library and Archives Canada (2024). Source: Library and Archives Canada/Department of National Defence fonds/Reel T-21788 p. 750).

- Le 15 décembre 1943, l'instructeur à bord du Cornell 10635 de la 34ème EFTS d'Assiniboia, Saskatchewan, effectue plusieurs virages en vol plané entre 2.000 et 1.000 mètres d'altitude pour voir si son élève parvient à garder le sens de l'orientation. Au moment de reprendre de l'altitude, ce Flying Officer s'aperçoit que le moteur bafouille, le carburateur étant probablement givré après la descente en vol plané. Il effectue un atterrissage forcé durant lequel il passe au-dessus de Maxstone et perd le saumon de son aile droite en heurtant le mât du drapeau de l'établissement scolaire du village. L'avion se pose sans autre dommage à environ un kilomètre de l'école. Sur la base du rapport du pilote, l'Instructeur en Chef, un Squadron Leader, applique une mention d'imprudence dans le carnet de vol de l'intéressé pour avoir laissé le moteur se refroidir durant un vol plané. Cependant, lorsqu'il apprend ensuite que le saumon d'aile semble avoir été endommagé avant l'atterrissage forcé, il demande un complément d'enquête qui conduit à placer le pilote aux arrêts en attendant un jugement. La cour martiale, qui se tient début février 1944 présidée par un Group Captain, condamne cet

---

[828] Dossier de cour martiale de la RCAF C-11-RAF.39349, conservé sous la référence T-21788, images 692 à 765, BAC et compte-rendu d'accident consulté en ligne le 17 septembre 2023, n° CASPIR 0016/00000113. Pour l'application d'amendes aux Néozélandais, voir par exemple la note de service du 29 janvier 1944 du Juge-Avocat Général au commandant du 2ème Training Command, conservée sous la référence T-21788, image 1229, BAC. Les Australiens pratiquaient couramment l'application d'amendes pour les cas de négligence, par exemple 10 livres sterling pour une collision au roulage au sol entre deux Battle (30 mars 1944, Battle V1201 et P6642, rapport conservé sous la référence A9845 – 237, page 2, NAA).

[829] Quatrième supplément de la London Gazette du 19 octobre 1945, publié le 23 octobre 1945.

Officier à être exclu de la RAF. Cette sentence est confirmée le 31 mars par le Roi, et l'accusé embarque le 29 avril pour le Royaume-Uni, étant redevenu un civil. [830]

- Le 20 décembre 1943, le Harvard FE343 de la 41ème SFTS de Weyburn, Saskatchewan, piloté par un Pilot Officer et avec un élève à bord, est aperçu volant à basse altitude au-dessus du Missouri au Dakota du Nord. Cet avion heurte des câbles à haute tension et plonge dans la rivière. L'instructeur est tué, l'élève est secouru dans l'eau glacé. Des poursuites sont engagées contre deux autres instructeurs qui auraient été aperçus volant avec cet avion, mais les témoignages divergent et la cour martiale envisagée ne peut avoir lieu. [831]

- Le 29 mai 1944, l'élève-pilote Leading Aircraftman Ole J. Bach, un Norvégien ayant fui son pays pour rejoindre la RAF, revient d'un vol de navigation à grande distance en solo à moyenne altitude sur le Harvard FE939 lorsqu'il pense voir une épave d'avion avec des gens qui courent à proximité : il effectue donc deux passages à basse altitude au-dessus de ce qui n'est probablement qu'une pelleteuse au travail sur un chantier au nord de Toronto. De retour à l'aérodrome satellite d'Edenvale de la 1ère SFTS, il note son vol à basse altitude dans le cahier prévu à cet effet et est immédiatement mis aux arrêts puisque des témoins se sont plaints. Accusé d'avoir enfreint les règles en volant sous 1.000 pieds d'altitude et d'avoir désobéi en ne suivant pas exactement la route prescrite, Bach comparaît devant une cour martiale le 11 juillet 1944. Après avoir examiné les preuves présentées et interviewés de nombreux témoins, la cour estime que les actions prises par ce pilote ne constituaient pas d'infractions flagrantes, un autre pilote ayant confirmé que la pelleteuse en question pouvait de loin être confondue dans la poussière avec un avion accidenté et que dans ce cas, un élève-pilote pouvait s'approcher. Bach est donc acquitté. [832]

- Le 16 septembre 1944, l'élève-pilote Leading Aircraftman Dennis G. Smith de la Classe 106, un Australien engagé comme mécanicien en 1940 et qui s'était porté volontaire pour devenir pilote, ramène le Anson Mark II FP755 d'un vol de navigation à grande distance en solo. Ce vol était prévu à basse altitude (tout en restant au-dessus de 300 pieds du sol), mais Smith a volé un peu trop bas en farfouillant avec sa carte alors que le sol montait et son avion est passé à travers les branches d'un chêne en haut d'une colline. Une fois revenu sur l'aire de stationnement de la 33ème SFTS de Carberry, Manitoba, Smith a rapidement fait le tour de son avion, n'a rien vu d'anormal et n'a donc rien dit. Smith avait alors 117 heures de pilotage en doubles commandes et 99 en solo, mais c'était son premier vol solo à grande distance à basse altitude (il avait effectué deux vols identiques auparavant en doubles commandes). Avant la séance de vol de nuit, un mécano découvre des dégâts sous l'avion et les signale à son Caporal, qui les signale à son Sergent, etc. (la chaîne de témoins est assez longue mais tous sont interrogés par la cour martiale) jusqu'à ce que le Flying Officer de la Maintenance soit avisé et découvre des feuilles d'arbre dans le capotage du moteur gauche. Smith est sous le coup des trois chefs d'accusation suivants lorsqu'il comparaît devant une cour martiale présidée par un Squadron Leader du 2ème Training Command de Winnipeg, Manitoba :
  o Avoir endommagé par négligence un avion de sa Majesté en *"entrant en contact avec un objet attaché au sol"* [sic !] et causant ainsi pour plus de 100 $ de dégâts.
  o Avoir enfreint l'ordre local n°28 qui imposait de signaler tout accident au QG de la Maintenance et au chef d'Escadron.

---

[830] Dossier de cour martiale de la RCAF C-11-RAF.151224, conservé sous la référence T-21788, image 4130 et suivantes, BAC et compte-rendu d'accident consulté en ligne le 17 septembre 2023, n° CASPIR 0049/00000058.

[831] Dossiers de cour martiale de la RCAF C-11-RAF151400 et C-11-RAF-159850, conservés sous la référence T-21788, image 4255 et suivantes et 4338 et suivantes, BAC et compte-rendu d'accident consulté en ligne le 16 septembre 2023, n° CASPIR 0048/00000115.

[832] Dossier de cour martiale de la RCAF C-11-N1785, conservé sous la référence T-21788, image 5 et suivantes, BAC.

- o Avoir enfreint l'ordre local n°29 qui imposait de signaler tout accident à un Officier ou Sous-Officier de la Maintenance.

Le Flying Officer de la 12ème SFTS de Brandon, Manitoba, qui défendait Smith montre de véritables talents d'avocat et plaide que les deux ordres qui constituent la base des deux derniers chefs d'accusation étaient irrecevables, n'ayant pas été signés par l'Instructeur en Chef lui-même comme le veut le règlement, mais par un autre Officier qui les avait rédigés. Le 16 octobre 1944, Smith est donc reconnu coupable du premier chef d'accusation, mais pas des deux suivants. Il est condamné à 40 jours d'arrêt. [833]

Au passage, on notera l'énorme investissement consenti pour tenir ces cours martiales : il n'a été sélectionné ici que des cas d'infractions aux règles de pilotage, mais si l'on ajoute les procès pour vol, insultes, agression, ivresse, absence non autorisée et fraude, il ne se passait quasiment pas une semaine sans cour martiale dans une école. Par exemple, la cour assemblée en septembre 1942 pour le procès mentionné ci-dessus à la 39ème SFTS de Swift Current, Saskatchewan, était composée ainsi (la distance approximative pour faire venir les visiteurs d'autres bases est indiquée entre parenthèses) :

- Un Group Captain de la 34ème SFTS de Medecine Hat, Alberta (Président de la cour martiale) (450 km aller-retour).
- Un Squadron Leader de la 34ème SFTS.
- Un Squadron Leader de la 32ème SFTS de Mosse Jaw, Saskatchewan (350 km aller-retour).
- Deux Flight Lieutenants de la 39ème SFTS.
- Un Flight Lieutenant du 4ème Training Command de Calgary, Alberta (Juge-Avocat Général) (900 km aller-retour). [834]
- Un Squadron Leader de la 39ème SFTS (Procureur).
- Un Squadron Leader de la 39ème SFTS (Avocat de la Défense).
- Un Flight Sergeant du 4ème Training Command (Greffier).

Étaient également présents comme audience deux Flight Lieutenants et sept Pilot Officers, tous de la 39ème SFTS et ce type de procès durait plusieurs jours. Il aurait probablement été plus économique de les tenir dans les QG des Training Commands en ne faisant venir que l'accusé et en prenant des dépositions écrites des témoins, mais le fait d'impliquer des Officiers de différentes écoles, de faire comparaître de nombreux témoins et d'imposer à de jeunes Officiers d'y assister "pour leur éducation" avait évidemment un bénéfice dissuasif en montrant que la justice militaire était rendue promptement et de manière équilibrée. Les sentences étaient publiées dans les Ordres Journaliers des unités concernées, notamment pour servir d'exemples.

<u>La palme de l'indiscipline : le détournement du Harvard 3305</u>

Nous en finirons avec le sujet du maintien de la discipline de pilotage par l'anecdote du mystère du vol du Harvard 3305 : vers minuit dans la nuit du 31 mai au 1er juin 1944, un aviateur ouvre les portes du hangar n°1 de la 6ème SFTS de Dunnville, Ontario, démarre le Harvard 3305, l'amène sur la piste n°3-extérieure, décolle et s'éloigne. Après un peu plus d'une demi-heure, cet avion revient, passe deux fois au ras de la tour de contrôle et se pose le plus loin possible de la tour. L'ambulance, le camion d'intervention, la police militaire et une petite foule de curieux se rendent sur les lieux, mais il n'y a plus aucune trace du pilote. Parmi les curieux, un Leading Aircraftman

---

[833] Dossier de cour martiale de la RCAF C-11-AUS.21058, conservé sous la référence T-21788, images 413 à 503, BAC et compte-rendu d'accident consulté en ligne le 17 septembre 2023, n° CASPIR 0059/00000214.
[834] Le rôle du représentant du bureau du Juge-Avocat Général est de garantir que les règles de justice militaire sont respectées : il conseille la cour sur les questions de procédure et la jurisprudence, mais il ne donne pas son avis sur les faits.

australien est suspecté, probablement parce qu'il était suspendu de vol depuis janvier 1944 après avoir été condamné à 30 jours d'arrêt pour cause de vol à basse altitude. Pour la subtilisation du Harvard 3305, cet élève est sous le coup des chefs d'accusation de vol sans autorisation et de pilotage à basse altitude en infraction avec les règles de la RCAF. Il comparait donc le 20 juin devant une cour martiale présidée par un Squadron Leader canadien et dont deux membres sont des Officiers australiens. L'argument principal du Procureur reposait sur le fait que le suspect s'était vanté, pour impressionner une Leading Aircraftwoman travaillant à la tour de contrôle, de vouloir emprunter un avion pour un vol de nuit. Le Flight Lieutenant qui défend le suspect démontre que l'accusation ne peut présenter aucune preuve de sa culpabilité, la police n'ayant pas trouvé ses empreintes sur l'avion, et qu'il n'aurait eu aucun intérêt à commettre cette infraction puisqu'il pensait sincèrement pouvoir reprendre sa formation de pilote six mois après son infraction de janvier. De plus, il n'aurait probablement pas eu le temps matériel de commettre le forfait puisqu'il était passé voir la Leading Aircraftwoman de la tour de contrôle peu avant minuit. Faute de preuve tangible ou d'aveu, la cour acquitte le suspect le 21 juin. Le mystère entourant l'identité du pilote ayant subtilisé le Harvard 3305 reste donc entier. [835]

Poster de la RAF pour sensibiliser les aviateurs à commettre moins d'indisciplines. Il montre un pilote de Bristol Blenheim faisant un passage au-dessus d'un village pour saluer sa petite amie et causant un accident. La quatrième image indique qu'il aurait mieux fait de consacrer son pilotage à basse altitude aux attaques contre l'ennemi.
(Photo US NARA, référence 44266160)

---

[835] Dossier de cour martiale de la RCAF C-11-AUS-21654, conservé sous la référence T-21788, image 2964 et suivantes, BAC.

Glossaire et conventions

Lors de traduction des rapports de combat, les termes "bâbord et tribord" ont été traduits par "gauche" et "droite" pour faciliter la lecture.

Les grades de la RAF :

Grades de la RAF :	Abréviation :	Traduction en français : [836]
Marshal of the RAF	Mshl/RAF	Maréchal de la RAF *(pas d'équivalent)*
Air Chief Marshal	ACM	Général d'Armée aérienne
Air Marshal	AM	Général de Corps d'Armée aérien
Air Vice Marshal	AVM	Général de Division aérienne
Air Commodore	ACom	Général de Brigade aérienne
Group Captain	G/Cpt	Colonel
Wing Commander	W/Cdr	Lieutenant-Colonel
Squadron Leader	S/Ldr	Commandant
Flight Lieutenant	F/Lt	Capitaine
Flying Officer	F/O	Lieutenant
Pilot Officer	P/O	Sous-Lieutenant
Warrant Officer 1st Class	W/O 1	Adjudant-chef
Warrant Officer 2nd Class	W/O 2	Adjudant
Flight Sergeant	F/Sgt	Sergent-chef
Sergeant	Sgt	Sergent
Corporal	Cpl	Caporal
Senior Aircraftman	SAC	Aviateur expérimenté *(pas d'équivalent)*
Leading Aircraftman	LAC	Aviateur confirmé *(pas d'équivalent)*
Aircraftman 1st Class	AC 1	Aviateur de 1ère classe
Aircraftman 2nd Class	AC 2	Aviateur de 2ème classe

En règle générale, les grades ont été conservés en anglais, sauf lorsqu'il y a une correspondance directe en français (par exemple Sergeant - Sergent, ou Captain (grade de l'Armée de l'Air Norvégienne) - Capitaine).

La plupart des commandements sont associés à un grade : par exemple, après janvier 1941, un Wing Commander doit être à la tête d'un Escadron de chasseurs de nuit bimoteurs. Si l'officier nommé à ce poste est inférieur en grade, il reçoit une promotion temporaire tant qu'il exerce ce commandement. Son rang officiel est alors précédé de la mention "acting" ("faisant fonction de"). Dans notre exemple, un Squadron Leader à la tête d'un Escadron de chasseurs de nuit bimoteurs sera un Acting Wing Commander.

Les grades des WAAF étaient différents.

Durant la guerre, les grades des forces aériennes des Dominions étaient généralement calqués sur ceux de la RAF (par exemple, la RCAF a adopté un nouveau système de grades en 1968 lors de l'unification des Forces Armées du pays), mais la solde des aviateurs de ces pays était souvent plus généreuse.

Unités de la RAF :

Commands : "Commandements". En 1936, la RAF est réorganisée en grands Commandements, chacun dédié à un aspect spécifique de la guerre aérienne (par exemple, le Fighter Command pour la chasse, le Bomber Command pour le bombardement, le Coastal Command pour la protection des côtes et du commerce maritime, etc.). Cette organisation en "silos" est assez différente de celle de la Luftwaffe qui privilégiait les Commandements tactiques comportant un "mix" d'appareils (chasseurs, bombardiers, appareils de reconnaissance, etc.). Les appellations britanniques ont été utilisées ici.

Groups : Divisions Aériennes, traduit ici par "Groupes". Les Groupes sont sous l'autorité des Commandements, souvent suivant une découpe géographique.

Wings : Traduit ici par "Escadres". Les Escadres sont sous l'autorité des Groupes. En règle générale, en 1939, une Escadre a son propre terrain et commande trois Escadrons.

---

[836] Les termes retenus ici se rapprochent de ceux de l'Armée de l'Air française. Pour une traduction aux accents du "Commonwealth", se reporter au lexique du livre de W. A. B. Douglas "*La création d'une aviation militaire nationale : Histoire officielle de l'Aviation royale du Canada, tome II*", Centre d'édition du gouvernement du Canada. 1987. ISBN 0-660925052.

Squadrons : Littéralement "Escadrons". Les Escadrons sont sous l'autorité des Escadres. Leur dotation est composée d'un nombre d'avions opérationnels "IE : Initial Equipment", et d'avions de réserve "IR : Immediate Reserve", souvent exprimée sous la forme 16 + 2 (exemple d'un Escadron de chasse doté théoriquement de 16 avions opérationnels et 2 de réserve en cours de maintenance ou d'inspection (avions monomoteurs, 18 + 4 pour les bimoteurs)). L'Armée de l'Air française utilisait à l'époque le même principe, par exemple les Groupes de Reconnaissance disposaient en 1940 de 13 avions "en ligne " et 4 avions "en volant". De même pour les pilotes, la dotation théorique d'un Escadron de chasse est de 20 pilotes (26 dans la deuxième partie de 1940, mais en pratique la norme est aux alentours de 22, d'où le retour à une dotation théorique de 23 pilotes en 1941). [837] Les Escadrons sont généralement composés de trois "Escadrilles" (voir ci-dessous) : deux de vol et une de maintenance qui s'occupe de l'entretien. Les Escadrons sont affectés à une base (généralement deux Escadrons par base) et disposent de très peu de moyens de transport motorisés ce qui rend difficile la maintenance d'avions dispersés sur un immense aérodrome ou envoyés sur un aérodrome satellite. À l'époque, l'unité à peu près équivalente dans l'Armée de l'Air française était baptisée "Groupe". Ainsi, par exemple, le Groupe de bombardement Lorraine des Forces Aériennes Françaises Libres était le Squadron 342 au sein de la RAF. Ce n'est qu'après la guerre que le terme d'Escadron a remplacé celui de Groupe pour se rapprocher des pratiques des autres pays membres de l'OTAN. On notera que les Belges ont utilisé le terme "Escadrille" pour leurs Squadrons (par exemple le Squadron 350 est la première Escadrille d'aviateurs belges au sein de la RAF). Pour les puristes, les appellations des Escadrons s'écrivent sous la forme "No. 464 Squadron" (sans adjectif ordinal), mais pour faciliter la lecture, la convention de traduction suivante a été adoptée : "456ème Escadron" (même si la règle de l'Académie française voudrait que l'on écrive "456e Escadron").

Flights : Sous-unité d'un Escadron. Traduit par "Escadrille". Chaque Escadrille est divisée en deux sections de trois avions. Pour poursuivre avec l'exemple du Groupe de bombardement Lorraine, cette unité comportait deux Flights, baptisés Escadrille "Metz" et Escadrille "Nancy". Généralement, il y a deux Flights par Squadron (parfois trois comme pour les unités de Lysander au début de la guerre) et ils sont baptisés plus prosaïquement par les Anglais A, B (ou C) que par les Français.

Classement des dégâts matériels subis par les avions de la RAF :

a) **De la RAF** : Pendant la guerre, la RAF a utilisé deux systèmes de classement :

Avant 1941	Après 1941 (et jusqu'à 1952)
U - Aucun dégât	
Catégorie M(u) - Réparations possibles par l'Unité opérationnelle elle-même.	Catégorie A - Réparations possibles sur place par l'Unité opérationnelle elle-même.
Catégorie M(c) - Réparations impossibles par l'Unité opérationnelle, nécessite les moyens de la base.	Catégorie Ac - Réparations impossibles par l'Unité opérationnelle, mais peut être réparé sur place par une autre Unité ou par un Sous-Traitant.
Catégorie R(B) - Réparations impossibles sur la base, l'avion doit être démonté et transporté à une Unité de Maintenance.	Catégorie B - Réparations impossibles sur place, mais peut être réparé dans une Unité de Maintenance ou dans l'atelier d'un Sous-Traitant.
-	Catégorie C - Affecté aux tâches d'entraînement au sol (apprentis mécanos, exercices incendie ou d'évacuation, etc.)
Catégorie W - Détruit (ou disparu), à rayer des registres.	Catégorie E - à rayer des registres E1 - Pièces de rechange récupérables E2 - Pour la casse E3 - Incendié Em - Avion manquant pendant plus de 28 jours

---

[837] Paragraphe 183 du rapport *"Air operations by Fighter Command from 25th November 1940 to 31st December 1941"* du Marshal Sir Sholto Douglas, 29 février 1948, conservé dans le dossier CAB 106/1200, TNA.

b) **De la RCAF** : Évidemment, il aurait été trop simple que la RAF et la RCAF utilisent le même système d'évaluation des dommages subis par un appareil. Les accidents de la RCAF étaient donc classés de la façon suivante :

Catégorie	Dommages
A	Avion détruit (ou disparu), à rayer des registres. Parfois utilisé pour des avions réparables mais impliqués dans un accident mortel.
B	Réparations impossibles sur place, mais peut être réparé dans une Unité de Maintenance ou dans l'atelier d'un Sous-Traitant.
C	Réparations impossibles par l'Unité utilisatrice, nécessite le remplacement d'un composant majeur (hors moteur), ce qui peut être fait sur place ou ailleurs.
D	Réparations possibles par l'Unité utilisatrice.
E	Dégâts mineurs.

c) **De la SAAF** : La SAAF classait les appareils (avion ou moteur) endommagés en trois catégories :

Catégorie	Dommages
1 (ou M)	Matériel réparable par l'Unité utilisatrice.
2 (ou R)	Réparations impossibles par l'Unité utilisatrice.
3 (ou W)	Matériel irrécupérable ou non réparable, à rayer des registres.

Avertissements sur les données de performance des avions : Un avion est le résultat d'un ensemble de compromis, depuis sa conception jusqu'à son utilisation opérationnelle. Toute amélioration d'une caractéristique entraîne systématiquement une (ou plusieurs) dégradation(s) d'autres aspects. Par exemple, si un concepteur souhaite accroître le plafond opérationnel de son avion, il va augmenter la surface alaire, mais ceci va réduire sa manœuvrabilité, augmenter le poids, exiger le renfort de la structure des ailes, etc. De même, en opérations si un bombardier doit atteindre un objectif lointain, il devra emporter plus de carburant au détriment de la charge de bombes. Ainsi, un quadrimoteur Short Stirling pouvait emporter : [838]
- 4.137 kg de bombes et 5.071 kg (7.046 litres) de carburant jusqu'à Cologne, soit un vol aller-retour de 1.100 km.
- 2.552 kg de bombes et 6.659 kg (9.251 litres) de carburant pour aller bombarder Stuttgart, soit un vol aller-retour de 1.700 km.

Lorsque des données de performance sont données sans précision, il s'agit souvent pour chacune du maximum possible, mais il faut alors garder à l'esprit qu'atteindre ce maximum n'est possible que dans certaines circonstances et pas simultanément avec les autres performances maximales (un avion à pleine charge ne peut pas voler à son plafond maximal, à sa vitesse maximale avec une autonomie maximale).

Enfin, il faut tenir compte du fait que beaucoup de performances étaient mesurées lors de tests réalisés sur des avions neufs aux mains de pilotes expérimentés (comme ceux de l'AFDU par exemple), avec un équipement militaire minimal. Une fois en Escadron, il était quasiment impossible de retrouver ces performances sur des machines surchargées, fatiguées et malmenées.

Notes sur les appellations des avions :
Les Britanniques n'ont pas été consistants dans les appellations de leurs avions. Le "F" de "Fighter" était parfois écrit en minuscule et d'autres fois en majuscule. Jusqu'en 1942, les chiffres romains sont utilisés par la RAF pour les différentes versions (par exemple Mosquito NF Mk. XIII), puis les nouveaux avions reçoivent des chiffres arabes (par exemple Mosquito NF 30).

---

[838] À partir du Lincolnshire, en supposant un vol direct en ligne droite, avec suffisamment de carburant pour effectuer 400 km supplémentaires par sécurité. Données calculées à partir des tableaux *"TABLE II : Bomb loading and fuel planning chart"* en annexe du mémorandum *"Operational planning of Bomb & Petrol loads"* du 23 mars 1944 de l'état-major du Bomber Command aux états-majors des Groupes, conservé dans le dossier AIR 14/557, pièce 60A, TNA.

Notes géographiques :
Chaque fois que possible, le nom des villes ou villages cités est complété par le nom du Comté, de la Province ou de l'État, et de celui du Pays si nécessaire. Les noms sont ceux utilisés à l'époque concernée, par exemple l'aérodrome de Gatwick est aujourd'hui dans le comté du Sussex de l'Ouest, mais durant la guerre il se trouvait dans le Surrey. Il a été dérogé à cette règle lorsque la place manquait (notamment dans les tableaux) ou pour alléger le texte et éviter les répétitions.

Pour ne pas confondre géographie et politique :
- La Grande-Bretagne est l'île qui inclut l'Angleterre, le pays de Galles et l'Écosse.
- Le Royaume-Uni est un état composé de quatre nations : l'Angleterre, l'Écosse, le pays de Galles et l'Irlande du Nord. Son nom complet, bien incommode à rédiger, est le "Royaume-Uni de Grande-Bretagne et d'Irlande du Nord".

Par exemple, on ne devrait donc pas parler ici de "gouvernement anglais" mais de "gouvernement du Royaume-Uni" ou "gouvernement britannique". Il est cependant possible que cet abus de langage ait été utilisé dans un moment d'égarement. Mea culpa.

Une entorse a été faite à cette terminologie pour l'acronyme "GB", plus identifiable que celui qui aurait dû être utilisé de "RU" lorsque le manque de place en imposait l'emploi.

Notes sur les taux de change et conversions :
Les taux de change et conversions sont un sujet en soit, d'autant plus que les documents d'archives ne précisent pas toujours quelle devise était sous-entendue. Par exemple, il n'est pas rare de trouver des mémoranda budgétaires australiens pour des achats de matériels au Royaume-Uni qui utilisent le symbole "£" sans ajouter un "A" pour "Livre australienne" ou l'acronyme "Stg" pour "Livre Sterling". Sauf exception, il a été choisi de garder ici les coûts mentionnés dans leur devise d'origine et d'époque. Pour aider les lecteurs, les clefs suivantes sont proposées :
Les taux de change avaient été figés pour la durée de la guerre, de façon simplifiée :

1 livre sterling	valait	4,45	dollars canadiens	
1 livre sterling	valait	1,254	livres australiennes (£A) ou livres néo-zélandaises (£NZ)	
1 livre sterling	valait	4,03	dollars US	
1 dollar US	valait	1,1	dollars canadiens	
1 livre australienne	valait	3,2	dollars US	
1 livre australienne	valait	1	livre néo-zélandaise ou	0,8 livres sterling

Avant-guerre, les taux fluctuaient, par exemple 1 livre australienne valait 3,76 dollars US fin 1938. L'Australie a donc perdu 15% de pouvoir d'achat pour le matériel américain dans les années suivantes.

Pour les équivalences en valeurs actuelles, on peut considérer que :

100 livres sterling de l'année	correspondent en 2024 à	soit en Euros (arrondis)
1935	8.913 livres sterling	10.400
1938	8.435 livres sterling	9.840
1939	8.192 livres sterling	9.560
1940	7.016 livres sterling	8.185
1941	6.327 livres sterling	7.380
1942	5.905 livres sterling	6.890
1943	5.714 livres sterling	6.665
1944	5.557 livres sterling	6.485
1945	5.409 livres sterling	6.310
1950	4.294 livres sterling	5.010
1955	3.288 livres sterling	3.835

Note sur le calcul des efforts de formation :
Pour évaluer l'effort de formation contribué par un pays, il a été décidé d'appliquer les pondérations arbitraires suivantes :
- Aviateur formé uniquement en ITS ou ITW (avec ou sans "grading") : 10%.
- Aviateur formé en ITS (ou ITW) et en École Élémentaire des Observateurs Aériens : 40%.
- Pilote formé en ITS (ou ITW) et EFTS : 25 % (donc la formation en SFTS représente les 75% restants).

Donc par exemple, les contributions de l'Australie et de la Rhodésie du Sud pour former un pilote australien sont respectivement de 10% et de 90% puisque les élèves pilotes australiens étaient formés en ITS avant d'embarquer pour la Rhodésie. Pour un élève pilote australien envoyé au Canada, ces contributions sont de 25% pour l'Australie et 75% pour le Canada puisque le cursus en ITW et EFTS se faisait dans le pays d'origine. Le défaut principal de cette méthode est de considérer que les formations de toutes les catégories d'aviateurs demandent un effort identique.

Il est évident que d'autres méthodes d'évaluation de la contribution de chaque pays sont possibles, que ce soit à l'aide de la participation financière des différents accords, ou par exemple en termes de fourniture d'appareils de formation (auquel cas, le Royaume-Uni serait loin devant les autres participants).

Note sur les acronymes :
Par convention, et pour éviter la multiplication d'acronymes, ils ont été conservés tels qu'ils existent en anglais : par exemple, on parlera d'une "OTU" pour une Unité de Formation Opérationnelle au lieu d'utiliser un acronyme artificiel en français "UFO". Les documents officiels canadiens en français publiés après-guerre ont tendance à créer de tels nouveaux acronymes, mais sans être consistants (par exemple, dans les livres publiés en français par le Service Historique du Ministère de la Défense Nationale du Canada (voir bibliographie), tous les noms des écoles sont affublés d'acronymes en français, mais d'autres sigles restent en anglais (comme DFC, RAAF ou VHF)).

2nde TAF - Seconde Force Aérienne Tactique.
A&AEE - Aeroplane and Armament Experimental Establishment - Centre de Recherches Expérimentales sur les Avions et leurs Armements à Martlesham Heath dans le Suffolk, puis après le début de la guerre à Boscombe Down dans le Wiltshire.
(R)AAF - Auxiliary Air Force de la RAF : Escadrons formés à partir de 1925 pour attirer des civils qui servaient en quelque sorte de réserve, bien qu'ils ne doivent pas être confondus avec les réservistes habituels qui étaient formés par la RAF et pouvaient être rappelés après leur engagement normal. Les Auxiliaires devaient posséder ou payer leur brevet de pilote, et ils devaient s'entraîner un certain nombre d'heures pendant les week-ends ou durant leurs congés. Ne pas confondre avec l'US - AAF.
AASF - RAF Advanced Air Striking Force - Force de Frappe Avancée de la RAF en France.
ACP - Aerodrome Control Pilots - Pilotes chargés de la gestion des mouvements au sol lors des vols de nuit.
ACMB - Aviation Candidates Medical Board - Comité Médical de sélection des Candidats Aviateurs.
ACRC - Air Crew Reception Centre - Centre d'Accueil des Aviateurs.
ACSB - Aviation Candidates Selection Board - Comité de Sélection des Candidats Aviateurs.
AD - Air Diagram - Poster publié par le Ministère de l'Air sur divers aspects techniques ou tactiques (par exemple, le circuit de lubrification du moteur Merlin XX (utilisé par le Beaufighter II) fait l'objet de l'AD2013).
ADGB - Air Defence of Great Britain. Organisation de la chasse de la RAF, devenue Fighter Command en juillet 1936, puis de nouveau ADGB le 15 novembre 1943, et enfin Fighter Command à partir du 15 octobre 1944.
AEAF - Allied Expeditionary Air Force - Force Aérienne Expéditionnaire Alliée.
AFC - Air Force Cross. Médaille militaire.
AFDU - Air Fighting Development Unit - Unité de Développement du Combat Aérien (voir AFDS).
AFDS - Air Fighting Development Squadron - Escadron de Développement du Combat Aérien (voir AFDU).
(P) ou (O) AFU - Advanced Flying Unit - Unité Aérienne d'Acclimatation pour les Pilotes (P) ou les Observateurs (O) formés outre-mer et arrivant au Royaume-Uni.
AFS - Advanced Flying School - École de Pilotage Avancé (après-guerre).
AHB - Air Historical Branch - Service Historique de la RAF.
AI - Air (ou Aircraft ou Airborne sur les versions) Interception *[equipment]* - Radar embarqué air-air.
AGS - Air Gunnery School - École de formation des Mitrailleurs.

AML -	Air Ministry Laboratory - Laboratoire du Ministère de l'Air.
ANS -	Air Navigation School - École de formation à la navigation.
AONS -	Air Observer Navigation School - École de formation à la navigation des Observateurs Aériens.
AOS -	Air Observer School - École de formation des Observateurs Aériens.
AP -	Air Publication - Manuel publié par le Ministère de l'Air (ou celui de l'Approvisionnement) sur divers aspects techniques ou tactiques (par exemple, le moteur Merlin XX fait l'objet de l'AP1590G. Ce moteur est installé sur le Beaufighter II dont le manuel technique est l'AP1721B (plusieurs volumes) et dont le manuel de pilotage est l'AP1721B-PN. L'AP1732a est le *"Manuel de l'Instructeur de Formation Élémentaire au Pilotage"*, etc.).
AS -	Air School. Nom donné à toutes les écoles d'aviation d'Afrique du Sud, quel qu'en soit le type (EFTS, SFTS, B&GS, etc.)
ASV -	Air to Surface Vessel - Radar embarqué air-surface utilisé pour la détection de navires ou de sous-marins naviguant en surface.
ATA -	Air Transport Auxiliary - Transport Auxiliaire Aérien. Organisation chargée de convoyer les avions, par exemple d'une usine à une unité de maintenance de la RAF, ou de là à un Escadron. Ses pilotes étaient recrutés parmi tous les hommes inaptes au service actif (pour raison d'âge ou de santé) ou de femmes.
BAC -	Bibliothèque et Archives Canada.
BAC -	British Air Commission. Commission Britannique d'achat de matériels Aéronautiques (aux USA).
BADU -	Blind Approach Development Unit - Unité de Développement pour l'Approche en Aveugle.
BAT -	Beam Approach Training - Formation à l'Approche Radioguidée.
BCATP -	British Commonwealth Air Training Plan - Plan d'Entraînement Aérien du Commonwealth Britannique (PEACB). Le terme "entraînement" est une mauvaise traduction de "training", il faudrait plutôt parler de "formation", mais c'est celui utilisé dans les documents officiels canadiens en français. Voir aussi EATS.
BFTS -	Pendant la guerre : British Flying Training Schools - Écoles Britanniques de Formation au Pilotage aux USA (écoles gérées par des sociétés privées).
	Entre 1950 et 1953 : Basic Flying Training Schools - Écoles de Formation Élémentaire au Pilotage : écoles équivalentes aux EFTS de temps de guerre, gérées par des sociétés privées et créées dans l'urgence de la guerre de Corée.
BSDU -	Bomber Support Development Unit - Unité de Développement de Support aux Bombardiers.
B&GS (ou BAGS) -	Bombing and Gunnery School - École de formation au Bombardement et au Tir.
CFE -	Central Fighter Establishment - Établissement Central de la Chasse.
CFS -	Central Flying School - École Centrale de Formation au Pilotage. Une école de ce type existait au Royaume-Uni ainsi que dans la plupart des pays du Commonwealth (Canada, Australie, Afrique du Sud, Rhodésie, etc.). Le rôle de ces Écoles Centrales était d'être le centre d'expertise de leur force aérienne en ce qui concernait les techniques de pilotage et de formation, notamment en s'assurant de la compétence des instructeurs des autres établissements sur une base commune.
CNS -	Central Navigation School - École Centrale de Navigation. Une école de ce type existait au Royaume-Uni (rebaptisée durant l'hiver 1944 "Empire Air Navigation School") et une autre au Canada. Toutes les deux ont été créées en 1942.
CNT -	Celestial Navigation Trainer. Simulateur de Formation à la Navigation Astronomique.
CO -	Commanding Officer - Officier commandant [une Unité].
DCA -	Défense Contre Avions (terme s'appliquant généralement aux canons et projecteurs au sol ou sur navires).
DFC -	Distinguished Flying Cross : Médaille militaire attribuée uniquement aux Officiers jusqu'à 1993, puis quel que soit le grade du récipiendaire. Les Britanniques marquent toute nouvelle attribution d'une médaille déjà reçue par l'ajout d'une "bar" (barre) sur le ruban, traduite ici par "agrafe" (les Canadiens utilisent le terme "barrette").
DFM -	Distinguished Flying Medal : Médaille militaire attribuée uniquement aux Sous-Officiers jusqu'en 1993, date à laquelle cette décoration a été abolie, la DFC devenant attribuable quel que soit le grade du récipiendaire.
DSM -	Distinguished Service Medal. Médaille militaire.
DSO -	Distinguished Service Order. Médaille militaire.
EATS -	Empire Air Training Scheme - Plan d'Entraînement Aérien de l'Empire. Nom utilisé par les Britanniques pour le BCATP.

EFTS - Elementary Flying Training School - École de Formation Élémentaire au Pilotage (sur avions de type De Havilland Tiger Moth). Voir E&RFTS.
E&RFTS (ou ERFTS) - Elementary and Reserve Flying Training School - École des Réserves et de Formation Élémentaire au Pilotage (sur avions de type De Havilland Tiger Moth). Beaucoup de ces écoles ont été fermées à l'ouverture des hostilités pour libérer les aérodromes et les autres ont été re-baptisées EFTS.
FAA - Fleet Air Arm - Aéronavale britannique.
FAFL - Forces Aériennes Françaises Libres
FES - Flight Engineers School - École des Mécaniciens Embarqués.
FIS - Flying Instructor School - École des Instructeurs de Pilotage.
Flak - Fliegerabwehrkanone - terme allemand utilisé pour la DCA.
FTS - Flying Training School - École Militaire de Formation (avancée) au Pilotage. Ces écoles ont été rebaptisées SFTS à la déclaration de la guerre.
GB - Grande-Bretagne (comprendre "Royaume-Uni").
GRS - General Reconnaissance School - École de Surveillance Maritime, obligatoire avant une affectation au sein du Coastal Command.
IE - Initial Equipment : Dotation normale d'un escadron (16 avions à partir d'octobre 1939 pour les escadrons de chasse).
Intruder - Mission consistant à pénétrer en territoire ennemi pour perturber les opérations aériennes de l'adversaire.
IR - Dotation de réserve d'un escadron (deux avions pour les escadrons de chasse, sauf ceux de chasse de surveillance maritime à grande distance : quatre avions).
ITS (ou ITW) - Initial Training School (ou Wing) - École (ou Escadre) Préparatoire d'Aviation destinée à inculquer les rudiments de la discipline militaire aux nouvelles recrues. Le terme ITS est utilisé par le Canada, celui d'ITW par les Britanniques.
IWM - Imperial War Museum
JATS - Joint Air Training Scheme - Plan Commun de Formation Aérienne signé en juin 1940 entre l'Afrique du Sud et le Royaume-Uni
LMF - Lack of Moral Fibre - Manque de Fibre Morale. Appellation appliquée aux aviateurs souffrant de dépression nerveuse sous l'effet du stress accumulé après une série de missions.
MAF - Metropolitan Air Force - Partie de la RAF basée dans les îles britanniques (par opposition à la partie déployée dans l'Empire, par exemple en Irak ou aux Indes).
MAP - Ministère de la Production Aéronautique (Ministry of Aircraft Production) - Ministère créé en mai 1940.
MC - Military Cross. Médaille militaire.
Mk - Mark - Version (Mk. I = Version I, Mark II = Version II, etc.). Voir la note ci-dessus sur les appellations des appareils.
m.p.h. - Milles (terrestres) par heure (1 m.p.h. = 1,6 km/h).
NAA - National Archives of Australia - Archives Nationales d'Australie.
NARA - US National Archives and Records Administration – Archives Nationales américaines.
NB - Nouveau Brunswick (Province du Canada).
NF - Night Fighter - Chasseur de nuit.
NFT - Night Flying Test - Vol d'essai en fin de matinée ou dans l'après-midi pour tester le bon fonctionnement de l'avion et de tous ses équipements avant un vol de nuit.
OCU - Operational Conversion Unit - Unité de Conversion Opérationnelle (après-guerre).
ORS - Operational Research Section - Section de Recherche Opérationnelle.
OTU - Operational Training Unit - Unité de Formation Opérationnelle.
PAC - PArachute Cable equipment - Lance-câble sous parachute : système de DCA propulsé par fusée utilisé sans succès au début de la guerre (voir le livre de cette série sur la bataille d'Angleterre).
PACT - Preliminary Air Crew Training scheme - Dispositif de Formation Préliminaire des Aviateurs pour les jeunes âgés de 17 ans et 9 mois afin de leur donner un niveau scolaire leur permettant de devenir élèves-aviateurs.
PAED - Pre-Aircrew Education Detachments - Sections d'Enseignement pour les Futurs Membres d'Équipage (Canada).
PEACB - Plan d'Entraînement Aérien du Commonwealth Britannique (PEACB) : appellation officielle canadienne dans les documents en Français. Voir BCATP et EATS.
PN - Pilot's Notes. Notes à l'intention des Pilotes.

PRC -	Personnel Reception Centre - Centre de Réception du Personnel.
RAAF -	Royal Australian Air Force - Aviation Royale Australienne.
RADAR -	RAdio Detection And Ranging - Terme américain, voir RDF.
RAE -	Royal Aircraft Establishment - Centre de recherche aéronautique du Ministère de la Production Aéronautique à Farnborough, Hampshire.
RAF -	Royal Air Force.
RATG -	Rhodesian Air Training Group - Groupe de Formation Aérienne de Rhodésie du Sud.
RCAF -	Royal Canadian Air Force - Aviation Royale Canadienne.
RDF -	Range and Direction Finding pour les activités liées aux radars ; plus communément Radio Direction Finding pour la radiogoniométrie. Le terme américain RADAR n'a été adopté que tardivement (1943) par les Britanniques.
RFC -	Royal Flying Corps : branche aérienne de l'Armée de Terre britannique pendant la Première Guerre. A fusionné avec le Royal Naval Air Service pour former la Royal Air Force le 1er avril 1918.
RFS -	Reserve Flying School - École de Pilotage de la Réserve : ces écoles ont été créées en 1947 à partir de certaines EFTS existantes.
RNAS -	Royal Naval Air Service : branche aérienne de la Marine britannique pendant la Première Guerre. A fusionné avec le Royal Flying Corps pour former la Royal Air Force le 1er avril 1918.
R&NS -	Reconnaissance & Navigation School (voir S of GR).
RNZAF -	Royal New Zealand Air Force - Aviation Royale de Nouvelle Zélande.
SAAF -	South African Air Force - Force Aérienne d'Afrique du Sud.
SAPI -	Munition (obus de 20 mm) semi-perforante incendiaire.
SBA -	Standard Beam Approach - Approche Radioguidée.
Serrate -	Nom de code donné au dispositif permettant de déterminer la direction d'un radar embarqué *Lichtenstein*. Par extension, les missions utilisant ce dispositif étaient baptisées *Serrate*.
S of GR (ou SGR) -	School of General Reconnaissance (Coastal Command) - École de Surveillance Maritime. Parfois renommée R&NS.
SFTS -	Service Flying Training School - École Militaire de Formation (avancée) au Pilotage (sur avions plus puissants que dans les EFTS, par exemple North American Harvard). Voir aussi FTS.
SRAF -	South Rhodesian Air Force – Force Aérienne de Rhodésie du Sud.
SRDT -	Synthetic Dead Reckoning Trainer. Simulateur de Formation à la Navigation à l'Estime.
STDU -	Synthetic Training Development Unit - Unité de Développement de la Formation Artificielle.
STT -	School of Technical Training - École de Formation Technique pour les personnels au sol (mécaniciens, électriciens, instrumentistes, etc.).
TADU -	Training Aids Development Unit - Unité de Développement des Aides de Formation.
TNA -	The National Archives, UK. Archives Nationales du Royaume-Uni.
TRE -	Telecommunications Research Establishment - Centre de Recherche des Télécommunications (radar) - voir AMRE.
USAAC -	US Army Air Corps - Remplacé par l'USAAF en juin 1941 pour les aspects opérationnels et en mars 1942 pour le reste (formation, recherche, commandes, etc.).
USAAF -	US Army Air Force – Succède à l'AAC entre 1941 et 1942, et devient indépendante en septembre 1947 (sous le nom d'USAF, toujours en vigueur aujourd'hui).
V-1 -	Vergeltungswaffen n°1 - Bombe volante "1ère arme de vengeance".
WAAAF -	Auxiliaires Féminines de la RAAF (Women's Auxiliary Australian Air Force).
WAAF -	Auxiliaires Féminines de la RAF (Women's Auxiliary Air Force).
WD -	(RCAF) Women's Division - Division des Femmes de la RCAF.
WS -	Wireless School - École Radio (formation des Opérateurs radio).
ZZ -	Procédure d'approche d'atterrissage avec guidage radio par un contrôleur au sol en utilisant des relevés radiogoniométriques. Pour plus de détails, voir l'AP 3024 "Flying Control in the Royal air Force".

Bibliographie

Notes : L'aviation de la Seconde Guerre mondiale a fait couler beaucoup d'encre et cette bibliographie n'a pas pour but de lister tous les ouvrages disponibles. Malheureusement les ouvrages en français sont rares. Les ouvrages "à lire absolument" sont indiqués par un astérisque et un court commentaire en italique donne les impressions de lecture. Les articles ou les livres qui ne sont cités que ponctuellement n'ont pas été repris ici mais sont mentionnés dans les notes de bas de page.

Publications officielles

RAF AIR HISTORICAL BRANCH : Ministère de l'Air britannique. (Certaines sont disponibles sur https://www.raf.mod.uk/our-organisation/units/air-historical-branch/second-world-war-thematic-studies1/ , consulté le 10 janvier 2020)
- **The expansion of the RAF 1934-1939**. [s. d.]. 1ère ébauche.
- **Manning : Plans and Policy**. 1958.
- **Flying Training - Aircrew training 1934-1942**. [s. d.]. 2ème ébauche. *
- **Flying Training :**
    - Volume I - **Policy and Planning**. 1952. Air Publication 3233. *
    - Volume II - **Organisation**. [s. d.] :
        - Partie 1 : **Basic training in the United Kingdom.** *
        - Partie 2 : **Basic training overseas.** *
        - Partie 3 : **Operational training.** *

Ces documents sont assez détaillés sur certains aspects, avec plusieurs centaines de pages chacun, mais ne survolent parfois que certains sujets sans analyse complète (par exemple, les heures de vol requises par les différents programmes de formation ne sont mentionnées que de façon anecdotique, les auteurs ayant souvent préféré se concentrer sur les durées en semaines des formations, sans analyse sur la décennie concernée). Les recoupements font aussi apparaître quelques incohérences lorsque le même sujet est traité dans deux ou trois documents différents. Il faut cependant souligner l'effort impressionnant de collecte réalisé de façon systématique par les historiens officiels anglo-saxons pour organiser ce que l'on appellerait aujourd'hui le retour d'expérience, effort que l'on peinerait à trouver, même pour des événements plus récents, dans d'autres organisations militaires.

RAAF
AUSTRALIAN WAR MEMORIAL : Australia In The War of 1939-1945, Series 3 (AIR) (disponibles sur https://www.awm.gov.au/collection/C1417303 , consulté le 20 novembre 2023)
- GILLISON, Douglas Napier. **Volume I. Royal Australian Air Force 1939-42.** Canberra, 1962.
- ODGERS, George James. **Volume II. Air War against Japan, 1943-45.** Canberra, 1957.
- HERINGTON, John. **Volume III. Air War against Germany and Italy, 1939-43.** Canberra, 1954.
- HERINGTON, John. **Volume IV. Air Power over Europe, 1944-45.** Canberra, 1963.

HISTORICAL SECTION
- **Units of the Royal Australian Air Force : A concise history. Volume 8 : Training Units.** Canberra : Australian Government Publishing Service. ISBN 0-644428007.

RCAF : Service Historique Du Ministère De La Défense Nationale [Canadien]
- DOUGLAS, W. A. B. **La création d'une aviation militaire nationale : Histoire officielle de l'Aviation royale du Canada, tome II**. Centre d'édition du gouvernement du Canada. 1987. ISBN 0-660925052. *Ce volume comporte un important chapitre sur le BCATP.*
- GREENHOUS, Brereton ; HARRIS, Stephen J. ; JOHNSTON, William C. ; RAWLING, William G.P. **Le creuset de la guerre, 1939-1945 : Histoire officielle de l'Aviation royale du Canada, tome III**. Les éditions du gouvernement du Canada. 1994. ISBN 0-662843622. *Ce tome traite notamment de la canadianisation des Escadrons de la série "400".*

- HATCH, F. J. **Le Canada, aérodrome de la démocratie : le plan d'entraînement aérien du Commonwealth britannique, 1939-1945**. Monographie n°1, Ottawa, 1983. *Le narratif est intéressant, mais le lecteur pourrait regretter de ne pas trouver d'analyse détaillée des programmes de formation au fil des ans, des heures de vol et des résultats de chaque école, ni d'analyses statistiques (coûts, matériels, consommations, accidents, etc.) allant au-delà des histoires officielles britanniques rédigées dans les années d'après-guerre. La traduction en français est un peu décevante et il est conseillé de se reporter au document original en anglais.*
- WISE, S. F. **Les aviateurs canadiens dans la Première Guerre mondiale : Histoire officielle de l'Aviation royale du Canada, tome I**. Centre d'édition du gouvernement du Canada. 1982. ISBN 0-660-90693-7. *Ce volume comporte quelques comparaisons avec le BCATP, notamment sur les taux d'échec et sur les statistiques d'accidents.*

RNZAF : HISTORICAL PUBLICATIONS BRANCH : The Official History of New Zealand in the Second World War 1939-1945.
- ROSS, J. M. S. (Squadron Leader). **Royal New Zealand Air Force**. Wellington, 1955.

RHODÉSIE DU SUD
- MACDONALD, J. F. **The war history of Southern Rhodesia** [deux volumes]. Gouvernement de la Rhodésie du Sud. Salisbury, Rhodésie. 1947.

ÉTATS-UNIS :
Army Air Forces Historical Studies :
- **Study n°2 : Initial selection of candidates for Pilot, Bombardier and Navigator training**. 1943.
- **Study n°5 : Individual training of Bombardiers**. 1944.
- **Study n°15 : Procurement of Aircrew trainees**. 1944.
- **Study n°18 : Pilot transition to combat aircraft**. 1944.
- **Study n°27 : Individual training of Navigators in the AAF**. 1945.
- **Study n°31 : Flexible gunnery training in the AAF**. 1945.
- **Study n°48 : Preflight training in the AAF 1939-1944**. 1946.
- **Study n°53 : Organization of AAF training activities 1939-1945**. 1946.
- **Study n°64 : Training of Foreign Nationals by the AAF 1939-1945**. 1947.
- **Study n°69 : Technical Training within the German Luftwaffe**. 1955.
- **Study n°189** : SUCHENWIRTH, Richard. **Historical Turning Points in the German Air Force**. 1959.

Office of History and Research, Headquarters Air Education and Training Command :
- ASHCROFT, Bruce (Dr.). **We wanted wings : A history of the aviation cadet program**. 2005
- KRUEGER HUSSEY, Ann. **Air Force flight screening : Evolutionary changes**. 1917-2003. 2004.
- MANNING, Thomas ; ASHCROFT, Bruce (Dr.) ; EMMONS, Richard, H. ; KRUEGER HUSSEY, Ann ; MASON Joseph, L (Dr.). **History of Air Education and Training Command 1942-2002**. 2005.

Air Force History and Museums Program :
- CAMERON, Rebecca, H.. **Training to fly - Military flight training 1907-1945**. 1999.

FRANCE : Service Historique de l'Armée de l'Air
- LAFONT, Henry (Colonel). **Aviateurs de la liberté - Mémorial des Forces Aériennes Françaises Libres**. 2002. ISBN 978-2904521386. *Livre qui permet de retracer le parcours de formation de certains aviateurs des FAFL.*

Contexte

DELVE, Ken. **The source book of the RAF**. Airlife, 1994. ISBN 978-1853104510.

DUNMORE, Spencer. **Reap the whirlwind: Untold Story of 6 Group R.A.F. - Canada's Bomber Force of World War II**. Crecy Publishing. 1993. ISBN 978-0947554354.

HIGHAM, Robin et HARRIS, Stephen (sous la direction de). **Why Air Forces Fail: The Anatomy of Defeat**. University Press of Kentucky. 2016. ISBN 978-0813167510.

HUNT, Leslie. **Twenty-one Squadrons : History of the Royal Auxiliary Air Force, 1925-57**. London: Garnstone Press, 1972. ISBN 978-0855111100.

LAKE, Alan. **Flying Units of the RAF : The ancestry, formation and disbandment of all flying units from 1912**. Airlife. 1999. ISBN 978-1840370867.

PHILPOTT, Ian M. **The Royal Air Force : an encyclopedia of the inter-war years : ***
- Vol. I - **The Trenchard years 1918 to 1929**. Barnsley : Pen & Sword Aviation, 2005. ISBN 978-1844151547.
- Vol. II - **Rearmament 1930 to 1939**. South Yorkshire : Pen & Sword Aviation, 2008. ISBN 978-1783838103.

RICHARDSON, 'Dickie' (Group Captain). **Man is not lost : The log of a pioneer RAF Pilot/Navigator, 1933-1946**. Airlife. 1997. ISBN 978-1853108686. *Un livre qui se lit facilement et montre l'évolution de la RAF sur près de deux décades. L'auteur a enseigné à l'École de Navigation Aérienne de Manston dans le Kent (déménagée à St Athan, pays de Galles, au début de la guerre) avant de rédiger une refonte complète du manuel de navigation aérienne de la RAF (AP1234), document qui a servi de base à tous les cours de navigation dans les écoles du Commonwealth.*

WARD, Chris. **6 Group Bomber Command : an Operational Record**. Pen & Sword Aviation. 2010. ISBN 978-1848841550.

Les formations

BARRIS, Ted. **Behind the glory : Canada's role in the Allied Air War**. Markham, Ontario: Thomas Allen & Son Publishers, 2005. ISBN 978-0887622120.

BECKER, Dave (Captain). **Yellow Wings : The story of the Joint Air Training Scheme in World War 2**. Pretoria, The SAAF Museum, 1989. *Ce livre porte sur la contribution sud-africaine à la formation des aviateurs de la RAF et de l'Afrique du Sud et d'autres pays alliés.*

BENNETT, G. H. **The RAF's French Foreign Legion 1940-45 : De Gaulle, the British and the re-emergence of French airpower**. Continuum Publishing. 2011. ISBN 978-1441189783. *Livre qui permet de retracer le parcours de formation de certains aviateurs des FAFL.*

BONGERS, Stan (Dr.). **Military pilot selection : the first decades**. Article publié pages 16 à 24 du magazine "Spotlight" de la RAAF n°01/2023

BOWYER, Chaz. **Guns in the sky : The air gunners of World War II**. Scribner. 1979. ISBN 978-0684162621.

BOXALL, Harley (Group Captain), et BAMFORD, Joe. **Devotion to a Calling: Far-East Flying and Survival with 62 Squadron RAF**. Pen & Sword Aviation. 2010. ISBN 978-1848841499. *Livre décrivant la carrière de l'un des auteurs, avec notamment deux chapitres consacrés à sa formation en 1936 par des instructeurs civils de la 10ème ERFTS de Yatesbury, Wiltshire puis par les militaires de la 9ème FTS de Thornaby, Yorkshire. Il est dommage que les appellations utilisées soient parfois anachroniques (EFTS au lieu d'ERFTS, SFTS au lieu de FTS), ou erronées (11ème EFTS au lieu de 10ème ERFTS).*

BRUYELLE, Frédéric. **Le Mémorial des FAFL Au Royaume-Uni**. Éditions Heimdal. 2024. ISBN 978-2840486077. *Livre qui permet de retracer le parcours de formation de certains aviateurs des FAFL.*

CHAPMAN, Matthew. **Réexamen du Plan d'Entraînement Aérien du Commonwealth Britannique : évolution de la formation au pilotage en temps de guerre au Canada**. Article publiée dans la revue de l'Aviation Royale Canadienne. Printemps 2016. Volume 5, n°2.

COMMEAU, Jean-Marie. **L'Aéronautique navale française au Royaume-Uni : 1940 - 1946**. Association pour la Recherche de Documentation sur l'Histoire de l'Aéronautique Navale, 2000. ISBN : 978-2913344013.

CONRAD, Peter C. **Training for Victory : The British Commonwealth Air Training Plan in the West**. Saskatoon: Western Producer Prairie Books, 1989. ISBN 0-88833-302-1.

CUMMINGS, Colin & WALKER, Bill. **Clipped Wings.** Nimbus Publishing :
- **Volume 1 : Royal Air Forces pre-operational training aircraft losses 1939 - 1942 : UK, Rhodesia & Minor Territories.** 2015, ISBN 978-0952661986.
- **Volume 2 : Commonwealth Air Training Plan pre-operational aircraft losses 1939 - 1942 : Australia, Canada, New-Zealand, South Africa & USA.** 20216, ISBN 978-0952661993.
- **Volume 3 : Commonwealth Air Training Plan pre-operational aircraft losses 1943 - VE day 1945 : UK, Rhodesia & Minor Territories.** 2019, ISBN 978-0993514401.
- **Volume 4 : Commonwealth Air Training Plan pre-operational aircraft losses 1943 - VE day 1945 : Australia, Canada, New-Zealand, South Africa & USA**. 2020, ISBN 978-0993514418.

    Près de 3.000 pages ont été nécessaires aux Auteurs pour décrire les innombrables accidents qui ont parsemé l'histoire de la formation de base des élèves-aviateurs de la RAF. On notera que certains volumes (par exemple les n°1 et 3) ne séparent pas les accidents par pays, ce qui rend cette longue liste chronologique très difficile à consulter, les Auteurs n'ayant pas toujours mentionné le pays mais seulement la localité la plus proche.

CURRIE, Jack. **Wings over Georgia**. Isis Publishing, 2010, ISBN 978-0753195581. *Témoignage d'un élève pilote sur son recrutement dans la RAF et son parcours au sein des écoles du Arnold Scheme. Ce livre est écrit dans un style léger et humoristique et se lit très bien.*

DALKE, Bill. **La plus grande contribution du Canada : l'identité nationale et le rôle du Premier Ministre W. L. Mackenzie King dans la négociation de l'entente du Plan d'Entraînement Aérien du Commonwealth Britannique**. Revue Militaire Canadienne. 2009. Volume 9, n°4. *Cet article souligne la détermination de King d'obtenir le contrôle des écoles sur le sol canadien et la formation d'escadrons nationaux, mais passe sous silence son rôle aboutissant à l'absence de concertation à Ottawa entre les Dominions pour adopter une position commune.*

DAWSON, Jim. **The RAF in Arizona : Falcon Field, 1941-1945**. Stenger-Scott. 2002. ISBN 978-0971912717.

DE QUESADA, A. M.. **Royal Air Force Over Florida**. Arcadia Publishing. 1998. ISBN 978-1531645335.

DENSON, Paula Carmack. **The Royal Air Force in Oklahoma : Lives, loves, courage of the British Air Crews trained in Oklahoma during World War II**. Oklahoma Heritage Association. 2006. ISBN 978-1885596567.

DUNMORE, Spencer. **Wings for Victory : The remarkable story of the British Commonwealth Air Training Plan in Canada**. McClelland & Stewart. 1994. ISBN 978-0771029271

ENGLISH, Allan, D. **The cream of the crop : Canadian Aircrew, 1939-1945**. McGill-Queen's University Press. 1996. ISBN 978-0773513983.

FEDOROWICH, Kent. **"Caught in the cross fire" : Sir Gerald Campbell, Lord Beaverbrook and the near demise of the British Commonwealth Air Training Plan, May-October**

1940. Article publié dans le Journal of Military History, volume 79, n°1. Janvier 2015. Pages 37 à 68.

FYDENCHUK, W. Peter. **Immigrants of War : Americans serving with the Royal Air Force and Royal Canadian Air Force during World War II**. WPF Publications. 2005. ISBN 978-0973752304.

FROM, Joel L. **In plain site : A biography of the RAF Airbase at Caron, Saskatchewan**, FriesenPress, 2019, ISBN 978-1525540547.

GIL, Frédéric. **Chasseurs de nuit et Intruders de la Royal Air Force contre la Luftwaffe : La première guerre électronique aérienne, 1939-1945**. BoD. 2025. ISBN : 978-2322540396. *Les parcours de formation de plusieurs équipages de chasse de nuit sont détaillés, ainsi que les programmes des OTU.*

GOLLEY, John. **Aircrew Unlimited: The Commonwealth Air Training Plan during World War 2.** Patrick Stephens Ltd. 1993. ISBN 978-1852602437. *

GOODRUM, Alastair. **School of Aces : The RAF training school that won the Battle of Britain**. Amberley Publishing. 2019. ISBN 978-1445686172. *Livre principalement consacré à la 6ème OTU de Sutton Bridge.*

GREENHOUS, Brereton et HILLMER, Norman. **The impact of the British Commonwealth Air Training Plan on Western Canada : Some Saskatchewan case studies.** Article publié dans la revue d'études canadiennes, 16:3/4, Automne/Hiver 1981.

GUINN, Gilbert S. :
- **The Arnold Scheme : British Pilots, the American South and the Allies' daring plan.** The History Press. 2007. ISBN 978-1596290426. * *Un livre très détaillé, fruit d'une recherche rigoureuse, auquel il ne manque qu'un index et les références des documents consultés.*
- Avec BENNETT, G. H. **British Naval Aviation in World War II - The US Navy and Anglo-American relations.** Taurus Academic Studies. ISBN 978-1845113711.

HAYTER, Stephen. **A Short History of the British Commonwealth Air Training Plan**. [en ligne, consulté le 2 juin 2021]. Disponibles à : <URL :http://www.virtualmuseum.ca/sgc-cms/histoires_de_chez_nous-community_memories/pm_v2.php?id=record_detail&fl=0&lg=English&ex=00000299>. Consulté juin 2017.

HEIDE, Rachel Lea. **Training accidents in the British Commonwealth Air Training Plan : A case study of causes at No. 5 Bombing and Gunnery School, Dafoe, Saskatchewan**. Lambert Academic Publishing. 2011. ISBN 978-3846550618.

JEFFORD, C. G. :
- **RAF squadrons : a comprehensive record of the movement and equipment of all RAF squadrons and their antecedents since 1912**. Shrewsbury : Airlife, 2001. ISBN 978-1840371413.
- **Observers and Navigators and other non-Pilot Aircrew in the RFC, RNAS and RAF**. Grub Street. 2014. ISBN 978-1909808027.

JOHNSTON-WHITE, Iain E. **The British Commonwealth and Victory in the Second World War**. Palgrave Macmillan. 2017. ISBN 978-1137589163. *La partie II de ce livre est consacrée à la contribution des Dominions à la formation des aviateurs, les autres parties étant dédiées à leurs efforts financiers, maritimes et militaires (en Afrique pour ce dernier point).*

KILLEBREW, Tom :
- **The Royal Air Force in Texas : Training British Pilots in Terrell during World War II**. University of North Texas Press. 2009. ISBN 978-1574412727.

- **The Royal Air Force in American Skies: The seven British Flight Schools in the United States during World War II**. University of North Texas Press. 2015. ISBN 978-1574416152. *Un livre plaisant à lire, avec de nombreux témoignages.* *

LARGENT, Will. **RAF Wings over Florida : Memories of World War II British Air Cadets**. Purdue University Press. 2000. ISBN 978-1557532039.

LECOUTÉ-LOEWE, Marie-Anne. **Jean Lecouté, pilote FAFL dans la RAF : Attaque au clair de lune sur Sunderland.** Éditions TMA. 2009. ISBN 978-2915205114. *Un livre de témoignages relatant le parcours de formation atypique d'un pilote FAFL et ses missions au sein de deux Escadrons du Coastal Command de la RAF.*

MACKENZIE, Alistair. **A CSCE national historic civil engineering project lays the groundwork for Canada's present air transportation infrastructure**. Article publié dans le cadre d'une édition spéciale de la revue Canadian Civil Engineer, octobre 2001.

MCCARTHY, John. **A last call of Empire: Australian Aircrew, Britain and the Empire Air Training Scheme**. Canberra : Australian War Memorial, 1988. ISBN 978-0642995032.

MADIGAN, Gerry D. (Major) :
- **Le creuset du changement : les dépenses de la défense à Debert (Nouvelle-Écosse) pendant la Seconde Guerre mondiale**. Article publié dans la revue de l'Aviation Royale Canadienne. Printemps 2016. Volume 5, n°2.
- **Les politiques sur la sélection des bases pour le Plan d'Entraînement Aérien du Commonwealth Britannique dans les prairies canadiennes**. Article publié dans la revue de l'Aviation Royale Canadienne. Printemps 2016. Volume 5, n°2.

MANSFIELD, Angus. **Spitfire saga : Rodney Scarse, DFC**. The History Press. 2010. ISBN 978-0752457024. *Ce livre retrace le parcours d'un élève de la Classe n°3 de la 5ème BFTS (voir l'Annexe 4B).*

MARCH, Bill (Major). **Le Plan d'Entraînement Aérien du Commonwealth Britannique : chronologie canadienne**. Article publié dans la revue de l'Aviation Royale Canadienne. Printemps 2016. Volume 5, n°2.

MARTIN, Jean. **La plus grande « bataille aérienne » de l'histoire canadienne : le Plan d'Entraînement Aérien du Commonwealth Britannique et les pertes**. Article publié dans la revue de l'Aviation Royale Canadienne. Printemps 2016. Volume 5, n°2.

MAYNE, Richard Oliver. **Une épreuve décisive de la détermination : Article XV, le Plan d'Entraînement Aérien du Commonwealth Britannique**. Article publié dans la revue de l'Aviation Royale Canadienne. Printemps 2016. Volume 5, n°2.

MEEKCOMS, K. J. :
- **The British Air Commission and lend-lease.** Air-Britain. 2000. ISBN 978-0851302911.
- Et MORGAN, E. B. **The British Aircraft Specifications File.** Air-Britain. 1944. ISBN 978-0851302201.

Deux ouvrages indispensables pour les travaux de recherche.

MORGAN, Hugh. **By the seat of your pants : Basic training of Royal Air Force Pilots in Rhodesia, Canada, South Africa and U.S.A. during World War 2**. Newton Publishers. 1990. ISBN 978-1872308036.

MYERS KROGH, Kathy. **The Professor and the Pilots: Letters home from wartime London by a Canadian Psychologist.** FriesenPress, 2018. ISBN 978-1525522192. *Un livre très bien écrit qui montre comment deux Professeurs canadiens de psychologie ont réussi à faire passer la RAF d'une logique de sélection des recrues en temps de paix à un système plus efficace en situation de guerre.*

PHILLIPS, Peter et COLE Robert. **Flying Instructor's Patter manual : A word for word account of all the flying exercises as spoken in the air.** Crowood Press. 2007. ISBN 978-1861268402.

QUENTRIC, Jean-Paul.
- **L'Aéronautique navale aux Etats-Unis : 1942 - 1962.** Association pour la Recherche de Documentation sur l'Histoire de l'Aéronautique Navale, 2006. ISBN 2913344119. *Un livre bien écrit, basé sur un travail de recherche solide. On ne regrettera que l'absence d'un index.*
- EHRHARDT, Patrick ; FLEURY, Jean. **Ailes françaises en Amérique du Nord 1943-1958**. Association pour la Recherche de Documentation sur l'Histoire de l'Aéronautique Navale, 2009. ISBN 978-2913344150.

ROSE, Larry D. :
- **Mobilize ! Why Canada was unprepared for the Second World War.** Dundurn. 2013. ISBN 978-1459710641.
- **Ten decisions : Canada's best, worst, and most far-reaching decisions of the Second World War.** Dundurn Press. 2017. ISBN 978-1459738287. *Un livre qui traite bien le contexte global des décisions prises avant-guerre et durant la guerre, dont celles concernant la RCAF. Un chapitre est consacré au BCATP, et un autre à la "canadianisation" des Escadrons formés outre-mer.*

ROYAL AIR FORCE HISTORICAL SOCIETY. **Journal n°20 : Training in peace for war seminar.** 1999. ISSN 1361-4231.

SIGNORI, E. I.. **The Arnprior experiment: A study of World War II pilot selection procedures in the RCAF and RAF**. Article publié dans la revue Canadian Journal of Psychology, n°3, 1943. Pages 136 à 150.

SMITH, I. Norman. **The British Commonwealth Air Training Plan.** Toronto: Macmillan Company of Canada Limited, 1941.

STEWART, Andrew :
- **Empire Lost: Britain, the Dominions and the Second World War**. Continuum. 2008. ISBN 978-1847252449.
- **The 1939 British and Canadian "Empire Air Training Scheme" negotiations**. Article pages 739-754 du Commonwealth Journal of International Affairs, volume 93, n° 377. 2004.

STRINGMAN, Derek (F/Lt). **The history of the Air Engineer**. 2013. [en ligne, consulté le 9 septembre 2023]. Disponible à : https://raffeaea.com/history-2/the-history-of-the-air-engineer-by-flt-lt-derek-stringman/

STURTIVANT, R ; HAMLIN, J ; HALLEY, J. **Royal Air Force flying training and support units**. UK, Air-Britain (Historians). 1997. ISBN 978-0851302522.

TAYLOR, John W. R. **C.F.S. : Birthplace of air power**. Janes Publishing. 1987. ISBN 978-0710604866.

THEVENIN, Guy. **Lieutenant de vaisseau Jean-Marie Commenge – Pilote n°69 des FNFL (1943-1947).** Les cahiers de l'ARDHAN n°30. 2016. ISBN 978-2913344297. *Un livret très bien documenté sur le parcours de ce jeune pilote, formé initialement comme Observateur Aérien en France durant les premiers mois de la guerre et qui a ensuite rejoint les FAFL, en janvier 1943 à Gibraltar. Envoyé aux USA après quelques mois en Angleterre, il y a été breveté pilote et a rejoint la flottille 8FE sur hydravion Catalina puis la 6FE sur bimoteur Ventura.*

TREDREY, Frank D. **Pilot's summer: a Central Flying School diary**. Tiger & Tyger. 2000. ISBN 978-1902914121. *Un témoignage sur la formation des pilotes de la RAF avant-guerre et des techniques utilisées par les instructeurs de l'époque sur biplans à poste de pilotage ouvert à tous les vents.*

TURNBULL, G. J.. **A review of military pilot selection**. Article publié dans la revue Aviation, Space, and Environmental Medicine, 1992. n°63(9), pages 825-830.

VERNON, J. E.. **Des chevaux inscrits sur la liste de paye**. Article publié dans la revue de l'Aviation Royale Canadienne. Printemps 2016. Volume 5, n°2.

VIPOND, Douglas, et RICHERT, Ronald A.. **Contributions of Canadian Psychologists to the war effort, 1939-1945**. Article publié dans la revue de Psychologie canadienne. Avril 1977. Volume 18, n°2. Pages 169 à 174.

WILKINSON, Louise :
- **The Auxiliary Air Force - How typical were the two elite London squadrons in relation to the wider organisation ?** [en ligne]. The School of Historical Studies Postgraduate Forum E-Journal; Edition 6, 2007/08 [consulté le 9 août 2023]. Disponible à : https://www.societies.ncl.ac.uk/pgfnewcastle/files/2015/05/Wilkinson-The-Auxiliary-Air-Force.pdf
- **The Territorial Air Force - The RAF's Voluntary Squadrons, 1926–1957**. Pen & Sword. 2020. ISBN 978- 1526751034.
- et FREEMAN, Tony (Squadron Leader). **The Royal Auxiliary Air Force - Commemorating 100 years of service.** Pen & Sword. 2023. ISBN 978-1399062183.

WILLIAMS, James N. **The Plan : Memories of the British Commonwealth Air Training Plan**. Canadas Wings. 1984. ISBN 978-0920002292.

Les principaux avions de formation

JOHNSON, E. R.. **American military training aircraft : Fixed and rotary-wing trainers since 1916**. McFarland & Co. 2014. ISBN 978-0786470945.

PIGOTT, Peter. **On Canadian wings : A century of flight**. Dundurn Group. 2005. ISBN 978-1550025491.

STURTIVANT, Ray. **The history of British military training aircraft**. Foulis & Co. 1987. ISBN 978-0854295791. *

HALL, Alan W. et TAYLOR, Eric. **Avro Anson Marks I, II, III, IV and X**. Almark. 1972. ISBN 978-0855240646.

HOLMES, Harry. **Avro Anson**. Tempus (Images of Aviation). 2000. ISBN 978-0752417387.

JACKSON, A. J.. **Avro aircraft since 1908**. Putnam Aeronautical. 1990. ISBN 978-0851778341.

STURTIVANT, Ray. **The Anson file**. Air Britain Historians. 1988. ISBN 978-0851301563.

BAUGHEN, Greg. **The Fairey Battle: A reassessment of its RAF career**. Fonthill Media, 2017, ISBN 978-1781555859. *Livre basé sur des recherches sérieuses, même si l'auteur se laisse un peu entraîner par son enthousiasme pour le Battle au point de lui attribuer des vertus qu'il est difficile d'attendre d'un avion surchargé et sous-motorisé.*

SHAIL, Sidney. **The Battle file**. Air Britain. 1997. ISBN 978-0851302515. *Un ouvrage très complet sur cet avion dont les équipages mériteraient une plus grande place dans les livres d'histoire. Agrémenté de nombreuses photographies inédites, outre l'histoire (développement et opérations) du Fairey Battle, il contient les détails du sort de chacun des appareils et le nom des aviateurs britanniques, canadiens, belges, sud-africains et grecs qui ont perdu la vie à bord de ces avions.*

TAYLOR, H. A.. **Fairey aircraft since 1915.** Putnam Aeronautical, 1988, ISBN 978-0851778259. *Comme la plupart des livres de la collection Putnam Aeronautical, une excellente référence pour les avions de ce constructeur.*

FISHER, Bill ; BROWN, R. W. ; ROTHERMEL, W. **Chipmunk: The first fifty years**. Air Britain. 1997. ISBN 978-0851302454.

BERGÈSE, Francis. **North American T-6**. Ouest France. 1979. ISBN 2858821836.

CORTET, Pierre. **Du NA-16 au T-6 : Les biplaces d'Entrainement North American** (série d'articles) Revue "Avions" n°58, 59, 60, 61, 62, 63 et 64. Éditions Lela Presse, 1998.

FLETCHER, David C. et MCPHAIL, Doug. **Harvard ! The North American trainers in Canada**. Turner. 1997. ISBN 978-0969382508.

HAGEDORN, Dan. **North American's T-6: A definitive history of the World's most famous trainer**. Specialty Press. 2012. ISBN 978-1580071246.

HAMLIN, John, F. **The Harvard File**. Air Britain Historians. 1988. ISBN 978-0851301600.

SMITH, Peter C. **North American T-6: SNJ, Harvard and Wirraway**. Crowood Press Ltd. 2000. ISBN 978-1861263827.

MCKAY, Stuart. **Tiger ! The de Havilland Tiger Moth**. Crecy Publishing. 2014. ISBN 978-0859791823. *La "Bible" pour tout savoir sur les Tiger Moth.* *

BRAMSON, Alan. **The Tiger Moth Story**. Goodall Publications. 2020. ISBN 978-1910809440.

JACKSON, A. J.. **De Havilland aircraft since 1909**. Putnam Aeronautical. 1987. ISBN 978-0851778020.

JENKS, Cliff et PHILLIPS, David. **New Zealand Tiger Moths : 1938 to 2000**. Aviation Historical Society of NZ. 2000. ISBN 978-0473070656.

SLATER, Stephen. **De Havilland Tiger Moth Manual : 1931 - 1945 (all marks)**. Haynes. 2015. ISBN 978-0857338365.

HAMLIN, John F. **The Oxford Consul and Envoy File**. Air Britain Historians. 2001. ISBN 978-0851302898.

TAYLOR, H. A.. **Airspeed aircraft since 1931.** Putnam Aeronautical, 1970, ISBN 978-0370001104.

CHORLTON, Martyn. **The Jet Provost.** Amberley Publishing. 2019. ISBN 978-1445681177.

CLARKE, Bob. **Jet Provost: The little plane with the Big History**. Amberley Publishing. 2008. ISBN 978-1848680975.

Films :

BOULTING, John. **Journey Together**. Unité Cinématographique de la RAF. 1946. DVD IWM 5-019322250050. *Un excellent film en noir et blanc produit par le Training Command. On suit le parcours d'un élève pilote (entretien de sélection, visites médicales, dépôts, ITW, "Grading school", BFTS, AOS), joué par Richard Attenborough, qui ne parvient pas à maîtriser les atterrissages et devient navigateur. Malheureusement, il ne semble pas y avoir eu de version française.* *

CURTIZ, Michael. **Les chevaliers du ciel.** Warner Bros. 1942. *L'acteur américain James Cagney joue le rôle d'un pilote de brousse tête brûlée qui s'enrôle dans l'Aviation Royale canadienne comme instructeur et y connait une série de mésaventures avant de se racheter lors d'un convoyage de Lockheed Hudson jusqu'au Royaume-Uni. Ce film a été tourné en couleurs dans différentes écoles du BCATP en Ontario (2ème SFTS d'Uplands, CFS de Trenton, 1er Dépôt du Personnel de Toronto, 6ème B&GS de Mountain View) par une équipe venue d'Hollywood.* *

Les Notes à l'intention des Pilotes de la Royal Air Force

Juste avant la Seconde Guerre Mondiale, la RAF fait face à une véritable révolution : les escadrilles reçoivent les premiers monoplans, à cockpit fermé, avec train escamotable, volets hypersustentateurs, hélices à pas variable, système de carburant complexe, puis de tourelles hydrauliques, d'essence avec un indice d'octane 100 et d'instruments de plus en plus sophistiqués. Face à l'accumulation des accidents, les premiers manuels d'instruction pour les pilotes ("Pilot's Notes") sont imprimés à la fin des années 1930. Le concept est tellement bon que le format ne changera pas beaucoup pendant des décennies.

Si un très petit nombre de ces manuels a été traduit par les Forces Aériennes Françaises Libres, la plupart n'ont jamais été publiés en français. Quelques titres disponibles ou à venir sont listés ici (les avions de formation ont été surlignés en gras) :

Utilisation principale	Avion
Formation	**Tiger Moth II** **Harvard III (AT-6)**
Chasseur et **chasseur-bombardier**	Spitfire I ; Spitfire F.IX, PR.XI & LFXVI Mosquito FII, NF: XII, XIII, XVII & XIX Typhoon IAB ; Havoc II (A-20) Airacobra I (P-39) ; Mohawk IV (P-36) Tomahawk I & II (P-40) ; Vampire F1 Thunderbolt I & II (P-47) Beaufigther VI, TFX & TFXI Hurricane I et Sea Hurricane I Mustang III & IV (P-51) ; Meteor III
Bombardement	Halifax II & V Fortress GRIIA, GRII & III, BII &III (B-17) Mitchell II (B-25)
Planeur de combat ou **transport de parachutistes**	Dakota I, III & IV (C-47) Hadrian I (CG-4A) Hamilcar I ; Horsa I & II
Aéronavale et **surveillance maritime**	Corsair I à IV (F4U, F3A & FG-1) Hellcat I & II (F6F) Martlet II & III (F4F Wildcat) Avenger I, II & III (TBF & TBM) Swordfish I à IV Catalina I, IB, II & IV (PBY) Wellington III & X
Missions secrètes	Lysander III & IIIA